Computergrafik

IT-Studienausgabe

W0415995

Zhigang Xiang
Roy A. Plastock

Computergrafik

IT-Studienausgabe

Übersetzung aus dem Amerikanischen
von G&U Technische Dokumentation GmbH

mitp

Die Deutsche Bibliothek –
CIP-Einheitsaufnahme

Ein Titeldatensatz für diese Publikation ist
bei Der Deutschen Bibliothek erhältlich.

ISBN 3-8266-0908-5
1. Auflage 2003

Alle Rechte, auch die der Übersetzung, vorbehalten. Kein Teil des Werkes darf in irgendeiner Form (Druck, Fotokopie, Mikrofilm oder einem anderen Verfahren) ohne schriftliche Genehmigung des Verlages reproduziert oder unter Verwendung elektronischer Systeme verarbeitet, vervielfältigt oder verbreitet werden. Der Verlag übernimmt keine Gewähr für die Funktion einzelner Programme oder von Teilen derselben. Insbesondere übernimmt er keinerlei Haftung für eventuelle aus dem Gebrauch resultierende Folgeschäden.

Die Wiedergabe von Gebrauchsnamen, Handelsnamen, Warenbezeichnungen usw. in diesem Werk berechtigt auch ohne besondere Kennzeichnung nicht zu der Annahme, dass solche Namen im Sinne der Warenzeichen- und Markenschutz-Gesetzgebung als frei zu betrachten wären und daher von jedermann benutzt werden dürfen.

Übersetzung der amerikanischen Originalausgabe
Zhigang Xiang, Roy A. Plastock: Computer Graphics

Original English Language Edition © 2000, 1992 by The McGraw-Hill Companies, Inc. All rights reserved. Printed in the United States of America. Except as permitted under the United States of America Copyright Act of 1976, no part of this publication may be reproduced or distributed in any form or by any means, or stored in a data base or retrieval system, without the prior written permission of the publisher.

Printed in Italy

© Copyright 2003 by mitp-Verlag/Bonn,
ein Geschäftsbereich der verlag moderne industrie Buch AG & Co. KG/Landsberg

Lektorat: Anja Hanten
Satz und Layout: G&U e.Publishing Services GmbH, Flensburg
Druck: Lego Print, Lavis

Inhaltsverzeichnis

Einleitung

1

Unter Computergrafik versteht man im Allgemeinen einen Bereich der Informatik, der sich mit der Theorie und Technologie der Synthese computererzeugter Bilder beschäftigt. Ein solches Bild kann eine Szene so einfach wie den Umriss eines Dreiecks auf einförmigem Hintergrund und so komplex wie einen prächtigen Dinosaurier im Urwald darstellen. Aber wie werden diese Dinge Teil eines Bilds? Wodurch unterscheidet sich das Zeichnen am Computer vom Skizzieren mit dem Stift oder dem Fotografieren mit der Kamera? In diesem Kapitel werden wir einige bedeutende Konzepte vorstellen und ihre Beziehung zueinander aufzeigen. Dieser kleine Überblick über das Gebiet der Computergrafik soll uns ermöglichen, die unterschiedlichen Antworten auf die Fragen zu verstehen, die wir im weiteren Verlauf des Buchs nicht nur jeweils für sich, sondern auch im Gesamtzusammenhang näher erläutern werden.

1.1 Ein kleiner Überblick

Beschäftigen wir uns zunächst mit dem Zeichnen eines Dreiecks (siehe Abb. 1.1). In der Praxis würden wir uns zuerst Gedanken über die geometrischen Eigenschaften machen, z.B. über die Art und die Größe des Dreiecks, und dies anschließend in die Praxis umsetzen, indem wir mit einem Stift über ein Blatt Papier fahren. In der Terminologie der Computergrafik bezeichnet man dies als Objektdefinition, die das Dreieck in einem abstrakten Raum unserer Wahl definiert. Dieser Raum ist unendlich und wird als *Objektraum* bezeichnet. Mit unserer Zeichnung bilden wir das imaginäre Objekt als Dreieck auf dem Papier ab, das eine durchgängige Anzeigeoberfläche in einem anderen Raum darstellt, dem *Bildraum*. Dieser Abbildungsprozess wird außerdem durch die Auswahl verschiedener Faktoren, wie zum Beispiel des Standorts und der Ausrichtung des Dreiecks, beeinflusst. Mit anderen Worten, wir können das Dreieck in der Mitte oder in der oberen linken Ecke des Papiers platzieren. Wir können dafür sorgen, dass der spitze Winkel des Dreiecks nach rechts oder nach links zeigt.

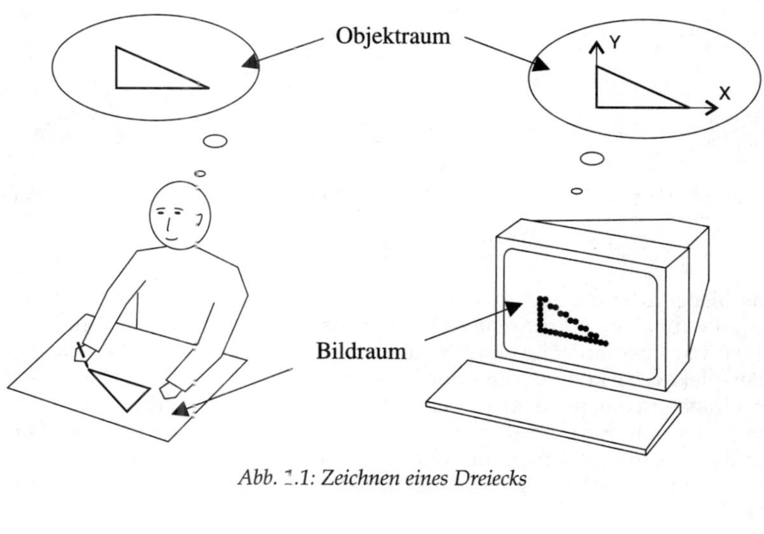

Abb. 1.1: Zeichnen eines Dreiecks

Ein vergleichbarer Prozess findet statt, wenn ein Computer zur Herstellung des Bilds eingesetzt wird. Die wichtigsten Rechenschritte entsprechen jeweils den bedeutenden Bereichen der Computergrafik. Der Bereich, der der Notwendigkeit Rechnung trägt, Objekte wie das Dreieck schnell und effektiv zu definieren, wird als *geometrische Darstellung* bezeichnet. In unserem Beispiel können wir ein zweidimensionales kartesisches Koordinatensystem in den Objektraum legen. Dann kann das Dreieck mit Hilfe der x- und y-Koordinaten seiner drei Eckpunkte dargestellt werden, wobei das Computersystem den ersten und zweiten, den zweiten und dritten sowie den dritten und den ersten Eckpunkt jeweils durch eine Strecke verbindet.

Den nächsten Bereich der Computergrafik, der sich mit der Platzierung des Dreiecks befasst, bezeichnet man als *Transformation*. Hier verwenden wir Matrizen, um das Dreieck am Bestimmungsort im Bildraum abzubilden. Wir können die Transformationsmatrix so gestalten, dass sie die Lage und die Ausrichtung des angezeigten Dreiecks ändert, und es vergrößern oder verkleinern. Durch die Verwendung mehrerer Einstellungen für die Transformationsmatrix können wir den Computer sogar anweisen, ausgehend von demselben Modell im Objektraum mehrere Dreiecke unterschiedlicher Größe und Ausrichtung an verschiedenen Stellen zur Anzeige zu bringen.

An dieser Stelle wundern sich die meisten Leser vielleicht bereits über den entscheidenden Unterschied zwischen dem auf Papier gezeichneten und dem auf dem Computermonitor angezeigten Dreieck (einer übertriebenen Version dessen, was Sie auf einem echten Monitor sehen würden). Im ersten Fall sind die Eckpunkte durch glatte Linien verbunden, während es sich im zweiten Fall nicht gerade um Linien handelt. Der Hauptgrund liegt darin, dass der Bildraum in der Computergrafik im Allgemeinen nicht unendlich ist. Er besteht aus einer Reihe einzelner Pixel, d.h. Bildelemente, die in Zeilen und Spalten angeordnet sind. Daher besteht eine horizontale oder vertikale Strecke aus einer Reihe von Pixeln, die in einer Zeile bzw. einer Spalte nebeneinander liegen, wobei eine schräge Linie eine treppenartige Struktur aufweist. Das Gebiet der Computergrafik, das für die Umwandlung einer stetigen Abbildung, z.B. einer Strecke, in eine diskrete Näherung verantwortlich ist, bezeichnet man als Scan Conversion.

Die durch die Umwandlung aus dem stetigen Raum in einen diskreten Raum eintretende Verzerrung bezeichnet man als Aliasing-Effekt der Conversion. Diese Verzerrung fällt bei der Verkleinerung der einzelnen Pixel weniger ins Auge, doch dies geht mit erheblichem Aufwand an Rechnerressourcen einher. Wenn wir beispielsweise jedes einzelne Pixel sowohl in horizontaler als auch in vertikaler Richtung um die Hälfte beschneiden, brauchen wir die vierfache Anzahl an Pixeln, um das physische Ausmaß des Bilds beizubehalten. Dadurch würde das Bild unter anderem den vierfachen Speicherplatz erfordern. Andere Möglichkeiten zu finden, die negativen Auswirkungen des Aliasing-Effekts zu mindern, ist die Aufgabe eines bestimmten Gebiets der Computergrafik, das man als Anti-Aliasing bezeichnet.

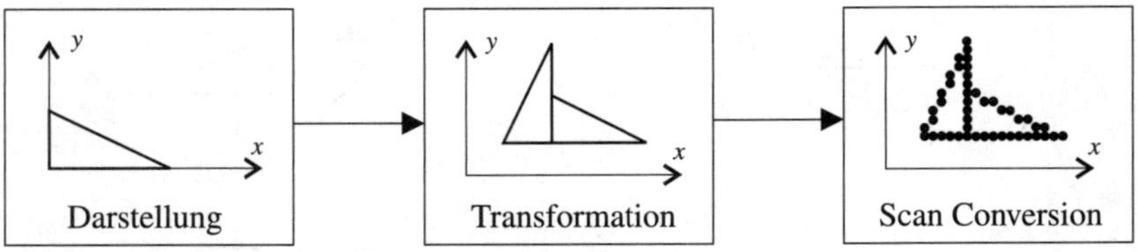

Abb. 1.2: Eine einfache Grafikpipeline

Fassen wir das bisher Besprochene zusammen, so erhalten wir eine vereinfachte Grafikpipeline (siehe Abb. 1.2), die die Architektur eines typischen Grafiksystems veranschaulicht. Zu Beginn der Pipeline verfügen wir über einfache Objekte, die in anwendungsspezifischen Datenstrukturen dargestellt sind. Beispielsweise können die Koordinaten der Eckpunkte eines Dreiecks, d.h. (x_1, y_1), (x_2, y_2) und (x_3, y_3), einfach in einem Array der Größe 3×2 gespeichert werden. Das Grafiksystem führt zuerst die Transformation der ursprünglichen Daten nach benutzerspezifischen Parametern durch und nimmt dann die Scan Conversion mit oder ohne Anti-Aliasing vor, um das Bild auf dem Bildschirm zur Anzeige zu bringen. Das Koordinatensystem im mittleren Kasten der Abb. 1.2 dient als

Zwischenstufe zwischen dem Objektkoordinatensystem auf der linken und dem Bild- oder Gerätekoordinatensystem auf der rechten Seite. Es wird als *Weltkoordinatensystem* bezeichnet und stellt den Ort dar, an dem wir die transformierten Objekte positionieren, aus denen das zu zeichnende Bild zusammengesetzt wird. Das Beispiel im Kasten zeigt zwei Dreiecke: Bei dem auf der rechten Seite handelt es sich um eine skalierte Kopie des Originals, die nach rechts oben verschoben wurde. Das Dreieck auf der linken Seite ist eine weitere skalierte Kopie des Originals, die um den Ursprung des Koordinatensystems um 90° gegen den Uhrzeigersinn gedreht und dann in derselben Weise nach rechts verschoben wurde.

Bei einer typischen Implementierung der Grafikpipeline würden wir unser Anwendungsprogramm in einer Host-Programmiersprache schreiben und zur Durchführung der Grafikoperationen Bibliothekssubroutinen aufrufen. Einige Subroutinen werden unter anderem zum Festlegen der Transformationsparameter verwendet. Andere werden zum Zeichnen eingesetzt, d.h. um die ursprünglichen Daten in die Pipeline einzugeben, so dass die aktuellen Systemeinstellungen automatisch angewendet werden, um das aus der Pipeline kommende Endprodukt zu formen, also das Bild auf dem Bildschirm.

Nachdem wir uns die wichtigsten Bestandteile der so genannten zweidimensionalen Grafik angesehen haben, wenden wir unsere Aufmerksamkeit nun den dreidimensionalen Grafiken zu. Beim Hinzufügen einer dritten Dimension ist die deutliche Unterscheidung zwischen einem Objekt und dessen Bild zu beachten. Abbildung 1.3 zeigt mehrere Möglichkeiten, ein kubisches Objekt zu zeichnen, allerdings ist keine der Zeichnungen mit dem Objekt selbst auch nur näherungsweise identisch. Die Zeichnungen stellen einfach eine Projektion des dreidimensionalen Objekts auf eine zweidimensionale Anzeigeoberfläche dar. Das bedeutet, dass wir neben der dreidimensionalen Darstellung und der Transformation einen zusätzlichen Bereich der Computergrafik haben, der sich mit den Projektionsmethoden befasst.

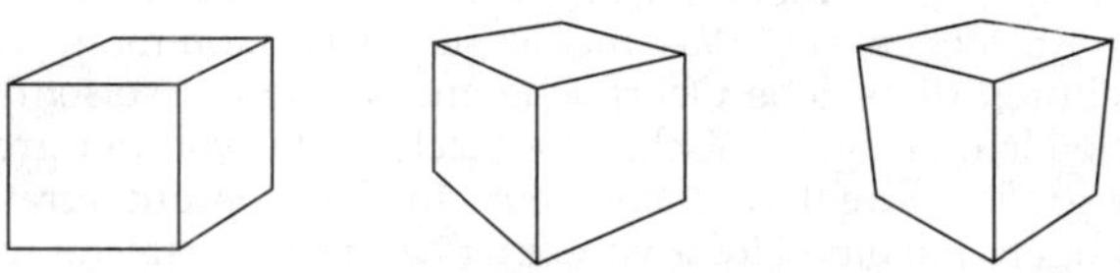

Abb. 1.3: Mehrere Möglichkeiten zur Abbildung eines Würfels

Haben Sie bemerkt, dass alle Zeichnungen in Abb. 1.3 nur drei Seiten des kubischen Objekts darstellen? Als räumliches, dreidimensionales Objekt verfügt der Würfel über sechs ebene Flächen. Allerdings bilden wir ihn so ab, als betrachteten wir ihn in der Realität. Wir zeichnen nur die für uns sichtbaren Flächen. Diejenigen, die unserem Blick verborgen bleiben, werden nicht dargestellt. Der Bereich der Computergrafik, der sich mit dieser rechnerischen Aufgabe befasst, wird als Entfernen verdeckter Flächen (Hidden Surface Removal) bezeichnet. Wenn wir in unserer einfachen Grafikpipeline die Projektion und das Entfernen verdeckter Flächen unmittelbar nach der Transformation, aber vor der Scan Conversion hinzufügen, ergibt sich ein Prototyp für dreidimensionale Grafiken.

Beschäftigen wir uns nun damit, ein Bild eines Objekts in realistischer Form zu erzeugen. Dies stellt eine große Herausforderung an die Computergrafik dar, weil es eine besonders effektive Möglichkeit gibt, ein solches Bild herzustellen: die Fotografie. Um ein fotorealistisches Bild zu erzeugen, d.h. ein Bild, das so gut aussieht wie ein Foto, müssen wir herausfinden, wie eine Kamera und die Natur bei der Anfertigung eines Schnappschusses zusammenwirken.

Wird eine Kamera zum Fotografieren eines von einer Lichtquelle beleuchteten realen Objekts verwendet, wird die Lichtenergie aus der Lichtquelle vom Objekt reflektiert, gelangt durch die Kameralinse auf das Negativ und formt auf diese Weise ein Bild des Objekts. Im Allgemeinen erscheint der Teil des Objekts, der sich näher an der Lichtquelle befindet, im Bild heller als der weiter entfernte Teil, und der von der Lichtquelle abgewandte Teil des Objekts erscheint relativ dunkel. Abbildung 1.4 zeigt ein mit dem Computer erzeugtes Bild, in dem zwei kugelförmige Objekte abgebildet sind, die von einer Lichtquelle beleuchtet werden, die sich ungefähr in 10- bis 11-Uhr-Lage zwischen den Kugeln und der »Kamera« befindet. Obwohl beide Kugeln graduelle Schattierungen aufweisen, sieht der helle Fleck auf der großen Kugel wie die Reflexion der Lichtquelle aus und lässt daher unterschiedliche Reflexionseigenschaften vermuten (da die große Kugel stärker zu glänzen scheint als die kleine). Die mathematischen Formeln, die diese Art von optischen Phänomenen nachahmen, bezeichnet man als lokale Beleuchtungsmodelle, da es sich bei der Energie, die direkt von der Lichtquelle auf eine bestimmte Objektoberfläche trifft, nicht um die gesamte Energie handelt, die an dieser Fläche ankommt. Die Lichtenergie wird auch von einer Objektfläche auf eine andere reflektiert und kann durch transparente oder lichtdurchlässige Objekte hindurch zu anderen Stellen gelangen. Methoden, die eine genauere Berechnung des Lichttransports bieten als die lokalen Beleuchtungsmodelle, bezeichnet man als globale Beleuchtungsmodelle.

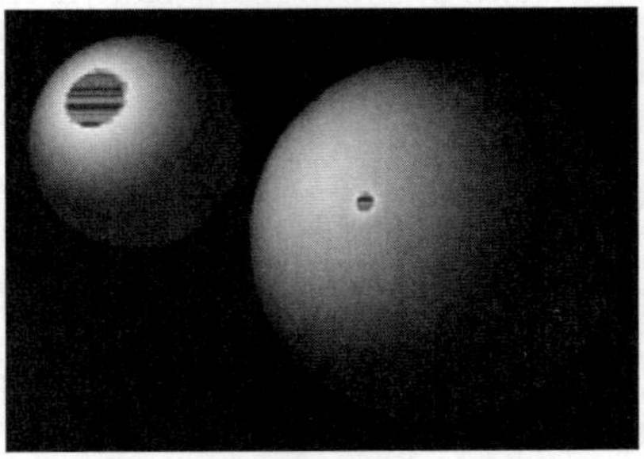

Abb. 1.4: Zwei schattierte Kugeln

Sehen Sie sich nun die Abb. 1.4 genauer an. Die beiden Objekte scheinen besonders glatte Oberflächen zu haben. Woraus bestehen sie? Was macht sie so vollkommen? Gibt es viele physische Objekte in Ihrer Umgebung, die solche Oberflächenmerkmale aufweisen? Außerdem sieht es so aus, als befände sich die kleine Kugel zwischen der Lichtquelle und der großen Kugel. Müsste ihr Schatten nicht auf der großen Kugel zu sehen sein? In der Computergrafik bezeichnet man die Schattierungsabweichungen, die eine Holz- von einer Marmoroberfläche unterscheiden, als Oberflächentexturen. Es gibt verschiedene Methoden, um Objekten Oberflächentexturen hinzuzufügen, damit sie realistischer aussehen. Auf der anderen Seite bezeichnet man die Aufgabe, Schatten in ein Bild einzufügen, als Schattenerzeugung.

Bevor wir uns einer genaueren Betrachtung der in diesem kleinen Überblick vorgestellten Themengebiete zuwenden, wollen wir kurz einige damit verbundene Bereiche der Informatik erörtern, die sich ebenfalls mit grafischen Informationen beschäftigen.

1.1.1 Bildverarbeitung

Das wichtigste Element, das die Bildverarbeitung (oder digitale Bildverarbeitung) von der Computergrafik unterscheidet, ist die Tatsache, dass die Bildverarbeitung im Allgemeinen mit den Bildern im Bildraum beginnt und daran pixelbasierte Operationen durchführt, um neue Bilder zu erzeugen, die bestimmte Wunschmerkmale aufweisen. Beispielsweise können wir die einzelnen Pixel des auf dem Bildschirm des Monitors in Abb. 1.1 dargestellten Bilds in seine Komplementärfarbe ändern (d.h. Schwarz in Weiß und Weiß in Schwarz) und so ein dunkles Dreieck auf weißem Hintergrund in ein weißes Dreieck auf dunklem Hintergrund verwandeln oder umgekehrt. Weil diese beiden Gebiete jeweils über eigene Schwerpunkte und eigene Stärken verfügen, können sie sich auch überschneiden und einander ergänzen. Tatsächlich werden durch den Einsatz einer Kombination von Methoden der Computergrafik und der Bildbearbeitung oft atemberaubende visuelle Effekte erzielt.

1.1.2 Die Interaktion von Mensch und Computer

Während der Schwerpunkt der Computergrafik hauptsächlich in der Herstellung von Bildern liegt, fördert der Bereich der Interaktion die effektive Kommunikation zwischen Mensch und Maschine. Die beiden Bereiche treffen aufeinander, wenn es um solche Bereiche wie die grafischen Benutzeroberflächen geht. Es gibt viele Arten von physischen Geräten, die zum Zwecke der Interaktion an einen Computer angeschlossen werden, beginnend bei der Tastatur und der Maus. Häufig können die einzelnen physischen Geräte so programmiert werden, dass sie die Funktion verschiedener logischer Geräte (z.B. zum Positionieren, Auswählen usw. – siehe unten) bereitstellen. In diesem Fall wird oft ein Cursor als sichtbare Rückmeldung angezeigt, damit der Benutzer die festgelegten Positionen sehen kann. Eine Maus kann auch zur Auswahl eines Kontextmenüeintrags verwendet werden (und dient dabei als Auswahlgerät). In diesem Fall geht es um den ausgewählten Menüeintrag, und oft wird der gesamte Eintrag hervorgehoben (die absolute Position des Cursors ist im Wesentlichen bedeutungslos). Daraus können wir entnehmen, dass ein physisches Gerät auf unterschiedliche Art und Weise eingesetzt werden kann und dass Informationen in unterschiedlicher grafischer Form an den Benutzer übermittelt werden können. Die größte Herausforderung besteht im Entwurf interaktiver Protokolle, die die Geräte und Grafiken effektiv und benutzerfreundlich einsetzen, d.h. einfach, intuitiv, leistungsfähig usw.

1.2 Unser Programm

Wir hoffen, dass Ihnen unser Rundflug durch die Welt der Computergrafik einen guten Eindruck von einigen der wichtigen Sehenswürdigkeiten vermittelt und Sie dazu angeregt hat, Ihre Entdeckungsreise fortzusetzen. Die folgenden Kapitel sind den verschiedenen Themenbereichen der Computergrafik gewidmet. Jedes Kapitel beginnt mit den notwendigen Hintergrundinformationen (z.B. Kontext und Terminologie) und einer Zusammenfassung des Stoffes, der in den darauf folgenden Abschnitten erörtert werden soll.

Mit unserer Darstellung möchten wir eindeutige Erklärungen und Themenzusammenhänge bieten. Anschauliche Beispiele werden großzügig eingesetzt, um die Erläuterung abstrakter Begriffe zu untermauern. Obwohl die Aufgabe dieses Buchs vorrangig in einer relativ konzentrierten Einführung in die theoretischen Grundlagen und die zugrunde liegende Technologie besteht, werden auch entscheidende Abweichungen, z.B. in den grundlegenden Definitionen und Implementierungsprotokollen, dargelegt, um das Gebiet einigermaßen umfassend abzudecken. Darüber hinaus werden interessante Anwendungen so früh wie möglich vorgestellt, um den Nutzen der grafischen Technologie hervorzuheben und die Leser anzusprechen, die sich gerne mit der Praxis beschäftigen wollen.

Algorithmen und Programmierbeispiele werden in einem Pseudocode ähnlich der Programmiersprache C wiedergegeben, die eine ähnliche Syntax und ähnliche Grundkonstrukte verwendet wie andere weit verbreitete Sprachen, z.B. C++ und Java. Wir hoffen, dass der relativ einfache, an C angelehnte Code keine allzu großen grammatikalischen Schwierigkeiten bereitet und es für Sie dadurch leichter wird, Ihre Aufmerksamkeit auf den technischen Inhalt des Codes zu konzentrieren.

Am Ende der einzelnen Kapitel befinden sich zahlreiche Aufgaben mit Lösungen, die dabei helfen, die theoretischen Erläuterungen zu untermauern. Bei einigen dieser Aufgaben handelt es sich um Rechenschritte, die im Text ausgelassen wurden und für diejenigen besonders wertvoll sind, die weitere Einzelheiten und zusätzliche Erklärungen suchen. Andere Aufgaben können neue Informationen enthalten, die eine Ergänzung zu den wichtigsten Erläuterungen im Text darstellen.

Bilddarstellung 2

Ein digitales Bild setzt sich aus einzelnen Pixeln oder Bildelementen zusammen. Diese Pixel sind in Zeilen und Spalten angeordnet und bilden auf diese Weise eine rechteckige Bildfläche, die manchmal auch als Raster bezeichnet wird. Natürlich hängt die Gesamtanzahl der Pixel in einem Bild von der Bildgröße und der Anzahl der Pixel pro Längeneinheit (z.B. Zoll) in horizontaler und vertikaler Richtung ab. Diese Anzahl der Pixel pro Längeneinheit bezeichnet man als Auflösung. Daher würde ein Bild von 3 × 2 Zoll bei einer Auflösung von 300 Pixeln pro Zoll aus insgesamt von 540.000 Pixeln bestehen.

Häufig wird die Bildgröße als Gesamtanzahl der Pixel in horizontaler Richtung mal Gesamtanzahl der Pixel in vertikaler Richtung (z.B. 512 × 512, 640 × 480 oder 1024 × 768) angegeben. Obwohl es nach dieser Konvention relativ einfach ist, die Gesamtanzahl der Pixel eines Bildes zu bestimmen, wird damit nicht die Größe oder die Auflösung des Bildes festgelegt, wie im obigen Absatz erläutert wurde. Ein Bild mit einer Anzahl von 640 × 480 Pixeln hätte eine Größe von 6 Zoll mal 5 Zoll, wenn es mit 96 Pixeln pro Zoll dargestellt (z.B. angezeigt oder gedruckt) wird. Bei 400 Pixeln pro Zoll würde es dagegen eine Größe von 1,6 Zoll mal 1,2 Zoll aufweisen.

Das Verhältnis der Breite eines Bildes zu seiner Höhe, gemessen in Längeneinheiten oder der Anzahl der Pixel, bezeichnet man als Seitenverhältnis. Sowohl bei einem 2 × 2 Zoll als auch bei einem 512 × 512 Zoll großen Bild beträgt das Seitenverhältnis 1:1, während ein 6 × 4½ und ein 1024 × 768 großes Bild ein Seitenverhältnis von 4:3 aufweisen.

Die einzelnen Pixel eines Bildes können anhand ihrer Koordinaten angegeben werden. Normalerweise wird das Pixel in der unteren linken Ecke eines Bilds als Ursprung (0; 0) eines Pixelkoordinatensystems betrachtet. Daher hat das Pixel in der unteren rechten Ecke eines 640 × 480 großen Bildes die Koordinaten (639; 0), während das in der oberen rechten Ecke die Koordinaten (639; 479) aufweist.

Die Aufgabe, ein Bild am Computer zu erstellen, besteht im Wesentlichen aus dem Festlegen von Pixelwerten. Die Gesamtheit der Pixel, die unterschiedliche Farbattribute annehmen, erzeugt den Eindruck, den wir als Bild wahrnehmen. In diesem Kapitel stellen wir zunächst die Grundlagen der allgemein angewandten Methode zur Farbspezifikation in der Computergrafik (Abschnitt 2.1) vor. Anschließend erläutern wir die Darstellung von Bildern mit Hilfe der direkten Kodierung von Pixelfarben (Abschnitt 2.2) im Vergleich zu dem Ansatz mit Nachschlagetabelle (Abschnitt 2.3). Darauf folgt eine Erläuterung der Funktionsprinzipien zweier wichtiger Bildausgabegeräte, dem Monitor (Abschnitt 2.4) und dem Drucker (Abschnitt 2.5). Außerdem beschäftigen wir uns mit Bilddateien als Hauptmedium zum Speichern und Übertragen von Bildern (Abschnitt 2.6). Anschließend sehen wir uns einige der einfachsten Grafikoperationen an, die sich hauptsächlich damit beschäftigen, die Farbattribute der Pixel zu setzen (Abschnitt 2.7). Um den Aufbau schöner Bilder im separaten Bildraum zu veranschaulichen, erläutern wir abschließend den mathematischen Hintergrund und gehen näher auf die algorithmischen Aspekte bei der bildlichen Darstellung der Mandelbrot-Menge ein (Abschnitt 2.8).

2.1 Das RGB-Farbmodell

Farbe ist ein komplexes, fächerübergreifendes Thema, das von der Physik bis zur Psychologie reicht. In diesem Abschnitt wollen wir lediglich die Grundlagen der in der Computergrafik am häufigsten verwendeten Methode zur Farbwiedergabe vorstellen. Weitere Informationen folgen später in einem anderen Kapitel.

Abbildung 2.1 zeigt ein Farbkoordinatensystem mit drei Primärfarben: R (Rot), G (Grün) und B (Blau). Jede Primärfarbe kann einen Intensitätswert zwischen 0 (aus – am niedrigsten) und 1 (ein – am höchsten) aufweisen. Mischt man diese drei Primärfarben in unterschiedlichen Intensitätsgraden, entsteht eine Vielzahl von Farben. Die Palette all dieser Farben, die man durch eine solche lineare Kombination aus Rot, Grün und Blau erhält, bildet den würfelförmigen RGB-Farbraum. Die Ecke des RGB-Farbwürfels, die sich im Ursprung des Koordinatensystems befindet, entspricht der Farbe Schwarz, während die dem Ursprung diagonal gegenüberliegende Würfelecke Weiß ist. Die diagonale Linie, die Schwarz und Weiß miteinander verbindet, entspricht allen zwischen Schwarz und Weiß liegenden Grautönen. Man bezeichnet sie als Grauachse.

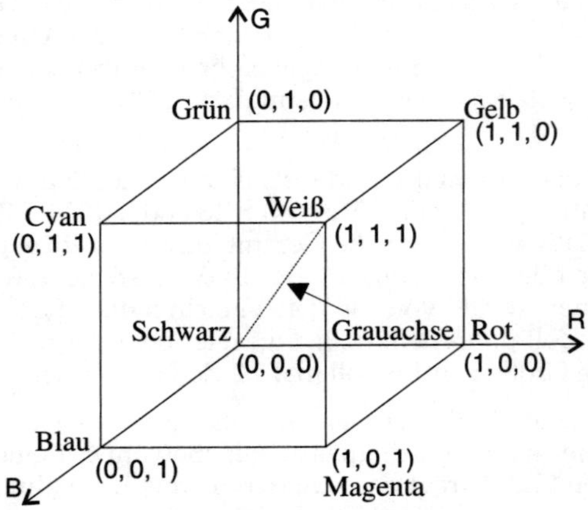

Abb. 2.1: Der RBG-Farbraum

In diesem RGB-Farbmodell kann eine beliebige Farbe innerhalb des Würfels anhand ihrer Koordinaten festgelegt werden: (*r*, *g*, *b*). So steht beispielsweise (0; 0; 0) für Schwarz, (1; 1; 1) für Weiß, (1; 1; 0) für Gelb usw. Die Intensität eines Grautons mit den Werten (0,7; 0,7; 0,7) liegt genau in der Mitte zwischen (0,9; 0,9; 0,9) und (0,5; 0,5; 0,5).

Bei der Farbspezifikation nach dem RGB-Modell handelt es sich um einen additiven Prozess. Wir beginnen mit Schwarz und fügen die entsprechenden Primärkomponenten hinzu, um eine gewünschte Farbe zu erzeugen. Dies stimmt in hohem Maße mit den Funktionsprinzipien des Monitors überein (siehe Abschnitt 2.4). Auf der anderen Seite gibt es ein Komplementärfarbenmodell, das als CMY-Farbmodell bezeichnet wird und Farben mit Hilfe eines subtraktiven Prozesses definiert, womit es sich stark an die Funktionsprinzipien des Druckers anlehnt (siehe Abschnitt 2.5).

Im CMY-Modell beginnen wir bei Weiß und entfernen die entsprechenden Primärkomponenten, um die gewünschte Farbe zu erzeugen. Wenn wir zum Beispiel Rot von Weiß subtrahieren, besteht die verbleibende Farbe aus Grün und Blau und nennt sich Cyan. Aus einem anderen Blickwinkel betrachtet, können wir den Cyan-Anteil, bei dem es sich um die Komplementärfarbe von Rot handelt, zur Steuerung des Rot-Anteils verwenden, der einem Wert von 1 abzüglich des Cyan-Anteils entspricht. Abbildung 2.2 zeigt ein Koordinatensystem, in dem die Komplementärfarben der drei Primärfarben verwendet werden: C (Cyan), M (Magenta) und Y (Yellow, Gelb). Die am Punkt (0; 0; 0) befindliche Ecke des CMY-Farbwürfels entspricht Weiß, während die Würfelecke am Punkt (1; 1; 1) Schwarz darstellt (kein Rot, kein Grün, kein Blau). Die folgenden Formeln fassen die Umrechnung zwischen den beiden Farbmodellen zusammen:

$$\begin{pmatrix} R \\ G \\ B \end{pmatrix} = \begin{pmatrix} 1 \\ 1 \\ 1 \end{pmatrix} - \begin{pmatrix} C \\ M \\ Y \end{pmatrix} \quad \begin{pmatrix} C \\ M \\ Y \end{pmatrix} = \begin{pmatrix} 1 \\ 1 \\ 1 \end{pmatrix} - \begin{pmatrix} R \\ G \\ B \end{pmatrix}$$

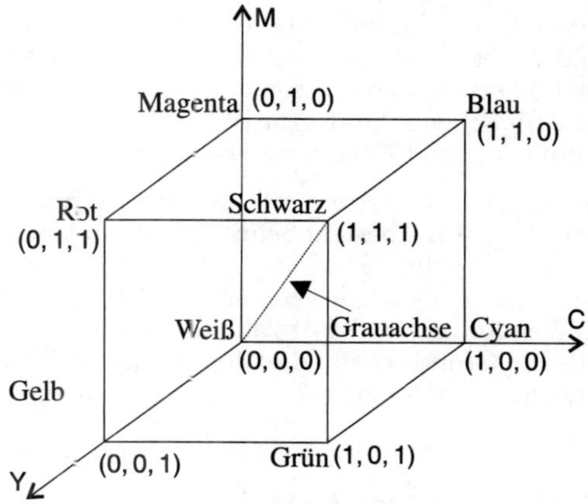

Abb. 2.2: Der CMY-Farbraum

2.2 Direkte Kodierung

Bei der Bilddarstellung handelt es sich im Wesentlichen um die Darstellung von Pixelfarben. Mit Hilfe der direkten Kodierung weisen wir jedem Pixel einen bestimmten Speicherplatz zu, um seine Farbe zu kodieren. Beispielsweise können wir jedem Pixel 3 Bit zuweisen, wobei jeweils ein Bit den einzelnen Primärfarben zugeordnet ist (siehe Abb. 2.3). Aufgrund dieser 3-Bit-Darstellung können die einzelnen Primärfarben unabhängig voneinander zwischen ihren beiden Intensitätsstufen wechseln: 0 (aus) oder 1 (ein). Daher kann jedes Pixel eine der acht Farben annehmen, die den Ecken des RGB-Farbwürfels entsprechen.

Bit 1: R	Bit 2: G	Bit 3: B	Farbname
0	0	0	Schwarz
0	0	1	Blau
0	1	0	Grün
0	1	1	Cyan
1	0	0	Rot
1	0	1	Magenta
1	1	0	Gelb
1	1	1	Weiß

Abb. 2.3: Direktes Kodieren von Farben mit 3 Bits

Ein weit verbreiteter Industriestandard verwendet 3 Bytes oder 24 Bits pro Pixel, wobei jeweils ein Byte den einzelnen Primärfarben zugeordnet ist. Auf diese Weise kann jede Primärfarbe über 256 verschiedene Intensitätsstufen verfügen, was den Binärwerten von 00000000 bis 11111111 entspricht.

Daher kann ein Pixel eine Farbe aus einer Auswahl von 256 × 256 × 256 oder 16,7 Millionen möglichen Nuancen annehmen. Das 24-Bit-Format bezeichnet man allgemein als True-Color-Darstellung, weil der Unterschied zwischen zwei Farben, die in einer oder mehreren Primärfarben um eine Intensitätsstufe voneinander abweichen, unter normalen Sichtbedingungen praktisch nicht zu erkennen sind. Daher bringt eine genauere Darstellung mit einer höheren Anzahl von Bits wenig Nutzen im Hinblick auf die wahrgenommene Farbgenauigkeit.

Ein bemerkenswerter Sonderfall der direkten Kodierung ist die Darstellung von Schwarzweiß- (bitonal) und Graustufenbildern, bei denen die drei Primärfarben stets über denselben Wert verfügen und daher nicht einzeln kodiert werden müssen. Ein Schwarzweißbild erfordert nur ein Bit pro Pixel bei einem Bitwert von 0 für Schwarz und 1 für Weiß. Ein Graustufenbild wird normalerweise mit 8 Bit pro Pixel kodiert, um insgesamt 256 Intensitäts- oder Graustufen zu erreichen.

Obwohl diese Methode der direkten Kodierung sich durch ihre Einfachheit auszeichnet und eine Vielzahl von Anwendungen unterstützt, besteht beim 24-Bit-Standard ein recht hoher Speicherbedarf. Eine True-Color-Bild von 1000 × 1000 Pixeln würde drei Millionen Byte erfordern. Außerdem würde das Bild selbst dann, wenn jedes seiner Pixel eine andere Farbe hätte, nur eine Million Farben aufweisen. In vielen Anwendungen ist die Anzahl der in den einzelnen Bildern erscheinenden Farben viel geringer. Aus diesem Grund scheint die Möglichkeit, 16,7 Millionen Farben gleichzeitig in einem einzelnen Bild darzustellen, des Guten etwas zu viel zu sein.

2.3 Nachschlagetabellen

Die Bilddarstellung mit Hilfe einer Nachschlagetabelle kann man als Kompromiss zwischen unserem Wunsch nach niedrigerem Speicherplatzbedarf und der Notwendigkeit ansehen, eine ausreichende Anzahl von Farben gleichzeitig zu unterstützen. Bei diesem Ansatz werden mit den Pixelwerten die Farben nicht direkt kodiert. Stattdessen handelt es sich um Adressen oder Indizes einer Farbwerttabelle. Die Farbe eines bestimmten Pixels wird durch den in der Tabelle eingetragenen Farbwert festgelegt, auf den der Wert des Pixels verweist.

Die Abbildung 2.4 zeigt eine Nachschlagetabelle mit 256 Einträgen, die Adressen von 0 bis 255 aufweisen. Jeder Eintrag enthält einen 24-Bit-RGB-Farbwert. Die Pixelwerte bestehen nun aus 1 Byte oder 8 Bits. Die Farbe eines Pixels, dessen Wert i lautet, wobei $0 \leq i \leq 255$ gilt, wird durch den Farbwert des Tabelleneintrags mit der Adresse i festgelegt. Diese Darstellung in einer aus 256 Einträgen bestehenden 24-Bit-Nachschlagetabelle wird oft als 8-Bit-Format bezeichnet. Damit verringert sich der Speicherplatzbedarf eines 1000 × 1000 Pixel großen Bilds auf eine Million Byte zuzüglich 768 Byte für die Farbwerte in der Nachschlagetabelle. Sie erlaubt die gleichzeitige Darstellung von 256 ausgewählten Farben aus einer möglichen Anzahl von 16,7 Millionen.

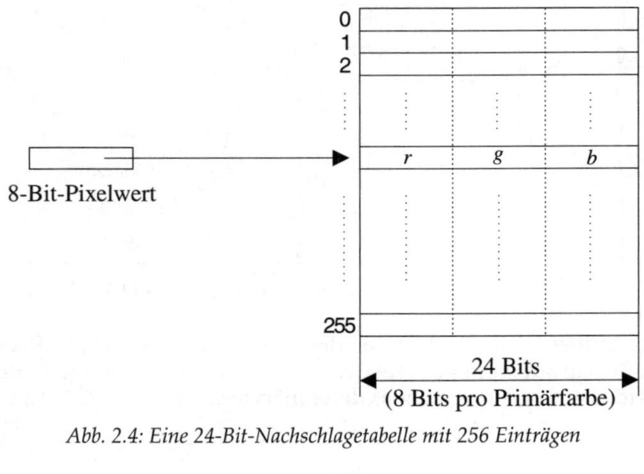

Abb. 2.4: Eine 24-Bit-Nachschlagetabelle mit 256 Einträgen

Bedient man sich für die Darstellung einer Nachschlagetabelle, ist es wichtig, daran zu denken, dass ein Bild nicht nur durch seine Pixelwerte, sondern auch durch die Farbwerte in der entsprechenden Nachschlagetabelle definiert wird. Diese Farbwerte bilden eine *Farbzuordnungstabelle* für das Bild.

2.4 Der Monitor

Unter den zahlreichen unterschiedlichen Geräten zur Bilddarstellung oder -ausgabe, die digital dargestellte Bilder in visuell wahrnehmbare umwandeln, gehört der Anzeige- oder Videomonitor.

Zunächst wollen wir uns das Funktionsprinzip eines Monochrommonitors anschauen, der hauptsächlich aus einer Kathodenstrahlröhre (Cathode Ray Tube, CRT) und den damit verbundenen Regelkreisen besteht. Bei der Kathodenstrahlröhre handelt es sich um eine Vakuumglasröhre, an deren einem Ende sich der Anzeigebildschirm und am anderen Ende die Anschlüsse zu den Regelkreise befinden (siehe Abb. 2.5). Die Innenseite des Bildschirms ist mit Phosphor beschichtet, der beim Auftreffen eines Elektronenstrahls für eine bestimmte Dauer Licht aussendet. Die Farbe des Lichts und die Dauer variieren je nach Art der Phosphorschicht. Das beim Auftreffen des Elektronenstrahls von der Phosphorschicht abgegebene Licht wird Fluoreszenz genannt, das nach Entfernen des Strahls anhaltende Leuchten bezeichnet man als Phosphoreszenz und die Dauer der Phosphoreszenz als Persistenz der Phosphorschicht.

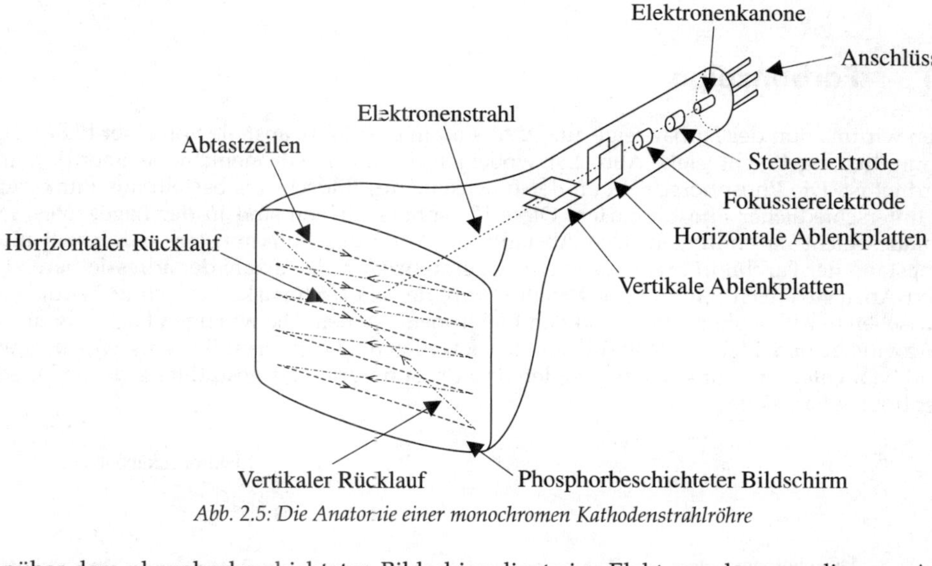

Abb. 2.5: Die Anatomie einer monochromen Kathodenstrahlröhre

Gegenüber dem phosphorbeschichteten Bildschirm liegt eine Elektronenkanone, die zum Aussenden von Elektronen aufgeheizt wird. Die Elektronen werden durch die Steuerelektrode reguliert und von der Fokussierelektrode in einem schmalen Strahl gebündelt, der in kleinen Punkten auf der Phosphorschicht auftrifft. Wenn dieser Elektronenstrahl die horizontalen und vertikalen Ablenkplatten passiert, wird er durch die elektrischen Felder zwischen den Platten abgelenkt. Die horizontalen Platten steuern den Strahl so, dass er den Bildschirm von links nach rechts abtastet und von rechts nach links zurückläuft. Die vertikalen Platten steuern ihn von der ersten Abtastzeile oben bis zur letzten Abtastzeile unten und lassen ihn dann von unten nach oben zurücklaufen. Diese Vorgänge werden durch die Regelkreise synchronisiert, so dass der Elektronenstrahl auf alle einzelnen Pixel einer Zeile auftrifft und sie zeilenweise abtastet. Alternativ zu dieser elektrostatischen Ablenkmethode verwenden einige Röhren magnetische Ablenkspulen, die an der Außenseite der Glashülle befestigt sind, um den Elektronenstrahl mit Hilfe von Magnetfeldern abzulenken.

Die Intensität des von der Phosphorschicht abgegebenen Lichts hängt von der Intensität des Elektronenstrahls ab. Die Regelkreise schalten den Elektronenstrahl während des horizontalen und vertikalen Rücklaufs ab. Die Intensität des Strahls an einer bestimmten Pixelposition wird durch den Intensitätswert des entsprechenden Pixels im anzuzeigenden Bild bestimmt.

Das Bild wird in einem eigenen Systemspeicherbereich abgelegt, den man oft als *Bildspeicher* oder *Bildwiederholpuffer* bezeichnet. Die mit dem Bildspeicher verbundenen Regelkreise erzeugen die entsprechenden Videosignale für den Monitor. Die Frequenz, mit der der Inhalt des Bildspeichers an den Monitor gesendet wird, bezeichnet man als *Bildwiederholfrequenz*, die normalerweise 50 Frames pro Sekunde (50 Hz) oder mehr beträgt. Ein wichtiger Faktor dabei ist die notwendige Vermeidung des Flimmerns, das bei niedrigeren Bildwiederholfrequenzen auftritt, wenn unser Gesichtssinn nicht in der Lage ist, die Lichtimpulse der Phosphorpunkte in ein stetiges Bild umzuwandeln. Andererseits muss die Persistenz der Phosphorschicht des Monitors lang genug sein, damit ein Bild sichtbar bleibt, aber kurz genug, damit es vor der Anzeige des nächsten Bilds verblasst.

Einige Monitore nutzen eine als Interlacing bezeichnete Technik, um ihre Bildwiederholfrequenz zu »verdoppeln«. In diesem Fall wird nur die Hälfte der Abtastzeilen eines Bilds gleichzeitig aktualisiert, und zwar zuerst die Zeilen mit ungeraden und dann die mit geraden Nummern. Auf diese Weise wird der Bildschirm von oben nach unten in der Hälfte der Zeit aktualisiert, die das Durchlaufen aller Abtastzeilen erfordert hätte. Obwohl dieser Ansatz die Frequenz, mit der der gesamte Bildschirm aktualisiert wird, nicht wirklich erhöht, ist er zur Reduzierung des Flimmerns sehr wirksam.

2.4.1 Farbanzeige

Wenden wir uns nun der Farbanzeige zu. Dazu sind in der Röhre anstelle von einer Elektronenkanone nun drei angebracht (siehe Abb. 2.6), wobei jeweils eine Elektronenkanone einer Primärfarbe zugeordnet ist. Die Phosphorschicht an der Innenseite des Bildschirms besteht aus Punktmustern dreier unterschiedlicher Phosphorarten. Diese Phosphorschichten sind in der Lage, rotes, grünes bzw. blaues Licht zu emittieren. Den Abstand zur Mitte des Punktmusters bezeichnet man als Punktabstand der Farbbildröhre. Er setzt eine Obergrenze für die Anzahl der adressierbaren Positionen im Anzeigebereich. Ein dünner Metallschirm, der als Lochmaske bezeichnet wird, befindet sich zwischen der Phosphorschicht und den Elektronenkanonen. Die winzigen Löcher in der Lochmaske zwingen den Elektronenstrahl auf den jeweiligen Phosphorpunkt. Aus einem gewissen Abstand betrachtet, mischt sich das von den drei Phosphorarten ausgestrahlte Licht und erscheint in einer breiten Farbskala.

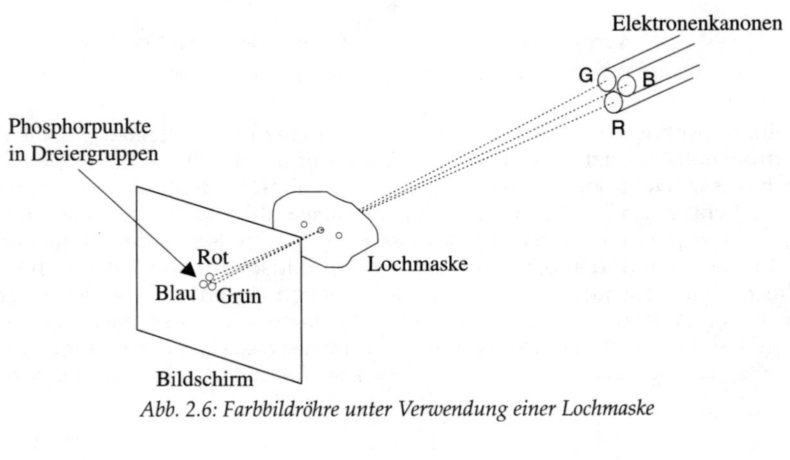

Abb. 2.6: Farbbildröhre unter Verwendung einer Lochmaske

2.5 Drucker

Ein weiteres gebräuchliches Gerät zur Darstellung von Bildern ist der Drucker. Ein Drucker lagert Farbpigmente auf einem Druckmedium ab, wobei sich das von dessen Oberfläche reflektierte Licht ändert, so dass das Druckergebnis für uns sichtbar wird.

In Anbetracht der Tatsache, dass es sich bei dem am häufigsten verwendeten Druckmedium um ein weißes Blatt Papier handelt, können wir im Prinzip drei Pigmentarten (Cyan, Magenta und Gelb) verwenden, um den Anteil des reflektierten roten, grünen und blauen Lichts zu regulieren und damit alle RGB-Farben zu erzeugen (siehe Abschnitt 2.1). In der Praxis wird jedoch aufgrund der relativ hohen Kosten für Farbpigmente und der technischen Schwierigkeiten, die mit der Herstellung qualitativ hochwertiger schwarzer Farbe aus mehren Farbpigmenten verbunden sind, häufig ein zusätzliches schwarzes Pigment eingesetzt.

Obwohl einige Druckmethoden das Mischen von Farbpigmenten erlauben, verbleiben die unterschiedlichen Farbpigmente in vielen Fällen als separate winzige Punkte auf dem Druckmedium. Darüber hinaus werden die Punkte oft in einer begrenzten Anzahl von Intensitätsstufen abgelagert. Darüber hinaus gibt es verschiedene andere Methoden, unterschiedliche Intensitäten zu erreichen. Die meisten dieser Methoden können auch von den im vorherigen Abschnitt erläuterten Anzeigegeräten übernommen werden.

2.5.1 Halbtöne

Betrachten wir zunächst eine traditionelle Methode der Druckindustrie, die man als Halbtöne bezeichnet und die für bitonale Geräte eingesetzt wird. Diese Methode verwendet unterschiedlich große Pigmentpunkte, die sich, aus einem gewissen Abstand betrachtet, mit dem weißen Hintergrund vermischen und uns den Eindruck verschiedener Intensitätsstufen vermitteln. Diese Punkte werden in einem Muster angeordnet, das einen Winkel von 45° zum Horizont bildet (siehe Abb. 2.7, in der die Punkte zur Veranschaulichung vergrößert dargestellt sind). Die Größe der Punkte verhält sich umgekehrt proportional zu dem beabsichtigten Intensitätsgrad. Aus ausreichender Entfernung betrachtet, weist der in Abb. 2.8 gezeigte Streifen eine graduell von Weiß (hohe Intensität) auf der linken Seite nach Schwarz (geringe Intensität) auf der rechten Seite verlaufende Schattierung auf. Ein mit dieser Methode hergestelltes Bild bezeichnet man als Halbtonbild. In der Praxis verwenden Halbtonbilder in Zeitungen 60 bis 80 Punkte pro Zoll, Halbtonbilder in Büchern und Zeitschriften hingegen 120 bis 200 Punkte pro Zoll.

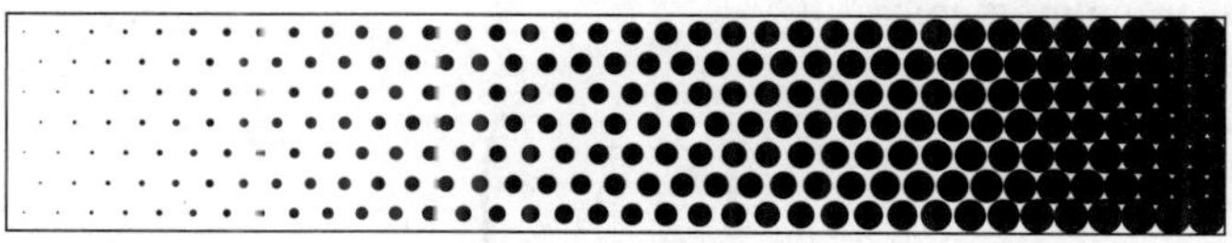

Abb. 2.7: Ein Halbtonstreifen

2.5.2 Näherungslösungen für Halbtöne

Anstelle einer Änderung der Punktgröße können wir uns durch die Verwendung von Pixelrastermustern der Halbtonmethode annähern. Bei einem bitonalen Pixelraster von 2 × 2 können wir beispielsweise fünf Rastermuster bilden, um fünf Gesamthelligkeitsstufen zu erzeugen (siehe Abb. 2.8). Diese Anzahl lässt sich erhöhen, indem wir das Pixelraster vergrößern. (Ein Beispiel finden Sie in den folgenden Absätzen.) Wenn allerdings mehrere Intensitätsstufen für die Pixel festgelegt werden können, kann sogar ein Raster von 2 × 2 eine relativ hohe Anzahl von Gesamthelligkeiten hervorbringen. Lassen sich die Pixel beispielsweise in vier unterschiedlichen Stufen aufhellen, so können wir der in Abb. 2.8 dargestellten Musterreihe folgen und die einzelnen Pixel von einer

Helligkeitsstufe auf die nächste bringen, um damit eine Näherung von insgesamt 13 Gesamthelligkeiten zu erreichen (eine für alle ausgeschalteten Pixel und vier für alle drei Intensitätsstufen, deren Wert nicht null beträgt; siehe Abb. 2.9).

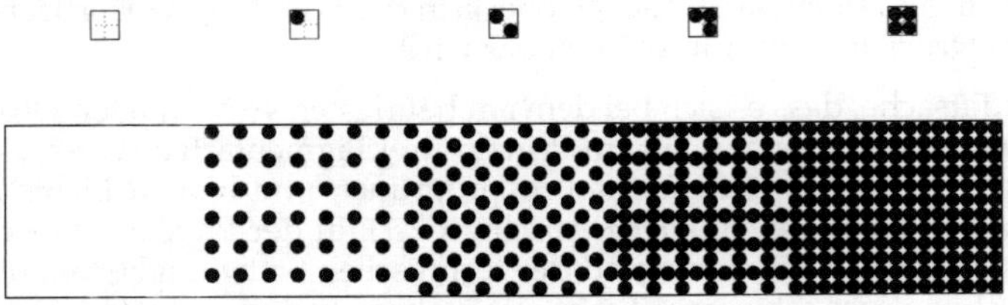

Abb. 2.8: Näherungslösungen für Halbtöne

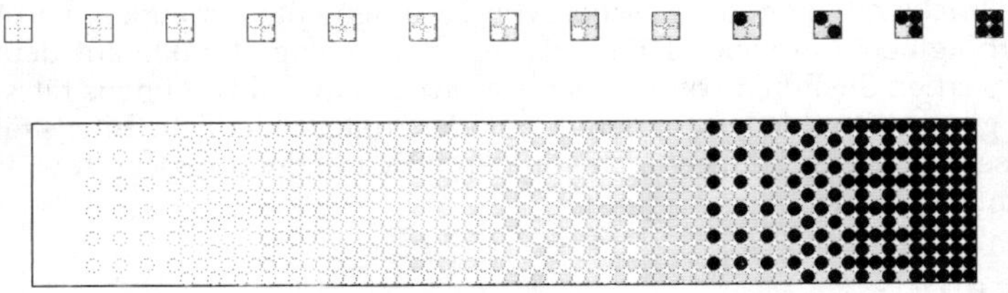

Abb. 2.9: Näherungslösungen für Halbtöne in 13 Helligkeitsstufen

Diese Halbtonrastermuster bezeichnet man manchmal auch als Dithering-Muster. Bei ihrem Entwurf sind mehrere Aspekte zu berücksichtigen. Erstens sollten die Pixel von der Mitte des Rasters aus zunehmend aufgehellt werden, um das Anwachsen der Punktgröße nachzuahmen. Zweitens sollte ein Pixel, das zur Näherung an eine bestimmte Gesamtintensität bis zu einem gewissen Grad aufgehellt wird, auf allen darauf folgenden Stufen mindestens auf dieser Helligkeit verbleiben. Mit anderen Worten, die Muster sollten sich stufenweise entwickeln, um die Unterschiede in den folgenden Helligkeitsstufen zu minimieren. Drittens sollte eine symmetrische Darstellung vermieden werden, um visuelle Artefakte, wie zum Beispiel Streifen – die in Bildbereichen mit einheitlicher Intensität erscheinen würden – so gering wie möglich zu halten. Viertens sollte man das Isolieren von eingeschalteten Pixeln vermeiden, da sie manchmal schwer zu reproduzieren sind.

Zur Darstellung einer Reihe von Dithering-Mustern können wir eine Dithering-Matrix verwenden. Die folgende 3×3-Matrix stellt beispielsweise die Reihenfolge dar, in der die Pixel in einem 3×3-Raster aufgehellt werden müssen:

$$\begin{pmatrix} 5 & 2 & 7 \\ 1 & 0 & 3 \\ 6 & 8 & 4 \end{pmatrix}$$

Bei der bitonalen Reproduktion erhalten wir zehn Helligkeitsstufen von 0 bis 9. Die Helligkeitsstufe 1 erreichen wir, indem wir alle Pixel einschalten, die den unter 1 liegenden Werten in der Dithering-Matrix entsprechen. Wenn jedes Pixel in drei verschiedenen Stufen aufgehellt werden kann, folgen wir der durch die Matrix festgelegten Reihenfolge, um die Pixel auf ihren mittleren und dann auf den hohen Intensitätsgrad zu setzen, um eine Näherung an insgesamt neunzehn Gesamthelligkeitsstufen zu erzeugen.

Diese Näherungsmethode für Halbtöne lässt sich leicht auf die Reproduktion von Farbbildern anwenden. Wir brauchen lediglich die Punkte an den einzelnen Pixelpositionen durch ein RGB- oder CMY-Punktmuster zu ersetzen (z.B. die in Abb. 2.6 dargestellten Dreiergruppen). Wenn wir ein 2 × 2-Pixelraster verwenden und jede Primärfarbe oder ihre Komplementärfarbe zwei Intensitätsstufen übernehmen kann, erhalten wir insgesamt 5 × 5 × 5 = 125 Farbkombinationen.

An dieser Stelle können wir uns der Tatsache zuwenden, dass es sich bei der Halbtonnäherung um eine Methode handelt, die die räumliche Auflösung zugunsten einer größeren Anzahl von Farben und Intensitätsstufenstufen zurückstellt. Bei einem Gerät, das Bilder mit einer Auflösung von 400 × 400 Pixeln pro Zoll erzeugen kann, würde die Näherung mit Hilfe von Dithering-Mustern der Größe 2 × 2 tatsächlich eine Verringerung der Auflösung auf 200 × 200 Pixel pro Zoll bedeuten.

2.5.3 Dithering

Eine Methode mit dem Namen Dithering kann als Näherungslösung für Halbtöne ohne gleichzeitige Verringerung der räumlichen Auflösung verwendet werden. Bei diesem Ansatz wird die Dithering-Matrix ähnlich behandelt wie Bodenfliesen, von denen eine neben die andere gelegt wird, bis sie schließlich den ganzen Boden bedecken, d.h. das Bild. Ein Pixel im Punkt (x, y) wird aufgehellt, wenn die Intensitätsstufe des Bilds an dieser Position höher ist als der entsprechende Wert in der Dithering-Matrix. Mathematisch gesehen gilt Folgendes: Wenn D_n für eine $n \times n$-Dithering-Matrix steht, dann ermittelt man das Element $D_n(i, j)$, das der Pixelposition (x, y) entspricht, durch $i = \times \bmod n$ und $j = y \bmod n$. Verwenden wir zum Beispiel die bereits zuvor für die bitonale Reproduktion genannte 3 × 3-Matrix und verfügt das Bild an der Position (2; 19) über die Intensitätsstufe 5, dann lautet das entsprechende Matrixelement $D_3(2; 1) = 3$, so dass ein Punkt an dieser Stelle gedruckt oder angezeigt werden sollte.

Bei Bildräumen mit konstanter Intensität werden genau dieselben Ergebnisse erzielt wie mit der Halbtonnäherung. Unterschiede in der Wiedergabe bei diesen beiden Methoden entstehen nur bei Intensitätsschwankungen.

2.5.4 Fehlerdiffusion

Eine weitere Methode zur Wiedergabe von Halbtönen ohne Einbußen in der räumlichen Auflösung wird als Floyd-Steinberg-Fehlerdiffusion bezeichnet. Dabei wird ein Pixel in der nächsten Intensitätsstufe gedruckt, die das Gerät liefern kann. Die Fehlerbedingung, d.h. der Unterschied zwischen dem genauen Pixelwert und dem genäherten Wert in der Darstellung, wird dann zum Ausgleich auf mehrere noch zu verarbeitende benachbarte Pixel ausgedehnt. Um es genauer zu erläutern, nehmen wir an, dass S das Quellbild ist, das in einer Pixelreihenfolge von links nach rechts und von oben nach unten verarbeitet wird, wobei es sich bei $S(x, y)$ um den Pixelwert am Punkt (x, y) handelt. e sei $S(x, y)$ minus dem genäherten Wert. Wir aktualisieren den Wert der vier angrenzenden Pixel (einer an der rechten Seite und drei in der nächsten Abtastzeile) wie folgt:

$$S(x+1, y) = S(x+1, y) + ae$$

$$S(x-1, y-1) = S(x-1, y-1) + be$$

$$S(x, y-1) = S(x, y-1) + ce$$

$$S(x+1, y-1) = S(x+1, y-1) + de$$

wobei die Parameter a bis d oft die Werte $\frac{7}{16}$, $\frac{3}{16}$, $\frac{5}{16}$ bzw. $\frac{1}{16}$ annehmen. Diese Veränderungen dienen dazu, die Nachbarpixel zum Ausgleich des Reproduktionsfehlers an der aktuellen Pixelposition zu verwenden. Es handelt sich dabei nicht um permanente Änderungen am Originalbild.

Denken Sie zum Beispiel an die Wiedergabe eines Graustufenbilds (0: Schwarz, 255: Weiß) auf einem bitonalen Gerät (Stufe 0: Schwarz, Stufe 1: Weiß): Wenn ein Pixel mit dem aktuellen Wert von 96 auf Stufe 0 abgebildet wurde, ergibt sich für diese Pixelposition $e = 96$. Der Wert des Pixels auf der rechten Seite wird nun um $96 \times \frac{7}{16} = 42$ erhöht, um die entsprechende Helligkeitsstufe für die Wiedergabe festzulegen. Dies kann leicht dazu führen, dass ein solcher Nachbarpixel mit einer höheren Intensitätsstufe dargestellt wird, womit die durch die Abbildung des Werts 96 auf Stufe 0 (die unter dem eigentlichen Pixelwert liegt) an der aktuellen Position entstandene Abweichung teilweise ausgeglichen wird. Die anderen drei angrenzenden Pixel (eines links darunter, eines direkt darunter und eines rechts darunter) erhalten die Werte 18, 30 bzw. 6 als Anteil am Darstellungsfehler an der aktuellen Position.

Die mit diesem Fehlerdiffusionsalgorithmus erzielten Ergebnisse sind im Allgemeinen zufriedenstellend, wobei gelegentlich in bestimmten Teilen des Bilds leichte Echoeffekte auftreten. Eine Leistungsverbesserung kann manchmal durch Umkehren der Abtastrichtung von links nach rechts bzw. rechts nach links erreicht werden (dabei müssen geringfügige Änderungen an den oben angegebenen Formeln vorgenommen werden).

2.6 Bilddateien

Zum Speichern und Übertragen werden digitale Bilder oft in Form von Binärdateien kodiert. Zu den zahlreichen Kodierungsformaten gehören BMP (Windows Bitmap), JPEG (Joint Photographic Experts Group File Interchange Format) und TIFF (Tagged Image File Format). Obwohl sich diese Formate in technischer Hinsicht unterscheiden, weisen sie strukturelle Ähnlichkeiten auf.

Abbildung 2.10 zeigt die typische Anordnung der in einer Bilddatei kodierten Informationen. Die Datei besteht im Großen und Ganzen aus zwei Teilen: dem Datei-Header und den Bilddaten. Am Anfang des Headers kennzeichnet ein Binärcode oder eine ASCII-Zeichenkette das verwendete Format, gegebenenfalls zusammen mit der Versionsnummer. Die Breite und die Höhe des Bilds werden durch die Anzahl der Pixel angegeben. Zu den gebräuchlichen Bildtypen gehören Schwarzweiß (1 Bit pro Pixel), 8-Bit-Graustufen (256 Stufen auf der Grauachse), 8-Bit-Farben (Nachschlagetabelle) und 24-Bit-Farben. Das Format legt die Reihenfolge fest, in der die Pixelwerte im Bilddatenabschnitt gespeichert werden. Gebräuchlich ist die Reihenfolge von links nach rechts und von oben nach unten. Eine andere mögliche Reihenfolge verläuft von links nach rechts und von unten nach oben. Das Bilddatenformat legt außerdem fest, ob die RGB-Werte in der Farbtabelle oder im Bild verschachtelt werden. Liegen sie verschachtelt vor, werden die drei Primärfarbenkomponenten eines bestimmten Nachschlagetabelleneintrags oder eines bestimmten Pixels fortlaufend zusammengehalten, gefolgt von den drei Farbkomponenten für den nächsten Eintrag oder das nächste Pixel. Daher handelt es sich bei den Farbwerten im Bilddatenabschnitt um eine Sequenz aus Rot, Grün, Blau, Rot, Grün, Blau usw. Werden die Werte nicht verschachtelt übergeben, erscheinen die Werte einer Primärfarbe für alle Tabelleneinträge oder Pixel zuerst, danach die Werte einer anderen Primärfarbe, gefolgt von denen der dritten Primärfarbe. Die Bilddaten liegen damit in der Form Rot, Rot, ..., Grün, Grün, ..., Blau, Blau, ... vor.

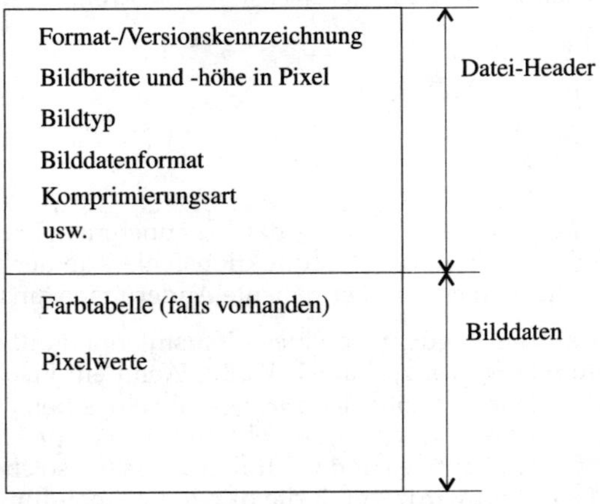

Abb. 2.10: Typisches Format einer Bilddatei

Die Werte im Bilddatenabschnitt können mit Hilfe eines Komprimierungsalgorithmus wie RLE (Run Length Encoding) komprimiert werden. Das Prinzip, das RLE zugrunde liegt, lässt sich anhand der Zeichenkette »*xxxxxxyyzzzz*« verdeutlichen, die einen Speicherplatz von 12 Bytes einnimmt. Wenn wir nun die Zeichenkette von links nach rechts nach Segmenten mit sich wiederholenden Zeichen durchsuchen und die einzelnen Segmente durch eine Wiederholungsanzahl von 1 Byte, gefolgt von dem sich wiederholenden Zeichen, ersetzen, konvertieren oder komprimieren wir die vorgegebene Zeichenkette in »6x2y4z«, was nur 6 Bytes in Anspruch nimmt. Diese komprimierte Version kann erweitert oder dekomprimiert werden, indem man das auf die einzelnen Wiederholungszahlen folgende Zeichen wiederholt, um die ursprüngliche Zeichenkette wiederherzustellen.

Oft ist die Länge des Headers festgelegt, weil es andernfalls erforderlich wäre, eine Längeninformation in ihn einzufügen, die angibt, wo die Bilddaten beginnen (einige Formate fügen die Länge des Headers automatisch ein). Andererseits hängt die Länge der einzelnen Komponenten im Bilddatenabschnitt von solchen Faktoren wie dem Bild- und Komprimierungstyp ab. Derartige Informationen finden sich zusammen mit zusätzlichen formatspezifischen Informationen ebenfalls im Header.

2.7 Setzen des Farbattributs eines Pixels

Das Setzen des Farbattributs einzelner Pixel ist wohl die einfachste Grafikoperation. Sie erfolgt normalerweise durch Aufruf an die Systembibliothek, um die betreffenden Werte in den Bildspeicher zu schreiben. Oft wird eine komplexe Datenstruktur wie zum Beispiel ein aus drei Elementen bestehendes Array verwendet, um die drei Primärfarbenkomponenten darzustellen. Unabhängig vom Bildtyp (direkte Kodierung oder Nachschlagetabelle) gibt es zwei mögliche Protokolle, um die Pixelkoordinaten und Farbwerte festzulegen.

In einem Protokoll stellt die Anwendung sowohl die Koordinaten- als auch die Farbinformationen gleichzeitig bereit. Damit sähe ein Aufruf, mit dem ein Pixel an der Position (x, y) in einem 24-Bit-Bild auf die Farbe (r, g, b) gesetzt werden soll, wie folgt aus:

```
setPixel(x, y, rgb)
```

wobei es sich bei *rgb* um ein aus drei Elementen bestehendes Array mit $rgb[0] = r$, $rgb[1] = g$ und $rgb[2] = b$ handelt. Wird dagegen eine Nachschlagetabelle für das Bild verwendet und die Farbe in der Tabelle festgelegt, dann würde der Aufruf wie folgt lauten:

```
setPixel(x, y, i),
```

wobei *i* die Adresse des Eintrags darstellt, der (r, g, b) enthält.

Ein anderes Protokoll basiert auf dem Vorhandensein einer aktuellen Farbe, die vom System aufrechterhalten wird und durch Aufrufe wie folgt festgelegt werden kann:

```
setColor(rgb)
```

bei der direkten Kodierung oder

```
setColor (i)
```

bei der Darstellung mit einer Nachschlagetabelle. Aufrufe zum Festlegen von Pixeln brauchen nun lediglich die Koordinateninformationen bereitzustellen und würden für beide Bildtypen wie folgt aussehen:

```
setPixel(x, y)
```

Bei der Ausführung der Operation verwendet das Grafiksystem automatisch die zuletzt genannte, aktuelle Farbe.

Einträge in Nachschlagetabellen können mit Hilfe eines wie folgt aussehenden Aufrufs aus der Anwendung heraus festgelegt werden:

```
setEntry(i, rgb)
```

Dieser fügt die Farbe (*r*, *g*, *b*) in den Eintrag mit der Adresse *i* ein. In umgekehrter Weise können die Werte in der Nachschlagetabelle mit folgendem Aufruf in die Anwendung zurückgelesen werden:

```
getEntry (i, rgb)
```

Dieser Aufruf gibt den Farbwert des Eintrags *i* über den Array-Parameter *rgb* zurück.

Manchmal bestehen zwei Versionen der Aufrufe, die RGB-Werte festlegen. Einer übernimmt RGB-Werte als Gleitkommazahlen im Bereich von [0,0; 1,0], während der andere sie als ganze Zahlen im Bereich von [0; 255] übernimmt. Obwohl die Gleitkommazahlen praktisch sind, wenn die Farbwerte aus stetigen Formeln stammen, werden sie vom Grafiksystem auf ganzzahlige Werte abgebildet, bevor sie in den Bildspeicher geschrieben werden.

Als grundlegende Unterstützung für pixelbasierte Bildverarbeitungsoperationen gibt es Aufrufe, die wie folgt aussehen:

```
getPixel(x, y, rgb)
```

für die direkte Kodierung oder

```
getPixel(x, y, i)
```

für die Darstellung in einer Nachschlagetabelle, um den Farb- oder Indexwert des Pixels an der Position (*x*, *y*) an die Anwendung zurückzugeben.

Außerdem gibt es Aufrufe, die rechteckige Pixelblöcke lesen und schreiben. Ein nützliches Beispiel ist ein Aufruf, der alle Pixel auf eine bestimmte Hintergrundfarbe setzt. Wenn das System eine aktuelle Farbe verwendet, würden wir diese zunächst auf die gewünschte Hintergrundfarbe setzen und dann den folgenden Aufruf vornehmen:

```
clear()
```

2.8 Beispiel: Bildliche Darstellung der Mandelbrot-Menge

Ein elegantes und anschauliches Beispiel, das den Aufbau schöner Bilder durch das Setzen von Farbattributen für einzelne Pixel direkt aus der Anwendung heraus verdeutlicht, ist die bildliche Darstellung der Mandelbrot-Menge. Diese bemerkenswerte Menge beruht auf der folgenden Transformation:

$$x_{n+1} = x_n^2 + z$$

wobei sowohl x als auch *z* komplexe Zahlen sind. Für Leser, die mit komplexen Zahlen nicht vertraut sind, reicht es zu wissen, dass eine komplexe Zahl in der Form $a + bi$ festgelegt wird. Hier handelt es sich bei *a* und *b* um reelle Zahlen; *a* wird als Realteil der komplexen Zahl und *b* als Imaginärteil (der durch das spezielle Symbol *i* gekennzeichnet ist) bezeichnet. Der Betrag von $a + bi$, angegeben in der Form $|a + bi|$, entspricht der Quadratwurzel von $a^2 + b^2$. Die Summe der beiden komplexen Zahlen $a + bi$ und $c + di$ wird als $(a + c) + (b + d)\,i$ definiert, das Produkt als $(ac - bd) + (ad + bc)i$ definiert. Das Quadrat von $a + bi$ entspricht daher $(a^2 - b^2) + 2abi$. Die Summe von $0{,}5 + 2{,}0i$ und $1{,}0 - 1{,}0i$ beträgt beispielsweise $1{,}5 + 1{,}0i$. Als Produkt ergibt sich $2{,}5 + 1{,}5i$. Das Quadrat von $0{,}5 + 2{,}0i$ ergibt $-3{,}75 + 2{,}0i$ und das Quadrat von $1{,}0 - 1{,}0i$ beträgt $0{,}0 - 2{,}0i$.

Bei der Mandelbrot-Menge handelt es sich um eine Menge komplexer Zahlen *z*, die unter der oben genannten Transformation mit $x_0 = 0$ nicht divergieren. (Sowohl der Real- als auch der Imaginärteil von x_0 sind 0). Mit anderen Worten: Um festzustellen, ob eine bestimmte komplexe Zahl *z* ein Element der Menge ist, beginnen wir mit $x_0 = 0$, gefolgt von $x_1 = x_0^2 + z$, $x_2 = x_1^2 + z$, ..., $x_{n+1} = x_n^2 + z$, ... Wenn $|x|$ bei der Erhöhung von *n* gegen unendlich geht, dann ist *z* kein Element. Andernfalls gehört *z* zur Mandelbrot-Menge.

Abbildung 2.11 zeigt, wie man eine diskrete Momentaufnahme der Mandelbrot-Menge erstellt. Auf der linken Seite befindet sich die komplexe Ebene, wo die horizontale Achse Re den Real- und die vertikale Achse Im den Imaginärteil komplexer Zahlen angibt. Daher entspricht eine beliebige komplexe Zahl z einem Punkt auf der komplexen Ebene. Unser Ziel ist es, ein Bild in Breite mal Höhe (in Anzahl der Pixel) zu erzeugen, das die z-Werte in einem rechteckigen Bereich abbildet, der durch (Re_min, Im_min) und (Re_max, Im_max) definiert wird. Dieser rechteckige Bereich weist dasselbe Seitenverhältnis wie das Bild auf, um geometrische Verzerrungen auszuschließen. Zur Anpassung an das Pixelraster des Bilds unterteilen wir den Raum. Die Farbe eines Pixels, das als kleines Quadrat im Pixelraster dargestellt wird, wird durch die komplexe Zahl z bestimmt, die der unteren linken Ecke des kleinen Quadrats entspricht. Obwohl in der komplexen Ebene nur Punkte in der Anzahl (Breite × Höhe) für die Bildberechnung verwendet werden, erzeugt dieser relativ direkte Ansatz der diskreten Abtastung halbwegs gute Näherungen für die bildliche Darstellung der Menge.

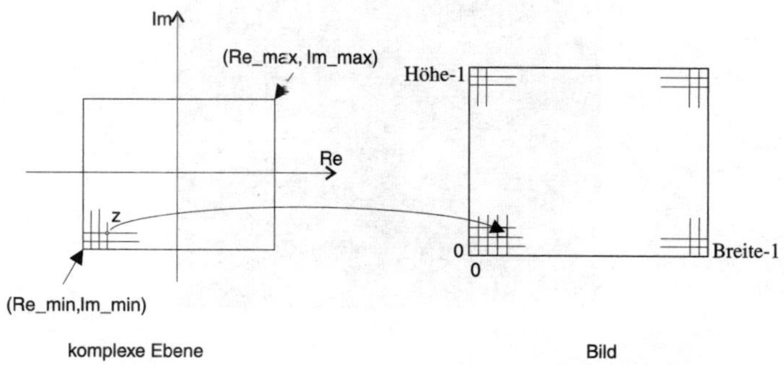

Abb. 2.11: Bildliche Darstellung der Mandelbrot-Menge

Es gibt viele Wege, die Farbe eines Pixels auf der Grundlage der entsprechenden komplexen Zahl z zu bestimmen. Hier erzeugen wir ein Graustufenbild, bei dem die Helligkeit eines nicht schwarzen Pixels proportional die Anzahl der Iterationen darstellt, die nötig sind, damit $|x|$ größer als 2 wird. Wir verwenden 2 als Schwellenwert für die Divergenz, da x unter der vorgegebenen Transformation schnell divergiert, wenn $|x|$ den Wert 2 erst einmal überschritten hat. Bleibt $|x|$ nach einer vorgegebenen maximalen Anzahl von Iterationen kleiner oder gleich 2, setzen wir den Pixelwert einfach auf 0 (Schwarz).

Der folgende Pseudocode führt das aus, was wir in den vorherigen Absätzen erläutert haben. Wir verwenden N zur Darstellung der maximalen Anzahl von Iterationen, z.real als Real- und z.imag als Imaginärteil von z. Außerdem gehen wir von einer Graustufentabelle mit 256 Einträgen aus, in der (i, i, i) der Farbwert in Eintrag i ist. Mit der Formel im zweiten Aufruf von `setColor` wollen wir eine proportionale Abbildung von $[0; N]$ bis $[1; 255]$ erzielen:

```
int i, j, count;
float delta a (Re_max-Re_min)/breite;
for (i = 0, z.real = Re_min; i < breite; i ++ , z.real+ = delta)
  for (j = 0, z.imag = Im_min; j < höhe; j++, z.imag+ = delta) {
    count = 0;
    komplexe Zahl x = 0;
    while (|x| <= 2,0 && count < N) {
      compute x = x^2 + z;
      count++;
    }
    if (|x| <= 2:0) setColor(0);
    else setColor(1+254*count/N);
    setPixel(i, j);
}
```

Das Bild in Abb. 2.12 zeigt ein Phänomen, das den Spitznamen Apfelmännchen trägt. Es stellt einen Bereich dar, in dem -2,0 ≤ z.real ≤ 0,5 und -1,25 ≤ z.imag ≤ 1,25 bei N = 64 ist. Die meisten der außerhalb dieses Bereichs liegenden z-Werte führen zu einer schnellen Divergenz von x,

während die z-Werte in dem schwarzen Bereich zur Mandelbrot-Menge gehören. Entlang der Kontur des Apfelmännchens sehen wir die meisten dynamischen Änderungen zwischen Divergenz und Nichtdivergenz zusammen mit den signifikantesten Schwankungen der im Divergenztest verwendeten Anzahl von Iterationen. Je heller ein Pixel ist, desto länger dauert es, Schlussfolgerungen über die Divergenz des entsprechenden z-Werts zu ziehen. Im Prinzip kann der rechteckige Bereich unendlich verkleinert werden, um aktive Regionen zu vergrößern und damit kompliziertere Details aufzuzeigen.

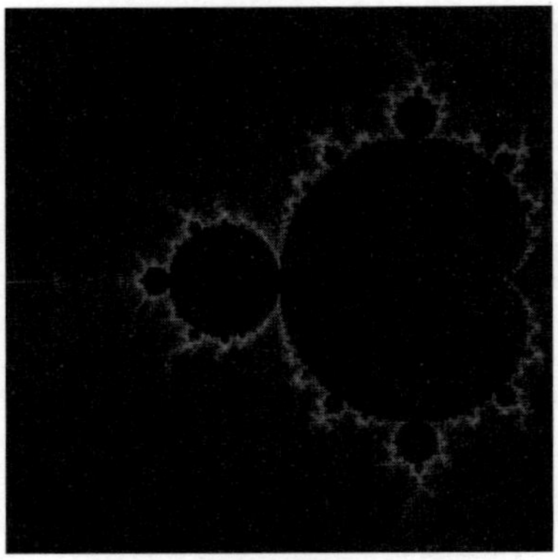

Abb. 2.12: Die Mandelbrot-Menge

2.8.1 Julia-Mengen

Wenn wir jetzt z auf einen festen Wert ungleich null setzen und x_0 die komplexe Ebene durchlaufen lassen, erhalten wir eine Menge nicht divergierender Zahlen (Werte von x_0, die unter der vorgegebenen Transformation nicht divergieren), die eine Julia-Menge bilden. Verschiedene z-Werte führen zu unterschiedlichen Julia-Mengen. Das Bild aus Abb. 2.13 lässt sich durch kleine Änderungen am Pseudocode für die Mandelbrot-Menge erzeugen. Es zeigt die Julia-Menge, die durch z = -0,74543 + 0,11301i mit -1,2 ≤ x_0.real ≤ 1,2, -1,2 ≤ x_0.imag ≤ 1,2 und N = 128 definiert ist.

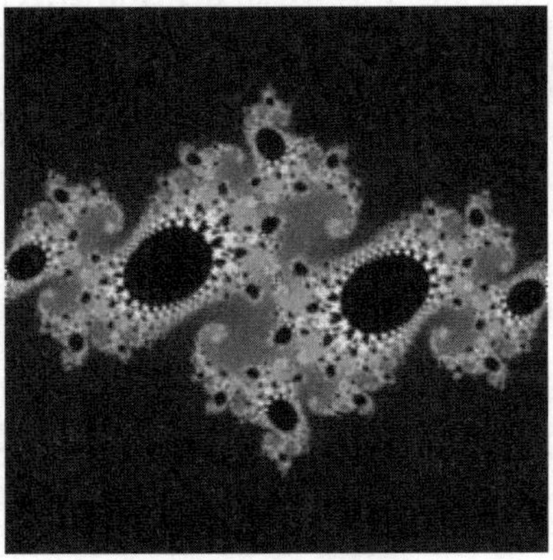

Abb. 2.13: Eine Julia-Menge

2.9 Aufgaben mit Lösungen

2.1 Was versteht man unter der Auflösung eines Bilds?

Lösung:

Die Anzahl der Pixel (d.h. Bildelemente) pro Längeneinheit (z.B. Zoll) in horizontaler sowie vertikaler Richtung.

2.2 Berechnen Sie die Größe eines Bilds von 640 × 480 mit 240 Pixeln pro Zoll.

Lösung:

640/240 mal 480/240 oder $2\frac{2}{3}$ mal 2 Zoll.

2.3 Berechnen Sie die Auflösung eines 2 × 2 Zoll großen Bilds, das aus 512 × 512 Pixeln besteht.

Lösung:

512/2 oder 256 Pixel pro Zoll.

2.4 Was ist das Seitenverhältnis eines Bilds?

Lösung:

Das Verhältnis seiner Breite zur Höhe, gemessen in Längeneinheiten oder der Pixelanzahl.

2.5 Wie groß ist die Breite eines Bilds, wenn seine Höhe 2 Zoll und das Seitenverhältnis 1,5 beträgt?

Lösung:

Breite = 1,5 × Höhe = 1,5 × 2 = 3 Zoll.

2.6 Wie hoch ist das resultierende Bild, wenn Sie die Größe eines 1024 × 768 großen Bilds so ändern wollen, dass seine Breite bei demselben Seitenverhältnis 640 Pixel beträgt?

Lösung:

Höhe = 640 × 768/1024 = 480.

2.7 Wenn wir ein Bild der Größe 512 × 512 aus der Mitte eines großen Bilds mit 800 × 600 Pixeln herausschneiden wollen, wie lauten dann im großen Bild die Koordinaten des Pixels in der unteren linken Ecke des kleinen Bilds?

Lösung:

[(800 - 512)/2, (600 - 512)/2] = (144, 44).

2.8 Manchmal wird das Pixel in der oberen linken Ecke eines Bilds als Ursprung des Pixelkoordinatensystems betrachtet (linksdrehendes System). Wie wandelt man die Koordinaten eines Pixels an der Position (x, y) in diesem Koordinatensystem in seine Koordinaten (x', y') in dem Koordinatensystem um, dessen Ursprung in der unteren linken Ecke liegt (rechtsdrehendes System)?

Lösung:

$(x', y') = (x, m - y - 1)$, wobei m die Anzahl der Pixel in vertikaler Richtung angibt.

2.9 Suchen Sie die CMY-Koordinaten einer Farbe bei (0,2; 1; 0,5) im RGB-Raum.

Lösung:

(1 - 0,2; 1 - 1; 1 - 0,5) = (0,8; 0; 0,5).

2.10 Suchen Sie die RGB-Koordinaten einer Farbei bei (0,15; 0,75; 0) im CMY-Raum.

Lösung:

(1 - 0,15; 1 - 0,75; 1 - 0) = (0,85; 0,25; 1).

2.11 Wie viele mögliche Farben stehen für die einzelnen Pixel zur Verfügung, wenn wir die direkte Kodierung von RGB-Werten mit 2 Bit pro Primärfarbe einsetzen?

Lösung:

$2^2 \times 2^2 \times 2^2 = 4 \times 4 \times 4 = 64$.

2.12 Wie viele mögliche Farben stehen uns für die einzelnen Pixel zur Verfügung, wenn wir die direkte Kodierung von RGB-Wert mit 10 Bits pro Primärfarbe verwenden?

Lösung:

$2^{10} \times 2^{10} \times 2^{10} = 1024^3 = 1.073.741.824 > 1$ Milliarde.

2.13 Die Methode der direkten Kodierung ist insofern flexibel, als sie die Zuweisung einer unterschiedlichen Anzahl von Bits zu den einzelnen Primärfarben erlaubt. Wie viele mögliche Farben stehen uns gleichzeitig zur Verfügung, wenn wir jeweils 5 Bits für Rot und Blau und 6 Bits für Grün bei insgesamt 16 Bits pro Pixel verwenden?

Lösung:

$2^5 \times 2^5 \times 2^6 = 2^{16} = 65.536$.

2.14 Über wie viele Einträge verfügt die Nachschlagetabelle, wenn wir 13-Bit-Pixelwerte für die Darstellung mit Hilfe einer Nachschlagetabelle verwenden?

Lösung:

$2^{12} = 4096$.

2.15 Wie viele Bytes belegt die Nachschlagetabelle, wenn wir 2-Byte-Pixelwerte für die Darstellung mit Hilfe einer 24-Bit-Nachschlagetabelle verwenden?

Lösung:

$2^{16} \times 24/8 = 65.536 \times 3 = 196.608$.

2.16 Richtig oder falsch: Fluoreszenz ist das Licht, das eine Phosphorschicht abgibt, nachdem sie einem Elektronenstrahl ausgesetzt war. Erläutern Sie Ihre Antwort.

Lösung:

Falsch. Der richtige Begriff lautet Phosphoreszenz. Fluoreszenz bezieht sich auf das von einer Phosphorschicht abgegebene Licht, während sie einem Elektronenstrahl ausgesetzt ist.

2.17 Was bedeutet Persistenz?

Lösung:

Die Dauer der bei einer Phosphorschicht auftretenden Phosphoreszenz.

2.18 Welche Funktion hat die Steuerelektrode in einer Kathodenstrahlröhre?

Lösung:

Sie reguliert die Intensität eines Elektronenstrahls.

2.19 Nennen Sie zwei Methoden, mit denen ein Elektronenstrahl abgelenkt werden kann.

Lösung:

Elektrostatische und magnetische Ablenkung.

2.20 Wie nennen Sie den Weg, den der Elektronenstrahl zurücklegt, wenn er auf die linke Seite des Bildschirms zurückkehrt?

Lösung:

Horizontaler Rücklauf.

2.21 Wie nennen Sie den Weg, den der Elektronenstrahl am Ende eines jeden Aktualisierungszyklus einschlägt?

Lösung:

Vertikaler Rücklauf.

2.22 Was versteht man unter dem Pitch-Abstand einer Farbbildröhre?

Lösung:

Die Entfernung zum Mittelpunkt des Punktmusters der Phosphorschicht auf der Innenseite des Bildschirms.

2.23 Warum verwenden viele Farbdrucker ein schwarzes Pigment?

Lösung:

Farbpigmente (Cyan, Magenta und Gelb) sind relativ teuer, und es ist technisch schwierig, aus mehreren Farbpigmenten ein qualitativ hochwertiges Schwarz zu erzeugen.

2.24 Zeigen Sie anhand eines Rasters aus $n \times n$ Pixeln, in dem die einzelnen Pixel m Intensitätsstufen annehmen können, dass wir eine Näherungslösung für insgesamt $n \times n \times (m - 1) + 1$ Gesamtintensitätsstufen darstellen können, deren Wert nicht null beträgt.

Lösung:

Da die $n \times n$ Pixel nacheinander auf einen von null verschiedenen Helligkeitswert gesetzt werden können, um $n \times n$ Gesamtintensitätsstufen zu erzeugen, und $m - 1$ Intensitätsstufen für die einzelnen Pixel vorhanden sind, deren Wert ungleich null ist, können wir eine Näherungslösung für insgesamt $n \times n \times (m - 1)$ Gesamtintensitätsstufen darstellen, deren Wert von null verschieden ist. Zuletzt müssen wir eine oder mehrere Gesamtintensitätsstufen hinzufügen, die einer Helligkeit von null (alle Pixel ausgeschaltet) entsprechen.

2.25 Stellen Sie das Rastermuster aus Abb. 2.8 mit einer Dithering-Matrix dar.

Lösung:

$$\begin{pmatrix} 0 & 2 \\ 3 & 1 \end{pmatrix}$$

2.26 Wie lauten die Fehlerfortpflanzungsformeln für eine Abtastreihenfolge von oben nach unten und von rechts nach links im Floyd-Steinberg-Fehlerdiffusionsalgorithmus?

Lösung:

$$\begin{aligned} S(x-1, y) &= S(x-1, y) + ae \\ S(x+1, y-1) &= S(x+1, y-1) + be \\ S(x, y-1) &= S(x, y-1) + ce \\ S(x-1, y-1) &= S(x-1, y-1) + de \end{aligned}$$

2.27 Was bedeutet RLE?

Lösung:

RLE steht für Run-Length Encoding, eine Methode zur Bilddatenkomprimierung.

2.28 Folgen sie dem anschaulichen Beispiel im Text, um die Zeichenkette zu rekonstruieren, die mit Hilfe von RLE zu »981435« komprimiert wurde.

Lösung:

»8888888884555«.

2.29 Wie groß ist vom Beginn des Speichersegments oder des Bilddatenabschnitts der Datei aus betrachtete der Versatz (Offset) oder die Verschiebung des Bytes für das Pixel an der Position (x, y), wenn ein 8-Bit-Graustufenbild unkomprimiert im sequenziellen Speicher oder in einer Bilddatei mit einer Pixelreihenfolge von links nach rechts und von unten nach oben gespeichert wird?

Lösung:

Versatz = $y \times n + x$, wobei n die Anzahl der Pixel in horizontaler Richtung angibt.

2.30 Wie ändert sich der Versatz, wenn das in Aufgabe 2.29 genannte Bild von links nach rechts und von oben nach unten gespeichert wird?

Lösung:

Versatz = $(m - y - 1)n + x$, wobei n und m die Anzahl der Pixel in horizontaler bzw. vertikaler Richtung sind.

2.31 Schreiben Sie einen Pseudocode-Abschnitt zur Initialisierung einer 24-Bit-Nachschlagetabelle mit 256 Einträgen und Graustufenwerten.

Lösung:

```
int i, rgb[3];
for (i = 0; i < 256; i++) {
    rbg[0] = rgb[1] = rgb[2] = i;
    setEntry(i, rgb);
}
```

2.32 Schreiben Sie einen Pseudocode-Abschnitt, um die roten und grünen Komponenten aller Farben in einer Nachschlagetabelle mit 256 Einträgen auszutauschen.

Lösung:

```
int i; rgb[3];
for (i = 0; i < 256; i++) {
rgb[0] = rgb[1] = rgb[2] = i;
setEntry(i; rgb);
}
```

2.33 Schreiben Sie einen Pseudocode-Abschnitt, um einen rechteckigen Bereich der Größe $w \times h$ (in der Anzahl der Pixel) zu zeichnen, der bei (x, y) beginnt, und verwenden Sie dabei die Farbe *rgb*.

Lösung:

```
int i, j;
setColor(rgb);
for (j = y; j < y + h; j++)
    for (i = x; i < x + w; i++) setPixel(i, j);
```

2.34 Schreiben Sie einen Pseudocode-Abschnitt, um eine dreieckige Fläche mit den drei Eckpunkten bei (x, y), $(x, y + t)$ und $(x + t, y)$ zu zeichnen, wobei die ganze Zahl $t \geq 0$ ist, und verwenden Sie dabei die Farbe *rgb*.

Lösung:

```
int i, j;
setColor(rgb);
for (j = y; j <= y + t; j++)
    for (i = x; i <= x + y+t - j; i++) setPixel(i, j);
```

2.35 Schreiben Sie einen Pseudocode-Abschnitt, um alle Pixel eines Bilds, das in der Darstellung der 24-Bit-Nachschlagetabelle mit 256 Einträgen enthalten ist, auf ihre Komplementärfarben zu setzen.

Lösung:

```
int i; rgb[3];
for (i = 0; i < 256; i++) {
  getEntry(i, rgb);
    rgb[0] = 255 - rgb[0];
    rgb[1] = 255 - rgb[1];
    rgb[2] = 255 - rgb[2];
    setEntry(i; rgb);
  }
```

2.36 Was geschieht, wenn das Bild aus Aufgabe 2.35 in 24-Bit-True-Color dargestellt wird?

Lösung:

```
int i; j; rgb[3];
for ( j = 0; j < height; j++)
  for (i = 0; i < width; i++) {
  getPixel(i, j, rgb);
    rgb[0] = 255 - rgb[0];
    rgb[1] = 255 - rgb[1];
    rgb[2] = 255 - rgb[2];
    setPixel(i, j, rgb);
}
```

2.37 Berechnen Sie die Summe und das Produkt aus 0,5 + 2,0*i* und 1,0 - 1,0*i*.

Lösung:

$(0{,}5 + 1{,}0) + (2{,}0 + (-1{,}0))i = 1{,}5 + 1{,}0i$

$(0{,}5 \times 1{,}0 - 2{,}0 \times (-1{,}0)) + (0{,}5 \times (-1{,}0) + 2{,}0 \times 1{,}0)i = 2{,}5 + 1{,}5i$

2.38 Berechnen Sie das Quadrat der beiden komplexen Zahlen aus Aufgabe 2.37.

Lösung:

$(0{,}5^2 + 2{,}0^2) + 2 \times 0{,}5 \times 1{,}0i = -3{,}75 + 2{,}0i$

$(1{,}0^2 - (-1{,}0)^2) + 2 \times 1{,}0 \times (-1{,}0)i = 0{,}0 -2{,}0i$

2.39 Zeigen Sie, dass 1 + 254 × `count`/*N* eine proportionale Abbildung von `count` bei [0; *N*] auf *c* bei [1; 255] ist.

Lösung:

Proportionale Abbildung bedeutet, dass wir folgendes Ergebnis erzielen wollen:

(*c* - 1)/(255 - 1) = (`count` - 0)/(*N* - 0)

Daher ist *c* = 1 + 254 × `count`/*N*.

2.40 Ändern Sie den Pseudocode zur bildlichen Darstellung der Mandelbrot-Menge so, dass die Julia-Mengen dargestellt werden.

Lösung:

```
int i,j, count;
float delta = (Re_max-Re_min)/Breite;
for(i = 0, x.real = Re_min; i < breite; i++, x.real+ = delta)
  for ( j = 0, x.imag = Im_min; j < höhe; j++, x.imag+ = delta) {
    count = 0;
    while (|x| ≤ 2:0 && count < N) {
      compute x = x² + z;
      count++;
    }
    if (|x| ≤ 2:0) setColor(0);
    else setColor(1 + 254*count/N);
    setPixel(i; j);
  }
```

2.41 Wie vermeidet man die Berechnung der Quadratwurzel bei der eigentlichen Implementierung der Algorithmen zur bildlichen Darstellung der Mandelbrot- und Julia-Mengen?

Lösung:

Test für $|x|^2 \leq 4{,}0$ anstelle von $|x| \leq 2{,}0$.

2.10 Weitere Aufgaben

2.42 Kann ein 5 × 3½ Zoll großes Bild ohne geometrische Verzerrungen in 6 × 4 Zoll dargestellt werden?

2.43 Wie lautet die Antwort, wenn das Original 5¼ × 3½ Zoll groß ist?

2.44 Gegeben ist ein Porträt. Beschreiben Sie einen einfachen Weg, die dargestellte Person schlanker wirken zu lassen.

2.45 Ein Bild in RGB-Farben kann mit Hilfe der Formel 0,299R + 0,587G + 0,114B für Graustufen in ein Graustufenbild umgewandelt werden (siehe Kapitel 11, Abschnitt 11.1 unter »Licht und Farbe«). Schreiben Sie einen Pseudocode-Abschnitt zur Umwandlung des Eingabebilds in eine Graustufenausgabe, wobei Sie davon ausgehen, dass `getPixel`(*x*, *y*, *rgb*) jetzt die Pixelwerte aus einem 24-Bit-Eingabebild liest und `setPixel`(*x*, *y*, *i*) dem Ausgabebild, das eine Graustufennachschlagetabelle verwendet, Pixelwerte zuweist.

Scan Conversion

3

Viele Bilder, von 2D-Zeichnungen bis hin zu projizierten Ansichten von 3D-Objekten, bestehen aus grafischen Grundelementen, wie zum Beispiel Punkten, Strecken, Kreisen und gefüllten Polygonen. Diese Bildkomponenten werden oft in einem stetigen Raum auf einer höheren Abstraktionsebene festgelegt als einzelne Pixel im diskreten Bildraum. Eine Strecke wird beispielsweise durch ihr beiden Endpunkte und die zugehörige Geradengleichung bestimmt, während ein Kreis durch seinen Radius, den Mittelpunkt und die Kreisgleichung definiert wird. Das Grafiksystem oder das Anwendungsprogramm ist dafür verantwortlich, die geometrische Definition der einzelnen Grundelemente in eine Menge von Pixeln umzuwandeln, aus denen sich das Grundelement im Bildraum zusammensetzt. Diese Aufgabe der Umwandlung bezeichnet man im Allgemeinen als Scan Conversion (»Abtastzeilenkonvertierung«) oder Rastern.

Der Schwerpunkt dieses Kapitels liegt auf den mathematischen und algorithmischen Aspekten der Scan Conversion. Wir erläutern Möglichkeiten zur wirkungsvollen und wirtschaftlichen Handhabung mehrerer oft vorkommender Grundelemente, wozu Punkte, Linien, Kreise, Ellipsen, Zeichen und gefüllte Bereiche gehören. Außerdem beschäftigen wir uns mit Methoden, die dabei helfen, die Unterschiede zwischen dem ursprünglichen Element und seiner diskreten Näherung zu »glätten«. Die Ausführung dieser Algorithmen und mathematischen Lösungen (und vieles mehr in den folgenden Kapiteln) unterscheidet sich je nach verwendetem System und kann mit verschiedenen Kombinationen aus Hardware, Firmware und Software erfolgen.

3.1 Scan Conversion eines Punkts

Für einen mathematischen Punkt (x, y), wobei es sich bei x und y um reelle Zahlen innerhalb eines Bildbereichs handelt, muss eine Scan Conversion in ein Pixel mit der Position (x', y') vorgenommen werden. Dies kann erfolgen, indem x' zum ganzzahligen Teil von x und y' zum ganzzahligen Teil von y wird. Mit anderen Worten, $x' = \texttt{Floor}(x)$ und $y' = \texttt{Floor}(y)$, wobei die Funktion `Floor` die größte ganze Zahl zurückgibt, die kleiner oder gleich dem Argument ist. Damit wird im Wesentlichen der Ursprung eines stetigen Koordinatensystems für (x, y) in der unteren linken Ecke des Pixelrasters im Bildraum platziert [siehe Abb. 3.1(*a*)]. Alle Punkte, die $x' \leq x < x' + 1$ und $y' \leq y < y' + 1$ entsprechen, werden auf das Pixel (x', y') abgebildet. Beispielsweise wird Punkt P_1 (1,7; 0,8) durch das Pixel (1; 0) und die beiden Punkte P_2 (2,2; 1,3) und P_3 (2,8; 1,9) durch das Pixel (2; 1) dargestellt.

Ein weiterer Ansatz besteht in der Ausrichtung der ganzzahligen Werte von (x, y) im Koordinatensystem an die Pixelkoordinaten [siehe Abb. 3.1(*b*)]. Hier können wir die Scan Conversion von (x, y) vornehmen, indem wir $x' = \texttt{Floor}(x + 0{,}5)$ und $y' = \texttt{Floor}(y + 0{,}5)$ ausführen. Damit wird im Wesentlichen der Ursprung (x, y) des Koordinatensystems im Mittelpunkt des Pixels (0; 0) positioniert. Alle Punkte, die $x' - 0{,}5 \leq x < x' + 0{,}5$ und $y' - 0{,}5 \leq y < y' + 0{,}5$ entsprechen, werden auf das Pixel (x', y') abgebildet. Das bedeutet, dass nun die beiden Punkte P_1 und P_2 durch das Pixel (2; 1) dargestellt werden, Punkt P_3 dagegen durch das Pixel (3; 2).

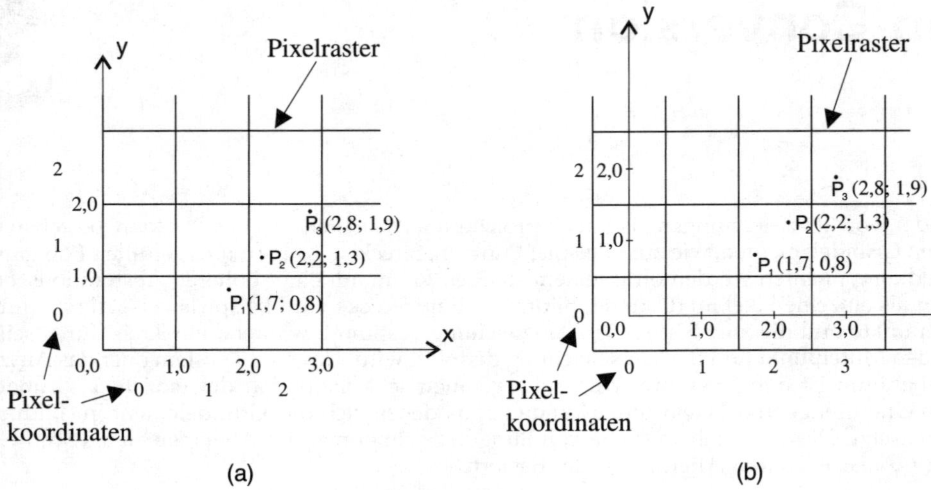

Abb. 3.1: Scan Conversion eines Punkts

In den folgenden Abschnitten gehen wir davon aus, dass dieser zweite Ansatz zur Anpassung des Koordinatensystems verwendet wird. Daher werden alle Pixel um die ganzzahligen Werte eines stetigen Koordinatensystems zentriert, um abstrakte grafische Grundelemente zu definieren.

3.2 Scan Conversion einer Linie

In der Computergrafik bezieht sich der Ausdruck Linie normalerweise auf eine Strecke, die Teil einer Geraden ist, welche in beiden Richtungen ins Unendliche läuft. Sie wird durch ihre beiden Endpunkte und die Geradengleichung $y = mx + b$ festgelegt, wobei m als Steigung und b als y-Achsenabschnitt bezeichnet wird. In Abb. 3.2 werden die beiden Endpunkte durch $P_1(x_1, y_1)$ und $P_2(x_2, y_2)$ angegeben. Die Geradengleichung beschreibt die Koordinaten aller zwischen den beiden Endpunkten liegenden Punkte.

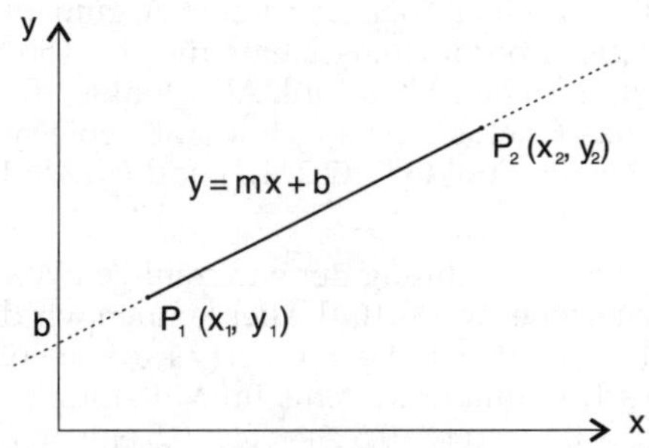

Abb. 3.2: Festlegen einer Linie

Ein Wort zur Vorsicht: Diese Steigungs-Achsenabschnitts-Gleichung eignet sich nicht für vertikale Linien. Horizontale, vertikale und diagonale ($|m| = 1$) Linien können (und oftmals sollten sie es auch) als Sonderfälle behandelt werden, ohne die folgenden Scan Conversion-Algorithmen zu durchlaufen. Diese häufig verwendeten Geraden können zur effizienten Ausführung direkt im Bildraum abgebildet werden.

3.2.1 Unmittelbare Anwendung der Geradengleichung

Ein einfacher Ansatz zur Scan Conversion einer Linien sieht zunächst die Scan Conversion von P_1 und P_2 in die Pixelkoordinaten (x_1', y_1') bzw. (x_2', y_2') vor. Anschließend legen Sie $m = (y_2' - y_1')/(x_2' - x_1')$ und $b = y_1' - mx_1'$ fest. Wenn $|m| \leq 1$, berechnen Sie mit Hilfe der Gleichung den Wert von y für alle ganzzahligen Werte von x zwischen x_1' und x_2' ausschließlich und nehmen eine Scan Conversion von (x, y) vor. Wenn $|m| > 1$, berechnen Sie mit Hilfe der Gleichung den Wert von x für alle ganzzahligen Werte von y zwischen y_1' und y_2' ausschließlich und nehmen eine Scan Conversion von (x, y) vor.

Obwohl dieser Ansatz mathematisch einwandfrei ist, erfordert er bei jedem Schritt, für den die Geradengleichung benutzt wird, eine Gleitkommastellenberechnung (Multiplikation und Addition), da es sich bei m und b im Allgemeinen um reelle Zahlen handelt. Die Herausforderung liegt darin, eine Möglichkeit zu finden, dasselbe Ziel so schnell wie möglich zu erreichen.

3.2.2 Der DDA-Algorithmus

Der DDA-Algorithmus (DDA – Digital Differential Analyzer) ist eine inkrementelle Scan-Conversion-Methode. Ein derartiger Ansatz zeichnet sich durch Berechnungen in den einzelnen Schritten aus, die jeweils die Ergebnisse des vorangegangen Schritts nutzen. Nehmen wir an, dass wir in Schritt i den Punkt (x_i, y_i) auf der Linie berechnet haben. Der nächste Punkt (x_{i+1}, y_{i+1}) sollte $\Delta y/\Delta x = m$ entsprechen, wobei $\Delta y = y_{i+1} - y_i$ und $\Delta x = x_{i+1} - x_i$ gilt. Es ergibt sich also

$$y_{i+1} = y_i + m\Delta x$$

oder

$$x_{i+1} = x_i + \Delta y/m$$

Diese Formeln werden im DDA-Algorithmus wie folgt eingesetzt. Wenn $|m| \leq 1$, beginnen wir mit $x = x_1'$ (wobei wir davon ausgehen, dass $x_1' < x_2'$) und $y = y_1'$ und setzen $\Delta x = 1$ (Einheitsinkrement in x-Richtung). Die y-Koordinate aller aufeinander folgenden Punkte auf der Linie wird mit Hilfe von $y_{i+1} = y_i + 1/m$ berechnet. Bei $|m| > 1$ beginnen wir mit $x = x_1'$ und $y = y_1'$ (unter der Voraussetzung, dass $y_1' < y_2'$) und setzen $\Delta y = 1$ (Einheitsinkrement in y-Richtung). Dieser Vorgang setzt sich so lange fort, bis x den Wert x_2' (für $|m| \leq 1$) oder y den Wert y_2' (für $|m| > 1$) erreicht und für alle ermittelten Punkte eine Scan Conversion in Pixelkoordinaten erfolgt ist.

Der DDA-Algorithmus ist schneller als die unmittelbare Anwendung der Geradengleichung, da er die Punkte auf der Linie ohne Gleitkommamultiplikation berechnet. Allerdings ist eine Gleitkommaaddition bei der Bestimmung der einzelnen aufeinander folgenden Punkte weiterhin erforderlich. Darüber hinaus könnte die Fehlerfortpflanzung durch die begrenzte Genauigkeit in der Gleitkommadarstellung dazu führen, dass berechnete Punkte von ihrer tatsächlichen Position abweichen, wenn die Linie relativ lang ist.

3.2.3 Der Linienalgorithmus von Bresenham

Der Linienalgorithmus von Bresenham ist eine äußerst leistungsfähige inkrementelle Methode für die Scan Conversion von Linien. Er führt zu mathematisch genauen Ergebnissen, indem er nur die ganzzahlige Addition, Subtraktion und Multiplikation mit 2 anwendet, die durch eine einfache arithmetische Verschiebeoperation erfolgen kann.

Die Methode funktioniert wie folgt. Nehmen wir an, dass wir eine Scan Conversion der in Abb. 3.3 gezeigten Strecke vornehmen wollen, wobei $0 < m < 1$. Wir beginnen bei Pixel $P_1'(x_1', y_1')$, wählen dann die nachfolgenden Pixel aus, indem wir uns um jeweils eine Pixelposition in horizontaler Richtung bis zu $P_2'(x_2', y_2')$ nach rechts vorarbeiten. Wurde ein Pixel durch einen Schritt ausgewählt, handelt es sich beim nächsten Pixel aufgrund des Grenzwerts von m entweder um das rechts daneben (die Obergrenze für die Strecke bildende) oder rechts darüber liegende Pixel (das die Untergrenze für die Strecke bildet). Die beste Näherung der Strecke erfolgt durch die Pixel, deren Abstand am wenigsten von ihrem tatsächlichen Weg zwischen P_1' und P_2' abweicht.

Bei der Verwendung der Schreibweise aus Abb. 3.3 lauten die Koordinaten des zuletzt ausgewählten Pixels zu Beginn des Schritts *i:* (x_i, y_i). Unsere Aufgabe liegt darin, aus dem unteren Pixel S und dem oberen Pixel T das nächste Pixel auszuwählen. Wird S gewählt, ergeben sich $x_{i+1} = x_i + 1$ und $y_{i+1} = y_i$. Wird T ausgewählt, haben wir $x_{i+1} = x_i + 1$ und $y_{i+1} = y_i + 1$. Die tatsächliche y-Koordinate der Linie $x = x_{i+1}$ ist $y = m_{i+1} + b = m(x_i + 1) + b$. Der Abstand von S zur wahren Linie in y-Richtung beträgt $s = y - y_i$. Der Abstand von T zur wahren Linie in y-Richtung ist $t = (y_i + 1) - y$.

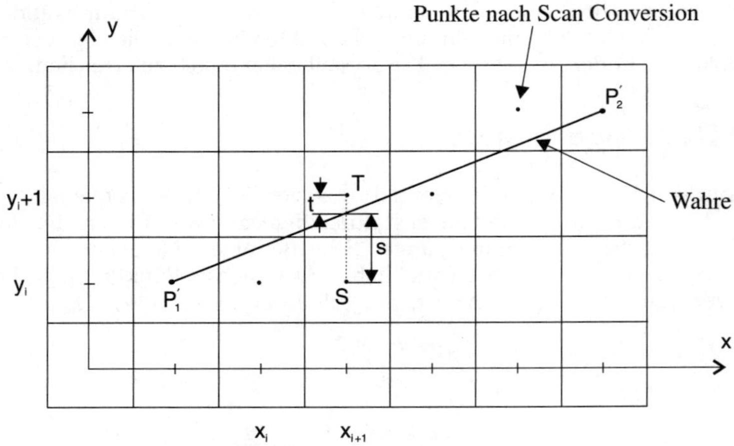

Abb. 3.3: Scan Conversion einer Strecke

Betrachten wir nun den Unterschied zwischen diesen beiden Abstandswerten: $s - t$. Wenn $s - t$ kleiner ist als null, ergibt sich $s < t$, und das nächstgelegene Pixel ist S. Wenn $s - t$ dagegen größer ist als null, haben wir $s > t$, und das nächstgelegene Pixel ist T. Ist $s - t$ gleich null, wählen wir ebenfalls T. Der Unterschied ergibt sich wie folgt:

$$\begin{aligned} s - t &= (y - y_i) - [(y_i + 1) - y] \\ &= 2y - 2y_i - 1 = 2m(x_i + 1) + 2b - 2y_i - 1 \end{aligned}$$

Wenn wir m durch $\Delta y/\Delta x$ ersetzen und eine Entscheidungsvariable $d_i = \Delta x(s - t)$ einfügen, die dasselbe Vorzeichen wie $(s - t)$ aufweist, da Δx in unserem Fall positiv ist, kommen wir zu folgendem Ergebnis:

$$d_i = 2\Delta y^* x_i - 2\Delta x^* y_i + C, \text{ wobei } C = 2\Delta y + \Delta x(2b - 1)$$

In ähnlicher Weise können wir die Entscheidungsvariable d_{i+1} für den nächsten Schritt wie folgt schreiben:

$$d_{i+1} - 2\Delta y^* x_{i+1} - 2\Delta x^* y_{i+1} + C$$

Daraus ergibt sich

$$d_{i+1} - d_i = 2\Delta y(x_{i+1} - x_i) - 2\Delta x(y_{i+1} - y_i)$$

Da $x_{i+1} = x_i + 1$, haben wir jetzt

$$d_{i+1} = d_i = 2\Delta y - 2\Delta x(y_{i+1} - y_i)$$

Handelt es sich bei dem ausgewählten Pixel um das obere Pixel T (was bedeutet, dass $d_i \geq 0$), dann ist $y_{i+1} = y_i + 1$, so dass

$$d_{i+1} = d_i + 2(\Delta y - 2\Delta x)$$

Wenn es sich bei dem ausgewählten Pixel dagegen um das untere Pixel S handelt (was bedeutet, dass $d_i < 0$), dann ergibt sich $y_{i+1} = y_i$, so dass

$$d_{i+1} = d_i + 2\Delta y$$

Somit ergibt sich:

$$d_{i+1} = \begin{cases} d_i + 2(\Delta y - \Delta x) & \text{if } d_i \geq 0 \\ d_i + 2\Delta y & \text{if } d_i < 0 \end{cases}$$

Abschließend berechnen wir d_1, den Basiswert für diese rekursive Formel, aus der ursprünglichen Definition der Entscheidungsvariablen d_i:

$$\begin{aligned} d_1 &= \Delta x[2m(x_1 + 1) + 2b - 2y_1 - 1] \\ &= \Delta x[2(mx_1 + b - y) + 2m - 1] \end{aligned}$$

Da $mx_1 + b - y_1 = 0$, ergibt sich nun

$$d_1 = 2\Delta y - \Delta x$$

Zusammenfassend kann Bresenhams Algorithmus zur Scan Conversion einer Strecke von P_1' (x_1', y_1') nach P_2' (x_2', y_2') mit $x_1' < x_2'$ und $0 < m < 1$ wie folgt angegeben werden:

```
int x = x1', y = y1';
int dx = x2' - x1', dy = y2' - y1', dT = 2(dy - dx), dS = 2dy;
int d = 2dy - dx;
setPixel(x,y);
while (x < x2') {
   x++
   if (d < 0)
      d = d + dS;
   else {
      y++;
      d = d + dT;
   }
   setPixel(x,y);
}
```

Hier initialisieren wir zuerst die Entscheidungsvariable *d* und legen das Pixel P_1' fest. Während der einzelnen Iterationen der `while`-Schleife erhöhen wir *x* auf die nächste horizontale Position, verwenden dann den aktuellen Wert von *d*, um das untere oder obere Pixel (Inkrement *y*) auszuwählen und *d* zu aktualisieren, und setzen am Ende das ausgewählte Pixel.

Bei Linien, die über andere *m*-Werte verfügen, können wir uns die Tatsache zunutze machen, dass sie entweder horizontal, vertikal oder diagonal in diesen Winkelbereich von 0° bis 45° gespiegelt werden können. Eine Strecke von (x_1', y_1') nach (x_2', y_2') mit $-1 < m < 0$ verfügt über ein horizontal gespiegeltes Gegenstück von $(x_1', -y_1')$ nach $(x_2', -y_2')$ mit $0 < m < 1$. Wir können einfach den Algorithmus zur Scan Conversion dieses Gegenstücks verwenden, müssen dabei aber die *y*-Koordinate am Ende der jeweiligen Iteration negieren, so dass das richtige Pixel für die Linie festgelegt wird. Bei einer Linie, deren Steigung sich im Bereich von 45° bis 90° befindet, können wir das gespiegelte Gegenstück durch einen Austausch der *x*- und *y*-Koordinaten ihrer Endpunkte erhalten. Dann können wir eine Scan Conversion dieses Gegenstücks durchführen, müssen aber beim Aufruf von `setPixel` *x* und *y* vertauschen.

3.3 Scan Conversion eines Kreises

Bei einem Kreis handelt es sich um eine symmetrische Figur. Ein kreiserzeugender Algorithmus kann diese Symmetrie nutzen, um acht Punkte für die einzelnen vom Algorithmus berechneten Werte einzuzeichnen. Die achtfache Symmetrie wird eingesetzt, indem alle berechneten Punkte an allen 45°-Achsen gespiegelt werden. Würde beispielsweise Punkt 1 aus Abb. 3.4 mit einem Kreisalgorithmus berechnet, könnte man durch Spiegelung sieben weitere Punkte ermitteln. Die Spiegelung erfolgt durch Umkehrung der x- und y-Koordinaten wie in Punkt 2, Umkehrung der x- und y-Koordinaten und Spiegelung an der y-Achse wie in Punkt 3, Spiegelung an der y-Achse wie in Punkt 4, Wechseln der Vorzeichen von x und y wie in Punkt 5, Umkehrung der x- und y-Koordinaten, Spiegeln an der y-Achse und Spiegeln an der x-Achse wie in Punkt 6, Umkehren der x- und y-Koordinaten und Spiegeln an der y-Achse wie in Punkt 7 und Spiegeln an der x-Achse wie in Punkt 8.

Zusammenfassend ergibt sich Folgendes:

$$P_1 = (x, y) \qquad P_5 = (-x, -y)$$
$$P_2 = (y, x) \qquad P_6 = (-y, -x)$$
$$P_3 = (-y, x) \qquad P_7 = (y, -x)$$
$$P_4 = (-x, y) \qquad P_8 = (x, -y)$$

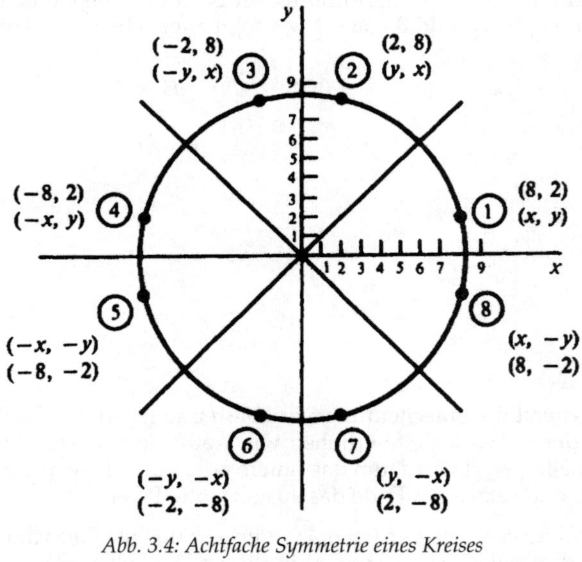

Abb. 3.4: Achtfache Symmetrie eines Kreises

3.3.1 Die Definition eines Kreises

Es gibt zwei Standardmethoden, einen Kreis um den Ursprung mathematisch zu definieren. Die erste Methode definiert einen Kreis mit der Polynomgleichung zweiter Ordnung (siehe Abb. 3.5):

$$y^2 = r^2 - x^3$$

wobei

x = die x-Koordinate

y = die y-Koordinate

r = der Kreisradius

Bei dieser Methode ermittelt man die einzelnen x-Koordinaten im Sektor von 90° bis 45°, indem x schrittweise von 0 bis $r/\sqrt{2}$ verschoben wird, während man die einzelnen y-Koordinaten durch Auswertung von $\sqrt{r^2 - x^2}$ aus den einzelnen Schritten von x berechnet. Diese Methode ist jedoch sehr ineffizient, da für jeden Punkt sowohl x als auch r quadriert und voneinander subtrahiert werden müssen. Danach muss die Quadratwurzel des Ergebnisses gezogen werden.

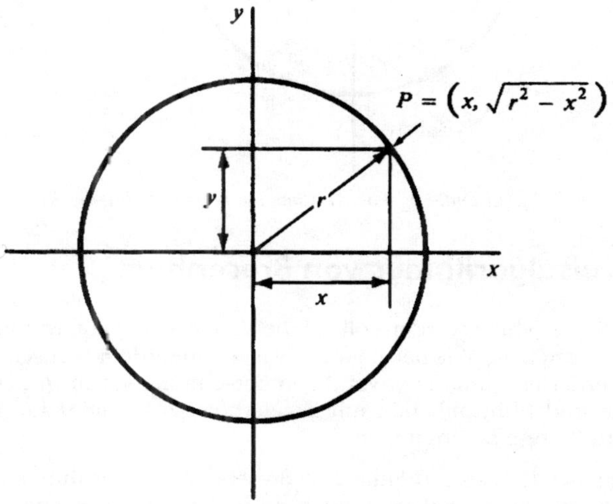

Abb. 3.5: Ein mit einer Polynomgleichung zweiter Ordnung festgelegter Kreis

Die zweite Methode zur Kreisdefinition nutzt trigonometrische Funktionen (siehe Abb. 3.6):

$x = r \cos \theta$ $\quad\quad$ $y = r \sin \theta$

wobei

θ = aktueller Winkel

r = Kreisradius

x = x-Koordinate

y = y-Koordinate

Bei dieser Methode wird θ schrittweise von θ nach $\pi/4$ verschoben, wobei die einzelnen Werte von x und y berechnet werden. Allerdings ist die Berechnung von sin θ und cos θ noch zeitaufwändiger als die bei der ersten Methode erforderlichen Berechnungen.

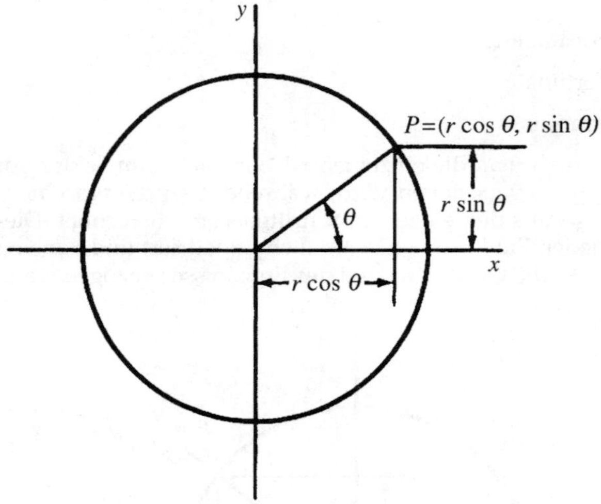

Abb. 3.6: Ein mit trigonometrischen Funktionen definierter Kreis

3.3.2 Der Kreisalgorithmus von Bresenham

Wenn ein Kreis schnell gezeichnet werden soll, ist die Verwendung von trigonometrischen Funktionen und Potenzen zu vermeiden. Wie bei einer Linie ist es außerdem wünschenswert, die zum Auffinden der scan-konvertierten Punkte notwendigen Berechnungen nur mit Hilfe der ganzzahligen Addition, Subtraktion und Multiplikation mit Zweierpotenzen durchzuführen. Der *Kreisalgorithmus von Bresenham* erfüllt diese Bedingungen.

Die Scan Conversion eines Kreises mit Hilfe von Bresenhams Algorithmus funktioniert wie folgt. Wird die achtfache Symmetrie ausgenutzt, brauchen die Punkte nur in einem Winkel von 45° generiert zu werden. Wenn die Punkte von 90° bis 45° erzeugt werden, erfolgen Verschiebungen nur in *+x-* und *-y*-Richtung (siehe Abb. 3.7).

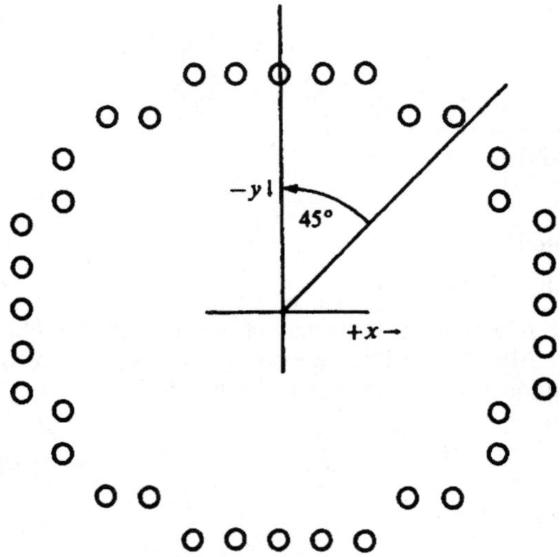

Abb. 3.7: Kreis bei einer Scan Conversion mit dem Algorithmus von Bresenham

Die beste Näherung des wahren Kreises wird von den Pixeln im Raster beschrieben, die die geringste Entfernung vom wahren Kreis aufweisen. Schauen Sie sich Abb. 3.8 an. Bitte beachten Sie, dass alle neuen Punkte, die dem wahren Kreis am nächsten liegen, ermittelt werden können, indem man eine der beiden folgenden Aktionen ausführt: (1) Verschiebung um eine Einheit in x-Richtung oder (2) Verschiebung um eine Einheit in x-Richtung und Verschiebung um eine Einheit in die negative y-Richtung. Daher brauchen Sie lediglich eine Methode, zwischen diesen beiden Möglichkeiten zu entschieden, um die dem wahren Kreis am nächsten gelegenen Punkte zu finden.

Nehmen wir an, dass zu Beginn von Schritt i die Koordinaten des letzten scan-konvertierten Pixels (x_i, y_i) lauten (siehe Abb. 3.8). Sei das Quadrat der Entfernung vom Ursprung zum Pixel T zum Quadrat abzüglich des Quadrats der Entfernung zum wahren Kreis gleich D(T). Dann sei das Quadrat der Entfernung vom Ursprung zum Pixel S abzüglich des Quadrats der Entfernung zum wahren Kreis gleich D(S). Da die Koordinaten von T $(x_i + 1, y_i)$ und die Koordinaten von S $(x_i + 1, y_i - 1)$ lauten, kann der folgende Ausdruck geschrieben werden:

$$D(\mathrm{T}) = (x_i + 1)^2 + y_i^2 - r^2 \qquad\qquad D(\mathrm{S}) = (x_i + 1)^2 + (y_i - 1)^2 - r^2$$

Diese Funktion D liefert ein relatives Maß für den Abstand vom Mittelpunkt eines Pixels zum wahren Kreis. Da D(T) stets positiv (T liegt außerhalb des wahren Kreises) und D(S) immer negativ ist (S liegt innerhalb des wahren Kreises), kann eine Entscheidungsvariable d_i wie folgt definiert werden:

$$d_i = D(\mathrm{T}) + D(\mathrm{S})$$

Daher gilt

$$d_i = 2(x_i + 1)^2 + y_i^2 + (y_i - 1)^2 - 2r^2$$

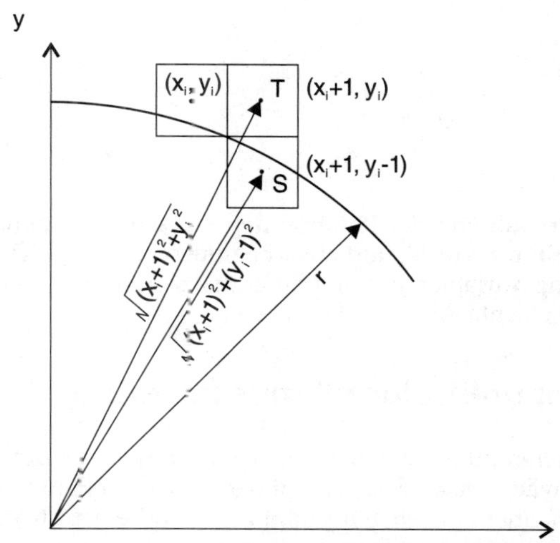

Abb. 3.8: Die Auswahl von Pixeln im Kreisalgorithmus von Bresenham

Wenn $d_i < 0$, gilt $|D(\mathrm{T})| < |D(\mathrm{S})|$ und Pixel T wird ausgewählt. Wenn $d_i \geq 0$, haben wir $|D(\mathrm{T})| \geq |D(\mathrm{S})|$ und Pixel S wird ausgewählt. Außerdem können wir die Entscheidungsvariable d_{i+1} für den nächsten Schritt schreiben:

$$d_{i+1} = 2(x_{i+1} + 1)^2 + y_{i+1}^2 + (y_{i+1} - 1)^2 - 2r^2$$

Daher ist

$$d_{i+1} - d_i = 2(x_{i+1} + 1)^2 + y_{i+1}^2 + (y_{i+1} - 1)^2 - 2(x_i + 1)^2 - y_i^2 - (y_i - 1)^2$$

Da $x_{i+1} = x_i + 1$, ergibt sich

$$d_{i+1} = d_i + 4x_i + 2(y_{i+1}{}^2 - y_i^2) - 2(y_{i+1} - y_i) + 6$$

Ist T das ausgewählte Pixel (was bedeutet, dass $d_i < 0$), dann ist $y_{i+1} = y_i$, so dass

$$d_{i+1} = d_i + 4x_i + 6$$

Ist dagegen S das ausgewählte Pixel (was bedeutet, dass $d_i \geq 0$), dann ist $y_{i+1} = y_i - 1$, so dass

$$d_{i+1} = d_i + 4(x_i - y_i) + 10$$

Somit haben wir nun

$$d_{i+1} = \begin{cases} d_i + 4x_i + 6 & \text{für} \quad \text{if } d_i < 0 \\ d_i + 4(x_i - y_i) + 10 & \text{für} \quad \text{if } d_i \geq 0 \end{cases}$$

Abschließend legen wir $(0, r)$ als Ausgangspixelkoordinaten fest und berechnen den Basiswert d_i für diese rekursive Formel aus der ursprünglichen Definition von d_i:

$$d_1 = 2(0 + 1)^2 + r^2 + (r - 1)^2 - 2r^2 = 3 - 2r$$

Jetzt können wir den Algorithmus zum Erzeugen aller Pixelkoordinaten im Oktanten von 90° bis 45° zusammenfassen, die bei der Scan Conversion eines Kreises mit dem Radius r benötigt werden:

```
int x = 0, y = r, d = 3 - 2r;
while (x <= y) {
   setPixel(x,y);
   if (d < 0)
      d = d + 4x +6;
   else {
      d = d + 4(x - y) + 10;
      y--;
   }
   x++;
}
```

Bitte beachten Sie, dass wir während der Iteration der `while`-Schleife zunächst ein Pixel festlegen, dessen Position bereits bestimmt wurde, und zwar beginnend bei $(0, r)$. Dann prüfen wir den aktuellen Wert der Entscheidungsvariablen d, um d zu aktualisieren, und legen die richtige y-Koordinate des nächsten Pixels fest. Schließlich erhöhen wir x.

3.3.3 Der Mittenpunktsalgorithmus für Kreise

Nun stellen wir einen weiteren inkrementellen Kreisalgorithmus vor, der große Ähnlichkeiten mit dem Ansatz von Bresenham aufweist. Er basiert auf der folgenden Funktion zur Prüfung der räumlichen Beziehung zwischen einem beliebigen Punkt (x, y) und einem Kreis um den Ursprung mit dem Radius r:

$$+y^2 - r^2 \begin{cases} < 0 & \text{(x.y) innerhalb des Kreises} \\ = 0 & \text{(x,y) auf dem Kreis} \\ > 0 & \text{(x.y) außerhalb des} \end{cases}$$

Betrachten Sie nun in Abb. 3.8 die Koordinaten des Punkts, der auf halber Strecke zwischen Pixel T und Pixel S liegt: $(x_i + 1, y_i - \frac{1}{2})$. Er wird als Mittenpunkt bezeichnet, und wir verwenden ihn zur Definition eines Entscheidungsparameters:

$$p_i = f(x_i + 1, y_i - \tfrac{1}{2}) = (x_i + 1)^2 + (y_i - \tfrac{1}{2})^2 - r^2$$

Ist p_i negativ, befindet sich der Mittenpunkt innerhalb des Kreises, weshalb wir Pixel T auswählen. Ist p_i dagegen positiv (oder gleich null), befindet sich der Mittelpunkt außerhalb des Kreises (oder auf dem Kreis) und wir wählen Pixel S. Entsprechend lautet der Entscheidungsparameter für den nächsten Schritt:

$$p_{i+1} = (x_{i+1} + 1)^2 + (y_{i+1} - \tfrac{1}{2})^2 - r^2$$

Da $x_{i+1} = x_i + 1$, ergibt sich nun

$$p_{i+1} - p_i = [(x_i + 1) + 1]^2 - (x_i + 1)^2 + (y_{i+1} - \tfrac{1}{2})^2 - (y_i - \tfrac{1}{2})^2$$

Daher ist

$$p_{i+1} = p_i + 2(x_i + 1) + 1 + (y_{i+1}{}^2 - y_i^2) - (y_{i+1} - y_i)$$

Wird Pixel T ausgewählt (was bedeutet, dass $p_i < 0$), ergibt sich $y_{i+1} = y_i$. Wird dagegen Pixel S ausgewählt (was bedeutet, dass $p_i \geq 0$), dann haben wir $y_{i+1} = y_i - 1$. Daher ist

$$p_{i+1} = \begin{cases} p_i + 2(x_i - 1) + 1 & \text{für if } p_i < 0 \\ p_i + 2(x_i - 1) + 1 - 2(y_i - 1) & \text{für if } p_i \geq 0 \end{cases}$$

Wir können nun damit fortfahren, diesen Vorgang in Abhängigkeit von (x_i, y_i) zu vereinfachen, und erhalten

$$p_{i+1} = \begin{cases} p_i + 2x_i + 3 & \text{für if } p_i < 0 \\ p_i + 2(x_i - y_i) + 5 & \text{für if } p_i \geq 0 \end{cases}$$

Wir können diese Formel auch in Abhängigkeit von (x_{i+1}, y_{i+1}) schreiben und erhalten dann

$$p_{i+1} = \begin{cases} p_i + 2x_{i+1} + 1 & \text{für if } p_i < 0 \\ p_i + 2(x_{i+1} - y_{i+1}) + 1 & \text{für if } p_i \geq 0 \end{cases}$$

Abschließend berechnen wir den Anfangswert für den Entscheidungsparameter mit Hilfe der ursprünglichen Definition von p_i und $(0, r)$:

$$p_i = (0 + 1)^2 + (r - \tfrac{1}{2})^2 - r^2 = \tfrac{5}{4} - r$$

Man kann sehen, dass dies keine echte ganzzahlige Berechnung ist. Ist r jedoch eine ganze Zahl, können wir einfach $p_1 = 1 - r$ festlegen. Trotz des Fehlers, dass dieser Wert $\frac{1}{4}$ unter dem genauen Wert liegt, erhält p_1 das richtige Vorzeichen. Dies hat auch keinen Einfluss auf den weiteren Scan-Conversion-Prozess, da die Entscheidungsvariable nur mit ganzzahligen Inkrementen in aufeinander folgenden Schritten aktualisiert wird.

Es folgt eine Beschreibung dieses Mittenpunkt-Kreisalgorithmus, der die Pixelkoordinaten im Oktanten von 90° bis 45° generiert:

```
int x = 0, y = r, p = 1 - r;
while (x <= y) {
   setPixel(x,y);
   if (p < 0)
```

```
        p = p + 2x + 3;
    else {
        p = p + 2(x - y) + 5;
        y--;
    }
    x++;
}
```

3.3.4 Kreise mit willkürlichen Mittelpunkten

In der obigen Erläuterung der Kreisalgorithmen haben wir angenommen, dass ein Kreis im Ursprung zentriert wird. Um eine Scan Conversion eines in (x_c, y_c) zentrierten Kreises vorzunehmen, können wir einfach die Anweisung `setPixel`(x, y) in der Beschreibung des Algorithmus durch `setPixel`$(x + x_c, y + y_c)$ ersetzen. Diese Vorgehensweise funktioniert, weil ein in (x_c, y_c) zentrierter Kreis als ein im Ursprung zentrierter Kreis betrachtet werden kann, der in x- und y-Richtung um x_c bzw. y_c verschoben wird. Die Scan Conversion dieses willkürlich zentrierten Kreises können wir durchführen, indem wir die scan-konvertierten Pixel in derselben Weise verschieben, wie wir den Mittelpunkt des Kreises aus dem Ursprung verschieben.

3.4 Scan Conversion einer Ellipse

Wie der Kreis weist auch die Ellipse eine Symmetrie auf. Hierbei handelt es sich jedoch nicht um eine acht-, sondern um eine vierfache Symmetrie. Es gibt zwei Methoden, Ellipsen mathematisch zu definieren:

3.4.1 Die Polynomdefinition einer Ellipse

Die Polynommethode zur Definition einer Ellipse (Abb. 3.9) ergibt sich durch den folgenden Ausdruck:

$$\frac{(x-h)^2}{a^2} + \frac{(y-k)^2}{b^2} = 1$$

wobei

(h, k) = Mittelpunkt der Ellipse

a = Länge der großen Halbachse

b = Länge der kleinen Halbachse

Wenn die Polynommethode zur Definition einer Ellipse verwendet wird, wird der Wert von x inkrementell von h auf a erhöht. Für jeden einzelnen Schritt von x findet man die Werte von y durch Berechnen des Ausdrucks

$$y = b\sqrt{1 - \frac{(x-h)^2}{a^2}} + k$$

Diese Methode ist jedoch sehr ineffizient, da das Quadrat von a und $(x - h)$ ermittelt werden muss. Dann muss eine Gleitkommadivision von $(x - h)^2$ durch a^2 und eine Gleitkommamultiplikation der Quadratwurzel aus $[1 - (x - h)^2/ a^2]$ mit b erfolgen (siehe Aufgabe 3.20).

Zwar hat man Routinen für die Scan Conversion allgemeiner Polynomgleichungen einschließlich Ellipsen gefunden, allerdings sind diese sehr logikintensiv und bilden daher sehr langsame Methoden.

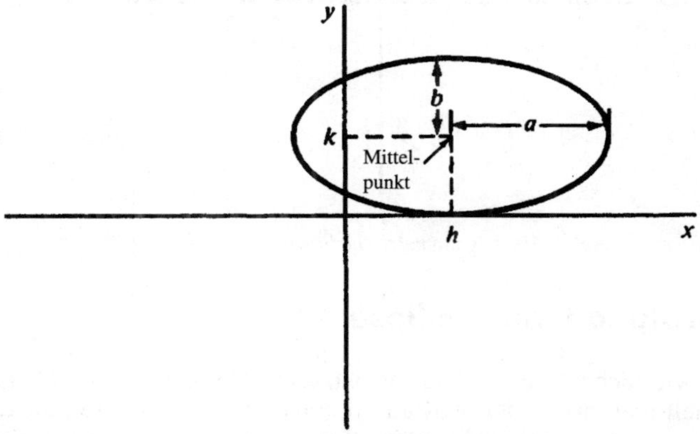

Abb. 3.9: Polynombeschreibung einer Ellipse

3.4.2 Die trigonometrische Definition einer Ellipse

Eine zweite Methode zur Definition einer Ellipse verwendet die trigonometrischen Beziehungen (siehe Abb. 3.10). Die folgenden Gleichungen definieren eine Ellipse trigonometrisch:

$$x = a \cos(\theta) + h \text{ und } y = b \sin(\theta) + k$$

wobei

(x, y) = aktuelle Koordinaten

a = Länge der großen Halbachse

b = Länge der kleinen Halbachse

θ = aktueller Winkel

(h, k) = Mittelpunkt der Ellipse

Zum Erzeugen einer Ellipse mit Hilfe der trigonometrischen Methode durchläuft θ das Intervall von 0 bis $\pi/2$. Die verbleibenden Punkte ermittelt man mit Hilfe der Symmetrie. Obwohl auch diese Methode unwirtschaftlich und damit im Allgemeinen zu langsam für interaktive Anwendungen ist, kann eine Nachschlagetabelle verwendet werden, die die Werte für $\sin(\theta)$ und $\cos(\theta)$ enthält, wobei θ von 0 bis $\pi/2$ reicht. Diese Methode hätte man einst wegen der relativ hohen Kosten des für die Werte von θ erforderlichen Speichers als inakzeptabel betrachtet. Da die Kosten für Computerspeicher jedoch in den letzten Jahren stark gefallen sind, handelt es sich inzwischen um eine recht akzeptable Methode.

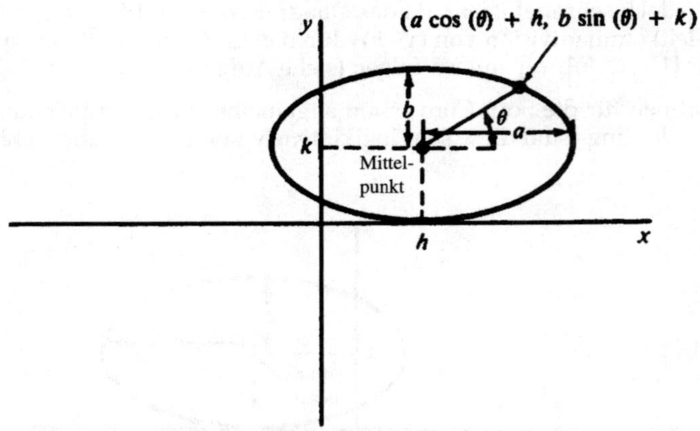

Abb. 3.10: Trigonometrische Beschreibung einer Ellipse

3.4.3 Achsrotation einer Ellipse

Da die Ellipse eine vierfache Symmetrie aufweist, kann sie einfach um 90° gedreht werden. Die neue Gleichung erhält man durch den Austausch von a und b, der Werte, die die große und kleine Halbachse beschreiben. Wird die Polynommethode verwendet, werden die Gleichungen zur Beschreibung der Ellipse zu folgender Formel:

$$\frac{(x-h)^2}{b^2} + \frac{(y-k)^2}{a^2} = 1$$

wobei

(h, k) = Mittelpunkt der Ellipse

a = Länge der großen Halbachse

b = Länge der kleinen Halbachse

Bei Verwendung der trigonometrischen Methode werden die folgenden Gleichungen zur Beschreibung der Ellipse verwendet:

$$x = b\cos(\theta) + h \text{ und } y = a\sin(\theta) + k$$

wobei

(x, y) = aktuelle Koordinaten

a = Länge der großen Halbachse

b = Länge der kleinen Halbachse

θ = aktueller Winkel

(h, k) = Mittelpunkt der Ellipse

Nehmen Sie an, dass Sie die Ellipse um einen von 90° verschiedenen Winkel drehen wollen. Abb. 3.11 ist zu entnehmen, dass die Drehung der Ellipse durch Rotation der x- und y-Achse um α erfolgen kann. In diesem Fall ändern sich die Gleichungen, die die x- und y-Koordinaten der einzelnen scan-konvertierten Punkte beschreiben, wie folgt:

$$x = a\cos(\theta) - b\sin(\theta + \alpha) + h \qquad y = b\sin(\theta) + a\cos(\theta + \alpha) + k$$

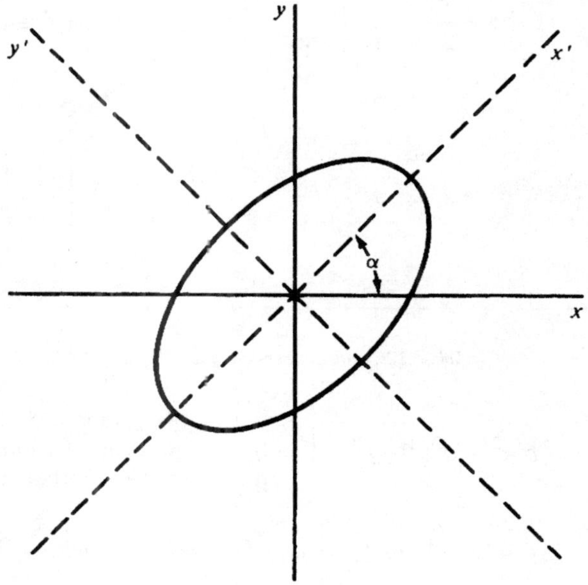

Abb. 3.11: Rotation einer Ellipse

3.4.4 Der Mittenpunktsalgorithmus für Ellipsen

Hierbei handelt es sich um eine inkrementelle Methode zur Scan Conversion einer Ellipse, die im Ursprung in Standardposition zentriert ist (d. h., die große und die kleine Halbachse liegen parallel zu den Achsen des Koordinatensystems). Das funktioniert in einer Art und Weise, die große Ähnlichkeiten mit dem Mittenpunkt-Kreisalgorithmus aufweist. Aufgrund der vierfachen Symmetrie müssen wir jedoch die elliptische Kurve im gesamten ersten Quadranten berücksichtigen (siehe Abb. 3.12).

Lassen Sie uns zunächst die Ellipsengleichung umschreiben und die Funktion f definieren, die zur Entscheidung eingesetzt werden kann, ob der Mittenpunkt zwischen zwei in Frage kommenden Pixeln innerhalb oder außerhalb der Ellipse liegt:

Teilen Sie nun die elliptische Kurve von $(0, b)$ nach $(a, 0)$ im Punkt Q in zwei Teile, wo die Steigung der Kurve -1 beträgt. Denken Sie daran, dass die Steigung einer Kurve, die durch $f(x, y) = 0$ definiert wird, $dy/dx = -fx/fy$ ist, wobei fx und fy partielle Ableitungen von $f(x, y)$ nach x bzw. y sind. Jetzt haben wir $fx = 2b^2x$, $fy = 2a^2y$ und $dy/dx = -2b^2x/2a^2y$. Dies zeigt, dass sich die Steigung der Kurve monoton von der einen Seite von Q zur anderen ändert. Daher können wir zur Ermittlung von Q den Steigungswert während der Scan Conversion überwachen.

Unser Ausgangspunkt ist $(0, b)$. Nehmen Sie an, dass die Koordinaten des letzten scan-konvertierten Pixels zu Beginn von Schritt i (x_i, y_i) lauten. Wir müssen entweder $T(x_i + 1, y_i)$ oder $S(x_i + 1, y_i - 1)$ als nächstes Pixel auswählen. Der Mittelpunkt der vertikalen Linie, die T und S verbindet, wird zur Definition des folgenden Entscheidungsparameters verwendet:

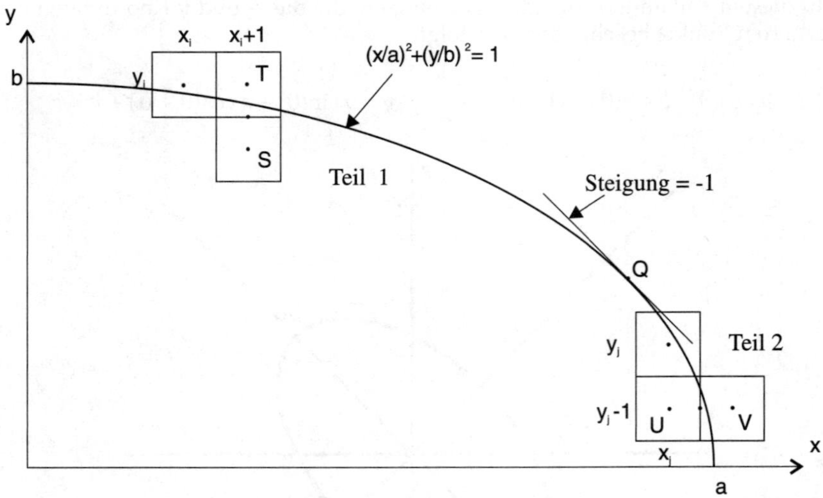

Abb. 3.12: Scan Conversion einer Ellipse

$$f(x,y) = b^2x^2 + a^2y^2 - a^2b^2 \begin{cases} < 0 & \text{(x,y) innerhalb der Ellipse} \\ = 0 & \text{(x,y) auf der Ellipse} \\ > 0 & \text{(x,y) außerhalb der Ellipse} \end{cases}$$

$$p_i = f(x_i + 1, y_i - \tfrac{1}{2}) = b^2(x_i + 1)^2 + a^2(y_i - \tfrac{1}{2})^2 - a^2b^2$$

Wenn $p_i < 0$, liegt der Mittelpunkt innerhalb der Kurve, weshalb wir Pixel T wählen. Ist jedoch $p_i \geq 0$, liegt der Mittelpunkt außerhalb oder auf der Kurve und wir wählen Pixel S. Auf ähnliche Weise können wir den Entscheidungsparameter für den nächsten Schritt schreiben:

$$p_{i+1} = f(x_{i+1} + 1, y_{i+1} - \tfrac{1}{2}) = b^2(x_{i+1} + 1)^2 + a^2(y_{i+1} - \tfrac{1}{2})^2 - a^2b^2$$

Da $x_{i+1} = x_i + 1$, ergibt sich nun

$$p_{i+1} - p_i = b^2[(x_{i+1} + 1)^2 - x_{i+1}^2] + a^2[(y_{i+1} - \tfrac{1}{2})^2 - (y_i - \tfrac{1}{2})^2]$$

Daher ist

$$p_{i+1} = p_i + 2b^2x_{i+1} + b^2 + a^2[(y_{i+1} - \tfrac{1}{2})^2 - (y_i - \tfrac{1}{2})^2]$$

Wird Pixel T ausgewählt (was bedeutet, dass $p_i < 0$), ergibt sich $y_{i+1} = y_i$. Wird dagegen Pixel S ausgewählt (was bedeutet, dass $p_i \geq 0$), dann haben wir $y_{i+1} = y_i - 1$. Somit können wir p_{i+1} in Abhängigkeit von p_i und (x_{i+1}, y_{i+1}) ausdrücken:

$$p_{i+1} = \begin{cases} p_i + 2b^2x_{i+1} + b^2 & \text{für } p_i < 0 \\ p_i + 2b^2x_{i+1} + b^2 - 2a^2y_{i+1} & \text{für } p_i \geq 0 \end{cases}$$

Den Ausgangswert für diesen rekursiven Ausdruck erhalten Sie durch die Auswertung der ursprünglichen Definition von p_i bei $(0, b)$:

$$p_1 = b^2 + a^2(b - \tfrac{1}{2})^2 - a^2b^2 = b^2 - a^2b + a^2/4$$

Nun wenden wir uns der Ableitung einer ähnlichen Formel für Teil 2 der Kurve zu. Nehmen Sie an, dass die Scan Conversion des Pixels (x_j, y_j) zu Beginn von Schritt j soeben erfolgt ist. Das nächste Pixel ist entweder $U(x_j, y_j - 1)$ oder $V(x_j + 1, y_j - 1)$. Der Mittenpunkt der horizontalen Linie, die U und V verbindet, wird zur Definition des folgenden Entscheidungsparameters verwendet:

$$q_j = f(x_j + \frac{1}{2}, y_j - 1) = b^2(x_j + \frac{1}{2})^2 + a^2(y_i - 1)^2 - a^2b^2$$

Ist $q_j < 0$, liegt der Mittenpunkt innerhalb der Kurve, weshalb V ausgewählt wird. Ist jedoch $q_j \geq 0$, liegt er außerhalb oder auf der Kurve und U wird gewählt. Außerdem ergibt sich

$$q_{j+1} = f(x_{j+1} + \frac{1}{2}, y_{j+1} - 1) = b^2(x_{j+1} + \frac{1}{2})^2 + a^2(y_{j+1} - 1)^2 - a^2b^2$$

Da $y_{j+1} = y_j - 1$, haben wir nun

$$q_{j+1} - q_j = b^2[(x_{j+1} + \frac{1}{2})^2 - (x_j + \frac{1}{2})^2] + a^2[(x_{j+1} - 1)^2 - y_{j+1}{}^2]$$

Daher ist

$$q_{j+1} = q_j + b^2[(x_{j+1} + \frac{1}{2})^2 - (x_j + \frac{1}{2})^2] - 2a^2y_{j+1} + a^2$$

Wird Pixel V ausgewählt (was bedeutet, dass $q_j < 0$), ergibt sich $x_{j+1} = x_i + 1$. Wird dagegen Pixel U ausgewählt (was bedeutet, dass $q_j \geq 0$), dann haben wir $x_{j+1} = x_j$. Somit können wir q_{j+1} in Abhängigkeit von q_j und (x_{j+1}, y_{j+1}) ausdrücken:

$$q_{j+1} = \begin{cases} q_j + 2b^2x_{j+1} - 2a^2y_{j+1} + a^2 & \text{für} \quad q_j < 0 \\ q_j - 2a^2y_{j+1} + a^2 & \text{für} \quad q_j \geq 0 \end{cases}$$

Der Ausgangswert für diesen rekursiven Ausdruck wird mit Hilfe der ursprünglichen Definition von q_j und den Koordinaten (x_k, y_k) des letzten für Teil 1 der Kurve ausgewählten Pixels berechnet:

$$q_1 = f(x_k + \frac{1}{2}, y_k - 1) = b^2(x_k + \frac{1}{2})^2 + a^2(y_k - 1)^2 - a^2b^2$$

Nun können wir eine Pseudocode-Beschreibung des Mittenpunktalgorithmus für die Scan Conversion der elliptischen Kurve im ersten Quadranten zusammenstellen. Dabei gibt es einige bemerkenswerte technische Details. Zuerst verfolgen wir die Steigung der Kurve, indem wir die partiellen Ableitungen *fx* und *fy* an den Positionen der einzelnen ausgewählten Pixel berechnen. Das führt zu $fx = 2b^2x_i$ und $fy = 2a^2y_i$ für die Position (x_i, y_i). Da wir $x_{i+1} = x_i + 1$ und $y_{i+1} = y_j$ oder $y_i - 1$ für Teil 1 und $x_{j+1} = x_j$ oder $x_j + 1$ und $y_{j+1} = y_j - 1$ für Teil 2 haben, können die partiellen Ableitungen inkrementell mit $2b^2$ und/oder $-2a^2$ aktualisiert werden. Sind beispielsweise $x_{i+1} = x_i + 1$ und $y_{i+1} = y_i - 1$, lauten die partiellen Ableitungen für Position (x_{i+1}, y_{i+1}) $2b^2x_i = 2b^2x_i + 2b^2$ und $2a^2y_{i+1} = 2a^2y_i - 2a^2$. Da $2b^2x_{i+1}$und $2a^2y_{i+1}$ in dem rekursiven Ausdruck für die Entscheidungsparameter erscheinen, können wir sie zur Berechnung von p_{i+1} sowie q_{j-1} einsetzen:

```
int x = 0, y = b; /* Ausgangspunkt */
int aa = a*a, bb = b*b, aa2 = aa*2, bb2 = bb*2;
int fx = 0, fy = aa2*b; /* anfängliche partielle Ableitung */
int p = bb - aa*b + 0,25*aa; /* Pi berechnen und runden */
while ( fx < fy) { /* |Steigung| < 1 */
  setPixel(x, y);
  x++;
  fx = fx + bb2;
  if (p < 0)
    p = p + fx + bb;
  else {
    y --
    fy = fy - aa2;
    p = p + fx + bb - fy;
```

```
  }
}
setPixel(x, y); /* Pixel in (x_k , y_k) setzen */
p = bb(x = 0,5)(x + 0,5) + aa(y - 1)(y - 1) - aa*bb; /* q_1 setzen */
while (y > 0) {
y --;
fy = fy - aa2;
if (p >= 0)
p = p - fy + aa;
  else {
    x++;
    fx = fx + bb2;
    p = p + fx - fy + aa;
  }
  setPixel(x, y);
}
```

3.5 Scan Conversion von Bögen und Sektoren

3.5.1 Bögen

Ein Bogen [Abb. 3.13(*a*)] lässt sich mit Hilfe der Polynom- oder der trigonometrischen Methode erzeugen. Bei der trigonometrischen Methode wird der Anfangswert auf θ_1 und der Endwert auf θ_2 gesetzt [siehe Abb. 3.13(*a*) und 3.13(*b*)]. Die restlichen Schritte ähneln den Schritten bei der Scan Conversion eines Kreises, wobei allerdings keine Symmetrie verwendet wird.

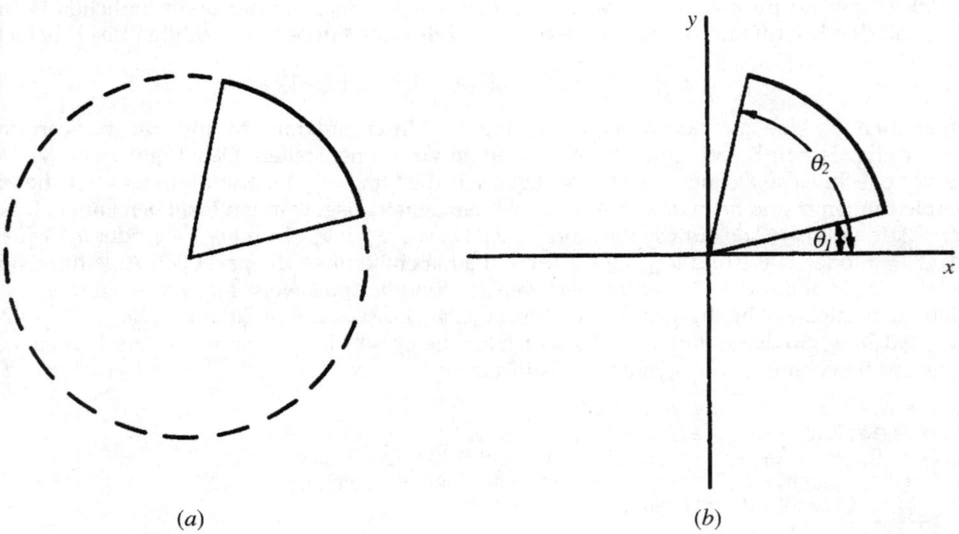

(*a*) (*b*)

Abb. 3.13

Bei der Verwendung der Polynommethode durchläuft der Wert von x das Intervall von x_1 bis x_2, während die Werte von y durch die Auswertung des Ausdrucks $\sqrt{r^2 - x^2}$ (Abb. 3-14) ermittelt werden.

Aus der Sicht des Grafikprogrammierers sind Bögen lediglich Abschnitte von Kreisen. Allerdings treten Probleme auf, wenn Algorithmen wie der Kreisalgorithmus von Bresenham beim Zeichnen eines Bogens verwendet werden. Bei Bresenhams Algorithmus müssen die Endpunkte eines Bogens durch ihre x- und y-Koordinaten angegeben werden. Die allgemeine Formulierung wird ineffizient, wenn die Endpunkte erst ermittelt werden müssen (siehe Abb. 3.15). Dies geschieht, weil die Endpunkte für die einzelnen 45°-Inkremente des Bogens gesucht werden müssen. Jeder der durch Spiegelung gefundenen acht Punkte muss darauf überprüft werden, ob er zwischen den festgelegten Endpunkten des Bogens liegt. Daher braucht eine Routine zum Zeichnen eines Bogens auf der Grundlage von Bresenhams Algorithmus Zeit, um alle Punkte auf dem Kreisumfang zu berechnen und zu überprüfen. Dabei besteht immer die Gefahr, dass bei der Verwendung einer derartigen Methode die Endpunkte verfehlt werden. In diesem Fall kann sich die Routine in einer unendlichen Schleife verfangen.

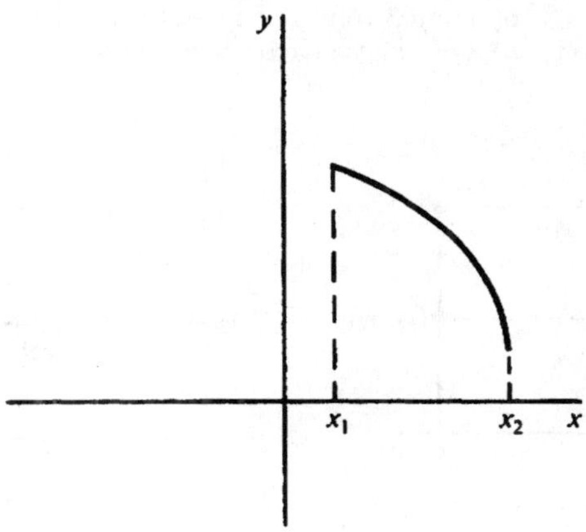

Abb. 3.14

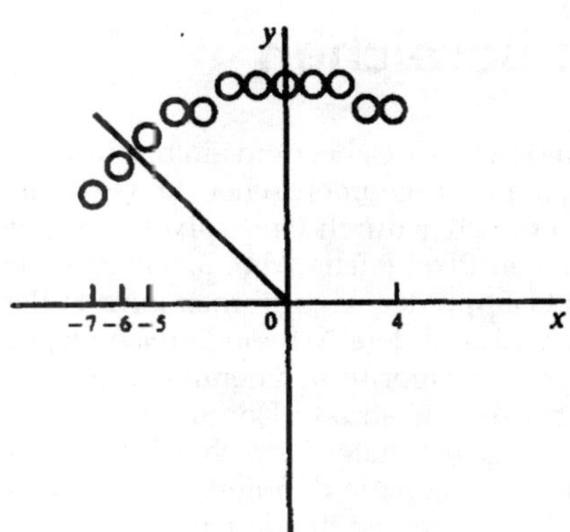

Abb. 3.15

3.5.2 Sektoren

Ein Sektor wird einer Scan Conversion unterzogen, indem man eine der Methoden für die Scan Conversion eines Bogens verwendet und dann die beiden Strecken vom Mittelpunkt des Bogens zu den Endpunkten des Bogens einer scan-konvertiert unterzieht.

Nehmen wir beispielsweise an, dass eine Scan Conversion eines Sektors durchgeführt werden soll, dessen Mittelpunkt sich im Punkt (h, k) befindet. Zuerst scan-konvertieren Sie einen Bogen von θ_1 nach θ_2. Im Anschluss daran wird eine Strecke von (h, k) nach $(r \cos(\theta_1) + h, r \sin(\theta_1) + k)$ einer Scan Conversion unterzogen und eine zweite Strecke von (h, k) nach $(r \cos(\theta_2) + h, r \sin(\theta_2) + k)$.

3.6 Scan Conversion eines Rechtecks

Ein Rechteck, dessen Seiten parallel zu den Koordinatenachsen verlaufen, kann konstruiert werden, wenn die Positionen zweier Eckpunkte bekannt sind [siehe Abb. 3.16(*a*)]. Dann werden die verbleibenden Eckpunkte abgeleitet [siehe Abb. 3.16(*b*)]. Sind die Eckpunkte erst einmal bekannt, werden die vier Koordinatenreihen der Linienroutine übergeben und das Rechteck scan-konvertiert. Im Falle des in den Abbildungen 3.16(*a*) und 3.16(*b*) gezeigten Rechtecks würden die Strecken wie folgt gezeichnet: von (x_1, y_1) nach (x_1, y_2), von (x_1, y_2) nach (x_2, y_2), von (x_2, y_2) nach (x_2, y_1) und von (x_2, y_1) nach (x_1, y_1).

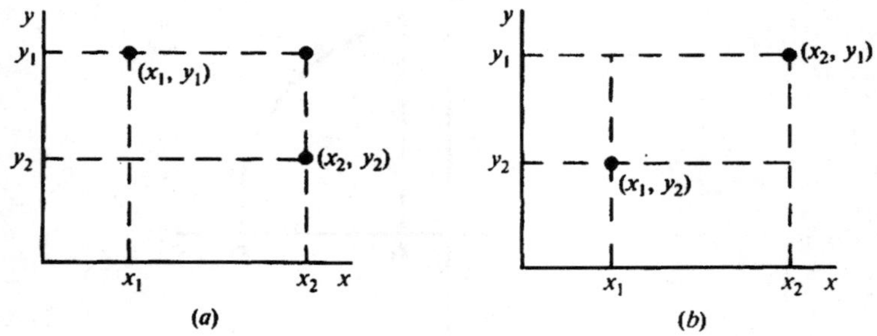

Abb. 3.16

3.7 Füllen von Bereichen

Unter dem Füllen versteht man den Prozess, bei dem ein bestimmter Bildbereich »eingefärbt« wird. Bereiche können auf Pixel- oder auf geometrischer Ebene definiert werden. Auf Pixelebene beschreiben wir einen Bereich entweder durch Grenzpixel, die seinen Umriss bilden, oder als die Gesamtheit der in ihm enthaltenen Pixel (siehe Abb. 3.17). Im ersten Fall wird der Bereich durch den Rand definiert, wobei die Gruppe der Algorithmen zum Füllen insgesamt als Boundary-Fill-Algorithmen bezeichnet werden. Eine andere Art von Bereich wird durch die Innenfläche definiert, und die damit zusammenhängenden Algorithmen nennt man Flood-Fill-Algorithmen. Auf geometrischer Ebene wird ein Bereich durch abstrakte Konturenelemente wie miteinander verbundene Linien und Kurven definiert. Ein polygonaler Bereich oder ein gefülltes Polygon wird beispielsweise durch einen geschlossenen Polygonzug definiert, bei dem es sich um eine Reihe aufeinander folgender, miteinander verbundener Strecken handelt, bei der das Ende der letzten Strecke mit dem Anfang der ersten verbunden ist.

3.7.1 Vier oder acht Verbindungspunkte?

Obwohl eine geometrisch festgelegte Kontur die Innenfläche eines Bereichs deutlich von der Außenfläche trennt, können dabei Unklarheiten auftreten, wenn ein Umriss aus diskreten Pixeln im Bildraum besteht. Es gibt zwei Möglichkeiten, die Pixel als miteinander verbunden anzusehen, so dass sie einen »durchgängigen« Rand bilden. Bei der einen Methode kann ein Pixel über bis zu vier

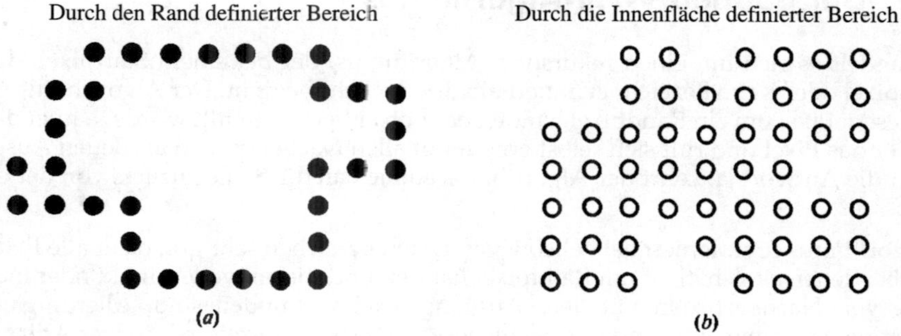

Abb. 3.17

Nachbarpixel verfügen [siehe Abb. 3.18(*a*)], die andere Methode verwendet acht Verbindungspunkte [siehe Abb. 3.18(*b*)]. Bei dem Ansatz mit vier Verbindungspunkten definieren die in Abb. 3.18(*c*) dargestellten Pixel keinen Bereich, da mehrere Pixel, wie zum Beispiel A und B, nicht miteinander verbunden sind. Bei der Verwendung der Definition mit acht Verbindungspunkten erkennen wir jedoch einen dreieckigen Bereich.

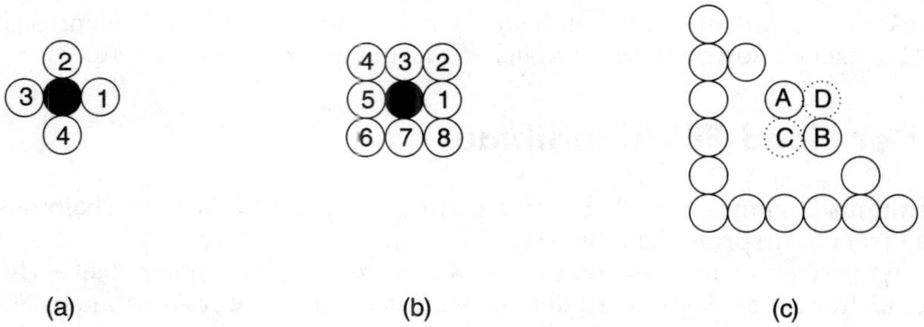

Abb. 3.18: Pixel mit vier bzw. acht Verbindungspunkten

Außerdem können wir das Konzept der miteinander verbundenen Pixel auch einsetzen, um zu entscheiden, ob ein Bereich mit einem anderen verbunden ist. Bei der Verwendung des Ansatzes mit acht Verbindungspunkten haben wir in Abb. 3.18(*c*) keinen geschlossenen Bereich, da das »innere« Pixel C mit dem »äußeren« Pixel D verbunden ist. Verwenden wir dagegen eine Definition mit vier Verbindungspunkten, haben wir einen dreieckigen Bereich, da keine der inneren Pixel mit der Außenseite verbunden sind.

Bitte beachten Sie, dass es kein bloßer Zufall ist, dass es sich bei der Figur in Abb. 3.18(*c*) um einen durch den Rand definierten Bereich handelt, wenn wir die Definition mit acht Verbindungspunkten für die Randpixel und die Definition mit vier Verbindungspunkten für die inneren Pixel verwenden. Tatsächlich würde der Einsatz derselben Definition für beide Pixelarten zu einem Widerspruch führen. Würden wir beispielsweise den Ansatz mit acht Verbindungspunkten verwenden, wäre Pixel A mit Pixel B (durchgängiger Rand) und gleichzeitig Pixel C mit Pixel D (nicht durchgängiger Rand) verbunden. Verwenden wir dagegen die Definition mit vier Verbindungspunkten, würde die Verbindung zwischen Pixel A und Pixel B (nicht durchgängiger Rand) und gleichzeitig die Verbindung zwischen Pixel C und Pixel D (durchgängiger Rand) aufgelöst.

3.7.2 Der Boundary-Fill-Algorithmus

Hierbei handelt es sich um einen rekursiven Algorithmus, der bei einem Startpixel, das man als Ausgangspixel oder Keim bezeichnet, innerhalb des Bereichs beginnt. Der Algorithmus prüft, ob es sich bei diesem Pixel um ein Randpixel handelt oder ob er bereits gefüllt wurde. Lautet die Antwort nein, füllt er das Pixel und ruft sich selbst erneut mit allen Nachbarpixeln als neuen Ausgangspixel auf. Lautet die Antwort ja, kehrt der Algorithmus einfach an die Stelle zurück, von der er aufgerufen wurde.

Dieser Algorithmus funktioniert bei beliebig geformten Bereichen sehr gut, da er alle Pixel aufspürt und füllt, bei denen es sich nicht um Randpixel handelt und die entweder direkt oder indirekt über eine Kette von Nachbarpixeln mit dem Ausgangspixel verbunden sind. Allerdings kann eine direkte Implementierung aufgrund der möglicherweise großen Anzahl rekursiver Aufrufe viel Zeit und Speicherplatz bei der ordnungsgemäßen Ausführung in Anspruch nehmen, vor allem wenn der Bereich verhältnismäßig groß ist.

Um die Anzahl der rekursiven Aufrufe zu begrenzen, können Änderungen vorgenommen werden, indem man die Verarbeitungsreihenfolge der Nachbarpixel strukturiert. Beispielsweise können Sie zuerst alle Pixel in derselben Abtastzeile auf der linken und auf der rechten Seite des Ausgangspixels füllen, bis die Randpixel erreicht sind (dies kann mit Hilfe einer Schleife erfolgen), und dann die Pixel über oder unter dieser Linie untersuchen, um herauszufinden, ob sie als neue Ausgangspixel für die nächste zu füllende horizontale Zeile verwendet werden können. Dadurch beträgt die Anzahl der rekursiven Aufrufe zu jedem beliebigen Zeitpunkt lediglich N, wenn sich die aktuelle Zeile um N Abtastzeilen von dem ursprünglichen Ausgangspixel entfernt befindet.

3.7.3 Der Flood-Fill-Algorithmus

Dieser Algorithmus beginnt ebenfalls bei einem Ausgangspixel (Keim) innerhalb des Bereichs. Er prüft, ob das Pixel die ursprüngliche Bereichsfarbe hat. Ist dies der Fall, füllt er das Pixel mit einer neuen Farbe und verwendet in einem rekursiven Aufruf alle angrenzenden Pixel als neue Ausgangspixel. Ist dies nicht der Fall, kehrt er zu der Stelle zurück, von der der Aufruf kam.

Diese Methode weist in ihrem Funktionsprinzip große Ähnlichkeiten mit dem Boundary-Fill-Algorithmus auf. Sie ist besonders nützlich, wenn der zu füllende Bereich keinen einheitlich gefärbten Rand aufweist. Ein Bereich, der zwar über einen gut definierten Rand verfügt, selbst jedoch aus mehreren Farben besteht, ist dagegen besser mit der Boundary-Fill-Methode zu bearbeiten.

Die Leistungsfähigkeit bei der Ausführung dieses Flood-Fill-Algorithmus kann im Grunde in der gleichen Weise verbessert werden, wie oben für den Boundary-Fill-Algorithmus beschrieben.

3.7.4 Der Abtastzeilenalgorithmus

Im Gegensatz zu den Boundary-Fill- und Flood-Fill-Algorithmen, die auf Pixelebene definierte Bereiche im Bildraum füllen, bearbeitet dieser Algorithmus polygonale Bereiche, die durch die Koordinaten ihrer Eckpunkte (zusammen mit den Kanten, die die Eckpunkte verbinden) geometrisch definiert werden. Obwohl solche Bereiche gefüllt werden können, indem man zunächst die Kanten einer Scan Conversion unterzieht, um die Randpixel zu finden, und dann einen Boundary-Fill-Algorithmus anwendet, ist der folgende Ansatz wesentlich effizienter, da er die während der Scan Conversion zur Verfügung stehenden Informationen über die Kanten nutzt, um das Füllen der inneren Pixel zu vereinfachen.

Wir stellen einen polygonalen Bereich in Form von aufeinander folgenden Eckpunkten, V_1, V_2, V_3, ... dar, die durch die Kanten E_1, E_2, E_3, ... (siehe Abb. 3.19) verbunden sind. Des Weiteren gehen wir davon aus, dass für alle Eckpunkte V_i bereits eine Scan Conversion in die ganzzahligen Koordinaten (x_i, y_i) durchgeführt wurde.

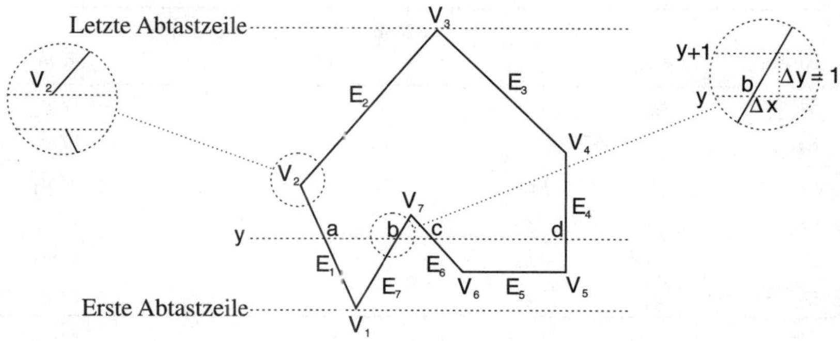

Abb. 3.19: Scan Conversion eines polygonalen Bereichs

Der Algorithmus beginnt bei der ersten Abtastzeile, die das Polygon belegt, und verarbeitet Zeile für Zeile bis hin zur letzten. Dabei sucht er jeweils die Schnittpunkte zwischen der aktuellen Abtastzeile und den Seiten. Beispielsweise schneidet Abtastzeile y die Kanten E_1, E_7, E_6 und E_4 in den Punkten a, b, c bzw. d. Die Schnittpunkte werden nach ihren x-Koordinaten sortiert und paarweise gruppiert, wie zum Beispiel (a, b) und (c, d). Vom ersten zum zweiten Punkt eines jeden Paars wird eine Linie gezogen.

Horizontale Kanten werden ignoriert, da die dazugehörigen Pixel während der Scan Conversion automatisch gefüllt werden. Kante E_5 wird beispielsweise gezeichnet, wenn die entsprechende Abtastzeile verarbeitet wird. Die beiden Schnittpunkte zwischen der Abtastzeile und den Kanten E_6 und E_4 sind durch eine Linie verbunden, die genau E_5 entspricht.

Jetzt können wir die Fälle eingehender betrachten, in denen eine Abtastzeile einen Eckpunkt schneidet. Handelt es sich bei dem Eckpunkt um den lokal niedrigsten oder höchsten Punkt, wie zum Beispiel V_1 und V_7, ist keine Sonderbehandlung erforderlich. Die beiden am Eckpunkt zusammentreffenden Kanten erzeugen jeweils einen Schnittpunkt mit der Abtastzeile. Diese beiden Schnittpunkte können wie alle anderen behandelt werden, um Punktepaare für die Fülloperation zu gewinnen. Bei den Eckpunkten V_5 und V_6 handelt es sich einfach um die lokal niedrigsten Punkte, die jeweils mit einer Kante zusammentreffen, die einen einzelnen Schnittpunkt erzeugt. Schneidet eine Abtastzeile dagegen einen Eckpunkt (z.B. V_4), der mit zwei monoton ansteigenden oder absteigenden Kanten verbunden ist, würde es zu falschen Ergebnissen führen, wenn man an dieser Eckpunktposition zwei Schnittpunkte erhielte (z.B. insgesamt drei Schnittpunkte auf der Abtastzeile, die V_4 schneidet). Die Lösung dieses Problems besteht im Erfassen von nur einem Schnittpunkt am Eckpunkt.

Für eine wirksame Implementierung dieses Abtastzeilenalgorithmus erstellen wir eine Datenstruktur, die als Kantenliste bezeichnet wird (siehe Tabelle 3.1). Jede nicht horizontale Kante nimmt eine Zeile/einen Datensatz ein. Zu den in den einzelnen Zeilen gespeicherten Informationen gehören die y-Koordinate der beiden Kantenendpunkte, wobei y_{min} den niedrigeren und y_{max} den höheren Wert darstellt (Sie können, wie wir im Folgenden noch erläutern werden, um 1 verringert werden), die x-Koordinate des Endpunkts, dessen y-Koordinate y_{min} lautet, und der Reziprokwert der Kantensteigung m. Die Zeilen werden nach ihren y_{min}-Werten sortiert. Lassen Sie uns zu unserem Beispiel in Abb. 3.19 zurückkehren. Da die beiden Kanten E_1 und E_7 von dem niedrigsten Eckpunkt V_1 an der Position (x_1, y_1) ausgehen, erscheinen sie an der Spitze der Kantenliste, wobei es sich bei m_1 bzw. m_7 um ihre Steigung handelt.

Kante	y_{min}	y_{max}	x-Koordinate des Eckpunkts bei $y = y_{min}$	1/ m
E_1	y_1	y_2 - 1	x_1	$1/m_1$
E_7	y_1	y_7	x_1	$1/m_7$
E_4	y_5	y_4 - 1	x_5	$1/m_4$
E_6	y_6	y_7	x_6	$1/m_6$
E_2	y_2	y_3	x_2	$1/m_2$
E_3	y_4	y_3	x_4	$1/m_3$

Die Kanten in der Liste werden aktiv, wenn die y-Koordinate der aktuellen Abtastzeile mit ihrem y_{min}-Wert übereinstimmt. Nur aktive Kanten werden in die Schnittpunktberechnung einbezogen. Der erste Schnittpunkt zwischen einer aktiven Kante und einer Abtastzeile ist stets der untere Endpunkt der Kante, dessen Koordinaten bereits in deren Datensatz gespeichert sind. Wenn der Algorithmus beispielsweise an der ersten Abtastzeile beginnt, werden die Kanten E_1 und E_7 aktiv. Sie schneiden die Abtastzeile bei (x_1, y_1).

Zusätzliche Schnittpunkte zwischen einer Kante und den darauf folgenden Abtastzeilen können inkrementell berechnet werden. Schneidet die Kante die aktuelle Abtastzeile bei (x, y), so schneidet sie die nächste bei $(x + 1/m, y + 1)$. Kante E_7 schneidet zum Beispiel die Abtastzeile y im Punkt b, so dass der nächste Schnittpunkt auf der Abtastzeile $y + 1$ durch $\Delta x = 1/m_7$ berechnet werden kann, da $\Delta y = 1$. Dieser neue x-Wert kann einfach im Feld x des Kantendatensatzes abgelegt werden.

Eine Kante wird deaktiviert oder kann sogar aus der Kantenliste entfernt werden, sobald die Abtastlinie, deren y-Koordinate mit ihrem y_{max}-Wert übereinstimmt, verarbeitet wurde, da alle darauf folgenden Abtastzeilen sie nicht mehr berühren können. Die zuvor erwähnte Notwendigkeit, einen Eckpunkt gesondert zu behandeln, falls sich zwei monoton ansteigende oder absteigende Kanten begegnen, wird elegant gelöst, indem von dem y_{max}-Wert der unteren Kante 1 abgezogen wird. Das bedeutet, dass die untere Kante eine Zeile vor der Abtastlinie, die den Eckpunkt schneidet, deaktiviert wird. Somit ergibt nur die obere Kante einen Schnittpunkt mit dieser Abtastlinie (siehe V_2 in Abb. 3.19). Dies erklärt, warum der anfängliche y_{max}-Wert für die Kanten E_1 und E_4 um eins verringert wurde.

3.8 Scan Conversion eines Zeichens

Zeichen wie zum Beispiel Buchstaben und Ziffern sind die Grundbausteine des Textinhalts eines Bildes. Sie können in verschiedenen Stilen und Größen dargestellt werden. Das grundlegende Design eines Zeichensatzes wird als Schriftart oder Font bezeichnet. Zu den weit verbreiteten Fonts gehören Arial, Century Schoolbook, `Courier` und *Times New Roman*. Darüber hinaus können die Fonts ihr Erscheinungsbild ändern: **fett**, ***kursiv*** und ***fett und kursiv***. Die Zeichengröße wird normalerweise nach der Höhe in Zoll, Punkten (ca. $\frac{1}{72}$ Zoll) und Pica (12 Punkte) gemessen.

3.8.1 Bitmap-Fonts

Es gibt zwei grundlegende Ansätze der Zeichendarstellung. Den ersten bezeichnet man als Raster- oder Bitmap-Font, wobei jedes Zeichen durch die eingeschalteten Pixel in einem bitonalen Pixelrastermuster dargestellt wird, der so genannten Bitmap (siehe Abb. 3.20). Dieser Ansatz ist einfach und effektiv, da die Zeichen bereits in scan-konvertierter Form definiert werden. Ein Zeichen in ein Bild einzufügen, bedeutet im Wesentlichen, eine direkte Abbildung oder Kopie seiner Bitmap auf eine bestimmte Position im Bildraum vorzunehmen. Auf der anderen Seite werden oft separate Zeichensätze für die einzelnen Kombinationen aus Stil, Erscheinungsbild und Größe benötigt, die aus einer großen Anzahl von Bitmaps für eine Reihe von Zeichen besteht.

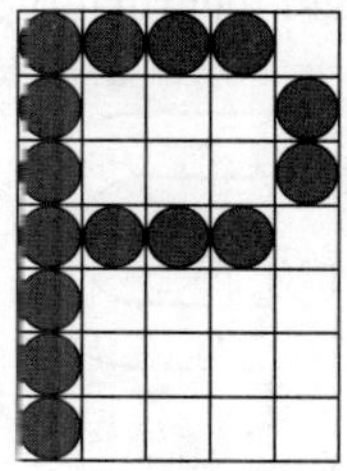

Abb. 3.20: Bitmap-Font

Obwohl man Abwandlungen im Erscheinungsbild und in der Größe aus einem einzigen Zeichensatz erzeugen kann, ist das Gesamtergebnis oft wenig zufriedenstellend. Das Beispiel in Abb. 3.21 zeigt, dass wir die Bitmap in Abb. 3.20 (a) durch einen horizontalen Versatz eines Pixels mit sich selbst überlagern können, um Fettschrift hervorzurufen, (b) und Pixelreihen verschieben können, um Kursivschrift darzustellen.

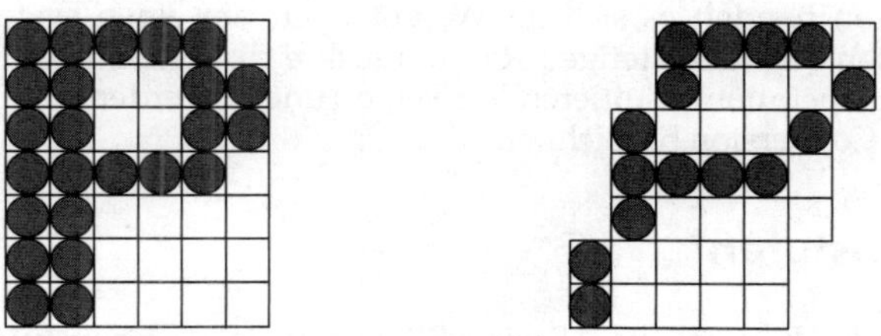

(a) Fettschrift (b) Kursivschrift

Abb. 3.21: Abwandlungen im Erscheinungsbild

Darüber hinaus hängt die Größe eines Bitmap-Fonts von der Bildauflösung ab. Ein Font, der Bitmaps mit einer Höhe von 12 Pixeln verwendet, erzeugt beispielsweise in einem Bild mit 72 Pixeln pro Zoll 12-Punkt-Zeichen. Allerdings werden aus demselben Font in einem Bild mit 96 Pixeln pro Zoll 9-Punkt-Zeichen, da 12 Pixel jetzt eine Größe von 0,125 Zoll aufweisen, was etwa 9 Punkten entspricht. Um im zweiten Bild 12-Punkt-Zeichen zu bekommen, brauchen wir einen Font mit 16 Pixel hohen Bitmaps.

3.8.2 Outline-Fonts

Die zweite Methode zur Zeichendarstellung wird als Vektor- oder Outline-Font bezeichnet, wobei grafische Grundelemente wie Linien und Bögen zur Definition des Umrisses der einzelnen Zeichen verwendet werden (siehe Abb. 3.22). Obwohl eine Outline-Definition oft nicht so kompakt ist wie die Bitmap-Definition und relativ zeitaufwändige Operationen bei der Scan Conversion erfordert, kann Sie zum Erzeugen von Zeichen mit variabler Größe, wechselndem Erscheinungsbild und sogar unterschiedlicher Ausrichtung verwendet werden. Die Outline-Definition in Abb. 3.22 kann beispielsweise durch eine Skalierungstransformation in ihrer Größe geändert werden, sie kann durch eine Scherungstransformation kursiv gesetzt werden und mit Hilfe einer Rotationstransformation relativ zu einem Bezugspunkt gedreht werden (siehe Kapitel 4).

Diese transformierten Grundelemente können durch Scan Conversion direkt in Zeichen in Form von gefüllten Bereichen im Zielbildraum umgewandelt werden. Sie können auch zum Erstellen der entsprechenden Bitmaps verwendet werden, die dann zur Erzeugung von Zeichen eingesetzt werden. Diese Alternative ist aufgrund der Begrenzung der für die Scan Conversion erforderlichen Zeit besonders effektiv, wenn die Zeichen im Bild mehrmals vorkommen.

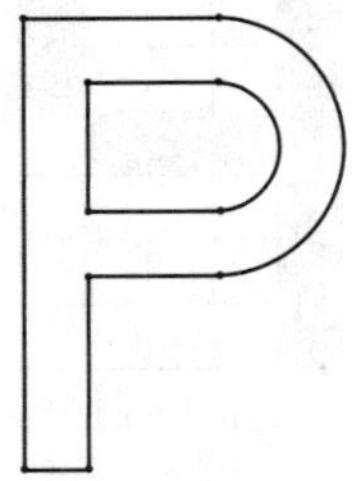

Abb. 3.22: Outline-Font

3.9 Anti-Aliasing

Bei der Scan Conversion handelt es sich im Wesentlichen um einen systematischen Ansatz zur Abbildung von Objekten aus dem stetigen Raum auf ihre diskrete Näherung. Die verschiedenen Formen der aus dieser Operation resultierenden Verzerrungen werden in ihrer Gesamtheit als Aliasing-Effekte der Scan Conversion bezeichnet.

3.9.1 Treppenstufen

Ein häufig anzutreffendes Beispiel für Aliasing-Effekte ist das treppenstufenartige oder gezackte Erscheinungsbild, das wir bei der Scan Conversion eines Grundelements, wie zum Beispiel einer Linie oder eines Kreises, sehen. Auch am Rand von gefüllten Bereichen sehen wir Treppenstufen oder »Zacken«.

3.9.2 Ungleichmäßige Helligkeit

Ein weiteres, weniger auffälliges Artefakt ist die ungleichmäßige Helligkeit von Linien unterschiedlicher Ausrichtung. Eine schräge Linie erscheint blasser als horizontale oder vertikale Linien, obwohl sie in derselben Helligkeitsstufe dargestellt wird. Der Grund für dieses Problem lässt sich anhand der Abb. 3.23 erklären, in der die Pixel auf der horizontalen Linie eine Einheit voneinander entfernt liegen, während die Pixel auf der Diagonalen ungefähr 1,414 Einheiten auseinander liegen. Dieser Unterschied in der Dichte ruft den wahrgenommenen Helligkeitsunterschied hervor.

3.9.3 Das Gartenzaun-Problem

Das Gartenzaun-Problem tritt auf, wenn ein Objekt nicht ordnungsgemäß am Pixelraster ausgerichtet ist oder nicht in das Raster hineinpasst. Abbildung 3.24(*a*) zeigt einen Gartenzaun, bei dem der Abstand zwischen zwei benachbarten Pfählen nicht ein Vielfaches des Einheitsabstands zwischen den Pixeln beträgt. Bei der normalen Scan Conversion in den Bildraum entstehen ungleiche Abstände zwischen den Pfählen, da die Endpunkte der Pfähle an den Pixelkoordinaten einrasten müssen [siehe Abb. 3.24(*b*)]. Dies wird manchmal als globales Aliasing bezeichnet, da die Gesamtlänge des Gartenzauns in etwa richtig ist. Anderseits würde ein Versuch, die gleichen Abstände beizubehalten, die Gesamtlänge des Zauns verzerren [siehe Abb. 3.24(*c*)]. Dies wird manchmal als

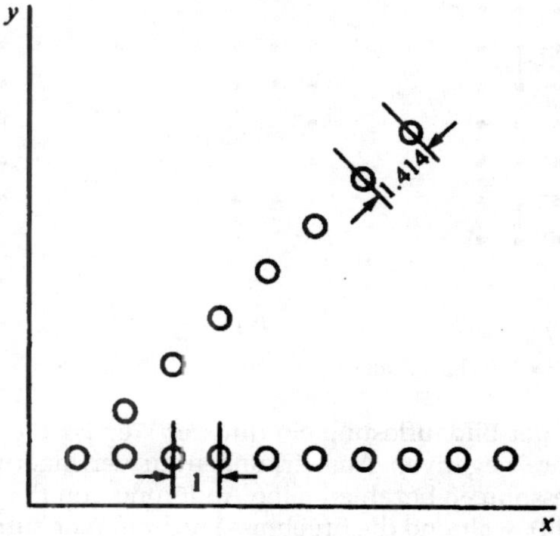

Abb. 3.23

lokales Aliasing bezeichnet, da die Abstände zwischen den Pfählen so eng wie möglich an die echten Abstände angelehnt sind.

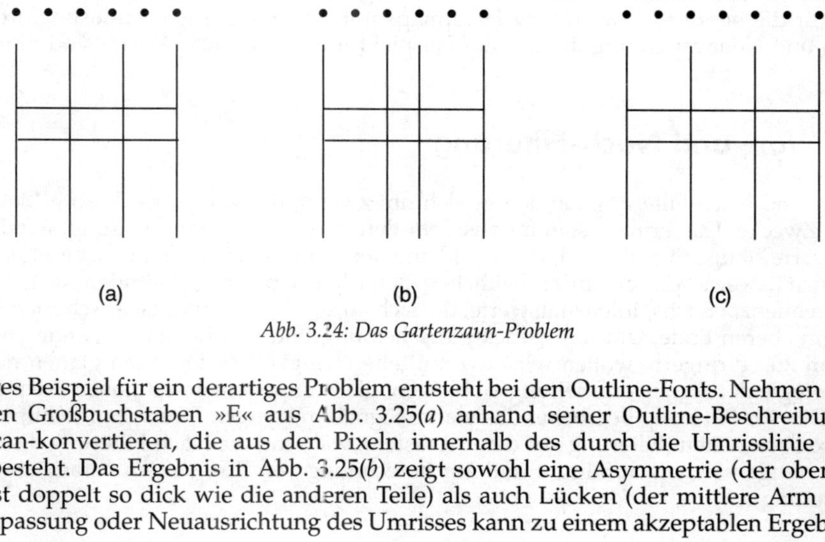

Abb. 3.24: Das Gartenzaun-Problem

Ein weiteres Beispiel für ein derartiges Problem entsteht bei den Outline-Fonts. Nehmen wir an, wir wollen den Großbuchstaben »E« aus Abb. 3.25(*a*) anhand seiner Outline-Beschreibung in eine Bitmap scan-konvertieren, die aus den Pixeln innerhalb des durch die Umrisslinie definierten Bereichs besteht. Das Ergebnis in Abb. 3.25(*b*) zeigt sowohl eine Asymmetrie (der obere Arm des Zeichen ist doppelt so dick wie die anderen Teile) als auch Lücken (der mittlere Arm fehlt). Eine leichte Anpassung oder Neuausrichtung des Umrisses kann zu einem akzeptablen Ergebnis führen.

3.9.4 Anti-Aliasing

Erscheinen sie in einem statischen Bild bei angemessener Auflösung, sind die meisten Aliasing-Artefakte oft tolerierbar und in vielen Fällen vernachlässigbar. Sie können jedoch unseren optischen Eindruck erheblich beeinflussen, wenn sie unbearbeitet in einer Reihe von Bildern verbleiben, die zur Animation beweglicher Objekte dienen. Eine um einen ihrer Endpunkte gedrehte Linie wird beispielsweise zu einer rotierenden Rolltreppe mit Stufen wechselnder Länge. Bei einem beweglichen Objekt mit kleinen Teilen oder Oberflächendetails können einige dieser Einzelheiten zeitweise ihre Form ändern oder sogar verschwinden.

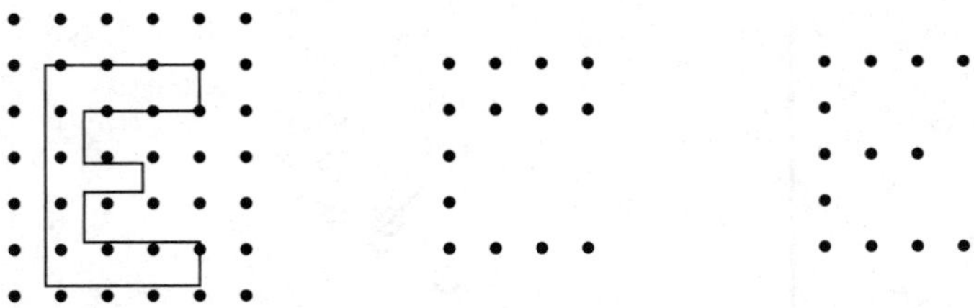

(a) (b) (c)

Abb. 3.25: Scan Conversion eines Outline-Fonts

Obwohl eine Vergrößerung der Bildauflösung ein direkter Weg ist, die Größe vieler Aliasing-Artefakte zu reduzieren und ihre negativen Auswirkungen zu verringern, müssen wir einen hohen Preis in Form von Systemressourcen bezahlen (eine Änderung von $B \times H$ in $2B \times 2H$) bedeutet eine Vervierfachung der Pixelzahl), während die Ergebnisse nicht immer zufriedenstellend sind. Auf der anderen Seite gibt es Techniken, die die Aliasing-Artefakte weitgehend reduzieren und das Erscheinungsbild von Bildern verbessern können, ohne ihre Auflösung zu vergrößern. Diese Verfahren werden in ihrer Gesamtheit als Anti-Aliasing-Methoden bezeichnet.

Einige Anti-Aliasing-Methoden dienen zur Behandlung bestimmter Arten von Artefakten. Ein Outline-Font kann beispielsweise mit einer Reihe von Regeln oder Hinweisen verbunden sein, die als Anleitung für die bei der Umwandlung in Bitmaps mit relativ niedriger Auflösung erforderliche Anpassung und Neuausrichtung dienen. Ein Beispiel für einen solchen Ansatz sind die TrueType-Fonts.

3.9.5 Vor- und Nach-Filterung

Bei der Vor- und Nach-Filterung handelt es sich um zwei Arten von Anti-Aliasing-Methoden für allgemeine Zwecke. Das Prinzip stammt aus dem Bereich der Signalverarbeitung, wo die wahren Intensitätswerte stetige Signale sind, die aus Elementen verschiedener Frequenzen bestehen. Konstante Intensitätswerte, die einem einheitlichen Bereich entsprechen, befinden sich am unteren Ende des Frequenzbereichs; Intensitätswerte, die sich abrupt ändern und einer scharfen Kante entsprechen, am oberen Ende. Um das gezackte Erscheinungsbild von Linien und anderen Konturen im Bildraum zu verringern, wollen wir unvermittelte Helligkeitsänderungen glätten oder, um in der Terminologie der Signalverarbeitung zu bleiben, die Komponenten mit hohen Frequenzen herausfiltern. Die Vor-Filterung bearbeitet das wahre Signal im stetigen Raum, um richtige Werte für einzelne Pixel abzuleiten (Filterung vor dem Abtasten), während die Nach-Filterung diskrete Stichproben des stetigen Signals aufnimmt und zur Berechnung von Pixelwerten heranzieht (Abtasten vor der Filterung).

3.9.6 Flächenabtastung

Bei der Flächenabtastung handelt es sich um eine Vor-Filterungsmethode, bei der wir die stetige Objektdefinition mit einem Pixelrastermuster überlagern. Für jede Pixelfläche, die das Objekt schneidet, berechnen wir den prozentualen Anteil der Überschneidung durch das Objekt. Dieser Prozentsatz bestimmt den Anteil des Gesamthelligkeitswerts für das entsprechende Pixel, der auf den Beitrag des Objekts zurückzuführen ist. Mit anderen Worten, je höher der prozentuale Anteil der Überschneidung ist, desto größer ist der Einfluss, den das Objekt auf den Gesamthelligkeitswert des Pixels ausübt.

In Abb. 3.26(*a*) wird eine gestrichelte mathematische Linie durch einen rechteckigen Bereich dargestellt, der eine Breite von einem Pixel aufweist. Der prozentuale Anteil der Überschneidung zwischen dem Rechteck und den einzelnen Schnittpixeln wird analytisch berechnet. Gehen wir davon aus, dass der Hintergrund schwarz und die Linie weiß ist, können die prozentualen Werte direkt verwendet werden, um die Helligkeit des Pixels festzulegen [siehe Abb. 3.26(*b*)]. Wäre der Hintergrund dagegen grau (0,5; 0,5; 0,5) und die Linie grün (0; 1; 0), hätten die Leerpixel im Raster den Grauwert als Hintergrund und jedem mit einer Bruchzahl f gefüllten Pixel würde ein Wert von $[0{,}5(1 - f); 0{,}5(1 - f) + f; 0{,}5(1 - f)]$ zugewiesen – eine proportionale Mischung der Hintergrund- und Objektfarben.

Obwohl die daraus resultierende diskrete Näherung der Linie in Abb. 3.26(*b*) ein verschwommenes Erscheinungsbild annimmt, weist sie keinen plötzlichen Übergang von einem eingeschalteten zu einem ausgeschalteten Pixel und umgekehrt auf, was dem Ergebnis einer normalen Scan Conversion entspricht [siehe Abb. 3.26(*c*)]. Dieser Kompromiss ist charakteristisch für eine auf Filterung beruhende Anti-Aliasing-Methode.

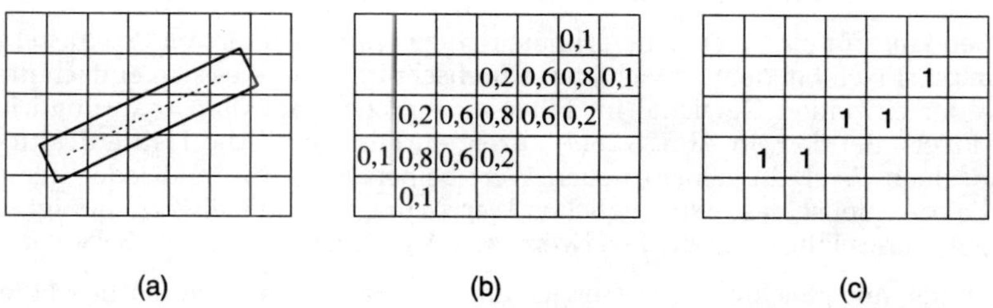

Abb 3.26: Flächenabtastung

3.9.7 Überabtastung

Bei diesem Ansatz unterteilen wir jedes Pixel in Unterpixel und prüfen deren Position in Bezug auf das Objekt, für das eine Scan Conversion erfolgen soll. Der Beitrag des Objekts zum Gesamthelligkeitswert eines Pixels verhält sich proportional zur Anzahl der Unterpixel, die sich innerhalb der vom Objekt belegten Fläche befinden. Die Abbildung 3.27(*a*) zeigt ein Beispiel, in dem wir ein weißes Objekt auf schwarzem Hintergrund haben, das durch zwei schräge Linien begrenzt wird. Wir unterteilen die einzelnen Pixel in neun (3 x 3) Unterpixel. Die Szene wird auf die Pixelwerte in Abb. 3.27(*b*) abgebildet. Dem Pixel in der oberen rechten Ecke wird zum Beispiel $\frac{7}{9}$ zugeordnet, da sieben seiner neun Unterpixel innerhalb der Objektfläche liegen. Wäre das Objekt rot (1; 0; 0) und der Hintergrund hellgelb (0,5; 0,5; 0), wäre dem Pixel $(1 \times \frac{7}{9} + 0{,}5 \times \frac{2}{9}; 0{,}5 \times \frac{2}{9}; 0)$ zugewiesen worden, was $(\frac{8}{9}; \frac{1}{9}; 0)$ entspricht.

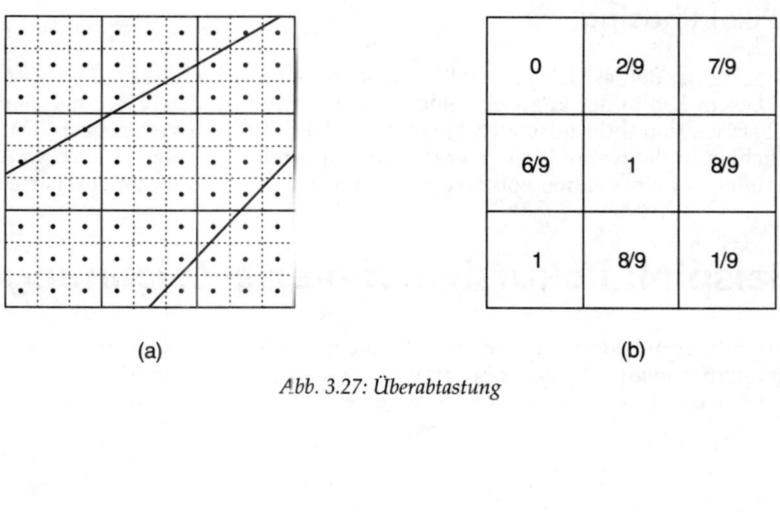

Abb. 3.27: Überabtastung

Die Überabtastung wird oft als Nach-Filterungsmethode angesehen, da zunächst diskrete Stichproben genommen und dann zur Berechnung von Pixelwerten verwendet werden. Andererseits kann man sie als Näherung an die Methode der Flächenabtastung betrachten, da wir einfach eine begrenzte Anzahl von Werten in jeder Pixelfläche verwenden, um eine Näherung an das genaue Analyseergebnis zu erzielen.

3.9.8 Lowpass-Filter

Dabei handelt es sich um eine Nach-Filterungsmethode, bei der wir jedem Pixel einen neuen Wert zuweisen, nämlich einen gewichteten Durchschnitt seines ursprünglichen Werts und der ursprünglichen Werte seiner Nachbarpixel. Ein Lowpass-Filter in Form eines Rasters von $(2n + 1) \times (2n + 1)$ mit $n \geq 1$ enthält die Gewichte für die Berechnung. Alle Gewichtungswerte in einem Filter sollten sich zu einem Wert summieren. Ein Beispiel für einen 3 x 3-Filter ist in Abb. 3-28(*a*) dargestellt.

Um einen neuen Wert für ein Pixel zu berechnen, richten wir den Filter am Pixelraster aus und zentrieren ihn um das Pixel. Bei dem gewichteten Durchschnitt handelt es sich einfach um die Summe der Produkte der einzelnen Gewichte im Filter multipliziert mit dem ursprünglichen Wert des betreffenden Pixels. Bei dem in Abb. 3.28(*a*) gezeigten Filter wird die Hälfte des ursprünglichen Werts des einzelnen Pixels in seinem neuen Wert beibehalten, während jeder der vier direkten Nachbarpixel ein Achtel seines ursprünglichen Werts zum neuen Pixelwert beiträgt. Das Ergebnis der Anwendung dieses Filters auf die Pixelwerte aus Abb. 3.26(*c*) ist in Abb. 3.28(*b*) dargestellt.

Ein Lowpass-Filter mit gleichmäßigen Gewichten, der manchmal auch als Box-Filter bezeichnet wird, soll die Mittelwertsberechnungen von benachbarten Pixeln bilden. Einen Filter, dessen Gewichte einer zweidimensionalen Gauss-Verteilung entsprechen, bezeichnet man hingegen als Gauss-Filter.

0	1/8	0
1/8	1/2	1/8
0	1/8	0

(a)

0	0	0	0	0	1/8	0
0	0	0	1/8	1/4	1/2	1/8
0	1/8	1/4	5/8	5/8	1/4	0
1/8	5/8	5/8	1/4	1/8	0	0
0	1/8	1/8	0	0	0	0

(b)

Abb. 3.28: Lowpass-Filterung

3.9.9 Pixel Phasing

Beim Pixel Phasing handelt es sich um eine hardwarebasierte Anti-Aliasing-Methode. Das Grafiksystem ist in diesem Fall in der Lage, einzelne Pixel um einen Bruchteil (normalerweise $\frac{1}{4}$ und $\frac{1}{2}$) des Einheitsabstands von ihrer normalen Position im Pixelraster zu verschieben. Da die Pixel auf diese Weise dichter an die wahre Linie oder eine andere Kontur herangeschoben werden, ist diese Methode sehr effektiv beim Glätten von Treppenstufen, ohne dabei die Kantenschärfe zu mindern.

3.10 Beispiel: Rekursiv definierte Zeichnungen

In diesem Abschnitt verwenden wir zwei gebräuchliche grafische Grundelemente, um einige interessante Bilder anzufertigen. Jede dieser Zeichnungen wird dadurch definiert, dass eine Änderungsregel auf eine Linie oder ein gefülltes Dreieck angewendet wird, mit der dieses Element in kleinere

Teile zerlegt wird. Anschließend wird die Regel dazu verwendet, die einzelnen Teile in derselben Weise rekursiv zu verändern. Da die Teile immer kleiner werden, entsteht ein faszinierendes Bild.

3.10.1 Die C-Kurve

Eine Linie selbst ist eine C-Kurve erster Ordnung, die mit C_0 bezeichnet wird (siehe Abb. 3.29). Die Änderungsregel für die Bildung aufeinander folgender Generationen der C-Kurve besagt, dass eine Linie durch zwei kürzere Linien gleicher Länge ersetzt wird, die sich in einem Winkel von 90° treffen, wobei die ursprüngliche Linie und die beiden neuen Linien ein rechtwinkliges Dreieck bilden. C_1, C_2, C_3, C_4 und C_5 entnehmen Sie bitte der Abb. 3.29.

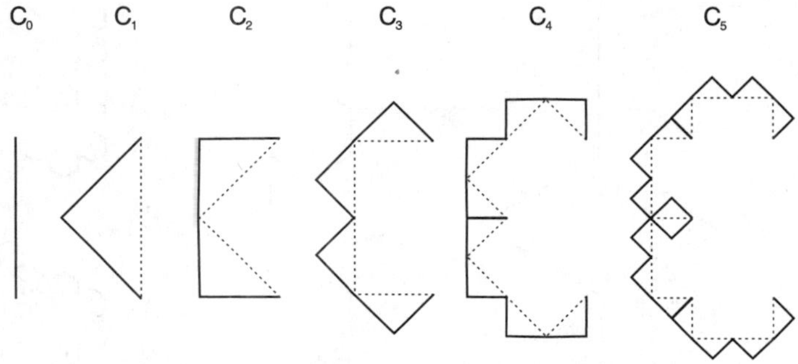

Abb. 3.29: Aufeinander folgende Generationen der C-Kurve

Nehmen Sie an, dass durch den folgenden Aufruf an die Grafikbibliothek unter Verwendung der aktuellen Systemfarbe eine Linie von (x_1, y_1) nach (x_2, y_2) gezogen wird:

```
line(x1, y1, x2, y2)
```

Wir können eine Pseudocode-Prozedur schreiben, die C_n generiert:

```
C-Kurve (float x, y, len, alpha; int n)
{
  if (n > 0) {
    len = len/sqrt(2,0);
    C-curve(x, y, len, alpha = 45, n - 1);
    x = x + len*cos(alpha + 45);
    y = y + len*sin(alpha + 45);
    C-curve(x, y, len, alpha - 45, n - 1);
  } else
    line(x, y, x + len*cos(alpha), y + len*sin(alpha));
}
```

wobei x und y die Koordinaten des Ausgangspunkts einer Linie, `len` die Länge der Linie, `alpha` den Winkel (in Grad) zwischen der Linie und der x-Achse und n die Anzahl der rekursiven Anwendungen der Änderungsregel darstellen, die zum Erzeugen von C_n erforderlich ist. Ist $n = 0$, findet keine Änderung statt und die Linie selbst wird gezeichnet. Andernfalls werden zwei ordnungsgemäß verkürzte Linien erzeugt, wovon eine, ausgehend von der aktuellen Linienposition, um 45° gegen den Uhrzeigersinn und die andere um 45° im Uhrzeigersinn gedreht wird (was eine Anwendung der Änderungsregel darstellt). Jede einzelne von ihnen bildet wiederum die Grundlage der verbleibenden n - 1 Schritte der rekursiven Konstruktion.

3.10.2 Die Koch-Kurve

Wie im Fall der C-Kurve ist jede Linie für sich eine Koch-Kurve erster Ordnung, die mitdurch K_0 bezeichnet wird (siehe Abb. 3.30). Die Änderungsregel für die Konstruktion aufeinander folgender Generationen der Koch-Kurve sieht vor, eine Linie in drei gleiche Strecken zu unterteilen und die mittlere Strecke durch zwei Linien derselben Länge zu ersetzen, wobei die ersetzte Strecke und die beiden hinzugefügten Linien ein gleichseitiges Dreieck bilden. K_1, K_2 und K_3 entnehmen Sie bitte der Abb. 3.30.

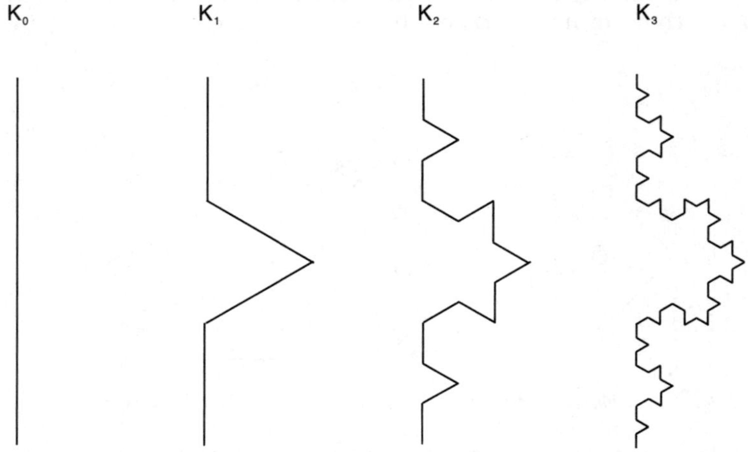

Abb. 3.30: Aufeinander folgende Generationen der Koch-Kurve

3.10.3 Das Sierpinski-Dreieck

Diesmal ist unser grafisches Grundelement ein gefülltes Dreieck, das mit S_0 bezeichnet wird (siehe Abb. 3.31). Nach der Änderungsregel für die Konstruktion aufeinander folgender Generationen des Sierpinski-Dreiecks wird der Bereich herausgenommen, der durch die Linien begrenzt ist, die die Mittelpunkte der Kanten eines gefüllten Dreiecks verbinden, woraus sich drei kleinere, dem Original ähnliche Dreiecke ergeben. S_1, S_2 und S_3 entnehmen Sie bitte der Abb. 3.31.

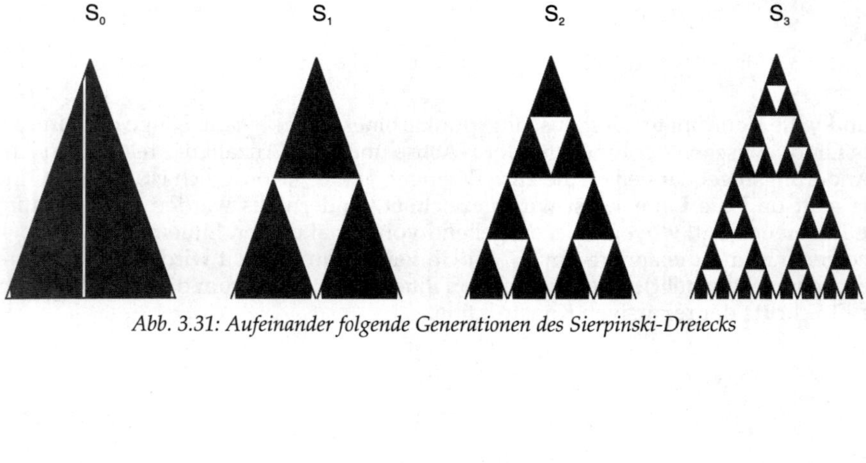

Abb. 3.31: Aufeinander folgende Generationen des Sierpinski-Dreiecks

3.11 Aufgaben mit Lösungen

3.1 Die Endpunkte einer gegebenen Strecke liegen bei (0; 0) und (6; 18). Berechnen Sie die einzelnen Werte von y in x-Schritten von 0 bis 6 und zeichnen Sie die Ergebnisse auf.

Lösung:

Eine Gleichung für die Strecke war nicht gegeben und muss daher zunächst ermittelt werden. Sie wird in der Form ($y = mx + b$) wie folgt bestimmt. Zunächst wird die Steigung ermittelt:

$$m = \frac{\Delta y}{\Delta x} = \frac{y_2 - y_1}{x_2 - x_1} = \frac{18 - 0}{6 - 0} = \frac{18}{6} = 3$$

Dann wird der y-Achsenabschnitt b ermittelt, indem y_1 und x_1 in die Gleichung $y = 3x + b$: $0 = 3(0) + b$ eingesetzt werden. Daher ist $b = 0$, so dass die Gleichung der Strecke $y = 3x$ lautet (siehe Abb. 3.32).

3.2 Welche Schritte sind erforderlich, um mit Hilfe der Steigungs-Achsenabschnitts-Gleichung eine Strecke zu zeichnen, deren Steigung 0° bis 45° beträgt?

Lösung:

1. Berechnen Sie dx: $dx = x_2 - x_1$.
2. Berechnen Sie dy: $dy = y_2 - y_1$.
3. Berechnen Sie m: $m = dy/dx$.
4. Berechnen Sie b: $b = y_1 - m \times x_1$.
5. Setzen Sie (x, y) auf den unteren linken Endpunkt und x_{end} auf den höchsten Wert von x. Wenn $dx < 0$, dann ergibt sich $x = x_2$, $y = y_2$ und $x_{end} = x_1$. Wenn $dx > 0$, dann ergibt sich $x = x_1$, $y = y_1$ und $x_{end} = x_2$.
6. Überprüfen Sie, ob die gesamte Linie gezeichnet wurde. Beenden Sie den Vorgang, wenn $x > x_{end}$.
7. Zeichnen Sie einen Punkt an den aktuellen (x, y)-Koordinaten.
8. Erhöhen Sie x: $x = x + 1$.
9. Berechnen Sie den nächsten Wert von y aus der Gleichung $y = mx + b$.
10. Fahren Sie mit Schritt 6 fort.

3.3 Beschreiben Sie im Pseudocode die Schritte, die zum Zeichnen einer Strecke erforderlich sind, deren Steigung zwischen 45° und -45° beträgt (d.h. $|m| > 1$), und verwenden Sie dazu die Steigungs-Achsenabschnitts-Gleichung.

Lösung:

Es sei $y_1 < y_2$ für die beiden Endpunkte (x_1, y_1) und (x_2, y_2).

```
int x = x1, y = y1;
float xf , m = (y2 - y1)/(x2 - x1), b = y1 - mx1;
setPixel(x, y);
while (y < y2) {
  y++;
```

y = 3x + 0	x
0	0
3	1
6	2
9	3
12	4
15	5
18	6

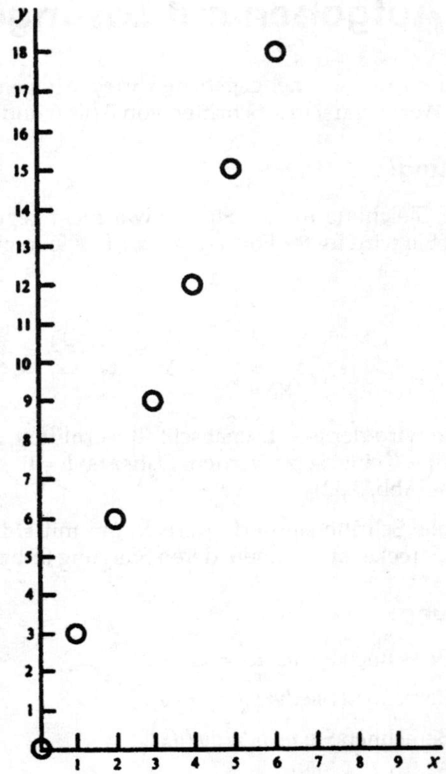

Abb. 3.32

```
    x_f = (y - b)/m;
    x = Floor(x_f + 0,5);
    setPixel(x, y);
}
```

3.4 Beschreiben Sie im Pseudocode den DDA-Algorithmus für die Scan Conversion einer Geraden, deren Steigung zwischen -45° und 45° beträgt (d.h. $|m| \leq 1$).

Lösung:

Es sei $x_1 < x_2$ für die beiden Endpunkte (x_1, y_1) und (x_2, y_2).

```
int x = x_1, y;
float y_f = y_1, m = (y_2 - y_1)/(x_2 - x_1);
while (x <= x_2) {
  y = Floor(y_f + 0,5);
  setPixel(x, y);
  x++;
  y_f = y_f + m;
}
```

3.5 Beschreiben Sie im Pseudocode den DDA-Algorithmus für die Scan Conversion einer Strecke, deren Steigung zwischen 45° und -45° liegt (d.h. $|m| > 1$).

Lösung:

Es sei $y_1 < y_2$ für die beiden Endpunkte (x_1, y_1) und (x_2, y_2):

```
int x, y = y1;
float xf = x1, minv = (x2 - x1)/(y2 - y1);
while (y <= y2) {
  x = Floor(xf + 0,5);
  setPixel(x, y);
  xf = xf + minv;
  y++;
}
```

3.6 Welche Schritte sind erforderlich, um mit Hilfe der Methode von Bresenham eine Strecke zu zeichnen, deren Steigung zwischen 0° und 45° beträgt?

Lösung:

1. Berechnen Sie die Anfangswerte:

$dx = x_2 - x_1$

$dy = y_2 - y_1$

$Inc_1 = 2dy$

$Inc_2 = 2(dy - dx)$

$d = Inc_1 - dx$

2. Setzen Sie (x, y) auf den unteren linken Endpunkt und x_{end} auf den höchsten Wert von x. Ist $d_x < 0$, dann ergibt sich $x = x_2$, $y = y_2$, $x_{end} = x_1$. Wenn $dx > 0$, dann ergibt sich $x = x$, $y = y_1$, $x_{end} = x_2$.
3. Zeichen Sie einen Punkt an den aktuellen (x, y)-Koordinaten.
4. Prüfen Sie, ob die gesamte Strecke gezeichnet wurde. Beenden Sie den Vorgang, wenn $x = x_{end}$.
5. Berechnen Sie die Position des nächsten Pixels. Wenn $d < 0$, dann ergibt sich $d = d + Inc_1$. Wenn $d \geq 0$, dann ergibt sich $d = d + Inc_2$ und $y = y + 1$.
6. Erhöhen Sie x: $x = x + 1$.
7. Zeichnen Sie einen Punkt an den aktuellen (x, y)-Koordinaten.
8. Fahren Sie mit Schritt 4 fort.

3.7 Geben Sie an, welche Rasterpositionen der Algorithmus von Bresenham bei der Scan Conversion einer Strecke zwischen den Pixelkoordinaten (1; 1) und (8; 5) auswählen würde.

Lösung:

Zuerst müssen die Startwerte ermittelt werden. In diesem Fall lauten sie wie folgt:

$dx = x_2 - x_1 = 8 - 1 = 7$

$dy = y_2 - y_1 = 5 - 1 = 4$

Daraus ergibt sich:

$Inc_1 = 2dy = 2 \times 4 = 8$

$Inc_2 = 2(dy - dx) = 2 \times (4 - 7) = -6$

$d = Inc_1 - dx = 8 - 7 = 1$

Die folgende Tabelle gibt die vom Algorithmus berechneten Werte an (siehe auch Abb. 3.33).

+ =

d	x	y
1	1	1
$1 + Inc_2 = -5$	2	2
$-5 + Inc_1 = 3$	3	2
$3 + Inc_2 = -3$	4	3
$-3 + Inc_1 = 5$	5	3
$5 + Inc_2 = -1$	6	4
$-1 + Inc_1 = 7$	7	4
$7 + Inc_2 = 1$	8	5

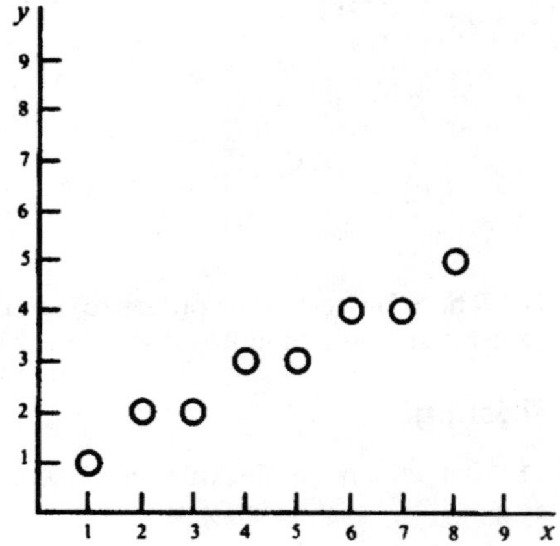

Abb. 3.33

3.8 In der Ableitung des Linienalgorithmus von Bresenham haben wir *s* und *t* zum Messen der Nähe der Pixel S und T zur wahren Linie verwendet. Allerdings handelt es sich bei *s* und *t* nur um die Abstände in *y*-Richtung und nicht um die tatsächlichen Abstände zwischen einem Punkt und einer Linie im Sinne der Geometrie. Können wir bei $s = t$ sicher sein, dass die beiden Pixel S und T wirklich den gleichen Abstand zur wahren Strecke aufweisen (so dass wir jeden der beiden für die Näherung der Strecke auswählen können)?

Lösung:

Bei $s = t$ schneidet die wahre Strecke die vertikale Verbindungslinie zwischen S und T im Mittenpunkt, was wir der Abb. 3.34 entnehmen können. Der tatsächliche Abstand zwischen S und der Strecke lautet *d*S und der von T zur Strecke *d*T. Da die beiden rechtwinkligen Dreiecke völlig identisch sind (sie weisen die gleichen Winkel sowie ein Paar gleicher Kanten, *s* und *t*, auf), erhalten wir *d*S = *d*T.

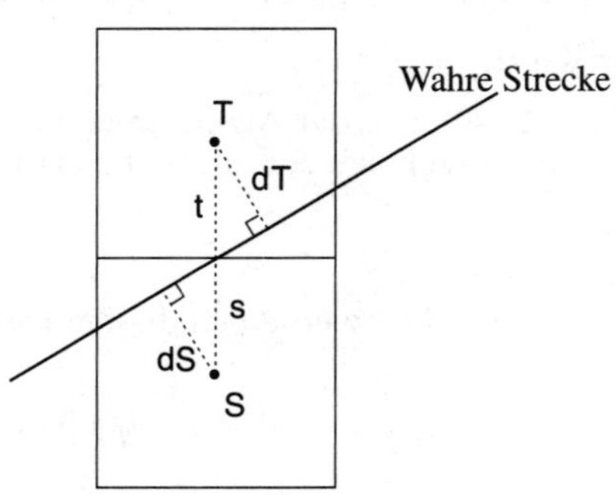

Abb. 3.34

3.9 Ändern Sie die Beschreibung des Linienalgorithmus von Bresenham im Text so, dass alle Pixel aus der Schleifenstruktur heraus festgelegt werden.

Lösung 1:

```
int x = x1', y = y1';
int dx = x2' - x'1, dy = y2' - y1', dT = 2(dy - dx), dS = 2dy;
int d = 2dy - dx;
while (x <= x'2) {
  setPixel(x, y);
  x++;
  if (d < 0)
    d = d + dS;
  else {
    y++;
    d = d + dT;
  }
}
```

Lösung 2:

```
int x = x1' - 1, y = y1';
int dx = x2' - x1', dy = y2' - y1', dT = 2(dy - dx), dS = 2dy;
int d = -dx;
while (x < x2') {
  x++;
  if (d < 0)
    d = d + dS;
  else {
    y++;
    d = d + dT;
  }
  setPixel(x, y);
}
```

3.10 Welche Schritte sind erforderlich, um einen Kreis mit Hilfe der Polynommethode zu erzeugen?

Lösung:

1. Setzen Sie die Anfangsvariablen: r = Kreisradius, (h, k) = Koordinaten des Kreismittelpunks, $x = 0$, i = Schrittgröße, $x_{end} = r/\sqrt{2}$.
2. Überprüfen Sie, ob der gesamte Kreis einer Scan Conversion unterzogen wurde. Beenden Sie den Vorgang, wenn $x > x_{end}$.
3. Berechnen Sie den Wert der y-Koordinate, wobei $y = \sqrt{r^2 - x^2}$.
4. Zeichnen Sie an den aktuellen (x, y)-Koordinaten acht Punkte, die durch die Symmetrie relativ zum Mittelpunkt (h, k) ermittelt wurden:

Plot($x + h, y + k$)	Plot($-x + h, -y + k$)
Plot($y + h, x + k$)	Plot($-y + h, -x + k$)
Plot($-y + h, x + k$)	Plot($y + h, -x + k$)
Plot($-x + h, y + k$)	Plot($x + h, -y + k$)

5. Erhöhen Sie x: $x = x + i$.
6. Fahren Sie mit Schritt 2 fort.

3.11 Welche Schritte sind für die Scan Conversion eines Kreises mit Hilfe der trigonometrischen Methode erforderlich?

Lösung:

1. Setzen Sie die Anfangsvariablen: r = Kreisradius, (h, k) = Koordinaten des Kreismittelpunks, i = Schrittgröße, $\theta_{end} = \pi/4 = 45°$, $\theta = 0$.
1. Überprüfen Sie, ob der gesamte Kreis einer Scan Conversion unterzogen wurde. Beenden Sie den Vorgang, wenn $\theta > \theta_{end}$.
2. Berechnen Sie den Wert der x- und y-Koordinaten:

$x = r\cos(\theta)$ $\qquad$ $y = r\sin(\theta)$

3. Zeichnen Sie an den aktuellen (x, y)-Koordinaten acht Punkte, die durch die Symmetrie relativ zum Mittelpunkt (h, k) ermittelt wurden:

`Plot`$(x + h, y + k)$	`Plot`$(-x + h, -y + k)$
`Plot`$(y + h, x + k)$	`Plot`$(-y + h, -x + k)$
`Plot`$(-y + h, x + k)$	`Plot`$(y + h, -x + k)$
`Plot`$(-x + h, y + k)$	`Plot`$(x + h, -y + k)$

4. Erhöhen Sie θ: $\theta = \theta + i$.
5. Fahren Sie mit Schritt 2 fort.

3.12 Welche Schritte sind zur Scan Conversion eines Kreises mit Hilfe des Algorithmus von Bresenham erforderlich?

Lösung:

1. Setzen Sie die Anfangswerte der Variablen: (h, k) = Koordinaten des Kreismittelpunks, $x = 0$, y = Kreisradius r und $d = 3 - 2r$.
2. Überprüfen Sie, ob der gesamte Kreis einer Scan Conversion unterzogen wurde. Beenden Sie den Vorgang, wenn $x > y$.
3. Zeichnen Sie an den aktuellen (x, y)-Koordinaten acht Punkte, die durch die Symmetrie relativ zum Mittelpunkt (h, k) ermittelt wurden:

`Plot`$(x + h, y + k)$	`Plot`$(-x + h, -y + k)$
`Plot`$(y + h, x + k)$	`Plot`$(-y + h, -x + k)$
`Plot`$(-y + h, x + k)$	`Plot`$(y + h, -x + k)$
`Plot`$(-x + h, y + k)$	`Plot`$(x + h, -y + k)$

4. Berechnen Sie die Position des nächsten Pixels. Wenn $d < 0$, dann $d = d + 4x + 6$ und $x = x + 1$. Wenn $d \geq 0$, dann $d = d + 4(x - y) + 10$, $x = x + 1$ und $y = y - 1$.
5. Fahren Sie mit Schritt 2 fort.

3.13 Wenn die achtfache Symmetrie verwendet wird, um einen vollen Kreis aus den im Oktanten 0° bis 45° oder 90° bis 45° erzeugten Koordinaten zu erhalten, werden bestimmte Pixel doppelt festgelegt oder gezeichnet. Dieses Phänomen wird manchmal als Überdrucken (»Overstrike«) bezeichnet. Finden Sie heraus, wo dieses Phänomen auftritt.

Lösung:

An Positionen, die aus den Anfangskoordinaten (*r*, 0) oder (0, *r*) hervorgegangen sind, da (0, *r*) = (-0, *r*), (0, -*r*) = (-0, -*r*), (*r*, 0) = (*r*, -0) und (-*r*, 0) = (-*r*, -0).

Liegt darüber hinaus das zuletzt generierte Pixel auf der Diagonalen bei (αr, αr), wobei α eine Näherung von $1/\sqrt{(2{,}0)} = 0{,}7071$ darstellt, erfolgt das Überdrucken auch bei (αr, αr), (-αr, αr), (αr, -αr) und (-αr, -αr).

3.14 Bringt das Überdrucken Nachteile mit sich, wenn man von der Zeitverschwendung einmal absieht?

Lösung:

Oft ist es harmlos, da das erneute Setzen eines Pixels mit demselben Wert das Bild im Bildspeicher nicht wirklich verändert. Werden die Pixelwerte jedoch direkt ausgesendet, beispielsweise um die Belichtung eines fotografischen Mediums, z.B. eines Dias oder eines Negativs, zu steuern, dann führt das Überdrucken zu einer Doppelbelichtung an den entsprechenden Stellen.

Wenn wir die Pixel unter Verwendung ihrer Komplementärfarben festlegen, würden sie außerdem durch das Überdrucken unverändert bleiben, da das zweimalige Festlegen einer Komplementärfarbe einfach die Farbe selbst erzeugt.

3.15 Bei der Scan Conversion einer Kurve mit Hilfe der Polynommethode (siehe Aufgaben 3.10, 3.20 und 3.25) oder der trigonometrischen Methode (siehe Aufgaben 3.11, 3.21 und 32.4) wird eine Schrittgröße *i* verwendet, um aufeinander folgende Punkte auf der wahren Kurve zu berechnen. Diese Punkte werden dann in den Bildraum abgebildet. Was geschieht, wenn *i* zu groß ist, und was, wenn es zu klein ist?

Lösung:

Ist *i* zu groß, befinden sich die berechneten Punkte relativ weit entfernt voneinander und die entsprechenden Pixel bilden keine stetige Kurve.

Ist *i* zu klein, liegen die berechneten Punkt so dicht beieinander, dass zwei oder mehrere benachbarte Punkte auf dasselbe Pixel abgebildet werden, was ein Überdrucken zur Folge hat.

Bitte beachten Sie, das es nicht immer möglich ist, eine einzelne Schrittgröße für eine bestimmte Scan Conversion zu ermitteln, die eine stetige Kurve ohne Überdrucken erzeugt. In solchen Fällen können wir einen adaptiven Ansatz verwenden, bei dem während der Scan Conversion auf der Grundlage von Punkten, die bereits auf den Bildraum abgebildet wurden, Anpassungen vorgenommen werden. Wenn beispielsweise zwei nacheinander berechnete Punkte auf zwei nicht miteinander verbundene Pixel abgebildet werden, kann zwischen den beiden Punkten ein zusätzlicher Punkt berechnet werden, indem man die halbe Schrittgröße verwendet.

3.16 Führen die folgende Beschreibung des Kreisalgorithmus von Bresenham und die Beschreibung im Text zu den gleichen Ergebnissen?

```
int x = 0, y = r, d = 3 - 2r;
setPixel(x, y);
while (x < y) {
  if (d < 0)
    d = d + 4x + 6;
  else {
```

```
    d = d + 4(x - y) + 10;
    y --;
  }
  x++;
  setPixel(x, y);
}
```

Lösung:

Sei A die durch den Kreisalgorithmus von Bresenham ausgewählte richtige Pixelmenge. Beide Versionen erzeugen A, wenn das äußere rechte Pixel in A sich auf der Diagonale $x = y$ befindet. Entsprechen die Koordinaten des äußeren rechten Pixels von A $x = y - 1$, beendet nur die im Text genannte Version den Vorgang ordnungsgemäß. Die hier angegebene Version erzeugt ein zusätzliches Pixel jenseits des Oktanten von 90° bis 45°. Dieses zusätzliche Pixel spiegelt das äußere rechte Pixel von A relativ zur Diagonale.

3.17 In der Ableitung von Bresenhams Kreisalgorithmus haben wir eine Entscheidungsvariable $d_i = D(\mathrm{T}) + D(\mathrm{S})$ verwendet, die bei der Wahl zwischen Pixel S und T helfen soll. Nach der Definition im Text handelt es sich bei D allerdings nicht um das echte Maß für den Abstand zwischen dem Mittelpunkt eines Pixels und dem wahren Kreis. Zeigen Sie, dass die Abstände der beiden Pixel S und T vom wahren Kreis nicht identisch sind, wenn $d_i = 0$.

Lösung:

Sei $d\mathrm{S}$ der tatsächliche Abstand zwischen S und dem wahren Kreis und $d\mathrm{T}$ der tatsächliche Abstand zwischen T und dem wahren Kreis (siehe Abb. 3.35). Ersetzen Sie in der Formel für d_i außerdem $x_i + 1$ durch x und y_i durch y, um den folgenden Beweis leichter lesen zu können:

$$d_i = 2\,x^2 + y^2 + (x - 1)^2 - 2r^2 = 0$$

Da $(r + d\mathrm{T})^2 = x^2 + y^2$ und $(r - d\mathrm{S})^2 = x^2 + (y - 1)^2$, ergibt sich

$$2rd\mathrm{T} + d\mathrm{T}^2 = x^2 + y^2 - r^2 \text{ und } -2rd\mathrm{S} + d\mathrm{S}^2 = x^2 + (y - 1)^2 - r^2$$

Daraus folgt:

$$2rd\mathrm{T} + d\mathrm{T}^2 - 2rd\mathrm{S} + d\mathrm{S}^2 = 0$$

$$d\mathrm{T}(2r + d\mathrm{T}) = d\mathrm{S}(2r - d\mathrm{S})$$

Da $d\mathrm{T}/d\mathrm{S} = (2r - d\mathrm{S})/(2r + d\mathrm{T}) < 1$, ergibt sich $d\mathrm{T} < d\mathrm{S}$. Wenn $d_i = 0$, bedeutet dies, dass Pixel T tatsächlich näher am wahren Kreis liegt als Pixel S.

3.18 Beschreiben Sie einen Mittenpunkt-Kreisalgorithmus, bei dem der Entscheidungsparameter p mit x_{i+1} und y_{i+1} statt mit x_i und y_i aktualisiert wird.

Lösung:

```
int x = 0, y = r, p = 1 - r;
while (x <= y) {
  setPixel(x, y);
  x++;
  if (p < 0)
    p = p + 2x + 1;
  else {
    y --;
    p = p + 2(x - y) + 1;
  }
}
```

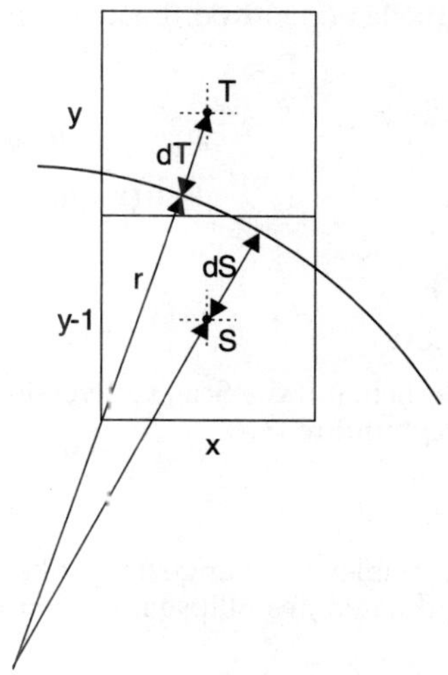

Abb. 3.35

3.19 Führen die folgende Beschreibung des Mittenpunkt-Kreisalgorithmus und die Beschreibung aus Aufgabe 3.18 zu demselben Ergebnis?

```
int x = 0, y = r, p = 1 - r;
setPixel(x, y);
while (x < y) {
  x++;
  if ( p < 0)
    p = p + 2x + 1;
  else {
    y --;
    p = p + 2(x - y) - 1;
  }
  setPixel(x, y);
}
```

Lösung:

Ähnlich wie die Lösung der Aufgabe 3.16. Nur die Version aus Aufgabe 3.18 erzeugt unter allen Bedingungen die richtige Pixelmenge.

3.20 Welche Schritte sind erforderlich, um eine Ellipse mit Hilfe der Polynommethode zu erzeugen?

Lösung:

1. Setzen Sie die Anfangsvariablen: a = Länge der großen Halbachse, b = Länge der kleinen Halbachse, (h, k) = Koordinaten des Ellipsenmittelpunkts, $x = 0$, i = Schrittgröße, $x_{end} = a$.
2. Überprüfen Sie, ob die gesamte Ellipse einer Scan Conversion unterzogen wurde. Beenden Sie den Vorgang, wenn $x > x_{end}$.
3. Berechnen Sie den Wert der y-Koordinate:

$$y = b\sqrt{1 - \frac{x^2}{a^2}}$$

4. Zeichnen Sie an den aktuellen (x, y)-Koordinaten vier Punkte, die durch die Symmetrie ermittelt wurden:

Plot($x + h, y + k$)	Plot($-x + h, -y + k$)
Plot($-x + h, y + k$)	Plot($x + h, -y + k$)

5. Erhöhen Sie x: $x = x + i$.
6. Fahren Sie mit Schritt 2 fort.

3.21 Welche Schritte sind erforderlich, um die Scan Conversion einer Ellipse mit Hilfe der trigonometrischen Methode durchzuführen?

Lösung:

1. Setzen Sie die Anfangsvariablen: a = Länge der großen Halbachse, b = Länge der kleinen Halbachse, (h, k) = Koordinaten des Ellipsenmittelpunkts, i = Schrittgröße, $\theta_{end} = \pi/2$, $\theta = 0$.
2. Überprüfen Sie, ob die gesamte Ellipse einer Scan Conversion unterzogen wurde. Beenden Sie den Vorgang, wenn $\theta > \theta_{end}$.
3. Berechnen Sie den Wert der x- und y-Koordinaten:

$$x = a\cos(\theta) \qquad y = b\sin(\theta)$$

4. Zeichnen Sie an den aktuellen (x, y)-Koordinaten die vier Punkte, die durch die Symmetrie ermittelt wurden:

Plot($x + h, y + k$)	Plot($-x + h, -y + k$)
Plot($-x + h, y + k$)	Plot($x + h, -y + k$)

5. Erhöhen Sie θ: $\theta = \theta + i$.
6. Fahren Sie mit Schritt 2 fort.

3.22 Kommt es zum Überdrucken, wenn die vierfache Symmetrie zum Erstellen einer vollen Ellipse aus den für den ersten Quadranten erzeugten Koordinaten verwendet wird? Wo?

Lösung:

Ein Überdrucken erfolgt an den folgenden Positionen: $(0, b)$, $(0, -b)$, $(a, 0)$ und $(-a, 0)$, da $(0, b) = (-0, b)$, $(0, -b) = (-0, -b)$, $(a, 0) = (a, -0)$ und $(-a, 0) = (-a, -0)$.

3.23 Im Mittenpunkt-Ellipsenalgorithmus haben wir nur die Koordinaten (x_k, y_k) des letzen ausgewählten Pixels für Teil 1 der Kurve verwendet, um den Anfangswert q_1 des Entscheidungsparameters q_j für Teil 2 zu berechnen. Können wir auch den letzten Wert des Entscheidungsparameters p_i nutzen?

Lösung:

Der zuletzt berechnete Wert des Entscheidungsparameters p_i für Teil 1 der Kurve ist:

$$
\begin{aligned}
p_k &= f(x_k + 1, y_k - \tfrac{1}{2}) = b^2(x_k + 1)^2 + a^2(y_k - \tfrac{1}{2})^2 - a^2b^2 \\
&= b^2(x_k^2 + 2x_k + 1) + a^2(x_k^2 - y_k + \tfrac{1}{4}) - a^2b^2
\end{aligned}
$$

Da

$$
\begin{aligned}
q_1 &= f(x_k + \tfrac{1}{2}, y_k - 1) = b^2(x_k + \tfrac{1}{2})^2 + a^2(y_k - 1)^2 - a^2b^2 \\
&= b^2(x_k^2 + x_k + \tfrac{1}{4}) + a^2(x_k^2 - 2y_k + 1) - a^2b^2
\end{aligned}
$$

ergibt sich

$$q_1 = p_k - b^2(x_k + \tfrac{3}{4}) - a^2(y_k - \tfrac{3}{4})$$

3.24 Welche Schritte sind erforderlich, um einen Bogen mit Hilfe der trigonometrischen Methode einer Scan Conversion zu unterziehen?

Lösung:

1. Setzen Sie die Anfangsvariablen: a = große Halbachse, b = kleine Halbachse, (h, k) = Koordinaten des Bogenmittelpunkts, i = Schrittgröße, θ = Startwinkel, θ_1 = Endwinkel.
2. Überprüfen Sie, ob der gesamte Bogen einer Scan Conversion unterzogen wurde. Beenden Sie den Vorgang, wenn $\theta > \theta_1$.
3. Berechnen Sie die Werte der x- und y-Koordinaten:

   $$x = a\cos(\theta) + h \qquad\qquad y = a\sin(\theta) + k$$

4. Zeichnen Sie die Punkte an den aktuellen (x, y)-Koordinaten: `Plot`(x, y).
5. Erhöhen Sie θ: $\theta = \theta + i$.
6. Fahren Sie mit Schritt 2 fort.

   (Hinweis: Bei einem Kreisbogen ist $a = b$ = Kreisradius r.)

3.25 Welche Schritte sind erforderlich, um einen Kreisbogen mit Hilfe der Polynommethode zu erzeugen?

Lösung:

1. Setzen Sie die Anfangsvariablen: r = Radius, (h, k) = Koordinaten des Bogenmittelpunkts, x = x-Koordinate des Bogenanfangs, x_1 = x-Koordinate des Bogenendes, i = Zählerschrittgröße.
2. Überprüfen Sie, ob der gesamte Bogen einer Scan Conversion unterzogen wurde. Beenden Sie den Vorgang, wenn $x > x_1$.
3. Berechnen Sie den Wert der y-Koordinate:

   $y = \sqrt{r^2 - x^2}$
4. Zeichnen Sie an den aktuellen (x, y)-Koordinaten:

   `Plot`$(x + h, y + k)$
5. Erhöhen Sie x: $x = x + i$.
6. Fahren Sie mit Schritt 2 fort.

3.26 Welche Schritte sind erforderlich, um ein Rechteck, dessen Seiten parallel zu den Achsen des Koordinatensystems verlaufen, einer Scan Conversion zu unterziehen?

Lösung:

1. Legen Sie die Anfangsvariablen fest: (x_1, y_1) = Koordinaten des ersten angegebenen Punkts, (x_2, y_2) = Koordinaten des zweiten angegebenen Punkts.
2. Zeichnen Sie das Rechteck:

```
Plot(x1, y1) to (x2, y1)        Plot(x2, y2) to (x2, y2)
Plot(x2, y1) to (x2, y2)        Plot(x1, y2) to (x1, y1)
```

3.27 Wie würde ein Flood-Fill-Algorithmus den in Abb. 3.36 dargestellten Bereich bei der Verwendung einer Definition mit acht Verbindungspunkten für die Bereichspixel füllen?

Lösung:

1. Nehmen Sie an, dass die Koordinate 3; 3 als Anfangswert vorgegeben ist. Der Flood-Fill-Algorithmus prüft die den Anfangspunkt umgebenden acht Punkte (4; 4), (3; 4), (2; 4), (2; 3), (2; 2), (3; 2), (4; 2), (4; 3). Da alle um den Anfangspunkt liegenden Punkte die ursprüngliche Bereichsfarbe aufweisen, werden alle Punkte gefüllt (siehe Abb. 3.37).
2. Alle in Schritt 1 ermittelten acht Punkte werden zu neuen Anfangspunkten, und die um sie herum liegenden Punkte werden geprüft und gefüllt. Dieser Vorgang setzt sich so lange fort, bis alle um die Anfangspunkte herum liegenden Punkte die ursprüngliche Bereichsfarbe abgelegt haben.

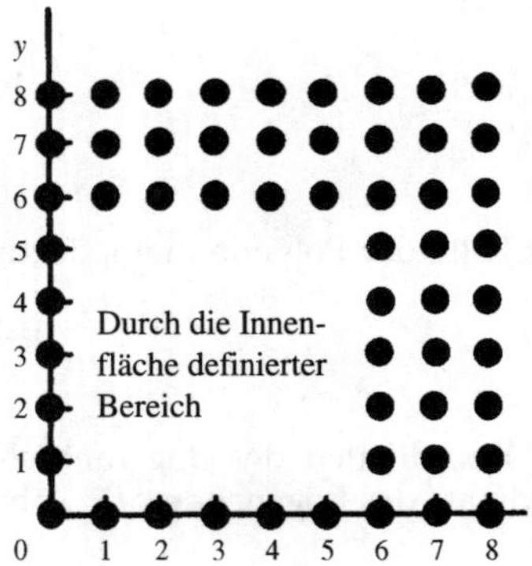

Abb. 3.36

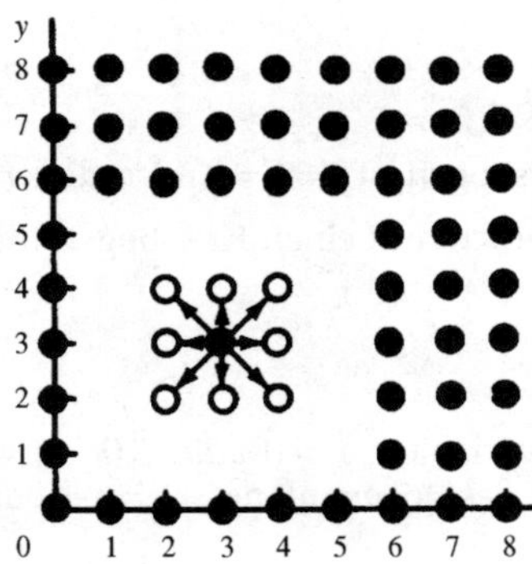

Abb. 3.37

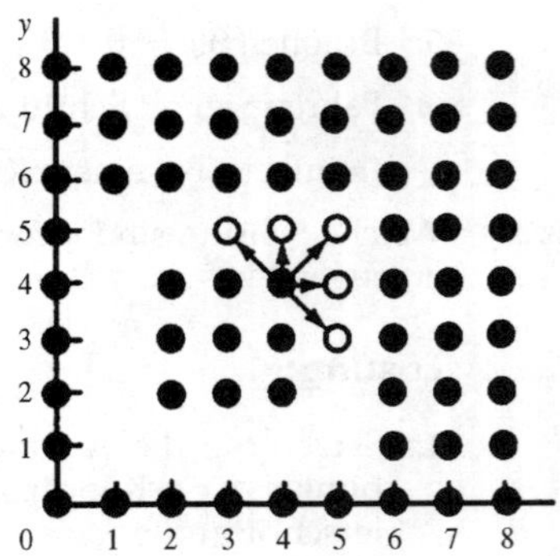

Abb. 3.38

3.28 Schreiben Sie eine Pseudocode-Prozedur, um den Boundary-Fill-Algorithmus aus dem Text in seiner Grundform zu implementieren, und verwenden Sie dabei für die Pixel des Bereichs die Definition mit vier Verbindungspunkten.

Lösung:

```
BoundaryFill (int x; y, füllfarbe, randfarbe)
{
  int color;
  getPixel(x, y, color);
  if (color != randfarbe && color != füllfarbe) {
    setPixel(x, y, füllfarbe);
    BoundaryFill(x + 1, y, füllfarbe, randfarbe);
    BoundaryFill(x, y + 1, füllfarbe, randfarbe);
```

```
        BoundaryFill(x - 1, y, füllfarbe, randfarbe);
        BoundaryFill(x, y - 1, füllfarbe, randfarbe);
    }
}
```

3.29 Schreiben Sie eine Pseudocode-Prozedur, um den Flood-Fill-Algorithmus aus dem Text in seiner Grundform zu implementieren, und verwenden Sie dabei für die Pixel des Bereichs die Definition mit vier Verbindungspunkten.

Lösung:

```
FloodFill (int x, y, füllfarbe, originalfarbe)
{
  int color;
  getPixel(x, y, color);
  if (color == originalfarbe) {
    setPixel(x, y, füllfarbe);
    FloodFill(x + 1, y, füllfarbe, originalfarbe);
    FloodFill(x, y + 1, füllfarbe, originalfarbe);
    FloodFill(x - 1, y, füllfarbe, originalfarbe);
    FloodFill(x, y - 1, füllfarbe, originalfarbe);
  }
}
```

3.30 Die Koordinaten der Eckpunkte eines Polygons sind in Abb. 3.39 dargestellt. (*a*) Schreiben Sie die ursprüngliche Kantenliste für das Polygon. (*b*) Geben Sie an, welche Kanten in den Abtastzeilen $y = 6, 7, 8, 9$ und 10 aktiv sein werden.

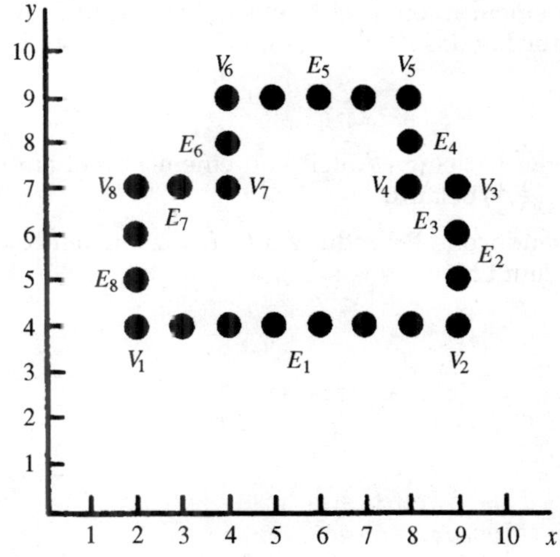

Abb. 3.39

Lösung:

a. Die Spalte x enthält die x-Koordinate des unteren Endpunkts der entsprechenden Kante. Die horizontalen Kanten sind nicht enthalten.

Kante	y_{min}	y_{max}	x	$1/m$
E_2	4	7	9	0

E_8	4	7	2	0
E_4	7	9	8	0
E_6	7	9	4	0

b. Eine Kante wird aktiviert, wenn der y-Wert der Abtastzeile dem y_{min}-Wert der Kante entspricht. Sie bleibt so lange aktiv, bis der y-Wert der Abtastzeile den y_{max}-Wert der Kante überschreitet. Daher erscheinen für $y = 6, 7, 8, 9$ und 10 folgende aktive Kanten:

Bei $y = 6$: E_4 und E_4.

Bei $y = 7$: $y = y_{max}$ für die beiden Kanten E_2 und E_8, so dass beide aktiv bleiben. Ebenfalls bei $y = 7$ werden die Kanten E_4 und E_6 aktiviert.

Bei $y = 8$: E_2 und E_8 werden aus der Kantenliste entfernt. E_4 und E_6 bleiben aktiv.

Bei $y = 9$: Dieselben Kanten bleiben aktiv.

Bei $y = 10$: Die Kanten E_2 und E_4 werden aus der Kantenliste entfernt, so dass diese jetzt leer ist.

3.31 Was sind die drei größten negativen Nebenwirkungen der Scan Conversion?

Lösung:

Die drei größten negativen Auswirkungen der Scan Conversion sind das treppenartige Erscheinungsbild, die ungleiche Helligkeit schräger Linien und das Gartenzaun-Problem.

3.32 Nehmen Sie an, dass sich bei der Überabtastung eines Pixels mit einer Größe von 3 x 3 drei seiner Unterpixel in einem roten, drei in einem grünen und drei in einem blauen Bereich befinden. Welche Farbe hat das Pixel insgesamt?

Lösung:

Jeder der drei Bereiche hat einen Anteil von einem Drittel am Gesamthelligkeitswert des Pixels, der sich auf $(\frac{1}{3}, \frac{1}{3}, \frac{1}{3})$ beläuft.

3.33 Schreiben Sie eine Pseudocode-Prozedur zur Generierung der Koch-Kurve K_n (nach der Prozedur aus dem Text zum Erzeugen von C_n).

Lösung:

```
Koch-Kurve (float x, y, len, alpha; int n)
{
  if (n > 0) {
    len = len/3;
    Koch-Kurve(x, y, len, alpha, n - 1);
    x = x + len*cos(alpha);
    y = y + len*sin(alpha);
    Koch-Kurve(x, y, len, alpha - 60, n - 1);
    x = x + len*cos(alpha - 60);
    y = y + len*sin(alpha - 60);
    Koch-Kurve(x, y, len, alpha + 60, n - 1);
    x = x + len*cos(alpha + 60);
    y = y + len*sin(alpha + 60);
    Koch-Kurve(x, y, len, alpha, n - 1);
  } else
    line(x, y, x + len*cos(alpha), y + len*sin(alpha));
}
```

3.34 Nehmen Sie an, dass die folgende Anweisung ein gefülltes Dreieck erzeugt, dessen Eckpunkte bei (x_1, y_1), (x_2, y_2) und (x_3, y_3) liegen:

`triangle`$(x_1, y_1, x_2, y_2, x_3, y_3)$

Schreiben Sie eine Pseudocode-Prozedur zur Generierung des Sierpinski-Dreiecks S_n (nach der Prozedur aus dem Text zum Erzeugen von C_n).

Lösung:

```
S-Dreieck (float x1, y1, x2, y2, x3, y3; int n)
{
  float x12, y12, x13, y13, x23, y23;
  if (n > 0) {
    x12 = (x1 + x2)/2;
    y12 = (y1 + y2)/2;
    x13 = (x1 + x3)/2;
    y13 = (y1 + y3)/2;
    x23 = (x2 + x3)/2;
    y23 = (y2 + y3)/2;
    S-Dreieck(x1, y1, x12, y12, x13, y13, n - 1);
    S-Dreieck(x12, y12, x2, y2, x23, y23, n - 1);
    S-Dreieck(x13, y13, x23, y23, x3, y3, n - 1);
  } else
    triangle(x1, y1, x2, y2, x3, y3);
}
```

3.12 Weitere Aufgaben

3.35 Gegeben seien die folgenden Gleichungen. Ermitteln Sie die entsprechenden y-Werte für die einzelnen Werte von x ($x = 2; 7; 1$): (*a*) $y = 4x + 3$, (*b*) $y = 1x + 0$, (*c*) $y = -3x - 4$ und (*d*) $y = -2x + 1$.

3.36 Welche Schritte sind erforderlich, um mit Hilfe der Methode von Bresenham eine Linie zu zeichnen, deren Steigung zwischen 45° und 90° beträgt?

3.37 Welche Schritte sind erforderlich, um eine gestrichelte Linie zu zeichnen?

3.38 Zeigen Sie in grafischer Form, dass eine Ellipse über eine vierfache Symmetrie verfügt, indem Sie vier Punkte auf die Ellipse legen:

$$x = a\cos(\theta) + h \qquad y = b\sin(\theta) + k$$

wobei

$a = 2$

$b = 1$

$h = 0$

$k = 0$

$\theta = \pi/4, 3\pi/4, 5\pi/4, 7\pi/4$

3.39 Wie muss die Aufgabe 3.21 geändert werden, wenn eine Ellipse um (*a*) $\pi/4$, (*b*) $\pi/9$ und (*c*) $\pi/2$ gedreht werden soll?

3.40 Welche Schritte sind erforderlich, um mit Hilfe der trigonometrischen Methode einen Sektor einer Scan Conversion zu unterziehen?

3.41 Welche Schritte müssen einem Füllalgorithmus hinzugefügt werden, wenn ein Bereich mit einem Muster gefüllt werden soll?

3.42 Warum ist es für den Designer wichtig, bei der Wahl zwischen lokalem und globalem Aliasing einheitlich vorzugehen?

3.43 Welche Schritte sind erforderlich, um mit Hilfe des Abtastzeilenalgorithmus einen polygonalen Bereich einer Scan Conversion zu unterziehen?

3.44 Wie können wir das Überdrucken ausschließen?

Zweidimensionale Transformationen

4

Eine grundlegende Fähigkeit aller Computergrafiksysteme besteht darin, die Bearbeitung von Objekten im Raum zu simulieren. Diesen Vorgang bezeichnet man als *Transformation.* Sie ist notwendig, wenn mehrere Objekte, die alle unabhängig voneinander in einem eigenen Koordinatensystem festgelegt sind, gemeinsam in eine Szene mit einem Hauptkoordinatensystem eingebunden werden müssen. Auch in anderen Bereichen der Bilderzeugung ist die Transformation nützlich (z. B. die in Kap. 5 beschriebene Transformation von Ansichten).

Für die Beschreibung der Objekttransformation gibt es zwei einander ergänzende Gesichtspunkte. Im ersten Fall wird das Objekt selbst relativ zu einem festen Koordinatensystem oder Hintergrund transformiert. Die mathematische Anweisung hierfür wird durch *geometrische Transformationen* beschrieben, die auf die einzelnen Objektpunkte angewendet werden. Im zweiten Fall steht das Objekt fest, während das Koordinatensystem relativ zum Objekt transformiert wird. Dieser Effekt lässt sich durch die Anwendung von *Koordinatentransformationen* erzielen. Zu den Beispielen, die bei der Unterscheidung zwischen diesen beiden Vorgängen helfen, gehört die Bewegung eines Automobils vor einem Szenenhintergrund. Wir können dies simulieren, indem wir das Auto verschieben, während die Hintergrundszenerie fest stehen bleibt (geometrische Transformation), wir können aber auch das Auto fest stehen lassen und dabei die Hintergrundszenerie verschieben (Koordinatentransformation).

Dieses Kapitel befasst sich mit Transformationen in der Ebene, d.h. im zweidimensionalen Raum. Drei Grundtransformationen werden wir ausführlich schildern: die Translation, die Rotation und die Skalierung. Außerdem behandeln wir weitere Transformationen, die sich als eine Folge verschiedener Grundtransformationen durchführen lassen. Wir beschreiben diese Operationen in einer für die Verarbeitung am Computer geeigneten mathematischen Form und zeigen, wie sie eingesetzt werden, um eine Objektbearbeitung durchzuführen.

4.1 Geometrische Transformationen

Wir betrachten ein Koordinatensystem in einer Ebene. Ein Objekt *Obj* in der Ebene kann man als eine Menge von Punkten ansehen. Jeder Objektpunkt P hat die Koordinaten (x, y), und somit ist das Objekt die Summe aller seiner Koordinatenpunkte (siehe Abb. 4.1). Wird das Objekt in eine neue Position verschoben, kann es als neues Objekt *Obj'* betrachtet werden, dessen Koordinatenpunkte P' sich durch die Anwendung einer geometrischen Transformation von den ursprünglichen Punkten P ableiten lassen.

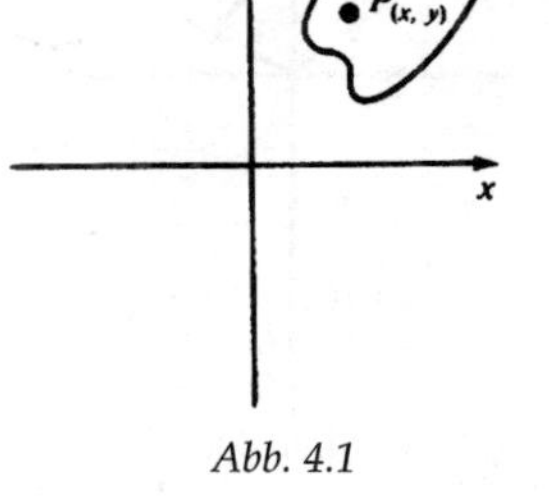

Abb. 4.1

4.1.1 Translation

Bei der *Translation* wird ein Objekt um einen vorgegebenen Abstand von seiner ursprünglichen Position verschoben. Wird die Verschiebung durch den Vektor $v = t_xI + t_yJ$ vorgegeben, kann der neue Objektpunkt $P'(x', y')$ durch die Anwendung der Transformation T_v auf $P(x, y)$ ermittelt werden (siehe Abb. 4.2).

$$P' = T_v(P)$$

wobei $x' = x + t_x$ und $y' = y + t_y$.

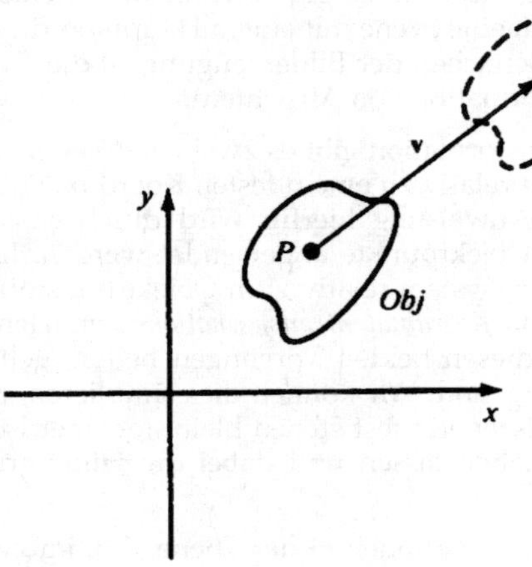

Abb. 4.2

4.1.2 Rotation um den Ursprung

Bei der *Rotation* wird das Objekt um den Winkel θ um den Ursprung gedreht. Nach den Konventionen verläuft die Rotationsrichtung gegen den Uhrzeigersinn, wenn es sich bei θ um einen positiven Winkel handelt, und im Uhrzeigersinn, wenn θ ein negativer Winkel ist (siehe Abb. 4.3). Die Transformation der Rotation R_θ lautet:

$$P' = R_\theta(P),$$

wobei $x' = x\cos(\theta) - y\sin(\theta)$ und $y' = x\sin(\theta) + y\cos(\theta)$.

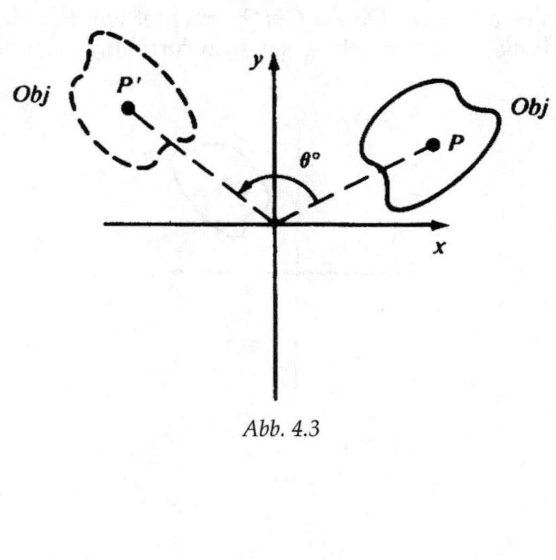

Abb. 4.3

4.1.3 Skalierung relativ zum Ursprung

Bei der *Skalierung* handelt es sich um die Vergrößerung oder Verkleinerung der Maße eines Objekts. Die positiven Skalierungskonstanten s_x und s_y werden dazu verwendet, Änderungen in der Länge relativ zur x- bzw. y-Richtung zu beschreiben. Eine Skalierungskonstante, die größer als eins ist, gibt eine Vergrößerung der Länge an, während eine Konstante, die kleiner als eins ist, für eine Verkleinerung steht. Die Skalierungstransformation S_{s_x,s_y} wird durch $P' = S_{s_x,s_y}(P)$ vorgegeben, wobei $x' = s_x x$ und $y' = s_y y$. Bitte beachten Sie, dass sich das neue Objekt nach erfolgter Skalierungstransformation relativ zum Ursprung an einer anderen Position befindet. Tatsächlich ist der Ursprung der einzige Punkt, der bei einer Skalierungstransformation fest bleibt. Abbildung 4.4 zeigt die Skalierungstransformation mit den Faktoren $s_x = 2$ und $s_y = \frac{1}{2}$.

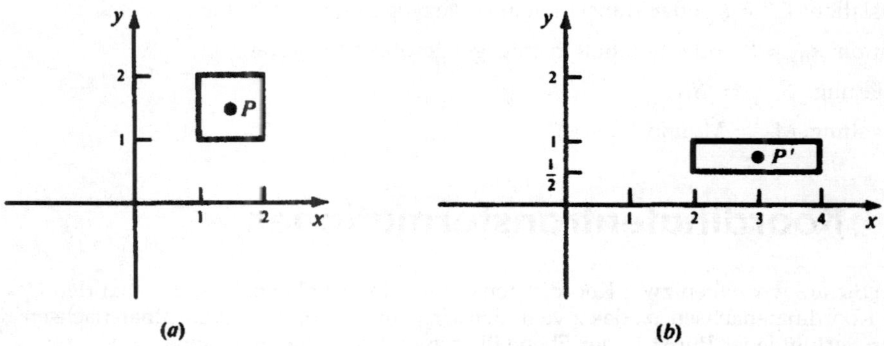

Abb. 4.4

Wenn beide Skalierungskonstanten über denselben Wert s verfügen, bezeichnet man die Transformation als *homogen* oder *gleichförmig*. Bei $s > 1$ handelt es sich außerdem um eine *Vergrößerung*, bei $s < 1$ um eine *Verkleinerung*.

4.1.4 Spiegelung an einer Achse

Wenn die x- oder y-Achse als Spiegel behandelt wird, verfügt das Objekt über ein Spiegelbild oder eine Reflexion. Da sich die Reflexion P' in demselben Abstand vom Spiegel befindet wie P (Abb. 4.5), wird die Spiegelungstransformation M_x an der x-Achse durch

$$P' = M_x(P)$$

vorgegeben, wobei $x' = x$ und $y' = -y$.

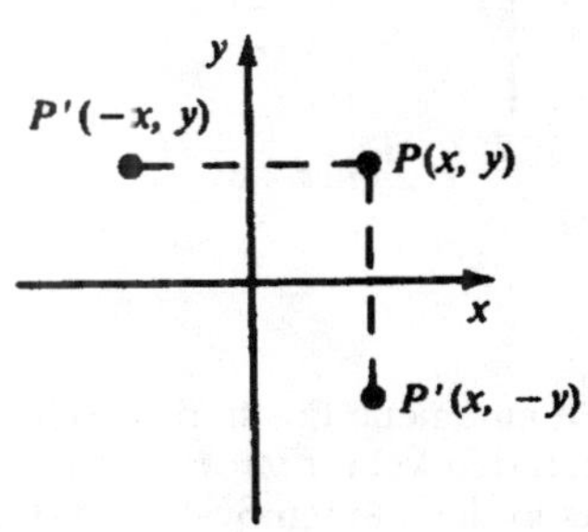

Abb. 4.5

Dementsprechend ist die Spiegelung an der y-Achse

$$P' = M_y(P)$$

wobei $x' = -x$ und $y' = y$.

Bitte beachten Sie, dass $M_x = S_{1,-1}$ und $M_y = S_{-1,1}$. Bei den beiden Spiegelungstransformationen handelt es sich lediglich um Sonderfälle der Skalierung.

4.1.5 Inverse geometrische Transformationen

Zu jeder geometrischen Transformation gibt es eine Inverse (siehe Anhang 1), die entgegengesetzte Operationen darstellt:

Translation: $T_v^{-1} = T_{-v}$ oder Translation in entgegengesetzter Richtung

Rotation: $R_\theta^{-1} = R_{-\theta}$ oder Rotation in entgegengesetzter Richtung

Skalierung: $S_{s_x,s_y}^{-1} = S_{1/s_x,1/s_y}$

Spiegelung: $M_x^{-1} = M_x$ und $M_y^{-1} = M_y$

4.2 Koordinatentransformationen

Nehmen Sie an, wir haben zwei Koordinatensysteme in der Ebene. Das erste hat den Ursprung O und die Koordinatenachsen xy, das zweite den Ursprung O' und die Koordinatenachsen $x'y'$ (Abb. 4.6). Nun verfügt jeder Punkt in der Ebene über zwei Koordinatenangaben: (x, y) bzw. (x', y'), was vom verwendeten Koordinatensystem abhängt. Da das zweite System $x'y'$ aus einer Transformation des ersten Systems xy hervorgegangen ist, können wir sagen, dass eine Koordinatentransformation stattgefunden hat. Wir können diese Transformation beschreiben, indem wir herausfinden, wie die (x', y')-Koordinaten eines Punkts P zu den (x, y)-Koordinaten desselben Punkts in Beziehung stehen.

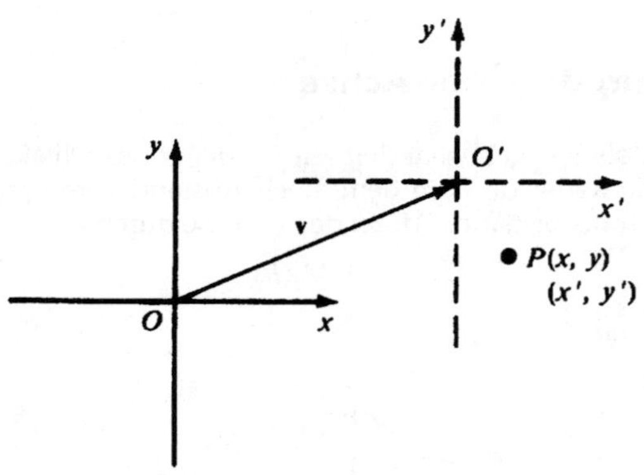

Abb. 4.6

4.2.1 Translation

Wenn das xy-Koordinatensystem an eine neue Position verschoben wird, wobei die Richtung und der Abstand der Verschiebung durch den Vektor $\mathbf{v} = t_x\mathbf{I} + t_y\mathbf{J}$ vorgegeben ist, ergibt sich die Beziehung der Koordinaten eines Punkts in den beiden Systemen durch die Translationstransformation $\overline{T}_v$:

$$(x', y') = \overline{T}_v(x, y),$$

wobei $x' = x - t_x$ und $y' = y - t_y$

4.2.2 Rotation um den Ursprung

Das xy-System wird um den Winkel θ um den Ursprung gedreht (siehe Abb. 4.7). Dann werden die Koordinaten eines Punkts in beiden Systemen durch die Rotationstransformation $\overline{R}_\theta$ zueinander in Beziehung gesetzt:

$$(x', y') = \overline{R}_\theta(x, y),$$

wobei $x' = x \cos(\theta) + y \sin(\theta)$ und $y' = -x \sin(\theta) + y \cos(\theta)$.

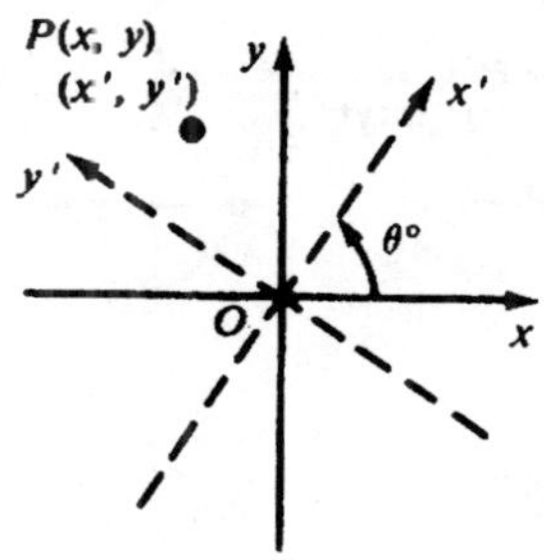

Abb. 4.7

4.2.3 Skalierung relativ zum Ursprung

Nehmen Sie an, dass ein neues Koordinatensystem gebildet wird, indem wir den Ursprung und die Koordinatenachsen unverändert lassen, aber andere Maßeinheiten für die x- und y-Achse einführen. Wenn die neuen Einheiten durch Skalierung der x-Achse um s_x und der y-Achse s_y aus den alten Einheiten hervorgehen, stehen die Koordinaten im neuen System durch die Skalierungstransformation $\bar{S}_{s_x,s_y}$ in Beziehung zu den Koordinaten im alten System:

$$(x', y') = \bar{S}_{s_x,s_y}(x, y),$$

wobei $x' = (1/s_x)x$ und $y' = (1/s_y)y$. Abbildung 4.8 zeigt die Koordinaten-Skalierungstransformation mit Hilfe der Skalierungsfaktoren $s_x = 2$ und $s_y = \frac{1}{2}$.

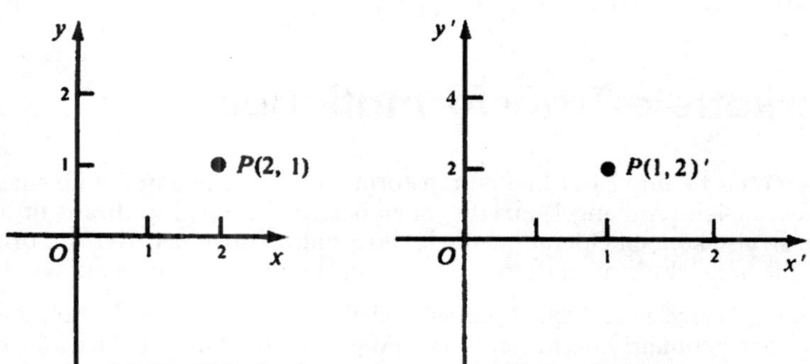

(a) Alte Einheiten (b) Neue Einheiten

Abb. 4.8

4.2.4 Spiegelung an einer Achse

Wenn das neue Koordinatensystem durch Spiegelung des alten Systems an der x- oder y-Achse festgelegt wird, ergibt sich die Beziehung zwischen den Koordinaten durch die Transformationen $\overline{M}_x$ und $\overline{M}_y$. Bei einer Spiegelung an der x-Achse [Abb. 4.9(a)] gilt:

$$(x', y') = \overline{M}_x(x, y),$$

wobei $x' = x$ und $y' = -y$. Bei einer Spiegelung an der y-Achse [Abb. 4.9(b)] gilt:

$$(x', y') = \overline{M}_y(x, y),$$

wobei $x' = -x$ und $y' = y$.

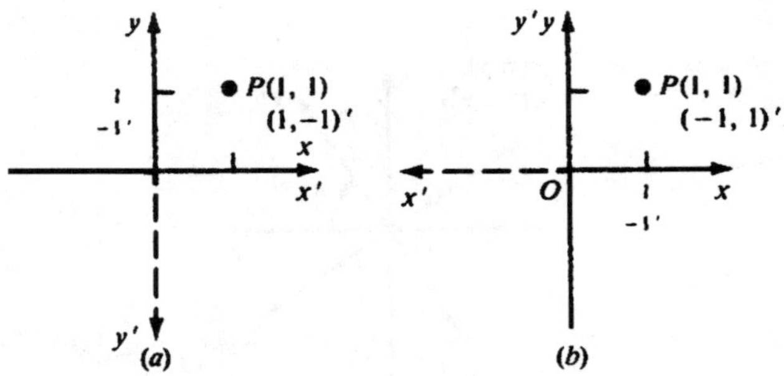

Abb. 4.9

Bitte beachten Sie, dass es sich bei dem gespiegelten Koordinatensystem um ein linksdrehendes System handelt. Daher ändert die Spiegelung seine Ausrichtung. Bitte beachten Sie ebenfalls, dass $\overline{M}_x = \overline{S}_{1,-1}$ und $\overline{M}_y = \overline{S}_{-1,1}$.

4.2.5 Inverse Koordinatentransformationen

Jede Koordinatentransformation verfügt über eine Inverse (siehe Anhang 1), die durch die Anwendung einer entgegengesetzten Transformation bestimmt werden kann:

Translation: $\overline{T}_v^{-1} = \overline{T}_{-v}$, Translation in entgegengesetzter Richtung

Rotation: $\overline{R}_\theta^{-1} = \overline{R}_{-\theta}$, Rotation in entgegengesetzter Richtung

Skalierung: $\overline{S}_{sx,sy}^{-1} = \overline{S}_{1/sx,1/sy}$

Spiegelung: $\overline{M}_x^{-1} = \overline{M}_x$ und $\overline{M}_y^{-1} = \overline{M}_y$

4.3 Verkettete Transformationen

Komplexere geometrische und Koordinatentransformationen können mit Hilfe einer *Zusammensetzung von Funktionen* (siehe Anhang 1) aus den oben beschriebenen Grundtransformationen erstellt werden. Beispielsweise können Operationen wie die Rotation um einen vom Ursprung verschiedenen Punkt oder die Spiegelung an anderen Geraden als den Achsen aufgebaut werden.

Beispiel 1. Vergrößerung eines Objekts unter Beibehaltung des festen Mittelpunkts (siehe Abb. 4.10). Sei $C(h, k)$ der geometrische Mittelpunkt [Abb. 4.10(a)]. Mit der Auswahl eines Vergrößerungsfaktors $s > 1$ konstruieren wir die Transformation, indem wir die folgenden Grundtransforma-

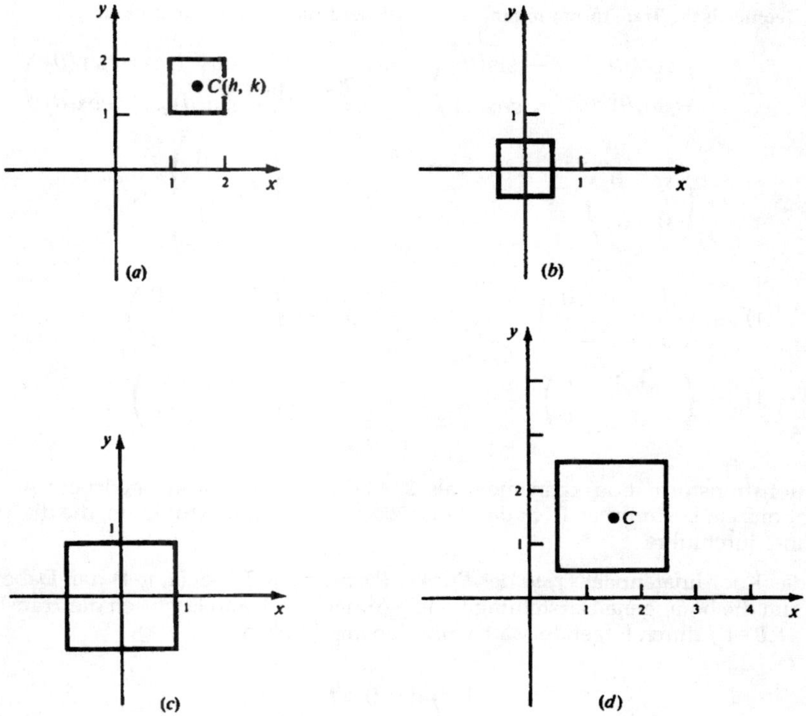

Abb. 4.10

tionen nacheinander durchführen: (1) Verschieben Sie das Objekt so, dass sein Mittelpunkt mit dem Ursprung zusammenfällt [Abb. 4.10(*b*)], (2) skalieren Sie das Objekt relativ zum Ursprung [Abb. 4.10(*c*)] und [3] verschieben Sie das skalierte Objekt zurück in die ursprüngliche Position [Abb. 4.10(*d*)].

Die erforderliche Transformation $S_{s,C}$ kann durch die Verkettung $S_{s,C} = T_v \cdot S_{s,s} \cdot T_v^{-1}$ gebildet werden, wobei $\mathbf{v} = hI + kJ$. Durch die Verwendung einer Verkettung können wir allgemeinere Skalierungs-, Rotations- und Spiegelungstransformationen aufbauen. Für diese Transformationen werden wir folgende Schreibweisen verwenden: (1) $S_{s_x,s_y,P}$ – Skalierung relativ zu einem festen Punkt P, (2) $R_{\theta,P}$ – Rotation um einen Punkt P und (3) M_L – Spiegelung an einer Geraden L.

Die Matrixbeschreibung dieser Transformationen finden Sie in den Aufgaben 4.4, 4.7 und 4.10.

4.3.1 Matrixbeschreibung der Grundtransformationen

Die Transformationen der Rotation, Skalierung und Spiegelung können als Matrixfunktionen dargestellt werden:

Geometrische Transformationen

$$R_\theta = \begin{pmatrix} \cos(\theta) & -\sin(\theta) \\ \sin(\theta) & \cos(\theta) \end{pmatrix}$$

$$S_{s_x,s_y} = \begin{pmatrix} s_x & 0 \\ 0 & s_y \end{pmatrix}$$

$$M_x = \begin{pmatrix} 1 & 0 \\ 0 & -1 \end{pmatrix}$$

$$M_y = \begin{pmatrix} -1 & 0 \\ 0 & 1 \end{pmatrix}$$

Koordinatentransformationen

$$\bar{R}_\theta = \begin{pmatrix} \cos(\theta) & \sin(\theta) \\ -\sin(\theta) & \cos(\theta) \end{pmatrix}$$

$$\bar{S}_{s_x,s_y} = \begin{pmatrix} \frac{1}{s_x} & 0 \\ 0 & \frac{1}{s_y} \end{pmatrix}$$

$$\bar{M}_x = \begin{pmatrix} 1 & 0 \\ 0 & -1 \end{pmatrix}$$

$$\bar{M}_y = \begin{pmatrix} -1 & 0 \\ 0 & 1 \end{pmatrix}$$

Die Translationstransformation kann nicht als 2 x 2-Matrixfunktion ausgedrückt werden. Allerdings erlaubt uns ein bestimmter Trick den Einsatz einer 3 x 3-Matrixfunktion, die die Translationstransformation durchführt.

Wir stellen das Koordinatenpaar (x, y) des Punkts P durch das Tripel $(x, y, 1)$ dar. Dabei handelt es sich einfach um die homogene Darstellung von P (Anhang 2). Dann lässt sich die Translation in die Richtung $\mathbf{v} = t_x I + t_y J$ durch folgende Matrixfunktion ausdrücken:

$$T_{\mathbf{v}} = \begin{pmatrix} 1 & 0 & t_x \\ 0 & 1 & t_y \\ 0 & 0 & 1 \end{pmatrix}$$

Daraus ergibt sich

$$\begin{pmatrix} 1 & 0 & t_x \\ 0 & 1 & t_y \\ 0 & 0 & 1 \end{pmatrix} \begin{pmatrix} x \\ y \\ 1 \end{pmatrix} = \begin{pmatrix} x + t_x \\ y + t_y \\ 1 \end{pmatrix}$$

Daraus entnehmen wir das Koordinatenpaar $(x + t_x, y + t_y)$.

4.3.2 Verkettung von Matrizen

Der Vorteil des Einsatzes einer Matrix für die Translation liegt darin, dass wir nun komplexe Transformationen konstruieren können, indem wir die Grundmatrixtransformationen multiplizieren. Dieser Prozess wird manchmal als *Verkettung von Matrizen* bezeichnet, und die daraus resultierende Matrix nennt man häufig *zusammengesetzte* oder *verkettete Transformationsmatrix* (Composite Transformation Matrix, CTM). Dabei machen wir uns die Tatsache zunutze, dass die Verkettung von Matrixfunktionen einer Matrizenmultiplikation (Anhang 1) entspricht. Außerdem müssen wir in der Lage sein, die Grundtransformationen als *homogene Koordinatenmatrizen* der Größe 3 x 3 darzustellen (Anhang 2), um (für die Matrizenmultiplikation) eine Kompatibilität mit der Translationsmatrix herzustellen. Dies erfolgt durch die Erweiterung der 2 x 2-Matrizen durch eine dritte Spalte

$$\begin{pmatrix} 0 \\ 0 \\ 1 \end{pmatrix}$$

und eine dritte Zeile (0 0 1). Daraus ergibt sich:

$$\begin{pmatrix} a & b & 0 \\ c & d & 0 \\ 0 & 0 & 1 \end{pmatrix}$$

Beispiel 2. Drücken Sie die Transformation, die ein Objekt um seinen Mittelpunkt $C(h, k)$ vergrößert, als Matrix aus. Nach Beispiel 1 kann die erforderliche Transformation $S_{s,C}$ wie folgt geschrieben werden:

$$\begin{aligned} S_{s,C} &= T_{\mathbf{v}} \cdot S_{s,s} \cdot T_{\mathbf{v}}^{-1} \\ &= \begin{pmatrix} 1 & 0 & h \\ 0 & 1 & k \\ 0 & 0 & 1 \end{pmatrix} \begin{pmatrix} s & 0 & 0 \\ 0 & s & 0 \\ 0 & 0 & 1 \end{pmatrix} \begin{pmatrix} 1 & 0 & -h \\ 0 & 1 & -k \\ 0 & 0 & 1 \end{pmatrix} = \begin{pmatrix} s & 0 & -sh+h \\ 0 & s & -sk+k \\ 0 & 0 & 1 \end{pmatrix} \end{aligned}$$

Mit Hilfe der Zeilenvektorschreibweise ergibt sich:

$$S_{s,C} = \begin{pmatrix} 1 & 0 & 0 \\ 0 & 1 & 0 \\ -h & -k & 1 \end{pmatrix} \begin{pmatrix} s & 0 & 0 \\ 0 & s & 0 \\ 0 & 0 & 1 \end{pmatrix} \begin{pmatrix} 1 & 0 & 0 \\ 0 & 1 & 0 \\ h & k & 1 \end{pmatrix} = \begin{pmatrix} s & 0 & 0 \\ 0 & s & 0 \\ -sh+h & -sk+k & 1 \end{pmatrix}$$

4.3.3 Unterschiedliche Matrizenschreibweisen

Es sollte Ihnen stets bewusst sein, dass auf dem Gebiet der Computergrafik zwei verschiede Matrizenschreibweisen im Einsatz sind. In diesem Buch werden Punkte durch Spaltenvektoren und Transformationen durch linksseitige Multiplikation mit der Transformationsmatrix dargestellt. Wir haben diesen Ansatz gewählt, weil es sich dabei um den in Texten aus den Gebieten der Mathematik und der Informatik verwendeten Standard handelt. Die andere Schreibweise stellt Punkte anhand von Zeilenvektoren dar und wendet die Transformationen durch rechtsseitige Multiplikation mit der Transformationsmatrix an. Sie ist in der Computergrafik-Literatur häufig zu finden.

Um die Schreibweise zu wechseln, ist es erforderlich, die Transponierten aller Matrizen zu verwenden, die in den Ausdrücken erscheinen. Die Translation des Punkts (x, y) in Richtung $\mathbf{v} = t_x\mathbf{I} + t_y\mathbf{J}$ kann beispielsweise auch wie folgt ausgedrückt werden:

$$(x \quad y \quad 1) \begin{pmatrix} 1 & 0 & 0 \\ 0 & 1 & 0 \\ t_x & t_y & 1 \end{pmatrix} = (x + t_x \quad y + t_y \quad 1)$$

4.4 Instanztransformationen

Recht häufig setzt sich ein Bild oder ein Entwurf aus vielen Objekten zusammen, die jeweils mehrere Male verwendet werden. Diese Objekte können wiederum auch aus anderen Symbolen und Objekten zusammengesetzt sein. Jedes Objekt soll unabhängig von dem Bild in seinem eigenen Koordinatensystem definiert sein. Wir wollen diese Objekte zusammenfügen, um ein Bild oder zumindest einen Abschnitt des Bilds zu gestalten, den man als *Teilbild* bezeichnet. Dies kann erfolgen, indem wir eine Transformation von Koordinaten definieren, die als Instanztransformation bezeichnet wird und die Objektkoordinaten in Bildkoordinaten umwandelt, so dass wir eine *Instanz* des Objekts im Bildkoordinatensystem positionieren oder erstellen können.

Die *Instanztransformation* $N_{Bild,Objekt}$ wird als Zusammensetzung oder Verkettung aus den Skalierungs-, Rotations- und Translationsoperationen gebildet, die normalerweise in der folgenden Reihenfolge ausgeführt werden (obwohl jede beliebige Reihenfolge angewendet werden kann):

$$N_{Bild,Objekt} = T_v \cdot R_{\theta,P} \cdot S_{a,b,P}$$

Durch die Verwendung unterschiedlicher Instanztransformationen kann ein Objekt in verschiedenen Positionen, Größen und Ausrichtungen in einem Teilbild platziert werden. Abb. 4.11(*a*) wurde beispielsweise durch den Einsatz der Instanztransformation $N_{Bild,Objekt}$ in das Bildkoordinatensystem von Abb. 4.11(*b*) eingefügt.

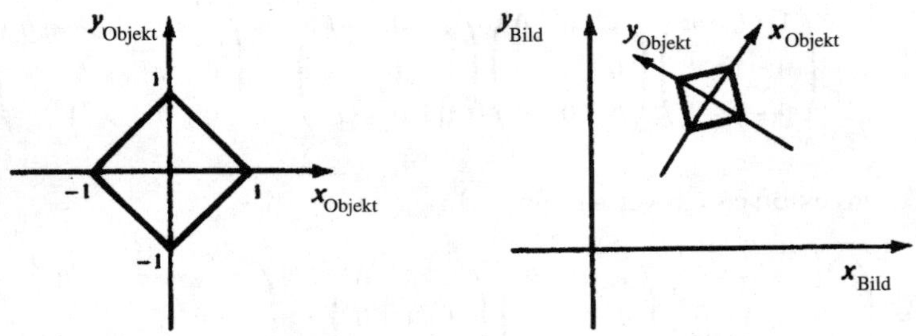

(a) Objektkoordinaten-System (b) Bildkoordinaten-System

Abb. 4.11

4.4.1 Verschachtelte Instanzen und Strukturen mit mehreren Ebenen

Teilbilder oder Bilder können eine verschachtelte Struktur aus mehreren Ebenen aufweisen, wenn sie aus Objekten zusammengesetzt sind, die wiederum aus anderen Objekten bestehen usw. In diesem Fall müssen im Prinzip auf jeder Ebene der Bildstruktur eigene Instanztransformationen für die einzelnen Bildkomponenten durchgeführt werden.

Beispiel 3. Ein Bild eines Apfelbaums enthält Zweige, und an jedem Zweig hängt ein Apfel. Nehmen Sie an, dass jeder Zweig und jeder Apfel in einem eigenen Koordinatensystem festgelegt sind [Abb. 4.12(*a*) und 4.12(*b*)]. In diesem Fall erfordert ein Aufruf für das Teilbild zur Positionierung einer Instanz dieses Zweigs im Bild des Baums einen zusätzlichen Teilbildaufruf, um eine Instanz des Apfels in das Koordinatensystem des Zweigs einzufügen.

up ...

... up ... update

Nutzen Sie den UPDATE-SERVICE des mitp-Teams bei vmi-Buch.

Registrieren Sie sich JETZT!

Unsere Bücher sind mit großer Sorgfalt erstellt. Wir sind stets darauf bedacht, Sie mit den aktuellsten Inhalten zu versorgen, weil wir wissen, dass Sie gerade darauf großen Wert legen. Unsere Bücher geben den topaktuellen Wissens- und Praxisstand wieder.

Um Sie auch über das vorliegende Buch hinaus regelmäßig über die relevanten Entwicklungen am IT-Markt zu informieren, haben wir einen besonderen Leser-Service eingeführt.

Lassen Sie sich professionell, zuverlässig und fundiert auf den neuesten Stand bringen.
Registrieren Sie sich jetzt auf www.mitp.de oder **www.vmi-buch.de** und Sie erhalten zukünftig einen E-Mail-Newsletter mit Hinweisen auf Aktivitäten des Verlages wie zum Beispiel unsere aktuellen, kostenlosen Downloads.

Ihr Team von mitp

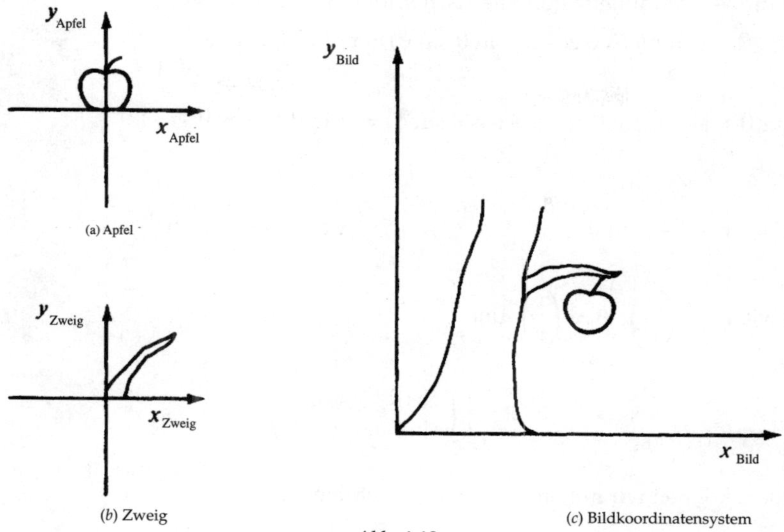

Abb. 4.12

Wir können die einzelnen Instanztransformationen separat durchführen, d.h., den Apfel in das Koordinatensystem des Zweigs und dann den Zweig mit dem Apfel aus dem Koordinatensystem des Zweigs in das Bildkoordinatensystem transformieren. Allerdings ist es wesentlich effizienter, den Apfel direkt in die Bildkoordinaten zu transformieren [siehe Abb. 4.12(*c*)]. Dies erfolgt durch die Definition der zusammengesetzten Transformationsmatrix $C_{Bild,Objekt}$, die eine Verkettung verschachtelter Instanztransformationen von den Apfelkoordinaten in die Zweigkoordinaten und anschließend von den Zweigkoordinaten in die Bildkoordinaten sein soll:

$$C_{Bild,Apfel} = N_{Bild,Zweig} \cdot N_{Zweig,Apfel}$$

Da das Teilbild des Zweigs nur eine Ebene unter dem Bild liegt, ergibt sich:

$$C_{Bild,Zweig} = N_{Bild,Zweig}$$

4.5 Aufgaben mit Lösungen

4.1 Leiten Sie die Transformation ab, die einen Objektpunkt um den Winkel θ um den Ursprung dreht. Schreiben Sie die Matrixdarstellung für diese Rotation.

Lösung:

Schauen Sie sich Abb. 4.13 an. Die Definition der trigonometrischen Funktionen Sinus und Cosinus ergibt

$$x' = r\cos(\theta + \phi) \qquad y' = r\sin(\theta + \phi)$$

und

$$x = r\cos\phi \qquad y = r\sin\phi$$

Durch die Verwendung trigonometrischer Identitäten ergibt sich

$$r\cos(\theta + \phi) = r(\cos\theta\cos\phi - \sin\theta\sin\phi) = x\cos\theta - y\sin\theta$$

und

$$r\sin(\theta + \phi) = r(\sin\theta\cos\phi + \cos\theta\sin\phi) = x\sin\theta - y\cos\theta$$

oder

$$x' = x\cos\theta - y\sin\theta \qquad y' = x\sin\theta + y\cos\theta$$

Wenn wir $P' = \begin{pmatrix} x' \\ y' \end{pmatrix}$, $P = \begin{pmatrix} x \\ y \end{pmatrix}$ und

$$R_\theta = \begin{pmatrix} \cos\theta & -\sin\theta \\ \sin\theta & \cos\theta \end{pmatrix}$$

schreiben, können wir nun auch $P' = R_\theta \cdot P$ schreiben.

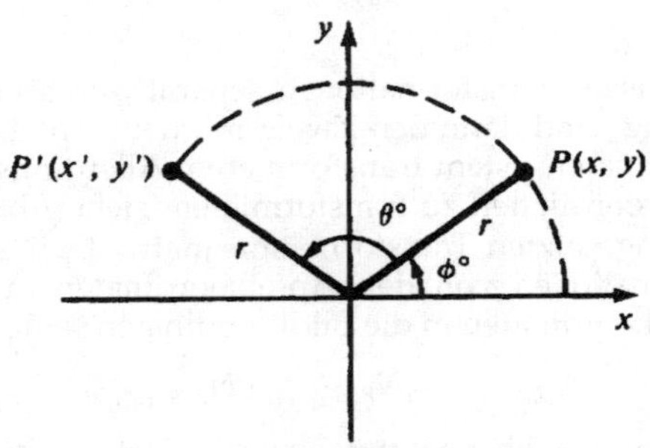

Abb. 4.13

4.2 **a.** Bestimmen Sie die Matrix, die die Drehung eines Objekts um 30° um den Ursprung darstellt.

b. Wie lauten die neuen Koordinaten des Punkts $P(2; -4)$ nach der Rotation?

Lösung:

a. Aus Aufgabe 4.1:

$$R_{30^\circ} = \begin{pmatrix} \cos 30^\circ & -\sin 30^\circ \\ \sin 30^\circ & \cos 30^\circ \end{pmatrix} = \begin{pmatrix} \frac{\sqrt{3}}{2} & -\frac{1}{2} \\ \frac{1}{2} & \frac{\sqrt{3}}{2} \end{pmatrix}$$

b. Somit können die neuen Koordinaten durch folgende Multiplikation ermittelt werden:

$$\begin{pmatrix} \frac{\sqrt{3}}{2} & -\frac{1}{2} \\ \frac{1}{2} & \frac{\sqrt{3}}{2} \end{pmatrix} \begin{pmatrix} 2 \\ -4 \end{pmatrix} = \begin{pmatrix} \sqrt{3}+2 \\ 1-2\sqrt{3} \end{pmatrix}$$

4.3 Beschreiben Sie die Transformation, die einen Objektpunkt, $Q(x, y)$ um θ um einen festen Rotationsmittelpunkt $P(h, k)$ dreht (Abb. 4.14).

Lösung:

Wir ermitteln die Transformation $R_{\theta,P}$ in drei Schritten: (1) Translation, so dass sich der Rotationsmittelpunkt P im Ursprung befindet, (2) Rotation um θ um den Ursprung und (3) Rücktranslation von P zu (h, k).

Mit Hilfe von $\mathbf{v} = hI + kJ$ als Translationsvektor erstellen wir $R_{\theta,P}$ durch eine Verkettung von Transformationen:

$$R_{\theta,O'} = T_v \cdot R_\theta \cdot T_{-v}$$

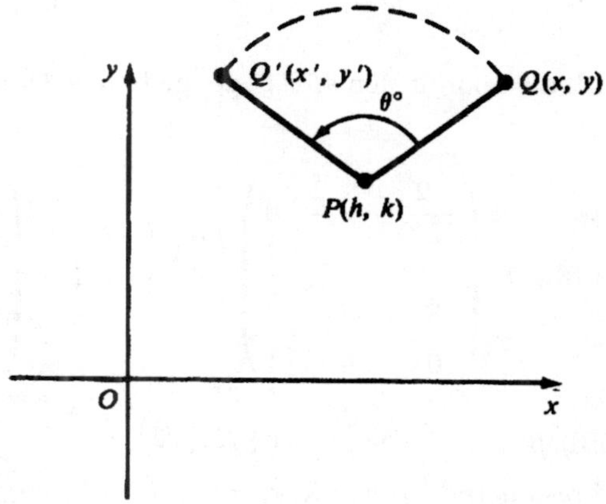

Abb. 4.14

4.4 Schreiben Sie die allgemeine Form der Matrix für die Rotation um einen Punkt $P(h, k)$.

Lösung:

In Anlehnung an Aufgabe 4.3 schreiben wir $R_{\theta,P} = T_v \cdot R_\theta \cdot T_{-v}$, wobei $\mathbf{v} = hI + kJ$ ist. Unter Verwendung der 3 x 3-Form mit homogenen Koordinaten für die Rotations- und Translationsmatrizen ergibt sich:

$$R_{\theta,P} = \begin{pmatrix} 1 & 0 & h \\ 0 & 1 & k \\ 0 & 0 & 1 \end{pmatrix} \begin{pmatrix} \cos(\theta) & -\sin(\theta) & 0 \\ \sin(\theta) & \cos(\theta) & 0 \\ 0 & 0 & 1 \end{pmatrix} \begin{pmatrix} 1 & 0 & -h \\ 0 & 1 & -k \\ 0 & 0 & 1 \end{pmatrix}$$
$$= \begin{pmatrix} \cos(\theta) & -\sin(\theta) & [-h\cos(\theta) + k\sin(\theta) + h] \\ \sin(\theta) & \cos(\theta) & [-h\sin(\theta) - k\cos(\theta) + k] \\ 0 & 0 & 1 \end{pmatrix}$$

4.5 Führen Sie eine Drehung des Dreiecks $A(0; 0)$, $B(1; 1)$, $C(5; 2)$ um 45° durch, und zwar (*a*) um den Ursprung und (*b*) um $P(-1; -1)$.

Lösung:

Wir stellen das Dreieck durch eine Matrix dar, die aus den homogenen Koordinaten der Eckpunkte gebildet wird.

$$\begin{matrix} A & B & C \end{matrix}$$
$$\begin{pmatrix} 0 & 1 & 5 \\ 0 & 1 & 2 \\ 1 & 1 & 1 \end{pmatrix}$$

a. Die Rotationsmatrix lautet wie folgt:

$$R_{45^\circ} = \begin{pmatrix} \cos 45^\circ & -\sin 45^\circ & 0 \\ \sin 45^\circ & \cos 45^\circ & 0 \\ 0 & 0 & 1 \end{pmatrix} = \begin{pmatrix} \frac{\sqrt{2}}{2} & -\frac{\sqrt{2}}{2} & 0 \\ \frac{\sqrt{2}}{2} & \frac{\sqrt{2}}{2} & 0 \\ 0 & 0 & 1 \end{pmatrix}$$

Somit ergeben sich die Koordinaten $A'\,B'\,C'$ des gedrehten Dreiecks ABC wie folgt:

$$[A'B'C'] = R_{45^\circ} \cdot [ABC] = \begin{pmatrix} \frac{\sqrt{2}}{2} & -\frac{\sqrt{2}}{2} & 0 \\ \frac{\sqrt{2}}{2} & \frac{\sqrt{2}}{2} & 0 \\ 0 & 0 & 1 \end{pmatrix} \begin{pmatrix} 0 & 1 & 5 \\ 0 & 1 & 2 \\ 1 & 1 & 1 \end{pmatrix} = \overset{\begin{matrix} A' & B' & C' \end{matrix}}{\begin{pmatrix} 0 & 0 & \frac{3\sqrt{2}}{2} \\ 0 & \sqrt{2} & \frac{7\sqrt{2}}{2} \\ 1 & 1 & 1 \end{pmatrix}}$$

Daher ist $A' = (0; 0)$, $B' = (0; \sqrt{2})$ und $C' = \left(\frac{3}{2}\sqrt{2}, \frac{7}{2}\sqrt{2}\right)$.

b. Aus Aufgabe 4.4 resultiert die durch $R_{45^\circ,P} = T_v \cdot R_{45^\circ} \cdot T_{-v}$ vorgegebene Rotationsmatrix, wobei $\mathbf{v} = -\mathbf{I} - \mathbf{J}$. Somit ergibt sich:

$$R_{45^\circ,P} = \begin{pmatrix} 1 & 0 & -1 \\ 0 & 1 & -1 \\ 0 & 0 & 1 \end{pmatrix} \begin{pmatrix} \frac{\sqrt{2}}{2} & -\frac{\sqrt{2}}{2} & 0 \\ \frac{\sqrt{2}}{2} & \frac{\sqrt{2}}{2} & 0 \\ 0 & 0 & 1 \end{pmatrix} \begin{pmatrix} 1 & 0 & 1 \\ 0 & 1 & 1 \\ 0 & 0 & 1 \end{pmatrix} = \begin{pmatrix} \frac{\sqrt{2}}{2} & -\frac{\sqrt{2}}{2} & -1 \\ \frac{\sqrt{2}}{2} & \frac{\sqrt{2}}{2} & (\sqrt{2}-1) \\ 0 & 0 & 1 \end{pmatrix}$$

Nun gilt

$$[A'B'C'] = R_{45^\circ,F} \cdot [ABC] = \begin{pmatrix} \frac{\sqrt{2}}{2} & -\frac{\sqrt{2}}{2} & -1 \\ \frac{\sqrt{2}}{2} & \frac{\sqrt{2}}{2} & (\sqrt{2}-1) \\ 0 & 0 & 1 \end{pmatrix} \begin{pmatrix} 0 & 1 & 5 \\ 0 & 1 & 2 \\ 1 & 1 & 1 \end{pmatrix}$$

$$= \begin{pmatrix} -1 & -1 & (\frac{3}{2}\sqrt{2}-1) \\ (\sqrt{2}-1) & (2\sqrt{2}-1) & (\frac{9}{2}\sqrt{2}-1) \\ 1 & 1 & 1 \end{pmatrix}$$

Daher ist $A' = (-1; \sqrt{2} - 1)$, $B' = (-1; 2\sqrt{2} - 1)$ und $C' = \left(\frac{3}{2}\sqrt{2} - 1, \frac{9}{2}\sqrt{2} - 1\right)$.

4.6 Ermitteln Sie die Transformation, die (relativ zum Ursprung) eine Skalierung um (*a*) *a* Einheiten in *x*-Richtung, (*b*) *b* Einheiten in *y*-Richtung und (*c*) gleichzeitig *a* Einheiten in *x*- und *b* Einheiten in *y*-Richtung vornimmt.

Lösung:

a. Die auf Punkt $P(x, y)$ angewendete Skalierungstransformation erzeugt den Punkt (ax, y). Dies können wir in Form einer Matrix wie folgt schreiben: $S_{a,1} \cdot P$ oder

$$\begin{pmatrix} a & 0 \\ 0 & 1 \end{pmatrix} \begin{pmatrix} x \\ y \end{pmatrix} = \begin{pmatrix} ax \\ y \end{pmatrix}$$

b. Wie in Teil (*a*) kann die erforderliche Transformation als Matrix in der Form $S_{1,b} \cdot P$ geschrieben werden. Daraus ergibt sich:

$$\begin{pmatrix} 1 & 0 \\ 0 & b \end{pmatrix} \begin{pmatrix} x \\ y \end{pmatrix} = \begin{pmatrix} x \\ by \end{pmatrix}$$

c. Die Skalierung in beide Richtungen wird durch die Transformation $x' = ax$ und $y' = by$ beschrieben. Schreiben wir dies in der Form $S_{a,b} \cdot P$ als Matrix, ergibt sich:

$$\begin{pmatrix} a & 0 \\ 0 & b \end{pmatrix} \begin{pmatrix} x \\ y \end{pmatrix} = \begin{pmatrix} ax \\ by \end{pmatrix}$$

4.7 Schreiben Sie die allgemeine Form einer Skalierungsmatrix relativ zu einem festen Punkt $P(h, k)$.

Lösung:

Wir folgen derselben allgemeinen Prozedur wie in den Aufgaben 4.3 und 4.4 und schreiben die erforderliche Transformation mit $\mathbf{v} = h\mathbf{I} + kJ$ wie folgt:

$$\begin{aligned} S_{a,b,P} &= T_{\mathbf{v}} \cdot S_{a,b} \cdot T_{-\mathbf{v}} \\ &= \begin{pmatrix} 1 & 0 & h \\ 0 & 1 & k \\ 0 & 0 & 1 \end{pmatrix} \begin{pmatrix} a & 0 & 0 \\ 0 & b & 0 \\ 0 & 0 & 1 \end{pmatrix} \begin{pmatrix} 1 & 0 & -h \\ 0 & 1 & -k \\ 0 & 0 & 1 \end{pmatrix} \\ &= \begin{pmatrix} a & 0 & -ah+h \\ 0 & b & -bk+k \\ 0 & 0 & 1 \end{pmatrix} \end{aligned}$$

4.8 Vergrößern Sie das Dreieck mit den Eckpunkten $A(0;0)$, $B(1;1)$ und $C(5;2)$, um seine Größe zu verdoppeln, wobei $C(5, 2)$ als fester Punkt erhalten bleiben soll.

Lösung:

In Anlehnung an Aufgabe 4.7 können wir die erforderliche Transformation mit $\mathbf{v} = 5\mathbf{I} + 2\mathbf{J}$ wie folgt schreiben:

$$\begin{aligned} S_{2,2,C} &= T_{\mathbf{v}} \cdot S_{2,2} \cdot T_{-\mathbf{v}} \\ &= \begin{pmatrix} 1 & 0 & 5 \\ 0 & 1 & 2 \\ 0 & 0 & 1 \end{pmatrix} \begin{pmatrix} 2 & 0 & 0 \\ 0 & 2 & 0 \\ 0 & 0 & 1 \end{pmatrix} \begin{pmatrix} 1 & 0 & -5 \\ 0 & 1 & -2 \\ 0 & 0 & 1 \end{pmatrix} = \begin{pmatrix} 2 & 0 & -5 \\ 0 & 2 & -2 \\ 0 & 0 & 1 \end{pmatrix} \end{aligned}$$

Stellen wir einen Punkt P mit den Koordinaten (x, y) durch den Spaltenvektor $\begin{pmatrix} x \\ y \\ 1 \end{pmatrix}$ dar, ergibt sich:

$$S_{2,2,C} \cdot A = \begin{pmatrix} 2 & 0 & -5 \\ 0 & 2 & -2 \\ 0 & 0 & 1 \end{pmatrix} \begin{pmatrix} 0 \\ 0 \\ 1 \end{pmatrix} = \begin{pmatrix} -5 \\ -2 \\ 1 \end{pmatrix}$$

$$S_{2,2,C} \cdot B = \begin{pmatrix} 2 & 0 & -5 \\ 0 & 2 & -2 \\ 0 & 0 & 1 \end{pmatrix} \begin{pmatrix} 1 \\ 1 \\ 1 \end{pmatrix} = \begin{pmatrix} -3 \\ 0 \\ 1 \end{pmatrix}$$

$$S_{2,2,C} \cdot C = \begin{pmatrix} 2 & 0 & -5 \\ 0 & 2 & -2 \\ 0 & 0 & 1 \end{pmatrix} \begin{pmatrix} 5 \\ 2 \\ 1 \end{pmatrix} = \begin{pmatrix} 5 \\ 2 \\ 1 \end{pmatrix}$$

Daher ist $A' = (-5; -2)$, $B' = (-3; 0)$ und $C' = (5; 2)$. Da das Dreieck ABC vollständig durch seine Eckpunkte bestimmt wird, können wir uns viel Schreibarbeit ersparen, wenn wir die Eckpunkte mit Hilfe einer 3 x 3-Matrix darstellen

$$[ABC] = \begin{pmatrix} 0 & 1 & 5 \\ 0 & 1 & 2 \\ 1 & 1 & 1 \end{pmatrix}$$

und $S_{2,2,C}$ darauf anwenden. Daraus ergibt sich:

$$S_{2,2,C} \cdot [ABC] = \begin{pmatrix} 2 & 0 & -5 \\ 0 & 2 & -2 \\ 0 & 0 & 1 \end{pmatrix} \begin{pmatrix} 0 & 1 & 5 \\ 0 & 1 & 2 \\ 1 & 1 & 1 \end{pmatrix} = \begin{pmatrix} -5 & -3 & 5 \\ -2 & 0 & 2 \\ 1 & 1 & 1 \end{pmatrix} = [A'B'C']$$

4.9 Beschreiben Sie die Transformation M_L, die ein Objekt an einer Geraden L spiegelt.

Lösung:

Sei die Gerade L in Abb. 4.15 durch einen y-Achsenabschnitt $(0, b)$ und einen Neigungswinkel θ (relativ zur x-Achse) bestimmt. Wir reduzieren die Beschreibung auf die bekannten Transformationen:

1. Translation des Schnittpunkts B in den Ursprung
2. Rotation um $-\theta$, so dass sich die Gerade L an der x-Achse ausrichtet
3. Spiegelung an der x-Achse
4. Rückdrehung um θ
5. Rücktranslation B zu $(0, b)$

In der Transformationschreibweise ergibt sich

$$M_L = T_v \cdot R_\theta \cdot M_x \cdot R_{-\theta} \cdot T_{-v}$$

wobei $\mathbf{v} = bJ$.

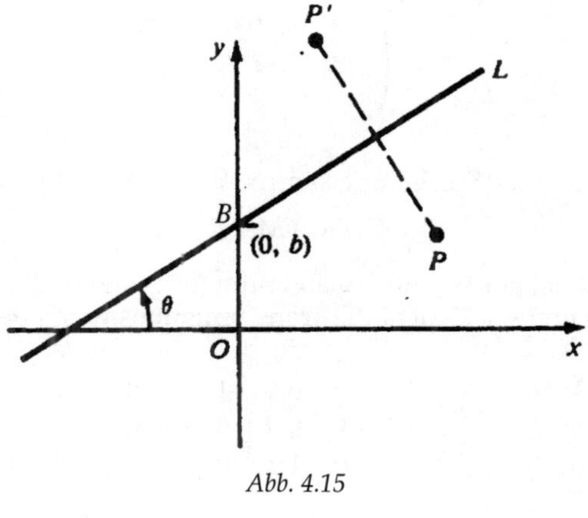

Abb. 4.15

4.10 Ermitteln Sie die Form der Matrix zur Spiegelung an einer Geraden L mit einer Steigung m und einem y-Achsenabschnitt $(0, b)$.

Lösung:

In Anlehnung an Aufgabe 4.9 und unter Berücksichtigung der Tatsache, dass der Neigungswinkel einer Geraden durch die Gleichung $\tan(\theta) = m$ zu ihrer Steigung in Beziehung steht, ergibt sich bei $\mathbf{v} = bJ$:

$$M_L = T_{\mathbf{v}} \cdot R_\theta \cdot M_x \cdot R_{-\theta} \cdot T_{-\mathbf{v}}$$
$$= \begin{pmatrix} 1 & 0 & 0 \\ 0 & 1 & b \\ 0 & 0 & 1 \end{pmatrix} \begin{pmatrix} \cos(\theta) & -\sin(\theta) & 0 \\ \sin(\theta) & \cos(\theta) & 0 \\ 0 & 0 & 1 \end{pmatrix} \begin{pmatrix} 1 & 0 & 0 \\ 0 & -1 & 0 \\ 0 & 0 & 1 \end{pmatrix} \begin{pmatrix} \cos(\theta) & \sin(\theta) & 0 \\ -\sin(\theta) & \cos(\theta) & 0 \\ 0 & 0 & 1 \end{pmatrix} \begin{pmatrix} 1 & 0 & 0 \\ 0 & 1 & -b \\ 0 & 0 & 1 \end{pmatrix}$$

Für $\tan(\theta) = m$ erhält man aus den Standardmethoden der Trigonometrie $\sin(\theta) = m/\sqrt{m^2+1}$ und $\cos(\theta) = 1/\sqrt{m^2+1}$. Ersetzt man diese Werte nach der Matrixmultiplikation durch $\sin(\theta)$ und $\cos(\theta)$, ergibt sich:

$$M_L = \begin{pmatrix} \dfrac{1-m^2}{m^2+1} & \dfrac{2m}{m^2+1} & \dfrac{-2bm}{m^2+1} \\ \dfrac{2m}{m^2+1} & \dfrac{m^2-1}{m^2+1} & \dfrac{2b}{m^2+1} \\ 0 & 0 & 1 \end{pmatrix}$$

4.11 Spiegeln Sie das rautenförmige Polygon mit den Eckpunkten $A(-1; 0)$, $B(0; -2)$, $C(1; 0)$ und $D(0; 2)$ an (a) der horizontalen Geraden $y = 2$, (b) der vertikalen Geraden $x = 2$ und (c) der Geraden $y = x + 2$.

Lösung:

Wir stellen die Eckpunkte des Polygons durch die folgende homogene Koordinatenmatrix dar:

$$V = \begin{pmatrix} -1 & 0 & 1 & 0 \\ 0 & -2 & 0 & 2 \\ 1 & 1 & 1 & 1 \end{pmatrix}$$

Nach Aufgabe 4.9 kann die Spiegelungsmatrix wie folgt geschrieben werden:

$$M_L = T_v \cdot R_\theta \cdot M_x \cdot R_{-\theta} \cdot T_{-v}$$

a. Die Gerade $y = 2$ hat einen y-Achsenabschnitt $(0; 2)$ und bildet einen Winkel von 0° zur x-Achse. Bei $\theta = 0$ und $\mathbf{v} = 2\mathbf{J}$ sieht die Transformationsmatrix daher wie folgt aus:

$$M_L = \begin{pmatrix} 1 & 0 & 0 \\ 0 & 1 & 2 \\ 0 & 0 & 1 \end{pmatrix} \begin{pmatrix} 1 & 0 & 0 \\ 0 & 1 & 0 \\ 0 & 0 & 1 \end{pmatrix} \begin{pmatrix} 1 & 0 & 0 \\ 0 & -1 & 0 \\ 0 & 0 & 1 \end{pmatrix} \begin{pmatrix} 1 & 0 & 0 \\ 0 & 1 & 0 \\ 0 & 0 & 1 \end{pmatrix} \begin{pmatrix} 1 & 0 & 0 \\ 0 & 1 & -2 \\ 0 & 0 & 1 \end{pmatrix} = \begin{pmatrix} 1 & 0 & 0 \\ 0 & -1 & 4 \\ 0 & 0 & 1 \end{pmatrix}$$

Dieselbe Matrix erhalten wir auch durch die direkte Verwendung der Ergebnisse aus Aufgabe 4.10 bei einer Steigung von $m = 0$ und einem y-Achsenabstand von $b = 2$. Zum Spiegeln des Polygons legen wir Folgendes fest:

$$M_L \cdot V = \begin{pmatrix} 1 & 0 & 0 \\ 0 & -1 & 4 \\ 0 & 0 & 1 \end{pmatrix} \begin{pmatrix} -1 & 0 & 1 & 0 \\ 0 & -2 & 0 & 2 \\ 1 & 1 & 1 & 1 \end{pmatrix} = \begin{pmatrix} \overset{A'}{-1} & \overset{B'}{0} & \overset{C'}{1} & \overset{D'}{0} \\ 4 & 6 & 4 & 2 \\ 1 & 1 & 1 & 1 \end{pmatrix}$$

Bei der Umwandlung von homogenen Koordinaten ergibt sich $A' = (-1; 4)$, $B' = (0; 6)$, $C' = (1; 4)$ und $D' = (0; 2)$.

b. Die vertikale Gerade $x = 2$ hat keinen y-Achsenabschnitt und eine unendliche Steigung. Wir können M_y, die Spiegelung an der y-Achse, verwenden, um die gewünschte Spiegelung zu schreiben, indem wir (*1*) eine Translation der vorgegebenen Gerade von zwei Einheiten in y-Richtung vornehmen, (2) an der y-Achse spiegeln und (*3*) eine Rücktranslation um zwei Einheiten vornehmen. Bei $\mathbf{v} = 2\mathbf{I}$ ergibt sich damit:

$$\begin{aligned} M_L &= T_{\mathbf{v}} \cdot M_y \cdot T_{-\mathbf{v}} \\ &= \begin{pmatrix} 1 & 0 & 2 \\ 0 & 1 & 0 \\ 0 & 0 & 1 \end{pmatrix} \begin{pmatrix} -1 & 0 & 0 \\ 0 & 1 & 0 \\ 0 & 0 & 1 \end{pmatrix} \begin{pmatrix} 1 & 0 & -2 \\ 0 & 1 & 0 \\ 0 & 0 & 1 \end{pmatrix} = \begin{pmatrix} -1 & 0 & 4 \\ 0 & 1 & 0 \\ 0 & 0 & 1 \end{pmatrix} \end{aligned}$$

Schließlich ergibt sich:

$$M_L \cdot V = \begin{pmatrix} -1 & 0 & 4 \\ 0 & 1 & 0 \\ 0 & 0 & 1 \end{pmatrix} \begin{pmatrix} -1 & 0 & 1 & 0 \\ 0 & -2 & 0 & 2 \\ 1 & 1 & 1 & 1 \end{pmatrix} = \begin{pmatrix} 5 & 4 & 3 & 4 \\ 0 & -2 & 0 & 2 \\ 1 & 1 & 1 & 1 \end{pmatrix}$$

oder A' = (5; 0), B' = (4; -2), C' = (3; 0) und D' = (4; 2).

c. Die Gerade $y = x + 2$ verfügt über eine Steigung *1* und einen y-Achsenabschnitt (0; 2). Aus Aufgabe 4.10 mit $m = 1$ und $b = 2$ erhalten wir

$$M_L = \begin{pmatrix} 0 & 1 & -2 \\ 1 & 0 & 2 \\ 0 & 0 & 1 \end{pmatrix}$$

Die erforderlichen Koordinaten *A'*, *B'*, *C'* und *D'* können nun ermittelt werden.

$$M_L \cdot V = \begin{pmatrix} 0 & 1 & -2 \\ 1 & 0 & 2 \\ 0 & 0 & 1 \end{pmatrix} \begin{pmatrix} -1 & 0 & 1 & 0 \\ 0 & -2 & 0 & 2 \\ 1 & 1 & 1 & 1 \end{pmatrix} = \begin{pmatrix} -2 & -4 & -2 & 0 \\ 1 & 2 & 3 & 2 \\ 1 & 1 & 1 & 1 \end{pmatrix}$$

Somit ist *A'* = (-2, 1), *B'* = (-4, 2), *C'* = (-2, 3) und *D'* = (0, 2).

4.12 Die Matrix $\begin{pmatrix} 1 & a \\ b & 1 \end{pmatrix}$ definiert eine Transformation, die man als simultane Scherung oder einfach Scherung bezeichnet.

Der Sonderfall $b = 0$ wird als Scherung in x-Richtung bezeichnet, bei $a = 0$ liegt eine Scherung in y-Richtung vor. Veranschaulichen Sie die Auswirkungen dieser Scherungstransformationen auf das Quadrat $A(0; 0)$, $B(1;0)$, $C(1; 1)$ und $D(0; 1)$ für $a = 2$ und $b = 3$.

Lösung:

Abbildung 4.16(*a*) zeigt das ursprüngliche Quadrat, Abb. 4.16(*b*) die Scherung in x-Richtung, Abb. 4.16(*c*) die Scherung in y-Richtung und Abb. 4.16(*d*) die Scherung in beide Richtungen

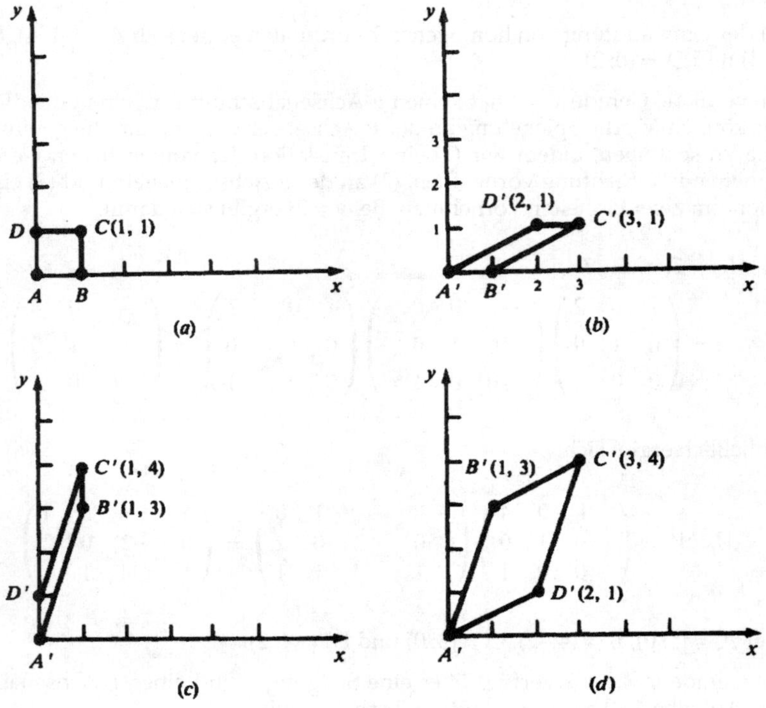

Abb. 4.16

4.13 Ein Beobachter im Ursprung Beobachter sieht einen Punkt $P(1; 1)$. Erfolgt eine Translation des Punkts um eine Einheit in die Richtung $\mathbf{v} = \mathbf{I}$, lautet seine neue Koordinatenposition $P'(2; 1)$. Nehmen wir nun stattdessen an, dass der Beobachter um eine Einheit auf der x-Achse zurückgegangen ist. Wie würden die Koordinaten von P relativ zum Beobachter lauten?

Lösung:

Die Aufgabe kann durch eine Transformation des Koordinatensystems gelöst werden. Wenn wir eine Translation des Ursprungs O in die Richtung $\mathbf{v} = \mathbf{-I}$ (an eine neue Position O') durchführen, lassen sich die Koordinaten von P in diesem System durch die Translation $\overline{T}_v$ ermitteln:

$$\bar{T}_{\mathrm{v}} \cdot P = \begin{pmatrix} 1 & 0 & 1 \\ 0 & 1 & 0 \\ 0 & 0 & 1 \end{pmatrix} \begin{pmatrix} 1 \\ 1 \\ 1 \end{pmatrix} = \begin{pmatrix} 2 \\ 1 \\ 1 \end{pmatrix}$$

Somit lauten die neuen Koordinaten (2; 1)'. Dies kann wie folgt interpretiert werden: Eine Verschiebung um eine Einheit in einer vorgegebenen Richtung lässt sich erreichen, indem man entweder das Objekt nach vorn verschiebt oder sich von ihm entfernt.

4.14 Ein Objekt wird relativ zu einem Koordinatensystem definiert, dessen Einheiten in Fuß gemessen werden. Welche Koordinatentransformation wird zur Beschreibung der Objektkoordinaten im System eines Beobachters verwendet, wenn dort Zoll als Grundmaßeinheit verwendet wird?

Lösung:

Da ein Fuß 12 Zoll hat, kann die erforderliche Transformation durch eine Koordinatenskalierungstransformation mit $s = \frac{1}{12}$ oder

$$\bar{S}_{1/12} = \begin{pmatrix} \frac{1}{1/12} & 0 \\ 0 & \frac{1}{1/12} \end{pmatrix} = \begin{pmatrix} 12 & 0 \\ 0 & 12 \end{pmatrix}$$

beschrieben werden. Daraus resultiert

$$\bar{S}_{1/12} \cdot \begin{pmatrix} x \\ y \end{pmatrix} = \begin{pmatrix} 12 & 0 \\ 0 & 12 \end{pmatrix} \begin{pmatrix} x \\ y \end{pmatrix} = \begin{pmatrix} 12x \\ 12y \end{pmatrix}$$

4.15 Ermitteln Sie die Gleichung des Kreises $(x')^2 + (y')^2 = 1$ in Abhängigkeit von den xy-Koordinaten, wobei Sie davon ausgehen, dass das $x'y'$-Koordinatensystem aus einer Skalierung von a Einheiten in x- und b Einheiten in y-Richtung entsteht.

Lösung:

Aus den Gleichungen für eine Koordinatenskalierungstransformation erhalten wir

$$x' = \frac{1}{a}x \qquad y' = \frac{1}{b}y$$

Durch Einsetzen ergibt sich

$$\left(\frac{x}{a}\right)^2 + \left(\frac{y}{b}\right)^2 = 1$$

Bitte beachten Sie, dass durch die Skalierung die Kreisgleichung in eine Ellipsengleichung im xy-Koordinatensystem transformiert wird.

4.16 Ermitteln Sie die Gleichung der Geraden $y' = mx' + b$ in xy-Koordinaten, wenn das $x'y'$-Koordinatensystem aus einer Drehung des xy-Koordinatensystems um 90° entsteht.

Lösung:

Die Gleichungen der Rotationskoordinatentransformation können wie folgt geschrieben werden:

$$x' = x\cos(90°) + y\sin(90°) = y \qquad y' = -x\sin(90°) + y\cos(90°) = -x$$

Durch Einsetzen erhalten wir $-x = my + b$. Durch Auflösen nach y ergibt sich $y = (-1/m)x - b/m$.

4.17 Ermitteln Sie die Instanztransformation, die eine Kopie des Quadrats $A(0; 0)$, B(1; 0), $C(1; 1)$, $D(0; 1)$ [Abb. 4.17(*a*)] in halber Größe so in einem Hauptbildkoordinatensystem positioniert, dass der Mittelpunkt des Quadrats bei (-1; -1) liegt [Abb. 4.17(*b*)].

Lösung:

Der Mittelpunkt des Quadrates *ABCD* liegt bei $P(\frac{1}{2}; \frac{1}{2})$. Zuerst wenden wir eine Skalierungstransformation an, wobei wir *P* als festen Punkt beibehalten (siehe Aufgabe 4.7). Dann wenden wir eine Translation an, die den Mittelpunkt *P* nach *P'* (-1; -1) verschiebt. Nehmen wir $t_x = (-1) - \left(-\frac{1}{2}\right) = -\frac{3}{2}$ und $t_y = -\frac{3}{2}$ (somit ist $\mathbf{v} = -\frac{3}{2}\mathbf{I} - \frac{3}{2}\mathbf{J}$), so ergibt sich

$$N_{\text{Bild, Quadrat}} = T_{\mathbf{v}} \cdot S_{1/2,1/2,P} = \begin{pmatrix} 1 & 0 & -\frac{3}{2} \\ 0 & 1 & -\frac{3}{2} \\ 0 & 0 & 1 \end{pmatrix} \begin{pmatrix} \frac{1}{2} & 0 & \frac{1}{4} \\ 0 & \frac{1}{2} & \frac{1}{4} \\ 0 & 0 & 1 \end{pmatrix} = \begin{pmatrix} \frac{1}{2} & 0 & -\frac{5}{4} \\ 0 & \frac{1}{2} & -\frac{5}{4} \\ 0 & 0 & 1 \end{pmatrix}$$

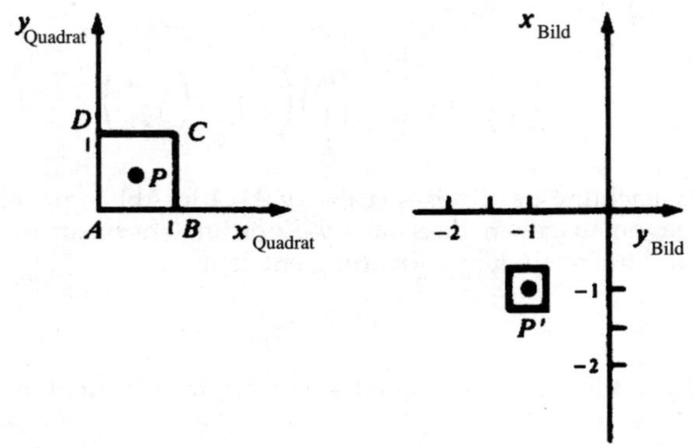

(*a*) (*b*)

Abb. 4.17

4.18 Schreiben Sie die verkettete Transformation, die aus den in Abb. 4.18 dargestellten Symbolen den in Abb. 4.19 gezeigten Entwurf erzeugt.

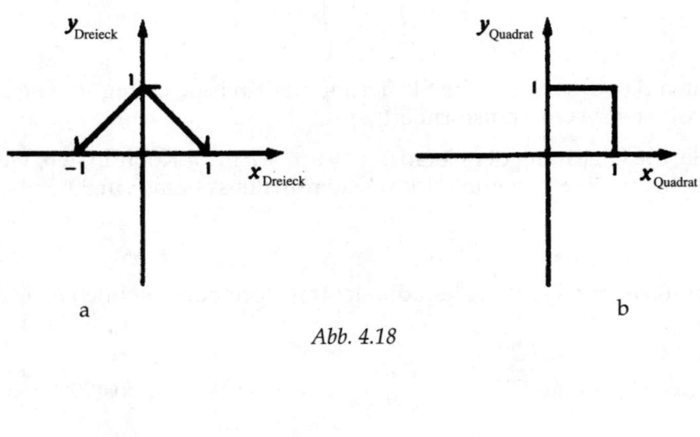

a b

Abb. 4.18

Lösung:

Zuerst erstellen wir eine Instanz des Dreiecks [Abb. 4.18(*a*)] im Quadrat [Abb. 4.18(*b*)]. Da die Grundfläche des Dreiecks halbiert werden muss, während die auf eine Einheit festgesetzte Höhe beibehalten werden soll, lautet die entsprechende Instanztransformation $N_{Quadrat,Dreieck} = T_{½,I} \cdot S_{1/2,1}$.

Bei der Instanztransformation, die erforderlich ist, um das Quadrat an der gewünschten Position im Bildkoordinatensystem (Abb. 4.19) zu positionieren, handelt es sich um eine Translation in Richtung $\mathbf{v} = \mathbf{I} + \mathbf{J}$:

$$N_{Bild,Quadrat} = T_v$$

Dann lautet die verkettete Transformation, mit der das Dreieck im Bild platziert wird, wie folgt:

$$C_{Bild,Dreieck} = N_{Bild,Quadrat} \cdot N_{Quadrat,Dreieck}$$

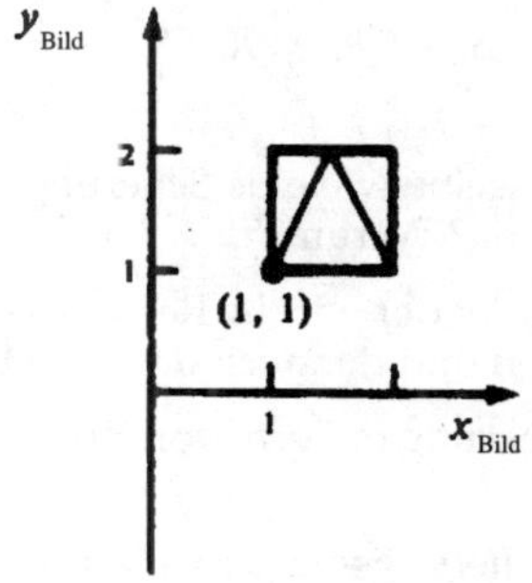

Abb. 4.19

Die verkettete Transformation, mit der das Quadrat im Bild platziert wird, lautet

$$C_{Bild,Quadrat} = N_{Bild,Quadrat}$$

4.6 Weitere Aufgaben

4.19 In welcher Beziehung stehen die Rotationen R_θ, $R_{-\theta}$ und R_θ^{-1} zueinander?

4.20 Beschreiben Sie die Transformationen, die zu einer Vergrößerung und Verkleinerung relativ zum Ursprung verwendet werden. Ermitteln Sie die neuen Koordinaten des Dreiecks *A*(0; 0), *B*(1; 1), *C*(5; 2), nachdem es (*a*) auf die doppelte Größe vergrößert und (*b*) auf die halbe Größe verkleinert wurde.

4.21 Zeigen Sie, dass die Spiegelung an der Geraden $y = x$ durch Umkehren der Koordinaten erzielt wird. Das bedeutet:

$$M_L(x, y) = (y, x)$$

4.22 Zeigen Sie anhand der Transformation des Dreiecks *A*(1; 0), *B*(0; 1), *C*(1; 1) (*a*) durch eine 45°-Drehung um den Ursprung und eine anschließende Translation in Richtung des Vektors **I** und (*b*) durch eine Translation und eine anschließende Rotation, dass die Reihenfolge, in der Transformationen durchgeführt werden, von Bedeutung ist.

4.23 An einem Objektpunkt $P(x, y)$ wird in Richtung $\mathbf{v} = a\mathbf{I} + b\mathbf{J}$ eine Translation durchgeführt, und gleichzeitig bewegt sich ein Beobachter in Richtung **v**. Zeigen Sie, dass (aus dem Blickwinkel des Beobachters) keine sichtbare Bewegung stattfindet.

4.24 Eine mathematische Gleichung soll eine Kurve in den Koordinaten $x'y'$ definieren, wobei das Koordinatensystem aus einer Transformation hervorgeht. Schreiben Sie die Gleichung in Abhängigkeit von den xy-Koordinaten.

4.25 Zeigen Sie, dass

$$T_{\mathbf{v}_1} \cdot T_{\mathbf{v}_2} = T_{\mathbf{v}_2} \cdot T_{\mathbf{v}_1} = T_{\mathbf{v}_1+\mathbf{v}_2}$$

4.26 Zeigen Sie, dass $S_{a,b} \cdot S_{c,d} = S_{c,d} \cdot S_{a,b} = S_{ac,bd}$.

4.27 Zeigen Sie, dass $R_\alpha \cdot R_\beta = R_\beta \cdot R_\alpha = R_{\alpha+\beta}$.

4.28 Ermitteln Sie die Bedingung, unter der Folgendes gilt:

$$S_{s_x,s_y} \cdot R_\theta = R_\theta \cdot S_{s_x,s_y}$$

4.29 Ist eine simultane Scherung dasselbe wie eine Scherung in einer Richtung, gefolgt von einer Scherung in eine andere Richtung? Warum?

4.30 Ermitteln Sie die Bedingung, unter der wir die Reihenfolge einer Rotation und einer simultanen Scherung umkehren können und dennoch dasselbe Ergebnis erzielen.

4.31 Drücken Sie eine simultane Scherung in Form von Rotations- und Skalierungstransformationen aus.

4.32 Drücken Sie R_θ in Form von Scherungs- und Skalierungstransformationen aus.

4.33 Drücken Sie R_θ in Form von Scherungstransformationen aus.

4.34 Beweisen Sie, dass die verkettete 2D-Transformationsmatrix stets die folgende Form aufweist:

$$\begin{pmatrix} a & b & c \\ d & e & f \\ 0 & 0 & 1 \end{pmatrix}$$

4.35 Stellen Sie sich eine von P_1 nach P_2 verlaufende Strecke und einen beliebigen Punkt P auf ihr vor. Beweisen Sie für alle verketteten Transformationen, dass der transformierte Punkt P auf der Strecke zwischen den Transformationen von P_1 und P_2 liegt.

Ansichten und Clipping im zweidimensionalen Raum

5

So wie ein Blick durch ein kleines Fenster in der Wand oder den Sucher einer Kamera gibt ein mit dem Computer erstelltes Bild oft eine Teilansicht einer großen Szene wieder. Objekte werden mit Hilfe von Modellierungstransformationen in ein Hauptkoordinatensystem, das allgemein als *Weltkoordinatensystem* (WKS) bezeichnet wird, in der Szene positioniert. Ein rechteckiges *Fenster*, dessen Kanten parallel zu den Achsen des WKS verlaufen, wird zur Auswahl des Szenenausschnitts verwendet, für den ein Bild erzeugt werden soll (siehe Abb. 5.1). Manchmal wird ein zusätzliches Koordinatensystem eingefügt, das man als *Sichtkoordinatensystem* bezeichnet, um Bewegungen oder Schwenks der Kamera zu simulieren.

Andererseits wird ein Bild, das eine Ansicht darstellt, häufig Teil eines größeren Bilds, wie zum Beinspiel ein Foto auf der Seite eines Albums, die für die Anzeigefläche eines Computermonitors steht. Da die Größen von Albumseiten und Monitoren jeweils sehr unterschiedlich sein können, benötigen wir ein geräteunabhängiges Hilfsmittel, um die Anzeigefläche zu beschreiben, nämlich das so genannte *normalisierte Gerätekoordinatensystem* (GKS), in dem ein Einheitsquadrat (1×1), dessen untere linke Ecke im Ursprung des Koordinatensystems liegt, die Anzeigefläche eines virtuellen Ausgabegeräts festlegt. Ein rechteckiger *Viewport*, dessen Kanten parallel zu den Achsen des normalisierten GKS verlaufen, wird zur Angabe eines Unterbereichs der Anzeigefläche verwendet, in dem sich das Bild befindet.

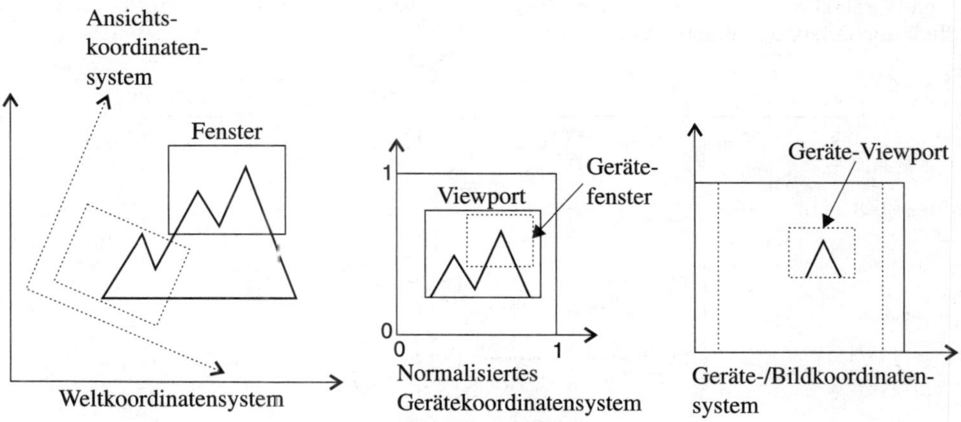

Abb.5.1: Ansichtstransformation

Den Prozess, mit dem Objektkoordinaten in einem WKS in normalisierte Gerätekoordinaten umgewandelt werden, bezeichnet man als *Abbildung des Fensters auf den Viewport* oder *Normalisierungstransformation*, womit wir uns in Abschnitt 5.1 beschäftigen. Der Vorgang, mit dem normalisierte Gerätekoordinaten auf diskrete Geräte-/Bildkoordinaten abgebildet werden, nennt sich *Gerätetransformation*, wobei es sich im Wesentlichen um eine zweite Abbildung des Fensters auf den Viewport mit einem Gerätefenster im normalisierten Gerätekoordinatensystem und einem Geräte-Viewport im Gerätekoordinatensystem handelt. Zusammen bezeichnet man diese beiden Operationen zur Abbildung von Koordinaten als *Ansichtstransformation*.

Die Gerätetransformation hängt von der Auflösung des Anzeigegeräts bzw. Bildspeichers ab. Wird die gesamte Anzeigefläche des virtuellen Geräts auf ein physisches Gerät abgebildet, das nicht über ein Seitenverhältnis von 1:1 verfügt, kann es auf einen quadratischen Unterbereich abgebildet werden (siehe Abb. 5.1), um unerwünschte geometrische Verzerrungen zu vermeiden.

Mit dem Komfort und der Flexibilität bei der Verwendung eines Fensters zum Festlegen einer lokal begrenzten Ansicht geht die Notwendigkeit des *Clipping* (Zuschneiden) einher, da sich die Objekte der Szene vollständig innerhalb des Fensters oder vollständig außerhalb des Fensters befinden oder nur teilweise im Fenster sichtbar sein können (z.B. das bergähnliche Polygon in Abb. 5.1). Beim Zuschneiden werden Objekte oder Teile von Objekten, die im Fenster nicht sichtbar sind, entfernt, um den richtigen Aufbau des entsprechenden Bilds zu gewährleisten.

Bitte beachten Sie, dass Clipping im Welt- oder Ansichtskoordinatenraum erfolgen kann, wo das Fenster zum Zuschneiden von Objekten verwendet wird, oder im normalisierten Gerätekoordinatenraum, wo das Viewport-/Gerätefenster diesem Zweck dient. In beiden Fällen bezeichnen wir das Fenster oder das Viewport-/Gerätefenster als Clippingfenster. Wir werden uns mit dem Zuschneiden von Punkten, Geraden und Polygonen in den Abschnitten 5.2, 5.3 und 5.4 beschäftigen.

5.1 Abbildung des Fensters auf den Viewport

Ein Fenster wird durch vier Weltkoordinaten festgelegt: wx_{min}, wx_{max}, wy_{min} und wy_{max} (siehe Abb. 5.2). In ähnlicher Weise wird ein Viewport durch vier normalisierte Gerätekoordinaten beschrieben: vx_{min}, vx_{max}, vy_{min} und vy_{max}. Das Ziel der Abbildung des Fensters auf den Viewport liegt in der Umwandlung der Weltkoordinaten (wx, wy) eines beliebigen Punkts in die entsprechenden normalisierten Gerätekoordinaten (vx, vy). Um die relative Position des Punkts im Fenster auch im Viewport beizubehalten, benötigen wir

$$\frac{wx - wx_{\min}}{wx_{\max} - wx_{\min}} = \frac{vx - vx_{\min}}{vx_{\max} - vx_{\min}} \quad \text{und} \quad \frac{wy - wy_{\min}}{wy_{\max} - wy_{\min}} = \frac{vy - vy_{\min}}{vy_{\max} - vy_{\min}}$$

Daraus ergibt sich:

$$\begin{cases} vx = \dfrac{vx_{\max} - vx_{\min}}{wx_{\max} - wx_{\min}}(wx - wx_{\min}) + vx_{\min} \\[2ex] vy = \dfrac{vy_{\max} - vy_{\min}}{wy_{\max} - wy_{\min}}(wy - wy_{\min}) + vy_{\min} \end{cases}$$

Da es sich bei den acht Koordinatenwerten, die das Fenster und den Viewport definieren, lediglich um Konstanten handelt, können wir diese beiden Formeln zur Berechnung von (vx, vy) aus (wx, wy) in Form einer Translations-Skalierungs-Translations-Transformation N ausdrücken:

$$\begin{pmatrix} vx \\ vy \\ 1 \end{pmatrix} = N \cdot \begin{pmatrix} wx \\ wy \\ 1 \end{pmatrix}$$

wobei

$$N = \begin{pmatrix} 1 & 0 & vx_{\min} \\ 0 & 1 & vy_{\min} \\ 0 & 0 & 1 \end{pmatrix} \cdot \begin{pmatrix} \frac{vx_{\max} - vx_{\min}}{wx_{\max} - wx_{\min}} & 0 & 0 \\ 0 & \frac{vy_{\max} - vy_{\min}}{wy_{\max} - wy_{\min}} & 0 \\ 0 & 0 & 1 \end{pmatrix} \cdot \begin{pmatrix} 1 & 0 & -wx_{\min} \\ 0 & 1 & -wy_{\min} \\ 0 & 0 & 1 \end{pmatrix}$$

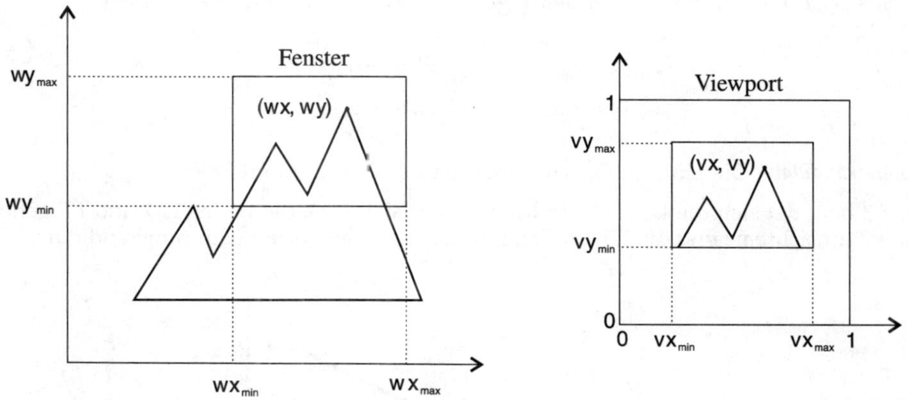

Abb. 5.2

Bitte beachten Sie, dass geometrische Verzerrungen auftreten (zum Beispiel werden Quadrate im Fenster zu Rechtecken im Viewport), wenn die beiden Skalierungskonstanten unterschiedlich sind.

5.2 Zuschneiden von Punkten

Beim Zuschneiden von Punkten handelt es sich im Wesentlichen um die Berechnung der folgenden Ungleichungen:

$x_{min} \leq x \leq x_{max}$ und $y_{min} \leq y \leq y_{max}$

wobei x_{min}, x_{max}, y_{min} und y_{max} das Clippingfenster definieren. Ein Punkt (x, y) befindet sich innerhalb des Fensters, wenn alle Ungleichungen bei der Auswertung den Wert wahr ergeben.

5.3 Zuschneiden von Linien

Linien, die das Clippingfenster nicht schneiden, befinden sich entweder vollständig innerhalb oder vollständig außerhalb des Fensters. Eine Linie, die das Clippingfenster schneidet, wird dagegen durch ihre Schnittpunkte in Strecken unterteilt, die sich entweder innerhalb oder außerhalb des Fensters befinden. Die folgenden Algorithmen bieten wirksame Wege, um die räumliche Beziehung zwischen einer beliebigen Linie und dem Clippingfenster zu beurteilen und den oder die Schnittpunkte zu ermitteln.

5.3.1 Der Cohen-Sutherland-Algorithmus

In diesem Algorithmus unterteilen wir den Zuschneideprozess von Linien in zwei Phasen: (1) Identifizieren der Linien, die das Clippingfenster schneiden und somit zugeschnitten werden müssen, und (2) eigentliches Clipping.

Alle Linien gehören einer der folgenden *Clippingkategorien* an:

1. *Sichtbar* – Beide Endpunkte liegen innerhalb des Fensters.
2. *Unsichtbar* – Die Linie liegt definitiv außerhalb des Fensters. Dies kommt vor, wenn sie von (x_1, y_1) nach (x_2, y_2) verläuft und einer der folgenden vier Ungleichungen entspricht:

$$x_1, x_2 > x_{max} \qquad y_1, y_2 > y_{max}$$
$$x_1, x_2 < x_{min} \qquad y_1, y_2 < y_{min}$$

3. *Clippingkandidat* – Die Linie gehört zu keiner der Kategorien 1 und 2.

In Abb. 5.3 befindet sich die Linie *AB* in Kategorie 1 (sichtbar), die Linien *CD* und *EF* gehören zu Kategorie 2 (unsichtbar) und die Linien *GH*, *IJ* und *KL* zu Kategorie 3 (Clippingkandidaten).

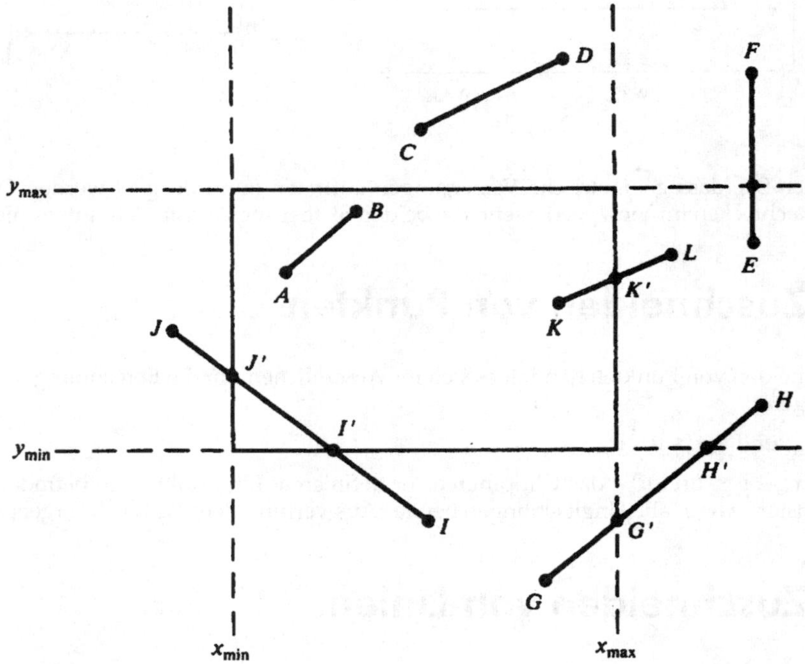

Abb.5.3

Der Algorithmus verwendet ein wirksames Verfahren zur Ermittlung der Kategorie einer Linie. Es verläuft in zwei Schritten:

1. Zuerst wird den einzelnen Endpunkten der Linie ein aus 4 Bits bestehender Bereichscode zugewiesen. Der Code wird dadurch bestimmt, in welcher der folgenden neun Bereiche der Ebene der Endpunkt liegt.

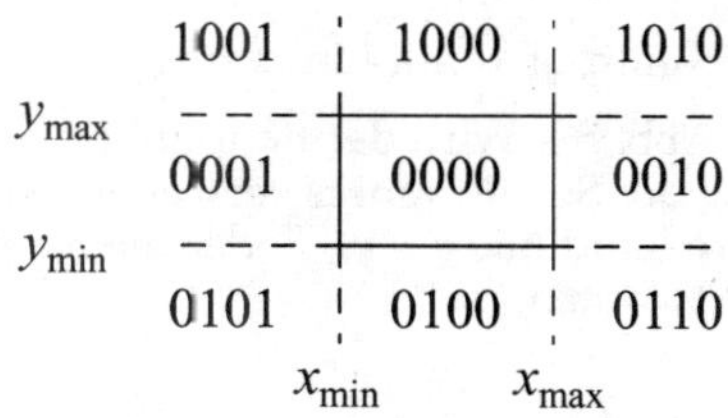

Ausgehend von dem äußersten linken Bit werden alle Bits des Codes nach dem folgenden Schema auf den Wert `true` (1) oder `false` (0) gesetzt:

Bit 1 ≡ Endpunkt liegt über dem Fenster = sign(y - y_{max})

Bit 2 ≡ Endpunkt liegt unter dem Fenster = sign(y_{min} - y)

Bit 3 ≡ Endpunkt liegt rechts neben dem Fenster = sign(x - x_{max})

Bit 4 ≡ Endpunkt liegt links neben dem Fenster = sign(x_{min} - x)

Wir vereinbaren, dass sign(a) = 1, wenn a positiv ist, andernfalls lautet der Wert 0. Natürlich liegt ein Punkt mit dem Code 0000 innerhalb des Fensters.

2. Die Linie ist sichtbar, wenn beide Bereichscodes 0000 lauten, nicht sichtbar, wenn das bitweise logische UND des Codes von 0000 verschieden ist, und ein Clippingkandidat, wenn das bitweise logische UND des Bereichscodes 0000 lautet (siehe Aufgabe 5.8).

Bei einer Linie in Kategorie 3 fahren wir damit fort, ihren Schnittpunkt mit einem der Ränder des Clippingfensters oder, genauer gesagt, mit der unendlichen Verlängerung eines der Ränder zu bestimmen (siehe Abb. 5.4). Wir wählen einen Endpunkt der Linie aus, nämlich (x_1, y_1), der sich außerhalb des Fensters befindet, d.h. dessen Bereichscode ungleich 0000 ist. Dann wählen wir eine erweiterte Randlinie aus, wobei wir beachten, dass es sich bei den als Schnittlinien in Frage kommenden Randlinien um diejenigen handelt, über die der ausgewählte Endpunkt hinausgeschoben werden muss, um die »1« im Code in eine »0« zu verwandeln (siehe Abb. 5.4). Das bedeutet:

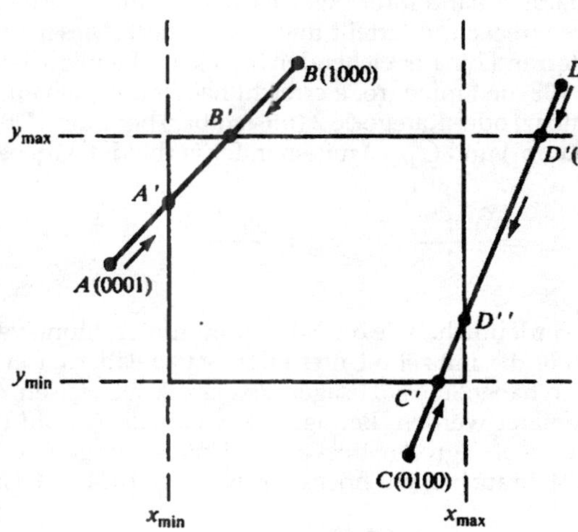

Abb. 5.4

Hat Bit 1 den Wert 1, ist der Schnittpunkt mit Line $y = y_{max}$.

Hat Bit 2 den Wert 1, ist der Schnittpunkt mit Line $y = y_{min}$.

Hat Bit 3 den Wert 1, ist der Schnittpunkt mit Line $x = x_{max}$.

Hat Bit 4 den Wert 1, ist der Schnittpunkt mit Line $x = x_{min}$.

Betrachten Sie die Gerade *CD* in Abb. 5.4. Wird der Endpunkt *C* ausgewählt, dann wird die untere Randlinie $y = y_{min}$ zur Berechnung des Schnittpunkts verwendet. Wird dagegen Endpunkt *D* ausgewählt, werden entweder die obere Randlinie $y = y_{max}$ oder die rechte Randlinie $x = x_{max}$ verwendet. Die Koordinaten des Schnittpunkts lauten

$$\begin{cases} x_i = x_{\min} \text{ or } x_{\max} & \text{wenn die Randlinie vertikal ist} \\ y_i = y_1 + m(x_i - x_1) \end{cases}$$

oder

$$\begin{cases} x_i = x_1 + (y_i - y_1)/m & \text{wenn die Randlinie horizontal ist} \\ y_i = y_{\min} \text{ or } y_{\max} \end{cases}$$

wobei $m = (y_2 - y_1)/(x_2 - x_1)$ die Steigung der Linie darstellt.

Nun ersetzen wir den Endpunkt (x_1, y_1) durch den Schnittpunkt (x_i, y_i), womit wir den Abschnitt der ursprünglichen Linie, der sich außerhalb der ausgewählten Fensterränder befand, tatsächlich entfernen. Dem neuen Endpunkt wird dann ein aktualisierter Bereichscode zugewiesen, die zugeschnittene Linie neu klassifiziert und in derselben Weise behandelt. Dieser iterative Prozess endet, wenn wir über eine zugeschnittene Linie verfügen, die entweder zu Kategorie 1 (sichtbar) oder Kategorie 2 (unsichtbar) gehört.

5.3.2 Mittelpunktunterteilung

Eine Alternative zur Verarbeitung einer Linie der Kategorie 3 beruht auf einer binären Suche. Die Linie wird an ihrem Mittelpunkt in zwei kürzere Strecken unterteilt. Die Clippingkategorien der beiden neuen Strecken werden dann anhand ihrer Bereichscodes ermittelt. Alle Strecken der Kategorie 3 werden erneut in kürzere Strecken unterteilt und klassifiziert. Dieser Prozess setzt sich so lange fort, bis alle über den Fensterrand hinausreichenden Strecken (die folglich einen Schnittpunkt aufweisen) einen Schwellenwert für die Liniengröße erreicht haben und sich alle anderen Strecken entweder in der Kategorie 1 (sichtbar) oder Kategorie 2 (unsichtbar) befinden. Die Mittelpunktkoordinaten (x_m, y_m) einer Linie, die (x_1, y_1) und (x_2, y_2) miteinander verbindet, ergeben sich aus

$$x_{\mathrm{m}} = \frac{x_1 + x_2}{2} \qquad y_{\mathrm{m}} = \frac{y_1 + y_2}{2}$$

Das in Abb. 5.5 gezeigte Beispiel verdeutlicht, wie die Mittelpunktunterteilung verwendet wird, um sich den beiden Schnittpunkten I_1 und I_2 mit zehn Unterteilungen zu nähern. Der Vorgang setzt sich so lange fort, bis wir zwei Strecken haben, die sozusagen Pixelgröße aufweisen, d.h. auf jeweils ein einziges Pixel im Bildraum abgebildet werden. Beträgt die maximale Anzahl der Pixel auf einer Linie *M*, erzeugt diese Methode eine pixelgroße Strecke in *N* Unterteilungen, wobei $2^N = M$ oder $N = \log_2 M$. Ist zum Beispiel $M = 1024$, brauchen wir höchstens $N = \log_2 1024 = 10$ Unterteilungen.

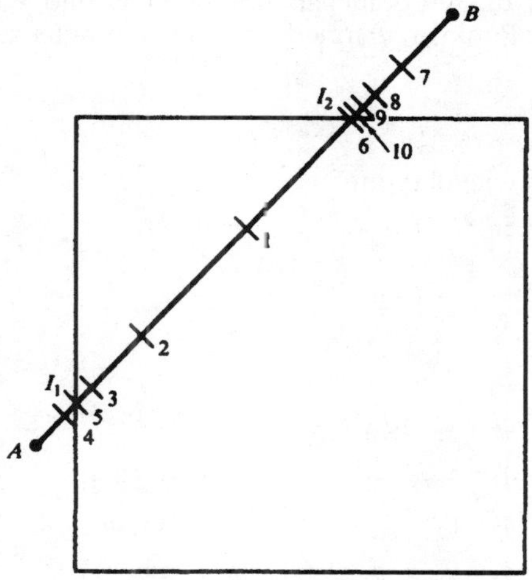

Abb. 5.5

5.3.3 Der Liang-Barsky-Algorithmus

Die folgenden parametrischen Gleichungen stellen eine Linie von (x_1, y_1) nach (x_2, y_2) mit ihrer Erweiterung ins Unendliche dar:

$$\begin{cases} x = x_1 + \Delta x \cdot u \\ y = y_1 + \Delta y \cdot u \end{cases}$$

wobei $\Delta x = x_2 - x_1$ und $\Delta y = y_2 - y_1$. Die Linie selbst entspricht $0 \leq u \leq 1$ (siehe Abb. 5.6). Bitte beachten Sie, dass wir uns auf der ausgedehnten Geraden mit wachsendem u von $-\infty$ bis $+\infty$ zuerst von außen zur Innenseite der beiden Randlinien (unten und links) des Clippingfensters und dann von innen zur Außenseite der anderen beiden Randlinien (oben und rechts) bewegen. Wenn wir u_1 und u_2 mit $u_1 \leq u_2$ verwenden, um den Anfang und das Ende des sichtbaren Abschnitts der Geraden darzustellen, haben wir u_1 = `maximum`(0, u_l, u_b) und u_2 = `minimum`(1, u_t, u_r), wobei u_l, u_b, u_t und u_r dem Schnittpunkt der ausgedehnten Geraden mit dem linken, unteren, oberen bzw. rechten Rand des Fensters entspricht (siehe folgende Abbildung).

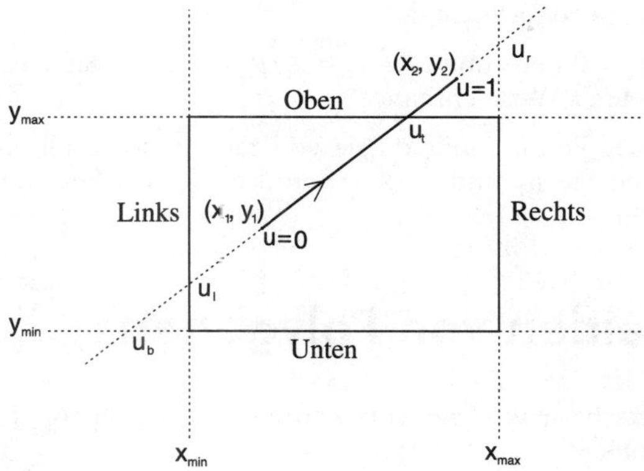

Abb. 5.6

Sehen Sie sich nun die Hilfsmittel an, die wir brauchen, um diesen Grundgedanken in einen wirksamen Algorithmus umzusetzen. Für Punkt (x, y) innerhalb des Clippingfensters haben wir

$$x_{min} \leq x_1 + \Delta x \cdot u \leq x_{max}$$

$$y_{min} \leq y_1 + \Delta y \cdot u \leq y_{max}$$

Schreiben Sie die vier Ungleichungen wie folgt um:

$$p_k u \leq q_k \qquad k = 1, 2, 3, 4$$

wobei

$p_1 = -\Delta x$	$q_1 = x_1 - x_{min}$	(links)
$p_2 = \Delta x$	$q_2 = x_{max} - x_1$	(rechts)
$p_3 = -\Delta y$	$q_3 = y_1 - y_{min}$	(unten)
$p_4 = \Delta y$	$q_4 = y_{max} - y_1$	(oben)

Bitte beachten Sie dabei die folgenden Tatsachen:

- Wenn $p_k = 0$, verläuft die Linie parallel zur entsprechenden Randlinie und

  Wenn $q_k < 0$, befindet sich die Linie vollständig außerhalb des Rands und kann entfernt werden.

  Wenn $q_k \geq 0$, befindet sich die Linie innerhalb des Rands und muss weiter bearbeitet werden.
- Wenn $p_k < 0$, verläuft die ausgedehnte Gerade von außen zur Innenseite der entsprechenden Randlinie.
- Wenn $p_k > 0$, verläuft die ausgedehnte Gerade von innen zur Außenseite der entsprechenden Randlinie.
- Wenn $p_k \neq 0$, lautet der Wert von u, der dem Schnittpunkt entspricht, q_k/p_k.

Der Liang-Barsky-Algorithmus zur Ermittlung des sichtbaren Abschnitts der Gerade kann als Prozess in vier Schritten beschrieben werden:

1. Wenn $p_k = 0$ und $q_k < 0$ für alle k gilt, entfernen Sie die Linie und beenden den Prozess. Andernfalls fahren Sie mit dem nächsten Schritt fort.
2. Für alle k-Werte mit $p_k < 0$ berechnen Sie $r_k = q_k/p_k$. Nehmen Sie u_1 als Maximum der Menge, die 0 und die berechneten r-Werte enthält.
3. Für alle k-Werte mit $p_k > 0$ berechnen Sie $r_k = q_k/p_k$. Nehmen Sie u_2 als Minimum der Menge, die 1 und die berechneten r-Werte enthält.
4. Wenn $u_1 > u_2$, entfernen Sie die Linie, da sie vollständig außerhalb des Clippingfensters liegt. Andernfalls verwenden Sie u_1 und u_2 zur Berechnung der Endpunkte der zugeschnittenen Linie.

5.4 Zuschneiden von Polygonen

In diesem Abschnitt betrachten wir die Verwendung eines polygonalen Clippingfensters zum Zuschneiden eines Polygons.

5.4.1 Clippingfenster für konvexe Polygone

Ein Polygon bezeichnet man als *konvex*, wenn jede Strecke, die zwei beliebige Punkte innerhalb des Polygons miteinander verbindet, vollständig innerhalb des Polygons liegt (siehe Abb. 5.7). Ein nicht konvexes Polygon bezeichnet man als *konkav.*

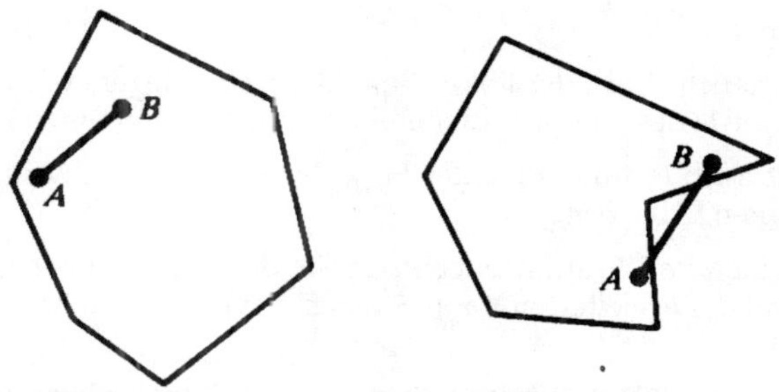

Konvexes Polygon   Konkaves Polygon

Abb. 5.7

Vereinbarungsgemäß bezeichnet man ein Polygon mit den Eckpunkten $P_1, ..., P_N$ (und den Kanten $P_{i-1}P_i$ und $P_N P_1$) als *positiv orientiert*, wenn ein Umlauf der Eckpunkte in der vorgegebenen Reihenfolge einen Kreislauf im Gegenuhrzeigersinn ergibt.

Entsprechend würde die linke Hand einer Person, die an einer gerichteten Kante $\overline{P_{i-1}P_i}$ oder $\overline{P_N P_i}$ steht, in das Polygon hinein zeigen [siehe hierzu die Ausrichtungen in den Abb. 5.8(*a*) und 5.8(*b*)].

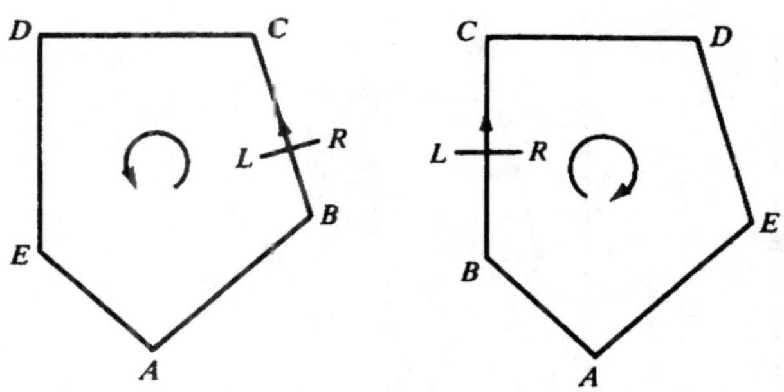

(a) Positive Orientierung   (b) Negative Orientierung

Abb. 5.8

Nehmen Sie $A(x_1, y_1)$ und $B(x_2, y_2)$ als Endpunkte einer gerichteten Strecke. Ein Punkt $P(x, y)$ liegt auf der *linken* Seite der Strecke, wenn der Ausdruck $C = (x_2 - y_1)\ (y - y_1) - (y_2 - y_1)(x - x_1)$ positiv ist (siehe Aufgabe 5.13). Wir sagen, dass der Punkt auf der *rechten* Seite der Strecke liegt, wenn dieser Term negativ ist. Liegt ein Punkt P auf der rechten Seite einer Kante eines positiv orientierten Polygons, befindet er sich außerhalb des Polygons. Liegt auf der linken Seite *aller* Kanten des Polygons, befindet er sich innerhalb des Polygons.

Diese Einführung bildet die Grundlage für das Zuschneiden eines Polygons konvexer oder konkaver Form in einem konvexen polygonalen Clippingfenster.

5.4.2 Der Sutherland-Hodgman-Algorithmus

Sei $P_1, ..., P_N$ die Liste der Eckpunkte des zuzuschneidenden Polygons, und sei E, festgelegt durch die Endpunkte A und B, eine der Kanten des positiv orientierten, konvexen Clippingpolygons. Die einzelnen Kanten des Polygons schneiden wir wiederum an der Kante E des Clippingpolygons zu und bilden damit ein neues Polygon, dessen Eckpunkte wie folgt festgelegt werden.

Betrachten Sie die Kante $\overline{P_{i-1}P_i}$:

1. Wenn sowohl P_{i-1} als auch P_i auf der linken Seite der Kante liegen, wird der Eckpunkt P_i in die *Ausgabeliste der Eckpunkte* des zugeschnittenen Polygons aufgenommen [Abb. 5.9(*a*)].
2. Wenn sowohl P_{i-1} als auch P_i auf der rechten Seite der Kante liegen, wird kein Punkt in die Ausgabeliste aufgenommen [Abb. 5.9(*a*)].
3. Wenn P_{i-1} auf der linken und P_i auf der rechten Seite der Kante E liegt, wird der Schnittpunkt I der Strecke $\overline{P_{i-1}P_i}$ mit der erweiterten Kante E berechnet und in die Ausgabeliste aufgenommen [Abb. 5.9(*c*)].
4. Wenn P_{i-1} auf der rechten und P_i auf der linken Seite der Kante E liegt, wird der Schnittpunkt I der Strecke $\overline{P_{i-1}P_i}$ mit der erweiterten Kante E berechnet. Sowohl I als auch P_i werden in die Ausgabeliste aufgenommen [Abb. 5.9(*d*)].

Der Algorithmus läuft schrittweise ab, indem jedes zugeschnittene Polygon an die nächste Kante des Fensters angepasst und zugeschnitten wird (siehe Aufgabe 5.14 und 5.15).

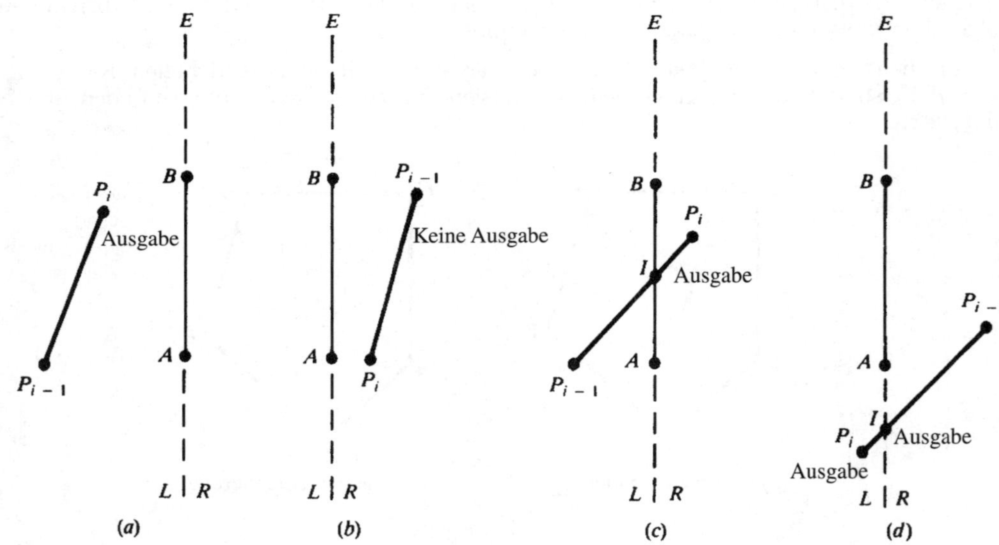

Abb. 5.9

Um unerwünschte Auswirkungen zu vermeiden, ist beim Sutherland-Hodgman-Algorithmus besondere Aufmerksamkeit geboten. Schauen Sie sich das Beispiel in Abb. 5.10(*a*) an. Das richtige Ergebnis sollte aus zwei nicht miteinander verbundenen Teilen bestehen, einem Quadrat in der unteren linken Ecke des Clippingfensters und einem Dreieck oben [siehe Abb. 5.10(*b*)]. Allerdings erzeugt der Algorithmus eine Liste von Eckpunkten (siehe Aufgabe 5.16), die ein Bild formt, in dem die beiden Teile durch zusätzliche Kanten miteinander verbunden sind [siehe Abb. 5.10(*c*)]. Die Tatsache, dass diese Kanten zweimal in entgegengesetzter Richtung gezeichnet werden, kann zur Ausarbeitung eines Nachbearbeitungsschritts verwendet werden, um sie zu entfernen.

5.4.3 Der Weiler-Atherton-Algorithmus

Hier bezeichnen wir das Clippingfenster als Clippingpolygon und das zuzuschneidende Polygon als Hauptpolygon [siehe Abb. 5.11(a)]. Wir beginnen mit einem beliebigen Eckpunkt des Hauptpolygons und tasten im Uhrzeigersinn seinen Rand ab, bis wir auf einen Schnittpunkt mit dem Clippingpolygon treffen.

- Tritt die Kante in das Clippingpolygon ein, registrieren Sie den Schnittpunkt und fahren mit der Abtastung des Hauptpolygons fort.

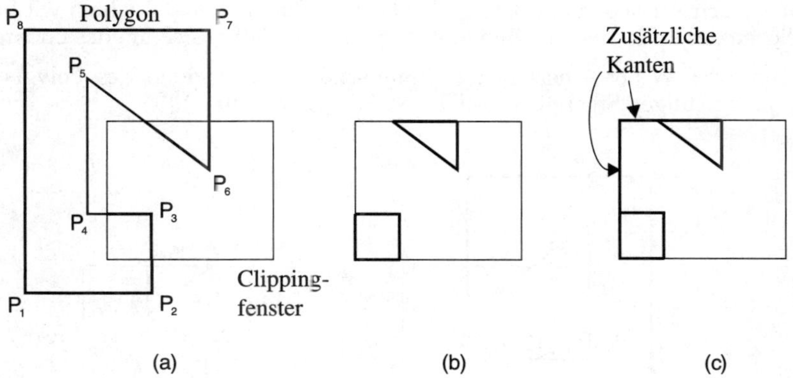

Abb. 5.10

- Verlässt die Kante das Clippingpolygon, registrieren Sie den Schnittpunkt und nehmen eine Drehung nach rechts vor, um dem Clippingpolygon in derselben Weise zu folgen (d.h., Sie behandeln das Clippingpolygon als Hauptpolygon und umgekehrt und gehen in derselben Weise vor wie zuvor).

Immer wenn unser Abtastweg ein Unterpolygon bildet, geben wir es als Teil des Gesamtergebnisses aus. Dann fahren damit fort, den Rest des ursprünglichen Hauptpolygons von einem registrierten Schnittpunkt aus abzutasten, der den Anfang eines noch nicht abgetasteten Kantenteils markiert. Der Algorithmus endet, wenn der gesamte Rand des ursprünglichen Hauptpolygons genau einmal abgetastet wurde (siehe folgende Abbildung).

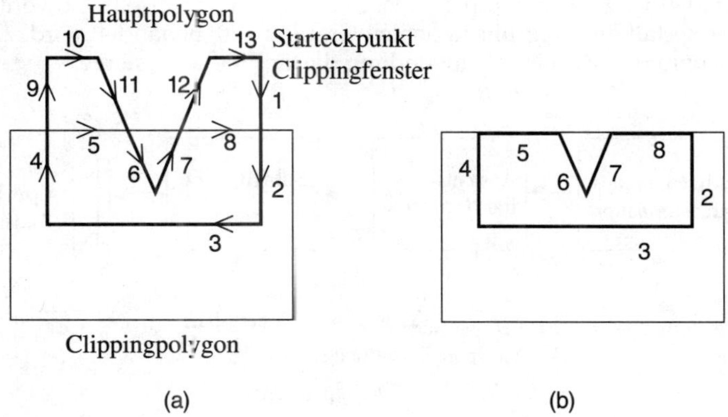

Abb. 5.11

Die Zahlen in Abb. 5.11(*a*) geben die Reihenfolge an, in der die Kanten und deren Abschnitte abgetastet werden. Wir beginnen am Starteckpunkt und fahren an derselben Kante (von 1 nach 2) des Hauptpolygons entlang, bis sie in das Clippingpolygon eintritt. Wenn wir die Kante abfahren, die das Clippingpolygon verlässt, machen wir eine Drehung nach rechts (von 4 nach 5) auf das Clippingpolygon, das jetzt als Hauptpolygon betrachtet wird. Folgen wir derselben Logik, kommen wir zur nächsten Rechtsdrehung (von 5 nach 6) zum aktuellen Clippingpolygon, das in Wirklichkeit das ursprüngliche Hauptpolygon ist. Nachdem der nächste Schritt (von 7 nach 8) in derselben Weise durchgeführt wurde, erhalten wir ein Unterpolygon zur Ausgabe [siehe Abb. 5.11(*b*)]. Dann nehmen wir das Abfahren des ursprünglichen Hauptpolygons an dem registrierten Schnittpunkt wieder auf, an dem wir unseren Kurs zuerst geändert haben. Der Weg von 9 nach 10 und 11 ergibt keine Ausgabe. Nach Auslassen der bereits abgetasteten Punkte 6 und 7 fahren wir bei 12 und 13 fort und erreichen das Ende. Bei dem Bild in Abb. 5.11(*b*) handelt es sich um das Endergebnis.

Die Anwendung des Weiler-Atherton-Algorithmus zum Zuschneiden des Polygons aus Abb. 5.10(*a*) erzeugt die richtigen Ergebnisse [siehe Abb. 5.12(*a*) und (*b*)].

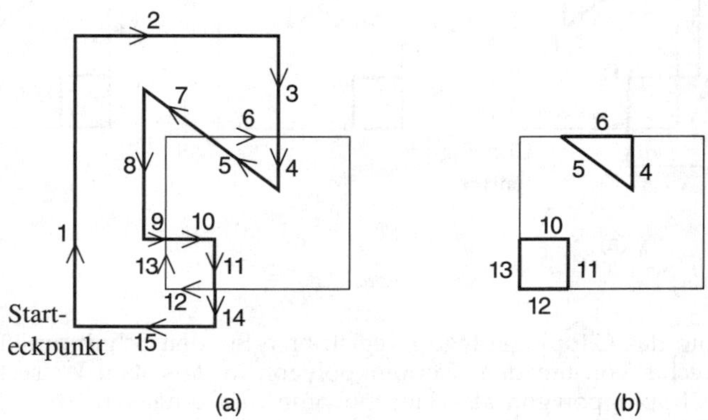

Abb. 5.12

5.5 Beispiel: Eine 2D-Grafikpipeline

Viele Grafiksystemen weisen die gleiche Gesamtarchitektur auf, die man als Grafikpipeline bezeichnet. Der Aufbau einer 2D-Grafikpipeline ist in Abb. 5.13 dargestellt. Obwohl die 2D-Grafik normalerweise als Sonderfall der dreidimensionalen Grafik ($z = 0$) behandelt wird, zeigt sie das allgemeine Funktionsprinzip und die Grundanwendung dieser Pipelinesysteme.

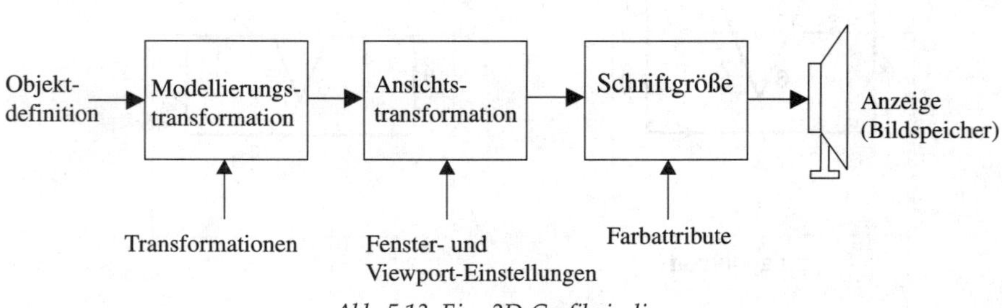

Abb. 5.13: Eine 2D-Grafikpipeline

Am Anfang der Pipeline haben wir die Objektdaten (z.B. Eckpunktkoordinaten für Linien und Polygone, aus denen sich einzelne Objekte zusammensetzen), die in anwendungsspezifischen

Datenstrukturen gespeichert sind. Eine Grafikanwendung verwendet Systemsubroutinen, um unter anderem die Transformationen zu initialisieren und zu ändern, die auf die ursprünglichen Daten, die Fenster- und Viewport-Einstellungen und die Farbattribute der Objekte angewendet werden sollen. Immer wenn eine Zeichensubroutine aufgerufen wird, um ein vordefiniertes Objekt zu rendern, wendet das Grafiksystem zunächst die festgelegte Modellierungstransformation auf die ursprünglichen Daten an, führt dann mit Hilfe der aktuellen Fenster- und Viewport-Einstellungen eine Ansichtstransformation durch und nimmt schließlich eine Scan Conversion vor, um die richtigen Pixel im Bildspeicher auf die angegebenen Farbattribute zu setzen.

Stellen Sie sich vor, dass ein Objekt in seinem eigenen Koordinatensystem zentriert ist [siehe Abb. 5.14(*a*)] und wir nun eine Bildsequenz erstellen wollen, die das Objekt so animiert, dass es um seinen Mittelpunkt gedreht wird und sich kreisförmig auf einer quadratischen Anzeigefläche bewegt [siehe Abb. 5.14(*b*)]. Wir erzeugen die einzelnen Bilder wie folgt: Drehen Sie zunächst das Objekt im Winkel α um seinen Mittelpunkt und nehmen Sie dann eine Translation des gedrehten Objekts mit Versatz · **I** vor, um seinen Mittelpunkt auf der positiven x-Achse des WKS zu positionieren. Drehen Sie es dann relativ zum Ursprung um den Winkel β um den Ursprung des WKS. Wir steuern den Betrag der ersten Rotation von einem Bild zum nächsten durch $\Delta\alpha$ und den der zweiten Rotation durch $\Delta\beta$.

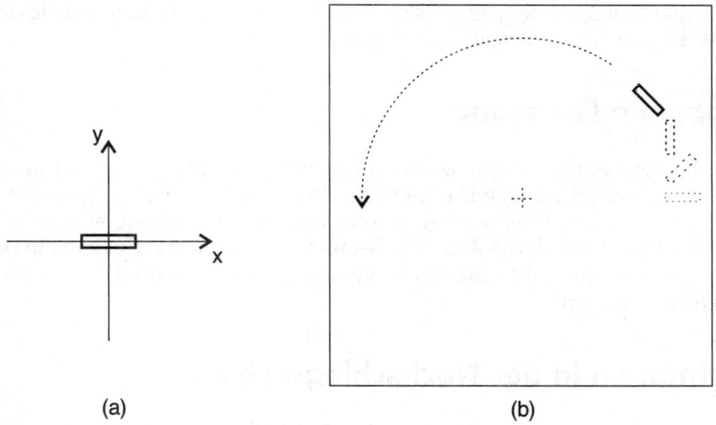

Abb. 5.14

```
window(-winsize/2, winsize/2, -winsize/2, winsize/2);
α = 0;
while (1) {
  setColor(background);
  clear();
  setColor(color);
  pushCTM();
  translate(offset, 0);
  rotate(α);
  drawObject();
  popCTM();
  α = α + Δα;
  rotate(Δβ);
}
```

Zuerst legen wir das Fenster mit Hilfe von `winsize` × `winsize` so fest, dass es eine ausreichende Größe aufweist und im Ursprung des WKS zentriert ist, damit es die gesamte Szene abdeckt. Der Standard-Viewport des Systems stimmt mit der Einheitsanzeigefläche im normalisierten GKS überein. Das Standardgerätefenster entspricht dem Viewport, und der Standard-Geräteviewport der gesamten quadratischen Anzeigefläche.

Das Grafiksystem unterhält einen Stapel verketteter Transformationsmatrizen. Die Matrix an der Spitze des Stapels, die man als die aktuelle bezeichnet, ist anfangs eine Einheitsmatrix und wird automatisch bei der Modellierungstransformation eingesetzt. Jeder Aufruf für `translate`, `scale` und `rotate` hat zur Folge, dass das System eine entsprechende Transformationsmatrix erstellt und die aktuelle zurücksetzt, damit die erzeugte Matrix berücksichtigt wird. Die Reihenfolge der Transformation wird in der Weise beibehalten, dass die zuletzt angegebene Transformation zuerst angewendet wird. Beim Aufruf von `pushCTM()` fertigt das System eine Kopie der aktuellen Matrix an und schiebt sie auf den Stapel (nun haben wir zwei Kopien der aktuellen Matrix im Stapel). Beim Aufruf an `popCTM()` entfernt das System einfach die an oberster Stelle im Stapel befindliche Matrix (jetzt haben wir die Matrix, die hinter der entfernten an zweiter Stelle lag, so wiederhergestellt, dass sie die aktuelle ist).

5.5.1 Schwenks und Zoom

Zwei einfache Kameraeffekte lassen sich erzielen, indem man die Position oder die Größe des Fensters ändert. Wenn die Position des Fensters beispielsweise nach links verschoben wird, würde ein im Fenster sichtbares Objekt in der Szene nach rechts verschoben erscheinen, ähnlich wie wir es im Sucher wahrnehmen, wenn wir eine Kamera bewegen oder schwenken. Wenn wir dagegen das Fenster auf ein Objekt fixieren, aber seine Größe reduzieren oder erhöhen, würde das Objekt größer (Einzoomen) bzw. kleiner (Auszoomen) erscheinen.

5.5.2 Doppelte Pufferung

Die Herstellung einer Animationssequenz durch Löschen des Anzeigebildschirms und Aufbau des nächsten Bildframes führt oft zu einem Flimmern, da ein Bild fast sofort gelöscht wird, sobald es vollständig aufgebaut wurde. Eine wirkungsvolle Lösung dieses Problems ist die Verwendung zweier Bildspeicher: Der eine hält die Anzeige des Bilds, während das System ein neues Bild in den anderen zeichnet. Ist das neue Bild gezeichnet, veranlasst ein Aufruf wie `swapBuffer()` die beiden Puffer, ihre Rollen zu tauschen.

5.5.3 Animation in der Nachschlagetabelle

Manchmal können wir ein angezeigtes Bild in der Darstellung der Nachschlagetabelle animieren, indem wir die dort angegebenen Farbwerte zyklisch ändern. Beispielsweise können wir das einfarbige Objekt aus Abb. 5.14(a) an mehreren vorher festgelegten Positionen in den Bildspeicher zeichnen, indem wir an den einzelnen Positionen aufeinander folgende Farbattributeinträge in der Nachschlagetabelle verwenden (siehe Abb. 5.15). Wir initialisieren den Tabelleneintrag 0 mit der Farbe des Objekts und alle anderen Einträge mit der Hintergrundfarbe. Das bedeutet, dass das Objekt zu Beginn nur an der ersten Position mit der Kennzeichnung 0 sichtbar ist. Wenn wir nun einfach den Eintrag 0 auf die Hintergrundfarbe und den Eintrag 1 auf die Objektfarbe zurücksetzen, hätten wir das Objekt in seine zweite Position (mit der Kennzeichnung 1) »verschoben«, ohne dabei das Bild neu zu zeichnen. Die Kreisbewegung des Objekts kann daher erzeugt werden, indem man die Objektfarbe alle relevanten Einträge der Nachschlagetabelle durchlaufen lässt.

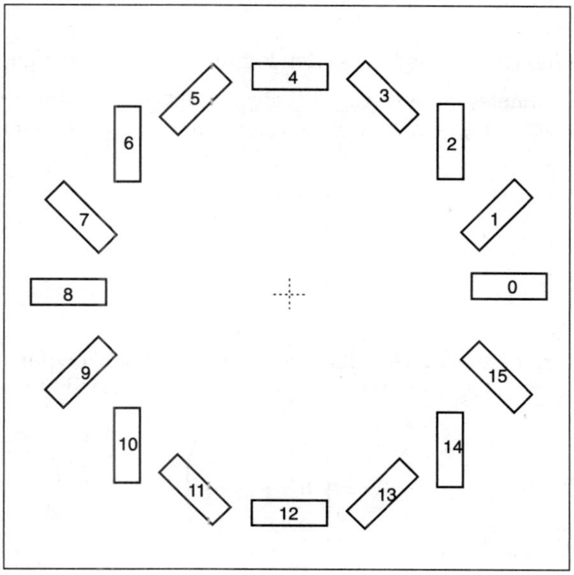

Abb. 5.15

5.6 Aufgaben mit Lösungen

5.1 Gegeben sei

$$s_x = \frac{vx_{\max} - vx_{\min}}{wx_{\max} - wx_{\min}} \quad \text{und} \quad s_y = \frac{vy_{\max} - vy_{\min}}{wy_{\max} - wy_{\min}}$$

Formulieren Sie die Abbildung des Fensters auf den Viewport in Form einer verketteten Transformationsmatrix.

Lösung:

$$N = \begin{pmatrix} 1 & 0 & vx_{\min} \\ 0 & 1 & vy_{\min} \\ 0 & 0 & 1 \end{pmatrix} \cdot \begin{pmatrix} s_x & 0 & 0 \\ 0 & s_y & 0 \\ 0 & 0 & 1 \end{pmatrix} \cdot \begin{pmatrix} 1 & 0 & -wx_{\min} \\ 0 & 1 & -wy_{\min} \\ 0 & 0 & 1 \end{pmatrix}$$

$$= \begin{pmatrix} s_x & 0 & -s_x wx_{\min} + vx_{\min} \\ 0 & s_y & -s_y wy_{\min} + vy_{\min} \\ 0 & 0 & 1 \end{pmatrix}$$

5.2 Ermitteln Sie die normalisierte Transformation, die ein Fenster mit der unteren linken Ecke an Position (1; 1) und der oberen rechten Ecke bei (3; 5) auf (*a*) den Viewport abbildet, bei dem es sich um den gesamten normalisierten Gerätebildschirm handelt, und (*b*) auf einen Viewport, dessen untere linke Ecke bei (0; 0) und dessen obere rechte Ecke bei $(\frac{1}{2}; \frac{1}{2})$ liegt.

Lösung:

Wir brauchen lediglich die entsprechenden Parameter aus der Aufgabe 5.1 zu bestimmen.

a. Die Fensterparameter lauten $wx_{min} = 1$, $wx_{max} = 3$, $wy_{min} = 1$ und $wy_{max} = 5$. Die Viewport-Parameter lauten: $vx_{min} = 0$, $vx_{max} = 1$, $vy_{min} = 0$ und $vy_{max} = 1$. Dann ergibt sich $s_x = \frac{1}{2}$, $s_y = \frac{1}{4}$ und

$$N = \begin{pmatrix} \frac{1}{2} & 0 & -\frac{1}{2} \\ 0 & \frac{1}{4} & -\frac{1}{4} \\ 0 & 0 & 1 \end{pmatrix}$$

b. Die Fensterparameter sind dieselben wie unter (a). Die Viewport-Parameter lauten jetzt: $vx_{min} = 0$, $vx_{max} = \frac{1}{2}$, $vy_{min} = 0$ und $vy_{max} = \frac{1}{2}$. Dann ergibt sich $s_x = \frac{1}{4}$, $s_y = \frac{1}{8}$ und

$$N = \begin{pmatrix} \frac{1}{4} & 0 & -\frac{1}{4} \\ 0 & \frac{1}{8} & -\frac{1}{8} \\ 0 & 0 & 1 \end{pmatrix}$$

5.3 Bestimmen Sie die vollständige Ansichtstransformation, die ein Fenster in Weltkoordinaten mit einer x-Ausdehnung von 1 bis 10 und einer y-Ausdehnung von 1 bis 10 auf einen Viewport mit der x-Ausdehnung $\frac{1}{4}$ bis $\frac{3}{4}$ und einer y-Ausdehnung von 0 bis $\frac{1}{2}$ im normalisierten Geräteraum und anschließend ein Gerätefenster mit der x-Ausdehnung $\frac{1}{4}$ bis $\frac{1}{2}$ und der y-Ausdehnung $\frac{1}{4}$ bis $\frac{1}{2}$ im normalisierten Geräteraum auf einen Geräte-Viewport mit einer x-Ausdehnung von 1 bis 10 und einer y-Ausdehnung von 1 bis 10 auf das physische Anzeigegerät abbildet.

Lösung:

Gemäß Aufgabe 5.1 lauten die Parameter für die Normalisierungstransformation $wx_{min} = 1$, $wx_{max} = 10$, $wy_{min} = 1$ und $wy_{max} = 10$ sowie $vx_{min} = \frac{1}{4}$, $vx_{max} = \frac{3}{4}$, $vy_{min} = 0$ und $vy_{max} = \frac{1}{2}$. Dann ergibt sich

$$s_x = \frac{1/2}{9} = \frac{1}{18} \qquad s_y = \frac{1/2}{9} = \frac{1}{18}$$

und

$$N = \begin{pmatrix} \frac{1}{18} & 0 & \frac{7}{36} \\ 0 & \frac{1}{18} & -\frac{1}{18} \\ 0 & 0 & 1 \end{pmatrix}$$

Die Parameter für die Gerätetransformation lauten $wx_{min} = \frac{1}{4}$, $wx_{max} = \frac{1}{2}$, $wy_{min} = \frac{1}{4}$ und $wy_{max} = \frac{1}{2}$ sowie $vx_{min} = 1$, $vx_{max} = 10$, $vy_{min} = 1$ und $vy_{max} = 10$. Daraus ergibt sich

$$s_x = \frac{9}{1/4} = 36 \qquad s_y = \frac{9}{1/4} = 36$$

und

$$W = \begin{pmatrix} 36 & 0 & -8 \\ 0 & 36 & -8 \\ 0 & 0 & 1 \end{pmatrix}$$

Die vollständige Ansichtstransformation V lautet wie folgt:

$$V = W \cdot N = \begin{pmatrix} 36 & 0 & -8 \\ 0 & 36 & -8 \\ 0 & 0 & 1 \end{pmatrix} \begin{pmatrix} \frac{1}{18} & 0 & \frac{7}{36} \\ 0 & \frac{1}{18} & -\frac{1}{18} \\ 0 & 0 & 1 \end{pmatrix} = \begin{pmatrix} 2 & 0 & -1 \\ 0 & 2 & -10 \\ 0 & 0 & 1 \end{pmatrix}$$

5.4 Bestimmen Sie die Normalisierungstransformation von einem Fenster, dessen untere linke Ecke bei (0; 0) und dessen obere rechte Ecke bei (4; 3) liegt, auf den normalisierten Gerätebildschirm, so dass die Seitenverhältnisse gewahrt bleiben.

Lösung:

Das Seitenverhältnis des Fensters beträgt $a_w = \frac{4}{3}$. Falls nichts anderes angegeben ist, sollten wir einen Viewport wählen, der im Hinblick auf den normalisierten Gerätebildschirm so groß wie möglich ist. Dazu wählen wir eine x-Ausdehnung von 0 bis 1 und eine y-Ausdehnung von 0 bis $\frac{3}{4}$. Daraus ergibt sich:

$$a_v = \frac{1}{3/4} = \frac{4}{3}$$

Wie in Aufgabe 5.2 ergibt sich mit den Parametern $wx_{min} = 0$, $wx_{max} = 4$, $wy_{min} = 0$, $wy_{max} = 3$ und $vx_{min} = 0$, $vx_{max} = 1$, $vy_{min} = 0$ und $vy_{max} = \frac{3}{4}$:

$$N = \begin{pmatrix} \frac{1}{4} & 0 & 0 \\ 0 & \frac{1}{4} & 0 \\ 0 & 0 & 1 \end{pmatrix}$$

5.5 Bestimmen Sie die Normalisierungstransformation N, die ein Rechteck $A(1; 1)$, $B(5; 3)$, $C(4; 5)$, $D(0; 3)$ als Fenster [Abb. 5.16(a)] und den normalisierten Gerätebildschirm als Viewport [Abb. 5.16(b)] verwendet.

Lösung:

Zuerst drehen wir das Rechteck um A, um es an den Koordinatenachsen auszurichten. Dann berechnen wir wie in Aufgabe 5.1 die Werte s_x und s_y und setzen schließlich die Rotation und die Transformation N (aus Aufgabe 5.1) zusammen, um die benötigte Normalisierungstransformation N_R zu ermitteln.

Die Steigung der Strecke $\overline{AB}$ beträgt

$$m = \frac{3-1}{5-1} = \frac{1}{2}$$

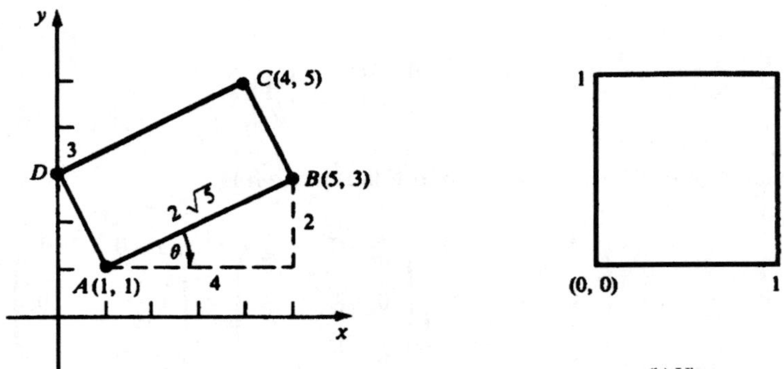

(a) Fenster

(b) Viewport

Abb. 5.16

Beim Betrachten von Abb. 5.11 stellen wir fest, dass -θ die Rotationsrichtung sein wird. Der Winkel θ wird aus der Steigung einer Geraden (Anhang 1) anhand der Gleichung $\tan\theta = \frac{1}{2}$ ermittelt. Dann ist

$$\sin\theta = \frac{1}{\sqrt{5}}, \qquad \text{und damit} \qquad \sin(-\theta) = -\frac{1}{\sqrt{5}}, \qquad \cos\theta = \frac{2}{\sqrt{5}}, \qquad \cos(-\theta) = \frac{2}{\sqrt{5}}$$

Die Matrix für die Rotation um A(1; 1) lautet dann (Kap. 4, Aufgabe 4.4):

$$R_{-\theta,A} = \begin{pmatrix} \frac{2}{\sqrt{5}} & \frac{1}{\sqrt{5}} & \left(1 - \frac{3}{\sqrt{5}}\right) \\ -\frac{1}{\sqrt{5}} & \frac{2}{\sqrt{5}} & \left(1 - \frac{1}{\sqrt{5}}\right) \\ 0 & 0 & 1 \end{pmatrix}$$

Die x-Ausdehnung des gedrehten Fensters entspricht der Länge von $\overline{AB}$. Entsprechend ist die y-Ausdehnung die Länge von $\overline{AD}$. Mit Hilfe der Abstandsformel (Anhang 1) zur Berechnung dieser Längen ergibt sich:

$$d(A, B) = \sqrt{2^2 + 4^2} = \sqrt{20} = 2\sqrt{5} \qquad d(A, D) = \sqrt{1^2 + 2^2} = \sqrt{5}$$

Ebenso wie die y-Ausdehnung beträgt daher auch die x-Ausdehnung des normalisierten Gerätebildschirms 1. Nun berechnen wir s_x und s_y:

$$S_x = \frac{x-\text{Ausdehnung des Viewports}}{x-\text{Ausdehnung des Fenster}} = \frac{1}{2\sqrt{5}} \quad S_y = \frac{y-\text{Ausdehnung des Viewports}}{y-\text{Ausdehnung des Fenster}} = \frac{1}{\sqrt{5}}$$

Somit ergibt sich

$$N = \begin{pmatrix} \frac{1}{2\sqrt{5}} & 0 & -\frac{1}{2\sqrt{5}} \\ 0 & \frac{1}{\sqrt{5}} & -\frac{1}{\sqrt{5}} \\ 0 & 0 & 1 \end{pmatrix}$$

Die Normalisierungstransformation lautet dann

$$N_R = N \cdot R_{-\theta,A} = \begin{pmatrix} \frac{1}{5} & \frac{1}{10} & -\frac{3}{10} \\ -\frac{1}{5} & \frac{2}{5} & -\frac{1}{5} \\ 0 & 0 & 1 \end{pmatrix}$$

5.6 Sei R ein rechteckiges Fenster, dessen untere linke Ecke bei $L(-3; 1)$ und dessen obere rechte Ecke bei $R(2; 6)$ liegt. Ermitteln Sie die Bereichscodes für die Endpunkte aus Abb. 5.17.

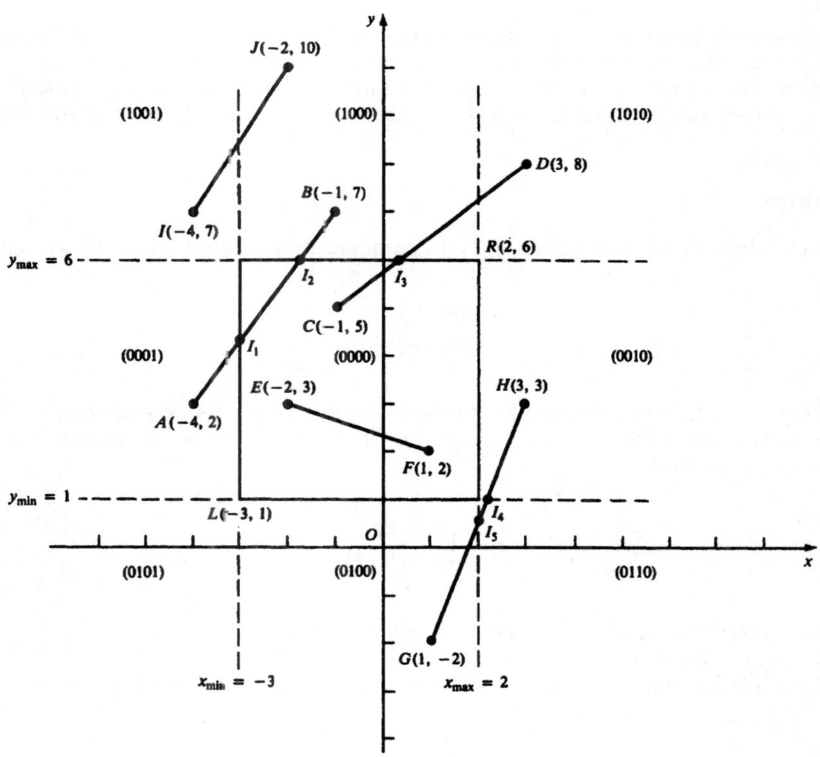

Abb. 5.17

Lösung:

Der Bereichscode für den Punkt (x, y) wird nach dem folgenden Schema festgelegt:

Bit 1 = $\mathtt{sign}(y - y_{max}) = \mathtt{sign}(y - 6)$

Bit 2 = $\mathtt{sign}\ (y_{min} - y) = \mathtt{sign}\ (1 - y)$

Bit 3 = $\mathtt{sign}(x - x_{max}) = \mathtt{sign}(x - 2)$

Bit 4 = $\mathtt{sign}(x_{min} - x) = \mathtt{sign}(-3 - x)$

Hierbei gilt:

$$\text{Sign}(a) = \begin{cases} 1 & \text{wenn a positiv ist} \\ 0 & \text{andernfalls} \end{cases}$$

Somit ergibt sich:

$A(-4; 2) \rightarrow 0001$

$B(-1; 7) \rightarrow 1000$

$C(-1; 5) \rightarrow 0000$

$D(3; 8) \rightarrow 1010$

$E(-2; 3) \rightarrow 0000$

$F(1; 2) \rightarrow 0000$

$G(1; -2) \rightarrow 0100$

$H(3; 3) \rightarrow 0010$

$I(-4; 7) \rightarrow 1001$

$J(-2; 10) \rightarrow 1000$

5.7 Das Zuschneiden an einem rechteckigen Fenster, dessen Seiten an der x- und y-Achse ausgerichtet sind, ist mit der Berechnung der Schnittpunkte mit den vertikalen und horizontalen Geraden verbunden. Ermitteln Sie den Schnittpunkt einer Strecke $\overline{P_1P_2}$ [die $P_1(x_1, y_1)$ mit $P_2(x_2, y_2)$ verbindet] mit (*a*) der vertikalen Geraden $x = a$ und (*b*) der horizontalen Geraden $y = b$.

Lösung:

Wir schreiben die Gleichung von $\overline{P_1P_2}$ in parametrischer Form (Anhang 1, Aufgabe A1.23):

$$\begin{cases} x = x_1 + t(x_2 - x_1) \\ y = y_1 + t(y_2 - y_1), \end{cases} \quad 0 \leq t \leq 1$$

a. Da $x = a$, setzen wir diesen Wert in die Gleichung (5.1) ein und ermitteln $t = (a - x_1)/(x_2 - x_1)$. Dann setzen wir diesen Wert in die Gleichung (5.2) ein und ermitteln den Schnittpunkt $x_I = a$ und

$$y_I = y_1 + \left(\frac{a - x_1}{x_2 - x_1}\right)(y_2 - y_1)$$

b. Wir setzen $y = b$ in die Gleichung (5.2) ein und ermitteln $t = (b - y_1)/(y_2 - y_1)$.
Nach Einfügen in die Gleichung 5.1 ergeben sich der Schnittpunkt $y_I = b$ und

$$x_I = x_1 + \left(\frac{b - y_1}{y_2 - y_1}\right)(x_2 - x_1)$$

5.8 Bestimmen Sie die Clippingkategorien für die Strecken aus Aufgabe 5.6 (siehe Abb. 5.17).

Lösung:

Wir ordnen die Strecken in ihre entsprechenden Kategorien ein, indem wir die in Aufgabe 5.6 ermittelten Bereichscodes prüfen.

Kategorie 1 (sichtbar): $\overline{EF}$, da der Bereichscode für beide Endpunkte 0000 lautet.

Kategorie 2 (unsichtbar): $\overline{IJ}$, da (1001) UND (1000) = 1000 (was nicht 0000 entspricht).

Kategorie 3 (Clippingkandidaten): $\overline{AB}$, da (0001) UND (1000) = 0000, $\overline{CD}$, da (0000) UND (1010) = 0000 und $\overline{GH}$, da (0100) UND (0010) = 0000.

5.9 Verwenden Sie den Cohen-Sutherland-Algorithmus zum Zuschneiden der Strecken in Aufgabe 5.6 (siehe Abb. 5.17):

Lösung:

Gemäß Aufgabe 5.8 kommen $\overline{AB}$, $\overline{CD}$ und $\overline{GH}$ für das Zuschneiden in Frage.

Beim *Zuschneiden von* $\overline{AB}$ lautet der Code für A 0001. Um die 1 auf 0 zu setzen, erfolgt das Zuschneiden an der Randlinie x_{min} = -3. Der daraus hervorgehende Schnittpunkt ist $I_1(-3; 3\frac{2}{3})$. Wir schneiden $\overline{AI_1}$ ab (d.h. zeigen diese Teilstrecke nicht an) und bearbeiten $\overline{I_1B}$. Der Code für I_1 lautet 0000. Die Clippingkategorie von $\overline{I_1B}$ ist 3, denn (0000) UND (1000) ergibt (0000). Jetzt liegt B außerhalb des Fensters (d.h. sein Code lautet 1000), so dass wir 1 auf 0 setzen, indem wir das Zuschneiden an der Geraden y_{max} = 6 vornehmen. Der resultierende Schnittpunkt ist $I_2(-1\frac{3}{5}; 6)$. Daher wird $\overline{I_2B}$ abgeschnitten. Der Code für I_2 lautet 0000. Das verbleibende Segment $\overline{I_1I_2}$ wird angezeigt, da beide Endpunkte innerhalb des Fensters liegen (d.h., ihre Codes lauten 0000).

Mit dem *Zuschneiden von* $\overline{CD}$ beginnen wir bei D, da dieser Punkt außerhalb des Fensters liegt. Sein Code lautet 1010. Zuerst setzen wir 1 auf 0, indem wir das Clipping an der Geraden y_{max} = 6 vornehmen. Der resultierende Schnittpunkt I_3 liegt bei $(\frac{1}{3}; 6)$ und sein Code lautet 0000. Daher wird $\overline{I_3D}$ abgeschnitten. Beide Endpunkte der verbleibenden Strecke $\overline{I_3D}$ sind mit 0000 kodiert, so dass sie angezeigt wird.

Mit dem *Zuschneiden von* $\overline{GH}$ können wir entweder bei G oder H beginnen, da beide außerhalb des Fensters liegen. Der Code von G lautet 0100, und wir setzen die 1 auf eine 0, indem wir das Clipping an der Geraden y_{min} = 1 vornehmen. Der daraus hervorgehende Schnittpunkt ist $I_4(2\frac{1}{5}; 1)$ und sein Code lautet 0010. Wir schneiden $\overline{GI_4}$ ab und bearbeiten $\overline{I_4H}$. Das Segment $\overline{I_4H}$ wird nicht angezeigt, da (0010) UND (0010) = 0010.

5.10 Schneiden Sie die Strecke $\overline{CD}$ aus Aufgabe 5.6 zu und verwenden Sie dabei das Mittelpunktunterteilungsverfahren.

Lösung:

Die Mittelpunktunterteilung beruht auf wiederholten Halbierungen. Um zu verhindern, dass dieser Vorgang unendlich andauert, nehmen wir an, dass ein Punkt (x_1, y_1) auf einer der Randlinien des Rechtecks liegt, z.B. auf $x = x_{max}$, wenn $-\text{TOL} \le x_1 - x_{max} \le \text{TOL}$. Hierbei ist TOL eine vorgeschriebene Toleranz, eine kleine Zahl, die vor Beginn des Prozesses festgelegt wird.

Um $\overline{CD}$ zuzuschneiden, bestimmen wir, ob sie sich in der Kategorie 3 befindet. Für diese Aufgabe wählen wir willkürlich TOL = 0,1. Wir legen den Mittelpunkt von $\overline{CD}$ auf $M_1(1; 6{,}5)$ fest. Der Code lautet 1000.

Somit wird $\overline{M_1D}$ nicht angezeigt, da (1000) UND (1010) = 1000. Wir fahren mit der Unterteilung von $\overline{CM_1}$ fort, da (0000) UND (1000) = 0000. Der Mittelpunkt von $\overline{CM_1}$ ist $M_2(0; 5{,}75)$, der Code für M_2 lautet 0000. Daher wird $\overline{CM_2}$ angezeigt, da beide Endpunkte den Code 0000 haben und $\overline{M_2M_1}$ zum Zuschneiden in Frage kommt. Der Mittelpunkt von $\overline{M_2M_1}$ ist $M_3(0,5;\ 6,125)$ und sein Code lautet 1000. Daher wird $\overline{M_3M_1}$ abgeschnitten und $\overline{M_2M_3}$ unterteilt. Der Mittelpunkt von $\overline{M_2M_3}$ ist $M_4(0,25;\ 5,9375)$, dessen Code 0000 lautet. Da allerdings $y_1 = 5,9375$ innerhalb der Toleranz 0,1 von der Randlinie $y_{max} = 6$ entfernt liegt, d.h. $6 - 5,9375 = 0,0625 < 0,1$, vereinbaren wir, dass M_4 auf der Randlinie $y_{max} = 6$ liegt. Daher wird $\overline{M_2M_4}$ angezeigt und $\overline{M_4M_3}$ nicht. Somit wird die ursprüngliche Strecke $\overline{CD}$ an M_4 abgeschnitten und der Prozess endet.

5.11 Nehmen Sie an, dass wir bei einer Implementierung des Cohen-Sutherland-Algorithmus die Randlinien in der Reihenfolge oben – unten –rechts – links auswählen, um eine Linie der Kategorie 3 zuzuschneiden. Zeichnen Sie ein Bild, um den aufwändigsten Fall aufzuzeigen, d. h. den mit der größtmöglichen Anzahl von Iterationen.

Lösung:

Siehe Abb. 5.18.

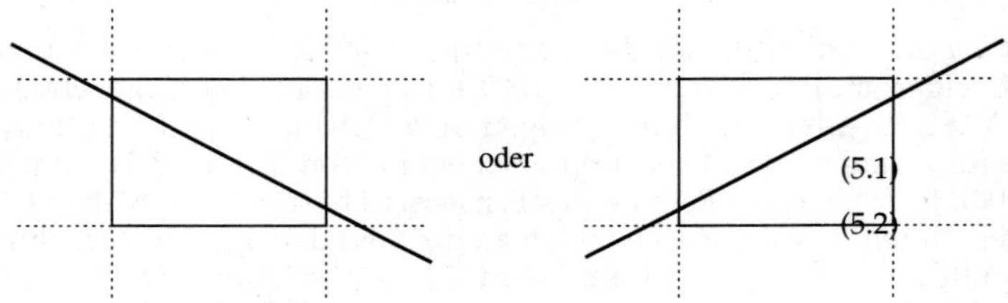

Abb. 5.18

5.12 Verwenden Sie den Liang-Barsky-Algorithmus, um die Linien in Abb. 5.19 zuzuschneiden.

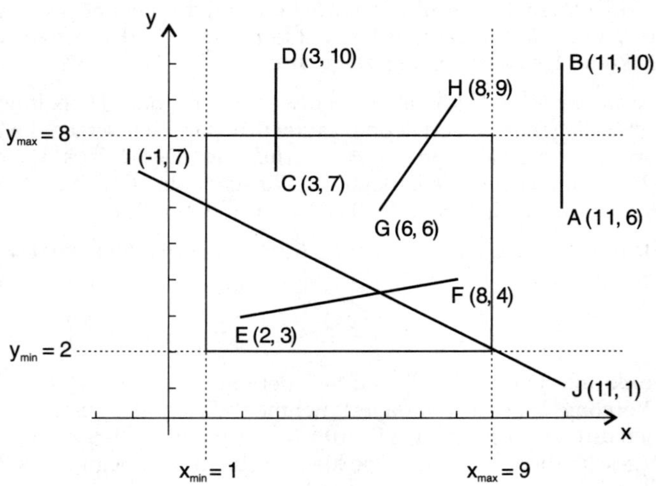

Abb. 5.19

Lösung:

Für die Linie *AB* haben wir

$p_1 = 0$	$q_1 = 10$
$p_2 = 0$	$q_2 = -2$
$p_3 = -4$	$q_3 = 4$
$p_4 = 4$	$q_4 = 2$

Da $p_2 = 0$ und $q_2 < -2$, liegt *AB* vollständig außerhalb des rechten Rands.

Für die Linie *CD* haben wir

$p_1 = 0$	$q_1 = 2$	
$p_2 = 0$	$q_2 = 6$	
$p_3 = -3$	$q_3 = 5$	$r_3 = -\frac{5}{3}$
$p_4 = 3$	$q_4 = 1$	$r_4 = \frac{1}{3}$

Daher ist $u_1 = \max(0; -\frac{5}{3}) = 0$ und $u_2 = \min(1; \frac{1}{3}) = \frac{1}{3}$. Da $u_1 < u_2$, liegen die beiden Endpunkte der zugeschnittenen Linie bei (3; 7) und $(3; 7 + 3(\frac{1}{3})) = (3; 8)$.

Für die Linie *EF* haben wir

$p_1 = -6$	$q_1 = 1$	$r_1 = -\frac{1}{6}$
$p_2 = 6$	$q_2 = 7$	$r_2 = \frac{7}{6}$
$p_3 = -1$	$q_3 = 1$	$r_3 = -\frac{1}{1}$
$p_4 = 1$	$q_4 = 5$	$r_4 = \frac{5}{1}$

Daher ist $u_1 = \max(0; -\frac{1}{6}; -1) = 0$ und $u_2 = \min(1; \frac{7}{6}; 5) = 1$. Da $u_1 = 0$ und $u_2 = 1$, liegt die Linie *EF* vollständig innerhalb des Clippingfensters.

Für die Linie *GH* haben wir

$p_1 = -2$	$q_1 = 5$	$r_1 = -\frac{5}{2}$
$p_2 = 2$	$q_2 = 3$	$r_2 = \frac{3}{2}$
$p_3 = -3$	$q_3 = 4$	$r_3 = -\frac{4}{3}$
$p_4 = 3$	$q_4 = 2$	$r_4 = \frac{2}{3}$

Daher ist $u_1 = \max(0; -\frac{5}{2}; -\frac{4}{3}) = 0$ und $u_2 = \min(1; \frac{3}{2}; \frac{2}{3}) = \frac{2}{3}$. Da $u_1 < u_2$ ist, liegen die beiden Endpunkte der zugeschnittenen Linie bei (6; 6) und $(6 + 2(\frac{2}{3}); 6 + 3(\frac{2}{3})) = (7\frac{1}{3}; 8)$.

Für die Linie *IJ* haben wir

$p_1 = -12$	$q_1 = -2$	$r_1 = -\frac{1}{6}$
$p_2 = 12$	$q_2 = 10$	$r_2 = \frac{5}{6}$
$p_3 = 6$	$q_3 = 5$	$r_3 = -\frac{5}{6}$
$p_4 = -6$	$q_4 = 1$	$r_4 = -\frac{1}{6}$

Daher ist $u_1 = \max(0; \frac{1}{6}; -\frac{1}{6}) = \frac{1}{6}$ und $u_2 = \min(1; \frac{5}{6}; \frac{5}{6}) = \frac{5}{6}$. Da $u_1 < u_2$ ist, liegen die beiden Endpunkte der zugeschnittenen Linie bei $(-1 + 12\,(\frac{1}{6}); 7 + (-6)(\frac{1}{6})) = (1; 6)$ und $(-1 + 12(\frac{5}{6}); 7 + (-6)(\frac{5}{6})) = (9; 2)$.

5.13 Wie können wir feststellen, ob ein Punkt $P(x, y)$ auf der linken oder der rechten Seite einer Strecke liegt, die die Punkte $A(x_1, y_1)$ und $B(x_2, y_2)$ miteinander verbindet?

Lösung:

Schauen Sie sich Abb. 5.20 an. Bilden Sie die Vektoren **AB** und **AP**. Befindet sich der Punkt *P* auf der linken Seite von **AB**, dann zeigt der Vektor **AB** x **AP** aufgrund der Definition des Kreuzprodukts zweier Vektoren (Anhang 2) in die Richtung des Vektors **K**, und zwar senkrecht zur Ebene *xy* (siehe Abb. 5.20). Liegt er auf der rechten Seite, zeigt das Kreuzprodukt in Richtung **-K**. Nun ist

$$\mathbf{AB} = (x_2 - x_1)\mathbf{I} + (y_2 - y_1)\mathbf{J} \qquad \mathbf{AP} = (x - x_1)\mathbf{I} + (y - y_1)\mathbf{J}$$

Somit ergibt sich

$$\mathbf{AB} \times \mathbf{AP} = [(x_2 - x_1)(y - y_1) - (y_2 - y_1)(x - x_1)]\mathbf{K}$$

Dann wird die Richtung des Vektorprodukts durch die folgende Zahl bestimmt:

$$\overline{C} = (x_2 - x_1)(y - y_1) - (y_2 - y_1)(x - x_1)$$

Ist $\overline{C}$ positiv, liegt *P* auf der linken Seite von **AB**. Ist $\overline{C}$ negativ, liegt *P* auf der rechten Seite von **AB**.

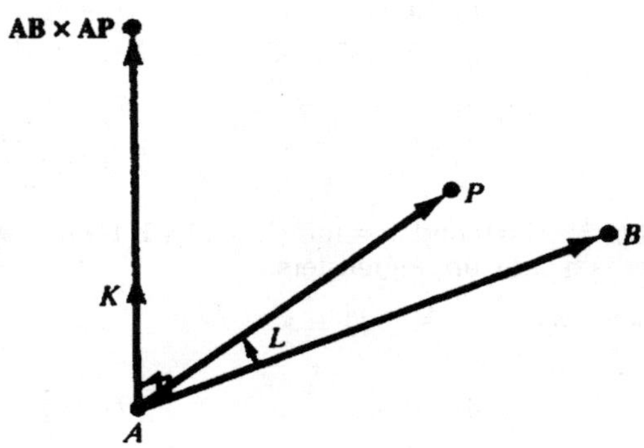

Abb. 5.20

5.14 Zeichnen Sie ein Flussdiagramm, das die Logik des Sutherland-Hodgman-Algorithmus aufzeigt.

Lösung:

Der Algorithmus nimmt die Eckpunkte eines Polygons nacheinander als Eingabe an. Für jeden Eingabeeckpunkt werden entweder null, ein oder zwei Ausgabeeckpunkte erzeugt, was von der Beziehung der Eingabeeckpunkte zur Clippingkante *E* abhängt.

Mit *P* bezeichnen wir den Eingabeeckpunkt, mit *S* den vorherigen Eingabeeckpunkt und mit *F* den ersten eintreffenden Eingabeeckpunkt. Der oder die auszugebenden Eckpunkte werden nach der im Flussdiagramm in Abb. 5.21 dargestellten Logik bestimmt. Denken Sie daran, dass ein Polygon mit *n* Eckpunkten $P_1, P_2, ..., P_n$ über *n* Kanten $\overline{P_1P_2}, ..., \overline{P_{n-1}P_n}$ und die Kante $\overline{P_nP_1}$ verfügt, die das Polygon schließt. Um eine Wiederholung der Eingabe von P_1 als letztem Eingabeeckpunkt (und einen entsprechenden Mechanismus zum Duplizieren des letzten Ausgabeeckpunkts zum Schließen des Polygons) zu vermeiden, wird die im Flussdiagramm aus Abb. 5.22 gezeigte Abschlusslogik nach der Verarbeitung des letzten Eingabeeckpunkts P_n aufgerufen..

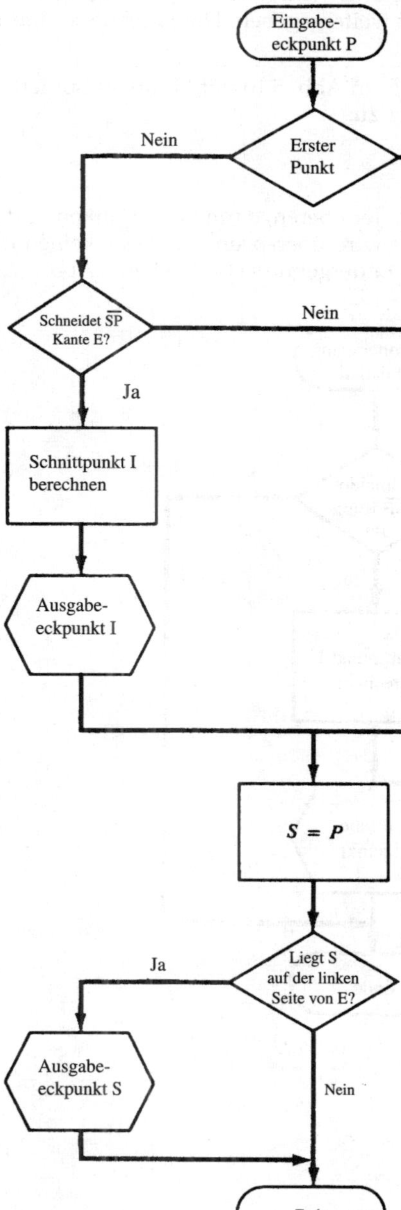

Abb. 5.21

5.15 Schneiden Sie das Polygon $P_1, ..., P_9$ in Abb. 5.23 mit Hilfe des Sutherland-Hodgman-Algorithmus auf das Fenster *ABCD* zu.

Lösung:

In jedem Schritt wird das neue Ausgabepolygon, dessen Eckpunkte durch die Anwendung des Sutherland-Hodgman-Algorithmus (Aufgabe 5.14) festgelegt werden, an die nächste Clippingkante des Fensters *ABCD* weitergegeben. Die Ergebnisse sind in Abb. 5.24 bis 5.27 dargestellt.

5.16 Schneiden Sie das Polygon $P_1, ..., P_8$ in Abb. 5.10 mit Hilfe des Sutherland-Hodgman-Algorithmus auf das rechteckige Fenster zu.

Lösung:

Das Zuschneiden erfolgt zuerst an der oberen, dann an der linken und zuletzt an der unteren Randlinie. Die rechte Randlinie wird übersprungen, da sie keinen Einfluss auf eine Eckpunktliste hat. Die Zwischen- und Endergebnisse finden Sie in Abb. 5.28

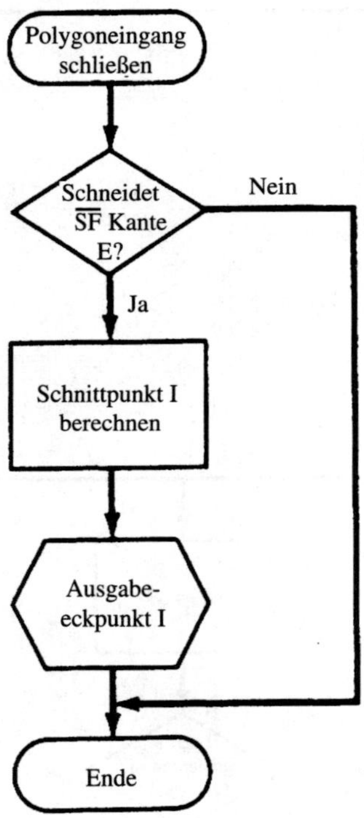

Abb. 5.22

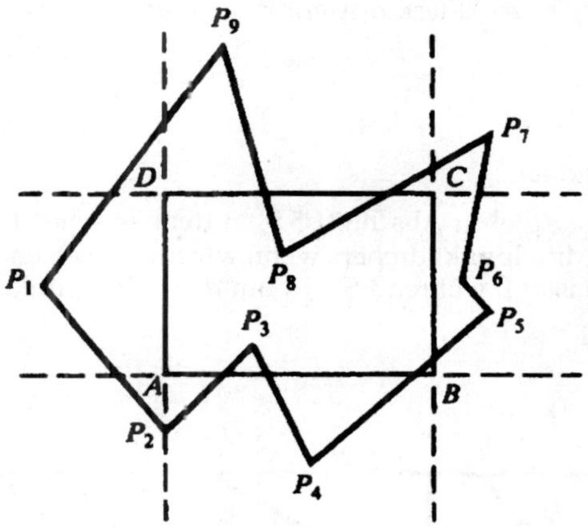

Abb. 5.23

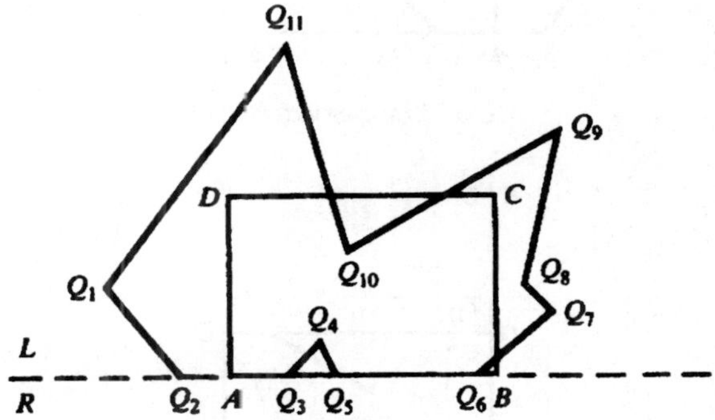

Abb 5.24: Zuschneiden an $\overline{AB}$

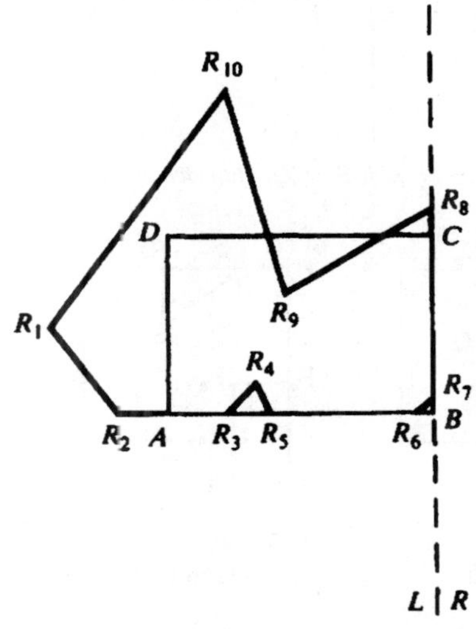

Abb. 5.25: Zuschneiden an $\overline{BC}$

5.17 Verwenden Sie den Weiler-Atherton-Algorithmus, um das Polygon aus Abb. 5.29(*a*) zuzuschneiden.

Lösung:

Siehe Abb. 5.29(*b*) und (*c*).

5.18 Betrachten Sie das Beispiel in Abschnitt 5.5, in dem es scheint, als würde sich das Objekt langsam um seinen Mittelpunkt drehen, wenn wir $\Delta\alpha = 0$ setzen. Wie halten Sie die Ausrichtung des Objekts konstant, während Sie es um den Mittelpunkt der Anzeigefläche rotieren lassen?.

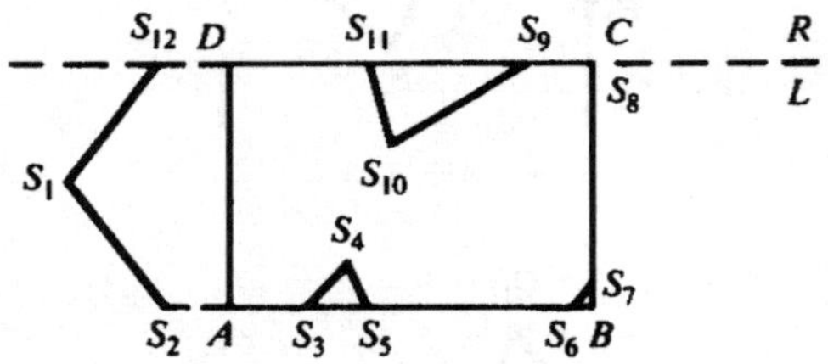

Abb. 5.26:Zuschneiden an $\overline{CD}$

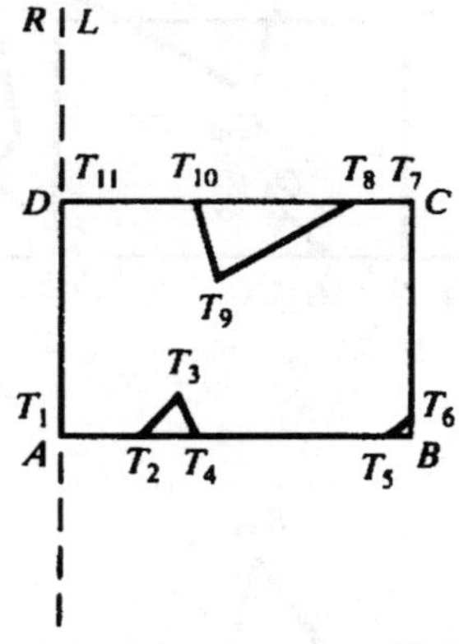

Abb. 5.27:Zuschneiden an $\overline{DA}$

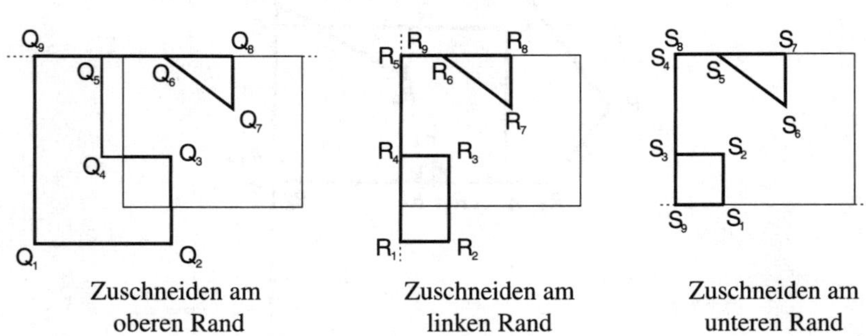

Abb. 5.28

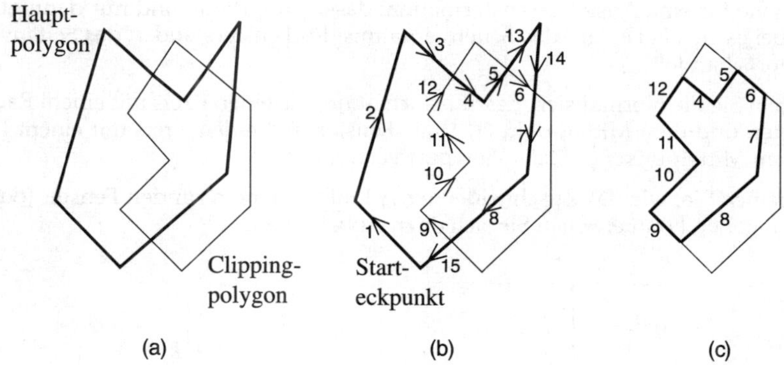

Abb. 5.29

Lösung:

$\Delta\alpha = -\Delta\beta$, d.h. $\alpha = -\beta$

5.19 Wie animiert man mit Hilfe einer Nachschlagetabelle die Flagge in Abb. 5.30(*a*), die in zwei unterschiedlichen Positionen stehen kann?

Lösung:

Siehe Abb. 5.30(*b*). Die Fläche, auf der Position 1 sich mit Position 2 überschneidet, erhält den Eintrag 0 mit der Farbe der Flagge. Der Rest von Position 1 erhält den Eintrag 1 und der von Position 2 den Eintrag 2. Nun brauchen wir nur noch die Einträge 1 und 2 von der Flaggenfarbe in die Hintergrundfarbe zu ändern.

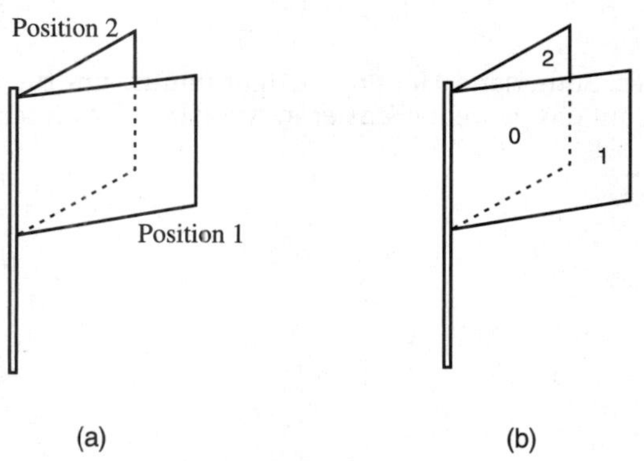

Abb. 5.30

5.7 Weitere Aufgaben

5.20 Bestimmen Sie die Gerätetransformation, die den normalisierten Gerätebildschirm auf ein physischen Gerät abbildet, dessen x-Ausdehnung von 0 bis 199 und dessen y-Ausdehnung von 0 bis 639 reicht, wobei der Ursprung sich (*a*) in der unteren linken Ecke und (*b*) in der oberen linken Ecke des Geräts befindet.

5.21 Zeigen Sie für eine Ansichtstransformation, dass $s_x = s_y$ dann, und nur dann gilt, wenn $a_w = a_v$, wobei es sich bei a_w um das Seitenverhältnis des Fensters und a_v das Seitenverhältnis des Viewports handelt.

5.22 Ermitteln Sie die Normalisierungstransformation, die einen Kreis mit einem Radius von fünf Einheiten und dem Mittelpunkt (1; 1) als Fenster und einen Kreis mit einem Radius von $\frac{1}{2}$ und dem Mittelpunkt $(\frac{1}{2}; \frac{1}{2})$ als Viewport verwendet.

5.23 Beschreiben Sie, wie das Zuschneiden einer Linie an einem runden Fenster (oder Viewport) vor sich gehen könnte. Sehen Sie sich dazu Abb. 5.31 an.

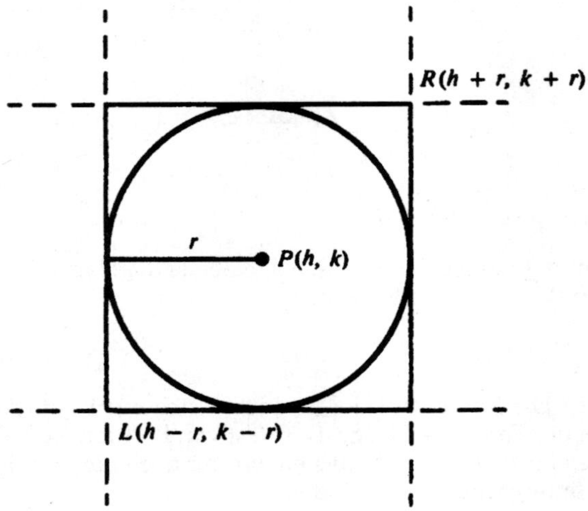

Abb. 5.31

5.24 Verwenden Sie den Sutherland-Hodgman-Algorithmus, um die Strecke, die $P_1(-1; 2)$ mit $P_2(6; 4)$ verbindet, auf das gedrehte Fenster in Aufgabe 5.5 zuzuschneiden.

Dreidimensionale Transformationen

6

Das Bearbeiten, Anzeigen und Aufbauen dreidimensionaler grafischer Bilder erfordert die Anwendung von dreidimensionalen geometrischen sowie Koordinatentransformationen. Sie werden durch Zusammensetzen der Grundtransformationen Translation, Skalierung und Rotation gebildet. Jede dieser Transformationen kann als Matrixtransformation dargestellt werden. Durch die Verwendung einer Matrixmultiplikation oder -verkettung erlaubt diese Vorgehensweise den Aufbau komplexerer Transformationen.

Wie bei den zweidimensionalen Transformationen werden zwei einander ergänzende Blickwinkel eingenommen: Entweder wird das Objekt durch die Verwendung geometrischer Transformationen direkt bearbeitet oder es bleibt fest an seiner Position, während sich das Koordinatensystem des Betrachters mit Hilfe von Koordinatentransformationen ändert. Darüber hinaus wird der Aufbau komplexer Objekte und Szenen durch den Einsatz von Instanztransformationen vereinfacht.

6.1 Geometrische Transformationen

Im Hinblick auf ein dreidimensionales Koordinatensystem betrachtet man ein Objekt *Obj* als Menge aus Punkten.

$$Obj = \{P(x, y, z)\}$$

Wenn das Objekt an eine neue Position verschoben wird, können wir es als neues Objekt *Obj*' betrachten, dessen Koordinatenpunkte $P'(x', y', z')$ durch die Anwendung einer geometrischen Transformation aus den ursprünglichen Koordinatenpunkten $P(x, y, z)$ hervorgehen.

6.1.1 Translation

Ein Objekt wird um einen vorgegebenen Abstand aus seiner ursprünglichen Position in eine bestimmte Richtung verschoben. Die Richtung und der Versatz der Translation werden durch einen Vektor beschrieben:

$$\mathbf{V} = a\mathbf{I} + b\mathbf{J} + c\mathbf{K}$$

Die neuen Koordinaten eines Punkts, an dem eine Translation durchgeführt wurde, kann mit Hilfe der Transformation

$$T_{\mathbf{V}}: \begin{cases} x' = x + a \\ y' = y + b \\ z' = z + c \end{cases}$$

berechnet werden (siehe Abb. 6.1). Um diese Transformation als Matrixtransformation darzustellen, müssen wir homogene Koordinaten verwenden (Anhang 2). Die erforderliche homogene Matrixtransformation kann dann wie folgt ausgedrückt werden:

$$\begin{pmatrix} x' \\ y' \\ z' \\ 1 \end{pmatrix} = \begin{pmatrix} 1 & 0 & 0 & a \\ 0 & 1 & 0 & b \\ 0 & 0 & 1 & c \\ 0 & 0 & 0 & 1 \end{pmatrix} \begin{pmatrix} x \\ y \\ z \\ 1 \end{pmatrix}$$

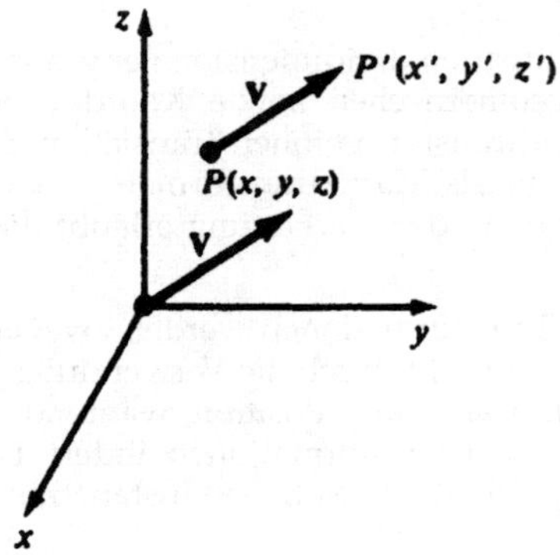

Abb. 6.1

6.1.2 Skalierung

Durch den Skalierungsprozess ändern sich die Maße eines Objekts. Der Skalierungsfaktor s bestimmt, ob es sich bei der Skalierung um eine Vergrößerung, $s > 1$, oder eine Verkleinerung, $s < 1$, handelt.

Die Skalierung relativ zum Ursprung, wobei dieser fest bleibt, erfolgt mit der folgenden Transformation:

$$S_{s_x,s_y,s_z}: \begin{cases} x' = s_x \cdot x \\ y' = s_y \cdot y \\ z' = s_z \cdot z \end{cases}$$

In Form einer Matrix sieht dies wie folgt aus:

$$S_{s_x,s_y,s_z} = \begin{pmatrix} s_x & 0 & 0 \\ 0 & s_y & 0 \\ 0 & 0 & s_z \end{pmatrix}$$

6.1.3 Rotation

Die Rotation in drei Dimension ist wesentlich komplexer als eine Rotation in zwei Dimensionen. Bei zwei Dimensionen wird eine Rotation durch einen Rotationswinkel θ und einen Rotationsmittelpunkt P beschrieben. Dreidimensionale Rotationen erfordern einen vorgeschriebenen Rotationswinkel und eine Rotationsachse. *Kanonische* Rotationen liegen vor, wenn eine der positiven x-, y-

oder z-Koordinatenachsen als Rotationsachse ausgewählt wird. Dann erfolgt der Aufbau der Rotationstransformation wie bei einer zweidimensionalen Rotation um den Ursprung (siehe Abb. 6.2).

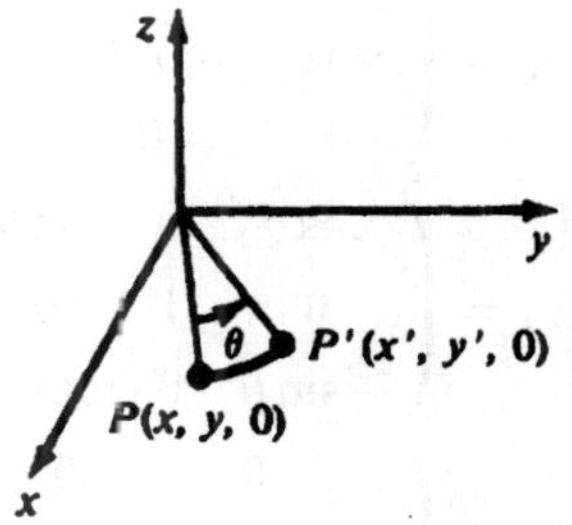

Abb. 6.2

Rotation um die z-Achse

Aus Kap. 4 wissen wir, dass

$$R_{\theta,\mathbf{K}}: \begin{cases} x' = x\cos\theta - y\sin\theta \\ y' = x\sin\theta + y\cos\theta \\ z' = z \end{cases}$$

Rotation um die y-Achse

Eine analoge Herleitung führt zu

$$R_{\theta,\mathbf{J}}: \begin{cases} x' = x\cos\theta + z\sin\theta \\ y' = y \\ z' = -x\sin\theta + z\cos\theta \end{cases}$$

Rotation um die x-Achse

Ähnlich verhält es sich bei

$$R_{\theta,\mathbf{I}}: \begin{cases} x' = x \\ y' = y\cos\theta - z\sin\theta \\ z' = y\sin\theta + z\cos\theta \end{cases}$$

Bitte beachten Sie, dass die Richtung eines positiven Rotationswinkels nach der Rechte-Hand-Regel relativ zur Rotationsachse bestimmt wird (Anhang 2).

Die entsprechenden Matrixtransformationen lauten

$$R_{\theta,\mathbf{K}} = \begin{pmatrix} \cos\theta & -\sin\theta & 0 \\ \sin\theta & \cos\theta & 0 \\ 0 & 0 & 1 \end{pmatrix}$$

$$R_{\theta,\mathbf{J}} = \begin{pmatrix} \cos\theta & 0 & \sin\theta \\ 0 & 1 & 0 \\ -\sin\theta & 0 & \cos\theta \end{pmatrix}$$

$$R_{\theta,\mathbf{I}} = \begin{pmatrix} 1 & 0 & 0 \\ 0 & \cos\theta & -\sin\theta \\ 0 & \sin\theta & \cos\theta \end{pmatrix}$$

Die allgemeine Rotation um eine Achse L kann aus diesen kanonischen Rotationen mit Hilfe der Matrizenmultiplikation hergeleitet werden (Aufgabe 6.3).

6.2 Koordinatentransformationen

Translations-, Skalierungs- und Rotationseffekte können wir auch erzielen, indem wir den Beobachter, der das Objekt betrachtet, verschieben und das Objekt an seinem festen Standort belassen. Diese Art der Transformation nennt man *Koordinatentransformation*. Zuerst ordnen wir dem Beobachter ein Koordinatensystem zu und verschieben dann beide. Anschließend berechnen wir die Koordinaten des beobachteten Objekts in diesem Beobachterkoordinatensystem. Die neuen Koordinatenwerte entsprechen genau den Werten, die sich ergeben hätten, wenn wir anstelle des Beobachters das Objekt verschoben, also eine geometrische Transformation vorgenommen hätten (siehe Abb. 6.3).

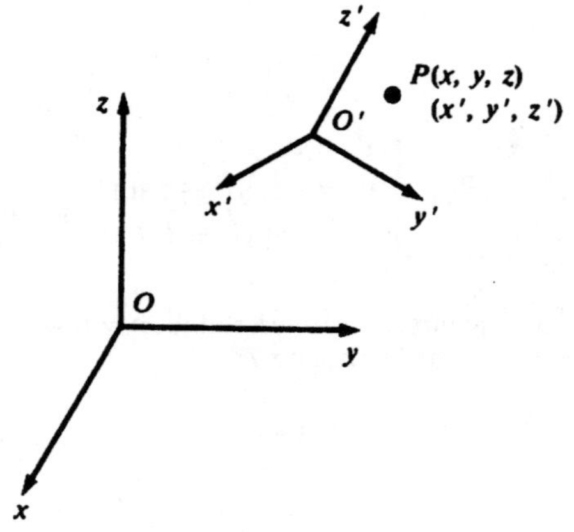

Abb. 6.3

Wird die Verschiebung des Beobachterkoordinatensystems an eine neue Position durch einen Vektor $\mathbf{V} = a\mathbf{I} + b\mathbf{J} + c\mathbf{K}$ vorgegeben, hat ein Punkt $P(x, y, z)$ aus dem ursprünglichen Koordinatensystem im neuen Koordinatensystem die Koordinaten $P'(x', y', z')$ und

$$\bar{T}_{\mathbf{V}}: \begin{cases} x' = x - a \\ y' = y - b \\ z' = z - c \end{cases}$$

Die Herleitung dieser Transformation erfolgt völlig analog zur zweidimensionalen Transformation (siehe Kap. 4).

Ähnliche Herleitungen gelten für Koordinatenskalierungs- und Koordinatenrotationstransformationen.

Wie im zweidimensionalen Fall fassen wir auch hier die Beziehungen zwischen den Matrixformen der Koordinatentransformationen und der geometrischen Transformationen zusammen:

	Koordinatentransformationen	**Geometrische Transformationen**
Translation	$\bar{T}_v$	T_{-v}
Rotation	$\bar{R}_\theta$	$R_{-\theta}$
Skalierung	$\bar{S}_{s_x,s_y,s_z}$	$S_{1/s_x,1/s_y,1/s_z}$

Inverse geometrische Transformationen und Koordinatentransformationen werden durch eine Umkehroperation gebildet. Daher gilt für Koordinatentransformationen (und entsprechend für geometrische Transformationen):

$$\bar{T}_{\mathbf{V}}^{-1} = \bar{T}_{-\mathbf{V}} \qquad \bar{R}_\theta^{-1} = \bar{R}_{-\theta} \qquad \bar{S}_{s_x,s_y,s_z}^{-1} = \bar{S}_{1/x_x,1/s_y,1/s_z}$$

6.3 Verkettete Transformationen

Komplexere geometrische und Koordinatentransformationen werden durch die *Zusammensetzung von Funktionen* gebildet. Bei Matrixfunktionen entspricht der Zusammensetzungsprozess jedoch der Matrizenmultiplikation oder -verkettung. In den Aufgaben 6.2, 6.3, 6.5 und 6.13 werden folgende Transformationen gebildet:

1. $A_{V,N}$ = Ausrichten eines Vektors **V** an einem Vektor **N**.
2. $R_{\theta,L}$ = Rotation um eine Achse L. Diese Achse wird durch die Angabe eines Richtungsvektors **V** und eines Punkts P bestimmt, durch den die Achse verläuft.
3. $S_{s_x,s_y,s_z,P}$ = Skalierung relativ zu einem beliebigen Punkt P.

Um diese komplexeren Transformationen durch Matrizenverkettung aufzubauen, müssen wir in der Lage sein, Translationsmatrizen mit Rotations- und Skalierungsmatrizen zu multiplizieren. Dies erfordert den Einsatz von homogenen Koordinaten und 4 × 4-Matrizen (Anhang 2). Die standardmäßigen Rotations- und Skalierungsmatrizen mit einer Größe von 3 × 3 können als homogene 4 × 4-Matrizen dargestellt werden, indem man ihnen eine zusätzliche Zeile und Spalte anfügt:

$$\begin{pmatrix} a & b & c & 0 \\ d & e & f & 0 \\ g & h & i & 0 \\ 0 & 0 & 0 & 1 \end{pmatrix}$$

Diese Transformationen werden dann auf die Punkte $P(x, y, z)$ angewendet, die die folgende homogene Form haben:

$$\begin{pmatrix} x \\ y \\ z \\ 1 \end{pmatrix}$$

Beispiel 1. Die Matrix für die Rotation um die y-Achse weist eine homogene Form der Größe 4 × 4 auf:

$$R_{\theta,\mathbf{J}} = \begin{pmatrix} \cos\theta & 0 & \sin\theta & 0 \\ 0 & 1 & 0 & 0 \\ -\sin\theta & 0 & \cos\theta & 0 \\ 0 & 0 & 0 & 1 \end{pmatrix}$$

6.4 Instanztransformationen

Wird ein Objekt erstellt und in Koordinaten relativ zu seinem eigenen Objektkoordinatenraum beschrieben, können wir mit Hilfe dreidimensionaler Koordinatentransformationen eine Instanz oder Kopie innerhalb einer größeren Szene positionieren, die in einem unabhängigen Koordinatenraum beschrieben wird. In diesem Fall werden die Transformationen als *Instanztransformationen* bezeichnet. Das Prinzip und der Aufbau dreidimensionaler Instanztransformationen und der verketteten Transformationsmatrizen entsprechen genau den in Kap. 4 beschriebenen Fällen im zweidimensionalen Raum.

6.5 Aufgaben mit Lösungen

6.1 Definieren Sie das *Kippen* als Rotation um die x-Achse, gefolgt von einer Rotation um die y-Achse. (a) Ermitteln Sie die Kippmatrix. (*b*) Spielt die Reihenfolge der Rotationen eine Rolle?

Lösung:

a. Wir können die erforderliche Transformation T bestimmen, indem wir zwei Rotationsmatrizen zusammensetzen (verketten):

$$T = R_{\theta_y,\mathbf{J}} \cdot R_{\theta_x,\mathbf{I}}$$

$$= \begin{pmatrix} \cos\theta_y & 0 & \sin\theta_y & 0 \\ 0 & 1 & 0 & 0 \\ -\sin\theta_y & 0 & \cos\theta_y & 0 \\ 0 & 0 & 0 & 1 \end{pmatrix} \begin{pmatrix} 1 & 0 & 0 & 0 \\ 0 & \cos\theta_x & -\sin\theta_x & 0 \\ 0 & \sin\theta_x & \cos\theta_x & 0 \\ 0 & 0 & 0 & 1 \end{pmatrix}$$

$$= \begin{pmatrix} \cos\theta_y & \sin\theta_y\sin\theta_x & \sin\theta_y\cos\theta_x & 0 \\ 0 & \cos\theta_x & -\sin\theta_x & 0 \\ -\sin\theta_y & \cos\theta_y\sin\theta_x & \cos\theta_y\cos\theta_x & 0 \\ 0 & 0 & 0 & 1 \end{pmatrix}$$

b. Wir multiplizieren $R_{\theta_x,\mathbf{I}} \cdot R_{\theta_y,\mathbf{J}}$, um die Matrix zu bestimmen:

$$\begin{pmatrix} \cos\theta_y & 0 & \sin\theta_y & 0 \\ \sin\theta_x\sin\theta_y & \cos\theta_x & -\sin\theta_x\cos\theta_y & 0 \\ -\cos\theta_x\sin\theta_y & \sin\theta_x & \cos\theta_x\cos\theta_y & 0 \\ 0 & 0 & 0 & 1 \end{pmatrix}$$

Dabei handelt es sich nicht um dieselbe Matrix wie in Teil *a*, weshalb die Rotationsreihenfolge eine Rolle spielt.

6.2 Ermitteln Sie eine Transformation A_v, die einen gegebenen Vektor **V** am Vektor **K** entlang der positiven z-Achse ausrichtet.

Lösung:

Siehe Abb. 6.4(*a*). Sei $\mathbf{V} = a\mathbf{I} + b\mathbf{J} + c\mathbf{K}$. Wir nehmen die Ausrichtung mit Hilfe der folgenden Transformationssequenz vor [Abb 6.4(*b*) und 6.4(*c*)]:

1. Führen Sie eine Rotation um den Winkel θ_1 um die x-Achse so durch, dass **V** in die obere Hälfte der Ebene xz gedreht wird (als Vektor $\mathbf{V}_1$).
2. Drehen Sie den Vektor $\mathbf{V}_1$ um den Winkel $-\theta_2$ um die y-Achse, so dass $\mathbf{V}_1$ zur positiven z-Achse gedreht wird (als Vektor $\mathbf{V}_2$).

Bei der Implementierung des Schritts 1 in Abb. 6.4(b) stellen wir fest, dass wir den erforderlichen Rotationswinkel θ_1 ermitteln können, indem wir uns die Projektion von **V** auf die Ebene yz ansehen. (Wir nehmen an, dass b und c nicht beide gleich null sind.) Aus dem Dreieck $OP'B$ ergibt sich:

$$\sin\theta_1 = \frac{b}{\sqrt{b^2 + c^2}} \qquad \cos\theta_1 = \frac{c}{\sqrt{b^2 + c^2}}$$

Die erforderliche Rotation sieht wie folgt aus:

$$R_{\theta_1,\mathbf{I}} = \begin{pmatrix} 1 & 0 & 0 & 0 \\ 0 & \dfrac{c}{\sqrt{b^2+c^2}} & -\dfrac{b}{\sqrt{b^2+c^2}} & 0 \\ 0 & \dfrac{b}{\sqrt{b^2+c^2}} & \dfrac{c}{\sqrt{b^2+c^2}} & 0 \\ 0 & 0 & 0 & 1 \end{pmatrix}$$

Durch die Anwendung der Rotation auf den Vektor **V** wird der Vektor $\mathbf{V}_1$ mit den Komponenten $(a, 0, \sqrt{b^2+c^2})$ gebildet.

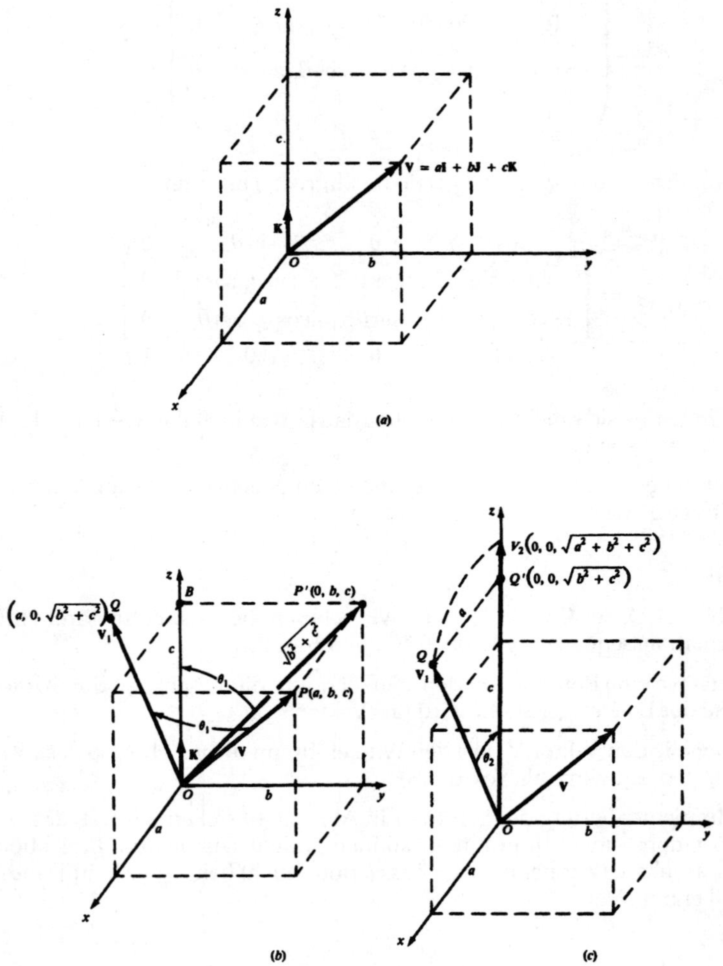

Abb. 6.4

Bei der Implementierung von Schritt 2 in Abb. 6.4(*c*) sehen wir, dass eine Rotation um $-\theta_2$ erforderlich ist, und so ergibt sich aus dem Dreieck *OQQ'*:

$$\sin(-\theta_2) = -\sin\theta_2 = -\frac{a}{\sqrt{a^2+b^2+c^2}} \qquad \text{und} \qquad \cos(-\theta_2) = \cos\theta_2 = \frac{\sqrt{b^2+c^2}}{\sqrt{a^2+b^2+c^2}}$$

Dann ist

$$R_{-\theta_2,\mathbf{J}} = \begin{pmatrix} \frac{\sqrt{b^2+c^2}}{\sqrt{a^2+b^2+c^2}} & 0 & \frac{-a}{\sqrt{a^2+b^2+c^2}} & 0 \\ 0 & 1 & 0 & 0 \\ \frac{a}{\sqrt{a^2+b^2+c^2}} & 0 & \frac{\sqrt{b^2+c^2}}{\sqrt{a^2+b^2+c^2}} & 0 \\ 0 & 0 & 0 & 1 \end{pmatrix}$$

Daher ist $|\mathbf{V}| = \sqrt{a^2+b^2+c^2}$, und mit der Schreibweise $\lambda = \sqrt{b^2+c^2}$ erhalten wir

$$A_{\mathbf{V}} = R_{-\theta_2,\mathbf{J}} \cdot R_{\theta_1,\mathbf{I}}$$

$$= \begin{pmatrix} \frac{\lambda}{|\mathbf{V}|} & \frac{-ab}{\lambda|\mathbf{V}|} & \frac{-ac}{\lambda|\mathbf{V}|} & 0 \\ 0 & \frac{c}{\lambda} & \frac{-b}{\lambda} & 0 \\ \frac{a}{|\mathbf{V}|} & \frac{b}{|\mathbf{V}|} & \frac{c}{|\mathbf{V}|} & 0 \\ 0 & 0 & 0 & 1 \end{pmatrix}$$

Wenn sowohl *b* als auch *c* den Wert null haben, dann ist $\mathbf{V} = a\mathbf{I}$ und somit $\lambda = 0$. In diesem Fall ist nur eine Rotation um ±90° um die *y*-Achse erforderlich. Wenn $\lambda = 0$ ist, folgt

$$A_{\mathbf{v}} = R_{-\theta_2,\mathbf{J}} = \begin{pmatrix} 0 & 0 & \frac{-a}{|a|} & 0 \\ 0 & 1 & 0 & 0 \\ \frac{a}{|a|} & 0 & 0 & 0 \\ 0 & 0 & 0 & 1 \end{pmatrix}$$

In der gleichen Weise berechnen wir die inverse Transformation, die den Vektor **K** am Vektor **V** ausrichtet:

$$A_{\mathbf{V}}^{-1} = (R_{-\theta_2,\mathbf{J}} \cdot R_{\theta_1,\mathbf{I}})^{-1} = R_{\theta_1,\mathbf{I}}^{-1} \cdot R_{-\theta_2,\mathbf{J}}^{-1} = R_{-\theta_1,\mathbf{I}} \cdot R_{\theta_2,\mathbf{J}}$$

$$= \begin{pmatrix} \dfrac{\lambda}{|\mathbf{V}|} & 0 & \dfrac{a}{|\mathbf{V}|} & 0 \\ \dfrac{-ab}{\lambda|\mathbf{V}|} & \dfrac{c}{\lambda} & \dfrac{b}{|\mathbf{V}|} & 0 \\ \dfrac{-ac}{\lambda|\mathbf{V}|} & -\dfrac{b}{\lambda} & \dfrac{c}{|\mathbf{V}|} & 0 \\ 0 & 0 & 0 & 1 \end{pmatrix}$$

6.3 Sei L eine Rotationsachse, die durch einen Richtungsvektor V und einen Lagepunkt P festgelegt ist. Ermitteln Sie die Transformation für eine Rotation um den Winkel θ um die Gerade L. Beziehen Sie sich dabei auf Abb. 6.5.

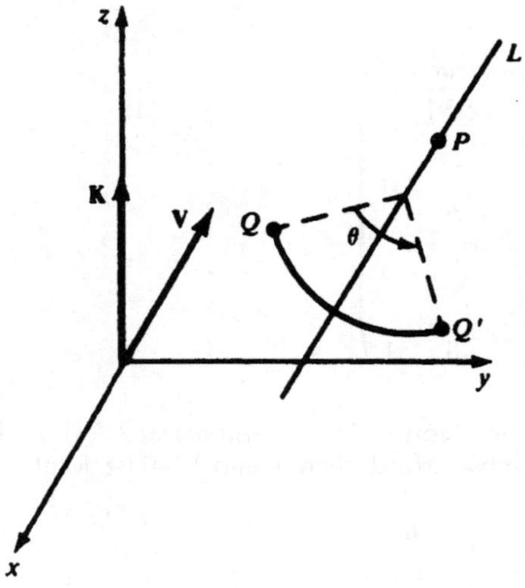

Abb. 6.5

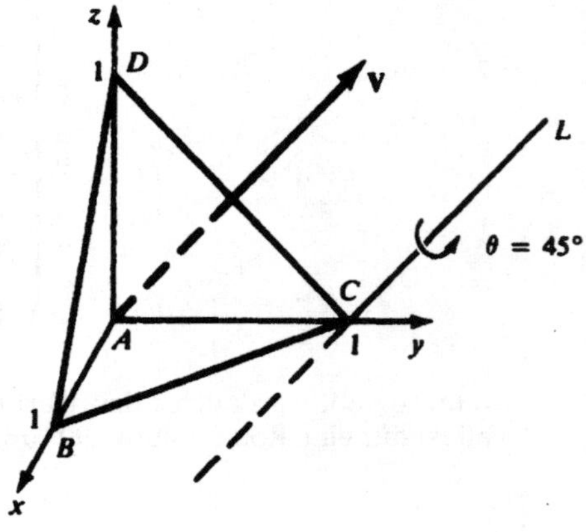

Abb. 6.6

Lösung:

Wir können die erforderliche Transformation durch folgende Schritte ermitteln:

1. Verschieben Sie P in den Ursprung.
2. Richten Sie **V** am Vektor **K** aus.
3. Führen Sie eine Rotation um den Winkel θ um **K** durch.
4. Kehren Sie die Schritte 2 und 1 um.

Somit ergibt sich:

$$R_{\theta,L} = T_{-P}^{-1} \cdot A_{\mathbf{V}}^{-1} \cdot R_{\theta,\mathbf{K}} \cdot A_{\mathbf{V}} \cdot T_{-P}$$

Hier stellt A_v die in Aufgabe 6.2 beschriebene Transformation dar.

6.4 Die durch die Koordinaten $A(0; 0; 0)$, $B(1; 0; 0)$, $C(0; 1; 0)$ und $D(0; 0; 1)$ definierte Pyramide wird um 45° um die Gerade L gedreht, deren Richtung $\mathbf{V} = \mathbf{J} + \mathbf{K}$ entspricht und die und durch den Punkt $C(0; 1; 0)$ verläuft (Abb. 6.6). Ermitteln Sie die Koordinaten der gedrehten Figur.

Lösung:

Nach Aufgabe 6.3 kann die Rotationsmatrix $R_{\theta,L}$ durch die Verkettung der Matrizen wie folgt bestimmt werden:

$$R_{\theta,L} = T_{-P}^{-1} \cdot A_{\mathbf{V}}^{-1} \cdot R_{\theta,\mathbf{K}} \cdot A_{\mathbf{V}} \cdot T_{-P}$$

Mit $P = (0; 1; 0)$ ergibt sich somit:

$$T_{-P} = \begin{pmatrix} 1 & 0 & 0 & 0 \\ 0 & 1 & 0 & -1 \\ 0 & 0 & 1 & 0 \\ 0 & 0 & 0 & 1 \end{pmatrix}$$

Nun ist $\mathbf{V} = \mathbf{J} + \mathbf{K}$. Nach Aufgabe 6.2 bestimmen wir mit $a = 0$, $b = 1$, $c = 1$ daher $\lambda = \sqrt{2}$, $|\mathbf{V}| = \sqrt{2}$ und

$$A_{\mathbf{V}} = \begin{pmatrix} 1 & 0 & 0 & 0 \\ 0 & \frac{1}{\sqrt{2}} & \frac{-1}{\sqrt{2}} & 0 \\ 0 & \frac{1}{\sqrt{2}} & \frac{1}{\sqrt{2}} & 0 \\ 0 & 0 & 0 & 1 \end{pmatrix} \qquad A_{\mathbf{V}}^{-1} = \begin{pmatrix} 1 & 0 & 0 & 0 \\ 0 & \frac{1}{\sqrt{2}} & \frac{1}{\sqrt{2}} & 0 \\ 0 & \frac{-1}{\sqrt{2}} & \frac{1}{\sqrt{2}} & 0 \\ 0 & 0 & 0 & 1 \end{pmatrix}$$

Daher ergibt sich

$$R_{45°,\mathbf{K}} = \begin{pmatrix} \frac{1}{\sqrt{2}} & \frac{-1}{\sqrt{2}} & 0 & 0 \\ \frac{1}{\sqrt{2}} & \frac{1}{\sqrt{2}} & 0 & 0 \\ 0 & 0 & 1 & 0 \\ 0 & 0 & 0 & 1 \end{pmatrix} \qquad T_{-P}^{-1} = \begin{pmatrix} 1 & 0 & 0 & 0 \\ 0 & 1 & 0 & 1 \\ 0 & 0 & 1 & 0 \\ 0 & 0 & 0 & 1 \end{pmatrix}$$

und anschließend

$$R_{\theta,L} = \begin{pmatrix} \frac{\sqrt{2}}{2} & -\frac{1}{2} & \frac{1}{2} & \frac{1}{2} \\ \frac{1}{2} & \frac{2+\sqrt{2}}{4} & \frac{2-\sqrt{2}}{4} & \frac{2-\sqrt{2}}{4} \\ -\frac{1}{2} & \frac{2-\sqrt{2}}{4} & \frac{2+\sqrt{2}}{4} & \frac{\sqrt{2}-2}{4} \\ 0 & 0 & 0 & 1 \end{pmatrix}$$

Um die Koordinaten der gedrehten Figur zu ermitteln, wenden wir die Rotationsmatrix $R_{\theta,L}$ auf die Matrix der homogenen Koordinaten der Eckpunkte A, B, C und D an:

$$C = (ABCD) = \begin{pmatrix} 0 & 1 & 0 & 0 \\ 0 & 0 & 1 & 0 \\ 0 & 0 & 0 & 1 \\ 1 & 1 & 1 & 1 \end{pmatrix}$$

Somit ergibt sich

$$R_{\theta,L} \cdot C = \begin{pmatrix} \frac{1}{2} & \frac{1+\sqrt{2}}{2} & 0 & 1 \\ \frac{2-\sqrt{2}}{4} & \frac{4-\sqrt{2}}{4} & 1 & \frac{2-\sqrt{2}}{2} \\ \frac{\sqrt{2}-2}{4} & \frac{\sqrt{2}-4}{4} & 0 & \frac{\sqrt{2}}{2} \\ 1 & 1 & 1 & 1 \end{pmatrix}$$

Die Koordinaten nach der Rotation lauten wie folgt (siehe Abb. 6.7):

$$A' = \left(\frac{1}{2}, \frac{2-\sqrt{2}}{4}, \frac{\sqrt{2}-2}{4}\right) \qquad C' = (0, 1, 0)$$

$$B' = \left(\frac{1+\sqrt{2}}{2}, \frac{4-\sqrt{2}}{4}, \frac{\sqrt{2}-4}{4}\right) \qquad D' = \left(1, \frac{2-\sqrt{2}}{2}, \frac{\sqrt{2}}{2}\right)$$

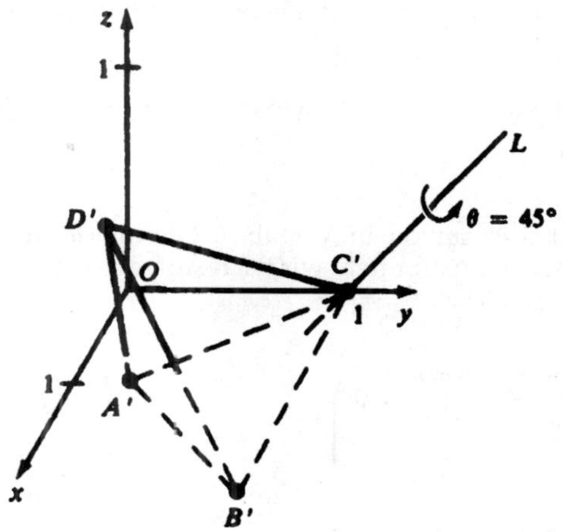

Abb. 6.7

6.5 Bestimmen Sie eine Transformation $A_{V,N}$, die einen Vektor **V** an einem Vektor **N** ausrichtet.

Lösung:

Wir bilden die Transformation in zwei Schritten. Zuerst richten Sie **V** an Vektor **K** und anschließend Vektor **K** an Vektor **N** aus. Somit ergibt sich in Anlehnung an Aufgabe 6.2, dass

$$\mathbf{A}_{V,N} = \mathbf{A}_N^{-1} \cdot \mathbf{A}_V$$

Nach Aufgabe 6.12 können wir $\mathbf{A}_{V,N}$ auch ermitteln, indem wir **V** in Richtung **N** um die Achse **V** × **N** drehen.

6.6 Bestimmen Sie die Transformation für die Spiegelung an der *xy*-Ebene.

Lösung:

Aus Abb. 6.8 ist leicht zu entnehmen, dass die Spiegelung von $P(x, y, z)$ den Punkt $P'(x, y, -z)$ ergibt. Die Transformation, die diese Spiegelung ausführt, lautet

$$M = \begin{pmatrix} 1 & 0 & 0 \\ 0 & 1 & 0 \\ 0 & 0 & -1 \end{pmatrix}$$

6.7 Bestimmen Sie die Transformation für die Spiegelung an einer gegebenen Ebene. Sehen Sie sich dazu die Abb. 6.9 an.

Lösung:

Sei die Spiegelebene durch einen Normalvektor **N** und einen Referenzpunkt $P_0(x_0, y_0, z_0)$ festgelegt. Um die Reflexion auf eine Spiegelung relativ zur Ebene *xy* zu reduzieren, gehen Sie wie folgt vor:

1. Verschieben Sie P_0 in den Ursprung.
2. Richten Sie den Normalvektor **N** mit dem Vektor **K** senkrecht zur *xy*-Ebene aus.

3. Führen Sie die Spiegelung an der xy-Ebene durch (Aufgabe 6.6).
4. Kehren Sie die Schritte 1 und 2 um.

Somit ergibt sich mit einem Translationsvektor $\mathbf{V} = -x_0\mathbf{I} - y_0\mathbf{J} - z_0\mathbf{K}$:

$$M_{N,P_O} = T_V^{-1} \cdot A_N^{-1} \cdot M \cdot A_N \cdot T_V$$

Hier handelt es sich bei A_N um die in Aufgabe 6.2 definierte Ausrichtungsmatrix. Wenn Vektor $\mathbf{N} = n_1\mathbf{I} + n_2\mathbf{J} + n_3\mathbf{K}$, dann ermitteln wir nach Aufgabe 6.2 mit $|\mathbf{N}| = \sqrt{n_1^2 + n_2^2 + n_3^2}$ und $\lambda = \sqrt{n_2^2 + n_3^2}$ W Folgendes:

$$A_\mathbf{N} = \begin{pmatrix} \frac{\lambda}{|\mathbf{N}|} & \frac{-n_1 n_2}{\lambda|\mathbf{N}|} & \frac{-n_1 n_3}{\lambda|\mathbf{N}|} & 0 \\ 0 & \frac{n_3}{\lambda} & \frac{-n_2}{\lambda} & 0 \\ \frac{n_1}{|\mathbf{N}|} & \frac{n_2}{|\mathbf{N}|} & \frac{n_3}{|\mathbf{N}|} & 0 \\ 0 & 0 & 0 & 1 \end{pmatrix} \quad \text{und} \quad A_\mathbf{N}^{-1} = \begin{pmatrix} \frac{\lambda}{|\mathbf{N}|} & 0 & \frac{n_1}{|\mathbf{N}|} & 0 \\ \frac{-n_1 n_2}{\lambda|\mathbf{N}|} & \frac{n_3}{\lambda} & \frac{n_2}{|\mathbf{N}|} & 0 \\ \frac{-n_1 n_3}{\lambda|\mathbf{N}|} & \frac{-n_2}{\lambda} & \frac{n_3}{|\mathbf{N}|} & 0 \\ 0 & 0 & 0 & 1 \end{pmatrix}$$

Darüber hinaus ist

$$T_\mathbf{V} = \begin{pmatrix} 1 & 0 & 0 & -x_0 \\ 0 & 1 & 0 & -y_0 \\ 0 & 0 & 1 & -z_0 \\ 0 & 0 & 0 & 1 \end{pmatrix} \quad \text{und} \quad T_\mathbf{V}^{-1} = \begin{pmatrix} 1 & 0 & 0 & x_0 \\ 0 & 1 & 0 & y_0 \\ 0 & 0 & 1 & z_0 \\ 0 & 0 & 0 & 1 \end{pmatrix}$$

Schließlich lautet die homogene Form von M laut Aufgabe 6.6 wie folgt:

$$M = \begin{pmatrix} 1 & 0 & 0 & 0 \\ 0 & 1 & 0 & 0 \\ 0 & 0 & -1 & 0 \\ 0 & 0 & 0 & 1 \end{pmatrix}$$

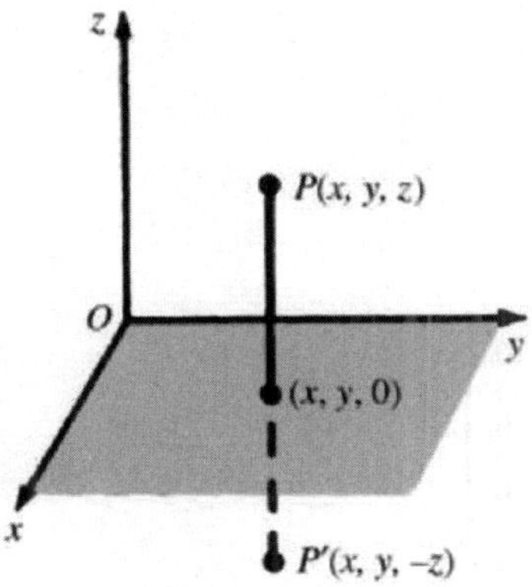

Abb. 6.8

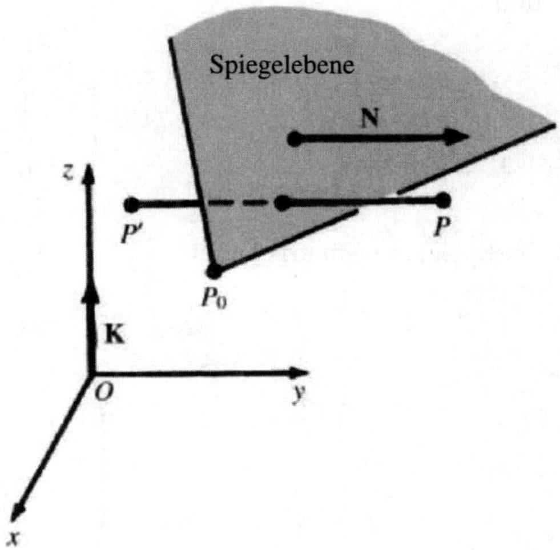

Abb. 6.9

6.8 Bestimmen Sie die Matrix für die Spiegelung an der Ebene, die durch den Ursprung verläuft und über einen Normalvektor mit der Richtung **N** = **I** + **J** + **K** verfügt.

Lösung:

Nach Aufgabe 6.7 bestimmen wir mit $P_0(0; 0; 0)$ und $\mathbf{N} = \mathbf{I} + \mathbf{J} + \mathbf{K}$ die Werte $|\mathbf{N}| = \sqrt{3}$ und $\lambda = \sqrt{2}$. Dann ergibt sich

$$T_{\mathbf{V}} = \begin{pmatrix} 1 & 0 & 0 & 0 \\ 0 & 1 & 0 & 0 \\ 0 & 0 & 1 & 0 \\ 0 & 0 & 0 & 1 \end{pmatrix} \qquad (\mathbf{V} = 0\mathbf{I} + 0\mathbf{J} + 0\mathbf{K}) \qquad T_{\mathbf{V}}^{-1} = \begin{pmatrix} 1 & 0 & 0 & 0 \\ 0 & 1 & 0 & 0 \\ 0 & 0 & 1 & 0 \\ 0 & 0 & 0 & 1 \end{pmatrix}$$

$$A_{\mathbf{N}} = \begin{pmatrix} \frac{\sqrt{2}}{\sqrt{3}} & \frac{-1}{\sqrt{2}\sqrt{3}} & \frac{-1}{\sqrt{2}\sqrt{3}} & 0 \\ 0 & \frac{1}{\sqrt{2}} & \frac{-1}{\sqrt{2}} & 0 \\ \frac{1}{\sqrt{3}} & \frac{1}{\sqrt{3}} & \frac{1}{\sqrt{3}} & 0 \\ 0 & 0 & 0 & 1 \end{pmatrix} \qquad A_{\mathbf{N}}^{-1} = \begin{pmatrix} \frac{\sqrt{2}}{\sqrt{3}} & 0 & \frac{1}{\sqrt{3}} & 0 \\ \frac{-1}{\sqrt{2}\sqrt{3}} & \frac{1}{\sqrt{2}} & \frac{1}{\sqrt{3}} & 0 \\ \frac{-1}{\sqrt{2}\sqrt{3}} & \frac{-1}{\sqrt{2}} & \frac{-1}{\sqrt{3}} & 0 \\ 0 & 0 & 0 & 1 \end{pmatrix}$$

und

$$M = \begin{pmatrix} 1 & 0 & 0 & 0 \\ 0 & 1 & 0 & 0 \\ 0 & 0 & -1 & 0 \\ 0 & 0 & 0 & 1 \end{pmatrix}$$

Die Spiegelungsmatrix lautet

$$M_{\mathbf{N},O} = T_{\mathbf{V}}^{-1} \cdot A_{\mathbf{N}}^{-1} \cdot M \cdot A_{\mathbf{N}} \cdot T_{\mathbf{V}}$$

$$= \begin{pmatrix} \frac{1}{3} & -\frac{2}{3} & -\frac{2}{3} & 0 \\ -\frac{2}{3} & \frac{1}{3} & -\frac{2}{3} & 0 \\ -\frac{2}{3} & -\frac{2}{3} & \frac{1}{3} & 0 \\ 0 & 0 & 0 & 1 \end{pmatrix}$$

6.6 Weitere Aufgaben

6.9 Richten Sie den Vektor $\mathbf{V} = \mathbf{I} + \mathbf{J} + \mathbf{K}$ am Vektor $\mathbf{K}$ aus.

6.10 Bestimmen Sie eine Transformation, die den Vektor $\mathbf{V} = \mathbf{I} + \mathbf{J} + \mathbf{K}$ am Vektor $\mathbf{N} = 2\mathbf{I} - \mathbf{J} - \mathbf{K}$ ausrichtet.

6.11 Zeigen Sie, dass die Ausrichtungstransformation der Beziehung $A_v^{-1} = A_v^T$ entspricht.

6.12 Zeigen Sie, dass die Ausrichtungstransformation $A_{V,N}$ einer Rotation um den Winkel θ um eine Achse entspricht, die in Richtung des Vektors $\mathbf{V} \times \mathbf{N}$ durch den Ursprung verläuft (siehe Abb. 6.10). Hier ist θ der Winkel zwischen den Vektoren $\mathbf{V}$ und $\mathbf{N}$.

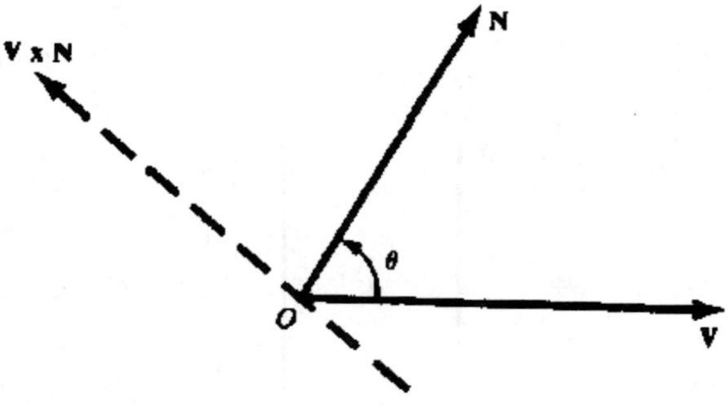

Abb. 6.10

6.13 Wie kann die Skalierung relativ zu einem Punkt $P_0(x_0, y_0, z_0)$ in Form einer Skalierung relativ zum Ursprung definiert werden?

Mathematische Grundlagen der Projektion

7

Es bedarf keiner Erwähnung, dass zwischen der echten dreidimensionalen Welt und ihrer bildlichen Darstellung grundlegende Unterschiede bestehen. Jahrzehntelang haben Künstler, Ingenieure, Designer, Zeichner und Architekten versucht, die Schwierigkeiten und Einschränkungen bei der Darstellung dreidimensionaler Objekte in einem zweidimensionalen Medium – der *Projektion* – zu bewältigen. Die Entwickler von Computergrafiksystemen stehen vor derselben Herausforderung.

Projektion kann man als Abbildung eines Punkts $P\ (x, y, z)$ auf ein Bild $P'\ (x', y', z')$ in der Projektionsebene oder Ansichtsebene definieren, die die Anzeigeoberfläche bildet (siehe Abb. 7.1). Die Abbildung wird durch eine Gerade festgelegt, die man als *Projektionsstrahl* bezeichnet. Sie verläuft durch P und schneidet die Ansichtsebene.

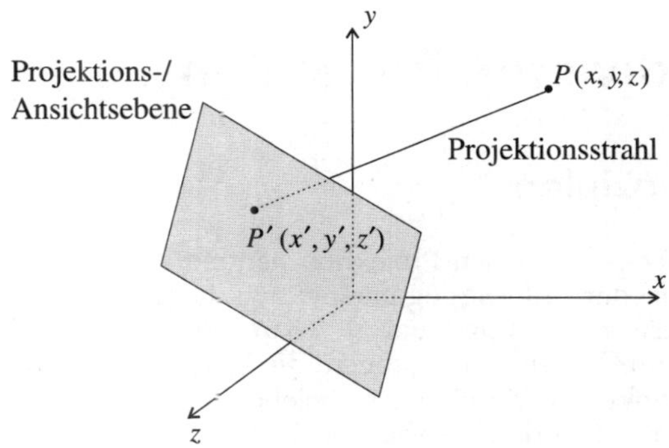

Abb. 7.1: Die Projektion

Das Ergebnis der Projektion eines Objekts hängt von der räumlichen Beziehung zwischen den Projektionsstrahlen, die die Punkte des Objekts abbilden, und den räumlichen Beziehungen zwischen den Projektionsstrahlen und der Ansichtsebene ab (siehe Abschnitt 7.1). Eine wichtige Beobachtung besteht darin, dass die Projektion streckentreu ist. Das heißt, dass die Strecke, die die projizierten Endpunkte der ursprünglichen Strecke verbindet, dieselbe ist wie die Projektion dieser Strecke.

Die beiden Grundmethoden der Projektion – perspektivisch und parallel – können jeweils eine der beiden grundlegenden, aber sich gegenseitig ausschließenden Aufgaben der bildlichen Darstellung zu lösen: ein Objekt so darzustellen, wie es erscheint, und seine wahre Größe und Form zu bewahren. Wir schildern die einzelnen Methoden und stellen die mathematischen Beschreibungen des Projektionsprozesses in den Abschnitten 7.2 bzw. 7.3 vor.

7.1 Einteilung der Projektionsarten

Je nach gewünschtem Ergebnis können wir verschiedene Projektionen konstruieren.

Abbildung 7.2 zeigt eine Einteilung der perspektivischen und parallelen Projektionsfamilien. Einige Projektionsarten haben Namen – Kavalier-, Kabinett-, isometrische Projektion usw. Andere Projektionsarten kennzeichnen den Haupttyp der Projektion – eine Hauptfluchtpunktperspektive usw.

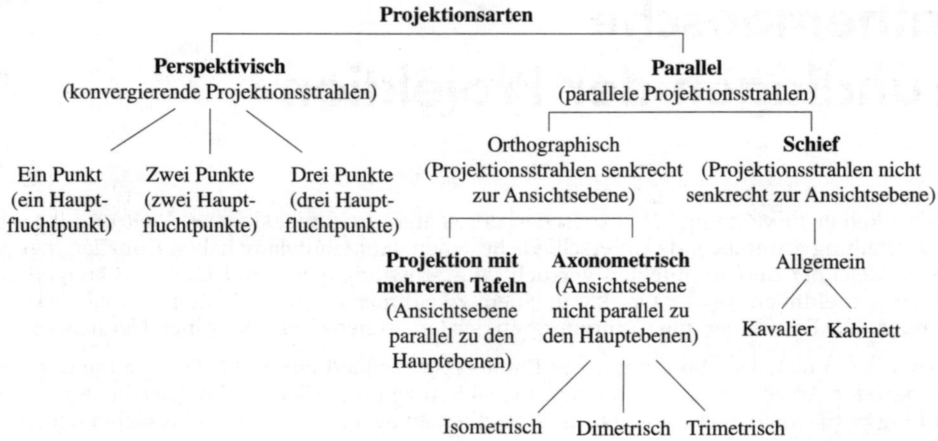

Abb. 7.2: Einteilung der Projektionsarten

7.2 Perspektivische Projektion

7.2.1 Grundprinzipien

Bei den Methoden der perspektivischen Projektion handelt es sich um Verallgemeinerungen der Prinzipien, die Künstler bei der Anfertigung perspektivischer Zeichnungen von dreidimensionalen Objekten und Szenen verwenden. Das Auge des Künstlers befindet sich im *Projektionszentrum,* und die Leinwand oder, um es genauer zu sagen, die Ebene, die die Leinwand enthält, wird zur Ansichtsebene. Ein Bildpunkt wird durch einen Projektionsstrahl bestimmt, der von einem Objektpunkt zum Projektionszentrum verläuft (siehe Abb. 7.3).

Perspektivische Zeichnungen sind durch perspektivische Verkürzungen und Fluchtpunkte gekennzeichnet. Bei der *perspektivischen Verkürzung* handelt es sich um die Illusion, dass Objekte und Längen mit zunehmendem Abstand vom Projektionszentrum kleiner erscheinen. Die Illusion, dass bestimmte Gruppen paralleler Geraden sich an einem bestimmten Punkt zu treffen scheinen, ist eine weitere Eigenschaft perspektivischer Zeichnungen. Diese Punkte bezeichnet man als *Fluchtpunkte. Hauptfluchtpunkte* werden durch die sichtbaren Schnittpunkte von Geraden gebildet, die parallel zu einer der drei Hauptachsen x, y oder z verlaufen. Die Anzahl der Hauptfluchtpunkte ergibt sich aus der Anzahl der Hauptachsen, die von der Ansichtsebene geschnitten werden (Aufgabe 7.7).

7.2.2 Mathematische Beschreibung einer perspektivischen Projektion

Eine perspektivische Transformation wird durch die Vorgabe eines Projektionszentrums und einer Ansichtsebene bestimmt. Die Ansichtsebene wird durch ihren Ansichtsbezugspunkt R_0 und die Ansichtsebenennormale N festgelegt. Der Objektpunkt P befindet sich, in Weltkoordinaten ausgedrückt, im Punkt (x, y, z). Die Aufgabe lautet, die *Bildpunktkoordinaten* $P'(x', y', z')$ zu ermitteln (siehe Abb. 7.3).

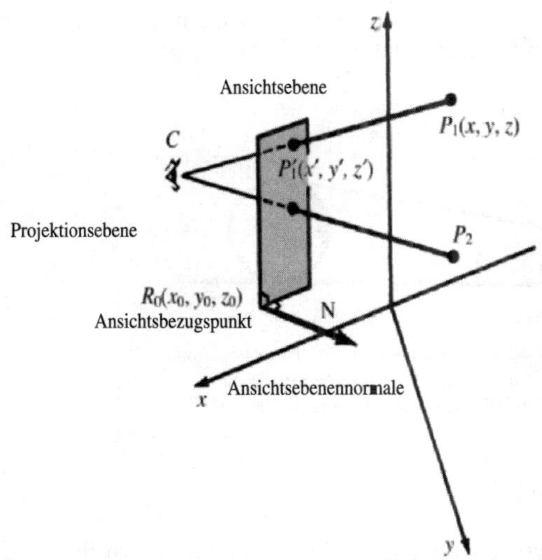

Abb. 7.3

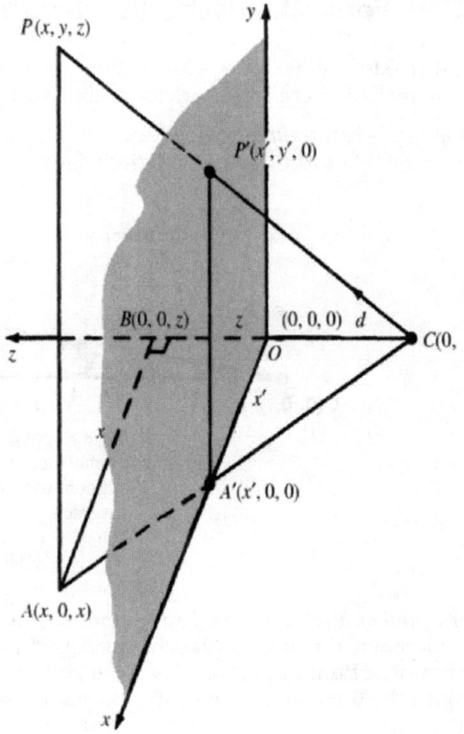

Abb. 7.4

Beispiel 1. Die standardmäßige perspektivische Projektion ist in Abb. 7.4 dargestellt. Hier ist die xy-Ebene die Ansichtsebene, und als Projektionszentrum wird der Punkt $C(0, 0, -d)$ auf der negativen z-Achse genommen.

Unter Verwendung der ähnlichen Dreiecke ABC und $A'OC$ ermitteln wir

$$x' = \frac{d \cdot x}{z + d} \qquad y' = \frac{d \cdot y}{z + d} \qquad z' = 0$$

Die perspektivische Transformation zwischen Objekt und Bildpunkt verläuft nicht linear und kann daher nicht als 3 × 3-Matrixtransformation dargestellt werden. Verwenden wir dagegen homogene Koordinaten, kann sie in Form einer 4 × 4-Matrix dargestellt werden:

$$\begin{pmatrix} x' \\ y' \\ z' \\ 1 \end{pmatrix} = \begin{pmatrix} d \cdot x \\ d \cdot y \\ 0 \\ z + d \end{pmatrix} = \begin{pmatrix} d & 0 & 0 & 0 \\ 0 & d & 0 & 0 \\ 0 & 0 & 0 & 0 \\ 0 & 0 & 1 & d \end{pmatrix} \begin{pmatrix} x \\ y \\ z \\ 1 \end{pmatrix}$$

Die allgemeine Form einer perspektivischen Transformation wird in Aufgabe 7.5 entwickelt.

7.2.3 Perspektivische Verzerrung

Die Konstruktion einer perspektivischen Ansicht bringt gewisse Verzerrungen mit sich, die ihr zwar eine realistischere Tiefe verleihen, aber auch die tatsächlichen Größen und Formen verzerren.

1. *Perspektivische Verkürzung.* Je weiter ein Objekt vom Projektionszentrum entfernt ist, desto kleiner erscheint es (d.h., seine projizierte Größe wird kleiner – siehe hierzu Abb. 7.5).

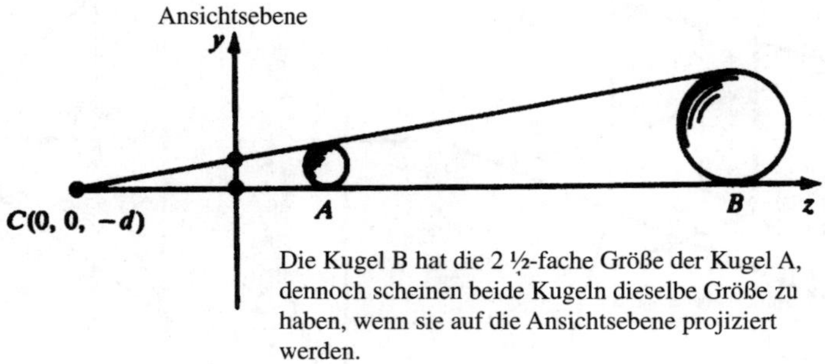

Abb. 7.5

2. *Fluchtpunkte.* Projektionen von Geraden, die nicht parallel zur Ansichtsebene verlaufen (d.h. von Geraden, die nicht senkrecht zur Ansichtsebenennormale verlaufen) scheinen sich an einem bestimmten Punkt der Ansichtsebene zu treffen. Eine häufige Erscheinungsform dieser Verzerrung ist die Illusion, dass Eisenbahnschienen sich an einem bestimmten Punkt am Horizont treffen.

Beispiel 2. Bei der standardmäßigen perspektivischen Projektion scheinen sich die Projektionen L_1' und L_2' der Parallelen L_1 und L_2, die in Richtung des Vektors **K** verlaufen, am Horizont zu treffen (Aufgabe 7.8); siehe hierzu Abb. 7.6.

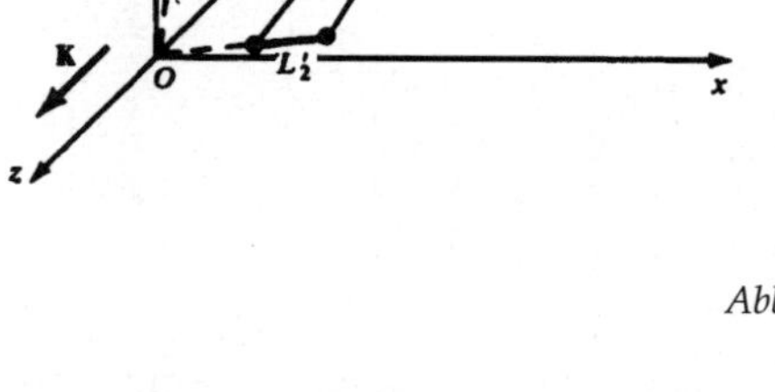

Abb. 7.6

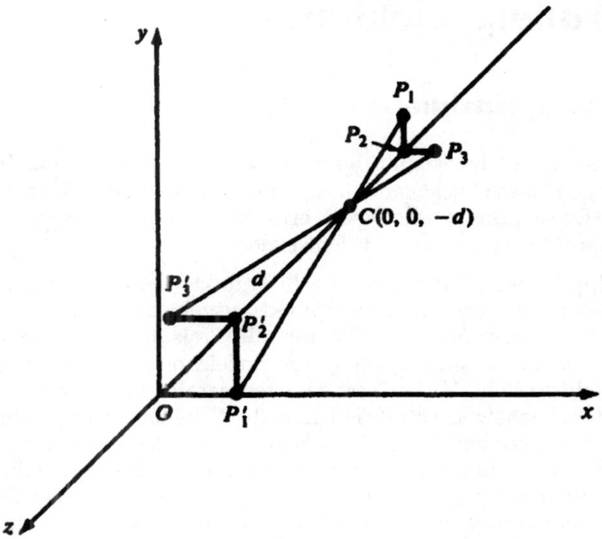

Abb. 7.7

1. *Ansichtskonfusion.* Hinter dem Projektionszentrum liegende Objekte werden auf dem Kopf und rückwärts auf die Ansichtsebene projiziert; siehe hierzu Abb. 7.7.
2. *Topologische Verzerrung.* Betrachten Sie die Ebene, die durch das Projektionszentrum verläuft und parallel zur Ansichtsebene liegt. Die Punkte dieser Ebene werden von der perspektivischen Transformation ins Unendliche projiziert. Insbesondere wird eine begrenzte Strecke, die einen vor dem Betrachter liegenden Punkt mit einem hinter dem Betrachter liegenden Punkt verbindet, auf eine unendliche gestrichelte Gerade projiziert (Aufgabe 7.2); siehe Abb. 7.8.

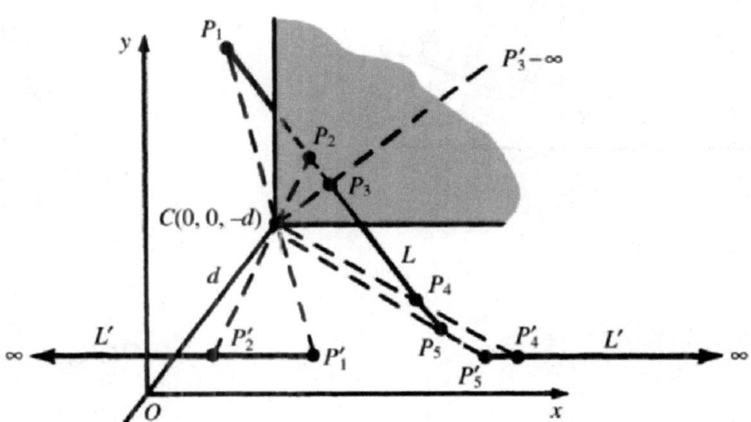

Die Punkte P der Strecke L werden durch C auf die Punkte P' der Geraden L' in der Ansichtsebene xy projiziert
P_3 wird ins Unendliche projiziert

Abb. 7.8

7.3 Parallelprojektion

7.3.1 Grundprinzipien

Die Methoden der Parallelprojektion werden oft von Zeichnern und Ingenieuren eingesetzt, um Arbeitszeichnungen eines Objekts anzufertigen und dabei dessen Maßstab und Form zu bewahren. Die vollständige Darstellung dieser Details erfordert häufig zwei oder mehrere Ansichten (Projektionen) des Objekts auf verschiedene Ansichtsebenen.

Bei der Parallelprojektion findet man die Bildpunkte als Schnittpunkte der Ansichtsebene mit einem Projektionsstrahl, der vom Objektpunkt ausgeht und eine feste Richtung aufweist (siehe Abb. 7.9). Die *Projektionsrichtung* ist die für alle Projektionsstrahlen vorgeschriebene Richtung. *Orthographische Projektionen* sind dadurch gekennzeichnet, dass die Projektionsrichtung senkrecht auf der Ansichtsebene steht. Verläuft sie dagegen parallel zu einer der Hauptachsen, ergeben sich daraus die Vorderansicht, die Draufsicht und die Seitenansichten technischer Zeichnungen (was man auch als *Zeichnungen mit mehreren Tafeln* oder *Ansichten* bezeichnet). Bei axonometrischen *Projektionen* handelt es sich um orthographische Projektionen, bei denen die Projektionsrichtung nicht parallel zu einer der drei Hauptachsen verläuft. Nicht orthographische Parallelprojektionen werden auch als schiefe Parallelprojektionen bezeichnet. Weitere Unterkategorien dieser Hauptarten paralleler Projektionen werden in den Aufgaben beschrieben. (Siehe auch Abb. 7.10.)

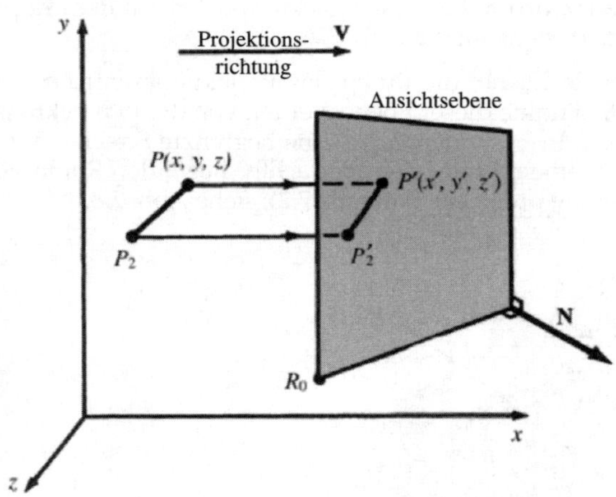

Abb. 7.9

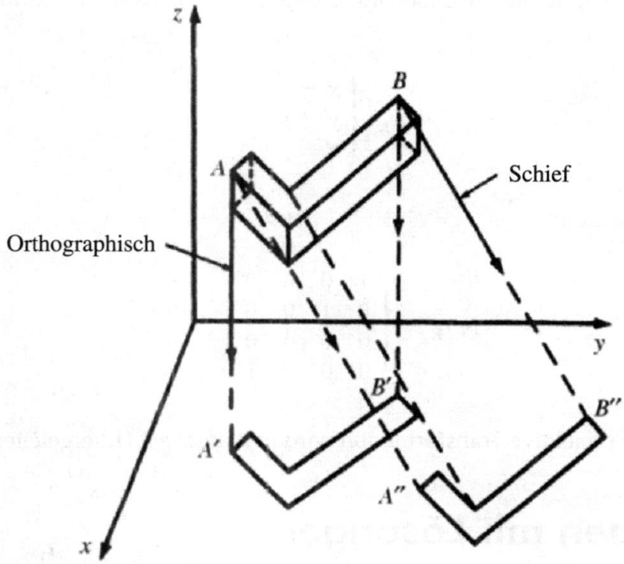

Abb. 7.10

7.3.2 Mathematische Beschreibung einer Parallelprojektion

Eine *parallele projektive Transformation* wird durch die Vorgaben einer Richtung des Projektionsvektors **V** und einer Ansichtsebene festgelegt. Die Ansichtsebene wird durch ihren Bezugspunkt R_0 und die Ansichtsebenennormale N angegeben. Der Objektpunkt P befindet sich an den Weltkoordinaten (x, y, z). Aufgabe ist die Ermittlung der Bildpunktkoordinaten $P'(x', y' z')$; siehe Abb. 7.9.

Wenn der Projektionsvektor **V** die Richtung der Ansichtsebenennormale **N** hat, wird die Projektion als *orthographisch* bezeichnet. Andernfalls nennt man sie *schief* (siehe Abb. 7.10).

Häufig anzutreffende Unterkategorien orthographischer Projektionen sind:

1. *Isometrisch* – Die Projektionsrichtung bildet gleiche Winkel mit allen drei Hauptachsen (Aufgabe 7.14).
2. *Dimetrisch* – Die Projektionsrichtung bildet gleiche Winkel mit genau zwei Hauptachsen (Aufgabe 7.15).
3. *Trimetrisch* – Die Projektionsrichtung bildet ungleiche Winkel mit den drei Hauptachsen (Aufgabe 7.16).

Zu den gebräuchlichen Unterkategorien schiefer Projektionen gehören:

1. *Kavalierprojektion* – Die Projektionsrichtung wird so gewählt, dass keine Verkürzung der senkrecht zur *xy*-Ebene verlaufenden Strecken erfolgt (Aufgabe 7.13).
2. *Kabinettprojektion* – Die Projektionsrichtung wird so gewählt, dass senkrecht zur *xy*-Ebene verlaufende Strecken auf ihre halbe Länge verkürzt werden (Aufgabe 7.13).

Beispiel 3. Für die orthographische Projektion auf die *xy*-Ebene ist aus der Abbildung 7.11 leicht zu entnehmen, dass

$$Par_{\mathbf{K}}\colon \begin{cases} x' = x \\ y' = y \\ z' = 0 \end{cases}$$

Die Matrixform von $Par_{\mathbf{K}}$ lautet

$$Par_{\mathbf{K}} = \begin{pmatrix} 1 & 0 & 0 & 0 \\ 0 & 1 & 0 & 0 \\ 0 & 0 & 0 & 0 \\ 0 & 0 & 0 & 1 \end{pmatrix}$$

Die allgemeine parallele projektive Transformation wird in Aufgabe 7.11 hergeleitet.

7.4 Aufgaben mit Lösungen

7.1 Der Einheitswürfel (Abb. 7.12) wird auf die *xy*-Ebene projiziert. Bitte beachten Sie die Position der *x*-, *y*- und *z*-Achse. Zeichnen Sie das projizierte Bild mit Hilfe der standardmäßigen perspektivischen Transformation mit (*a*) $d = 1$ und (*b*) $d = 10$, wobei es sich bei d um den Abstand von der Ansichtsebene handelt.

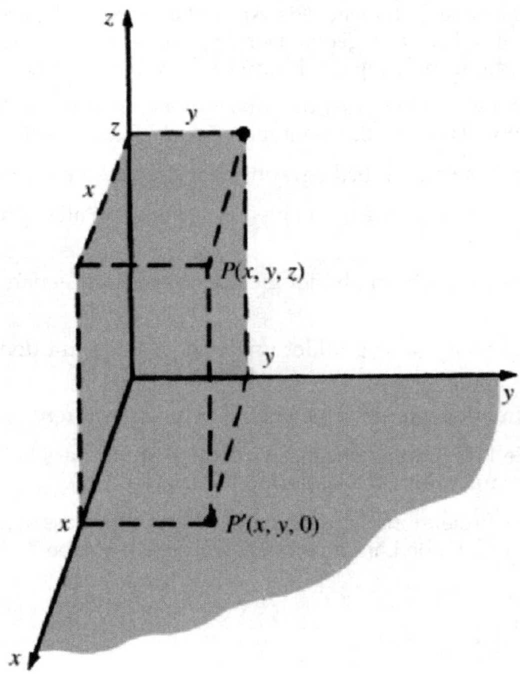

Abb. 7.11

Lösung:

Wir stellen den Einheitswürfel in Form der homogenen Koordinaten seiner Eckpunkte dar:

$$\mathbf{V} = (ABCDEFGH) = \begin{pmatrix} 0 & 1 & 1 & 0 & 0 & 0 & 1 & 1 \\ 0 & 0 & 1 & 1 & 1 & 0 & 0 & 1 \\ 0 & 0 & 0 & 0 & 1 & 1 & 1 & 1 \\ 1 & 1 & 1 & 1 & 1 & 1 & 1 & 1 \end{pmatrix}$$

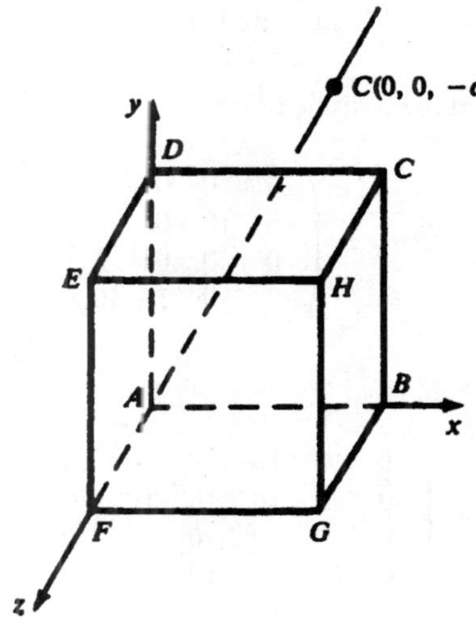

Abb. 7.12

Aus Beispiel 1 entnehmen wir die standardmäßige perspektivische Matrix

$$Per_{\mathbf{K}} = \begin{pmatrix} d & 0 & 0 & 0 \\ 0 & d & 0 & 0 \\ 0 & 0 & 0 & 0 \\ 0 & 0 & 1 & d \end{pmatrix}$$

a. Bei $d = 1$ werden die projizierten Koordinaten ermittelt, indem man die Matrix $Per_{\mathbf{K}}$ auf die Matrix **V** der Koordinaten anwendet. Dann ist

$$Per_{\mathbf{K}} \cdot \mathbf{V} = \begin{pmatrix} 0 & 1 & 1 & 0 & 0 & 0 & 1 & 1 \\ 0 & 0 & 1 & 1 & 1 & 0 & 0 & 1 \\ 0 & 0 & 0 & 0 & 0 & 0 & 0 & 0 \\ 1 & 1 & 1 & 1 & 2 & 2 & 2 & 2 \end{pmatrix}$$

Ändert man diese homogenen Koordinaten in dreidimensionale, hat das projizierte Bild die folgenden Koordinaten:

$$\begin{array}{ll} A' = (0, 0, 0) & E' = (0, \frac{1}{2}, 0) \\ B' = (1, 0, 0) & F' = (0, 0, 0) \\ C' = (1, 1, 0) & G' = (\frac{1}{2}, 0, 0) \\ D' = (0, 1, 0) & H' = (\frac{1}{2}, \frac{1}{2}, 0) \end{array}$$

Wir zeichnen das projizierte Bild, indem wir die Kantenverbindungen des ursprünglichen Objekts beibehalten (siehe Abb. 7.13). Bitte beachten Sie, dass der Fluchtpunkt bei (0; 0; 0) liegt.

b. Bei $d = 10$ lautet die perspektivische Matrix:

$$Per_{\mathbf{K}} = \begin{pmatrix} 10 & 0 & 0 & 0 \\ 0 & 10 & 0 & 0 \\ 0 & 0 & 0 & 0 \\ 0 & 0 & 1 & 10 \end{pmatrix}$$

Dann entspricht

$$Per_{\mathbf{K}} \cdot \mathbf{V} = \begin{pmatrix} 0 & 10 & 10 & 0 & 0 & 0 & 10 & 10 \\ 0 & 0 & 10 & 10 & 10 & 0 & 0 & 10 \\ 0 & 0 & 0 & 0 & 0 & 0 & 0 & 0 \\ 10 & 10 & 10 & 10 & 11 & 11 & 11 & 11 \end{pmatrix}$$

den Bildkoordinaten der Matrix in homogener Form. Die projizierten Bildkoordinaten lauten dann

$$\begin{array}{ll} A' = (0; 0; 0) & E' = (0; \frac{10}{11}; 0) \\ B' = (1; 0; 0) & F' = (0; 0; 0) \\ C' = (1; 1; 0) & G' = (\frac{10}{11}; 0; 0) \\ D' = (0; 1; 0) & H' = (\frac{10}{11}; \frac{10}{11}; 0) \end{array}$$

Bitte beachten Sie die unterschiedlichen Perspektiven der Fläche $E'F'G'H'$ in den Abbildungen 7.13 und 7.14. Für einen Betrachter, der im Projektionszentrum (0, 0, -d) steht, handelt es sich dabei um die hintere Fläche des Einheitswürfels.

7.2 Wie sieht bei einer standardmäßigen perspektivischen Transformation $Per_{\mathbf{K}}$ das projizierte Bild von (*a*) einem Punkt in der Ebene $z = -d$ und (*b*) der Strecke, die P_1 (-1, 1, -2d) mit P_2(2, -2, 0) verbindet, aus? (Siehe Abb. 7.15.)

Lösung:

a. Die Ebene $z = -d$ ist die Ebene, die parallel zur xy-Ansichtsebene durch Projektionszentrum C(0, 0, -d) verläuft. Wenn $P(x, y, -d)$ ein beliebiger Punkt in dieser Ebene ist, schneidet die Projektionsgerade $\overline{CP}$ die xy-Ansichtsebene nicht. Wir können sagen, dass P ins Unendliche (∞) projiziert wird.

b. Die Strecke $\overline{P_1P_2}$ durchquert die Ebene $z = -d$. Beim Schreiben der Geradengleichung (Anhang 2) ergibt sich:

$$x = -1 + 3t \qquad y = 1 - 3t \qquad z = -2d + 2dt$$

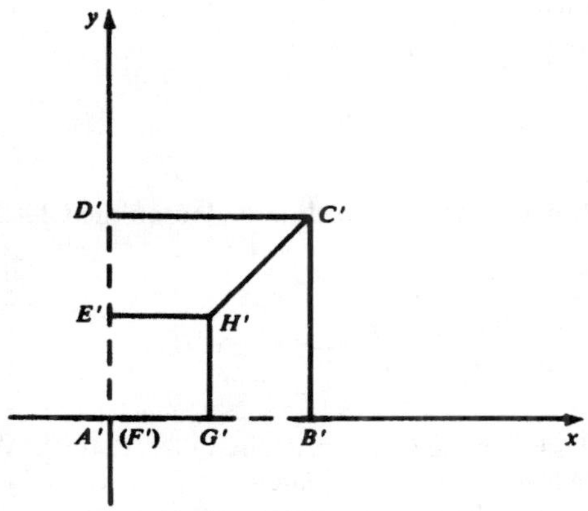

Abb. 7.13

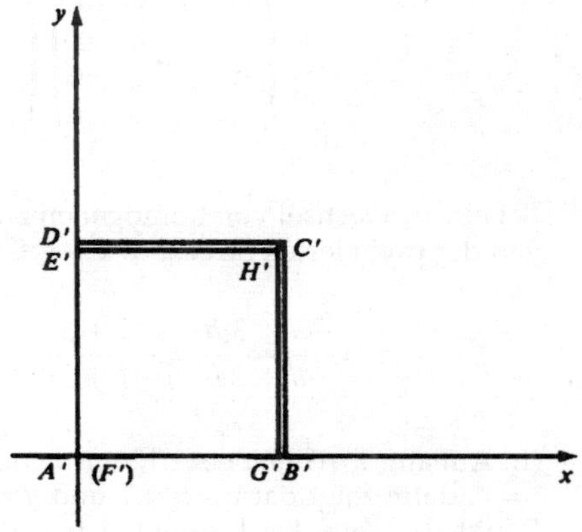

Abb. 7.14

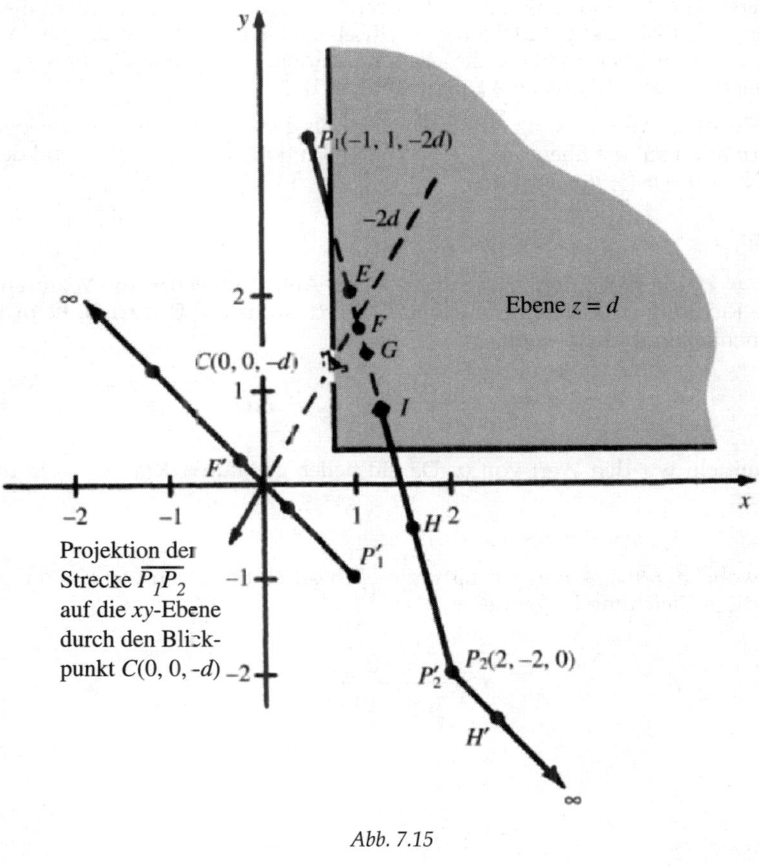

Abb. 7.15

Wir sehen, dass bei $t = \frac{1}{2}$ gilt: $x = \frac{1}{2}$, $y = -\frac{1}{2}$ und $z = -d$. Dies sind die Koordinaten des Schnittpunkts I. Jetzt beschreiben wir die perspektivische Projektion dieser Strecke.

Wenden wir die Standardprojektion auf die Geradengleichung an, kommen wir zu dem Ergebnis

$$\begin{pmatrix} d & 0 & 0 & 0 \\ 0 & d & 0 & 0 \\ 0 & 0 & 0 & 0 \\ 0 & 0 & 1 & d \end{pmatrix} \begin{pmatrix} -1+3t \\ 1-3t \\ -2d+2dt \\ 1 \end{pmatrix} = \begin{pmatrix} -d+3dt \\ d-3dt \\ 0 \\ -d+2dt \end{pmatrix}$$

Bei einem Wechsel von homogenen zu dreidimensionalen Koordinaten lauten die Gleichungen der projizierten Strecke wie folgt:

$$x = \frac{-d+3dt}{-d+2dt} = \frac{-1+3t}{-1+2t} \qquad y = \frac{d-3dt}{-d+2dt} = \frac{1-3t}{-1+2t} \qquad z = 0$$

(In Anhang 1, Aufgabe A1.12 wird gezeigt, dass dies die Gleichung einer Geraden ist.) Wenn $t = 0$, dann folgt daraus $x = 1$ und $y = -1$. Dies sind die Koordinaten der Projektion P_1' von Punkt P_1. Wenn $t = 1$, ergibt sich $x = 2$ und $y = -2$ (die Koordinaten der Projektion P_2' von Punkt P_2). Wenn allerdings $t = \frac{1}{2}$, lautet der Nenner 0. Somit »läuft« diese Strecke durch den Punkt ins Unendliche, wenn sie $P_1'(1; -1)$ mit $P_2'(2; -2)$ verbindet. Mit anderen Worten, wenn eine Strecke, die die Endpunkte P_1 und P_2 verbindet, die Ebene durchquert, die das Projektionszentrum enthält und parallel zur Ansichtsebene liegt, handelt es sich bei ihrer Projektion *nicht* um die einfache Strecke, die die projizierten Endpunkte P_1' und P_2' miteinander verbindet (siehe auch Aufgabe A1.13 in Anhang 1).

7.3 Leiten Sie unter Verwendung des Ursprungs als Projektionszentrum die perspektivische Transformation auf die Ebene ab, die durch den Punkt $R_0(x_0, y_0, z_0)$ läuft und den Normalenvektor $\mathbf{N} = n_1\mathbf{I} + n_2\mathbf{J} + n_3\mathbf{K}$ aufweist.

Lösung:

Sei $P'(x', y', z')$ die Projektion von $P(x, y, z)$. Nach Abb. 7.10 weisen die Vektoren $\overline{\mathbf{PO}}$ und $\overline{\mathbf{P'O}}$ dieselbe Richtung auf. Daher gibt es eine Zahl α, so dass $\overline{\mathbf{P'O}} = \alpha\overline{\mathbf{PO}}$. Beim Vergleich der Komponenten ergibt sich

$$x' = \alpha x \qquad y' = \alpha y \qquad z' = \alpha z$$

Jetzt ermitteln wir den Wert von α. Da ein beliebiger Punkt $P'(x', y', z')$ in der Ebene die Gleichung

$$n_1x' + n_2y' + n_3z' = d_0$$

erfüllt (wobei $d_0 = n_1x_0 + n_2y_0 + n_3z_0$), ergibt sich durch Einsetzen von $x' = \alpha x$, $y' = \alpha y$ und $z' = \alpha z$ in diese Gleichung Folgendes:

$$\alpha = \frac{d_0}{n_1x + n_2y + n_3z}$$

Diese Projektionstransformation kann nicht als 3 × 3-Matrixtransformation dargestellt werden. Durch die Verwendung der homogenen Koordinatendarstellung für dreidimensionale Punkte können wir die Projektionstransformation jedoch in Form einer 4 × 4-Matrix schreiben:

$$Per_{\mathbf{N},R_0} = \begin{pmatrix} d_0 & 0 & 0 & 0 \\ 0 & d_0 & 0 & 0 \\ 0 & 0 & d_0 & 0 \\ n_1 & n_2 & n_3 & 0 \end{pmatrix}$$

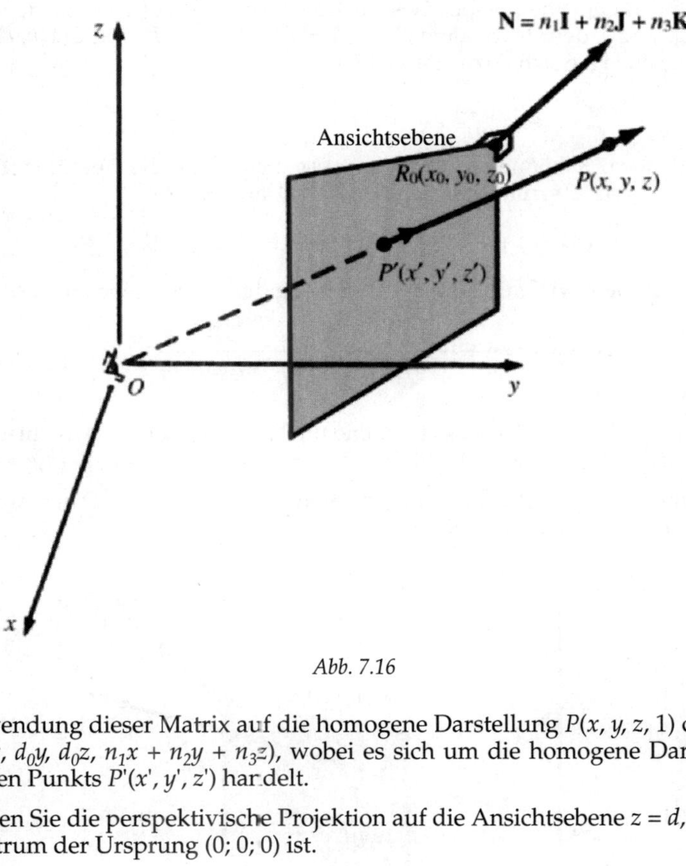

Abb. 7.16

Die Anwendung dieser Matrix auf die homogene Darstellung $P(x, y, z, 1)$ der Punkte P führt zu $P'(d_0x, d_0y, d_0z, n_1x + n_2y + n_3z)$, wobei es sich um die homogene Darstellung des oben ermittelten Punkts $P'(x', y', z')$ handelt.

7.4 Bestimmen Sie die perspektivische Projektion auf die Ansichtsebene $z = d$, wobei das Projektionszentrum der Ursprung (0; 0; 0) ist.

Lösung:

Die Ebene $z = d$ verläuft parallel zur xy-Ebene (und d Einheiten von ihr entfernt). Daher ist der Normalenvektor **N** der Ansichtsebene derselbe wie der Normalenvektor **K** der xy-Ebene, d.h. **N** = **K**. Wenn wir den Ansichtsbezugspunkt $R_0(0, 0, d)$ wählen, ergeben sich aus Aufgabe 7.3 die folgenden Parameter:

$$\mathbf{N}(n_1, n_2, n_3) = (0, 0, 1) \qquad \mathbf{R}_0(x_0, y_0, z_0) = (0, 0, d)$$

Somit ist

$$d_0 = n_1x_0 + n_2y_0 + n_3z_0 = d$$

und die Projektionsmatrix lautet dann

$$Per_{\mathbf{K},R_0} = \begin{pmatrix} d & 0 & 0 & 0 \\ 0 & d & 0 & 0 \\ 0 & 0 & d & 0 \\ 0 & 0 & 1 & 0 \end{pmatrix}$$

7.5 Leiten Sie die allgemeine perspektivische Transformation auf eine Ebene mit dem Bezugspunkt $R_0(x_0, y_0, z_0)$, dem Normalenvektor $\mathbf{N} = n_1\mathbf{I} + n_2\mathbf{J} + n_3\mathbf{K}$ und $C(a, b, c)$ als Projektionszentrum ab. Sehen Sie sich dazu Abb. 7.17 an.

Lösung:

Wie in Aufgabe 7.3 können wir davon ausgehen, dass die Vektoren $\overline{\mathbf{PC}}$ und $\overline{\mathbf{P'C}}$ die Gleichung $\overline{\mathbf{P'C}} = \alpha\mathbf{P'C}$ erfüllen (siehe Abb. 7.17). Dann ist

$$x' = \alpha(x - a) + a \qquad y' = \alpha(y - b) + b \qquad z' = \alpha(z - c) + c$$

Außerdem ermitteln wir (mit Hilfe der Gleichung der Ansichtsebene), dass

$$\alpha = \frac{d}{n_1(x-a) + n_2(y-b) + n_3(z-c)}$$

[d.h., $P'(x', y', z')$ liegt auf der Ansichtsebene und erfüllt daher die Ansichtsebenengleichung $n_1(x' - x_0) + n_2(y' - y_0) + n_3(z' - z_0) = 0$]. Hier ist $d = (n_1x_0 + n_2y_0 + n_3z_0) - (n_1a + n_2b + n_3c)$.

Laut Anhang 2, Aufgabe A2.13, ist d proportional zur Entfernung D der Ansichtsebene zum Projektionszentrum, d.h. $d = \pm|\mathbf{N}|D$.

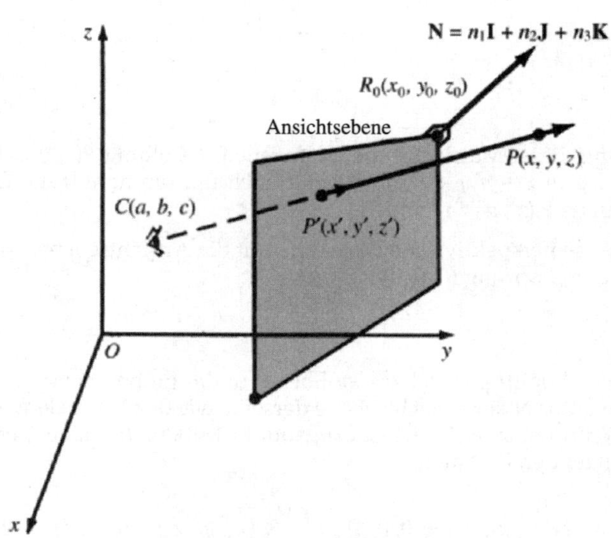

Abb. 7.17

Um die Darstellung als homogene Matrix festzulegen, geht man am einfachsten wie folgt vor:

1. Führen Sie eine Translation durch, so dass das Projektionszentrum C im Ursprung liegt. Jetzt wird $R_0' = (x_0 - a, y_0 - b, z_0 - c)$ zum Bezugspunkt der verschobenen Ebene (der Normalenvektor bleibt durch die Translation unverändert.)
2. Nehmen Sie eine Projektion auf die verschobene Ebene vor, wobei Sie den Ursprung als Projektionszentrum verwenden, indem Sie die Transformation $\text{Per}_{\mathbf{N},R_0'}$ konstruieren (Aufgabe 7.3).
3. Führen Sie eine Rücktranslation aus.

Durch Einfügen der Zwischenwerte

$d_0 = n_1x_0 + n_2y_0 + n_3z_0$ und $d_1 = n_1a + n_2b + n_3c$

erhalten wir $d = d_0 - d_1$ und damit $\text{Per}_{\mathbf{N},R_0'} \cdot T_{-C}$. Dann ergibt sich mit R_0' als Bezugspunkt für die Projektion $\text{P}_{\mathbf{N},R_0'}$

$$Per_{\mathbf{N},R_0,C} = \begin{pmatrix} 1 & 0 & 0 & a \\ 0 & 1 & 0 & b \\ 0 & 0 & 1 & c \\ 0 & 0 & 0 & 1 \end{pmatrix} \begin{pmatrix} d & 0 & 0 & 0 \\ 0 & d & 0 & 0 \\ 0 & 0 & d & 0 \\ n_1 & n_2 & n_3 & 0 \end{pmatrix} \begin{pmatrix} 1 & 0 & 0 & -a \\ 0 & 1 & 0 & -b \\ 0 & 0 & 1 & -c \\ 0 & 0 & 0 & 1 \end{pmatrix}$$

$$= \begin{pmatrix} d + an_1 & an_2 & an_3 & -ad_0 \\ bn_1 & d + bn_2 & bn_3 & -bd_0 \\ cn_1 & cn_2 & d + cn_3 & -cd_0 \\ n_1 & n_2 & n_3 & -d_1 \end{pmatrix}$$

7.6 Bestimmen Sie (*a*) Fluchtpunkte für eine gegebene perspektivische Transformation in die durch einen Vektor **U** vorgegebene Richtung und (*b*) Hauptfluchtpunkte.

Lösung:

a. Die Familie der (parallelen) Geraden mit der Richtung $\mathbf{U} = u_1\mathbf{I} + u_2\mathbf{J} + u_3\mathbf{K}$ kann in parametrischer Form wie folgt geschrieben werden:

$$x = u_1t + p \qquad y = u_2t + q \qquad z = u_3t + r$$

wobei $P(p, q, r)$ ein beliebiger Punkt ist (siehe Anhang 2). Die Anwendung der perspektivischen Transformation (Aufgabe 7.5) auf den homogenen Punkt $(x, y, z, 1)$ ergibt (x', y', z', h), wobei

$$x' = (d + an_1)(u_1t + p) + an_2(u_2t + q) + an_3(u_3t + r) - ad_0$$
$$y' = bn_1(u_1t + p) + (d + bn_2)(u_2t + q) + bn_3(u_3t + r) - bd_0$$
$$z' = cn_1(u_1t + p) + cn_2(u_2t + q) + (d + cn_3)(u_3t + r) - cd_0$$
$$h = n_1(u_1t + p) + n_2(u_2t + q) + n_3(u_3t + r) - d_1$$

Der Fluchtpunkt entspricht dem unendlichen Punkt, der sich für $t = \infty$ ergibt. Nach der Teilung von x', y' und z' durch h sei deshalb $t \to \infty$, damit wir die Koordinaten des Fluchtpunkts ermitteln können:

$$x_u = \frac{(d + an_1)u_1 + an_2u_2 + an_3u_3}{k} = a + \frac{du_1}{k}$$

(Hier ist $k = \mathbf{N} \cdot \mathbf{U} = n_1u_1 + n_2u_2 + n_3u_3$.)

$$y_u = \frac{bn_1u_1 + (d + bn_2)u_2 + bn_3u_3}{k} = b + \frac{du_2}{k}$$
$$z_u = \frac{cn_1u_1 + cn_2u_2 + (d + cn_3)u_3}{k} = c + \frac{du_3}{k}$$

Dieser Punkt liegt auf der Geraden, die durch das Projektionszentrum und parallel zum Vektor **U** verläuft (siehe Abb. 7.18). Bitte beachten Sie, dass nur dann $k = 0$, wenn **U** parallel zum Projektionsstrahl verläuft. In diesem Fall gibt es keinen Fluchtpunkt.

b. Die Hauptfluchtpunkte P_1, P_2 und P_3 entsprechen den Vektorrichtungen **I**, **J** und **K**. In diesen Fällen ist

$$P_1: \begin{cases} x_1 = a + \dfrac{d}{n_1} \\ y_1 = b \\ z_1 = c \end{cases} \qquad P_2: \begin{cases} x_2 = a \\ y_2 = b + \dfrac{d}{n_2} \\ z_2 = c \end{cases} \qquad P_3: \begin{cases} x_3 = a \\ y_3 = b \\ z_3 = c + \dfrac{d}{n_3} \end{cases}$$

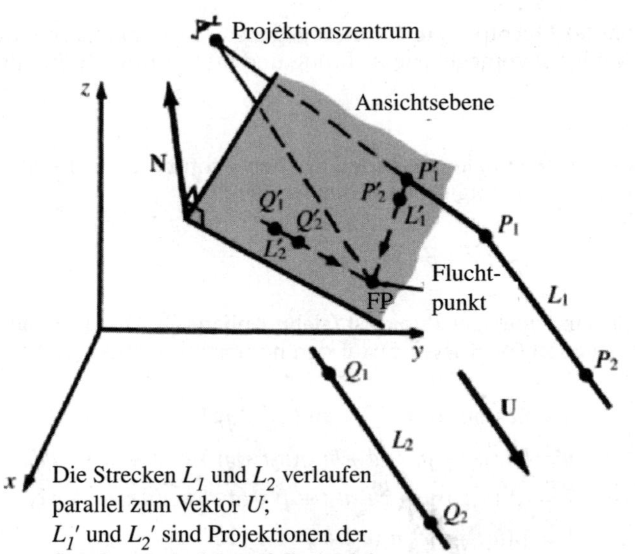

Die Strecken L_1 und L_2 verlaufen parallel zum Vektor U;
L_1' und L_2' sind Projektionen der Strecken L_1 und L_2 auf die Ansichtsebene durch den Punkt C

Abb. 7.18

(Aus Aufgabe 7.5 ging hervor, dass a, b, c die Koordinaten des Projektionszentrums sind. Außerdem sind n_1, n_2, n_3 die Komponenten des Normalenvektors der Ansichtsebene, und d ist proportional zum Abstand D zwischen Ansichtsebene und Projektionszentrum.)

(*Hinweis:* Wenn eine der Komponenten des Normalvektors den Wert null hat, z.B. $n_1 = 0$, dann ist $k = \mathbf{N} \cdot \mathbf{I} = 0$ und es gibt keinen Hauptfluchtpunkt in **I**-Richtung.)

7.7 Beschreiben Sie die Perspektive mit (*a*) einem Hauptfluchtpunkt, (*b*) zwei Hauptfluchtpunkten und (*c*) drei Hauptfluchtpunkten.

Lösung:

a. Die Perspektive mit einem Hauptfluchtpunkt entsteht, wenn die Projektionsebene senkrecht zu einer der Hauptachsen (x, y oder z) verläuft. Nehmen Sie an, dass dies die z-Achse ist. In diesem Fall ist der Normalenvektor **N** der Ansichtsebene der Vektor **K**, und laut Aufgabe 7.6 ist der Hauptfluchtpunkt

$$P_3: \begin{cases} x_3 = a \\ y_3 = b \\ z_3 = c + \dfrac{d}{n_3} \end{cases}$$

b. Die Projektion mit zwei Hauptfluchtpunkten tritt auf, wenn die Projektionsebene genau zwei der Hauptachsen schneidet. Siehe hierzu Abb. 7.19, bei der es sich um eine perspektivische Zeichnung mit zwei Hauptfluchtpunkten handelt. Wenn die Projektionsebene zum Beispiel die x- und y-Achse schneidet, erfüllt der Normalenvektor die Beziehung $\mathbf{N} \cdot \mathbf{K} = 0$ oder $n_3 = 0$, so dass die Hauptfluchtpunkte wie folgt lauten:

$$P_1: \begin{cases} x_1 = a + \dfrac{d}{n_1} \\ y_1 = b \\ z_1 = c \end{cases} \qquad P_2: \begin{cases} x_2 = a \\ y_2 = b + \dfrac{d}{n_2} \\ z_2 = c \end{cases}$$

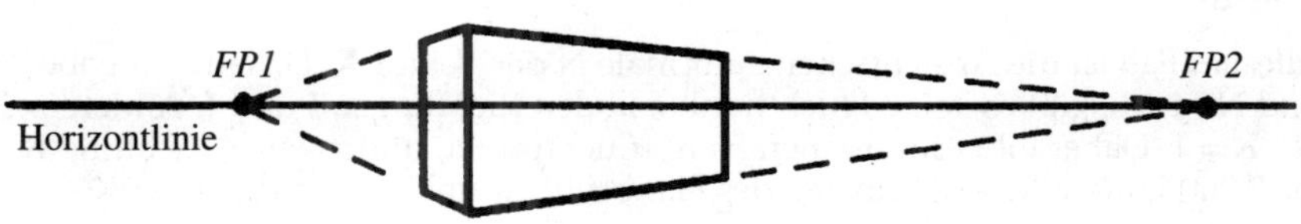

Abb. 7.19

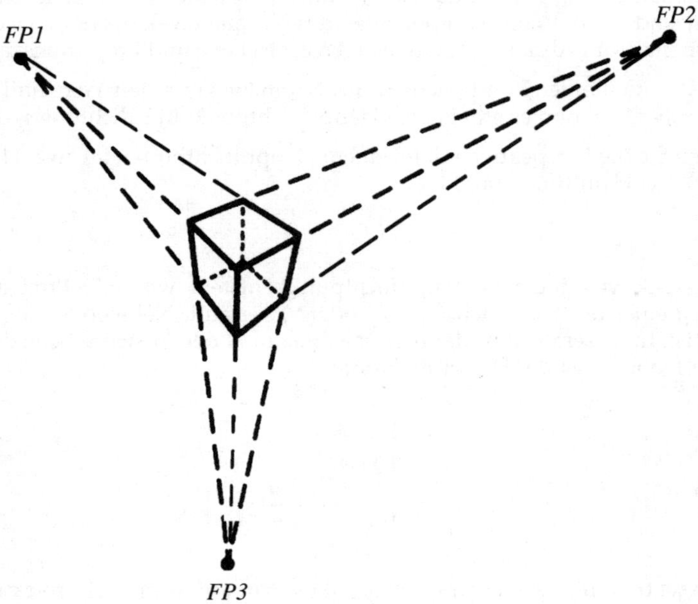

Abb. 7.20

c. Die perspektivische Projektion mit drei Hauptfluchtpunkten entsteht, wenn die Projektionsebene alle drei Hauptachsen, d.h. die x-, y- und z-Achse, schneidet. Siehe hierzu Abb. 7.20, bei der es sich um eine perspektivische Zeichnung mit drei Hauptfluchtpunkten handelt. In diesem Fall sind P_1, P_2 und P_3 aus Aufgabe 7.6(*b*) die Hauptfluchtpunkte.

7.8 Welches sind die Hauptfluchtpunkte für die standardmäßige perspektivische Transformation?

Lösung:

In diesem Fall ist die Ansichtsebenennormale **N** der Vektor **K**. Da laut Aufgabe 7.6(*b*) $\mathbf{N} \cdot \mathbf{I} = 0$ und $\mathbf{N} \cdot \mathbf{J} = 0$, gibt es keine Fluchtpunkte in den Richtungen **I** und **J**. Andererseits ist $\mathbf{N} \cdot \mathbf{K} = \mathbf{K} \cdot \mathbf{K} = 1$. Daher gibt es nur einen Hauptfluchtpunkt, und zwar in Richtung **K**. Nach Aufgabe 7.7(*a*) lauten die Koordinaten des Hauptfluchtpunkts *FP* in Richtung **K**

$$x = a = 0 \qquad y = b = 0 \qquad z = d + \frac{\mathrm{d}}{1} = 0$$

Somit ist $FP = (0; 0; 0)$ der Hauptfluchtpunkt.

7.9 Ein Maler erstellt eine Perspektive mit zwei Fluchtpunkten, indem er die Fluchtpunkte FP_1 und FP_2 auf einer vorgegebenen Horizontlinie in der Ansichtsebene anordnet. Die Horizontlinie befindet sich in einer Höhe h über dem Grund (Abb. 7.21). Entwerfen Sie die entsprechende perspektivische Projektionstransformation für den in Abb. 7.1 gezeigten Würfel.

Lösung:

Eine Perspektive mit zwei Hauptfluchtpunkten muss zwei Achsen schneiden, z.B. x und y. Wir legen die Ansichtsebene durch Punkt $R_0(1; 1; 0)$, so dass sie mit den entsprechenden

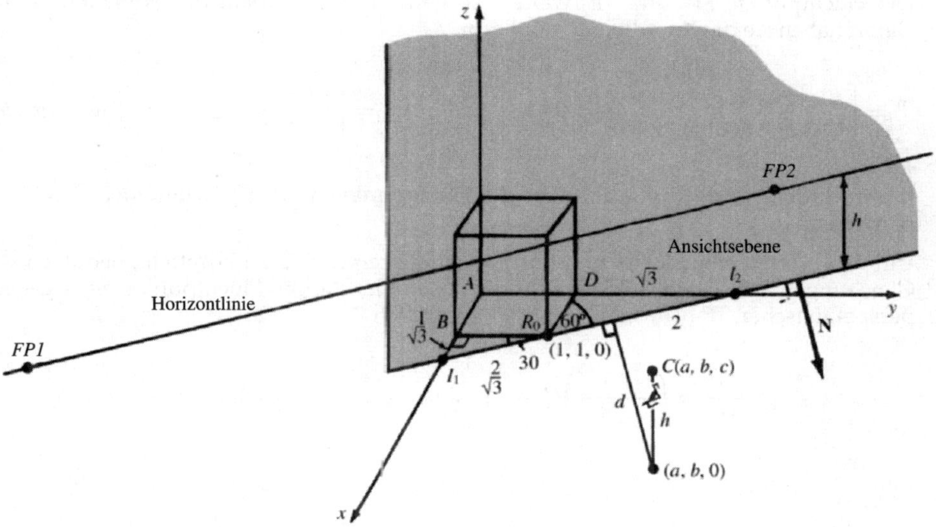

Abb. 7.21

Würfelflächen Winkel von 30° und 60° bildet (siehe Abb. 7.21). In dieser Ebene platzieren wir die Horizontlinie mit einer vorgegebenen Höhe h über dem »Grund« (der xy-Ebene).

Die Fluchtpunkte FP_1 und FP_2 befinden sich auf dieser Horizontlinie. Zur Durchführung der perspektivischen Transformation müssen wir den Normalenvektor $\mathbf{N} = n_1\mathbf{I} + n_2\mathbf{J} + n_3\mathbf{K}$ der Ansichtsebene, die Koordinaten $C(a, b, c)$ des Projektionszentrums und die Ansichtsparameter d_0, d_1 und d ermitteln. Zum Berechnen der Koordinaten des Fluchtpunkts bestimmen wir zuerst die Gleichung der Horizontlinie. Seien I_1 und I_2 die Schnittpunkte der Ansichtsebene mit der x- und y-Achse. Die Horizontlinie verläuft parallel zur Linie $\overline{I_1 I_2}$ und liegt h Einheiten darüber.

Aus den Dreiecken I_1BR_0 und I_2DR_0 erhalten wirt

$$I_1 = \left(1 + \frac{1}{\sqrt{3}}, 0, 0\right) = \left(\frac{1+\sqrt{3}}{\sqrt{3}}, 0, 0\right) \quad \text{und} \quad I_2 = (0, 1+\sqrt{3}, 0)$$

Die Gleichung der Geraden durch I_1 und I_2 (Anhang 2) lautet

$$x = \left(\frac{1+\sqrt{3}}{\sqrt{3}}\right) - \left(\frac{1+\sqrt{3}}{\sqrt{3}}\right)t \qquad y = (1+\sqrt{3})t \qquad z = 0$$

Sie liegt in der Ansichtsebene. Wird die Gleichung der Horizontlinie für eine Parallele in einer Entfernung von h Einheiten darüber gelöst, ist gewährleistet, dass die Horizontlinie in der Ansichtsebene liegt Die Gleichung der Horizontlinie lautet dann:

$$x = \left(\frac{1+\sqrt{3}}{\sqrt{3}}\right)(1-t) \qquad y = (1+\sqrt{3})t \qquad z = h$$

Die Fluchtpunkte FP_1 und FP_2 werden so gewählt, dass sie auf der Horizontlinie liegen. Damit haben sie die Koordinaten der Form

$$FP_1 = \left[\left(\frac{1+\sqrt{3}}{\sqrt{3}}\right)(1-t_1), (1+\sqrt{3})t_1, h\right] \quad \text{und} \quad FP_2 = \left[\left(\frac{1+\sqrt{3}}{\sqrt{3}}\right)(1-t_2), (1+\sqrt{3})t_2, h\right]$$

(Hier werden t_1 und t_2 gewählt, um die Fluchtpunkte an den gewünschten Positionen zu platzieren.)

Um den Normalenvektor **N** und das Projektionszentrum C zu ermitteln, benutzen wir die Gleichungen aus Aufgabe 7.6, Teil (*b*) zur Positionierung der Fluchtpunkte einer gegebenen perspektivischen Transformation. Daher ergibt sich

$$a + \frac{d}{n_1} = \left(\frac{1+\sqrt{3}}{\sqrt{3}}\right)(1-t_1) \quad \text{und} \quad a = \left(\frac{1+\sqrt{3}}{\sqrt{3}}\right)(1-t_2)$$

und

$$b = (1+\sqrt{3})t_1 \quad \text{und} \quad b + \frac{d}{n_2} = (1+\sqrt{3})t_2 \quad \text{und} \quad c = h$$

Durch die Verwendung der Werte

$$a = \left(\frac{1+\sqrt{3}}{\sqrt{3}}\right)(1-t_2) \qquad b = (1+\sqrt{3})t_1 \qquad c = h$$

und anschließendes Einsetzen erhalten wir

$$\frac{d}{n_1} = \left(\frac{1+\sqrt{3}}{\sqrt{3}}\right)(t_2 - t_1) \tag{7.1}$$

und

$$\frac{d}{n_2} = (1+\sqrt{3})(t_2 - t_1) \tag{7.2}$$

Da die Ebene die z-Achse nicht schneidet, ist $\mathbf{N} \cdot \mathbf{K} = 0$ oder, geschrieben als Komponenten, $n_3 = 0$. Abschließend wählen wir für den Normalenvektor **N** die Länge eins:

$$|\mathbf{N}| = \sqrt{n_1^2 + n_2^2 + n_3^2} = \sqrt{n_1^2 + n_2^2} = 1$$

Aus den Gleichungen (*7.1*) und (*7.2*) ergibt sich

$$n_1 = \frac{d\sqrt{3}}{(1+\sqrt{3})(t_2 - t_1)} \qquad n_2 = \frac{d}{(1+\sqrt{3})(t_2 - t_1)}$$

Somit ist

$$|\mathbf{N}| = \sqrt{\frac{(d\sqrt{3})^2}{(1+\sqrt{3})^2(t_2-t_1)^2} + \frac{d^2}{(1+\sqrt{3})^2(t_2-t_1)^2}} = 1$$

oder

$$\frac{2d}{(1+\sqrt{3})(t_2-t_1)} = 1 \quad \text{und damit} \quad d = \frac{1+\sqrt{3}}{2}(t_2-t_1)$$

Daher ist

$$n_1 = \frac{\sqrt{3}[(1+\sqrt{3})/2]}{1+\sqrt{3}} = \frac{\sqrt{3}}{2} \quad \text{und} \quad n_2 = \frac{(1+\sqrt{3})/2}{1+\sqrt{3}} = \frac{1}{2}$$

Schließlich haben wir

$$d_1 = n_1 a + n_2 b + n_3 c = \left(\frac{\sqrt{3}}{2}\frac{1+\sqrt{3}}{\sqrt{3}}\right)(1-t_2) + \frac{1}{2}(1+\sqrt{3})t_1 = \frac{1+\sqrt{3}}{2}[1-(t_2-t_1)]$$

und

$$d_0 = d + d_1 = \frac{1+\sqrt{3}}{2}$$

Aus Aufgabe 7.5 ergibt sich dann die folgende perspektivische Transformationsmatrix:

$$Per_{\mathbf{N},R_0,C} = \frac{1+\sqrt{3}}{2}\begin{pmatrix} 1-t_1 & \frac{1}{\sqrt{3}}(1-t_2) & 0 & -\left(\frac{1+\sqrt{3}}{\sqrt{3}}\right)(1-t_2) \\ \sqrt{3}t_1 & t_2 & 0 & -(1+\sqrt{3})t_1 \\ \frac{\sqrt{3}h}{1+\sqrt{3}} & \frac{h}{1+\sqrt{3}} & t_2-t_1 & -h \\ \frac{\sqrt{3}}{1+\sqrt{3}} & \frac{1}{1+\sqrt{3}} & 0 & -[1-(t_2-t_1)] \end{pmatrix}$$

In Kapitel 8, Aufgabe 8.2, wird gezeigt, wie man das transformierte Bild des Würfels zur Ansicht in x- und y-Koordinaten umwandelt.

7.10 Leiten Sie die Gleichungen der Parallelprojektion auf die xy-Ebene mit der Projektionsrichtung $\mathbf{V} = a\mathbf{I} + b\mathbf{J} + c\mathbf{K}$ her.

Lösung:

Aus Abb. 7.22 entnehmen wir, dass die Vektoren **V** und $\overline{\mathbf{PP'}}$ dieselbe Richtung aufweisen. Das bedeutet, dass $\overline{\mathbf{PP'}} = k\mathbf{V}$. Beim Vergleich der Komponenten sehen wir, dass

$$x' - x = ka \qquad y' - y = kb \qquad z' - z = kc$$

Damit ist

$$k = -\frac{z}{c} \qquad x' = x - \frac{a}{c}z \quad \text{und} \quad y' = y - \frac{b}{c}z$$

In Form einer 3 × 3-Matrix ergibt dies

$$Par_{\mathbf{V}} = \begin{pmatrix} 1 & 0 & -\frac{a}{c} \\ 0 & 1 & -\frac{b}{c} \\ 0 & 0 & 0 \end{pmatrix}$$

und somit $P' = Par_V \cdot P$.

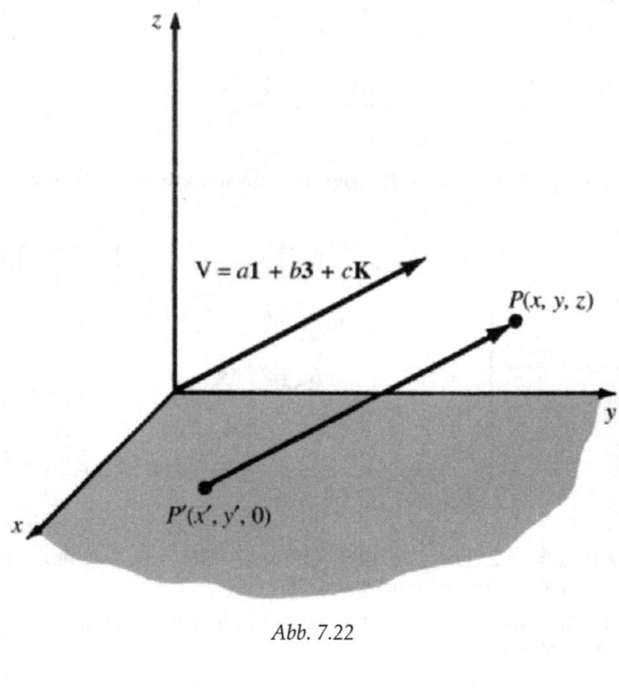

Abb. 7.22

7.11 Leiten Sie die allgemeine Gleichung der Parallelprojektion auf eine vorgegebene Ansichtsebene in Richtung eines vorgegebenen Vektors **V** her (siehe Abb.7.23).

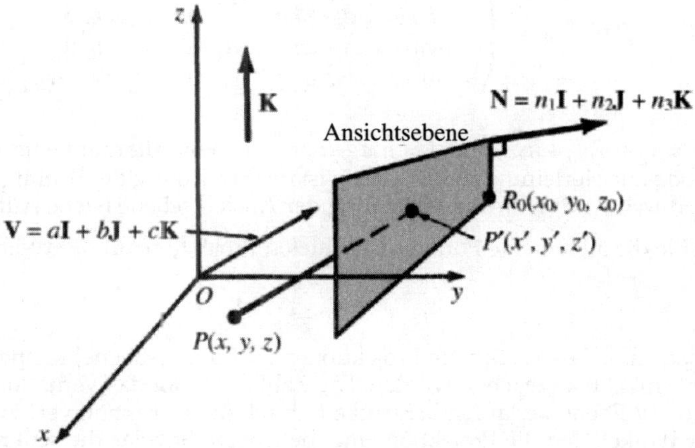

Abb. 7.23

Lösung:

Wir reduzieren das Problem mit Hilfe der folgenden Schritte auf die Parallelprojektion auf die *xy*-Ebene in Richtung des Projektionsstrahls $\mathbf{V} = a\mathbf{I} + b\mathbf{J} + c\mathbf{K}$:

1. Verschieben Sie mit Hilfe der Translationsmatrix $T_{\overline{R0}}$ den Ansichtsbezugspunkt der Ansichtsebene in den Ursprung.
2. Führen Sie die Ausrichtungstransformation A_N so durch, dass der Ansichtsnormalenvektor **N** der Ansichtsebene in die Richtung von **K**, der Normalen zur *xy*-Ebene, zeigt. Die Richtung des Projektionsvektors **V** wird zu einem neuen Vektor $\mathbf{V}' = A_N\mathbf{V}$ transformiert.
3. Nehmen Sie mit Hilfe von Par_V eine Projektion auf die *xy*-Ebene vor.
4. Kehren Sie die Schritte 2 und 1 um. Somit ist schließlich $ParV,N,R_0 = T^{-1}_{-R0} \cdot A^{-1}_N \cdot Par_{V'} \cdot A_N \cdot T_{-R_0}$. Aus den Ausführungen in Kap. 6 wissen wir, dass

$$T_{-R_0} = \begin{pmatrix} 1 & 0 & 0 & -x_0 \\ 0 & 1 & 0 & -y_0 \\ 0 & 0 & 1 & -z_0 \\ 0 & 0 & 0 & 1 \end{pmatrix}$$

Außerdem wissen wir aus Kap. 6, Aufgabe 6.2, dass mit $\lambda = \sqrt{n_2^2 + n_3^2}$ and $\lambda \neq$ gilt:

$$A_{\mathbf{N}} = \begin{pmatrix} \frac{\lambda}{|\mathbf{N}|} & \frac{-n_1 n_2}{\lambda|\mathbf{N}|} & \frac{-n_1 n_3}{\lambda|\mathbf{N}|} & 0 \\ 0 & \frac{n_3}{\lambda} & \frac{-n_2}{\lambda} & 0 \\ \frac{n_1}{|\mathbf{N}|} & \frac{n_2}{|\mathbf{N}|} & \frac{n_3}{|\mathbf{N}|} & 0 \\ 0 & 0 & 0 & 1 \end{pmatrix}$$

Nach der Multiplikation erhalten wir

$$Par_{\mathbf{V},\mathbf{N},R_0} = \begin{pmatrix} d_1 - an_1 & -an_2 & -an_3 & ad_0 \\ -bn_1 & d_1 - bn_2 & -bn_3 & bd_0 \\ -cn_1 & -cn_2 & d_1 - cn_3 & cd_0 \\ 0 & 0 & 0 & d_1 \end{pmatrix}$$

Hier ist $d_0 = n_1x_0 + n_2y_0 + n_3z_0$ und $d_1 = n_1a + n_2b + n_3c$). Eine alternative und wesentlich einfachere Methode zur Herleitung dieser Matrix ist die Ermittlung des Schnittpunkts des Projektionsstrahls durch P mit Hilfe der Gleichung der Ansichtsebene (siehe Aufgabe A2.14).

7.12 Bestimmen Sie die allgemeine Form einer schiefen Projektion auf die xy-Ebene.

Lösung:

Sehen Sie sich Abb. 7.24 an. Schiefe Projektionen (auf die xy-Ebene) können durch eine Zahl f und einen Winkel θ angegeben werden. Die Zahl f schreibt das Verhältnis vor, in dem eine senkrecht zur xy-Ebene verlaufende Strecke L durch die Projektion verkürzt wird. Der Winkel θ ist der Winkel, den die Projektion einer beliebigen Strecke, die senkrecht zur xy-Ebene verläuft, mit der (positiven) x-Achse bildet.

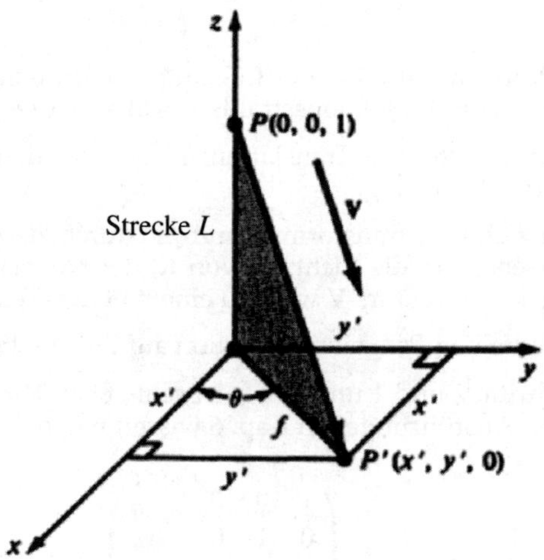

Abb. 7.24

Um die Projektionstransformation zu bestimmen, müssen wir den Richtungsvektor **V** finden. Aus Abb. 7.24 mit einer Strecke L der Länge l entnehmen wir, dass der Vektor $\overline{\mathbf{P'P}}$ dieselbe Richtung aufweist wie **V**. Wir wählen **V** als diesen Vektor:

$$\mathbf{V} = \overline{\mathbf{P'P}} = x'\mathbf{I} + y'\mathbf{J} - \mathbf{K} \qquad (= a\mathbf{I} + b\mathbf{J} + c\mathbf{K})$$

Aus Abb. 7.24 entnehmen wir $a = x' = f\cos\theta$, $b = y' = f\sin\theta$ und $c = -1$.

Nach Aufgabe 7.10 lautet die benötigte Transformation

$$Par_V = \begin{pmatrix} 1 & 0 & f\cos\theta & 0 \\ 0 & 1 & f\sin\theta & 0 \\ 0 & 0 & 0 & 0 \\ 0 & 0 & 0 & 1 \end{pmatrix}$$

7.13 Bestimmen Sie die Transformation für (*a*) Kavalierprojektionen mit θ = 45° und (*b*) Kabinettprojektionen mit θ = 30°. (*c*) Zeichnen Sie die Projektion des Einheitswürfels für jede der beiden Transformationen.

Lösung:

a. Eine Kavalierprojektion ist eine schiefe Projektion, bei der keine Verkürzung der senkrecht zur *xy*-Ebene verlaufenden Strecken stattfindet. Aufgabe 7.12 entnehmen wir, dass $f = 1$. Bei θ = 45° ergibt sich:

$$Par_{V_1} = \begin{pmatrix} 1 & 0 & \frac{\sqrt{2}}{2} & 0 \\ 0 & 1 & \frac{\sqrt{2}}{2} & 0 \\ 0 & 0 & 0 & 0 \\ 0 & 0 & 0 & 1 \end{pmatrix}$$

b. Eine Kabinettprojektion ist eine schiefe Projektion mit $f = \frac{1}{2}$. Bei θ = 30° ergibt sich:

$$Par_{V_2} = \begin{pmatrix} 1 & 0 & \frac{\sqrt{3}}{4} & 0 \\ 0 & 1 & \frac{1}{4} & 0 \\ 0 & 0 & 0 & 0 \\ 0 & 0 & 0 & 1 \end{pmatrix}$$

Um die Projektionen zu konstruieren, stellen wir die Eckpunkte des Einheitswürfels durch eine Matrix dar, bei deren Spalten es sich um die homogene Koordinaten der Eckpunkte handelt (siehe Aufgabe 7.1):

$$V = (ABCDEFGH) = \begin{pmatrix} 0 & 1 & 1 & 0 & 0 & 0 & 1 & 1 \\ 0 & 0 & 1 & 1 & 1 & 0 & 0 & 1 \\ 0 & 0 & 0 & 0 & 1 & 1 & 1 & 1 \\ 1 & 1 & 1 & 1 & 1 & 1 & 1 & 1 \end{pmatrix}$$

c. Um die Kavalierprojektion zu zeichnen, ermitteln wir die Bildkoordinaten, indem wir die Transformationsmatrix $\mathrm{Par}_{\mathbf{V}_1}$ auf die Koordinatenmatrix **V** anwenden:

$$Par_{\mathbf{V}_1} \cdot V = \begin{pmatrix} 0 & 1 & 1 & 0 & \frac{\sqrt{2}}{2} & \frac{\sqrt{2}}{2} & 1+\frac{\sqrt{2}}{2} & 1+\frac{\sqrt{2}}{2} \\ 0 & 0 & 1 & 1 & 1+\frac{\sqrt{2}}{2} & \frac{\sqrt{2}}{2} & \frac{\sqrt{2}}{2} & 1+\frac{\sqrt{2}}{2} \\ 0 & 0 & 0 & 0 & 0 & 0 & 0 & 0 \\ 1 & 1 & 1 & 1 & 1 & 1 & 1 & 1 \end{pmatrix}$$

Dann lauten die Bildkoordinaten:

$$A' = (0,0,0) \qquad E' = \left(\frac{\sqrt{2}}{2}, 1+\frac{\sqrt{2}}{2}, 0\right)$$
$$B' = (1,0,0) \qquad F' = \left(\frac{\sqrt{2}}{2}, \frac{\sqrt{2}}{2}, 0\right)$$
$$C' = (1,1,0) \qquad G' = \left(1+\frac{\sqrt{2}}{2}, \frac{\sqrt{2}}{2}, 0\right)$$
$$D' = (0,1,0) \qquad H' = \left(1+\frac{\sqrt{2}}{2}, 1+\frac{\sqrt{2}}{2}, 0\right)$$

Betrachten Sie dazu Abb. 7.25.

Um die Kabinettprojektion zu zeichnen, verwenden wir:

$$Par_{\mathbf{V}_2} \cdot \mathbf{V} = \begin{pmatrix} 0 & 1 & 1 & 0 & \frac{\sqrt{3}}{4} & \frac{\sqrt{3}}{4} & 1+\frac{\sqrt{3}}{4} & 1+\frac{\sqrt{3}}{4} \\ 0 & 0 & 1 & 1 & 1\frac{1}{4} & \frac{1}{4} & \frac{1}{4} & 1\frac{1}{4} \\ 0 & 0 & 0 & 0 & 0 & 0 & 0 & 0 \\ 1 & 1 & 1 & 1 & 1 & 1 & 1 & 1 \end{pmatrix}$$

Die Bildkoordinaten lauten dann wie folgt (siehe Abb. 7.26):

$$A' = (0,0,0) \qquad E' = \left(\frac{\sqrt{3}}{4}, 1\frac{1}{4}, 0\right)$$
$$B' = (1,0,0) \qquad F' = \left(\frac{\sqrt{3}}{4}, \frac{1}{4}, 0\right)$$
$$C' = (1,1,0) \qquad G' = \left(1+\frac{\sqrt{3}}{4}, \frac{1}{4}, 0\right)$$
$$D' = (0,1,0) \qquad H'\left(1+\frac{\sqrt{3}}{4}, 1\frac{1}{4}, 0\right)$$

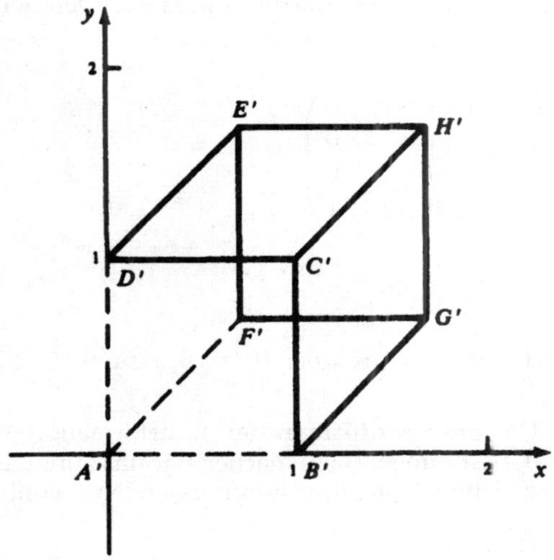

Abb. 7.25

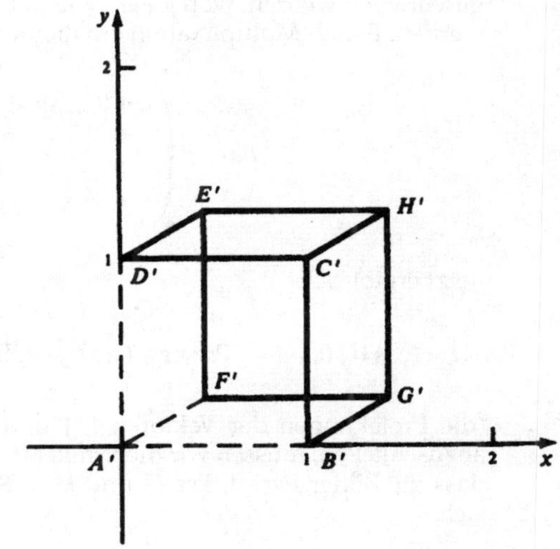

Abb. 7.26

7.14 Konstruieren Sie eine isometrische Projektion auf die *xy*-Ebene (siehe dazu Abb. 7.27).

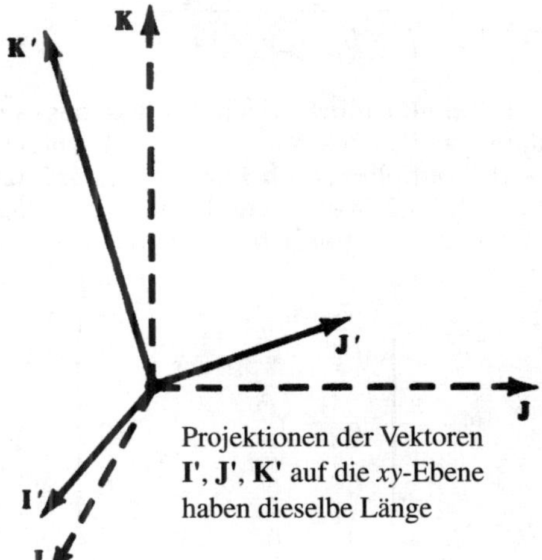

Abb. 7.27

Lösung:

Wir »kippen« die *x*-, *y*-, *z*-Achsen, so dass das Vektorenbein **IJK** in einen neuen Satz **I'J'K'** transformiert wird, dessen orthographische Projektion auf die *xy*-Ebene Vektoren gleicher Länge ergibt.

Wenn wir die Kipptransformation mit *T* und die orthographische Projektion auf die *xy*-Ebene mit Par_K bezeichnen, kann die endgültige Projektion in der Form $Par = Par_K \cdot T$

geschrieben werden, wobei Par_K wie in Beispiel 3 und T wie in Kap. 6, Aufgabe 6.1 definiert werden. Durch Multiplikation erhalten wir

$$Par = \begin{pmatrix} \cos\theta_y & \sin\theta_y \sin\theta_x & \sin\theta_y \cos\theta_x & 0 \\ 0 & \cos\theta_x & -\sin\theta_x & 0 \\ 0 & 0 & 0 & 0 \\ 0 & 0 & 0 & 1 \end{pmatrix}$$

Jetzt ergibt sich

$Par \cdot \mathbf{I} = (\cos\theta_y, 0, 0)$ $\quad Par \cdot \mathbf{J} = (\sin\theta_y \sin\theta_x \cos\theta_x, 0)$ $\quad Par \cdot \mathbf{K} = (\sin\theta_y \cos\theta_x, -\sin\theta_x, 0$

(die Projektionen der Vektoren **I**, **J** und **K**). Um die Spezifikation der Transformation M abzuschließen, müssen wir die Winkel θ_x und θ_y bestimmen. Dazu machen wir uns zunutze, dass die Bilder $Par \cdot \mathbf{I}$, $Par \cdot \mathbf{J}$ und $Par \cdot \mathbf{K}$ die gleiche Länge aufweisen müssen. Nun ergibt sich

$$|Par \cdot \mathbf{I}| = \sqrt{\cos^2 0_y} \qquad |Par \cdot \mathbf{J}| = \sqrt{\sin^2 0_y \sin^2 0_x + \cos^2 0_x}$$

und

$$|Par \cdot \mathbf{K}| = \sqrt{\sin^2\theta_y \cos^2\theta_x + \sin^2\theta_x}$$

Festlegen von $|Par \cdot \mathbf{J}| = |Par \cdot \mathbf{K}|$ führt zu dem Schluss, dass $\sin^2\theta_x - \cos^2\theta_x = 0$ und zu der Lösung $\theta_x = 45°$ (und damit $\sin\theta_x = \cos\theta_x = \sqrt{2}/2$). Festlegen von $|Par \cdot \mathbf{I}| = |Par \cdot \mathbf{J}|$ führt zu $\cos^2\theta_y = \frac{1}{2}(\sin^2\theta_y + 1)$. Multiplikation beider Seiten mit 2 und Addieren von $\cos^2\theta_y$ zu beiden Seiten ergibt $3\cos^2\theta_y = 2$, wobei eine Lösung $\theta_y = 35{,}26°$ ist (und damit $\sin\theta_y = \sqrt{1/3}$, $\cos\theta_y = \sqrt{2/3}$). Schließlich ergibt sich

$$Par = \begin{pmatrix} \sqrt{\frac{2}{3}} & \frac{1}{2}\sqrt{\frac{2}{3}} & \frac{1}{2}\sqrt{\frac{2}{3}} & 0 \\ 0 & \frac{\sqrt{2}}{2} & -\frac{\sqrt{2}}{2} & 0 \\ 0 & 0 & 0 & 0 \\ 0 & 0 & 0 & 1 \end{pmatrix}$$

7.15 Konstruieren Sie eine dimetrische Projektion auf die xy-Ebene.

Lösung:

Wenn wir der Vorgehensweise in Aufgabe 7.14 folgen, sollten wir die x-, y-, z-Achse kippen und dann auf die xy-Ebene projizieren. Wie zuvor ergibt sich dann:

$$|Par \cdot \mathbf{I}| = \sqrt{\cos^2\theta_y} \qquad |Par \cdot \mathbf{J}| = \sqrt{\sin^2\theta_y \sin^2\theta_x + \cos^2\theta_x}$$

und

$$|Par \cdot \mathbf{K}| = \sqrt{\sin^2\theta_y \sin^2\theta_x + \cos^2\theta_x}$$

Um eine dimetrische Projektion zu definieren, legen wir die Proportionen fest:

$$|Par \cdot \mathbf{I}| : |Par \cdot \mathbf{J}| : Par \cdot \mathbf{K} = l : 1 : 1 \ (1 \neq 1)$$

Festlegen von $|Par \cdot \mathbf{J}| = Par \cdot \mathbf{K}$ führt zu $\sin^2 \theta_x - \cos^2 \theta_x = 0$ und $\theta_x = 45°$, so dass $\sin \theta_x = \cos \theta_x = \sqrt{2}/2$. Setzen wir $|Par \cdot \mathbf{I}| = l|Par \cdot \mathbf{J}|$, ergibt sich

$$\cos^2 \theta_y = \frac{l^2}{2}[\sin^2 \theta_y + 1]$$

Multiplikation beider Seiten mit 2 und Addieren von $l^2 \cos^2 \theta_y$ ergibt

$$(2 + l^2) \cos^2 \theta_y = 2\, l^2$$

Somit ist

$$\cos \theta_y = l\sqrt{\frac{2}{2+l^2}}$$

Aus Gleichung (7.3) erhalten wir außerdem:

$$\sin^2 \theta_y = \frac{2-l^2}{2+l^2} \quad \text{und} \quad \sin \theta_y = \sqrt{\frac{2-l^2}{2+l^2}}$$

(Bitte beachten Sie die Einschränkung $l \leq \sqrt{2}$.) Daraus resultiert

$$Par = \begin{pmatrix} l\sqrt{\frac{2}{2+l^2}} & \frac{\sqrt{2}}{2}\sqrt{\frac{2-l^2}{2+l^2}} & \frac{\sqrt{2}}{2}\sqrt{\frac{2-l^2}{2+l^2}} & 0 \\ 0 & \frac{\sqrt{2}}{2} & \frac{-\sqrt{2}}{2} & 0 \\ 0 & 0 & 0 & 0 \\ 0 & 0 & 0 & 1 \end{pmatrix}$$

und $0 \leq l \leq \sqrt{2}$.

Bitte beachten Sie, dass alle anderen Projektionsverhältnisse, z.B. 1:1:*l*, durch eine entsprechende Rotation vor der Anwendung von *Par* erzielt werden können. In diesem Beispiel richtet eine Rotation um 90° um die *y*-Achse die *z*-Achse an der *x*-Achse aus, so dass *Par* angewendet werden kann.

7.5 Weitere Aufgaben

7.16 Konstruieren Sie eine perspektivische Transformation, bei der drei Hauptfluchtpunkte und der Abstand D vom Projektionszentrum zur Projektionsebene vorgegeben sind.

7.17 Zeichnen Sie (*a*) die isometrische und (*b*) die dimetrische Projektion des Einheitswürfels auf die xy-Ebene.

7.18 Wie viele Ansichtsebenen (durch den Ursprung) erzeugen isometrische Projektionen eines Objekts?

Ansichten und Clipping im dreidimensionalen Raum

8

Ein wichtiger Schritt besteht bei der Fotografie darin, die Kamera zu positionieren und auf die Szene auszurichten, um ein Bild zu erstellen. Dies entspricht der Festlegung der 3D-Ansichtsparameter in der Computergrafik, die den Projektionsstrahl (das Projektionszentrum bei der perspektivischen Projektion oder die Projektionsrichtung bei der Parallelprojektion) sowie die Position und die Ausrichtung der Projektions- bzw. Ansichtsebene vorgeben.

Darüber hinaus definiert ein *Ansichtsvolumen* den räumlichen Ausschnitt, der durch ein rechteckiges Fenster in der Ansichtsebene zu sehen ist. Die Hüllflächen dieses Ansichtsvolumens werden dazu verwendet, die Objekte zuzuschneiden, die zuvor mit Hilfe der Modellierungstransformation (Kap. 4 und 6) in der Szene positioniert wurden. Die zugeschnittenen Objekte werden dann in die Fensterfläche hineinprojiziert, woraus sich eine bestimmte Ansicht der 3D-Szene ergibt, die wiederum auf den Viewport im normalisierten GKS (Kap. 5) abgebildet wird.

In diesem Kapitel befassen wir uns mit der Festlegung von 3D-Ansichtsparametern, einschließlich eines Ansichtskoordinatensystems zur Definition des Ansichtsebenenfensters und der Bildung des entsprechenden Ansichtsvolumens (Abschnitt 8.1). Außerdem erörtern wir 3D-Clippingverfahren und -algorithmen (Abschnitt 8.2). Anschließend fassen wir den dreidimensionalen Ansichtsprozess zusammen (Abschnitt 8.3). Zum Schluss untersuchen wir den Aufbau einer typischen 3D-Grafikpipeline (Abschnitt 8.4).

8.1 Dreidimensionale Ansichten

Dreidimensionale Ansichten von Objekten erfordern die Angabe einer Projektionsebene (auch *Ansichtsebene* genannt), eines *Projektionszentrums* (*Blickpunkts*) oder der Projektionsrichtung und eines *Ansichtsvolumens* in Weltkoordinaten.

8.1.1 Festlegen der Ansichtsebene

Wir legen die Ansichtsebene fest, indem wir (1) einen Bezugspunkt $R_0(x_0, y_0, z_0)$ in Weltkoordinaten und (2) einen Einheitsnormalenvektor $\mathbf{N} = n_1\mathbf{I} + n_2\mathbf{J} + n_3\mathbf{K}$, $|\mathbf{N}| = 1$ für die Ansichtsebene angeben (siehe Abb. 8.1). Anhand dieser Information können wir die Projektionen konstruieren, die zur Darstellung der erforderlichen Ansicht mit Hilfe des gegebenen Blickpunkts oder der Projektionsrichtung verwendet werden (Kap. 7).

8.1.2 Ansichtskoordinaten

Das *Koordinatensystem der Ansichtsebene* oder das *Ansichtskoordinatensystem* kann wie folgt festgelegt werden: (1) Nehmen Sie den Bezugspunkt $R_0(x_0, y_0, z_0)$ als Ursprung des Koordinatensystems, und (2) bestimmen Sie die Koordinatenachsen. Zu diesem Zweck wählen wir zuerst einen Bezugsvektor **U**, den man als *Aufwärtsvektor* (Up-Vektor) bezeichnet. Ein Einheitsvektor $\mathbf{J}_q$ kann dann durch die Projektion des Vektors U auf die Ansichtsebene bestimmt werden. Wir lassen den Vektor $\mathbf{J}_q$ die Richtung der positiven q-Achse im Koordinatensystem der Ansichtsebene festlegen.

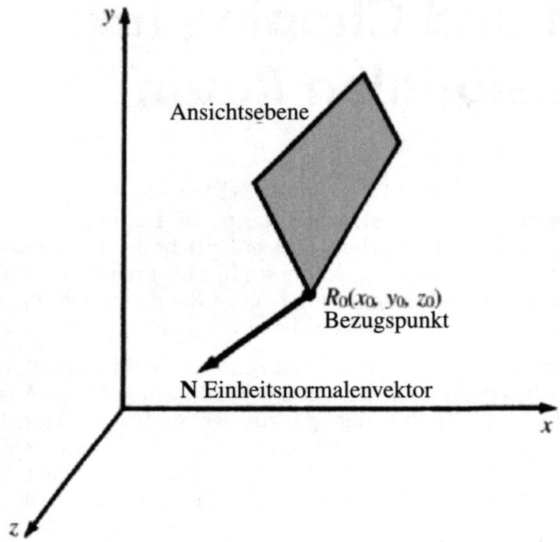

Abb. 8.1

Um $\mathbf{J}_q$ zu berechnen, gehen wir wie folgt vor: Mit **N** als Einheitsnormalenvektor der Ansichtsebene sei $\mathbf{U}_q = \mathbf{U} - (\mathbf{N} \cdot \mathbf{U})\mathbf{N}$ (Anhang 2, Aufgabe A2.14). Dann ist

$$J_q = \frac{U_q}{|U_q|}$$

der Einheitsvektor, der die Richtung der positiven q-Achse definiert (siehe Abb. 8.2).

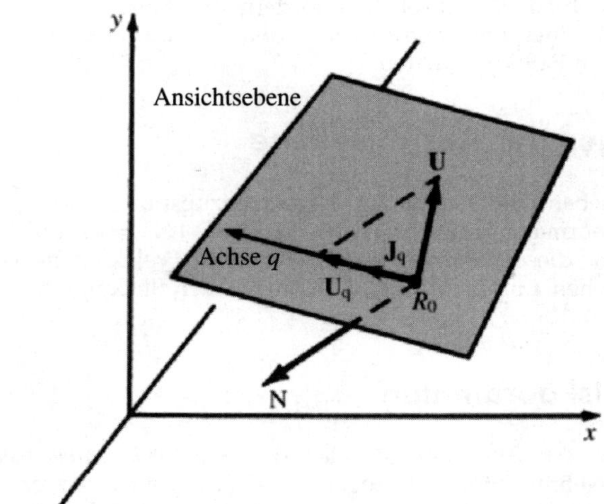

Abb. 8.2

Schließlich wird der Richtungsvektor $\mathbf{I}_p$ der positiven p-Achse gewählt, damit sie senkrecht zu $\mathbf{J}_q$ verläuft und damit das Dreibein $\mathbf{I}_p$, $\mathbf{J}_q$ und $\mathbf{N}$ konventionsgemäß ein *linkshändiges* Koordinatensystem bildet. Das heißt:

$$\mathbf{I_p} = \frac{\mathbf{N} \times \mathbf{J_q}}{|\mathbf{N} \times \mathbf{J_q}|}$$

Dieses Koordinatensystem wird als Ansichtsebenen-Koordinatensystem oder *Ansichtskoordinatensystem* bezeichnet. Normalerweise wird ein linkshändiges System gewählt. Stellt man sich die Ansichtsebene als Fläche eines Anzeigegeräts vor, wobei die Koordinatenachsen p und q in der Ebene des Anzeigegeräts liegen, zeigt damit der Normalenvektor $\mathbf{N}$ in vom Betrachter weg [siehe Abb. 8.3(a)].

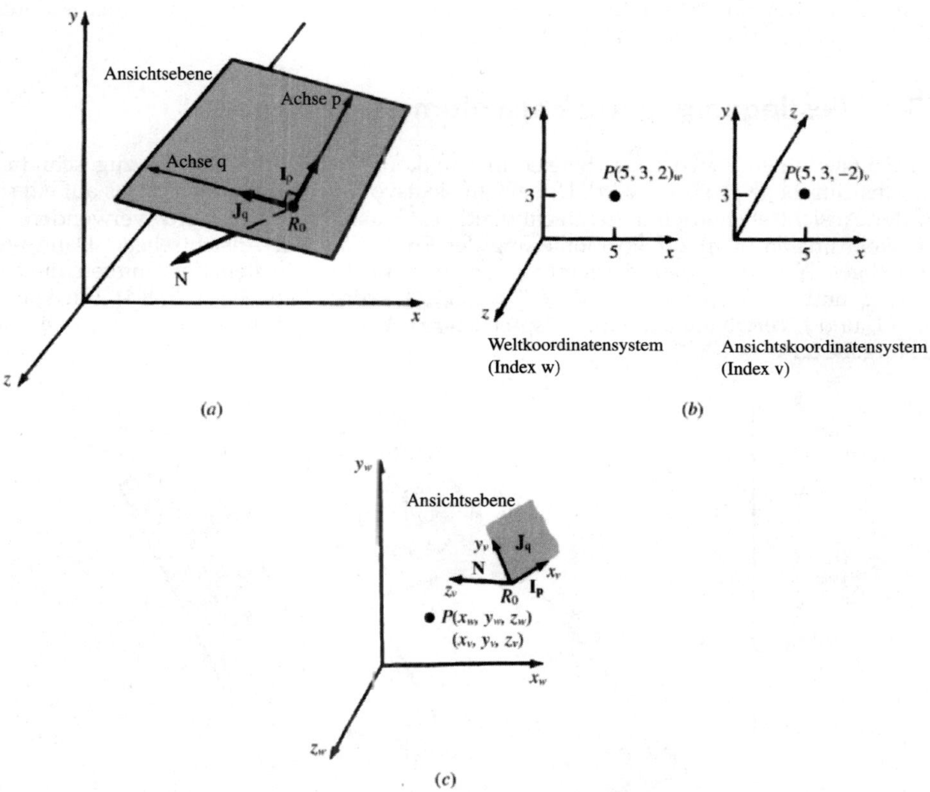

Abb. 8.3

Beispiel 1. Handelt es sich bei der Ansichtsebene um die xy-Ebene, dann bilden $\mathbf{I}_p = \mathbf{I}$, $\mathbf{J}_q = \mathbf{J}$ und die Einheitsnormale $\mathbf{N} = -\mathbf{K}$ ein linkshändiges System. Die z-Koordinate eines Punkts misst die Tiefe oder den Abstand des Punkts von der Ansichtsebene. Das Vorzeichen gibt an, ob sich der Punkt relativ zum Zentrum oder der Richtung der Projektion vor oder hinter der Ansichtsebene befindet. In diesem Beispiel nehmen wir einen Wechsel von rechtshändigen Weltkoordinaten (x, y, z) in linkshändige Ansichtskoordinaten (x', y', z') vor [siehe Abb. 8.3(b)], indem wir die folgende Transformation durchführen:

$$T_{RL}: \begin{cases} x' = x \\ y' = y \\ z' = -z \end{cases}$$

In der Form einer Matrix ergibt sich für homogene Koordinaten:

$$T_{RL} = \begin{pmatrix} 1 & 0 & 0 & 0 \\ 0 & 1 & 0 & 0 \\ 0 & 0 & -1 & 0 \\ 0 & 0 & 0 & 1 \end{pmatrix}$$

Die allgemeine Transformation für den Wechsel von Weltkoordinaten in Ansichtskoordinaten [siehe Abb. 8.3(*c*)] wird in Aufgabe 8.3 entwickelt.

8.1.3 Festlegen des Ansichtsvolumens

Das Ansichtsvolumen grenzt einen Bereich im Weltkoordinatenraum ein, der zugeschnitten und auf die Ansichtsebene projiziert wird. Um ein Ansichtsvolumen zu definieren, das auf ein spezielles, in der Ansichtsebene definiertes rechtwinkliges Fenster projiziert wird, verwenden wir die Ansichtskoordinaten (p, q) zur Positionierung der Punkte auf der Ansichtsebene. Dann wird ein rechtwinkliges Ansichtsfenster definiert, indem wir die Koordinaten der unteren linken Ecke $L(p_{min}, q_{min})_v$ und der oberen rechten Ecke $R(p_{max}, q_{max})_v$ vorgeben (siehe Abb. 8.4). Wir können die Vektoren $\mathbf{I}_p$ und $\mathbf{J}_q$ verwenden, um die entsprechenden Weltkoordinaten von L und R zu bestimmen (siehe Aufgabe 8.1).

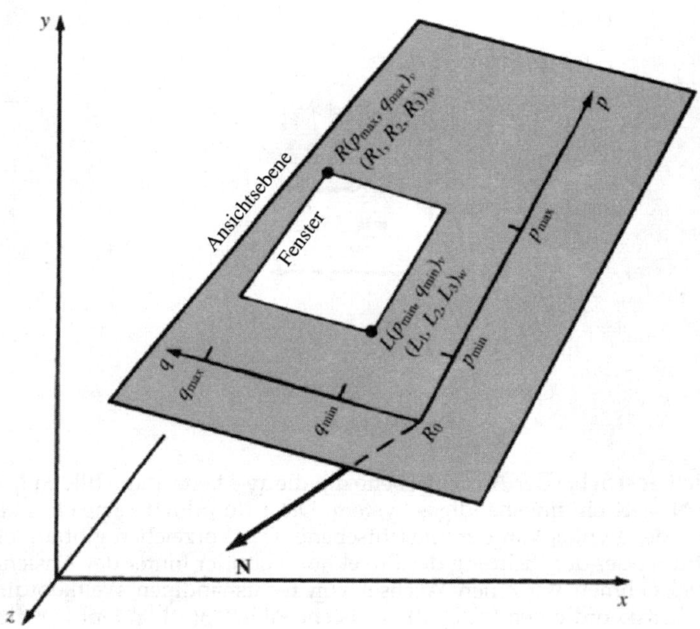

Abb. 8.4

Bei einer perspektivischen Ansicht ist das dem vorgegebenen Fenster entsprechende Ansichtsvolumen eine halbunendliche Pyramide, deren Spitze im Blickpunkt liegt (Abb. 8.5). Wurden Ansichten mit Hilfe von Parallelprojektionen (Abb. 8 6) erstellt, handelt es sich bei dem Ansichtsvolumen um einen unendlichen Quader, dessen Seiten parallel zur Projektionsrichtung verlaufen.

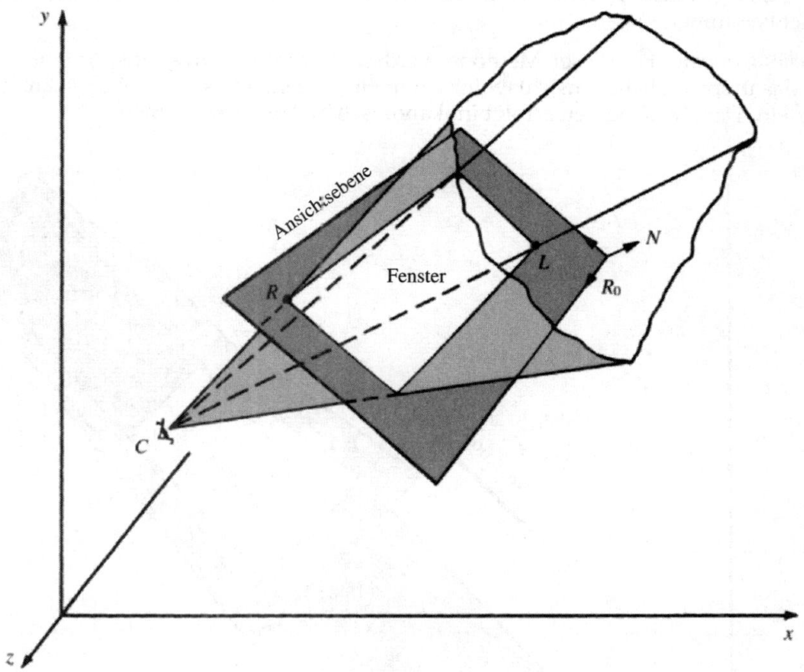

Abb. 8.5

8.2 Clipping

8.2.1 Zuschneiden auf ein endliches Ansichtsvolumen

Die Ausdehnung der oben erstellten Ansichtsvolumen ist unendlich. In der Praxis bevorzugen wir die Verwendung eines endlichen Volumens, um die Anzahl der zu projizierenden Punkte zu begrenzen. Bei perspektivischen Ansichten kommt hinzu, dass sehr weit von der Ansichtsebene entfernte Objekte bei der Projektion als nicht voneinander zu unterscheidende Punkte erscheinen, während sehr nah am Projektionszentrum gelegene Objekte als eine unzusammenhängende Struktur erscheinen. Dies ist ein weiterer Grund für die Verwendung eines endlichen Ansichtsvolumens.

Ein endliches Volumen wird durch die *vordere (nahe)* und *hintere (entfernte) Clippingebene* eingegrenzt, die parallel zur Ansichtsebene verlaufen. Diese Ebenen werden durch die Angabe eines vorderen Abstands f und eines hinteren Abstands b vom Bezugspunkt R_0 in Richtung des Normalenvektors **N** festgelegt. Die Abstände b und f können positiv oder negativ sein (Abb. 8.7 und 8.8).

8.2.2 Clippingverfahren

Um den außergewöhnlichen Rechenaufwand zu bewältigen, der mit dem dreidimensionalen Clipping verbunden ist, sind zwei verschiedene Verfahren entwickelt worden:

1. *Direktes Clipping*. Wie der Name schon sagt, erfolgt das Zuschneiden bei dieser Methode direkt im Ansichtsvolumen.
2. *Kanonisches Clipping*. Bei dieser Methode werden Normalisierungstransformationen angewendet, die das ursprüngliche Ansichtsvolumen in ein so genanntes kanonisches Ansichtsvolumen umwandeln. Das Zuschneiden erfolgt im kanonischen Ansichtsvolumen.

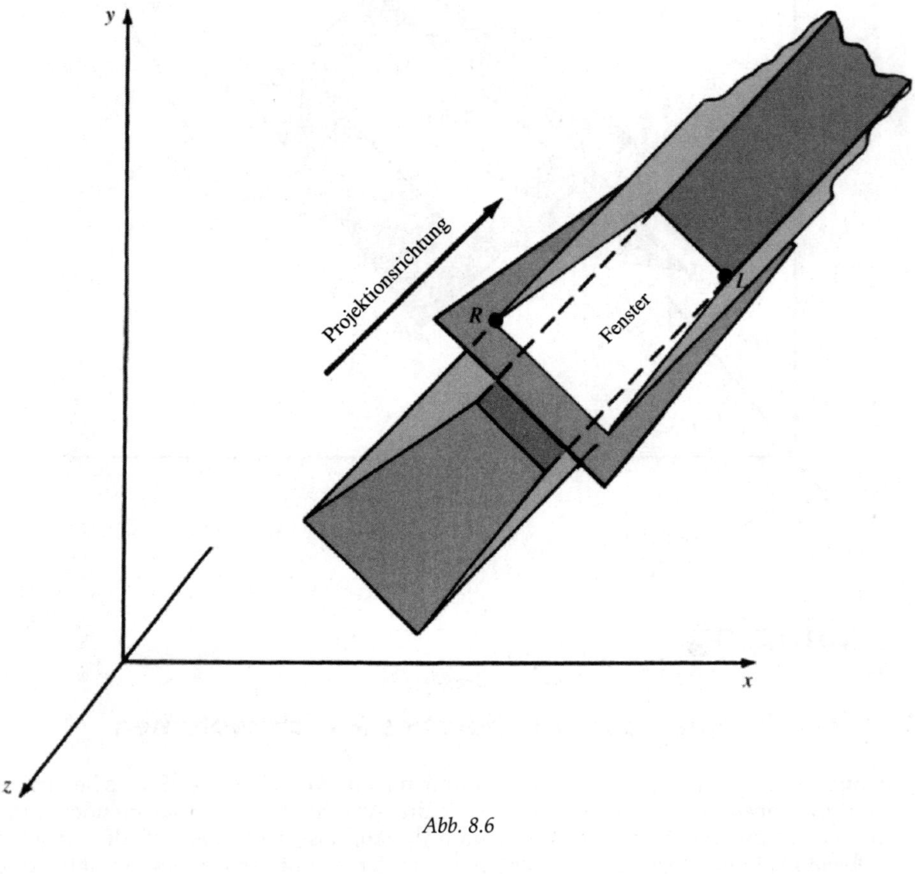

Abb. 8.6

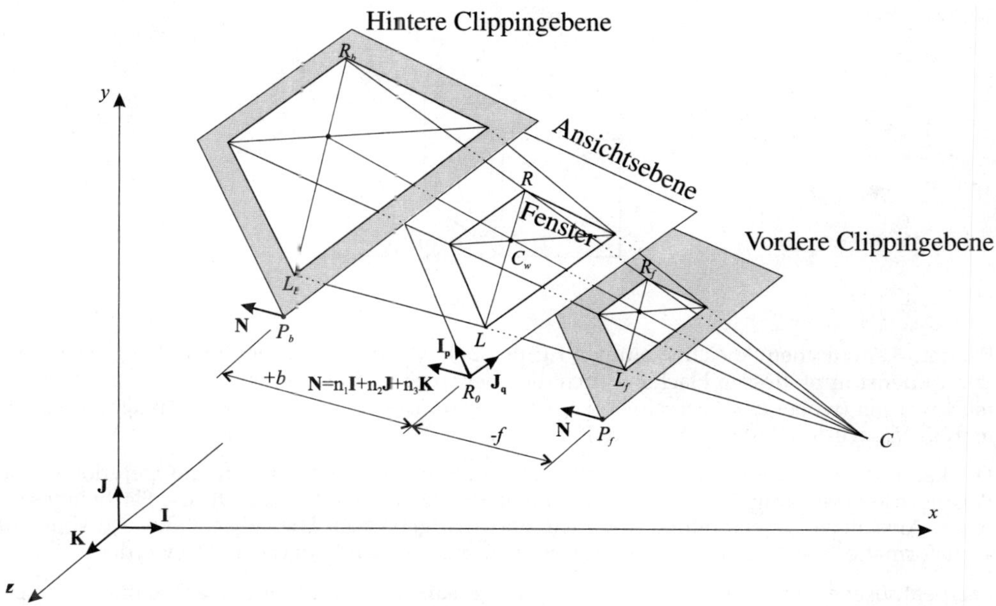

Abb. 8.7 Perspektivisches Ansichtsvolumen

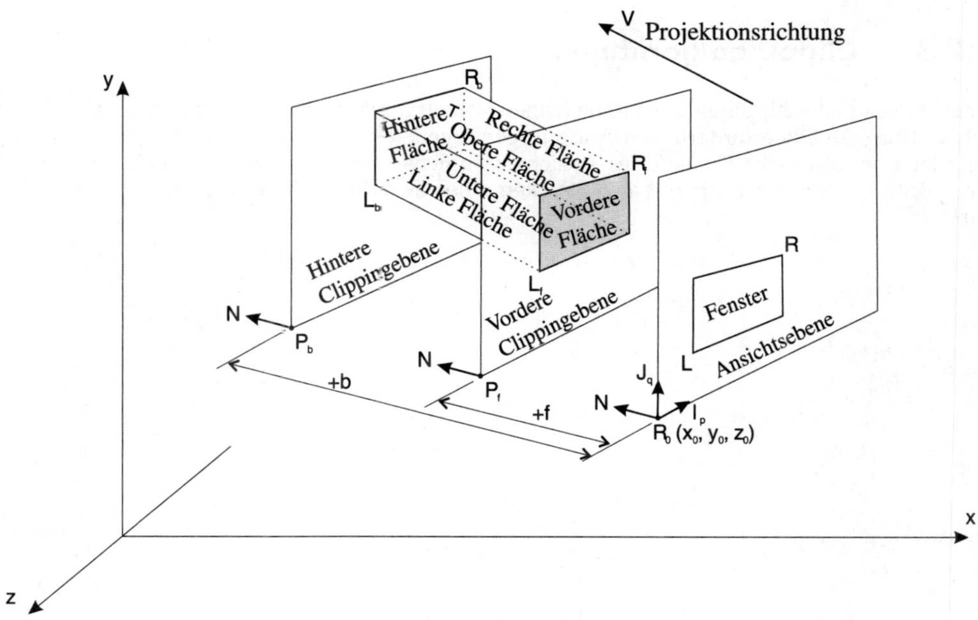

Abb. 8.8 Paralleles Ansichtsvolumen

Das kanonische Ansichtsvolumen für die Parallelprojektion ist der Einheitswürfel, dessen Flächen durch die Ebenen $x = 0$, $x = 1$, $y = 0$, $y = 1$, $z = 0$ und $z = 1$ definiert werden. Die entsprechende Normalisierungstransformation N_{par} wird in Aufgabe 8.5 erstellt (Abb. 8.9).

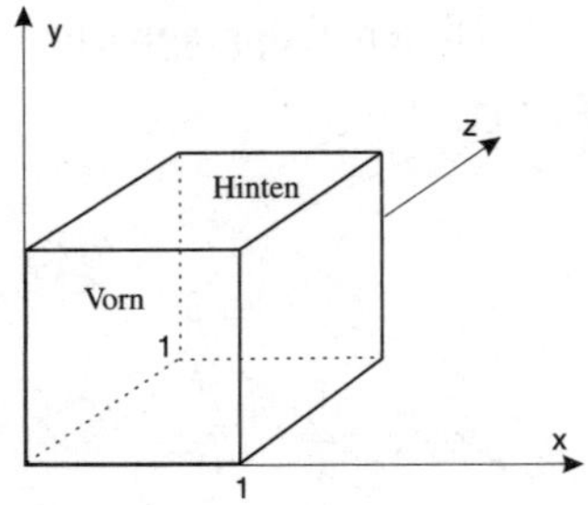

Abb. 8.9

Bei dem kanonischen Ansichtsvolumen für perspektivische Projektionen handelt es sich um einen Pyramidenstumpf, dessen Flächen durch die Ebenen $x = z$, $x = -z$, $y = z$, $y = -z$, $z = z_f$ und $z = 1$ definiert werden (wobei z_f zu berechnen ist) (Abb. 8.10). Die entsprechende Normalisierungstransformation N_{per} wird in Aufgabe 8.6 erstellt.

Das kanonische Clippingverfahren beruht darauf, dass die Berechnungen für Operationen wie zum Beispiel die Ermittlung der Schnittpunkte einer Strecke mit den Ebenen, die die Flächen des kanonischen Ansichtsvolumens bilden, minimal sind (Aufgabe 8.9). Dies gleicht den Aufwand für die Transformation der Punkte aus, von denen viele anschließend zugeschnitten werden.

Perspektivische Ansichten bedürfen manchmal zusätzlicher Clippingoperationen, um perspektivische Anomalien zu vermeiden, die durch die Projektion von Objekten hinter dem Blickpunkt entstehen (siehe Kap. 7).

8.2.3 Clippingalgorithmen

Dreidimensionale Clippingalgorithmen lehnen sich oft direkt an ihre zweidimensionalen Gegenstücke an (Kap. 5). Die erforderlichen Änderungen ergeben sich aus der Tatsache, dass wir das Clipping jetzt an den sechs Flächen des Ansichtsvolumens vornehmen müssen, bei denen es sich im Gegensatz zu den vier Kanten – also Strecken – des zweidimensionalen Fensters nun um Ebenen handelt.

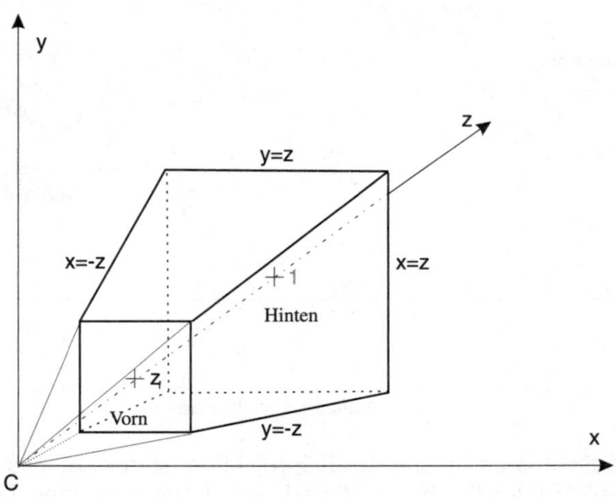

Abb. 8.10

Daraus resultieren die folgenden technischen Unterschiede:

1. Ermitteln des Schnittpunkts einer Geraden und einer Ebene (Aufgabe 8.12)
2. Zuweisen von Bereichscodes zu den Endpunkten von Strecken für den Cohen-Sutherland-Algorithmus (Aufgabe 8.8)
3. Bestimmen, ob sich ein Punkt für den Sutherland-Hodgman-Algorithmus auf der rechten (also *außerhalb*) oder der linken Seite (*innerhalb*) einer Ebene befindet (Aufgabe 8.7)
4. Lösen der Ungleichungen für Punkte innerhalb des Ansichtsvolumens (Aufgabe 8.10)

8.3 Ansichtstransformationen

8.3.1 Normalisierte Ansichtskoordinaten

Wir können die Normalisierungstransformationen N_{par} und N_{per} aus Abschnitt 8.2, »Clippingverfahren«, als geometrische Transformationen ansehen. Das heißt, dass es sich bei *Obj* um ein im Weltkoordinatensystem definiertes Objekt handelt und die Transformation

$$Obj' = N_{par} \cdot Obj \text{ oder } Obj' = N_{per} \cdot Obj$$

ein Objekt *Obj'* erzeugt, das im *normalisierten Ansichtskoordinatensystem* definiert wird.

Das kanonische Clipping entspricht nun dem Clipping in normalisierten Ansichtskoordinaten. Das heißt, dass das transformierte Objekt *Obj'* auf das kanonische Ansichtsvolumen zugeschnitten wird. In Kapitel 10, in dem wir uns mit den Algorithmen für verdeckte Oberflächen beschäftigen, gehen wir davon aus, dass sich die Beschreibung geometrischer Objekte in normalisierten Ansichtskoordinaten vorliegt.

8.3.2 Die Bildschirm-Projektionsebene

Nach dem Zuschneiden in Ansichtskoordinaten projizieren wir die daraus hervorgegangene Struktur auf die *Bildschirm-Projektionsebene*. Dabei handelt es sich um die Ebene, die aus der Anwendung der Transformationen N_{par} oder N_{per} auf die gegebene Ansichtsebene resultiert. Im Fall von N_{par} aus Aufgabe 8.5 stellen wir fest, dass die Bildschirm-Projektionsebene der Ebene $z = -f/(b - f)$ und die Projektionsrichtung der Richtung des Vektors **K** entspricht. Daher handelt es sich bei der Parallelprojektion um eine orthographische Projektion (Kap. 7). Da die Ebene $z = -f/(b - f)$ parallel zur *xy*-Ebene verläuft, können wir Letztere auch als Projektionsebene auswählen. Somit reduziert sich die Parallelprojektion *Par* in normalisierten Ansichtskoordinaten auf eine orthographische Projektion auf die *xy*-Ebene. Die Projektionsmatrix sieht wie folgt aus (Kap. 7, Abschnitt 7.3):

$$Par = \begin{pmatrix} 1 & 0 & 0 & 0 \\ 0 & 1 & 0 & 0 \\ 0 & 0 & 0 & 0 \\ 0 & 0 & 0 & 1 \end{pmatrix}$$

Bei perspektivischen Projektionen handelt es sich bei der Bildschirm-Projektionsebene um die Ebene $z = c_z' \ (c_z' + b)$ (Aufgabe 8.6). Ursprung ist das transformierte Projektionszentrum. Damit erfolgt die perspektivische Projektion *Per* in normalisierten Ansichtskoordinaten durch die Anwendung der folgenden Matrix (Kap. 7, Aufgabe 7.4):

$$Per = \begin{pmatrix} \frac{c'_z}{c'_z + b} & 0 & 0 & 0 \\ 0 & \frac{c'_z}{c'_z + b} & 0 & 0 \\ 0 & 0 & \frac{c'_z}{c'_z + b} & 0 \\ 0 & 0 & 1 & 0 \end{pmatrix}$$

8.3.3 Konstruieren einer dreidimensionalen Ansicht

Der vollständige Prozess zur dreidimensionalen Ansicht (ohne das Entfernen verdeckter Oberflächen) lässt sich in folgenden Schritten beschreiben:

1. Transformieren von Weltkoordinaten in normalisierte Ansichtskoordinaten durch die Anwendung der Transformationen N_{par} oder N_{per}
2. Zuschneiden in normalisierten Ansichtskoordinaten auf kanonische Clippingvolumina
3. Projektion auf die Bildschirm-Projektionsebene mit Hilfe von *Par* oder *Per*
4. Anwenden der entsprechenden (zweidimensionalen) Ansichtstransformationen (Kap. 5)

Was die Transformationen anbelangt, können wir den oben beschriebenen Prozess in Form der Ansichtstransformation V_T beschreiben, wobei

$$V_T = V_2 \cdot Par \cdot CL \cdot N_{par} \text{ oder } V_T = V_2 \cdot Per \cdot CL \cdot N_{per}$$

Hier beziehen sich *CL* und V_2 auf die entsprechenden Clippingoperationen und die zweidimensionalen Ansichtstransformationen.

8.4 Beispiel: Eine 3D-Grafikpipeline

Die in Kap. 5 vorgestellte zweidimensionale Grafikpipeline kann jetzt auf drei Dimensionen erweitert werden (Abb. 8.11), wobei die Modellierungstransformation zuerst einzeln definierte Objekte in einer gemeinsamen Szene positioniert (d.h. im 3D-WKS). Danach erfolgen die Ansichts- und Projektionstransformationen in Übereinstimmung mit den von der Anwendung gesetzten Ansichtsparametern. Das Projektionsergebnis im Fenster der Ansichtsebene wird dann über eine 2D-Ansichtstransformation auf den entsprechenden Blickpunkt der Arbeitsstation abgebildet und zur Ansicht einer Scan Conversion in ein diskretes Bild im Bildspeicher unterzogen.

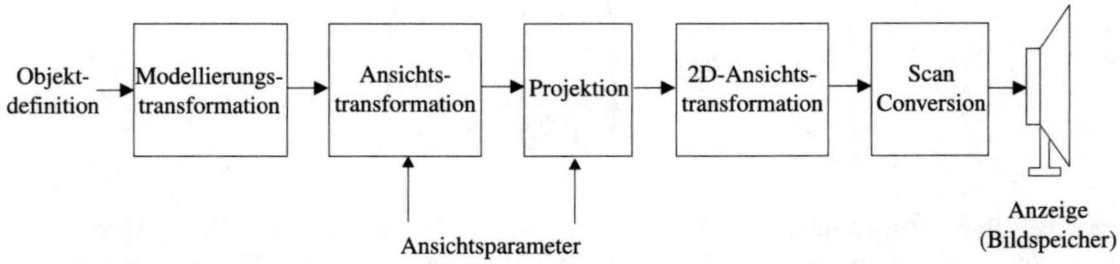

Abb. 8.11: Eine 3D-Grafikpipeline

Eine Anwendung legt normalerweise die Projektionsmethode und das entsprechende Ansichtsvolumen durch Systemaufrufe fest, wie zum Beispiel durch

`perspective` (α, a_w, z_f, z_b)

wobei der Blickpunkt der perspektivischen Projektion C im Ursprung des WKS und die Mittelpunkte der perspektivischen Ansichtsvolumina auf der negativen z-Achse (die vom Betrachter hinwegweist) angenommen werden. α bezeichnet dabei den Winkel zwischen der oberen und der unteren Clippingebene, a_w das Seitenverhältnis des Ansichtsfensters, z_f den Abstand zwischen C und der vorderen Clippingebene (bei der es sich im Wesentlichen auch um die Ansichtsebene handelt) und z_b den Abstand zwischen C und der hinteren Clippingebene.

Dagegen kann die orthographische Parallelprojektion in der Form

`orthographic` $(x_{min}, x_{max}, y_{min}, y_{max}, z_f, z_b)$

angegeben werden, wobei die Projektionsrichtung entlang der negativen z-Achse des WKS verläuft. Die ersten vier Parameter des Aufrufs definieren die linke, rechte, untere bzw. obere Clippingebene, und z_f und z_b übernehmen dieselbe Aufgabe wie bei der oben beschriebenen perspektivischen Projektion.

Weitere Aufrufe an die Systembibliothek stellen oft zusätzliche Funktionen bereit. So kann das Zentrum der perspektivischen Projektion beispielsweise durch einen Aufruf wie

`lookat` $(x_C, y_C, z_C, x_P, y_P, z_P)$

in einem beliebigen Punkt im WKS platziert werden, wobei x_C, y_C, z_C die Koordinaten von C und x_P, y_P, z_P die Koordinaten eines Bezugspunkts P darstellen und die Perspektive des Ansichtsvolumen um den Mittelpunkt der Geraden von C nach P ausgerichtet ist. Die y-Achse des WKS oder, genauer gesagt, der Vektor $\mathbf{J}$ dient als Aufwärtsvektor, der $\mathbf{I}_p$ und $\mathbf{J}_q$ bestimmt. Außerdem kann ein zusätzlicher Parameter eingeführt werden, der eine Rotation des Ansichtskoordinatensystems (mit $R_0 = C_2$, dem Mittelpunkt des Ansichtsebenenfensters) um seine z-Achse, d.h. die Gerade CP, erlaubt.

Durch die Verwendung von `perspective()` und `lookat()` können wir auf bequeme Weise eine Bildsequenz erzeugen, deren Animation den Eindruck des »Vorbeigehens« oder »Vorbeifliegens« vermittelt, indem wir P auf einem Objekt positionieren und C am Kameraweg entlang von einem Frame zum nächsten verschieben (Abb. 8.12).

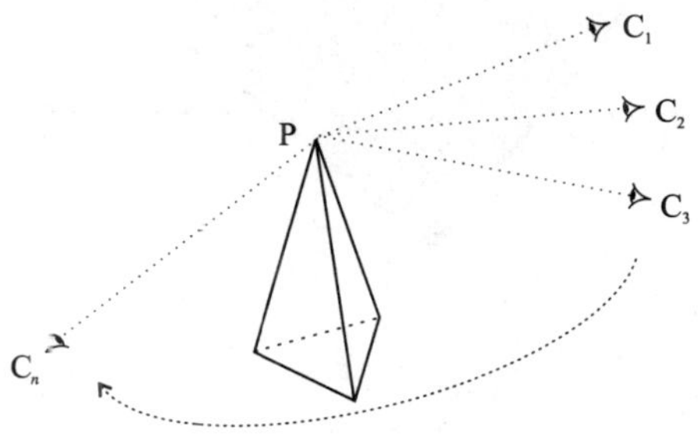

Abb. 8.12

Abschließend möchten wir einige wichtige Operationen der 3D-Grafikpipeline erwähnen, die wir noch nicht erörtert haben. Die erste soll verhindern, dass vor den Blicken des Betrachters verborgene Objekte und Objektabschnitte in die projizierte Ansicht eingehen (Kap. 10). Die zweite dient der Zuweisung von Farbattributen zu den Pixeln, so dass die Objekte realistischer aussehen (Kap. 11).

8.5 Aufgaben mit Lösungen

8.1 Seien $P(p, q)_v$ die Ansichtskoordinaten eines Punkts auf der Ansichtsebene. Ermitteln Sie seine Weltkoordinaten $P(x, y, z)_w$.

Lösung:

Schauen Sie sich Abb. 8.13 an. Sei R_0 der Bezugspunkt der Ansichtsebene, **R** der Positionsvektor von R_0 und **W** der Positionsvektor von *P* (beide relativ zum Ursprung des Weltkoordinatensystems – siehe Abb. 8.13). Sei außerdem **V** der Positionsvektor von *P* relativ zum Ursprung R_0 der Ansichtsebene. Daraus resultiert

$$\mathbf{V} = p\mathbf{I}_p + q\mathbf{J}_q \text{ und } \mathbf{W} = \mathbf{R} + \mathbf{V}$$

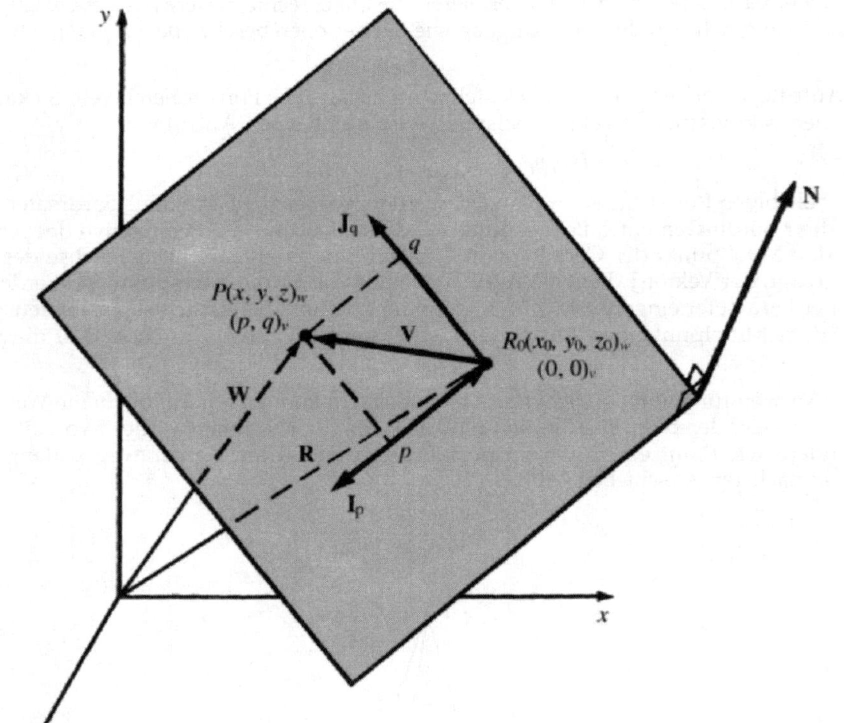

Abb. 8.13

Somit ergibt sich

$$\mathbf{W} = \mathbf{R} + p\mathbf{I}_p + q\mathbf{J}_q$$

Seien die Komponenten von $\mathbf{I}_p$ und $\mathbf{J}_q$

$$\mathbf{I}_p = a_p\mathbf{I} + b_p\mathbf{J} + c_p\mathbf{K} \qquad \mathbf{J}_q = a_q\mathbf{I} + b_q\mathbf{J} + c_q\mathbf{K}$$

Außerdem gilt

$$\mathbf{R} = x_0\mathbf{I} + y_0\mathbf{J} + z_C\mathbf{K}$$

so dass wir aus $\mathbf{W} = \mathbf{R} + p\mathbf{I}_p + q\mathbf{J}_q$ Folgendes erhalten:

$$\mathbf{W} = (x_0 + pa_p + qa_q)\mathbf{I} + (y_0 + pb_p + qb_q)\mathbf{J} + (z_0 + pc_p + qc_q)\mathbf{K}$$

Die benötigten Weltkoordinaten von P können aus $\mathbf{W}$ abgelesen werden:

$P(x_0 + pa_p + qa_q, y_0 + pb_p + qb_q, z_0 + pc_p + qc_q)_w$

8.2 Bestimmen Sie die Projektion des Einheitswürfels auf die Ansichtsebene aus Aufgabe 7.9 in Kap. 7. Bestimmen Sie die entsprechenden Ansichtskoordinaten des projizierten Würfels.

Lösung:

Nach Aufgabe 7.9 müssen wir mehrere Parameter festlegen, um die entsprechende perspektivische Projektionsmatrix $\mathrm{Per}_{\mathrm{N,R_0\,C}}$ zu berechnen.

Wenn wir $h = \frac{1}{2}$, $t_1 = 1$ und $t_2 = (1 - \sqrt{3})/(1 + \sqrt{3})$ wählen, erhalten wir

$$Per_{\mathbf{N},R_0,C} = \frac{1+\sqrt{3}}{2}\begin{pmatrix} 0 & \dfrac{2}{1+\sqrt{3}} & 0 & -2 \\ \sqrt{3} & \dfrac{1-\sqrt{3}}{1+\sqrt{3}} & 0 & -(1+\sqrt{3}) \\ \dfrac{\sqrt{3}}{2(1+\sqrt{3})} & \dfrac{1}{2(1+\sqrt{3})} & \dfrac{-2\sqrt{3}}{1+\sqrt{3}} & -\dfrac{1}{2} \\ \dfrac{\sqrt{3}}{1+\sqrt{3}} & \dfrac{1}{1+\sqrt{3}} & 0 & -\left(\dfrac{1+3\sqrt{3}}{1+\sqrt{3}}\right) \end{pmatrix}$$

Wenn wir $\mathrm{Per}_{\mathrm{N,R_0,C}}$ auf die Matrix V der homogenen Koordinaten des Einheitswürfels anwenden, ergibt sich $\mathrm{Per}_{\mathrm{N,R_0,C}} \cdot V = V'$, wobei es sich bei V' um die Matrix $(A'B'C'D'E'F'G'H')$ handelt. Nach der Matrizenmultiplikation haben wir

$$\mathbf{V}' = \frac{1+\sqrt{3}}{2} \times$$

$$\begin{pmatrix} -2 & -2 & \dfrac{-2\sqrt{3}}{1+\sqrt{3}} & \dfrac{-2\sqrt{3}}{1+\sqrt{3}} & \dfrac{-2\sqrt{3}}{1+\sqrt{3}} & -2 & -2 & \dfrac{-2\sqrt{3}}{1+\sqrt{3}} \\ -(1+\sqrt{3}) & -1 & \dfrac{-2\sqrt{3}}{1+\sqrt{3}} & -3 & -3 & -(1+\sqrt{3}) & -1 & \dfrac{-2\sqrt{3}}{1+\sqrt{3}} \\ -\dfrac{1}{2} & \dfrac{-1}{2(1+\sqrt{3})} & 0 & \dfrac{-\sqrt{3}}{2(1+\sqrt{3})} & \dfrac{-5\sqrt{3}}{2(1+\sqrt{3})} & -\left(\dfrac{1+5\sqrt{3}}{2(1+\sqrt{3})}\right) & -\left(\dfrac{1+4\sqrt{3}}{2(1+\sqrt{3})}\right) & \dfrac{-2\sqrt{3}}{1+\sqrt{3}} \\ -\left(\dfrac{1+3\sqrt{3}}{1+\sqrt{3}}\right) & -\left(\dfrac{1+2\sqrt{3}}{1+\sqrt{3}}\right) & \dfrac{-2\sqrt{3}}{1+\sqrt{3}} & \dfrac{-3\sqrt{3}}{(1+\sqrt{3})} & \dfrac{-3\sqrt{3}}{(1+\sqrt{3})} & -\left(\dfrac{1+3\sqrt{3}}{1+\sqrt{3}}\right) & -\left(\dfrac{1+2\sqrt{3}}{1+\sqrt{3}}\right) & \dfrac{-2\sqrt{3}}{1+\sqrt{3}} \end{pmatrix}$$

Nehmen wir einen Wechsel von homogenen zu Weltkoordinaten vor (Anhang 2), so ergeben sich die Koordinaten des projizierten Würfels wie folgt:

$$A'\left[2\left(\frac{1+\sqrt{3}}{1+3\sqrt{3}}\right), 2\left(\frac{2+\sqrt{3}}{1+3\sqrt{3}}\right), \frac{1+\sqrt{3}}{2(1+3\sqrt{3})}\right] \qquad E'\left(\frac{2}{3}, \frac{1+\sqrt{3}}{\sqrt{3}}, \frac{5}{6}\right)$$

$$B'\left[2\left(\frac{1+\sqrt{3}}{1+2\sqrt{3}}\right), \frac{1+\sqrt{3}}{1+2\sqrt{3}}, \frac{1}{2(1+2\sqrt{3})}\right] \qquad F'\left[2\left(\frac{1+\sqrt{3}}{1+3\sqrt{3}}\right), \frac{2(2+\sqrt{3})}{1+3\sqrt{3}}, \frac{1+5\sqrt{3}}{2(1+3\sqrt{3})}\right]$$

$$C'(1, 1, 0) \qquad G'\left[2\left(\frac{1+\sqrt{3}}{1+2\sqrt{3}}\right), \frac{1+\sqrt{3}}{1+2\sqrt{3}}, \frac{1+4\sqrt{3}}{2(1+2\sqrt{3})}\right]$$

$$D'\left(\frac{2}{3}, \frac{1+\sqrt{3}}{\sqrt{3}}, \frac{1}{6}\right) \qquad H'(1, 1, 1)$$

Um einen Wechsel von Welt- zu Ansichtskoordinaten vorzunehmen, wählen wir zuerst einen Aufwärts-Vektor aus. Wenn wir dazu Vektor **K**, die Richtung der positiven *z*-Achse, festlegen, ermitteln wir anschließend die Vektoren $\mathbf{I}_p$ und $\mathbf{J}_q$ der Ansichtskoordinaten.

Bei unserer Auswahl für t_1 und t_2 lautet der Einheitsnormalenvektor **N** (Aufgabe 7.9) wie folgt:

$$\mathbf{N} = \frac{\sqrt{3}}{2}\mathbf{I} + \frac{1}{2}\mathbf{J}$$

Mit **U** = **K** und unter Verwendung von Aufgabe A2.14 (Anhang 2) ergibt sich

$$\mathbf{U}_q = \mathbf{U} - (\mathbf{N} \cdot \mathbf{U})\mathbf{N} = \mathbf{U} \text{ (da } \mathbf{N} \cdot \mathbf{U} = 0) = \mathbf{K} \text{ und } \mathbf{J}_q = \frac{\mathbf{U}_q}{|\mathbf{U}_q|} = \mathbf{K}$$

(Hinweis für Leser, die die Gleichung (A2.3) aus Aufgabe A2.14 verwenden: Wir haben uns die Tatsache zunutze gemacht, dass $|\mathbf{N}| = 1$, und V_p durch $\mathbf{U}_q$ und **V** und **U** ersetzt.)

Jetzt ergibt sich

$$\mathbf{I_p} = \frac{\mathbf{N} \times \mathbf{J_q}}{|\mathbf{N} \times \mathbf{J_q}|}$$

Durch die Berechnung (siehe Anhang 2) erhalten wir

$$\mathbf{N} \times \mathbf{J_q} = \frac{1}{2}\mathbf{I} - \frac{\sqrt{3}}{2}\mathbf{J} \qquad \text{und} \qquad |\mathbf{N} \times \mathbf{J_q}| = 1$$

Somit ergibt sich

$$\mathbf{I_p} = \frac{1}{2}\mathbf{I} - \frac{\sqrt{3}}{2}\mathbf{J}$$

Um einen Punkt P mit den Weltkoordinaten $(x, y, z)_w$ in die Ansichtskoordinaten $(p, q)_v$ umzuwandeln, verwenden wir die Gleichungen aus Aufgabe 8.1:

$$x = x_0 + pa_p + qa_q \qquad y = y_0 + pb_p + qb_q \qquad z = z_0 + pc_p + qc_q$$

wobei (x_0, y_0, z_0) die Koordinaten des Bezugspunkts R_0 der Ansichtsebene sind. Daraus resultiert

$$\mathbf{I_p} = a_p\mathbf{I} + b_p\mathbf{J} + c_p\mathbf{K} = \frac{1}{2}\mathbf{I} - \frac{\sqrt{3}}{2}\mathbf{J} + 0\mathbf{K} \qquad \mathbf{J_q} = a_q\mathbf{I} + b_q\mathbf{J} + c_q\mathbf{K} = 0\mathbf{I} + 0\mathbf{J} + 1\mathbf{K}$$

Wählen wir $R_0(1; 1; 0)$ als Bezugspunkt der Ansichtsebene, so ergibt sich

$$x = \frac{1}{2}p + 1 \qquad y = \frac{-\sqrt{3}}{2}p + 1 \qquad z = q$$

Als Lösung für p und q ergibt sich

$p = 2(x - 1)$ und $q = z$

Unter Verwendung dieser Gleichungen wandeln wir die transformierten Koordinaten in Ansichtskoordinaten um:

$$A'\left[2\left(\frac{1-\sqrt{3}}{1+3\sqrt{3}}\right), \frac{1+\sqrt{3}}{2(1+3\sqrt{3})}\right] \qquad E'\left(-\frac{2}{3}, \frac{5}{6}\right)$$

$$B'\left[\frac{2}{1+2\sqrt{3}}, \frac{1}{2(1+2\sqrt{3})}\right] \qquad F'\left[2\left(\frac{1-\sqrt{3}}{1+3\sqrt{3}}\right), \frac{1+5\sqrt{3}}{2(1+3\sqrt{3})}\right]$$

$$C'(0, 0) \qquad G'\left[\frac{2}{1+2\sqrt{3}}, \frac{1+4\sqrt{3}}{2(1+2\sqrt{3})}\right]$$

$$D'\left(-\frac{2}{3}, \frac{1}{6}\right) \qquad H'(0, 1)$$

Schauen Sie sich Abb. 8.14 an. Bitte beachten Sie auch, dass die Koordinaten des Blickpunkts oder Projektionszentrums C und die Fluchtpunkte FP_1 und FP_2 durch die Verwendung der Gleichungen aus Aufgabe 7.9 ermittelt werden können:

$$C(a, b, c) = C\left(2, 1 + \sqrt{3}, \frac{1}{2}\right) \qquad FP_1\left(0, 1 + \sqrt{3}, \frac{1}{2}\right)_w \qquad FP_2\left(2, 1 - \sqrt{3}, \frac{1}{2}\right)_w$$

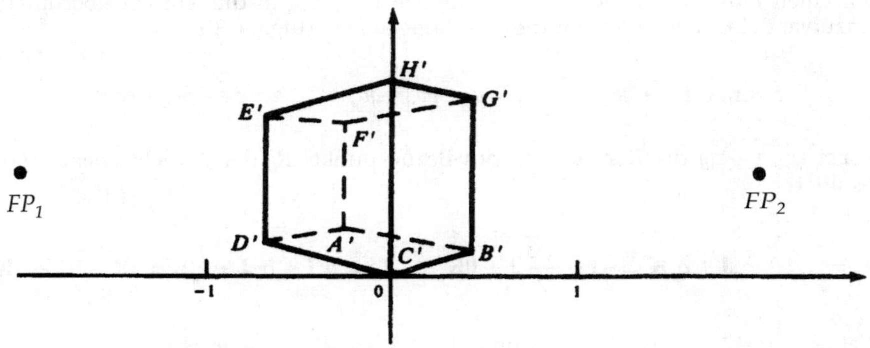

Abb. 8.14

In Ansichtskoordinaten:

$$FP_1\left(-2,\frac{1}{2}\right)_v \quad \text{und} \quad FP_2\left(2,\frac{1}{2}\right)_v$$

8.3 Ermitteln Sie die Transformation T_{wv} zwischen den Weltkoordinaten und den Ansichtskoordinaten.

Lösung:

Die Weltkoordinatenachsen werden durch das rechtshändige Dreibein der Einheitsvektoren [**I**, **J**, **K**] bestimmt.

Die Ansichtskoordinatenachsen werden durch das linkshändige Vektorendreibein [$\mathbf{I}_p$, $\mathbf{J}_q$, **N**] und den Ansichtsbezugspunkt $R_0(x_0, y_0, z_0)$ bestimmt.

Nach Abb. 8.3(*a*) konstruieren wir die Transformation T_{wv} durch die in den folgenden Schritten festgelegte Matrizenverkettung:

1. Führen Sie mit Hilfe der Translationsmatrix T_v eine Verschiebung des Bezugspunkts $R_0(x_0, y_0, z_0)$ in den Ursprung des Weltkoordinatensystems durch. Hier ist **V** der Vektor mit den Komponenten $-x_0\mathbf{I} - y_0\mathbf{J} - z_0\mathbf{K}$.
2. Richten Sie die Ansichtsnormale **N** am Vektor **-K** (der Richtung der negativen z-Achse) aus und verwenden Sie dabei die Transformation $A_{N,-K}$ (Kap. 6, Aufgabe 6.5). Nehmen Sie $\mathbf{I}_p'$ als neue Position des Vektors $\mathbf{I}_p$ nach der Ausrichtungstransformation, d.h.

$$\mathbf{I}_p' = A_{N,-K} \cdot \mathbf{I}_p$$

3. Drehen Sie $\mathbf{I}_p'$ um die z-Achse, so dass er an **I**, der Richtung der x-Achse, ausgerichtet wird. Wenn θ der Winkel zwischen $\mathbf{I}_p'$ und **I** ist, ist die Rotation $R_{\theta,K}$ (Kap. 6).
4. Ändern Sie die rechtshändigen in linkshändige Koordinaten, indem Sie die Transformation T_{RL} aus Beispiel 2 anwenden. Dann ergibt sich $T_{wv} = T_{RL} \cdot R_{\theta,K} \cdot A_{N,K\_} \cdot T_v$. Wenn (x_w, y_w, z_w) die Weltkoordinaten des Punkts P sind, kann man die Ansichtskoordinaten (x_0, y_0, z_0) von P durch die Transformation T_{wv} ermitteln.

8.4 Bestimmen Sie die Gleichungen der Ebenen, die das Ansichtsvolumen für die allgemeine Parallelprojektion bilden.

Lösung:

Die Gleichung einer Ebene wird durch zwei Vektoren in der Ebene und einen Bezugspunkt bestimmt (Anhang 2, Aufgabe A2.10). Das Kreuzprodukt der beiden Vektoren legt die Richtung des Normalenvektors zur Ebene fest.

In Abb. 8.8 haben die Seiten des Fensters in der Ansichtsebene die Richtung der Ansichtskoordinatenvektoren $\mathbf{I}_p$ und $\mathbf{J}_q$. Mit Hilfe von **V** als Vektor der Projektionsrichtung bestimmen wir die folgenden Ebenen:

1. *Obere Ebene* – Festgelegt durch die Vektoren $\mathbf{I}_p$ und **V** und den Bezugspunkt R_f, gemessen in f Einheiten entlang des Einheitsnormalenvektors $\mathbf{N} = n_1\mathbf{I} + n_2\mathbf{J} + n_3\mathbf{K}$ von der oberen rechten Ecke $R(r_1, r_2, r_3)$ des Fensters. Der Bezugspunkt R_f hat die Weltkoordinaten $(r_1 + fn_1, r_2 + fn_2, r_3 + fn_3)$.
2. *Untere Ebene* – Festgelegt durch die Vektoren $\mathbf{I}_p$ und **V** und den Bezugspunkt L_f, gemessen von der unteren linken Ecke $L(l_1, l_2, l_3)$ des Fensters. Der Punkt L_f hat die Weltkoordinaten $(l_1 + fn_1, l_2 + fn_2, l_3 + fn_3)$.
3. *Rechte Ebene* – Festgelegt durch die Vektoren $\mathbf{J}_q$ und **V** und den Bezugspunkt R_f.
4. *Linke Ebene* – Festgelegt durch die Vektoren $\mathbf{J}_q$ und **V** und den Bezugspunkt L_f.

Die vordere und die hintere Clippingebene verlaufen parallel zur Ansichtsebene und weisen daher denselben Normalenvektor $\mathbf{N} = n_1\mathbf{I} + n_2\mathbf{J} + n_3\mathbf{K}$ auf.

5. *Vordere (nahe) Ebene* – Festgelegt durch den Normalenvektor **N** und den Bezugspunkt $P_f(x_0 + fn_1, y_0 + fn_2, z_0 + fn_3)$, gemessen vom Ansichtsbezugspunkt R_0 (x_0, y_0, z_0).
6. *Hintere (entfernte) Ebene* – Festgelegt durch den Normalenvektor **N** und den Bezugspunkt $P_b(x_0 + bn_1, y_0 + bn_2, z_0 + bn_3)$, gemessen in b Einheiten vom Ansichtsebenenbezugspunkt R_0.

8.5 Bestimmen Sie die Normalisierungstransformation für die Umwandlung des parallelen Ansichtsvolumens in das kanonische Ansichtsvolumen, das durch die Ebenen $x = 0$, $x = 1$, $y = 0$, $y = 1$, $z = 0$ und $z = 1$ bestimmt wird (der Einheitswürfel).

Lösung:

Nach Abb. 8.3(a) konstruieren wir die Transformation T_{wv} durch die in den folgenden Schritten festgelegte Verkettung der Matrizen:

1. Führen Sie eine Translation durch, so dass sich R_0, der Ansichtsbezugspunkt, im Ursprung befindet. Die erforderliche Transformation ist die Translation T_{-R0}.
2. Die Vektoren $\mathbf{I}_p$, $\mathbf{J}_q$ und **N** bilden das linkshändige Ansichtskoordinatensystem. Im nächsten Schritt richten wir den Ansichtsnormalenvektor **N** am Vektor **-K** (der Richtung der negativen z-Achse) aus. Die Ausrichtungstransformation $A_{N,-K}$ wurde in Kap. 6, Aufgabe 6.5, entwickelt. Nehmen Sie $\mathbf{I}_p'$ als neue Position des Vektors $\mathbf{I}_p$, d.h. $\mathbf{I}_p' = A_{N,-K} \cdot \mathbf{I}_p$.
3. Richten Sie den Vektor $\mathbf{I}_p'$ am Vektor **I** (der Richtung der positiven x-Achse) aus, indem Sie $\mathbf{I}_p'$ um die z-Achse drehen. Die erforderliche Transformation lautet $R_{\theta,K}$. Hier ist θ der Winkel zwischen $\mathbf{I}_p'$ und **I** (Kap. 6). Wird $\mathbf{I}_p'$ durch $R_{\theta,K}$ an **I** ausgerichtet, so wird der Vektor $\mathbf{J}_q'$ (mit $\mathbf{J}_q' = A_{N,-K} \cdot \mathbf{J}_q$) am Vektor **J** (der Richtung der positiven y-Achse) ausgerichtet.

4. Wir wechseln vom rechtshändigen Weltkoordinatensystem zu einem linkshändigen Koordinatensystem. Die erforderliche Transformation, mit der die Orientierung geändert wird, lautet wie folgt [siehe Abb. 8.3(*b*) sowie Beispiel 1]:

$$T_{RL} = \begin{pmatrix} 1 & 0 & 0 & 0 \\ 0 & 1 & 0 & 0 \\ 0 & 0 & -1 & 0 \\ 0 & 0 & 0 & 1 \end{pmatrix}$$

5. Sei **V**' die neue Position für den Vektor **V** der Projektionsrichtung, d.h. **V**' = $T_{RL} \cdot R_{\theta,\mathrm{K}} \cdot A_{\mathrm{N},-\mathrm{K}}$ · **V**. Die neue Position des transformierten Ansichtsvolumens ist in Abb. 8.15 dargestellt. Bitte beachten Sie, wie das Ansichtsvolumen schräg an der Geraden mit der Richtung des Vektors **V**' verläuft. Angenommen, die Komponenten von **V**' sind **V**' = v_x'**I** + v_y'**J** + v_z'**K**. Nun führen wir eine Scherungstransformation durch, die das neue, abgeschrägte Ansichtsvolumen in ein rechteckiges Ansichtsvolumen umwandelt, das an der *z*-Achse ausgerichtet ist. Die erforderliche Scherungstransformation wird durch Beibehaltung der Basisvektoren **I** und **J** des Ansichtsvolumens und Scheren von **V**' auf den Vektor v_z'**K** (die **K**-Komponente von **V**') bestimmt, d.h. **I** wird zu **I** transformiert, **J** zu **J** und **V**' zu v_z'**K**. Die Matrix für die erforderliche Transformation sieht wie folgt aus:

$$Sh = \begin{pmatrix} 1 & 0 & -\dfrac{v'_x}{v'_z} \\ 0 & 1 & -\dfrac{v'_y}{v'_z} \\ 0 & 0 & 1 \end{pmatrix}$$

Um die Transformation zur Erstellung von N_{par} zu verketten, verwenden wir eine homogene Form von *Sh* der Größe 4 x 4:

$$\left(\begin{array}{ccc|c} & Sh & & 0 \\ & & & 0 \\ & & & 0 \\ \hline 0 & 0 & 0 & 1 \end{array}\right)$$

6. Nun schieben wir das neue Ansichtsvolumen, so dass sich seine untere linke Ecke $L_g{}'$ im Ursprung befindet. Dabei entsprechen die ersten vier Transformationen der Transformation des Ansichtskoordinatensystems aus Aufgabe 8.3. Daher stellen wir nach dieser Transformationen fest, dass die untere linke Ecke des Ansichtsfensters $L(p_{min}, q_{min})_v$ (Ansichtskoordinaten) in einen Punkt L' in der *xy*-Ebene transformiert wird, dessen Koordinaten $(p_{min}, q_{min}, 0)$ lauten. Die obere rechte Ecke R wird zu R´ $(p_{max}, q_{max}, 0)$ transformiert. Nachdem wir die Scherungstransformation *Sh* durchgeführt haben, sehen wir, dass das Ansichtsvolumen an der *z*-Achse ausgerichtet ist und die vordere und hintere Fläche jeweils *b* bzw. *f* Einheiten von der *xy*-Ebene entfernt liegen. Daher befindet sich die untere linke Ecke des Ansichtsvolumens bei $L_f{}'$ (p_{min}, q_{min}, f), und die Begrenzungen

des Ansichtsvolumens lauten $p_{min} \leq x \leq p_{max}$, $q_{min} \leq y \leq q_{max}$, $f \leq z \leq b$. Die erforderliche Translation ist $T_{-L_f'}$.

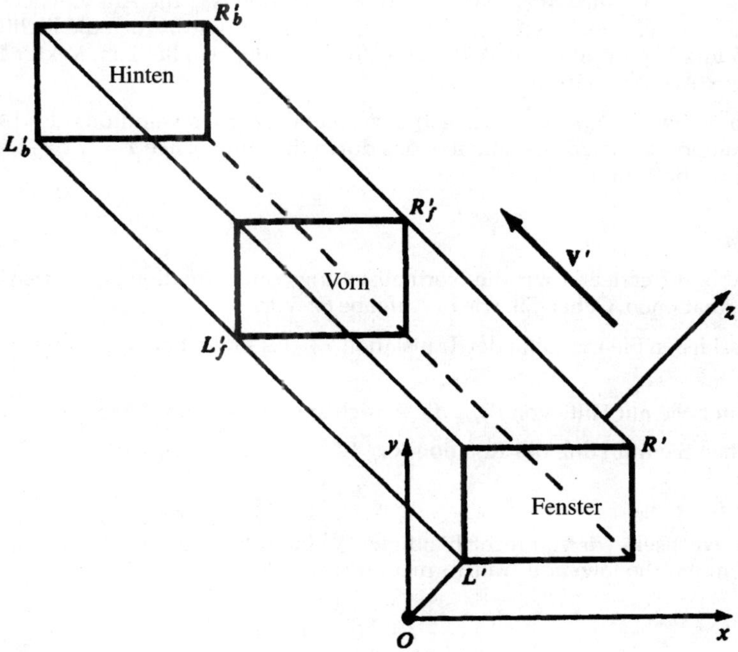

Abb. 8.15

7. Jetzt skalieren wir das rechteckige Ansichtsvolumen auf den Einheitswürfel. Die Basis des aktuellen Ansichtsvolumns hat die Maße der Basis des ursprünglichen Volumens, das dem Ansichtsfenster entspricht, d.h.

$$w = p_{max} - p_{min} \text{ (Breite)} \qquad h = q_{max} - q_{min} \text{ (Höhe)}$$

Die Tiefe des neuen Ansichtsvolumens ist der Abstand von der vorderen zur hinteren Clippingebene: $d = b - f$. Die erforderliche Skalierung ist die Matrix (in der homogenen Form von 4×4)

$$S_{1/w,1/h,1/d} = \begin{pmatrix} \frac{1}{w} & 0 & 0 & 0 \\ 0 & \frac{1}{h} & 0 & 0 \\ 0 & 0 & \frac{1}{d} & 0 \\ 0 & 0 & 0 & 1 \end{pmatrix}$$

Die erforderliche Transformation lautet dann

$$N_{par} = S_{1/w,1/h,1/d} \cdot T_{-L_f} \cdot \cdot Sh \cdot T_{RL} \cdot R_{\theta,K} \cdot A_{N,-K} \cdot T_{-R_0}$$

Bitte beachten Sie auch, dass nach der Transformation N_{par} die Ansichtebene in die parallel zur xy-Ebene gelegene Ebene $z = -f/(b - f)$ transformiert wird. Auch die Richtung des Projektionsvektors **V** wird in einen Vektor transformiert, der parallel zum Vektor **K** mit der Richtung der z-Achse verläuft.

8.6 Bestimmen Sie die Normalisierungstransformation zur Umwandlung des perspektivischen in das kanonische Ansichtsvolumen, das durch die Hüllebenen $x = z$, $x = -z$, $y = z$, $y = -z$, $z = z_f$ und $z = 1$ bestimmt wird.

Lösung:

Nach Abb. 8.7 erstellen wir die Normalisierungstransformation N_{per} durch eine Reihe von Transformationen. Gehen Sie wie in Aufgabe 8.5 vor:

1. Verschieben Sie mit Hilfe der Translation T_{-C} das Projektionszentrum C in den Ursprung vor.
2. Richten Sie mit Hilfe von $A_{N,-K}$ die Ansichtsnormale **N** am Vektor **-K** aus.
3. Drehen Sie mit Hilfe der Rotation $R_{\theta,K}$ $\mathbf{I}_p'$ den Vektor zum Vektor **I**. (Denken Sie daran, dass
   $\mathbf{I}_p' = A_{N,-K} \cdot \mathbf{I}_p$.)
4. Nun wechseln wir von rechtshändigen Weltkoordinaten zu linkshändigen Koordinaten, indem wir die folgende Transformation anwenden:

$$T_{RL} = \begin{pmatrix} 1 & 0 & 0 & 0 \\ 0 & 1 & 0 & 0 \\ 0 & 0 & -1 & 0 \\ 0 & 0 & 0 & 1 \end{pmatrix}$$

5. Das neu transformierte Ansichtsvolumen wird schräg an der Mittellinie angesetzt, die den Ursprung (das verschobene Projektionszentrum) mit dem Mittelpunkt des (transformierten) Ansichtsfensters verbindet (Abb. 8.16). Seien C_w die Mittelpunktkoordinaten des ursprünglichen Ansichtsfensters. Dann hat C_w die Ansichtskoordinaten

$$\left(\frac{p_{\min} + p_{\max}}{2}, \frac{q_{\min} + q_{\max}}{2}\right)_v$$

Diese werden wie in Aufgabe 8.1 in Weltkoordinaten umgewandelt. Sei $\overline{\mathbf{CC}}_w$ der Vektor vom Projektionszentrum zum Mittelpunkt des Fensters und $(\overline{\mathbf{CC}}_w)'$ die Transformation des Vektors $\overline{\mathbf{CC}}_w$, d.h. $(\overline{\mathbf{CC}}_w)' = T_{RL} \cdot R_{\theta,K} \cdot A_{N\text{-}K} \cdot \overline{\mathbf{CC}}_w$. Dann ist $(\overline{\mathbf{CC}}_w)'$ der Vektor, der den Ursprung mit dem Mittelpunkt des transformierten Ansichtsfensters verbindet (Abb. 8.16). Nehmen Sie an, dass $(\overline{\mathbf{CC}}_w)' = c_x'\mathbf{I} + c_y'\mathbf{J} + c_z'\mathbf{K}$. Wir scheren das Ansichtsvolumen so, dass es in ein

Ansichtsvolumen transformiert wird, dessen Mittellinie an der z-Achse liegt. Wie in Aufgabe 8.5 lautet die erforderliche Scherungstransformation

$$Sh = \begin{pmatrix} 1 & 0 & -\frac{c'_x}{c'_z} & 0 \\ 0 & 1 & -\frac{c'_y}{c'_z} & 0 \\ 0 & 0 & 1 & 0 \\ 0 & 0 & 0 & 1 \end{pmatrix}$$

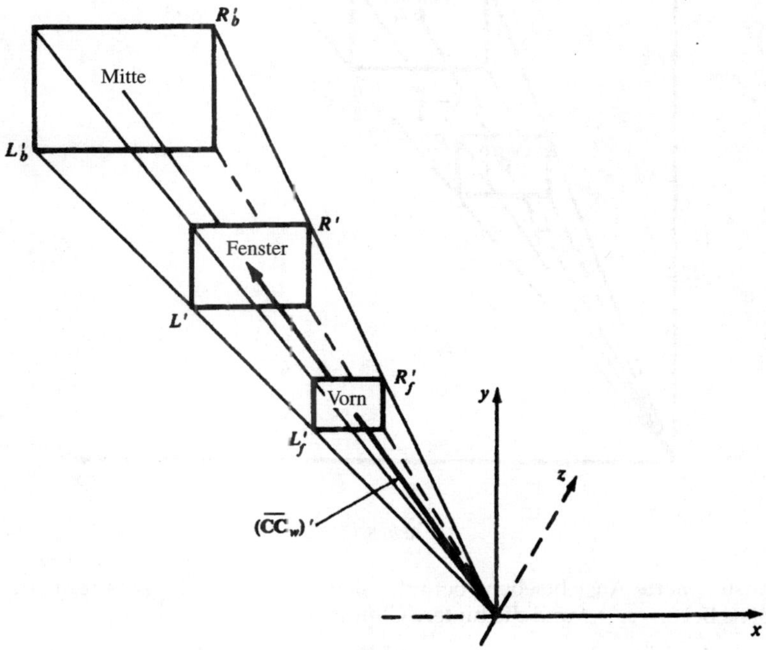

Abb. 8.16

Das neu transformierte Fenster befindet sich nach der Anwendung der Scherungstransformation Sh auf der z-Achse bei $z_c = c_z'$.

6. In Abb. 8.17 ist das transformierte Fenster nun um die z-Achse zentriert. Die Maße des Fensters betragen

$w = p_{max} - p_{min}$ (Breite) und $h = q_{max} - q_{min}$ (Höhe)

Die Tiefe des neuen Ansichtsvolumens ist der Abstand zwischen der vorderen und der hinteren Clippingebene: $d = b - f$. Das transformierte Fenster wird auf der z-Achse um $z_c = c_z'$ zentriert und begrenzt durch

$$-\frac{w}{2} \le x \le \frac{w}{2} \qquad -\frac{h}{2} \le y \le \frac{h}{2}$$

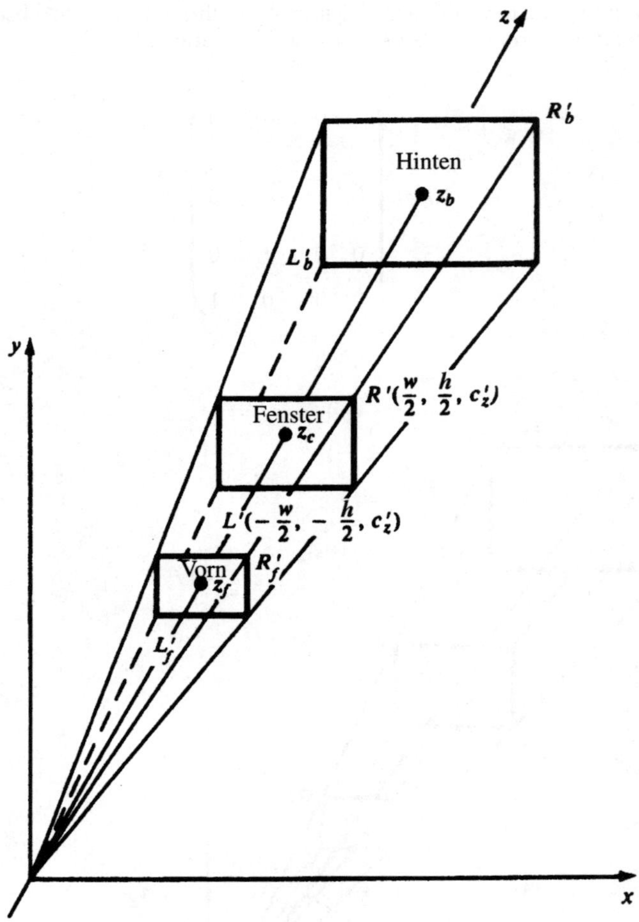

Abb. 8.17

Die transformierte Ansichtsebene befindet sich bei $z_c = c_z'$, die transformierte vordere Clippingebene bei $z_f = c_z' + f$ und die hintere Clippingebene bei $z_b = c_z' + b$.

Um dieses Ansichtsvolumen in ein kanonisches Ansichtsvolumen zu transformieren, führen wir zuerst eine Skalierung in z-Richtung durch, so dass die hintere Clippingebene auf $z = 1$ transformiert wird. Der erforderliche Skalierungsfaktor lautet

$$s_z = \frac{1}{c_z' + b}$$

Die Skalierungsmatrix ist

$$S_{1,1,s_z} = \begin{pmatrix} 1 & 0 & 0 & 0 \\ 0 & 1 & 0 & 0 \\ 0 & 0 & \dfrac{1}{c'_z + b} & 0 \\ 0 & 0 & 0 & 1 \end{pmatrix}$$

Um die Begrenzungen R' und L'' des neuen Fensters zu finden, wenden wir diese Skalierungstransformation auf die aktuellen Fensterkoordinaten an:

$$R'\left(\frac{w}{2}, \frac{h}{2}, c'_z\right) \qquad L'\left(-\frac{w}{2}, -\frac{h}{2}, c'_z\right)$$

Dann ergibt sich

$$R'' = \left(\frac{w}{2}, \frac{h}{2}, \frac{c'_z}{c'_z + b}\right) \qquad \text{und} \qquad L'' = \left(-\frac{w}{2}, -\frac{h}{2}, \frac{c'_z}{c'_z + b}\right)$$

Im nächsten Schritt nehmen wir eine Skalierung in x- und y-Richtung vor, so dass sich die folgenden Fensterbegrenzungen ergeben:

$$R'''\left(\frac{c'_z}{c'_z + b}, \frac{c'_z}{c'_z + b}, \frac{c'_z}{c'_z + b}\right) \qquad \text{und} \qquad L'''\left(-\frac{c'_z}{c'_z + b}, -\frac{c'_z}{c'_z + b}, \frac{c'_z}{c'_z + b}\right)$$

Das heißt, dass die Fensterbegrenzungen auf den Ebenen $x = z$, $x = -z$, $y = z$ und $y = -z$ liegen. Die erforderlichen Skalierungsfaktoren lauten

$$s_x = \frac{2c'_z}{w(c'_z + b)} \qquad \text{und} \qquad s_y = \frac{2c'_z}{h(c'_z + b)}$$

Die entsprechende Skalierungstransformation ist

$$s_{s_x,s_y,1} = \begin{pmatrix} \dfrac{2c'_z}{w(c'_z + b)} & 0 & 0 & 0 \\ 0 & \dfrac{2c'_z}{h(c'_z + b)} & 0 & 0 \\ 0 & 0 & 1 & 0 \\ 0 & 0 & 0 & 1 \end{pmatrix}$$

Multiplikation dieser Skalierungstransformationen in eine einzigeTransformation ergibt

$$s_{s_x,s_y,s_z} = \begin{pmatrix} \dfrac{2c_z'}{w(c_z'+b)} & 0 & 0 & 0 \\ 0 & \dfrac{2c_x'}{h(c_z'+b)} & 0 & 0 \\ 0 & 0 & \dfrac{1}{c_z'+b} & 0 \\ 0 & 0 & 0 & 1 \end{pmatrix}$$

Um die Position der vorderen Clippingebene z_f zu ermitteln, wenden wir die Transformation $S_{s_x s_y s_z}$ auf die derzeitige Position des Mittelpunkts der vorderen Clippingebene an, die $C_f(0, 0, c_z' + f)$ lautet. Damit ergibt sich

$$S_{s_x,s_y,s_z} \cdot C_f = \left(0, 0, \frac{c_z'+f}{c_z'+b}\right)$$

Das bedeutet, dass

$$z_f = \frac{c_z'+f}{c_z'+b}$$

Die vollständige Transformation kann wie folgt geschrieben werden:

$N_{per} = S_{s_x s_y s_z} \cdot Sh \cdot T_{RL} \cdot R_{\theta,K} \cdot A_{N,-K} \cdot T_{-C}$

Bitte beachten Sie, dass die Ansichtsebene nach der Durchführung der Transformation N_{per} zur Ebene

$$z = \frac{c_z'}{c_z'+b}$$

transformiert wird, die parallel zur xy-Ebene verläuft. Außerdem wird das Projektionszentrum C in den Ursprung transformiert.

8.7 Wie bestimmen wir, ob sich ein Punkt P innerhalb oder außerhalb des Ansichtsfensters befindet?

Lösung:

Eine Ebene teilt den Raum in zwei Seiten. Die allgemeine Gleichung einer Ebene lautet wie folgt (Anhang 2):

$$n_1(x - x_0) + n_2(y - y_0) + n_3(z - z_0) = 0$$

Wir definieren eine skalare Funktion $f(P)$ für einen beliebigen Punkt $P(x, y, z)$ als

$$f(P) \equiv f(x, y, z) = n_1(x - x_0) + n_2(y - y_0) + n_3(z - z_0)$$

Wir sagen, dass ein Punkt P (relativ zur Ebene) auf derselben Seite liegt wie Punkt Q, wenn `sign` $f(P)$ = `sign` $f(Q)$. Entsprechend Abb. 8.7 und 8.8 seien f_T, f_B, f_R, f_L, f_N und f_F die Funktionen, die mit der oberen, unteren, rechten, linken, nahen (vorderen) bzw. entfernten (hinteren) Ebene verbunden sind (Aufgaben 8.4 und 8.10).

Daher sind L und R die untere linke und obere rechte Ecke des Fensters und P_b und P_f die Bezugspunkte der hinteren bzw. vorderen Clippingebene.

Dann liegt ein Punkt P innerhalb des Ansichtsvolumens, wenn alle folgenden Bedingungen zutreffen:

P liegt relativ zu f_T auf derselben Seite wie L

P liegt relativ zu f_B auf derselben Seite wie R

P liegt relativ zu f_R auf derselben Seite wie L

P liegt relativ zu f_L auf derselben Seite wie R

P liegt relativ zu f_N auf derselben Seite wie P_b

P liegt relativ zu f_F auf derselben Seite wie P_f

Entsprechend gilt

$$\mathrm{sign}\, f_T(P) = \mathrm{sign}\, f_T(L) \qquad \mathrm{sign}\, f_L(P) = \mathrm{sign}\, f_L(R)$$
$$\mathrm{sign}\, f_B(P) = \mathrm{sign}\, f_3(R) \qquad \mathrm{sign}\, f_N(P) = \mathrm{sign}\, f_N(P_b)$$
$$\mathrm{sign}\, f_R(P) = \mathrm{sign}\, f_R(L) \qquad \mathrm{sign}\, f_F(P) = \mathrm{sign}\, f_F(P_f)$$

8.8 Zeigen Sie, auf welche Weise den Endpunkten einer Strecke für den dreidimensionalen Cohen-Sutherland-Clippingalgorithmus Bereichscodes für (*a*) das kanonische parallele Ansichtsvolumen und (*b*) das kanonische perspektivische Ansichtsvolumen zugewiesen werden können.

Lösung:

Die Prozedur folgt der Logik des zweidimensionalen Algorithmus in Kap. 5. Bei drei Dimensionen teilen die Ebenen, die das Ansichtsvolumen beschreiben, den dreidimensionalen Raum in sechs sich überlappende äußere Bereiche (d.h. über, unter, rechts von, links von, hinter und vor dem Ansichtsvolumen) zuzüglich der Innenseite des Ansichtsvolumens, so dass 6-Bit-Codes verwendet werden. Seien $P(x, y, z)$ die Koordinaten eines Endpunkts.

a. Für das kanonische parallele Ansichtsvolumen wird jedes Bit nach folgendem Schema auf den Wert `true` (1) oder `false` (0) gesetzt:

Bit 1 ≡ Endpunkt liegt über dem Ansichtsvolumen = `sign`$(y - 1)$

Bit 2 ≡ Endpunkt liegt unter dem Ansichtsvolumen = `sign`$(-y)$

Bit 3 ≡ Endpunkt liegt rechts vom Ansichtsvolumen = `sign`$(x - 1)$

Bit 4 ≡ Endpunkt liegt links vom Ansichtsvolumen = `sign`$(-x)$

Bit 5 ≡ Endpunkt liegt hinter dem Ansichtsvolumen = `sign`$(z - 1)$

Bit 6 ≡ Endpunkt liegt vor dem Ansichtsvolumen = `sign`$(-z)$

Denken Sie daran dass `sign` $(a) = 1$, wenn a positiv ist, andernfalls lautet der Wert 0.

b. Für das kanonische perspektivische Ansichtsvolumen gilt:

Bit 1 ≡ Endpunkt liegt über dem Ansichtsvolumen = `sign`$(y - z)$

Bit 2 ≡ Endpunkt liegt unter dem Ansichtsvolumen = `sign`$(-z - y)$

Bit 3 ≡ Endpunkt liegt rechts vom Ansichtsvolumen = `sign`$(x - z)$

Bit 4 ≡ Endpunkt liegt links vom Ansichtsvolumen = `sign`$(-z - x)$

Bit 5 ≡ Endpunkt liegt hinter dem Ansichtsvolumen = `sign`$(z - 1)$

Bit 6 ≡ Endpunkt liegt vor dem Ansichtsvolumen = `sign`$(z_f - z)$

Die Kategorie einer Strecke (Kap. 5) ist (1) sichtbar, wenn beide Bereichscodes 000000 lauten, (2) nicht sichtbar, wenn das bitweise logische UND der Bereichscodes *nicht* 000000 ergibt und (3) ein Clippingkandidat, wenn das bitweise logische UND des Bereichscodes 000000 lautet.

8.9 Ermitteln Sie die Schnittpunkte einer Strecke mit den Begrenzungsebenen der kanonischen Ansichtsvolumen für (*a*) parallele und (*b*) perspektivische Projektionen.

Lösung:

Seien $P_1(x_1, y_1, z_1)$ und $P_2(x_2, y_2, z_2)$ die Endpunkte der Strecke. Die parametrischen Gleichungen der Strecke lauten

$$x = x_1 + (x_2 - x_1)t \qquad y = y_1 + (y_2 - y_1)t \qquad z = z_2 + (z_2 - z_1)t$$

Nach Aufgabe 8.11 lautet der Schnittpunktparameter

$$t_I = \frac{-\mathbf{N} \cdot \overline{\mathbf{R}_0\mathbf{P}_1}}{\mathbf{N} \cdot \overline{\mathbf{P}_1\mathbf{P}_2}}$$

wobei **N** der Normalenvektor und R_0 der Bezugspunkt auf der Ebene ist.

a. Die Begrenzungsebenen für das parallele kanonische Ansichtsvolumen sind $x = 0$, $x = 1$, $y = 0$, $y = 1$, $z = 0$ und $z = 1$. Für die Ebene $x = 1$ haben wir $\mathbf{N} = \mathbf{I}$ und R_0 (1; 0; 0). Dann ergibt sich

$$t_I = \frac{-(x_1 - 1)}{x_2 - x_1}$$

Wenn $0 \le t_I \le 1$, schneidet die Strecke die Ebene. Der Schnittpunkt liegt dann bei

$$x = x_1 + (x_2 - x_1)\left(-\frac{x_1 - 1}{x_2 - x_1}\right) = 1 \qquad y = y_1 + (y_2 - y_1)\left(-\frac{x_1 - 1}{x_2 - x_1}\right)$$

$$z = z_1 + (z_2 - z_1)\left(-\frac{x_1 - 1}{x_2 - x_1}\right)$$

Die Schnittpunkte mit den anderen Ebenen werden in der gleichen Weise ermittelt.

b. Die Begrenzungsebenen für das perspektivische kanonische Ansichtsvolumen sind $x = z$, $x = -z$, $y = z$, $y = -z$, $z = z_f$ und $z = 1$ (wobei z_f wie in Aufgabe 8.6 berechnet wird).

Um beispielsweise den Schnittpunkt mit der Ebene $x = z$ zu ermitteln, schreiben wir die Gleichung der Ebene in der Form $x - z = 0$. Aus dieser Gleichung entnehmen wir den Normalenvektor **N** = **I** - **K** (Anhang 2, Aufgabe A2.9) und den Bezugspunkt $R_0(0; 0; 0)$. Dann ergibt sich

$$t_I = -\frac{x_1 - z_1}{(x_2 - x_1) - (z_2 - z_1)}$$

Wenn $0 \leq t_I \leq 1$, setzen wir t_I in die parametrischen Gleichungen der Strecke ein, um den Schnittpunkt zu berechnen.

Die anderen Schnittpunkte werden in der gleichen Weise ermittelt.

8.10 Bestimmen Sie die Ungleichungen, die erforderlich sind, um den Liang-Barsky-Algorithmus für das Zuschneiden von Geraden auf drei Dimensionen zu erweitern, und zwar (*a*) für das kanonische parallele Ansichtsvolumen und (*b*) für das kanonische perspektivische Ansichtsvolumen.

Lösung:

Seien $P_1(x_1, y_1, z_1)$ und $P_2(x_2, y_2, z_2)$ die Endpunkte einer Strecke. Ihre parametrische Darstellung lautet

$$\begin{cases} x = x_1 + \Delta x \cdot u \\ y = y_1 + \Delta y \cdot u \\ z = z_1 + \Delta z \cdot u \end{cases}$$

wobei $0 \leq u \leq 1$, $\Delta x = x_2 - x_1$, $\Delta y = y_2 - y_1$ und $\Delta z = z_2 - z_1$. Die unendliche Erweiterung dieser Strecke entspricht $u < 0$ und $1 < u$.

a. Die Punkte innerhalb des kanonischen parallelen Ansichtsvolumen entsprechen

$$x_{min} \leq x_1 + \Delta x \cdot u \leq x_{max}$$

$$y_{min} \leq y_1 + \Delta y \cdot u \leq y_{max}$$

$$z_{min} \leq z_1 + \Delta z \cdot u \leq z_{max}$$

wobei $x_{min} = y_{min} = z_{min} = 0$ und $x_{max} = y_{max} = z_{max} = 1$.

Schreiben Sie die sechs Ungleichungen wie folgt um:

$$p_k \cdot u \leq q_K, k = 1, 2, 3, 4, 5, 6$$

wobei

$p_1 = -\Delta x,$	$q_1 = x_1 - x_{min} = x_1$	(links)
$p_2 = \Delta x,$	$q_2 = x_{max} - x_1 = 1 - x_1$	(rechts)
$p_3 = -\Delta y,$	$q_3 = y_1 - y_{min} = y_1$	(unten)
$p_4 = \Delta y,$	$q_4 = y_{max} - y_1 = 1 - y_1$	(oben)
$p_5 = -\Delta z,$	$q_5 = z_1 - z_{min} = z_1$	(vorn)
$p_6 = \Delta z,$	$q_6 = z_{max} - z_1 = 1 - z_1$	(hinten)

b. Die Punkte innerhalb des kanonischen perspektivischen Ansichtsvolumens erfüllen die Ungleichungen

$$-z \le x \le z$$

$$-z \le y \le z$$

$$z_f \le z \le 1$$

(siehe Abb. 8.10), d.h.

$$-z_1 - \Delta z \cdot u \le x_1 + \Delta x \cdot u \le z_1 + \Delta z \cdot u$$

$$-z_1 - \Delta z \cdot u \le y_1 + \Delta y \cdot u \le z_1 + \Delta z \cdot u$$

$$z_f \le z_1 + \Delta z \cdot u \le 1$$

Schreiben sie die sechs Ungleichungen wie folgt um:

$$p_k \cdot u \le q_K,\ k = 1, 2, 3, 4, 5, 6$$

wobei

$p_1 = -\Delta x - \Delta z,$	$q_1 = x_1 + z_1$	(links)
$p_2 = \Delta x - \Delta z,$	$q_2 = z_1 - x_1$	(rechts)
$p_3 = -\Delta y - \Delta z,$	$q_3 = y_1 + z_1$	(unten)
$p_4 = \Delta y - \Delta z,$	$q_4 = z_1 - y_1$	(oben)
$p_5 = -\Delta z,$	$q_5 = z_1 - z_f$	(vorn)
$p_6 = \Delta z,$	$q_6 = 1 - z_1$	(hinten)

8.6 Weitere Aufgaben

8.11 Bestimmen Sie die Gleichungen der Ebenen, die das Ansichtsvolumen für die allgemeine perspektivische Projektion bilden.

8.12 Ermitteln sie den Schnittpunkt einer Ebene und einer Strecke.

Geometrische Darstellung 9

Eines der wichtigsten Konzepte in der Computergrafik ist das *Modellieren* von Objekten. Damit meinen wir die numerische Beschreibung von Objekten anhand ihrer geometrischen Eigenschaften (Größe, Form) und die Art ihrer Wechselwirkung mit Licht (Reflexion, Ausstrahlung). Der Schwerpunkt dieses Kapitels liegt auf der geometrischen Darstellung von Objekten. Wir werden uns in den folgenden Kapiteln mit Beleuchtungs- und Schattierungsmodellen befassen.

Ein Grafiksystem verwendet normalerweise eine Reihe von Grundelementen (primitiven) oder geometrischen Formen, die einfach genug sind, um sie wirksam im Computer zu implementieren, aber auch flexibel genug, um sie leicht bearbeiten (zusammenstellen, verformen) zu können. Zu den häufig als Grundelemente verwendeten geometrischen Formen gehören in der Reihenfolge ihrer Komplexität: Punkte, Geraden, Polygonzüge, Polygone und Polyeder. Zu den komplexeren geometrischen Formen zählen Kurven, gekrümmte Teilflächen und Flächen zweiten Grades.

9.1 Einfache geometrische Formen

9.1.1 Punkte und Strecken

Punkte und Strecken sind die Grundbausteine der Computergrafik. Punkte legen wir durch die Angabe ihrer Koordinaten im dreidimensionalen (oder zweidimensionalen) Raum fest. *Strecken* oder *Linien* werden durch die Angabe ihrer Endpunkte $P_1(x_1, y_1, z_1)$ und $P_2(x_2, y_2, z_2)$ festgelegt.

9.1.2 Polygonzüge

Bei einem *Polygonzüge* handelt es sich um eine Kette aus miteinander verbundenen Strecken. Er wird durch die Angabe der Eckpunkte (Knoten) $P_0, \dots P_N$ bestimmt, die die Strecken festgelegen. Der erste Eckpunkt wird als *Ausgangs-* oder *Startpunkt* und der letzte als *End-* oder *Anschlusspunkt* bezeichnet (siehe Abb. 9.1).

9.1.3 Polygone

Bei einem *Polygon* handelt es sich um geschlossene Polygonzüge, d.h. solche bei denen der Ausgangs- und der Anschlusspunkt zusammentreffen. Ein Polygon wird durch die Liste seiner Eckpunkte $P_0, \dots, P_N, P_0$ angegeben. Die Strecken $\overline{P_0P_1}, \overline{P_1P_2}, \dots \overline{P_NP_0}$ bezeichnet man als *Kanten* des Polygons. (Im Allgemeinen brauchen wir P_0 nicht zweimal anzugeben, vor allem dann nicht, wenn das Polygon den Sutherland-Hodgman-Clippingalgorithmus durchläuft.)

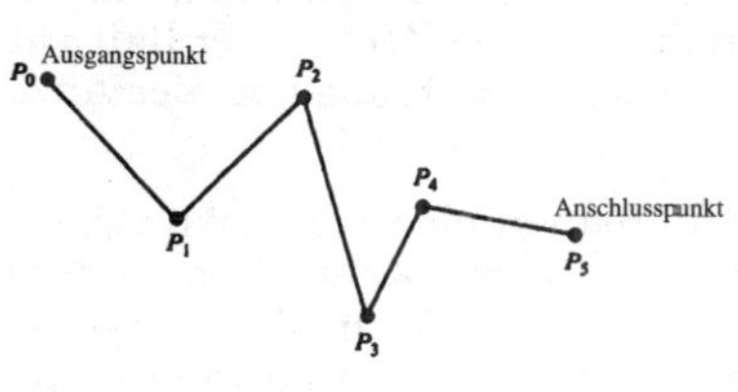

Abb. 9.1

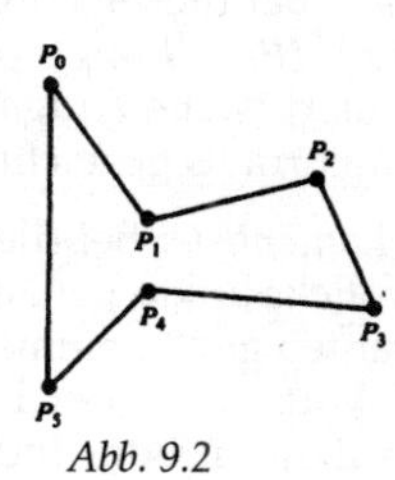

Abb. 9.2

Bei einem *planaren Polygon* handelt es sich um ein Polygon, bei dem alle Eckpunkte (und damit das gesamte Polygon) in derselben Ebene liegen (siehe Abb. 9.2).

9.2 Drahtmodelle

Ein *Drahtmodell* besteht aus Kanten, Eckpunkten und Polygonen. Hier sind die Eckpunkte durch Kanten verbunden, und bei den Polygonen handelt es sich um Folgen, Eckpunkten oder Kanten. Die Kanten können aus gekrümmten oder geraden Strecken bestehen. In letzterem Fall bezeichnet man das Drahtmodell als *Polygonnetz* (Abb. 9.3).

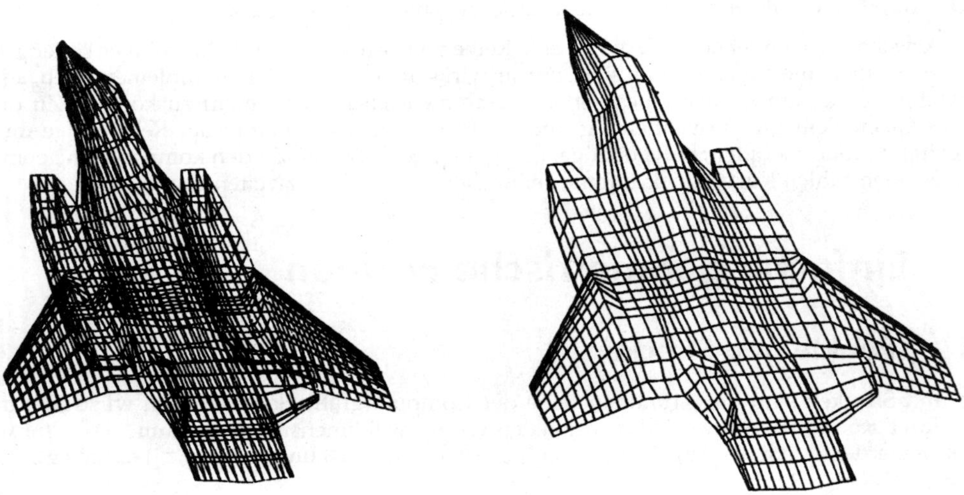

(a) Drahtmodell (b) Verdeckte Linien wurden entfernt

Abb. 9.3

9.2.1 Darstellen eines Polygonnetz-Modells

Es gibt verschiedene Möglichkeiten, ein Polygonnetz-Modell darzustellen.

1. *Explizite Eckpunktliste* $V = \{P_0, P_1, P_2 \dots P_N\}$. Die Punkte $P_i(x_i, y_i, z_i)$ sind die Eckpunkte des Polygonnetzes und werden in der Reihenfolge gespeichert, in der sie auf dem Weg um das Modell vorgefunden werden. Obwohl diese Form der Darstellung für einzelne Polygone nützlich ist, ist sie für ein komplettes Polygonnetz recht ineffizient, da gemeinsame Eckpunkte mehrere Male wiederholt werden (siehe Aufgabe 9.1). Außerdem werden bei der Anzeige des Modells durch Zeichnen der Kanten die gemeinsamen Kanten mehrmals gezeichnet.

2. *Polygonliste.* Bei dieser Form der Darstellung wird jeder Eckpunkt genau einmal in einer Eckpunktliste V ($P_0 \dots P_N$) gespeichert, und jedes Polygon durch einen Zeiger oder Index auf diese Liste definiert (siehe Aufgabe 9.2). Auch hier werden gemeinsame Kanten bei der Anzeige des Modells mehrmals gezeichnet.

3. *Explizite Kantenliste.* Bei dieser Form der Darstellung führen wir eine Eckpunktliste, in der die einzelnen Eckpunkte genau einmal gespeichert werden, sowie eine Kantenliste, in der die einzelnen Kanten genau einmal gespeichert werden. Jede Kante in der Kantenliste verweist auf die beiden Eckpunkte in der Eckpunktliste, die diese Kante definieren. Ein Polygon wird nun als Liste von Zeigern oder Indizes auf die Kantenliste dargestellt. Außerdem können zusätzliche

Informationen, z.B. die Polygone, die eine gemeinsame Kante haben, ebenfalls in der Kantenliste gespeichert werden (siehe Aufgabe 9.9). Explizite Kantenlisten können zur Darstellung allgemeinerer Drahtmodelle verwendet werden. Das Drahtmodell wird durch Zeichnen aller Kanten angezeigt, wobei jede Kante nur einmal gezeichnet wird.

9.2.2 Der Polyeder

Bei einem *Polyeder* handelt es sich um ein geschlossenes Polygonnetz (d.h. ein Polygon, das ein endliches Volumen umfasst), dessen einzelne Polygone planar sind. Die Polygone werden als *Flächen* des Polyeders bezeichnet. Im Gegensatz zu Drahtmodellen oder zweidimensionalen Oberflächen werden Polyeder bei der Modellierung recht häufig wie feste Objekte (d.h. Blöcke) behandelt.

9.2.3 Vor- und Nachteile von Drahtmodellen

Drahtmodelle werden in Konstruktionsanwendungen verwendet. Sie sind einfach aufzubauen und, wenn sie aus Strecken zusammengesetzt sind, bei Verwendung von geometrischen und Koordinatentransformationen leicht zuzuschneiden und zu bearbeiten. Um realistische Modelle zu erschaffen, müssen wir, besonders bei stark gekrümmten Objekten, eine große Anzahl von Polygonen einsetzen, um den Eindruck von Rundheit und Glätte zu vermitteln.

9.3 Gekrümmte Oberflächen

Die Verwendung gekrümmter Oberflächen gestattet einen höheren Modellierungsgrad, besonders bei der Konstruktion sehr realistischer Modelle. Es gibt mehrere Ansätze für die Modellierung gekrümmter Oberflächen. Bei einem davon handelt es sich um die Nachbildung von Polyedermodellen. Anstatt Polygone zu verwenden, modellieren wir ein Objekt, indem wir kleine, gekrümmte *Teilflächen* aneinandersetzen. Ein weiterer Ansatz ist die Verwendung von Oberflächen, die feste Objekte definieren, wie zum Beispiel Polyeder, Kugeln, Zylinder und Kegel. Ein Modell kann dann aus diesen festen Objekten konstruiert werden, die als Bausteine verwendet werden. Diesen Prozess bezeichnet man als *Festkörpermodellierung*.

Es gibt zwei Möglichkeiten, ein Modell zu konstruieren – die *additive* und die *subtraktive Modellierung*. Bei der additiven Modellierung wird das Modell durch die Zusammenstellung vieler einfacherer Objekte aufgebaut. Bei der subtraktiven Modellierung werden zum Erstellen eines neuen Objekts Teile aus einem vorgegebenen Objekt entfernt, wie z. B bei einem (zylindrischen) Loch in einer Kugel oder einem Würfel. Die subtraktive Modellierung weist Ähnlichkeiten mit der Bildhauerei auf.

9.4 Kurvenentwurf

Gegeben seien $n + 1$ Datenpunkte, $P_0(x_0, y_0), \ldots, P_n(x_n, y_n)$. Wir wollen eine Kurve bestimmen, die auf eine bestimmte Weise die durch diese Punkte vorgegebene Form annimmt. Wenn die Kurve durch alle Punkte hindurchgehen soll, begegnen wir dem Problem der *Interpolation*. Wenn diese Kurve nur in der Nähe dieser Punkte liegen soll, haben wir das Problem der *Näherung*. Die Interpolation tritt beispielsweise dann ein, wenn wir die Form eines digitalisierten gekrümmten Objekts neu aufbauen. Die Näherung wird in der Computergrafik zum Entwurf von Kurven verwendet, die »gut aussehen« oder bestimmten ästhetischen Gesichtspunkten entsprechen müssen. Um diese oft recht aufwändigen Probleme zu lösen, ist es erforderlich, Möglichkeiten zu finden, diese Kurven aus kleineren Teilen oder *Kurvensegmenten* zusammenzusetzen, um den Entwurfskriterien gerecht zu werden. (Bitte beachten Sie, dass Kurven und Kurvensegmente als Polygonzüge modelliert, d.h. mit extrem kurzen Strecken gezeichnet werden können.) Beim Modellieren einer Kurve $f(x)$ mit Hilfe von Kurvensegmenten versuchen wir sie als Summe kleinerer Segmente $\Phi_i(x)$ (auch *Basisfunktion* genannt) darzustellen:

$$f(x) = \sum_{i=0}^{N} a_i \Phi_i(x)$$

Wir wählen geeignete Basisfunktionen für auf die Berechnung und Anzeige aus. Aus diesem Grund werden oftmals Polynome als Mengenfunktionen ausgewählt.

Ein *Polynom vom Grad n* ist eine Funktion der Form

$$Q(x) = y_n x^n + a_{n-1}x^{n-1} + \ldots + a_1 x + a_0$$

Dieses Polynom wird durch seine $n + 1$ *Koeffizienten* $[a_n, \ldots, a_0]$ bestimmt.

Ein stückweise stetiges Polynom $Q(x)$ des Grads n ist eine Menge von k Polynomen q_ix, von denen jedes den Grad n und $k + 1$ *Knoten* $t_0, \ldots, t_k$ aufweist, so dass

$$Q(x) = q_i(x) \text{ für } t_i \leq x \leq t_{i+1} \text{ und } i = 0, \ldots, k - 1$$

Diese Definition setzt voraus, dass die Polynome an den Knoten zusammenpassen oder sich zusammenfügen, d.h. $q_{i-1}(t_i) = q_i(t_i)$, $i = 1, \ldots, k - 1$. Diese Anforderung enthält aber keine Einschränkungen, wie gut die Polynome $q_i(x)$ zusammenpassen müssen. So können beispielsweise Ecken oder scharfe Kanten an den Knoten bestehen (siehe Abb. 9.4).

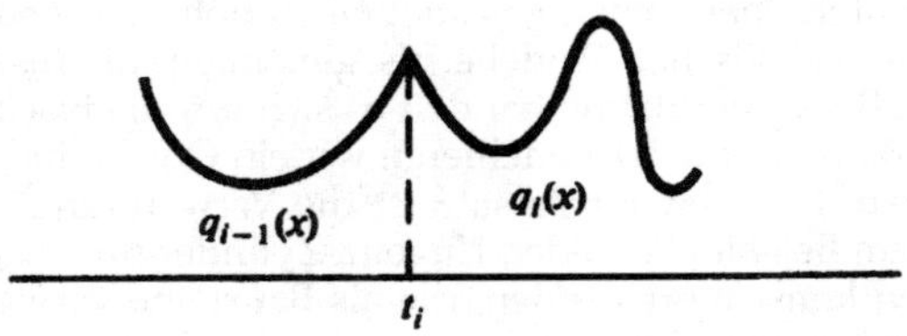

Abb. 9.4

Polynome einen hohen Grads sind aufgrund ihrer oszillierenden Natur für das Konstruieren von Kurven nicht besonders nützlich.

Die hilfreichsten stückweise stetigen Polynome sind diejenigen, deren $q_i(x)$ kubisch sind (3. Grades). Dafür gibt es mehrere Gründe. Zunächst einmal ähnelt die stückweise kubische Form der Art und Weise, wie ein Zeichner ein Kurvenlineal verwendet. Darüber hinaus handelt es sich bei 3 um den niedrigsten Grad, der die erforderlichen Glätteeigenschaften zur Beschreibung ansprechender Formen mit sich bringt. Außerdem handelt es sich um die erforderliche Mindestanzahl für die Darstellung dreidimensionaler Kurven.

9.5 Polynomiale Basisfunktionen

Nehmen wir an, dass $P_0(x_0, y_0), \ldots, P_n(x_n, y_n)$ $n + 1$ Datenpunkte darstellen. Seien außerdem $t_0, t_1, t_2, \ldots$ beliebige Zahlen (genannt *Knoten*). Im Folgenden finden Sie die gebräuchlichen Basisfunktionen.

9.5.1 Lagrange'sche Polynome vom Grad n

$$L_i(x) = \prod_{\substack{j=0 \\ j \neq i}}^{n} \frac{x - x_j}{x_i - x_j}, \qquad i = 0, 1, \ldots, n$$

Bitte beachten Sie, dass $L_i(x_i) = 1$ und $L_i(x_j) = 0$ für alle $j \neq i$. (Π stellt hier die termweise Multiplikation dar.)

9.5.2 Hermite'sche Polynome 3. Ordnung

Siehe hierzu Abb. 9.5.

$$H_i(x) = \begin{cases} -\dfrac{2(x - t_{i-1})^3}{(t_i - t_{i-1})^3} + \dfrac{3(x - t_{i-1})^2}{(t_i - t_{i-1})^2} & t_{i-1} \leq x \leq t_i \\ -\dfrac{2(t_{i+1} - x)^3}{(t_{i+1} - t_i)^3} + \dfrac{3(t_{i+1} - x)^2}{(t_{i+1} - t_i)^2} & t_i \leq x \leq t_{i+1} \end{cases}$$

$$\bar{H}_i(x) = \begin{cases} \dfrac{(x - t_{i-1})^2 (x - t_i)}{(t_i - t_{i-1})^2} & t_{i-1} \leq x \leq t_i \\ \dfrac{(x - t_i)(t_{i+1} - x)^2}{(t_{i+1} - t_i)^2} & t_i \leq x \leq t_{i+1} \end{cases}$$

9.5.3 B-Splines

Siehe hierzu Abb. 9.6. Für die Knotengruppe t_0, t_1, t_2, ... werden die B-Splines n-ten Grades $B_{i,n}$ rekursiv definiert:

$$B_{i,0}(x) = \begin{cases} 1 & t_i \leq x \leq t_{i+1} \\ 0 & \textit{andernfalls} \end{cases} \qquad B_{i,n}(x) = \frac{x - t_i}{t_{i+n} - t_i} B_{i,n-1}(x) + \frac{t_{i+n+1} - x}{t_{i+n+1} - t_{i+1}} B_{i+1,n-1}(x)$$

für $t_i \leq x \leq t_{i+n+1}$. Bitte beachten Sie, dass der Wert von $B_{i,n}(x)$ nur im Intervall $[t_i, t_{i+n+1}]$ von null verschieden ist. Insbesondere beträgt das kubische B-Spline $B_{i,3}$ über das Intervall $[t_i, t_{i+4}]$ (das die Knoten t_i, t_{i+1}, t_{i+2}, t_{i+3}, t_{i+4} umfasst) nicht null. Darüber hinaus lautet der Wert des B-Splines bei nicht wiederholten Knoten an den Endknoten t_i und t_{i+n+1} (aus Aufgabe 9.3) null, d.h.

$$B_{i,n}(t_i) = 0$$

$$B_{i,n}(t_{i+n+1}) = 0$$

$$(n \geq 1)$$

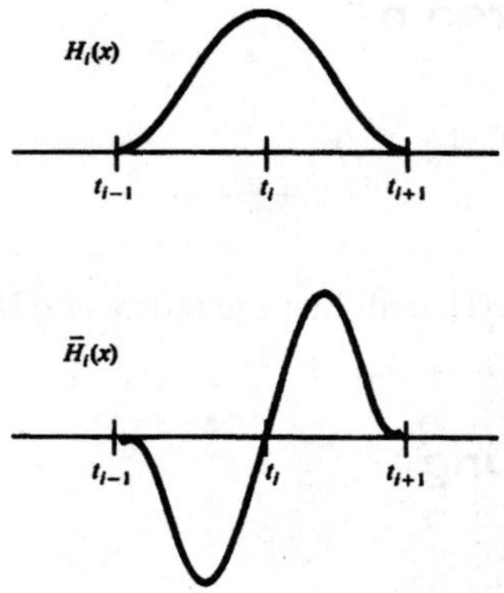

Abb. 9.5: Hermite'sche Basisfunktionen 3. Ordnung

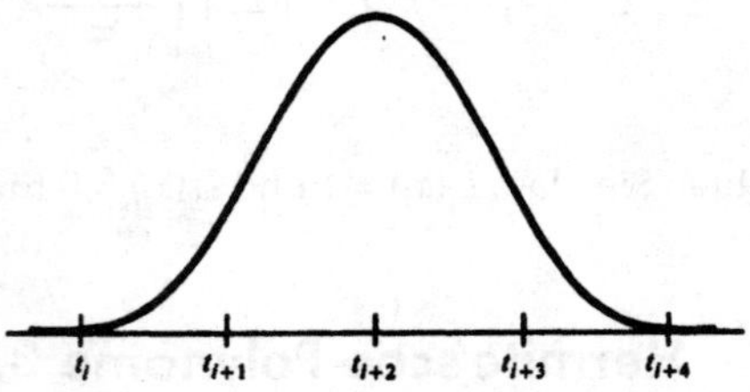

Abb. 9.6: B-Spline 3. Ordnung $B_{i,3}(x)$

Bei der Verwendung von B-Splines lassen wir sich wiederholende Knoten zu, d.h. $t_i = t_{i+1} = ...$ Das bedeutet, dass B_{i+n} in Form von $\frac{0}{0}$ definiert werden kann. Mit $\frac{0}{0} = 0$ erweitern wir die Definition von $B_{i,n}$ um mehrfache Knoten.

9.5.4 Bernstein'sche Polynome

Siehe hierzu Abb. 9.7. Die Bernstein'schen Polynome vom Grad n über das Intervall [0, 1] werden wie folgt definiert:

$$BE_{k,n}(x) = \frac{n!}{k!(n-k)!} x^k (1-x)^{n-k}, \qquad 0 \leq x \leq 1$$

Die kubischen Bernstein'schen Polynome sind

$$B_{0,3}(x) = 1 - 3x + 3x^2 - x^3$$
$$B_{1,3}(x) = 3(x - 2x^2 + x^3)$$
$$B_{2,3}(x) = 3(x^2 - x^3)$$
$$B_{3,3}(x) = x^3$$

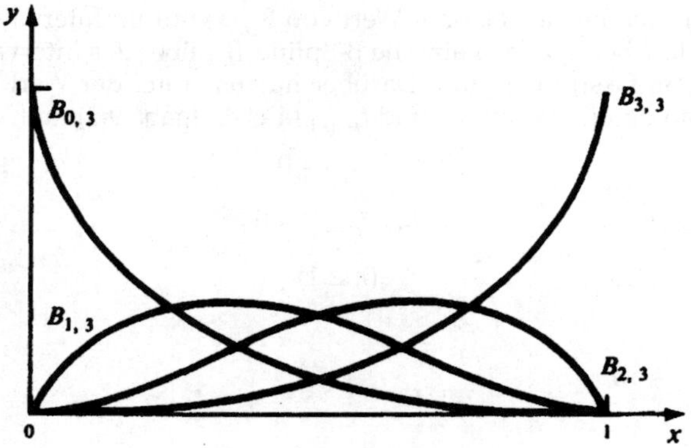

Abb. 9.7: Bernstein'sche Polynome 3. Ordnung

9.6 Das Problem der Interpolation

Gegeben seien die Datenpunkte $P_0(x_0, y_0)$, ..., $P_n(x_n, y_n)$. Wir wollen eine Kurve bestimmen, die durch diese Punkte läuft.

9.6.1 Die Interpolationslösung für Lagrange'sche Polynome

Hier ist

$$L(x) = \sum_{i=0}^{n} y_i L_i(x)$$

wobei es sich bei $L_i(x)$ um die Lagrange'schen Polynome und bei L(x) um das Polynom des Grads n für die Interpolation der Datenpunkte handelt.

9.6.2 Die Interpolationslösung für Hermite'sche Polynome 3. Ordnung

Wir wollen ein stückweises Polynom $H(x)$ 3. Grades finden, das durch die Datenpunkte läuft und an diesen Punkten auch stetig differenzierbar ist. Außerdem gehen wir die Werte der Ableitungen y' (oder die Steigung der Tangente) an den vorgegebenen Datenpunkt vor, d.h. die Punkte (x_0, y_0'), ..., (x_n, y_n') vor:

$$H(x) = \sum_{i=0}^{n} [y_i H_i(x) + y_i' \bar{H}_i(x)]$$

wobei $H_i(x)$ und $\overline{H}_i(x)$ die kubischen Hermite'schen Basisfunktionen und $t_0 = x_0$, $t_1 = x_1$, $t_2 = x_2$, ..., $t_n = x_n$ die Auswahl für die Knotenmenge darstellen.

9.6.3 Interpolation von Splines

Wenn es erforderlich ist, dass die interpolierenden stückweisen Polynome an den Datenpunkten so übergangslos wie möglich zusammengefügt werden, bezeichnet man die sich daraus ergebene Kurve als *Spline*. Daher verfügen Splines des Grads m an den Datenpunkten über stetige Ableitungen bis zur Ordnung m - 1.

Es lässt sich zeigen, dass ein Spline des Grads m, das durch n + 1 Datenpunkte läuft, in Form der B-Spline-Basisfunktionen $B_{i,n}$ wie folgt dargestellt werden kann:

$$S_m(x) = \sum_{i=0}^{m+n-1} a_i B_{i,m}(x)$$

Um die B-Spline-Funktionen $B_{i,m}(x)$ zur Lösung des Interpolationsproblems zu definieren, müssen die Knoten t_0, t_1, ..., t_{m+n+1} die Shoenberg-Whitney-Bedingung erfüllen:

$$t_i < x_i < t_{i+m+1}, \qquad i = 0, \ldots, n$$

Die folgende Knotenauswahl erfüllt diese Bedingung (siehe Aufgabe 9.4):

Schritt 1. Wählen Sie

$$t_0 = \ldots = t_m < x_0 \qquad t_{n+1} = \ldots = t_{m+n+1} > x_n$$

Schritt 2. Wählen Sie die verbleibenden Knoten gemäß

$$t_{i+m+1} = \frac{x_{i+1} + \ldots + x_{i+m}}{m} \qquad i = 0, \ldots, n - m - 1$$

Für Splines 3. Ordnung ($m = 3$) existiert mit Schritt 2' eine Alternative zu Schritt 2, die weniger Rechenleistung erfordert. Wählen Sie

$$t_{i+4} = x_{i+2}, \qquad i = 0, \ldots, n - 4$$

Die Splines $S_2(x)$ und $S_3(x)$ bezeichnet man als Splines 2. bzw. 3. *Ordnung*:

$$S_2(x) = \sum_{i=0}^{n+1} a_i B_{i,2}(x) \qquad \text{und} \qquad S_3(x) = \sum_{i=0}^{n+2} a_i B_{i,3}(x)$$

Wenn wir unsere Aufmerksamkeit dem Spline 3. Ordnung zuwenden, stellen wir fest, des $n + 3$ Koeffizienten a_i auszuwerten sind, wofür $n + 3$ Gleichungen erforderlich sind.

Das Interpolationskriterium $S_3(x_j) = y_j$, $j = 0, \ldots, n$ stellt $n + 1$ Gleichungen bereit:

$$y_j = S_3(x_j) = \sum_{i=0}^{n+2} a_i B_{i,3}(x_j)$$

Die verbleibenden beiden Gleichungen werden normalerweise als Randbedingungen an den Endpunkten x_0 und x_n festgelegt. Einige Auswahlmöglichkeiten für Randbedingungen sind:

1. Natürliche Spline-Bedingung

$$S_3''(x_0) = 0 \qquad S_3''(x_n) = 0$$

2. Verschärfte Spline-Bedingung

$$S_3'(x_0) = y'_0 \qquad S_3'(x_n) = y'_n$$

   wobei y'_0 und y'_n vorgeschriebene Ableitungswerte sind.

3. Zyklische Spline-Bedingung

$$S_3'(x_0) = S'_3(x_n) \qquad S_3''(x_0) = S_3''(x_n)$$

   Diese Bedingung ist nützlich zum Erzeugen geschlossener Kurven.

4. Antizyklische Spline-Bedingung

$$S_3'(x_0) = -S_3'(x_n) \qquad S_3''(x_0) = -S_3''(x_n)$$

Diese Bedingung ist nützlich beim Erzeugen von Splines mit parallelen Endungen, deren Tangentenvektoren zwar denselben Betrag, aber die entgegengesetzte Richtung aufweisen.

Aus technischen Gründen wird die Randbedingung 1, die so genannte natürliche Randbedingung, am seltensten eingesetzt.

9.7 Das Problem der Näherung

Bei diesem Problem soll eine glatte Darstellung einer dreidimensionalen Kurve erreicht werden, die sich an die vorgegebenen Daten annähert, um eine vorgegebene Form zu bilden. Normalerweise werden die Daten interaktiv in Form eines Hilfs-Polygonzugs vorgegeben, der durch die Steuerpunkte $P_0(x_0, y_0, z_0)$, $P_1(x_1, y_1, z_1)$, ..., $P_n(x_n, y_n, z_n)$ festgelegt wird. Wir wollen eine Kurve ermitteln, die sich an die Form dieses Hilfs-Polygonzugs annähert (siehe Abb. 9.8).

9.7.1 Die Bézier-Bernstein-Näherung

Mit Hilfe der Bernstein'schen Polynome bilden wir parametrische Kurven:

$$P(t):\begin{cases} x(t) = \sum_{i=0}^{n} x_i BE_{i,n}(t) \\ y(t) = \sum_{i=0}^{n} y_i BE_{i,n}(t) & 0 \le t \le 1 \\ z(t) = \sum_{i=0}^{n} z_i BE_{i,n}(t) \end{cases}$$

wobei $P(t)$ als *Bézier-Kurve* bezeichnet wird.

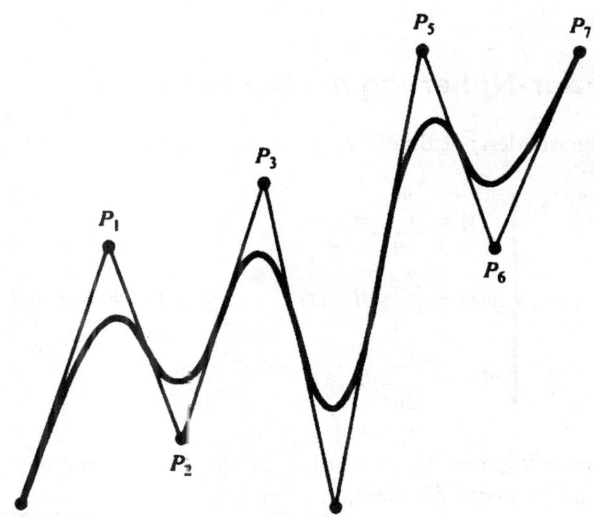

Abb. 9.8

9.7.2 Eigenschaften der Bézier-Bernstein-Näherung

Es gibt vier Grundeigenschaften:

1. Die Bézier-Kurve hat dieselben Endpunkte wie der Hilfs-Polygonzug, d.h.

$$P_0 = P(0) = [x(0), y(0), z(0)] \qquad P_n = P(1) = [x(1), y(1), z(1)]$$

2. Die Richtung des Tangentenvektors an den Endpunkten P_0, P_n entspricht der Richtung des Vektors, der durch die erste und letzte Strecke $\overline{P_0P_1}$, $\overline{P_{n-1}P_n}$ des Hilfs-Polygonzugs bestimmt wird. Im Einzelnen ergibt sich $P'(0) = n \cdot (P_1 - P_0)$ [d.h., $x'(0) = n(x_1 - x_0)$, $y'(0) = n(y_1 - y_0)$, $z'(0) = n(z_1 - z_0)$] und $P'(1) = n \cdot (P_n - P_{n-1})$.
3. Die Bézier-Kurve liegt vollständig innerhalb der konvexen Hülle des Hilfs-Polygonzugs. Bei zwei Dimensionen ist die *konvexe Hülle* das Polygon, das durch das Anbringen eines »Gummibands« um die Gesamtheit der Punkte P_0, ..., P_n gebildet wird.
4. Bézier-Kurven sind für interaktive Entwürfe geeignet. In der Tat können Bézier-Kurven zusammengesetzt werden, so dass eine stetige Differenzierbarkeit bei ihrer Verbindung gewährleistet ist, indem man die Kanten der beiden unterschiedlichen Hilfs-Polygonzüge, die dem gemeinsamen Endpunkt am nächsten liegen, kollinear verlaufen lässt (siehe Abb. 9.9).

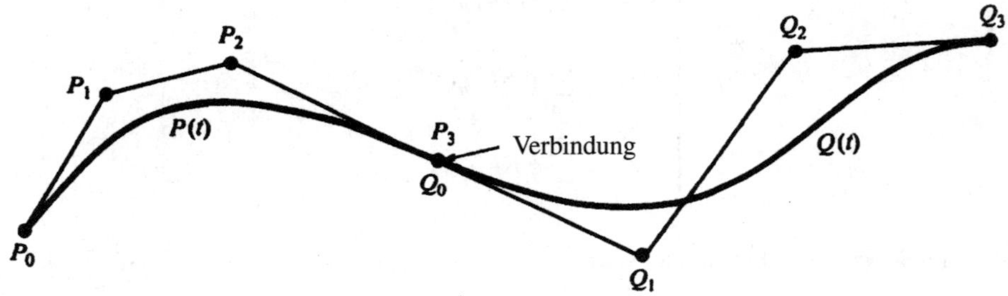

Abb. 9.9

9.7.3 Die Bézier-Näherung mit B-Splines

Für diese Näherung verwenden wir B-Splines (siehe Abb. 9.10):

$$P(t): \begin{cases} x(t) = \sum_{i=0}^{n} x_i B_{i,m}(t) \\ y(t) = \sum_{i=0}^{n} y_i B_{i,m}(t) \\ z(t) = \sum_{i=0}^{n} z_i B_{i,m}(t) \end{cases} \qquad 0 \le t \le n - m + 1$$

Die B-Splines des Grads m $B_{i,m(t)}$, $i = 0, ..., n$ werden für t im Parameterbereich $[0, n - m + 1]$ definiert. Als Knotenmenge $t_0, ..., t_{n+m+1}$ wird die Menge $\underbrace{0, \ldots, 0}_{m+1}, 1, 2, \ldots, n-m, \underbrace{n-m+1, \ldots, n-m+1}_{m+1}$ gewählt.

Die Verwendung dieser sich wiederholenden Knoten stellt sicher, dass die Endpunkte des Splines mit den Endpunkten des Hilfs-Polygonzugs zusammentreffen (Aufgabe 9.6).

Da der Knotenabstand einheitlich ist, können wir auch eine explizite Form für die Berechnung der B-Splines verwenden (Aufgabe 9.10).

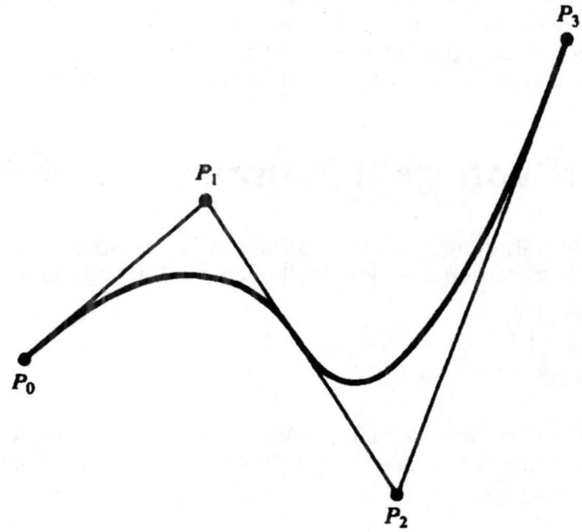

Abb. 9.10: Bézier-B-Spline 3. Ordnung

9.7.4 Geschlossene Kurven

Um eine geschlossene B-Spline-Kurve zu konstruieren, die sich an ein geschlossenes Hilfspolygon annähert, brauchen wir lediglich zyklische Knoten $t_0, ..., t_{n+m+1}$ festzulegen, d.h. [0, 1, ..., n, 0, 1, ...]. Damit ist

$$t_{m+1} = t_0 = 0 \qquad t_{m+2} = t_1 = 1 \qquad t_{m+1+i} = t_i$$

In der Praxis sind die B-Splines 2. und 3. Ordnung, $B_{i,2}$ und $B_{i,3}$, am einfachsten zu verarbeiten und bieten ausreichende Flexibilität für eine Vielzahl von Aufgaben beim Entwerfen von Kurven.

9.7.5 Eigenschaften der Bézier-Näherung mit B-Splines

Es gibt fünf grundlegende Eigenschaften:

1. Die Bézier-Näherung mit B-Splines hat dieselben Eigenschaften wie die Bézier-Bernstein-Näherung. In der Tat handelt es sich um die gleichen stückweisen Polynome, wenn $m = n$. Dies schließt die Übereinstimmung mit den Eigenschaften des Hilfspolygons und der Tangentenvektoren an den Endpunkten und der konvexen Hülle ein.
2. Wenn der Hilfs-Polygonzug über $m + 1$ aufeinanderfolgende, kollineare Eckpunkte (Steuerpunkte) verfügt, ist der daraus resultierende Abstand des Bézier-B-Splines linear. Somit erlaubt diese Näherung das Einbetten linearer Abschnitte in die Kurve.
3. Die Bézier-Näherung mit B-Splines sorgt für die lokale Kontrolle der Kurvenform. Ändert sich ein einzelner Steuerpunkt, werden weit entfernte Kurvenabschnitte nicht dadurch beeinflusst.

Tatsächlich sind nur $m + 1$ Abstände davon betroffen. Dies liegt an dem lokalen Charakter der Basisfunktionen von B-Splines.

4. Bézier-B-Splines erzeugen eine bessere Passform an das Hilfspolygon als die Bézier-Bernstein-Näherung.
5. Die Bézier-Näherung mit B-Splines gestattet den Einsatz von Steuerpunkten P_i, die mit *Vielfachheiten* von 2 oder mehr gezählt werden. Das bedeutet, dass $P_i = P_{i+1} = ... = P_{i+k}$ bei $k \geq 1$. Dies führt zu einer Näherung, die enger an diesen Steuerpunkt herangezogen wird. Tatsächlich läuft die Kurve durch diesen Punkt, wenn er die Vielfachheit $m + 1$ aufweist.

9.8 Entwurf von gekrümmten Oberflächen

Das Modellieren und die Näherung gekrümmter Oberflächen ist schwierig und umfasst viele komplexe Themenbereiche. Wir werden uns zwei Methoden zur Darstellung einer Oberfläche ansehen: *Hilfsnetze* und *Teilflächen*.

9.8.1 Hilfsnetze

Bei dieser Methode handelt es sich um eine direkte Verallgemeinerung der Bézier-Bernstein- und der Bézier-B-Spline-Näherung für Kurven. Ein *Hilfsnetz* ist ein Polygonnetz mit den Eckpunkten $P_{ij}(x_{ij}, y_{ij}, z_{ij})$, $i = 0, ..., m$ und $j = 0, ..., n$ (siehe Abb. 9.11).

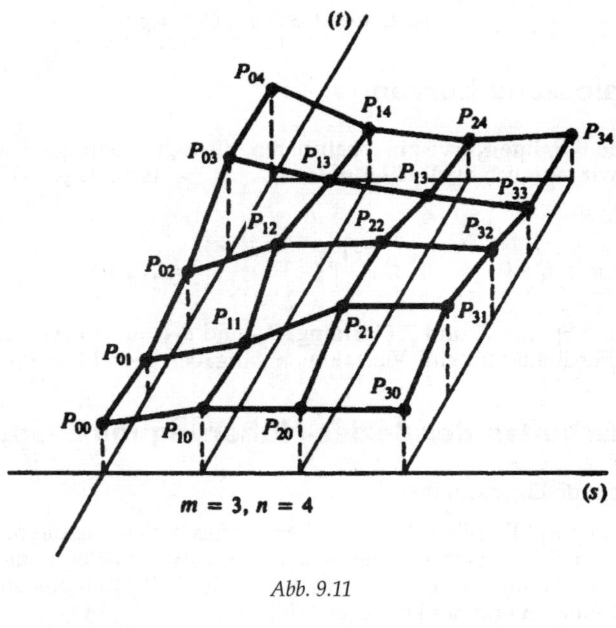

Abb. 9.11

1. *Die Bézier-Bernstein-Oberfläche*. Dabei handelt es sich um eine Oberfläche mit parametrischen Gleichungen:

$$Q(s,t):\begin{cases} x(s,t)=\sum_{i=0}^{m}\sum_{j=0}^{n} x_{ij}BE_{i,m}(s)BE_{j,n}(t) \\ y(s,t)=\sum_{i=0}^{m}\sum_{j=0}^{n} y_{ij}BE_{i,m}(s)BE_{j,n}(t) \\ z(s,t)=\sum_{i=0}^{m}\sum_{j=0}^{n} z_{ij}BE_{i.m}(s)BE_{j,n}(t) \end{cases}$$

Hier handelt es sich bei $0 \leq s, t \leq 1$ und *BE* um die Bernstein-Polynome. Die Eigenschaften dieser Näherung entsprechen dem eindimensionalen Fall relativ zu den Eckpunkten P_{00}, P_{m0}, P_{0n} und P_{mn}. Die Eigenschaft der konvexen Hüllen ist ebenfalls gegeben.

2. *Die Bézier-Näherung mit B-Splines*. In parametrischer Form wird sie wie folgt ausgedrückt:

$$Q(s,t):\begin{cases} x(s,t)=\sum_{i=0}^{m}\sum_{j=0}^{n} x_{ij}B_{i,\alpha}(s)B_{j,\beta}(t) \\ y(s,t)=\sum_{i=0}^{m}\sum_{j=0}^{n} y_{ij}B_{i,\alpha}(s)B_{j,\beta}(t) \\ z(s,t)=\sum_{i=0}^{m}\sum_{j=0}^{n} z_{ij}B_{i,\alpha}(s)B_{j,\beta}(t) \end{cases}$$

wobei $0 \leq s \leq m - \alpha + 1$ und $0 \leq s \leq n - \beta + 1$. Die Knotenmengen für *s* und *t* zur Definition der B-Splines $B_{i,\alpha}(s)$ und $B_{j,\beta}(t)$, werden wie im eindimensionalen Fall ermittelt.

Die Näherung 2. Ordnung tritt auf, wenn $\alpha = \beta = 2$, die Näherung 3. Ordnung, wenn $\alpha = \beta = 3$. Im Allgemeinen werden B-Splines 2. und 3. Ordnung am häufigsten verwendet. Bei beiden Methoden ist die Konstruktion des Hilfsnetzes (durch Positionieren der Kontrollpunkte P_{ij}) dem Benutzer überlassen.

9.8.2 Interpolieren von Teilflächen

Anstatt eine gegebene Menge von Punkten P_{ij} zum Konstruieren einer gegebenen Fläche zu verwenden, legt dieser Interpolationsprozess Randkurven für eine Teilfläche fest und »füllt« Flächeninnere durch Interpolation zwischen den Randkurven.

1. *Coons-Flächen*. Für diese Methode wird eine Teilfläche bestimmt, indem man vier Randkurven festlegt, die in parametrischer Vektorform mit $P(s, 0)$, $P(s, 1)$, $P(0, t)$ und $P(1, t)$, $0 \leq s, t \leq 1$ bezeichnet werden (siehe Abb. 9.12).

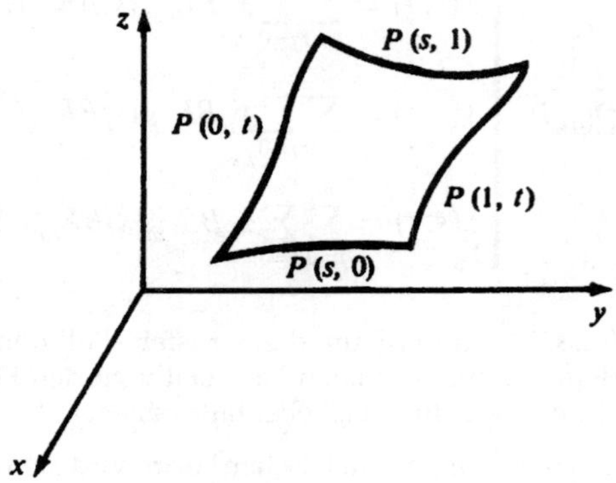

Abb. 9.12

Die (lineare) *Coons-Teilfläche*, die die Randkurven interpoliert, kann mit Hilfe der linearen Interpolation in Vektorform geschrieben werden:

$$Q(s, t) = P(s; 0)(1 - t) + P(s; 1)t + P(0; t)(1 - s) + P(1; t)s - P(0; 0)(1 - s)(1 - t) - P(0; 1)(1 - s)t - P(1; 0)s(1 - t) - P(1; 1)st$$

(Die Subtraktionen sind erforderlich, damit die Interpolatoren zwischen den Eckpunkten nicht zweimal gezählt werden.) Dieser Ansatz kann erweitert werden, um allgemeinere Teilflächen zu definieren.

2. *Lofting-Oberflächen*. Das *Lofting*-Verfahren wird eingesetzt, wenn sich die zu konstruierende Oberfläche in eine vorgegebene Richtung ausdehnt. Ein Beispiel dafür ist der Rumpf eines Schiffs.

Sind zwei oder mehr Raumkurven gegeben, die man als *Querschnittskurven* bezeichnet, ist *Lofting* der Vorgang, bei dem die Querschnitte mit Hilfe längs verlaufender Mischkurven verschmolzen werden. Das einfachste Beispiel ist die *lineare Vermischung* zwischen den Querschnittskurven $P_1(s)$ und $P_2(s)$. Die Lofting-Oberfläche ist $Q(s, t) = (1 - t)P_1(s) + tP_2(s)$ (siehe Abb. 9.13).

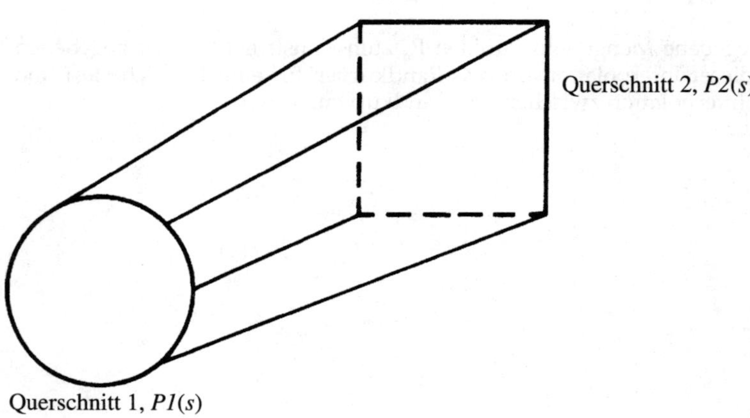

Abb. 9.13

9.9 Transformieren von Kurven und Oberflächen

Alle von uns konstruierten Kurven- und Oberflächenmodelle haben die allgemeine Form

$$x = \Sigma x_i \Phi_i \text{ und } y = \Sigma y_i \Phi_i$$

(Fügen Sie bei drei Dimensionen eine z-Komponente hinzu.)

Wenn M die 2×2-Transformationsmatrix

$$M = \begin{pmatrix} a & b \\ c & d \end{pmatrix}$$

ist, dann können wir M auf die Funktionen x und y anwenden:

$$\begin{pmatrix} a & b \\ c & d \end{pmatrix} \begin{pmatrix} \Sigma x_i \Phi_i \\ \Sigma y_i \Phi_i \end{pmatrix} = \begin{pmatrix} a(\Sigma x_i \Phi_i) + b(\Sigma y_i \Phi_i) \\ c(\Sigma x_i \Phi_i) + d(\Sigma y_i \Phi_i) \end{pmatrix} = \begin{pmatrix} \Sigma(ax_i + by_i)\Phi_i \\ \Sigma(cx_i + dy_i)\Phi_i \end{pmatrix}$$

Die transformierten Funktionen lauten dann

$$\tilde{x} = \Sigma(ax_i + by_i)\Phi_i \qquad \tilde{y} = \Sigma(cx_i + dy_i)\Phi_i$$

Mit anderen Worten, um diese Kurven und Oberflächen zu transformieren, ist es nur erforderlich, die Koeffizienten (x_i, y_i) zu transformieren. In den meisten Fällen stellen diese Koeffizienten Daten- oder Kontrollpunkte dar. Daher ermittelt man die Transformation der Näherung einer Kurve oder Oberfläche, indem man zuerst die Kontrollpunkte transformiert und dann die Näherung auf der Grundlage der transformierten Punkte bildet.

9.10 Oberflächen zweiter Ordnung

Kugeln, Zylinder und Kegel sind Teil der Oberflächenfamilie, die man als *Oberflächen zweiter Ordnung* bezeichnet. Eine Oberfläche zweiter Ordnung wird durch eine Gleichung zweiten Grades (in x, y oder z) definiert.

Die kanonischen Oberflächen zweiter Ordnung sind:

9.10.1 Kugel

Aus Abb. 9.14 ergibt sich:

$$x^2 + y^2 + z^2 = R^2$$

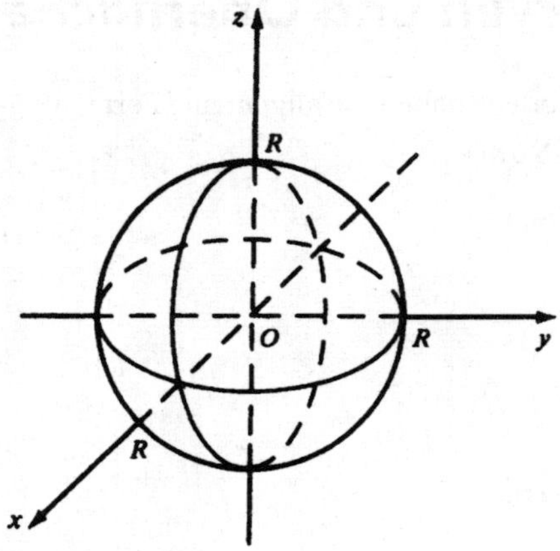

Abb. 9.14

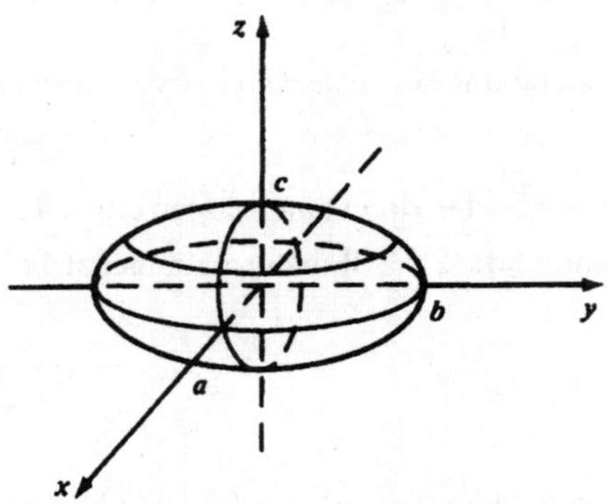

Abb. 9.15

9.10.2 Ellipsoid

Aus Abb. 9.15 ergibt sich:

$$\frac{x^2}{a^2} + \frac{y^2}{b^2} + \frac{z^2}{c^2} = 1$$

9.10.3 Einschaliges Hyperboloid

Aus Abb. 9.16 ergibt sich:

$$\frac{x^2}{a^2} + \frac{y^2}{b^2} - \frac{z^2}{c^2} = 1$$

9.10.4 Zweischaliges Hyperboloid

Aus Abb. 9.17 ergibt sich:

$$\frac{z^2}{c^2} - \frac{x^2}{a^2} - \frac{y^2}{b^2} = 1$$

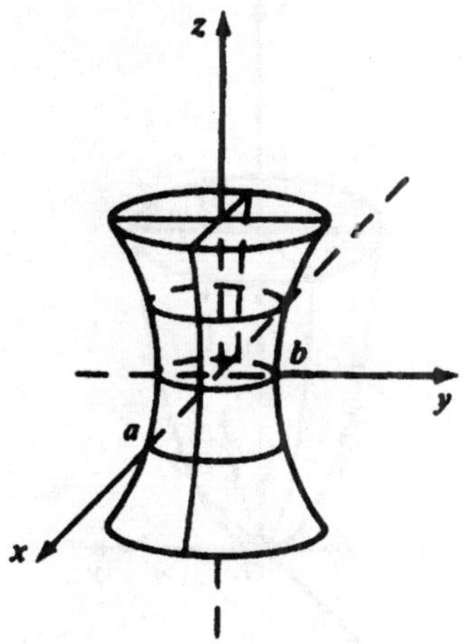

Abb. 9.16

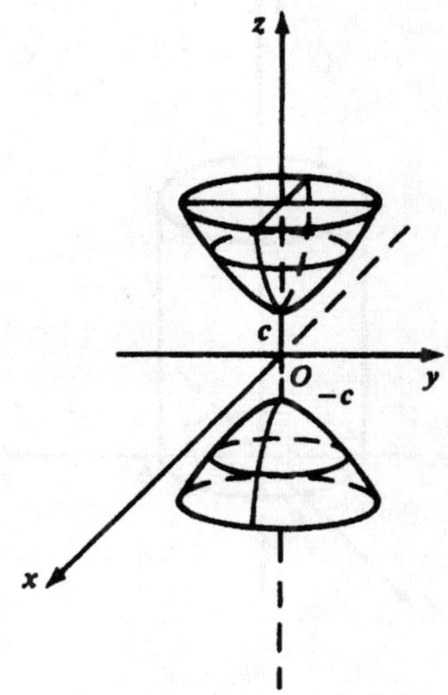

Abb. 9.17

9.10.5 Elliptischer Zylinder

Aus Abb. 9.18 ergibt sich:

$$\frac{x^2}{a^2} + \frac{y^2}{b^2} = 1$$

Wenn $a = b = R$, handelt es um einen kreisförmigen Zylinder mit dem Radius R.

9.10.6 Elliptisches Paraboloid

Aus Abb. 9.19 ergibt sich:

$$\frac{x^2}{a^2} + \frac{y^2}{b^2} = cz$$

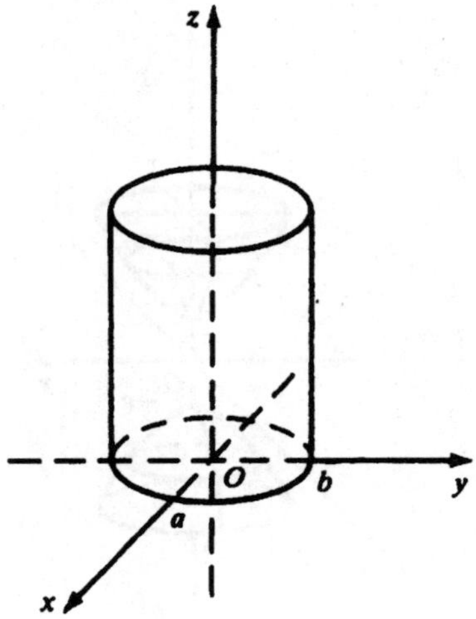

Abb. 9.18

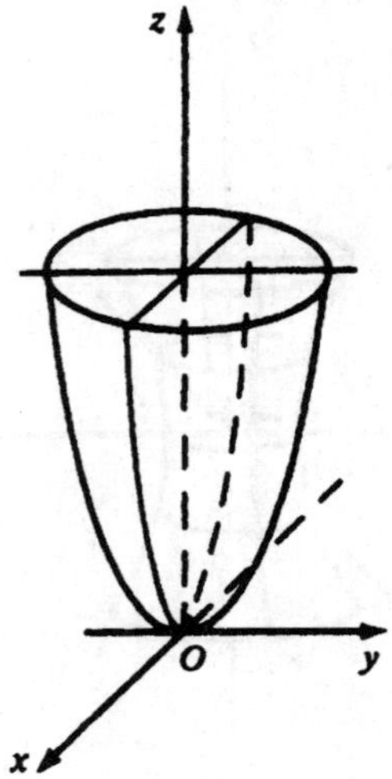

Abb. 9.19

9.10.7 Hyperbolisches Paraboloid

Aus Abb. 9.20 ergibt sich:

$$\frac{x^2}{a^2} - \frac{y^2}{b^2} = cz$$

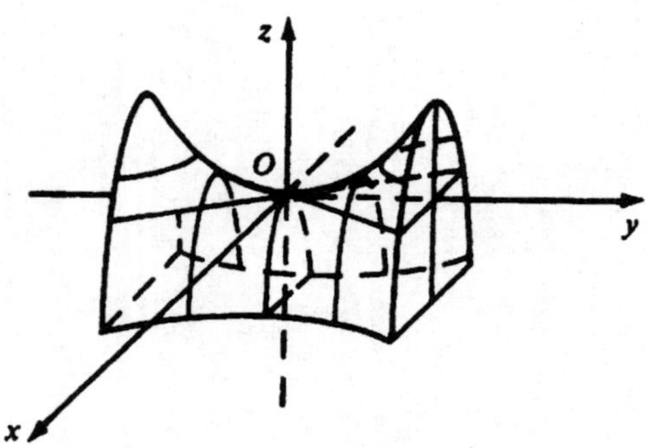

Abb. 9.20

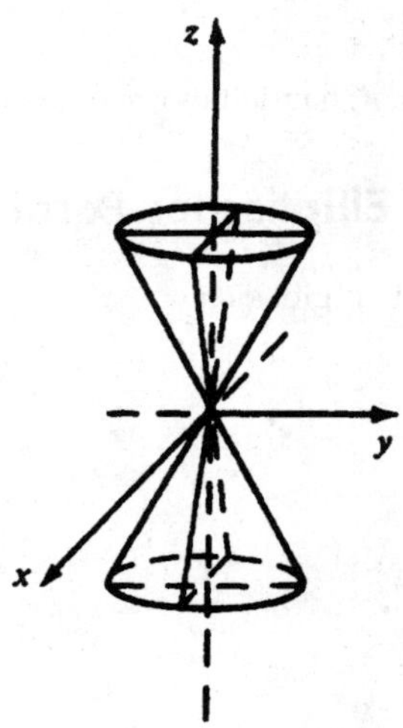

Abb. 9.21

9.10.8 Elliptischer Konus

Aus Abb. 9.21 ergibt sich:

$$\frac{x^2}{a^2} + \frac{y^2}{b^2} = z^2$$

Wenn $a = b = R$, haben wir einen kreisförmigen Konus. Wenn wir z so eingrenzen, dass $z > 0$, haben wir einen oberen Konus.

Bitte beachten Sie, dass außer bei Kugeln und Ellipsoiden die mathematische Definition eine Figur unendlicher Ausdehnung erzeugt. Um diese in der Computergrafik verwenden zu können, müssen wir Ränder für die Oberfläche in Form von Rand-Clippingebenen der Form $z = h$ festlegen.

9.11 Beispiel: Geländesimulation

Wir zeigen zwei unterschiedliche Möglichkeiten zum Erzeugen eines *Dreiecksnetzes* (d.h. eines aus Dreiecken bestehenden Polynomnetzes), das die willkürlichen Spitzen und Täler einer Berglandschaft modelliert.

9.11.1 Mittelpunktsverschiebung

Dabei handelt es sich um einen rekursiven Ansatz, der mit einem oder mehreren Dreiecken im Geländebereich beginnt [siehe Abb. 9.22(*a*)]. Wir verwenden die Mittelpunkte der Kanten, um die einzelnen Dreiecke in vier kleinere zu unterteilen. Die Mittelpunkte werden willkürlich erhöht, um ein schroff abfallendes Erscheinungsbild hervorzurufen [siehe Abb. 9.22(*b*)]. Die Koordinaten (x_m, y_m, z_m) des Mittelpunkts der Kante zwischen $P_1(x_1, y_1, z_1)$ und $P_2(x_2, y_2, z_2)$ werden wie folgt berechnet:

$$\begin{cases} x_m = (x_2 - x_1)/2 \\ y_m = (y_2 - y_1)/2 + r \\ z_m = (z_2 - z_1)/2 \end{cases}$$

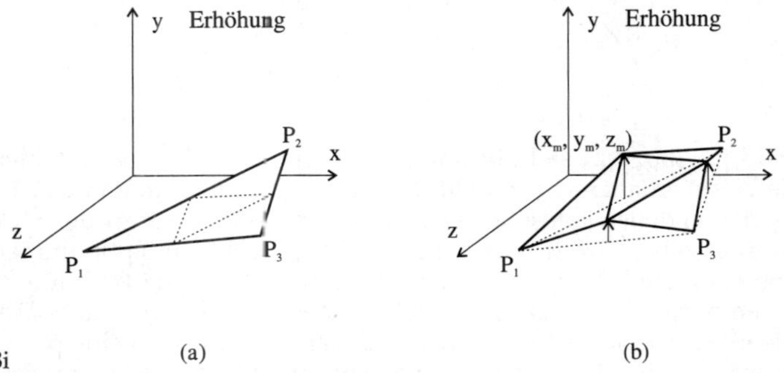

8i (a) (b)

Abb. 9.22

wobei r eine willkürliche Verschiebung darstellt, die als Produkt einer beliebigen Zahl $0 \le \lambda \le 1$ und einer Funktion der projizierten Länge (auf die xz-Ebene) der Kante ausgedrückt werden kann. Wenn beispielsweise die Funktion $F(\rho) = \rho/2$ lautet, dann kann der Mittelpunkt um nicht mehr als die Hälfte der projizierten Länge der Kante erhöht werden. Der Unterteilungsprozess endet, wenn alle Kanten auf einen zuvor festgelegten Schwellenwert oder eine kürzere Länge projiziert werden.

Da die ursprünglichen Eckpunkte nicht bewegt werden und jeder Mittelpunkt nur einmal versetzt wird, neigt das daraus resultierende Gelände dazu, die Gesamtform des ursprünglichen Modells beizubehalten. Auf der anderen Seite können unrealistisch wirkende tiefe Täler an den ursprünglichen Kanten erscheinen. Dieses Problem können wir mindern, indem wir den Eckpunkten sowie den Mittelpunkten auf jeder Rekursionsstufe eine willkürliche Verschiebung hinzufügen. Hier besteht der Kompromiss in einer geringeren Kontrolle über die Form der endgültigen Geländestruktur.

9.11.2 Brown'sche Verteilung von Scheiben

Bei diesem Ansatz legen wir ein Raster auf die Geländefläche und initialisieren einen Zähler für die einzelnen Zellen (siehe Abb. 9.23 für eine rechteckige Fläche, die durch ein zweidimensionales Zähler-Array dargestellt werden kann). Dann bewegen wir eine runde Scheibe willkürlich über die Fläche. An jeder Scheibenposition erhöhen wir den Zähler für die einzelne Rasterzelle, die von der Scheibe bedeckt wird. Nach einer Weile bilden die Zählerwerte das Erhöhungsprofil eines Stapels willkürlich positionierter Scheiben. Jeder Erhöhungswert beschreibt die Höhe eines Punkts oder Eckpunkts über der entsprechenden Rasterzelle. Ein Dreiecksnetzmodell des daraus entstehenden Geländes kann daher konstruiert werden, indem man zuerst die einzelnen Eckpunkte mit ihren vier Nachbarn verbindet [analog zu den vier Nachbarpixeln in Abb. 3.18(*a*)], um ein viereckiges Netz zu bilden, und dann diagonale Kanten hinzuzufügen, um die einzelnen Vierecke in zwei Dreiecke zu unterteilen.

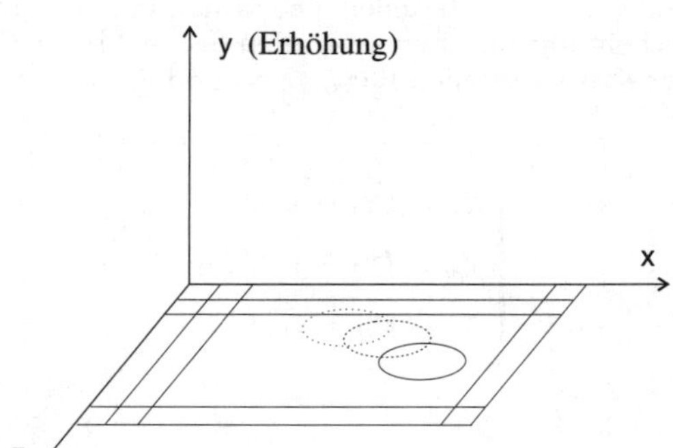

Abb. 9.23

Das Graustufenbild in Abb. 9.24 stellt beispielsweise die Werte in einem Zähler-Array der Größe 512 × 512 dar. Die Werte erhalten wir mit Hilfe einer Scheibe mit dem Radius 25 nach 6000 willkürlichen Bewegungen, von denen jede einen Schritt der Größe 3 vorwärts oder rückwärts und gleichzeitig einen Schritt derselben Größe nach links oder nach rechts umfasst. Immer wenn der Mittelpunkt der Scheibe über die Bildgrenzen hinausgeht, wird er in die Bildmitte zurückgesetzt. Die Zählerwerte werden normalisiert, so dass das Maximum im Bild der Farbe Weiß entspricht. Das sich daraus ergebende Dreiecksnetz ist in Abb. 9.25 dargestellt, wobei eine perspektivische Projektion verwendet wird und der Blickwinkel von einem Punkt in der Nähe der unteren rechten Ecke der Abb. 9.24 zum Mittelpunkt verläuft (wobei die verborgenen Flächen entfernt und die sichtbaren Flächen durch eine Lichtquelle hervorgehoben wurden).

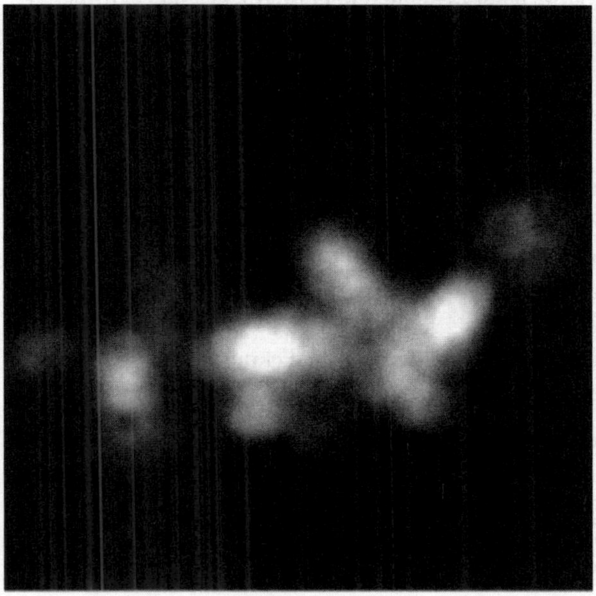

Abb. 9.24

Abb. 9.25

9.12 Aufgaben mit Lösungen

9.1 Stellen Sie mit Hilfe einer expliziten Eckpunktliste einen Würfel dar.

Lösung:

Unter Verwendung der Schreibweise aus Abb. 7.12 ist eine mögliche Darstellung

$$V = \{ABCDAFEDCHEFGHGB\}$$

Bitte beachten Sie die Eckpunktwiederholungen in der Liste V und die Wiederholung der Kante FE als EF.

9.2 Stellen Sie einen Würfel mit Hilfe einer Polygonliste dar.

Lösung:

In Anlehnung an Abb. 7.12 bilden wir die Eckpunktliste

$$V = \{ABCDEFGH\}$$

Bei den Flächen des Würfels handelt es sich um Polygone (in diesem Fall Quadrate) P_1, ..., P_6, wobei

$P_1 = \{ABCD\}$ $\quad$ $P_4 = \{ABGF\}$

$P_2 = \{CDEH\}$ $\quad$ $P_5 = \{BCHG\}$

$P_3 = \{ADEF\}$ $\quad$ $P_6 = \{EFGH\}$

Bitte beachten Sie die Kantenwiederholungen, die beim Zeichnen des Polygons aufgetreten sind. Beispielsweise teilen sich die Polygone P_2 und P_3 die Kante DE.

9.3 Zeigen Sie, dass die Basisfunktionen $B_{i,n}(x)$ des B-Splines vom Grad n die folgende Gleichung erfüllen:

$$B_{i,n}(x) = 0, \text{ wenn } x < t_i \text{ oder } x > t_{i+n+1}$$

Lösung:

Da die Basisfunktionen $B_{i,n}(x)$ des B-Splines rekursiv Abhängigkeit von den B-Splines niedrigerer Ordnung $B_{i,n-1}(x)$ und $B_{i+n,n-1}(x)$ des Grads n - 1 definiert werden, müssen wir nur den ersten Schritt eines Beweises durch vollständige Induktion angeben. Daher zeigen wir, was beim B-Spline $B_{i,1}(x)$ ersten Grads geschieht.

Sei $x < t_i$. Daraus ergibt sich $x < t_{i+1}$, so dass die B-Splines vom Grad 0 für x die Werte $B_{i,0}(x) = 0$ und $B_{i+1,0}(x) = 0$ aufweisen. Aus diesen Werten ermitteln wir wiederum $B_{i,1}(x) = 0$.

Nun nehmen wir an, dass die Knotenmenge sich nicht wiederholt. Sei $x = t_i$. Daraus ergibt sich $B_{i,0}(t_i) = 1$, aber $B_{i+1,0}(t_i) = 0$. Daraus resultiert

$$B_{i,0}(t_i) = \frac{t_i - t_i}{t_{i+1} - t_i}(1) + \frac{t_{i+2} - t_i}{t_{i+2} - t_{i+1}}(0) = 0$$

Daher ist $B_{i,,1}(x) = 0$, wenn $x \leq t_i$. Ähnliche Argumente zeigen, dass $B_{i,1}(x) = 0$, wenn $x \geq t_{i+1}$.

9.4 Gegeben seien die Datenpunkte $P_0(0; 0)$, $P_1(1;2)$, $P_2(2;1)$, $P_3(3; -1)$, $P_4(4; 10)$ und $P_5(5; 5)$. Die Interpolation mit B-Splines 3. Ordnung wird verwendet, um eine Kurve zu ermitteln, die diese Datenpunkte interpoliert. Bestimmen Sie eine Knotenmenge $t_0, \ldots, t_9$, die für die Definition dieser B-Splines verwendet werden kann.

Lösung:

Die Knotenmenge kann anhand eines oder zweier Schemata ausgewählt werden. Mit $m = 3$ und $n = 5$ gilt:

1. Wählen Sie

$$t_0 = t_1 = t_2 = t_3 = -1 \ (< x_0) \text{ und } t_6 = t_7 = t_8 = t_9 = 6 \ (> x_n)$$

Die verbleibenden Knoten werden gemäß

$$t_{i+m+1} = \frac{x_{i+1} + \cdots + x_{i+m}}{m}, \qquad i = 0, \ldots, n - m - 1$$

ausgewählt, so dass

$$t_4 = \frac{1+2+3}{3} = 2 \qquad t_5 = \frac{2+3+4}{3} = 3$$

2. Ein alternatives Schema für Splines dritter Ordnung lautet

$$t_0 = t_1 = t_2 = t_3 = -1 \qquad t_6 = t_7 = t_8 = t_9 = 6$$

und die verbleibenden Knoten werden gemäß

$$t_{i+4} = x_{i+2}, \qquad i = 0, \ldots, n-4$$

ausgewählt, so dass

$$t_4 = 2 \qquad t_5 = 3$$

Die Übereinstimmung der nach diesen beiden Schemata ausgewählten Knotenmengen ist das Ergebnis einer einheitlichen Aufteilung der Datenpunkte entlang der x-Achse.

9.5 Schreiben Sie die Gleichungen, die verwendet werden können, um eine passende interpolierende Spline-Kurve dritter Ordnung für die Daten in Aufgabe 9.4 zu finden, und verwenden Sie dabei die Basisfunktionen der B-Splines dritter Ordnung.

Lösung:

Bei $m = 3$ und $n = 5$ kann das interpolierende Spline in Form von B-Splines dritter Ordnung wie folgt geschrieben werden:

$$S_3(x) = \sum_{i=0}^{7} a_i B_{i,3}(x)$$

Die Interpolationsgleichungen für die Datenpunkte (x_j, y_j), $j = 0, ..., 5$ sind

$$y_j = S_3(x_j), \qquad j = 0, \ldots, 5$$

Bei der in Aufgabe 9.4 ausgewählten Knotenmenge lauten die durch die Knoten t_j, $j = 0, ..., 9$ definierten Intervalle $[t_j, t_{j+4}]$ wie folgt:

j	t_j	t_{j+4}
0	-1	2
1	-1	3
2	-1	6
3	-1	6
4	2	6
5	3	6

Da der Wert von $B_{i,3}(x)$ nur für $t_i < x < t_{i+4}$ von null verschieden ist, ergeben sich folgende Interpolationsgleichungen:

$$y_j = S_3(x_j)$$
$$0 = a_0B_{0,3}(0) + a_1B_{1,3}(0) + a_2B_{2,3}(0) + a_3B_{3,3}(0)$$
$$2 = a_0B_{0,3}(1) + a_1B_{1,3}(1) + a_2B_{2,3}(1) + a_3B_{3,3}(1)$$
$$1 = a_1B_{1,3}(2) + a_2B_{2,3}(2) + a_3B_{3,3}(2)$$
$$-1 = a_2B_{2,3}(3) + a_3B_{3,3}(3) + a_4B_{4,3}(3)$$
$$10 = a_2B_{2,3}(4) + a_3B_{3,3}(4) + a_4B_{4,3}(4) + a_5B_{5,3}(4)$$
$$5 = a_2B_{2,3}(5) + a_3B_{3,3}(5) + a_4B_{4,3}(5) + a_5B_{5,3}(5)$$

Die beiden verbleibenden Gleichungen können so gewählt werden, dass Sie den vorgeschriebenen Randbedingungen für $x_0 = 0$ und $x_5 = 5$ entsprechen.

9.6 Zeigen Sie, dass die Konstruktion der Bézier-Näherung für einen Hilfs-Polygonzug gewährleistet, dass die Endpunkte des Splines mit den Endpunkten des Polygonzugs zusammentreffen.

Lösung:

Für eine Bézier-Näherung mit B-Splines des Grads m wird die folgende Knotenmenge verwendet:

$$\underbrace{0, \ldots, 0}_{m+1}, 1, 2, \ldots, n-m, \underbrace{n-m+1, n-m+1, \ldots, n-m+1}_{m+1}$$

Gegeben sei $P_0(x_0, y_0, z_0)$ als erster und $P_n(x_n, y_n, z_n)$ als letzter Kontrollpunkt des Hilfs-Polygonzugs. Jetzt gilt $x(t) = \sum_{i=0}^{n} x_i B_{i,m}(t)$ mit ähnlichen Ausdrücken für $y(t)$ und $z(t)$. Wir wollen zeigen, dass

$$x(0) = x_0, y(0) = y_0, z(0) = z_0 \text{ und } x(n - 1) = x_n, y(n - 1) = y_n, z(n - 1) = z_n$$

Beschränken wir uns auf m - 2 B-Splines (2. Ordnung). Dann lautet die Knotenmenge

$$0, 0, 0, 1, 2, 3, ..., n - 2, n - 1, n - 1, n - 1$$

$$t_0, t_1, t_2, t_3, t_4, t_5, ..., t_{n+1}, t_{n+2}, t_{n+3}, t_{n+4}$$

Da der Wert von $B_{i,2}(x)$ nur im Intervall $t_i \leq x \leq t_{i+3}$ von null verschieden ist, folgt daraus, dass der Wert von $B_{i,2}(0)$ nur dann nicht null beträgt, wenn i =0, 1 und 2. Daraus ergibt sich:

$$x(0) = \sum_{i=0}^{r} x_i B_{i,2}(0) = x_0 B_{0,2}(0) + x_1 B_{1,2}(0) + x_2 B_{2,2}(0)$$

Um $B_{0,2}$ mit Hilfe der Definition und der Vereinbarung zu berechnen, dass $\frac{0}{0}$ =0, erhalten wir

$$B_{0,2}(0) = B_{1,1}(0) \text{ und } B_{1,1}(0) = B_{2,2}(0) \text{ und } B_{2,0}(0) = 1$$

Daher ist $B_{0,2}(0) = 1$ (siehe hierzu Aufgabe 9.3).

Um $B_{1,2}(0)$ mit Hilfe der Definition zu berechnen, nehmen wir

$$B_{1,2}(0) = \frac{2}{2} B_{2,1}(0) \quad \text{und} \quad B_{2,1}(0) = \frac{2}{2-1} B_{3,0}(0) \quad \text{und} \quad B_{3,0}(0) = 0 \quad \text{, da} \quad 0 \leq t_3 = 1$$

Damit haben wir $B_{1,2}(0) = 0$. Auf ähnliche Weise ermitteln wir $B_{2,2}(0) = 0$. Daher gilt $x(0) = x_0$, und das gleiche gilt auch für die y- und z-Koordinaten.

Ähnliche Berechnungen zeigen, dass $x(n - 1) = x_n$, $y(n - 1) = y_n$ und $z(n - 1) = z_n$.

9.7 Bestimmen Sie die lineare Coons-Teilfläche, die die Kurven aus Abb. 9.26 interpoliert.

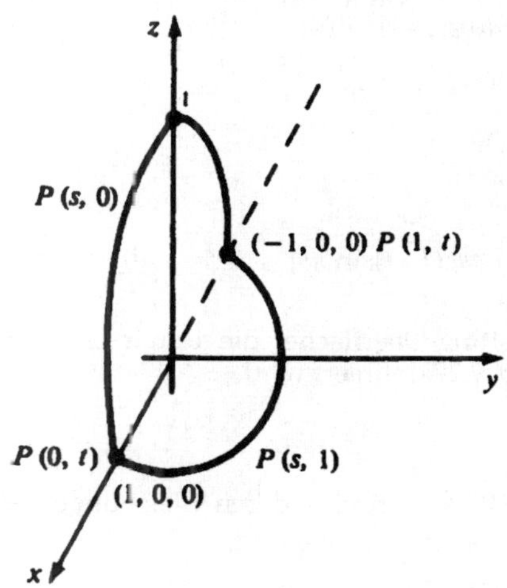

Abb. 9.26

Lösung:

Die vier Randkurven können wie folgt parametrisch beschrieben werden (siehe Abb. 9.26):

1. $P(s, 0) = (\cos \pi s ; 0 ; \sin \pi s)$ $\quad 0 \leq s \leq 1$
2. $P(1 ; t) = (-1 ; 0 ; 0)$ $\quad 0 \leq t \leq 1$

3. $P(s, 1) = (\cos \pi s\,; \sin \pi s, 0)$ $\quad 0 \leq s \leq 1$
4. $P(0, t) = (1; 0; 0)$ $\quad 0 \leq t \leq 1$

Bitte beachten Sie, dass es sich bei den Kurven 2 und 4 um konstante Kurven handelt, d.h. Punkte.

Die lineare Coons-Fläche, die diese Kurven interpoliert, kann wie folgt geschrieben werden:

$$Q(s, t) = P(s; 0)(1 - t) + P(s; 1)t + P(0; t)(1 - s) + P(1; t)s - P(0; 0)(1 - s)(1 -t)$$
$$- P(0; 1)(1 - s)t - P(1; 0)s(1 - t) - P(1; 1)st$$

In Form von Koordinaten ergibt sich:

$$x(s, t) = (\cos \pi s)(1 - t) + (\cos \pi s)t + (1)(1 - s) + (-1)s - (1)(1 - s)(1- t)$$
$$- (1)(1 - s)t - (-1)s(1 - t) - (-1)st$$

oder

$$x(s, t) = \cos \pi s$$

Außerdem haben wir

$$y(s, t) = (0)(1 - t) + (\sin \pi s)t + (0)(1 - s) + (0)s - (0)(1 - s)(1 - t)$$
$$- (0)(1 - s)t - (0)s(1 - t) - (0)st$$

oder

$$y(s, t) = t \sin \pi s$$

Abschließend ergibt sich

$$z(s, t) = (\sin \pi s)(1 - t) + (0)t + (0)(1 - s) + (0)s - (0)(1 - s)(1 - t)$$
$$- (0)(1 - s)t - (0)s(1 - t) - (0)st$$

oder

$$z(s, t) = (1 - t)\sin \pi s$$

Die lineare Coons-Fläche ist

$$Q(s, t) = [\cos \pi s, t \sin \pi s, (1 - t)\sin \pi s] \qquad 0 \leq s, t \leq 1$$

9.8 Bestimmen Sie die Lofting-Oberfläche, die durch eine lineare Vermischung der Querschnittskurven aus Abb. 9.27 definiert wird.

Lösung:

Die Kurven aus Abb. 9.27 sind Kreise, deren Gleichungen wie folgt parametrisch definiert werden können:

$$P_1(s) = (\cos 2\pi s\,; \sin 2\pi s\,; 0) \qquad 0 \leq s \leq 1$$

und

$$P_2(s) = (2 \cos 2\pi s, 2 \sin 2\pi s, 4) \qquad 0 \leq s \leq 1$$

Dann ist die Lofting-Oberfläche:

$$Q(s, t) = (1 - t)P_1(s) + tP_2(s)$$

In Form von Koordinaten ergibt sich:

$$x(s, t) = (1 - t)(\cos 2\pi s) + t(2 \cos 2\pi s) = (1 + t) \cos 2\pi s$$

$$y(s, t) = (1 - t)(\sin 2\pi s) + t(2 \sin 2\pi s) = (1 + t) \sin 2\pi s$$

$$z(s, t) = (1 - t)(0) + t(4) = 4t$$

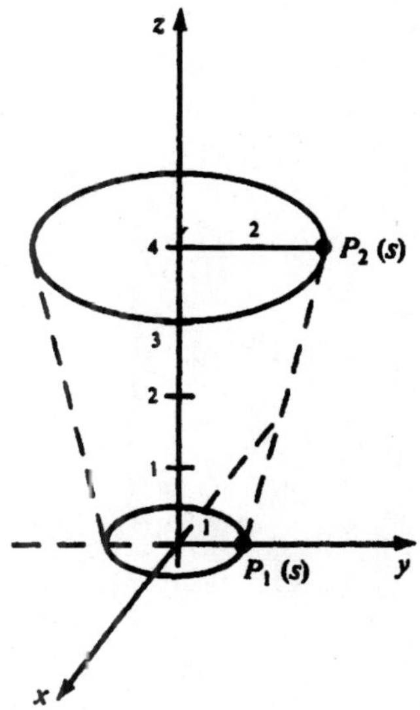

Abb. 9.27

Daher ist

$$Q(s, t) = [(1 + t)\cos 2\pi s, (1 + t)\sin 2\pi s, 4t] \qquad 0 \leq s, t \leq 1$$

9.13 Weitere Aufgaben

9.9 Stellen Sie einen Würfel mit Hilfe einer expliziten Kantenliste dar.

9.10 Bestimmen Sie eine explizite Darstellung für lineare B-Splines (ersten Grades) mit gleichmäßig verteilten Knoten, d.h. $t_{i+1} - t_i = L$.

9.11 Berechnen Sie $B_{i,3}(5,5)$ für die Knotenmenge $t_i = 1, t_2 = 2, ..., t_i = 1$.

[illegible]

Daher ist

[illegible]

9.13 Weitere Aufgaben

9.9 [illegible]

9.10 [illegible]

9.11 [illegible]

Verdeckte Oberflächen 10

Undurchsichtige Objekte, die näher am Auge und in der Sichtlinie anderer Objekte liegen, versperren ganz oder teilweise den Blick auf Letztere. Tatsächlich sind sogar einige Flächen dieser undurchsichtigen Objekte selbst nicht sichtbar, da sie von ihren sichtbaren Teilen verdeckt werden. Die dem Blick verborgenen oder verdeckten Oberflächen müssen »entfernt« werden, um eine realistische Ansicht der 3D-Szene zu konstruieren (siehe Abb. 1.3, in der nur drei der sechs Flächen des Würfels gezeigt sind). Das Erkennen und Entfernen dieser Oberflächen bezeichnet man als *das Problem verdeckter Oberflächen.*

Für verdeckte Oberflächen gibt es viele verschiedene Algorithmen (»Hidden-Surface-Algorithmen«). Jeden einzelnen kann man entweder als *Bildraummethode* bezeichnen, bei der ein Pixelraster für die Berechnung der Sichtbarkeit auf Pixelebene verwendet wird (Abschnitte 10.2, 10.5 und 10.6), oder als *Objektraummethode*, bei der die Sichtbarkeit der Oberfläche ohne pixelbasierte Operationen durch die Verwendung eines stetigen Modells im Objektraum (oder seiner Transformation) bestimmt wird (Abschnitte 10.3 und 10.4).

Bitte beachten Sie, dass das Problem verdeckter Oberflächen auch mit der Berechnung von Schatten verknüpft ist. Wenn wir eine Lichtquelle, wie zum Beispiel eine Glühbirne, im Blickpunkt aufstellen, werden alle von dort sichtbaren Oberflächen direkt von der Lichtquelle beleuchtet, während alle vor dem Blickpunkt verborgenen Oberflächen im Schatten einiger undurchsichtiger Objekte liegen, die das Licht nicht durchlassen.

10.1 Tiefenvergleich

Wir setzen voraus, dass alle Koordinaten (x, y, z) im normalisierten Ansichtskoordinatensystem (Kap. 8) beschrieben werden.

Ein Algorithmus für verdeckte Oberflächen muss bestimmen, welche Kanten und Oberflächen entweder im Projektionszentrum (bei perspektivischen Projektionen) oder an der Projektionsrichtung (bei Parallelprojektionen) sichtbar sind.

Die Frage der Sichtbarkeit beschränkt sich auf die folgende Fragestellung: Gegeben seien zwei Punkte $P_1(x_1, y_1, z_1)$ und $P_2(x_2, y_2, z_2)$. Verdeckt ein Punkt den anderen? Dies lässt sich in zwei Schritten beantworten:

1. Liegen P_1 und P_2 auf derselben Projektionslinie?
2. Wenn nicht, verdeckt keiner der Punkte den anderen. Wenn ja, sagt uns ein Tiefenvergleich, welcher Punkt sich vor dem anderen befindet.

Bei einer orthographischen Parallelprojektion auf die xy-Ebene liegen P_1 und P_2 auf demselben Projektionsstrahl, wenn $x_1 = x_2$ und $y_1 = y_2$. In diesem Fall beschränkt sich der Tiefenvergleich auf z_1 und z_2. Wenn $z_1 < z_2$, dann wird P_2 von P_1 verdeckt [siehe Abb. 10.1(*a*)].

Bei einer perspektivischen Projektion [siehe Abb. 10.1(*b*)] sind die Berechnungen komplexer (Aufgabe 10.1). Allerdings lässt sich diese Schwierigkeit vermeiden, indem man alle dreidimensionalen Objekte transformiert, so dass die Parallelprojektion des transformierten Objekts einer perspektivischen Projektion des ursprünglichen Objekts entspricht (siehe Abb. 10.2). Dies geschieht durch die Verwendung der *Transformation einer perspektivischen in eine Parallelprojektion* T_p (Aufgabe 10.2).

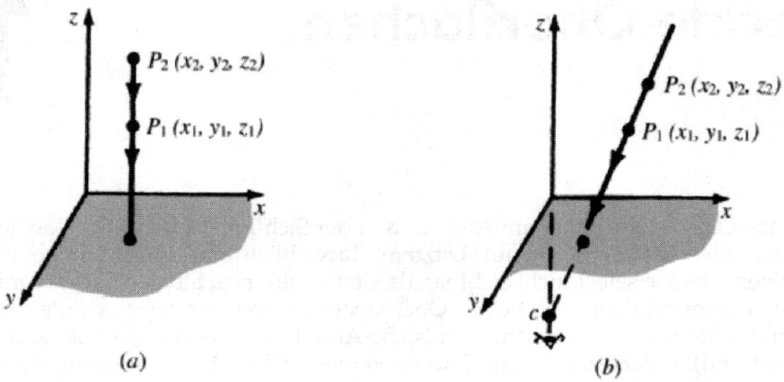

Abb. 10.1

Wenn sich das ursprüngliche Objekt im normalisierten perspektivischen Ansichtsvolumen (Kap. 8) befindet, transformiert die *normalisierte Transformation der perspektivischen in die Parallelprojektion* das normalisierte perspektivische Ansichtsvolumen in den Einheitswürfel, der durch $0 \leq x \leq 1, 0 \leq y \leq 1, 0 \leq z \leq 1$ begrenzt ist (wobei z_f die Position der vorderen Clippingebene des normalisierten perspektivischen Ansichtsvolumen ist) (Aufgabe 10.3).

$$NT_p = \begin{pmatrix} \frac{1}{2} & 0 & \frac{1}{2} & 0 \\ 0 & \frac{1}{2} & \frac{1}{2} & 0 \\ 0 & 0 & \dfrac{1}{1-z_f} & \dfrac{-z_f}{1-z_f} \\ 0 & 0 & 1 & 0 \end{pmatrix}$$

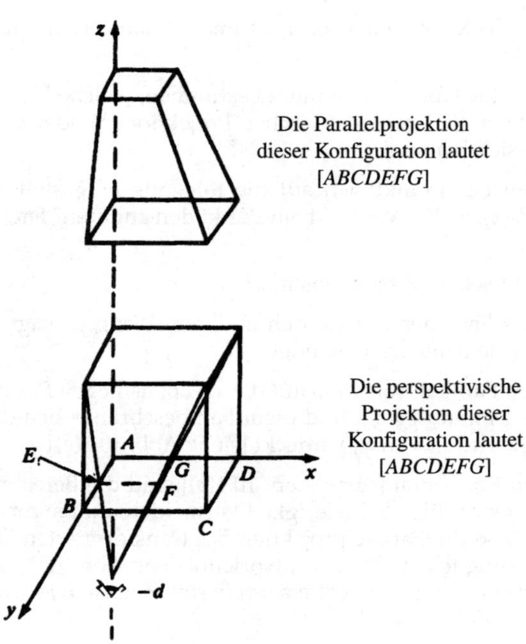

Abb. 10.2

Wenn unser Anzeigegerät die Anzeigekoordinaten $H \times V$ hat, transformiert die Skalierungsmatrix

$$S_{H,V,1} = \begin{pmatrix} H & 0 & 0 & 0 \\ 0 & V & 0 & 0 \\ 0 & 0 & 1 & 0 \\ 0 & 0 & 0 & 1 \end{pmatrix}$$

den normalisierten Anzeigeraum $0 \leq x \leq 1$, $0 \leq y \leq 1$, $0 \leq z \leq 1$ in den Bereich $0 \leq x \leq H$, $0 \leq y \leq V$, $0 \leq z \leq 1$. Diesen Bereich bezeichnen wir als *Anzeigeraum*. Die *Anzeigetransformation* DT_p

$$DT_p = S_{H,V,1} \cdot NT_p$$

transformiert das normalisierte perspektivische Ansichtsvolumen in den Anzeigeraum.

Das Zuschneiden am normalisierten perspektivischen Anzeigevolumen erfolgt vor der Anwendung der Transformation NT_p. Eine Alternative dazu ist die Kombination von NT_p und der Normalisierungstransformation N_{per} (Kap. 8), die zusammen eine einzige Transformation, $NT_p' = NT_p \cdot N_{per}$ bilden. Dann erfolgt das Zuschneiden im homogenen Koordinatenraum. Diese Clippingmethode wird in diesem Buch nicht behandelt.

Im Folgenden beschreiben wir mehrere Algorithmen zum Entfernen verdeckter Oberflächen aus Szenen, die mit planaren (d.h. ebenen) Polygonflächen definierte Objekte enthalten. Wir nehmen an, dass die Anzeigetransformation DT_p angewendet wurde (wenn eine perspektivische Projektion verwendet wird), so dass wir es stets mit Parallelprojektionen im Anzeigeraum zu tun haben.

10.2 Der Z-Puffer-Algorithmus

Wir sagen, dass ein Punkt im Anzeigeraum vom Pixel (x, y) aus zu »sehen« ist, wenn die Projektion des Punkts in dieses Pixel scan-konvertiert wird (Kap. 3). Der Z-Puffer-Algorithmus verfolgt im Wesentlichen die kleinste z-Koordinate (die auch als *Tiefenwert* bezeichnet wird) jener Punkte, die vom Pixel (x, y) aus zu sehen sind. Diese Z-Werte werden im so genannten Z-Puffer gespeichert.

Gehen wir davon aus, dass $Z_{buf}(x, y)$ den aktuellen Tiefenwert bezeichnet der im Z-Puffer im Pixel (x, y) gespeichert ist. Wir arbeiten mit den (bereits) projizierten Polygonen P der zu rendernden Szene.

Der Z-Puffer-Algorithmus setzt sich aus den folgenden Schritten zusammen:

1. Setzen Sie denn Bildschirm auf eine Hintergrundfarbe. Initialisieren Sie den Z-Puffer mit der Tiefe der hinteren Clippingebene. Das heißt, setzen Sie

   $$Z_{buf}(x, y) = Z_{back}, \text{ für alle Pixel } (x, y)$$

2. Führen Sie eine Scan Conversion aller (projizierten) Polygone P in der Szene durch (Kap. 3) und gehen Sie dabei für alle Pixel (x, y) innerhalb des Polygons wie folgt vor:

   (a) Berechnen Sie $Z(x, y)$, die Tiefe des Polygons im Pixel (x, y).

   (b) Wenn $Z(x, y) < Z_{buf}(x, y)$, setzen Sie $Z_{buf} = Z(x, y)$ sowie den Pixelwert in (x, y) auf die Farbe des Polygons P im Punkt (x, y). In Abb. 10.3 wurden die Punkte P_1 und P_2 einer Scan Conversion in das Pixel (x, y) unterzogen. Da $z_1 < z_2$, wird P_2 durch P_1 verdeckt, und der z-Wert z_1 von P_1 im Z-Puffer gespeichert.

Obwohl der Z-Puffer-Algorithmus Speicherplatz für den Z-Puffer proportional zur Anzahl der Pixel auf dem Bildschirm erfordert, benötigt er keinen zusätzlichen Speicherplatz für alle in der Szene enthaltenen Objekte. Da der Algorithmus die Polygone nacheinander verarbeitet, kann die Gesamtanzahl der Objekte in einer Szene beliebig hoch sein.

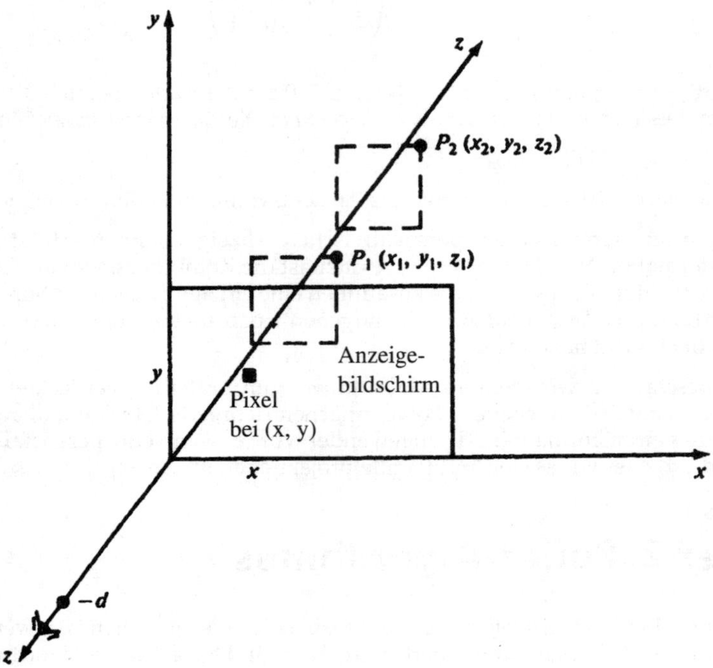

Abb. 10.3

10.3 Entfernen von Rückseiten

Objektoberflächen, die dem Blick des Betrachter abgewandt sind, werden als *Rückseiten* bezeichnet. Die Rückseiten eines undurchsichtigen Polyeders werden vom Polyeders selbst völlig verdeckt und bleiben dem Blick verborgen. Daher können wir diese Rückseite bereits anhand ihrer Ausrichtung ohne weitere Verarbeitung (Projektion und Scan Conversion) und ohne Berücksichtigung anderer Oberflächen und Objekte innerhalb der Szene erkennen und entfernen.

Gegeben sei $\mathbf{N} = (A, B, C)$ als Normalenvektor einer planaren Polygonfläche, wobei **N** in die Richtung der Vorderseite des Polygons zeigt. Da es sich bei der Blickrichtung um die Richtung der positiven z-Achse handelt (siehe Abb. 10.3), zeigt das Polygon in die entgegengesetzte Richtung des Betrachters, wenn $C > 0$ (der Winkel zwischen **N** und der z-Achse ist kleiner als 90°). Das Polygon wird auch dann als Rückseite betrachtet, wenn $C = 0$, da es in diesem Fall parallel zur Sichtlinie liegt und seine Projektion von den Kanten eines oder mehrerer sichtbarer Polygone entweder verdeckt oder überlagert wird.

Obwohl Rückseiten mit dieser Methode schnell erkannt und entfernt werden können, verarbeitet sie keine Polygone, die zwar dem Betrachter gegenüberliegen, aber (teilweise oder vollständig) von anderen Oberflächen verdeckt werden. Sie kann als Vorbereitungsschritt für andere Algorithmen dienen.

10.4 Der Maler-Algorithmus

Auch als *Tiefensortierungs-* oder *Prioritätsalgorithmus* bezeichnet, verarbeitet der Maler-Algorithmus Polygone, als würden sie in der Reihenfolge ihrer Entfernung vom Betrachter auf die Ansichtsebene aufgemalt. Weiter entfernte Polygone werden zuerst gemalt. Näher gelegene Polygone werden auf oder über weiter entfernte Polygone aufgetragen und verbergen sie ganz oder teilweise vor den Blicken des Betrachters. Der Schlüssel zur Implementierung dieses Konzepts liegt in der Ermittlung einer Prioritätenreihenfolge für die Polygone, um festzulegen, welche Polygone zuerst gemalt (d.h. scan-konvertiert) werden müssen.

Jeder Versuch, eine Prioritätenreihenfolge allein auf der Grundlage der Tiefensortierung festzulegen, führt zu Mehrdeutigkeiten, die geklärt werden müssen, um die Prioritäten korrekt zuweisen zu können. Wie entscheiden wir beispielsweise bei einer Überlagerung zweier Polygone, welches das andere verdeckt? (Siehe Abb. 10.4.)

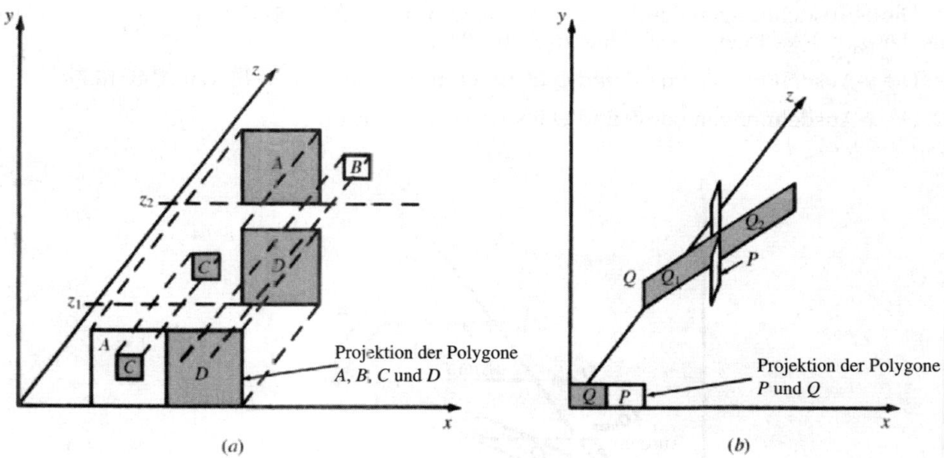

Abb. 10.4: Projektion undurchsichtiger Polygone

10.4.1 Zuweisen von Prioritäten

Wir weisen Polygonen Prioritäten zu, indem wir bestimmen, ob ein gegebenes Polygon P andere Polygone verdeckt. Lautet die Antwort nein, sollte P zuerst gemalt werden. Daher besteht die wichtigste Prüfung darin, ob das Polygon P das Polygon Q *nicht* verdeckt.

Die z-Ausdehnung eines Polygons ist der Bereich zwischen den Ebenen $z = z_{min}$ und $z = z_{max}$ (Abb. 10.5). Hier ist z_{min} die kleinste und z_{max} die größte der z-Koordinaten aller Eckpunkte des Polygons.

Ähnliche Definitionen gelten für die x- und die y-Ausdehnung eines Polygons. Der Schnittraum der x-, y- und z-Ausdehnung wird als *Ausdehnung* oder *Hüllkörper* des Polygons bezeichnet.

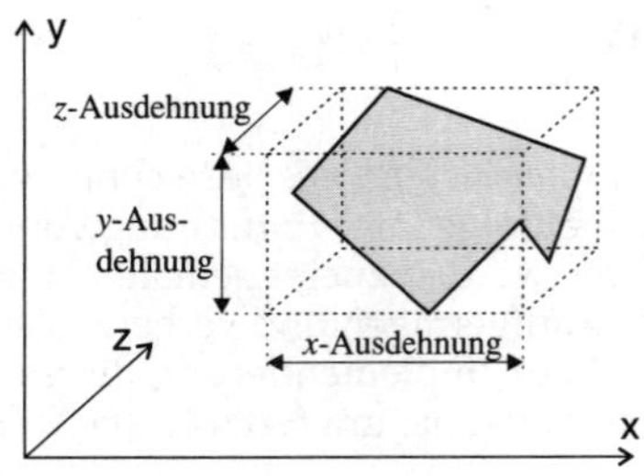

Abb. 10.5

10.4.2 Verdeckt Polygon P das Polygon Q?

Polygon *P* verdeckt das Polygon *Q* nicht, wenn einer der folgenden nacheinander angewendeten Tests den Wert wahr ergibt.

Test 0: Die *z*-Ausdehnungen von *P* und *Q* überlagern sich nicht, und der Wert $z_{Q_{max}}$ von *Q* ist kleiner als der $z_{P_{min}}$-Wert von *P* (siehe hierzu Abb. 10.6).

Test 1: Die *y*-Ausdehnungen von *P* und *Q* überlagern sich nicht (siehe hierzu Abb. 10.7).

Test 2: Die *x*-Ausdehnungen von *P* und *Q* überlagern sich nicht.

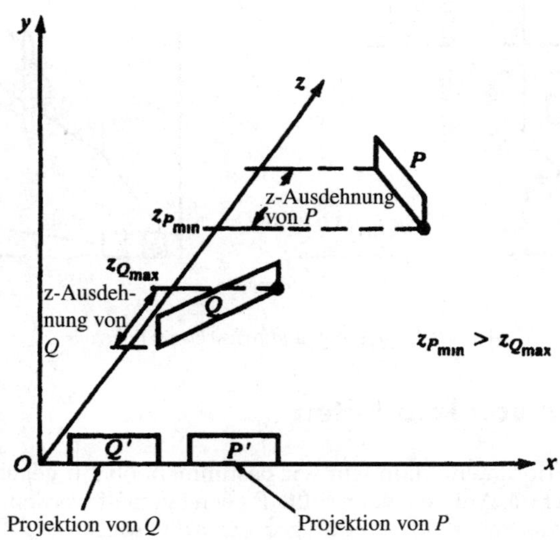

Abb. 10.6

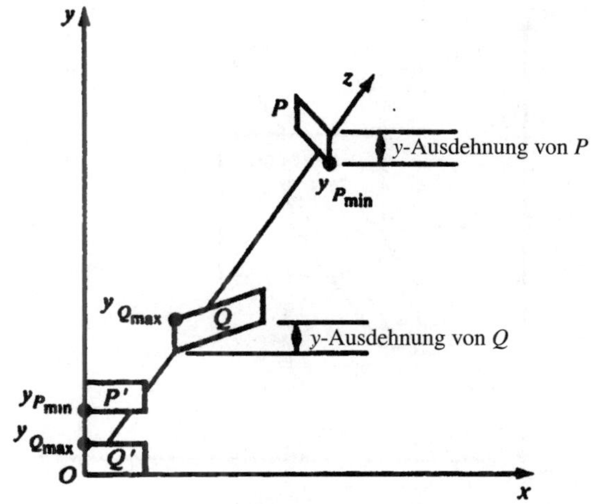

Abb. 10.7

Test 3: Alle Eckpunkte von *P* liegen auf der Seite der Ebene, die *Q* enthält und am weitesten vom Blickpunkt entfernt liegt (siehe hierzu Abb. 10.8).

Test 4: Alle Eckpunkte von *Q* liegen auf der Seite der Ebene, die *P* enthält und dem Blickpunkt am nächsten liegt (siehe hierzu Abb. 10.9).

Test 5: Die Projektionen der Polygone *P* und *Q* auf die Ansichtsebene überlagern sich nicht. Dies wird anhand eines Vergleichs der einzelnen Kanten eines Polygons mit den einzelnen Kanten des anderen Polygons geprüft, um Schnittpunkte zu finden.

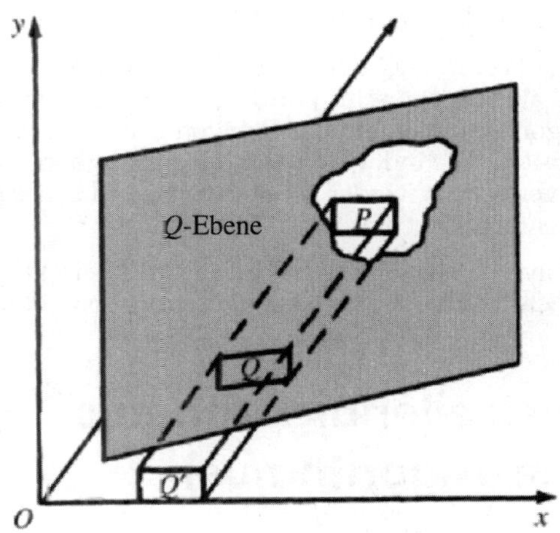

Abb. 10.8

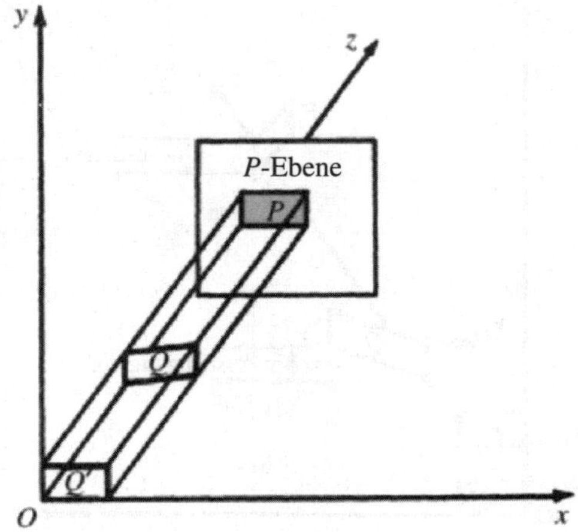

Abb. 10.9

10.4.3 Der Algorithmus

1. Sortieren Sie alle Polygone nach z_{max} (der größten z-Koordinate der Eckpunkte aller einzelnen Polygone) in einer Polygonliste. Weisen Sie vom Ende der Liste aus allen Polygonen P der Reihe nach Prioritäten zu, wie in den Schritten 2 und 3 (unten) beschrieben.
2. Suchen Sie alle Polygone Q (die P vorangehen) in der Polygonliste, deren z-Ausdehnung die von P überschneidet (Test 0).
3. Führen Sie für alle Polygone Q die Tests 1 bis 5 durch, bis sich der Wert wahr ergibt.
   (a) Wenn alle Polygone Q die Tests bestehen, unterziehen Sie Polygon P einer Scan Conversion.
   (b) Ergibt sich für einige Polygone Q der Wert falsch, tauschen Sie P und Q in der Liste aus. Kennzeichnen Sie Q als ausgetauscht. Wurde Q bereits gekennzeichnet, verwenden Sie die Ebene, die das Polygon P enthält, um das Polygon Q in zwei Polygone Q_1 und Q_2 zu unterteilen [siehe Abb. 10.4(*b*)]. Die in Kap. 5 beschriebene Methode zum Zuschneiden von Polygonen kann hierfür verwendet werden. Entfernen Sie Q aus der Liste und setzen Sie Q_1 und Q_2 in sortierter Reihenfolge dort ein.

Manchmal werden die Polygone vor der Verarbeitung in Dreiecke unterteilt, so dass sich der Rechenaufwand für die in Schritt 3 beschriebene Unterteilung von Polygonen reduziert.

10.5 Der Abtastzeilenalgorithmus (Scan Line-Algorithmus)

Ein Abtastzeilenalgorithmus besteht im Wesentlichen aus zwei verschachtelten Schleifen, und zwar einer x-Schleife, die in eine y-Schleife eingebunden ist.

10.5.1 y-Abtastung

Schneiden Sie für jeden *y*-Wert, z.B. $y = \alpha$, die zu rendernden Polygone mit der Abtastebene $y = \alpha$. Diese Abtastebene verläuft parallel zur *xz*-Ebene, und die daraus resultierenden Schnittlinien sind Strecken in dieser Ebene (siehe Abb. 10.10).

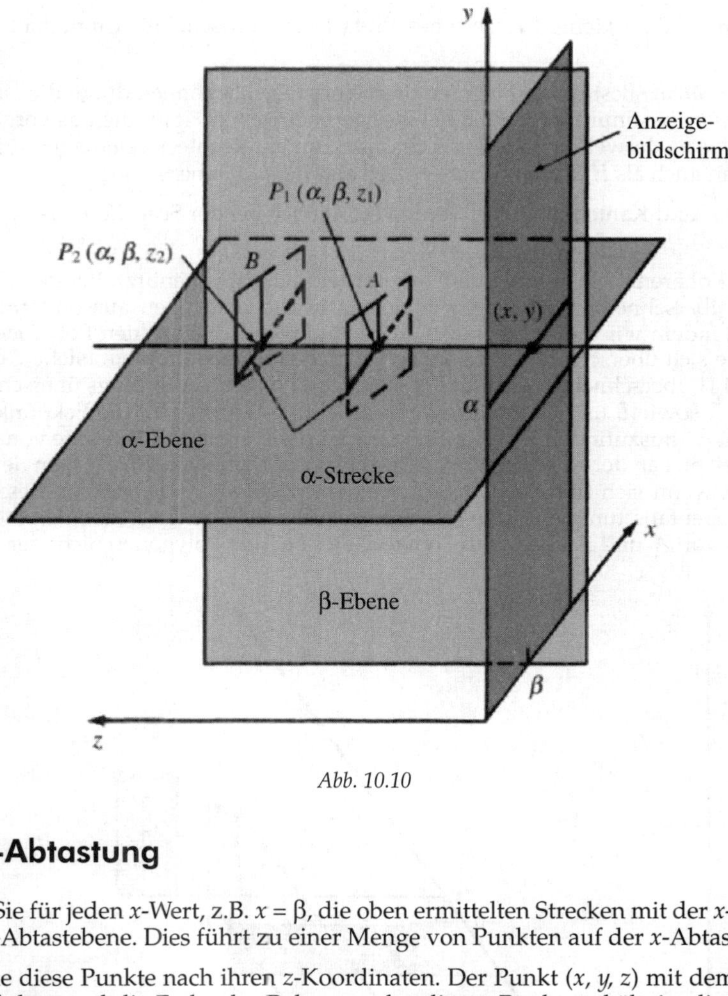

Abb. 10.10

10.5.2 x-Abtastung

1. Schneiden Sie für jeden *x*-Wert, z.B. $x = \beta$, die oben ermittelten Strecken mit der *x*-Abtastzeile $x = \beta$ auf der *y*-Abtastebene. Dies führt zu einer Menge von Punkten auf der *x*-Abtastzeile.

2. Sortieren Sie diese Punkte nach ihren *z*-Koordinaten. Der Punkt (x, y, z) mit dem niedrigsten *z*-Wert ist sichtbar, und die Farbe des Polygons, das diesen Punkt enthält, ist die Farbe, des entsprechenden Pixels zu diesem Punkt.

Um den Rechenaufwand in den einzelnen Abtastzeilenschleifen zu reduzieren, versuchen wir, uns die Beziehungen und Abhängigkeiten, die so genannten *Kohärenzen*, zwischen den verschiedenen Elementen in der Szene zunutze zu machen.

10.5.3 Arten der Kohärenz

1. *Abtastzeilenkohärenz*. Wenn ein Pixel auf einer Abtastzeile innerhalb eines Polygons liegt, befinden sich die benachbarten Pixel höchstwahrscheinlich ebenfalls innerhalb des Polygons.

2. *Kantenkohärenz*. Wenn eine Kante eines Polygons eine vorgegebene Abtastzeile schneidet, schneidet sie höchstwahrscheinlich auch die daneben liegende Abtastzeile.

3. *Flächenkohärenz*. Eine kleine Fläche eines Bilds liegt wahrscheinlich innerhalb eines einzigen Polygons.

4. *Räumliche Kohärenz*. Bestimmte Eigenschaften eines Objekts können durch die Überprüfung seiner *Ausdehnung* bestimmt werden, d.h. einer geometrischen Figur, die das vorgegebene Objekt umspannt. Normalerweise handelt es sich dabei um ein Rechteck oder einen rechteckigen Körper (den man auch als *Hüllkörper* oder speziell als *Hüllquader* bezeichnet).

Die Abtastzeilen- und Kantenkohärenz werden erfolgreich bei der Scan Conversion von Polygonen eingesetzt (Kap. 3).

Die räumliche Kohärenz wird häufig als Vorverarbeitungschritt genutzt. Bei der Überprüfung, ob Polygone sich überschneiden, können wir beispielsweise diejenigen aussondern, die sich nicht überschneiden, indem wir die rechteckigen Ausdehnungen der einzelnen Polygone ermitteln und prüfen, ob diese sich überschneiden – ein wesentlich einfacheres Problem (siehe Abb. 10.11). [*Hinweis*: In Abb. 10.11 überschneiden sich die Objekte *A* und *B* nicht. Allerdings überschneiden sich die Objekte *A* und *C* sowie *B* und *C*. Bei der Vorverarbeitung würde man die Eckpunkte miteinander vergleichen, um herauszufinden, ob dort eine Überlappung vorliegt. Die Kante von Objekt *A* befindet sich zum Beispiel an der Koordinate $P_3 = (6; 4)$ und die Kante von Objekt *B* an der Koordinate $P_4 = (7; 3)$.] Selbst wenn sich die Ausdehnungen überschneiden, gewährleistet dies nicht, dass die Polygone dies ebenfalls tun. Sehen Sie sich hierzu Abb. 10.12 an und beachten Sie, dass sich die Ausdehnungen von *A'* und *B'* überlagern, obwohl dies bei den Polygonen nicht der Fall ist.

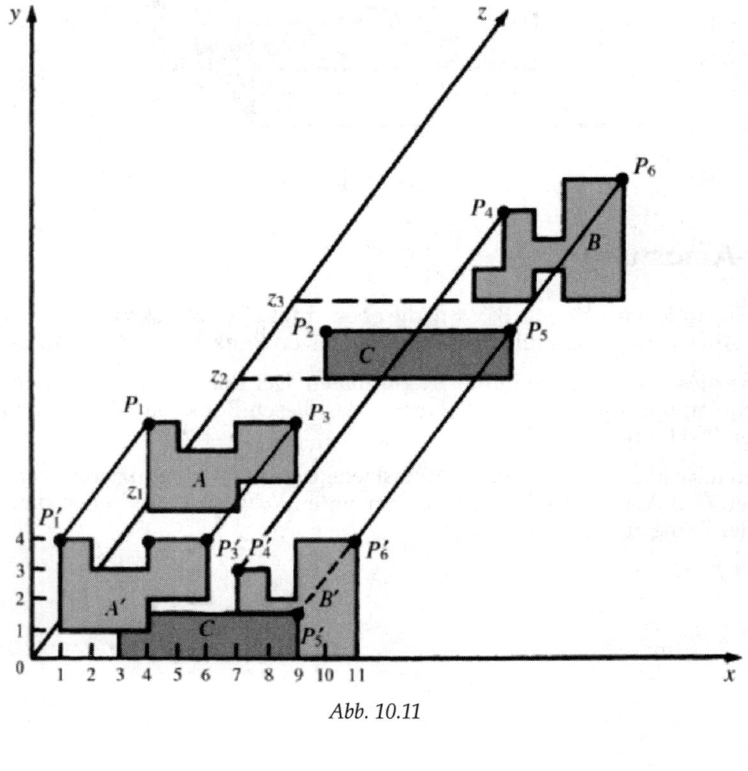

Abb. 10.11

Kohärenzen können Berechnungen vereinfachen, indem sie sie inkrementell statt absolut machen. Dies wird in Aufgabe 10.13 verdeutlicht.

10.5.4 Ein Abtastzeilenalgorithmus

In dem folgenden Algorithmus werden die Abtastzeilen- und die Kantenkohärenz verwendet, um die Verarbeitung in der y-Abtastschleife wie folgt zu verbessern. Da die y-Abtastschleife eine Liste der möglicherweise sichtbaren Strecken erstellt, behalten wir sie bei und aktualisieren sie entsprechend der eingetretenen Änderungen (inkrementelle Berechnung), anstatt sie bei jeder Änderung der y-Abtastzeile neu zu erstellen (absolute Berechnung). Diese Verarbeitung wird durch die Verwendung einer so genannten *Kantenliste* vereinfacht, deren Aufbau und Pflege das Herzstück des Algorithmus darstellt (siehe Kap. 3, Abschnitt 3.7, »Der Abtastzeilenalgorithmus«).

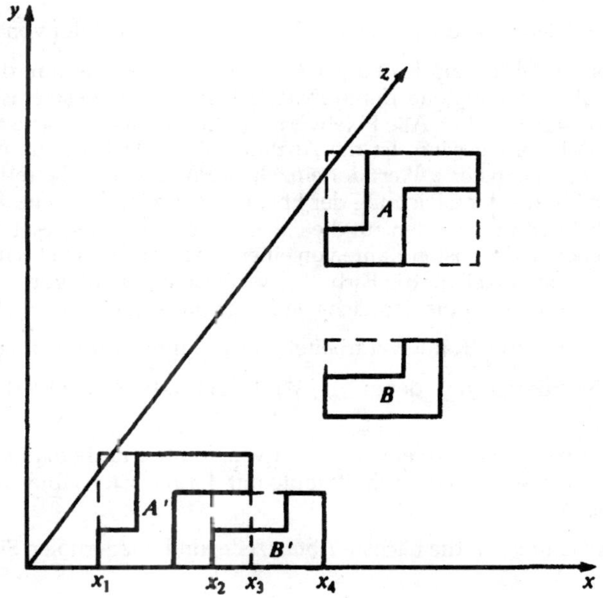

Abb. 10.12

Die folgenden Datenstrukturen werden erstellt:

1. *Die Kantenliste* – Sie enthält alle nicht horizontalen Kanten (diese werden automatisch angezeigt) der Projektionen von Polygonen in der Szene. Die Kanten werden nach der kleineren y-Koordinate (y_{min}) sortiert. Jeder Kanteneintrag in der Liste enthält außerdem folgende Angaben:
   (a) Die x-Koordinate des Kantenendpunkts mit der kleineren y-Koordinate
   (b) Die y-Koordinate des anderen Kantenendpunkts (y_{max})
   (c) Das Inkrement $\Delta x = 1/m$
   (d) Einen Zeiger auf das Polygon, zu dem die Kante gehört
2. *Die Polygonliste* – Sie enthält für die einzelnen Polygone:
   (a) Die Gleichung der Ebene, in der das Polygon liegt – Sie wird für die Tiefenermittlung verwendet, d.h., um die z-Werte des Pixels (x, y) zu bestimmen.

(b) Ein IN/OUT-Flag, das auf OUT gesetzt ist. (Das Setzen dieses Flags hängt davon ab, ob eine gegebene Abtastzeile sich innerhalb oder außerhalb des Polygons befindet.)

(c) Farbinformationen für das Polygon

Der Algorithmus läuft wie folgt ab:

I. *Initialisierung*

(a) Setzen Sie die einzelnen Bildschirmpixel auf eine Hintergrundfarbe.

(b) Setzen Sie y auf den niedrigsten y_{min}-Wert der Kantenliste.

Wiederholen Sie die Schritte II und III (unten), bis keine weitere Verarbeitung mehr erfolgen kann.

II. *y-Abtastschleife*. Aktivieren Sie die Kanten, deren y_{min}-Wert y entspricht. Sortieren Sie aktive Kanten aufsteigend nach dem x-Wert.

III. *x-Abtastschleife*. Verarbeiten Sie die einzelnen aktiven Kanten wie folgt von links nach rechts:

(a) Kehren Sie das IN/OUT-Flag des Polygons in der Polygonliste um, das die Kante enthält. Zählen Sie die aktiven Polygone, deren IN/OUT-Flag auf IN gesetzt ist. Beträgt die Anzahl 1, ist nur ein Polygon sichtbar. Alle Pixelwerte von dieser bis zur nächsten Kante werden auf die Farbe des Polygons gesetzt. Ist die Anzahl größer als 1, bestimmen Sie das sichtbare Polygon durch den kleinsten z-Wert der einzelnen Polygone am betreffenden Pixel. Diese z-Werte ermitteln Sie aus der Gleichung der Ebene, die das Polygon enthält. Die Pixel von dieser bis zur nächsten Kante werden auf die Farbe dieses Polygons gesetzt, sofern das Polygon nicht vor Erreichen der nächsten Kante von einem anderen verdeckt wird. In diesem Fall setzen wir die restlichen Pixel auf die Farbe des verdeckenden Polygons. Beträgt die Anzahl 0, bleiben die Pixel von dieser bis zur nächsten Kante unverändert.

(b) Nachdem die letzte aktive Kante verarbeitet wurde, fahren wir wie folgt fort:

1. Entfernen Sie die Kanten, deren y_{max}-Wert dem aktuellen y-Wert der Abtastzeile entspricht.
2. Ersetzen Sie bei allen verbleibenden aktiven Kanten nacheinander x durch $x + 1/m$. Dabei handelt es sich um die Schnittkante mit der nächsten Abtastzeile $y + 1$ (siehe Aufgabe 10.13).
3. Erhöhen Sie y auf $y + 1$, die nächste Abtastzeile, und wiederholen Sie Schritt II.

10.6 Der Unterteilungsalgorithmus

Beim Unterteilungsalgorithmus handelt es sich um ein rekursives Verfahren, das auf einer Zwei-Schritt-Strategie beruht und zunächst entscheidet, welche projizierten Polygone eine gegebene Fläche A auf dem Bildschirm überlagern und deshalb möglicherweise in dieser Fläche sichtbar sind. Als Nächstes werden diese Polygone in den einzelnen Flächen weiter überprüft, um herauszufinden, welche von ihnen dort sichtbar sind und deshalb angezeigt werden sollten. Kann hinsichtlich der Sichtbarkeit keine Entscheidung getroffen werden, wird die entsprechende Bildschirmfläche, bei der es sich normalerweise um ein rechteckiges Fenster handelt, weiter unterteilt, und zwar entweder bis eine Sichtbarkeitsentscheidung getroffen werden kann oder bis die Fläche nur noch aus einem einzigen Pixel besteht.

Beginnend mit einem Vollbild als Ausgangsfläche, unterteilt der Algorithmus auf jeder Stufe eine Fläche in vier kleinere Flächen und erzeugt damit einen Quadratbaum (siehe Abb. 10.13).

Bei der Verarbeitung wird die Flächenkohärenz genutzt, indem die Polygone P nach einer gegebenen Bildschirmfläche A in folgende Kategorien eingestuft werden: (1) *umgebendes Polygon* – ein Polygon, das den Bereich vollständig einschließt [Abb. 10.14(*a*)], (2) *überlappendes Polygon* – ein

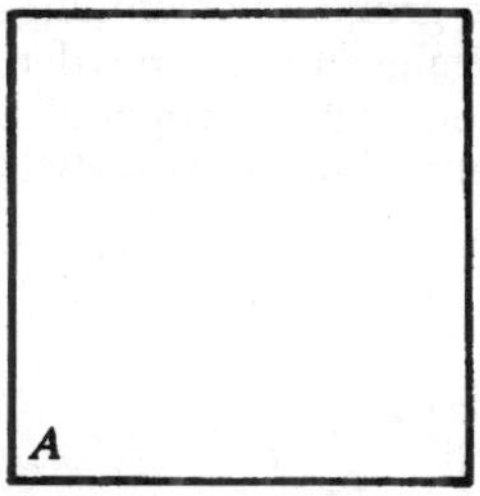

(*a*) Ausgangsfläche

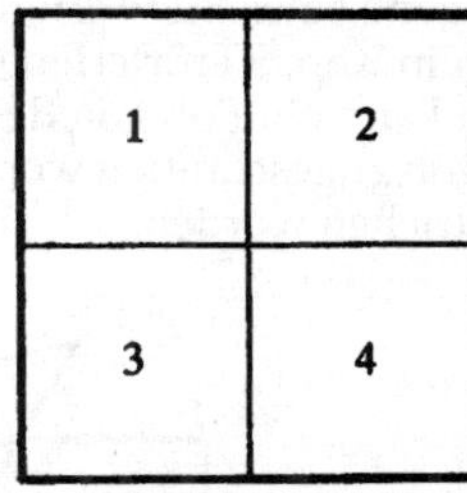

(*b*) Erste Unterteilung

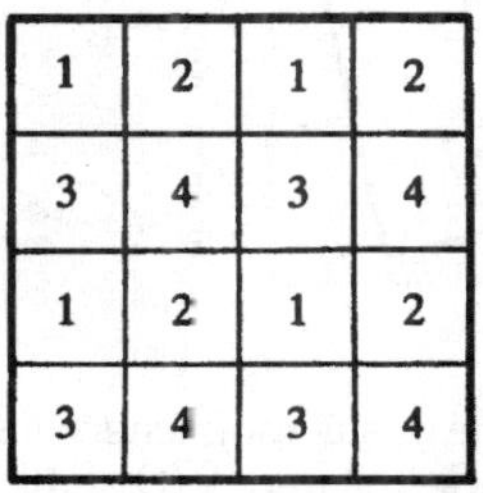

(*c*) Zweite Unterteilung

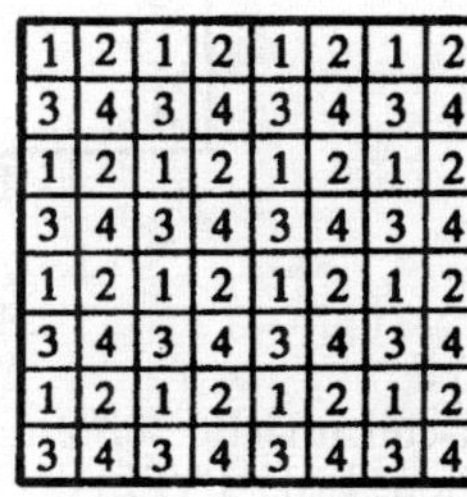

(*d*) Dritte Unterteilung

Abb. 10.13

Polygon, das die Fläche schneidet [Abb. 10.14(*b*)], (3) *eingeschlossenes Polygon* – ein Polygon, das von der Fläche vollständig eingeschlossen wird [Abb. 10.14(*c*)] und (4) *disjunktes Polygon* – ein Polygon, das vom Bereich getrennt ist [Abb. 10.14(*d*)].

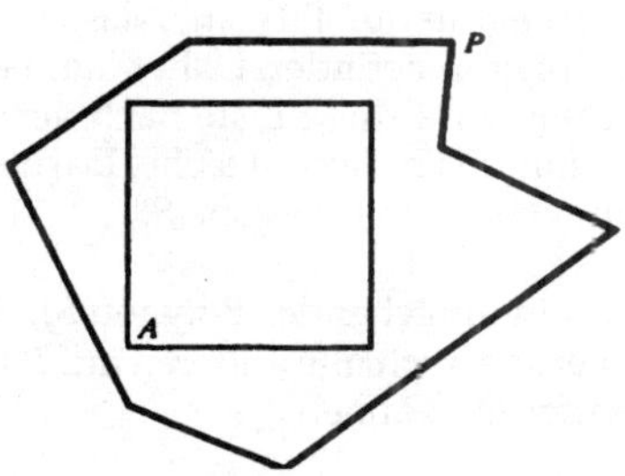

(*a*) *P* umgibt *A*.

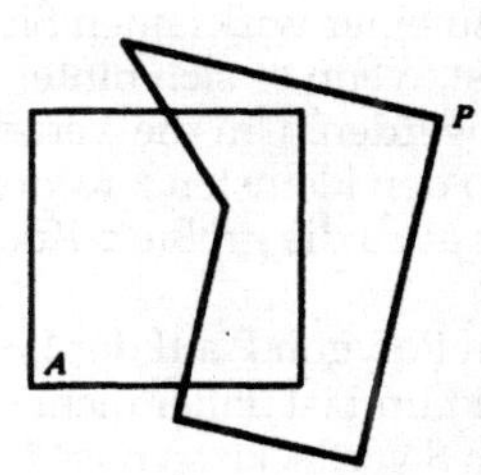

(*b*) *P* überschneidet *A*.

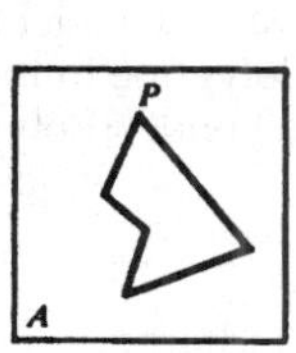

(*c*) *P* ist in *A* eingeschlossen.

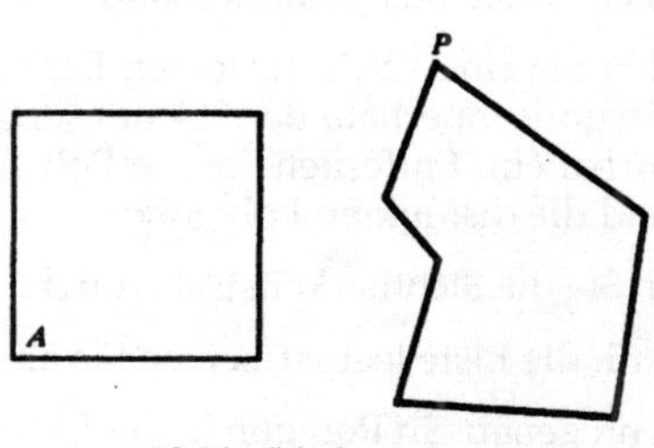

(*d*) *P* ist disjunkt von *A*.

Abb. 10.14

Die Einstufung der Polygone eines Bilds erfordert den größten Berechnungsaufwand des Algorithmus und entspricht dem in Kap. 5 erörterten Clippingalgorithmus. Bei der Verwendung einer dieser Clippingalgorithmen kann ein Polygon der Kategorie 2 (überlappend) auf ein eingeschlossenes und ein disjunktes Polygon zugeschnitten werden (siehe Abb. 10.15). Daher könnten wir fortfahren, als wäre Kategorie 2 gestrichen worden.

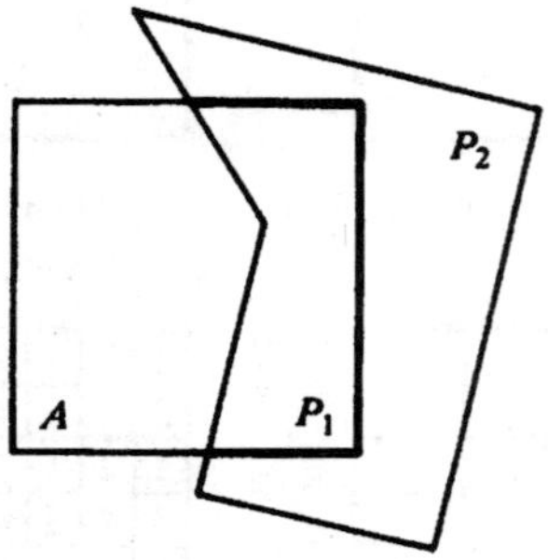

Abb. 10.15

Für eine gegebene Bildschirmfläche führen wir eine Liste möglicherweise sichtbarer Polygone (Potentially Visible Polygons List – PVPL) der Kategorie 1, 2 und 3. (Disjunkte Polygone sind natürlich nicht sichtbar.) Beachten Sie bitte außerdem, dass bei der Unterteilung einer Bildschirmfläche umgebende und disjunkte Polygone auch in den neu gebildeten Flächen umgebende und disjunkte Polygone bleiben. Daher brauchen nur eingeschlossene und überlappende Polygone neu eingestuft zu werden.

10.6.1 Entfernen von verdeckten Polygonen

Der Schlüssel zu einer wirksamen Sichtbarkeitsberechnung liegt in der Tatsache, dass ein Polygon nicht sichtbar ist, wenn es sich hinter einem umgebenden Polygon befindet. Daher kann es aus der PVPL entfernt werden. Um die Verarbeitung zu vereinfachen, wird diese Liste nach den z_{min}-Werten sortiert, also den kleinsten z-Koordinaten des Polygons innerhalb dieser Fläche. Darüber hinaus registrieren wir auch die größte z-Koordinate $z_{S_{max}}$ aller umgebenden Polygone S.

Wenn bei einem Polygon P auf der Liste $z_{QP_{min}} > z_{S_{max}}$ (für ein umgebendes Polygon S), dann wird P von S verdeckt und ist daher nicht sichtbar. Außerdem werden auch alle anderen auf P folgenden Polygone durch S verdeckt, so dass wir sie aus der Liste entfernen können.

10.6.2 Der Unterteilungsalgorithmus

1. Initialisieren Sie den gesamten Bildschirm als Fläche.
2. Erstellen Sie eine PVPL für einen Bereich, die nach dem z_{min}-Wert (der kleinsten z-Koordinate des Polygons innerhalb der Fläche) sortiert ist. Ordnen sie die Polygone in ihre entsprechenden Kategorien ein. Entfernen Sie die Polygone, die durch ein umgebendes Polygon verdeckt werden, und die disjunkten Polygone.
3. Führen Sie die Sichtbarkeitstests durch:
   (a) Wenn die Liste leer ist, setzen Sie alle Pixel auf die Hintergrundfarbe.
   (b) Wenn genau ein Polygon in der Liste steht und es sich dabei um ein überlappendes (Kategorie 2) oder eingeschlossenes (Kategorie 3) Polygon handelt, färben (scan-konvertieren) Sie das Polygon und weisen Sie der restlichen Fläche die Hintergrundfarbe zu.

(c) Wenn genau ein Polygon in der Liste steht und es sich dabei um ein umgebendes Polygon handelt, färben Sie die Fläche mit seiner Farbe des umgebenden Polygons ein.

(d) Wenn es sich bei der Fläche um das Pixel (x, y) handelt und weder a noch b oder c gelten, berechnen Sie die z-Koordinate $z(x, y)$ am Pixel (x, y) für alle in der PVPL enthaltenen Polygone. Das Pixel wird dann auf die Farbe des Polygons mit der kleinsten z-Koordinate gesetzt.

4. Ist keiner der oben beschriebenen Fälle eingetreten, unterteilen Sie die Bildschirmfläche in Viertel. Fahren Sie für alle Flächen mit Schritt 2 fort.

10.7 Entfernen von verdeckten Linien

Obwohl es spezielle Algorithmen für verdeckte Linien gibt, können die oben beschriebenen so geändert werden, dass sie verdeckte Linien oder Kanten entfernen. Dies ist besonders bei Drahtmodellen nützlich, deren Polygone nicht gefüllt sind. Der Gedanke dabei ist, eine Farbregel zu verwenden, die alle Polygone mit der Hintergrundfarbe, z.B. Schwarz, und die Kanten und Linien mit einer anderen Farbe, z.B. Weiß, füllt. Die Verwendung eines Algorithmus für verdeckte Oberflächen wird nun zum Algorithmus für verdeckte Linien.

10.8 Rendern von mathematischen Oberflächen

Beim Zeichnen einer mathematischen Oberfläche, die durch die Gleichung $z = F(x, y)$ festgelegt wird, wobei $x_{min} \leq x \leq x_{max}$ und $y_{min} \leq y \leq y_{max}$, können wir jeden der bisher beschriebenen Algorithmen für verdeckte Oberflächen verwenden. Allerdings sind diese allgemeinen Algorithmen ineffizient im Vergleich zu speziellen Algorithmen, die sich die Struktur dieser Art von Oberfläche zunutze machen.

Die mathematische Oberfläche wird als Drahtmodell gerendert, indem man sowohl die *x-konstanten Kurven* $z = F(\texttt{const}, y)$ und die *y-konstanten Kurven* $z = F(x, \texttt{const})$ zeichnet (siehe Abb. 10.16). Alle derartigen Kurven werden als Polygonzüge gerendert, wobei ein gleichmäßiges Erscheinungsbild durch die Verwendung einer feinen Auflösung (d.h. kurze Strecken) beim Zeichnen erreicht wird (Kap. 3).

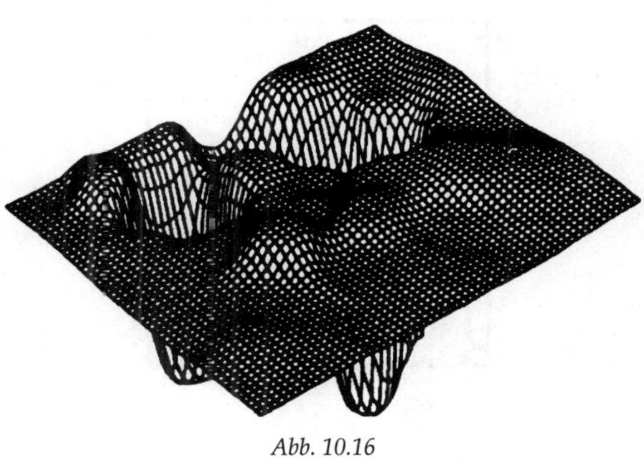

Abb. 10.16

Wählen Sie zum Zeichnen eine Auflösung von $M \times N$:

$$x_{min} \leq x_1 < x_2 < \ldots < x_M \leq x_{max} \text{ und } y_{min} \leq y_1 < y_2 < \ldots < y_N \leq y_{max}$$

Die entsprechenden z-Werte lauten $z_{ij} = F(x_i, y_j)$. Ein x-konstanter Polygonzug, z.B. $x = x_j$, hat die Eckpunkte

$$P_1(x_j, y_1), \ldots, P_N(x_j, y_N)$$

Ähnlich verhält es sich bei dem Polygonzug $y = y_k$, der über folgende Eckpunkte verfügt:

$$Q_1(x_1, y_k), \ldots, Q_M(x_M, y_k)$$

Mit der Auswahl einer Ansichtsebene und eines Projektionszentrums oder Blickpunkts $C(a, b, c)$ erstellen wir eine perspektivische Ansicht der Oberfläche auf dieser Ansichtsebene, indem wir die in Kap. 7 entwickelten Transformationen verwenden. Somit wird ein Punkt $[x, y, F(x, y)]$ der Oberfläche auf einen Punkt (p, q) in den Ansichtsebenenkoordinaten projiziert. Durch die Anwendung der entsprechenden 2D-Ansichtstransformation (Kap. 5) können wir erreichen, dass p und q innerhalb der horizontalen und vertikalen Abmessungen des Zeichengerätes, z.B. $H \times V$ Pixel, liegen.

10.8.1 Die Umfangsmethode zum Rendern von Oberflächen

Jeder gezeichnete x- und y-konstante Polygonzug umreißt einen Polygonbereich auf dem Grafikbildschirm (Abb. 10.17).

Dieser Algorithmus beruht auf den folgenden Beobachtungen: (1) *Reihenfolge* – Die x- und y-konstanten Kurven (d.h. die Polygonzüge) werden in einer bestimmten Reihenfolge gezeichnet, und zwar beginnend bei der dem Blickpunkt am nächsten gelegenen Kurve. (2) *Sichtbarkeit* – Wir zeichnen nur den Teil des Polygonzugs, der außerhalb des Umfangs aller zuvor gezeichneten Bereiche liegt (Abb. 10.18). Eine Implementierung der Sichtbarkeitsbedingung verwendet ein Min/Max-Array A mit der Länge H (der Länge des Zeichengeräts), das an jeder horizontalen Pixelposition i den maximalen (und/oder minimalen) vertikalen Pixelwert enthält, der bisher an der Position i gezeichnet wurde, d.h.:

$A(i) = \begin{matrix}\max\\ \min\end{matrix}$ $A(i) = {}^{max}{}_{min}$ (bisher an Position i gezeichnete vertikale Pixelwerte) (Abb. 10.19).

Die Auswahl der Max-Ergebnisse in einer Zeichnung ergibt den oberen Teil der Oberfläche. Der Min-Wert wird zum Rendern des unteren Teils der Oberfläche verwendet, und Max und Min erzeugen zusammen sowohl den oberen als auch den unteren Teil.

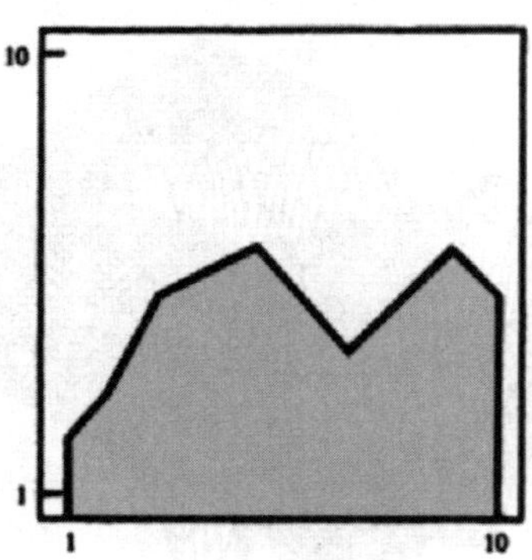

Abb. 10.17

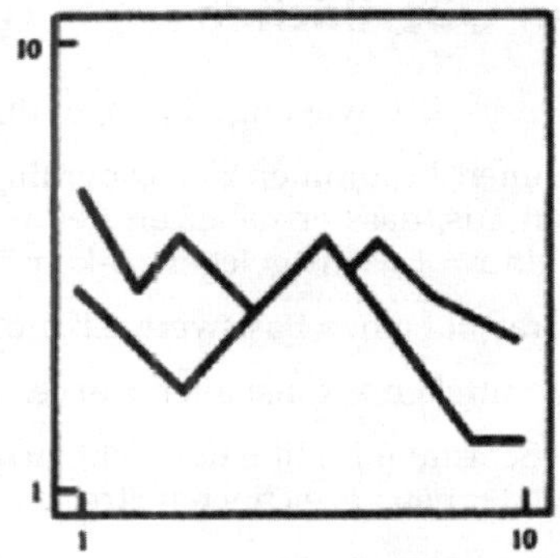

Abb. 10.18

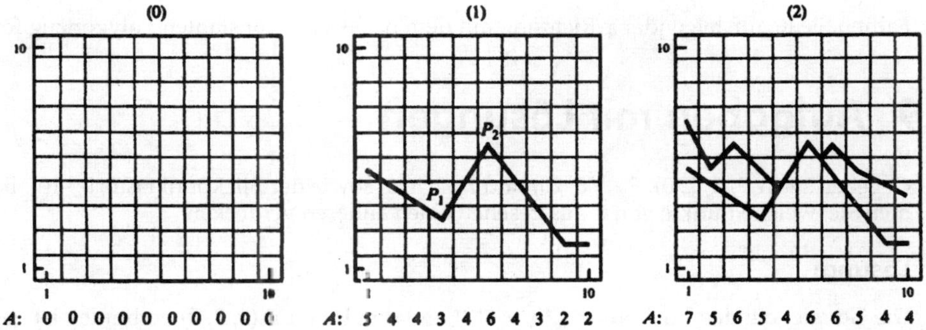

Abb. 10.19: Aktualisieren des Min/Max-Arrays A (unter ausschließlicher Verwendung der Maximalwerte)

10.8.2 Die Sichtbarkeitsprüfung

Sei (p', q') das Pixel, das dem Punkt (p, q) entspricht. Dann ist dieses Pixel sichtbar, wenn entweder

$q' > A(p')$ oder $q' < A(p')$

wobei es sich bei A um das Min/Max-Array handelt.

Die Sichtbarkeitskriterien für eine Strecke lauten: (1) Die Strecke ist sichtbar, wenn ihre beiden Endpunkte sichtbar sind, (2) sie ist unsichtbar, wenn ihre beiden Endpunkte nicht sichtbar sind, und (3) wenn nur ein Endpunkt sichtbar ist, dann wird das Min/Max-Array geprüft, um den sichtbaren Teil der Strecke zu ermitteln.

Daher erfolgt das Zeichnen der x- oder y-konstanten Polygonzüge durch die Sichtbarkeitsprüfung der einzelnen Strecken und gegebenenfalls die Aktualisierung des Min/Max-Arrays. Da eine Strecke im Allgemeinen mehrere horizontale Pixelpositionen umspannt (siehe Strecke $\overline{P_1P_2}$ in Abb. 10.19), wird die Berechnung von $A(i)$ für diese Zwischenpixel durch die Verwendung der Steigung der Strecke oder die in Kap. 3 beschriebenen Methode von Bresenham ermittelt.

10.8.3 Der Wright-Algorithmus zum Rendern von mathematischen Oberflächen

Das Zeichnen der Oberfläche $z = F(x, y)$ wird wie folgt durchgeführt:

1. Um die Initialisierung vorzunehmen, bestimmen Sie, ob der Blickpunkt näher an der x- oder der y-Achse liegt. Gehen wir davon aus, dass er näher an der x-Achse liegt. Im nächsten Schritt suchen wir die dem Blickpunkt in $x = 1$ nächstgelegene x-konstante Kurve.
   (a) Setzen Sie das Min/Max-Array auf einen Basiswert, z.B. null.
   (b) Beginnen Sie bei der oben ermittelten x-konstanten Kurve.
2. Wiederholen Sie die folgenden Schritte mit Hilfe der Sichtbarkeitsprüfung und der Aktualisierung des Min/Max-Arrays bei jeder neu gezeichneten Strecke:
   (a) Zeichnen Sie den x-konstanten Polygonzug.
   (b) Zeichnen Sie die Teile der einzelnen y-konstanten Polygonzüge, die zwischen den zuvor gezeichneten und den als nächsten zu zeichnenden x-konstanten Polygonzügen liegen.
   (c) Fahren Sie in aufsteigender x-Richtung mit dem nächsten x-konstanten Polygonzug fort.

10.9 Aufgaben mit Lösungen

10.1 Gegeben seien $P_1(1; 2; 0)$, $P_2(3; 6; 20)$ und $P_3(2; 4; 6)$ sowie der Blickpunkt $C(0; 0; -10)$. Bestimmen Sie, welche Punkte von C aus gesehen einen anderen verdecken.

Lösung:

Die Gerade, die den Blickpunkt $C(0; 0; -10)$ und den Punkt $P_1(1; 2; 0)$ verbindet, ist gegeben durch (s. Anhang 2):

$$x = t \qquad y = 2t \qquad z = -10 + 10t$$

Wenn wir ermitteln, ob $P_2(3; 6;L 20)$ auf dieser Gerade liegt, ergibt sich $x = 3$ für $t = 3$. Beim Einsetzen von $t = 3$ erhalten wir die Werte $x = 3$, $y = 6$ und $z = 20$. P_2 liegt also auf der Projektionsgeraden durch C und P_1.

Als Nächstes untersuchen wir, welcher Punkt von C aus gesehen vorn liegt. C befindet sich bei $t = 0$ auf der Geraden, P_1 bei $t = 1$ und P_2 bei $t = 3$. Der Vergleich der Werte von t ergibt, dass P_1 von C aus gesehen vor P_2 liegt. P_1 verdeckt also P_2.

Schließlich bestimmen wir, ob sich $P_3(2; 4; 6)$ auf der Geraden befindet. $x = 2$ gilt für $t = 2$, und daraus ergeben sich $y = 4$ und $z = 10$. $P_3(2; 4; 6)$ liegt also nicht auf der Projektionsgeraden und kann daher die Punkte P_1 und P_2 weder verdecken, noch wird er von ihnen verdeckt.

10.2 Konstruieren Sie die Transformation T_p einer perspektivischen in eine parallele Projektion so, dass die Parallelprojektion des aus dieser Transformation hervorgehenden Objekts auf die xy-Ebene dasselbe Bild ergibt wie die perspektivische Projektion des ursprünglichen Objekts auf die normalisierte Ansichtsebene $z = c_z'/(c_z' + b)$ (Kapitel 8, Aufgabe 8.6), bei der der Koordinatenursprung als Projektionszentrum dient.

Lösung

Die perspektivische Projektion auf die Ebene $z = c_z'/(c_z' + b)$ mit dem Ursprung als Projektionszentrum lautet (siehe Kapitel 7, Aufgabe 7.4):

$$Per = \begin{pmatrix} z_v & 0 & 0 & 0 \\ 0 & z_v & 0 & 0 \\ 0 & 0 & z_v & 0 \\ 0 & 0 & 1 & 0 \end{pmatrix}$$

mit $z_v = c_z'/(c_z' + b)$. Die perspektivische Projektion eines Punktes $P(x, y, z)$ auf die Ansichtsebene ergibt den Punkt:

$$P'\left(\frac{z_v x}{z}, \frac{z_v y}{z}, z_v\right)$$

Definieren Sie nun die Transformation T_p der perspektivischen in die parallele Projektion wie folgt:

$$T_p = \begin{pmatrix} z_v & 0 & 0 & 0 \\ 0 & z_v & 0 & 0 \\ 0 & 0 & \dfrac{1}{1-z_f} & \dfrac{-z_f}{1-z_f} \\ 0 & 0 & 1 & 0 \end{pmatrix}$$

(wobei $z = z_f$ der Ort der normalisierten vorderen Clippingebene ist; siehe Kapitel 8, Aufgabe 8.6.)

Wenn Sie die obige Transformation T_p auf $P(x, y, z)$ anwenden, ergibt sich folgender Punkt:

$$Q\left(\frac{z_v x}{z}, \frac{z_v y}{z}, \frac{z - z_f}{z(1 - z_f)}\right)$$

Die Parallelprojektion von Q' auf die xy-Ebene führt zu:

$$Q'\left(\frac{z_v x}{z}, \frac{z_v y}{z}, 0\right)$$

Q' und P' ergeben also dasselbe projizierte Bild. Darüber hinaus transformiert T_p das normalisierte, durch $x = z$, $x = -z$, $y = z$, $y = -z$, $z = z_f$ und $z = -1$ begrenzte perspektivische Ansichtsvolumen in eine rechteckige Form mit den Grenzen $x = z_v$, $x = -z_v$, $y = z_v$, $y = -z_v$, $z = 0$ und $z = 1$.

10.3 Beweisen Sie, dass die normalisierte Transformation einer perspektivischen in eine Parallelprojektion NT_p das normalisierte perspektivische Ansichtsvolumen in einen Einheitswürfel umwandelt, dabei aber die Beziehungen der ursprünglichen perspektivischen Transformation beibehält.

Lösung:

Nach Aufgabe 10.2 wandelt die Transformation T_p einer perspektivischen in eine parallele Projektion einen Punkt $P(x, y, z)$ in den folgenden um:

$$Q\left(\frac{z_v x}{z}, \frac{z_v y}{z}, \frac{z - z_f}{z(1 - z_f)}\right)$$

Das Bild der Parallelprojektion dieses Punkts auf die xy-Ebene ergibt sich zu:

$$Q'\left(\frac{z_v x}{z}, \frac{z_v y}{z}, 0\right)$$

Der Faktor z_v kann gleich 1 gesetzt werden, ohne das Verhältnis zwischen den Punkten Q und Q' zu verändern.

Die Matrix, die den Punkt $P(x, y, z)$ in den Punkt $Q\left(\frac{x}{z}, \frac{y}{z}, \frac{z - z_f}{z(1 - z_f)}\right)$ transformiert, ist demnach:

$$\bar{T}_p = \begin{pmatrix} 1 & 0 & 0 & 0 \\ 0 & 1 & 0 & 0 \\ 0 & 0 & \dfrac{1}{1 - z_f} & \dfrac{-z_f}{1 - z_f} \\ 0 & 0 & 1 & 0 \end{pmatrix}$$

Darüber hinaus transformiert diese Matrix das normalisierte perspektivische Ansichtsvolumen in ein quaderförmiges Ansichtsvolumen mit den Grenzen $x = 1$, $x = -1$, $y = 1$, $y = -1$, $z = 0$ und $z = 1$.

Als Nächstes verschieben wir dieses Ansichtsvolumen, so dass der Eckpunkt (-1, -1, 0) mit dem Ursprung zusammenfällt. Folgende Translationsmatrix ist dafür erforderlich:

$$T_{(1,1,0)} = \begin{pmatrix} 1 & 0 & 0 & 1 \\ 0 & 1 & 0 & 1 \\ 0 & 0 & 1 & 0 \\ 0 & 0 & 0 & 1 \end{pmatrix}$$

Der neue Bereich ist ein Volumen mit den Grenzen $x = 0$, $x = 2$, $y = 0$, $y = 2$, $z = 0$ und $z = 1$.

Schließlich skalieren wir das Ansichtsvolumen in x- und y-Richtung um den Faktor $\frac{1}{2}$, so dass sich der Einheitswürfel ergibt: $x = 0$, $x = 1$, $y = 0$, $y = 1$, $z = 0$ und $z = 1$. Die Skalierungsmatrix lautet:

$$S_{1/2,1/2,1} = \begin{pmatrix} \frac{1}{2} & 0 & 0 & 0 \\ 0 & \frac{1}{2} & 0 & 0 \\ 0 & 0 & 1 & 0 \\ 0 & 0 & 0 & 1 \end{pmatrix}$$

Die endgültige normalisierte Perspektive für die Paralleltransformation ergibt sich also zu:

$$NT_p = S_{1/2,1/2,1} \cdot T_{(1,1,0)} \cdot \bar{T}_p = \begin{pmatrix} \frac{1}{2} & 0 & \frac{1}{2} & 0 \\ 0 & \frac{1}{2} & \frac{1}{2} & 0 \\ 0 & 0 & \dfrac{1}{1-z_f} & \dfrac{-z_f}{1-z_f} \\ 0 & 0 & 1 & 0 \end{pmatrix}$$

10.4 Wozu sind Algorithmen zum Entfernen verdeckter Flächen (Hidden-Surface-Algorithmen) nötig?

Lösung:

Hidden-Surface-Algorithmen werden eingesetzt, um zu bestimmen, welche Objekte und Oberflächen andere verdecken, die hinter ihnen liegen, um dadurch ein realistischeres Bild zu rendern.

10.5 Welche beiden Schritte sind erforderlich, um zu bestimmen, ob ein gegebener Punkt $P_1(x_1, y_1, z_1)$ einen anderen Punkt $P_2(x_2, y_2, z_2)$ verdeckt (s. Abb. 10.1)?

Lösung:

Es muss ermittelt werden, (1) ob sich die beiden Punkten auf derselben Projektionsgeraden befinden und (2) wenn ja, welcher von ihnen vor dem anderen liegt.

10.6 Warum ist es einfacher, verdeckte Oberflächen zu bestimmen, wenn man die Parallelprojektion verwendet?

Lösung:

Bei der Parallelprojektion gibt es keine Fluchtpunkte. Daher liegt ein Punkt $P(a, b, z)$ immer auf derselben Projektionsgeraden wie jeder andere Punkt mit denselben x- und y-Koordinaten (a, b), so dass nur noch die z-Komponenten verglichen werden müssen, um herauszufinden, welcher Punkt dem Betrachter am nächsten liegt.

10.7 Wie bestimmt der Z-Puffer-Algorithmus die verdeckten Oberflächen?

Lösung:

Der Z-Puffer-Algorithmus erstellt ein zweidimensionales Array ähnlich einem Bildwiederholspeicher; im Gegensatz zu Letzterem speichert der Z-Puffer jedoch den Tiefenwert jedes Pixels und nicht die Farbe. Wenn man als Startwert für den Z-Puffer eine große Zahl wählt, gewöhnlich die Entfernung der hinteren Clippingebene, reduziert sich die Beantwortung der Frage, welche Oberflächen näher beim Betrachter liegen, auf einen einfachen Vergleich des gegenwärtig im Z-Puffer gespeicherten Tiefenwerts für das Pixel (x, y) mit dem neu berechneten Tiefenwert für (x, y). Ist der neue Wert kleiner als der im Z-Puffer vorliegende (liegt das Pixel auf der Sichtgeraden also näher beim Betrachter), ersetzt dieser Wert den gegenwärtigen und die Pixelfarbe wird in die der neuen Oberfläche geändert.

10.8 Zeigen Sie, wie der Z-Puffer-Algorithmus bei einer Anzeige von 2 × 2 Pixeln die Farbe aller Pixel der gegebenen Objekte A und B aus Abb. 10.20 bestimmt.

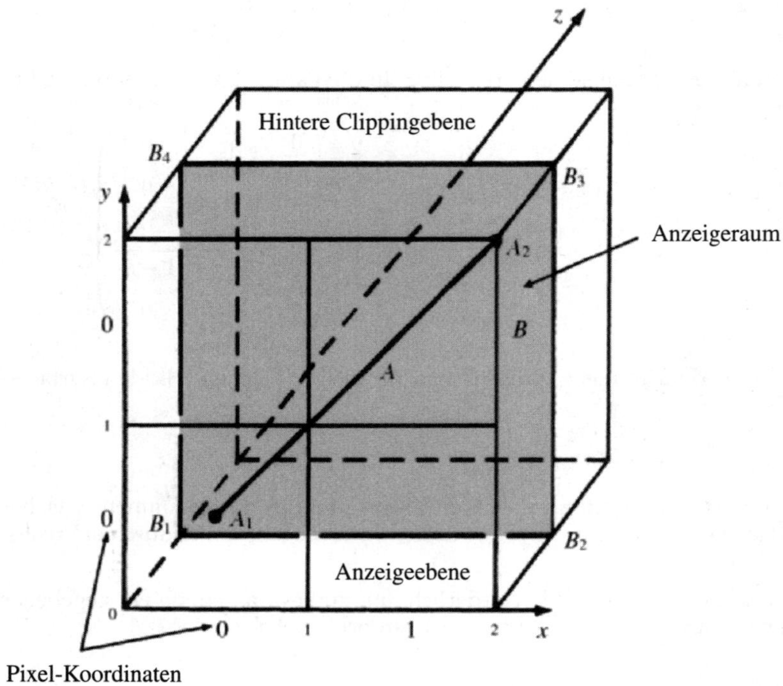

Abb. 10.20

Lösung:

Der Anzeigeraum für die 2 × 2 Pixel große Anzeige ist der Bereich $0 \leq x \leq 2$, $0 \leq y \leq 2$ und $0 \leq z \leq 1$. In Abb. 10.20 stellt A die Linie mit den Koordinaten $A_1(\frac{1}{2}; \frac{1}{2}; 0)$ und $A_2(2; 2; 0)$ dar. Die Linie A liegt auf dem Anzeigebildschirm vor dem Quadrat B. B ist das Quadrat mit den Anzeigeraumkoordinaten $B_1(0; 0; \frac{1}{2})$, $B_2(2; 0; \frac{1}{2})$, $B_3(2; 2; \frac{1}{2})$ und $B_4(0; 2; \frac{1}{2})$. Das angezeigte Bild von A (nach Projektion und Scan Conversion) würde auf einer 2 × 2 Pixel großen Anzeige wie folgt aussehen:

1	y	a
0	a	y
	0	1

wobei a die Farbe von A und y die Hintergrundfarbe ist. Wir haben uns die Tatsache zunutze gemacht, dass ein Punkt (x, y) in das Pixel [`Floor`(x), `Floor`(y)] scan-konvertiert wird

(Kap. 3, Abschnitt 3.1). (Aufgrund der Konsistenz gehen wir davon aus, dass 2 ≡ 1,99...) Das angezeigte Bild von B sieht wie folgt aus:

1	*b*	*b*
0	*b*	*b*
	0	1

wobei *b* die Farbe von *B* ist. Wir wenden den Z-Puffer-Algorithmus folgendermaßen auf das aus den Objekten *A* und *B* zusammengesetzte Bild an:

1. Nehmen sie die Initialisierung vor. Der Z-Puffer wird auf die Tiefe der hinteren Clippingebene $z = 1$ und der Bildspeicher auf die Hintergrundfarbe *y* gesetzt.

Bildspeicher =

1	*y*	*y*
0	*y*	*y*
	0	1

Z-Puffer =

1	1	1
0	1	1
	0	1

2. Wenden Sie den Algorithmus auf das Objekt *A* an.

a. Der aktuelle Z-Puffer-Wert an Pixel (0; 0) entspricht dem Wert der hinteren Clippingebene, d.h. $Z_{buf}(0; 0) = 1$. Der Tiefenwert von *A* im Pixel (0; 0) lautet $z = 0$. Daher wird $Z_{buf}(0; 0)$ in 0 geändert, und Pixel (0; 0) hat die Farbe von *A*.

Bildspeicher =

1	*y*	*y*
0	*a*	*y*
	0	1

Z-Puffer =

1	1	1
0	0	1
	0	1

b. Das Objekt *A* ist vom Pixel (1; 0) aus nicht zu sehen, so dass der Wert des Z-Puffers unverändert bleibt.

Bildspeicher =

1	*y*	*y*
0	*a*	*y*
	0	1

Z_{buf} =

1	1	1
0	0	1
	0	1

c. Objekt *A* ist vom Pixel (0; 1) aus nicht zu sehen, so dass der Wert des Z-Puffers unverändert bleibt.

Bildspeicher =

1	*y*	*y*
0	*a*	*y*
	0	1

Z_{buf} =

1	1	1
0	0	1
	0	1

d. Der Tiefenwert von *A* am Pixel (1; 1) lautet 0. Da dieser Wert geringer als der aktuelle Z-Puffer-Wert 1 ist, erhält das Pixel (1; 1) die Farbe von *A*.

Bildspeicher =

1	*y*	*a*
0	*a*	*y*
	0	1

Z_{buf} =

1	1	0
0	0	1
	0	1

3. Wenden Sie den Algorithmus auf *B* an.

a. Der Tiefenwert für B am Pixel (0; 0) lautet $\frac{1}{2}$ und $Z_{buf}(0; 0) = 0$. Somit bleibt die Farbe des Pixels (0; 0) unverändert.

Bildspeicher =

	0	1
1	y	a
0	a	y

Z_{buf} =

	0	1
1	1	0
0	0	1

b. Der Tiefenwert von B am Pixel (1; 0) lautet $\frac{1}{2}$. Der aktuelle Z-Puffer-Wert ist 1. Daher wird der Z-Puffer-Wert auf $\frac{1}{2}$ gesetzt, und Pixel (1; 0) übernimmt die Farbe von B.

Bildspeicher =

	0	1
1	y	a
0	a	b

Z_{buf} =

	0	1
1	1	0
0	0	$\frac{1}{2}$

c. Der Tiefenwert von B am Pixel (0; 1) lautet $\frac{1}{2}$. Der aktuelle Z-Puffer-Wert ist 1, so dass die Farbe am Pixel (0; 1) auf die Farbe von B gesetzt und der Z-Puffer aktualisiert wird.

Bildspeicher =

	0	1
1	b	a
0	a	b

Z_{buf} =

	0	1
1	$\frac{1}{2}$	0
0	0	$\frac{1}{2}$

d. Der Tiefenwert von B am Pixel (1; 1) lautet $\frac{1}{2}$. Der aktuelle Z-Puffer-Wert ist 0. Daher bleibt die Farbe am Pixel (1; 1) unverändert.

Bildspeicher =

1	b	a
0	a	b
	0	1

Z_{buf} =

1	$\frac{1}{2}$	0
0	0	$\frac{1}{2}$
	0	1

Die endgültige Form des Z-Puffers gibt an, dass die Linie A vor der Linie B liegt.

10.9 Welche Anzahl von Objekten kann mit Hilfe des Z-Puffer-Algorithmus maximal dargestellt werden?

Lösung:

Der Z-Puffer-Algorithmus kann eine beliebige Anzahl von Objekten bearbeiten, da jedes Objekt einzeln verarbeitet wird.

10.10 Wie findet die grundlegende Abtastzeilenmethode heraus, welche Oberflächen verdeckt sind?

Lösung:

Die grundlegende Abtastzeilenmethode sucht nacheinander alle horizontalen Pixellinien in der Anzeigefläche ab. An der horizontalen Pixellinie $y = \alpha$ wird beispielsweise die grafische Datenstruktur (die aus allen Polygonen besteht, die einer Scan Conversion unterzogen wurden) durchsucht, um alle Polygone zu finden, deren horizontale (y) Pixelwerte α entsprechen.

Als Nächstes durchsucht der Algorithmus alle einzelnen Pixel in der Zeile α. Im Pixel (α, β) werden die Tiefenwerte (z-Werte) aller ermittelten Polygone verglichen, um das Polygon zu finden, das in diesem Pixel über den kleinsten z-Wert verfügt.

10.11 Verwenden Sie die Darstellung mit vier Pixeln sowie die Grafikobjekte A und B aus Aufgabe 10.8 und zeigen Sie, wie die grundlegende Abtastzeilenmethode diese Objekte anzeigen würde.

Lösung:

Zunächst setzen wir die Anzeige auf die Farbe y der hinteren Clippingebene (die sich bei z = 1 befindet).

Bildspeicher =

1	y	y
0	y	y
	0	1

1. Setzen Sie $y = 0$. Die scan-konvertierten Darstellungen von A und B enthalten Pixel auf der Abtastzeile $y = 0$.

a. Setzen Sie $x = 0$. Durch einen Vergleich der z-Werte von A und B am Pixel (0; 0) finden wir heraus, dass der kleinere z-Wert 0 lautet und zu A gehört. Daher ist A vom Pixel (0; 0) aus zu sehen, d.h. Pixel (0; 0) wird auf die Farbe von A gesetzt.

1	y	y
0	a	y
	0	1

b. Setzen Sie $x = 1$. Da A im Gegensatz zu B vom Pixel (1; 0) aus nicht zu sehen ist, wird die Farbe des Pixels (1; 0) auf die Farbe von B gesetzt.

1	y	y
0	a	b
	0	1

2. Setzen Sie $y = 1$. Die scan-konvertierten Darstellungen von A und B enthalten Pixel auf der Abtastzeile $y = 1$.

a. Setzen Sie $x = 0$. Da A im Gegensatz zu B vom Pixel (0; 1) aus nicht zu sehen ist, wird Pixel (0; 1) auf die Farbe von B gesetzt.

1	b	y
0	a	b
	0	1

b. Setzen Sie $x = 1$. Sowohl A als auch B sind vom Pixel (1; 1) aus zu sehen. Die Tiefe von A am Pixel (1; 1) beträgt 0, die von B $\frac{1}{2}$. Daher ist A am Pixel (1; 1) sichtbar.

1	b	a
0	a	b
	0	1

Dies stellt das endgültige angezeigte Bild dar.

10.12 Wie hilft die Kantenkohärenz bei der Reduzierung des Rechenaufwands?

Lösung:

Sie beruht auf der Annahme, dass eine Kante oder Linie, die eine gegebene Abtastzeile schneidet, höchstwahrscheinlich auch die nächstgelegenen Abtastzeilen schneidet. Wenn also die Pixel ermittelt werden müssen, die die Kante schneiden, dann braucht man lediglich einen Schnittpixel zu finden und dann die anderen mit Hilfe der Steigung m der Kante zu ermitteln, anstatt jede Abtastzeile mit der Kante zu schneiden (siehe Aufgabe 10.13).

10.13 Zeigen sie, wie die Berechnung des Schnittpunkts einer Kante mit einer Abtastzeile inkrementell statt absolut erfolgen kann.

Lösung:

Bei der absoluten Berechnung ist es erforderlich, den Wert des x-Schnittpunkts der Kante mit der Abtastzeile $y = \alpha$ für jedes α zu ermitteln (z.B. mit Hilfe der Gleichung $y = mx + b$).

Die inkrementelle Lösung des Problems beruht auf den folgenden Überlegungen. Sei x_α der x-Schnittpunkt der Kante mit der Abtastzeile α. Dann kann der Schnittpunkt $x_{\alpha+1}$ der Kante mit der nächsten Abtastzeile $y = \alpha + 1$ so ermittelt werden, wie es in Abb. 10.21 dargestellt ist. Aus Abbildung 10.21 ergibt sich folgende Gleichung mit m als Steigung der Kante:

$$\frac{\Delta y}{\Delta x} = \frac{(\alpha + 1) - \alpha}{x_{\alpha+1} - x_\alpha} = m$$

Als Lösung für $x_{\alpha+1}$ erhalten wir

$$x_{\alpha+1} = x_\alpha + \frac{1}{m}$$

Daher erfolgt die Berechnung des nächsten Schnittpunkts inkrementell, d.h. er wird aus dem vorangegangen Schnittpunkt ermittelt, indem man diesem $1/m$ hinzufügt.

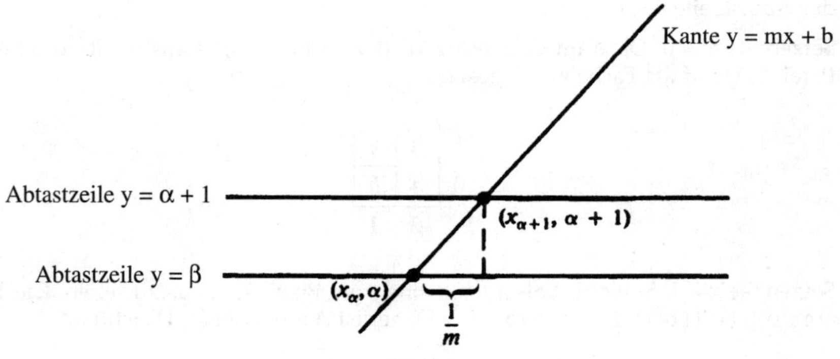

Abb. 10.21

10.14 Wie senkt die Flächenkohärenz den Rechenaufwand?

Lösung:

Die Flächenkohärenz beruht auf der Annahme, dass ein ausreichend kleiner Pixelbereich höchstwahrscheinlich innerhalb eines einzigen Polygons liegt. Wie beim Unterteilungsalgorithmus reduziert dies den Rechenaufwand dadurch, dass nur die Polygone, die in der gegebenen Bildschirmfläche (Pixelbereich) möglicherweise sichtbar sind, verarbeitet werden.

10.15 Wie wird die räumliche Kohärenz bestimmt?

Lösung:

Die räumliche Kohärenz wird durch Überprüfen der Ausdehnung eines Objekts ermittelt. Die rechteckige Ausdehnung (Hüllquader) eines Objekts wird durch die Ermittlung der höchsten und niedrigsten x-, y- und z-Koordinatenwerte der zu dem Objekt gehörenden Punkte bestimmt. Die Ausdehnung ist ein recheckiger Bereich, der durch die Ebenen $z = z_{min}$, $z = z_{max}$, $y = y_{min}$, $y = y_{max}$, $x = x_{min}$ und $x = x_{max}$ begrenzt wird.

10.16 Zeichnen Sie zwei Polygone so, dass zwar ihre Ausdehnungen, nicht aber die Polygone selbst sich überlappen.

Lösung:

Abbildung 10.22 zeigt eine mögliche Lösung.

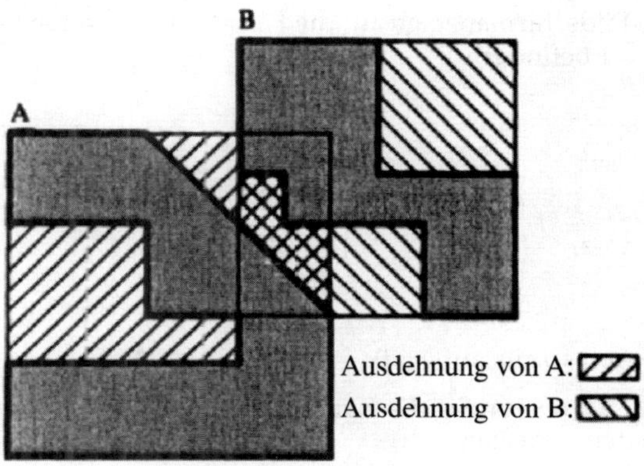

Abb. 10.22

10.17 Wenden Sie den Abtastzeilenalgorithmus aus Abschnitt 10.5, »Ein Abtastzeilenalgorithmus«, auf die Objekte A und B aus Aufgabe 10.8 an.

Lösung:

Wie in Aufgabe 10.8 wird ein Punkt (x, y) einer Scan Conversion in das Pixel [`Floor`(x), `Floor`(y)] unterzogen. Bitte beachten Sie auch, dass eine nicht horizontale Linie als besonderes Polygon behandelt werden kann: Eine Abtastzeile führt in das Polygon hinein und läuft an derselben Pixelposition hinaus.

Zunächst konstruieren wir die Kantenliste und die Polygonliste. Gemäß Abb. 10.20 lauten die Einträge für die nicht horizontalen Kanten $\overline{A_1A_2}$, $\overline{B_1B_4}$ und $\overline{B_2B_3}$ wie folgt:

Kante	y_{min}	x	y_{max}	$\frac{1}{m}$	**Polygonzeiger**
$\overline{A_1A_2}$	$\frac{1}{2}$	$\frac{1}{2}$	2	1	A
$\overline{B_1B_4}$	0	0	2	0	B
$\overline{B_2B_3}$	0	2	2	0	B

Hier handelt es sich bei y_{min} um die kleinere y-Koordinate der Kante und bei x um die entsprechende x-Koordinate. Bei y_{max} handelt es sich um die größere y-Koordinate, während m die Steigung der Kante ist. Bilden Sie die Polygonliste:

Polygon	Gleichung	IN/OUT-Flag	Farbe
A (Linie)	$x = y$ $z = 0$	OUT	a
B	$z = \frac{1}{2}$	OUT	b

Der Algorithmus läuft wie folgt:

I. *Initialisierung.*

a. Wir setzen die Bildschirmanzeige auf die Farbe y der hinteren Clippingebene (die sich an der Position $z = 1$ befindet).

Bildspeicher =

1	y	y
0	y	y
	0	1

b. Setzen Sie die Abtastzeile auf $y = 0$.

II. *y-Abtastschleife.* Aktivieren Sie die Kanten, die `Floor`(y_{min}) = 0 entsprechen, und sortieren Sie diese nach den x-Werten.

Kanten	x
$\overline{B_1A_4}$	0
$\overline{A_1A_2}$	$\frac{1}{2}$
$\overline{B_2B_3}$	2

III. *x-Abtastschleife.*

a. Verarbeiten Sie die Kante $\overline{B_1B_4}$. Kehren Sie zuerst die entsprechenden IN/OUT-Flags in der Polygonliste um:

Polygon	Gleichung	IN/OUT-Flag	Farbe
A	$x = y$ $z = 0$	OUT	a
B	$z = \frac{1}{2}$	IN	b

Die Anzahl der aktiven Polygone beträgt eins. Daher ist B am Pixel (0; 0) sichtbar, weshalb alle Pixel auf der Abtastzeile $y = 0$ zwischen den Kanten $\overline{B_1B_4}$ und $\overline{A_1A_2}$ auf die Farbe von B gesetzt werden. In unserem Fall ist dies nur das Pixel (0; 0).

1	y	y
0	b	y
	0	1

a. Nun wiederholen wir den Schritt (a) und verarbeiten die Kante $\overline{A_1A_2}$. Wir aktualisieren die Polygonliste:

Polygon	Gleichung	IN/OUT-Flag	Farbe
A	$x = y$ $z = 0$	IN	a
B	$z = \frac{1}{2}$	IN	b

Die Anzahl der aktiven Polygone beträgt 2. Im Pixel (0; 0) beträgt der Tiefenwert (z-Wert) von Polygon A 0 und der Wert von Polygon B $\frac{1}{2}$. Daher ist das Polygon A am Pixel (0; 0) sichtbar, so dass die Farbe auf a gesetzt wird.

1	y	y
0	a	y
	0	1

Da A eine Linie ist, setzen Sie ihr IN/OUT-Flag A auf OUT. Die Farbe aller Pixel zwischen den Kanten $\overline{A_1A_2}$ und $\overline{B_2B_3}$ wird durch das verbleibende aktive Polygon B bestimmt.

Polygon	...	IN/OUT-Flag	...
A	–	OUT	–
B	–	IN	–

Dies bedeutet, dass wir die Farbe des Pixels (1; 0) auf b setzen.

1	y	y
0	a	b
	0	1

a. Erneut wiederholen wir Schritt (a) und verarbeiten die Kante $\overline{B_2B_3}$. Wir aktualisieren die Polygonliste:

Polygon	...	IN/OUT-Flag	...
A	–	OUT	–
B	–	OUT	–

Die Anzahl der aktiven Polygone beträgt 0.

b. Nachdem wir $\overline{B_2B_3}$, die letzte aktive Kante, verarbeitet haben, fahren wir fort:

1. Alle y_{max}-Werte sind gleich 2. Diese Werte werden einer Scan Conversion zu 1 unterzogen (siehe Aufgabe 10.8). Der aktuelle y-Abtastzeilenwert beträgt 0. Daher werden keine Kanten entfernt.

2. Erhöhen Sie x um $1/m$:

$\overline{B_1B_4}$	0
$\overline{A_1A_2}$	$\frac{3}{2}$
$\overline{B_2B_3}$	2

3. Setzen Sie $y = 1$.

Nun wiederholen wir die Schritte II und III.

II. *y-Abtastschleife*. Bei $y = 1$ wird keine weitere Kante aktiviert. Das Ergebnis der Sortierung aktiver Kanten bleibt wie oben angegeben.

III. *x-Abtastzeile*.

a. Verarbeiten Sie die Kante $\overline{B_1B_4}$. Wir aktualisieren die Polygonliste:

Polygon	...	**IN/OUT-Flag**	...
A	–	OUT	–
B	–	IN	–

Die Anzahl der aktiven Polygone beträgt 1. Daher ist B im Pixel (0; 1) sichtbar, weshalb alle Pixel zwischen den Kanten $\overline{B_1B_4}$ und $\overline{A_1A_2}$ auf der Abtastzeile $y = 1$ auf die Farbe von B gesetzt werden.

1	*b*	*b*
0	*a*	*b*
	0	1

a. Nun wiederholen wir Schritt (a) und verarbeiten die Kante $\overline{A_1A_2}$. Wir aktualisieren die Polygonliste:

Polygon	...	**IN/OUT-Flag**	...
A	–	IN	–
B	–	IN	–

Es gibt zwei aktive Polygone. Ein Tiefenvergleich im Pixel (1; 1) zeigt, dass es auf die Farbe der Linie $\overline{A_1A_2}$ gesetzt wurde.

1	*b*	*a*
0	*a*	*b*
	0	1

Da es sich bei A um eine Linie handelt, setzen wir ihr IN/OUT-Flag auf OUT. Wir fahren gleich mit der nächsten Kante an derselben Pixelposition fort.

a. Erneut wiederholen wir Schritt (*a*) und verarbeiten die Kante $\overline{B_2B_3}$. Wir aktualisieren die Polygonliste:

Polygon	Gleichung	IN/OUT-Flag	Farbe
A	$x = y$ $z = 0$	OUT	a
B	$z = \frac{1}{2}$	OUT	b

Die Anzahl der aktiven Polygone beträgt nun 0.

b. Nachdem wir die letzte aktive Kante $\overline{B_2B_3}$ verarbeitet haben, entfernen wir die Kanten, deren Wert y_{max} dem y-Abtastwert 1 entspricht. Da dies alle Kanten betrifft, d.h. $y_{max} = 2$, hält der Algorithmus an.

10.18 Welches Prinzip liegt dem Maler- oder Prioritätenalgorithmus zugrunde?

Lösung:

Der Maler-Algorithmus sortiert Polygone anhand ihrer Tiefe und malt (scan-konvertiert) sie dann beginnend mit dem am weitesten entfernten auf den Bildschirm.

10.19 Auf welche Schwierigkeiten stößt man bei der Implementierung des Maler-Algorithmus?

Lösung:

Erstens stellt sich die Frage, was die »Tiefe« eines Polygons eigentlich ist, vor allem wenn das Polygon aus der xy-Ebene herausgekippt wird. Zweitens tritt das Problem auf, welches Polygon zuerst gemalt werden soll, wenn zwei dieselbe Tiefe aufweisen.

10.20 Wenn das Polygon Q dieselbe Tiefe hat wie das Polygon P, welches Polygon hat dann Priorität, d.h., welches wird zuerst gemalt?

Lösung:

Wir führen die Tests 0, 1, 2, 3, 4, 5 (aus Abschnitt 10.4, »Verdeckt Polygon P das Polygon Q?«) der Reihe nach durch. Ergibt einer der Tests den Wert wahr, folgern wir, dass das Polygon P das Polygon Q nicht verdeckt, so dass P zuerst gemalt wird.

Ergibt keiner der Tests den Wert wahr, liegt eine Unklarheit vor, die es zu beseitigen gilt.

Wir lösen die Unklarheit, indem wir die Rollen von P und Q vertauschen und die Tests 0, 1, 2, 4 und 5 erneut anwenden. Ergibt einer dieser Tests den Wert wahr, verdeckt Q das Polygon P nicht, so dass Q zuerst gemalt wird.

Ergibt wiederum kein Test den Wert wahr, muss Q in die zwei Polygone Q_1 und Q_2 unterteilt werden, wozu die Ebene, die das Polygon P enthält, als Unterteilungsebene verwendet wird [Abb. 10.4(b)].

10.21 Wenden Sie den Maler-Algorithmus auf die Objekte A und B aus Aufgabe 10.8 an.

Lösung:

Zuerst ermitteln wir die Tiefenwerte z_{max} für A und B. Da z_{max} der größte z-Wert aller Eckpunkte des Polygons ist, gilt für A: $z_{A_{max}} = 0$ und für B: $z_{B_{max}} = \frac{1}{2}$. Beim Sortieren nach z_{max} sehen wir dann, dass das Polygon B einen größeren Tiefenwert hat als das Polygon A.

Als Nächstes weisen wir Prioritäten zu, indem wir die Tests 0 bis 5 nacheinander durchführen (siehe Abschnitt 10.4). In Test 0 ist die z-Ausdehnung von B $z_{min} = \frac{1}{2}$, $z_{max} = \frac{1}{2}$. Die z-Ausdehnung von A beträgt $z_{min} = 0$, $z_{max} = 0$.

Daher überlagern sich die z-Ausdehnungen von A und B nicht, und $z_{A_{max}}$ ist kleiner als $z_{B_{max}}$. Daher ergibt Test 0 den Wert wahr, so dass wir zuerst das Polygon B einer Scan Conversion unterziehen.

Bildspeicher =

1	*b*	*b*
0	*b*	*b*
	0	1

Anschließend führen wir eine Scan Conversion des Polygons A durch (wir »malen« es also über das Polygon B):

1	*b*	*a*
0	*a*	*b*
	0	1

Hierbei handelt es sich um das endgültige Bild, das im Bildspeicher angezeigt wird.

10.22 Welche Prinzipien liegen dem Unterteilungsalgorithmus zugrunde?

Lösung:

Erstens ist ein Polygon auf einer gegebenen Fläche des Anzeigebildschirms zu sehen, wenn die Projektion dieses Polygons die gegebene Fläche überlagert. Zweitens steht von allen Polygonen, die eine gegebene Bildschirmfläche überlagern, das Polygon vor allen anderen, das in dieser Fläche sichtbar ist. Drittens: Wenn wir nicht entscheiden können, welches Polygon aus einem bestimmten Bereich sichtbar ist (sich vor den anderen befindet), unterteilen wir den Bereich in kleinere, bis Sichtbarkeitsentscheidungen getroffen werden können (selbst wenn wir eine Unterteilung bis auf Pixelebene vornehmen müssen).

10.23 Wenden Sie den Unterteilungsalgorithmus auf die Objekte A und B aus Aufgabe 10.8 an.

Lösung:

1. *Initialisierung.* Wir verwenden den gesamten Bildschirm als Fläche.
2. *Erstellen der Liste möglicherweise sichtbarer Polygone.* Wir erstellen die Liste, sortiert nach z_{min}, dem kleinsten der z-Werte des Polygons in der Fläche.

Polygon	z_{min}	**Kategorie**
A	0	Eingeschlossen
B	$\frac{1}{2}$	Umgebend

3. *Sichtbarkeitsprüfung*. Wir wenden die Kriterien (*a*) bis (*d*) aus Abschnitt 6, Schritt 3 an. Da alle vier Tests fehlschlagen, gehen wir zu Schritt 4 über und unterteilen die Fläche in vier Unterbereiche.

Nach der Unterteilung sind die vier neu gebildeten Bereiche in unserem Beispiel die einzelnen Pixel. Wir wenden den Algorithmus nacheinander auf alle Pixel an.

Bereich 1: Pixel (0; 0).

2. *Erstellen der Liste möglicherweise sichtbarer Polygone.*

Polygon	z_{min}	**Kategorie**
A	0	Überlappend
B	$\frac{1}{2}$	Umgebend

3. *Sichtbarkeitsprüfung*. Nach Anwendung der Tests (*a*) bis (*c*) wenden wir nun den Test (*d*) an, da der Bereich Pixelgröße aufweist. Die *z*-Koordinate von A im Pixel (0; 0) lautet 0 und die von B $\frac{1}{2}$. Daher ist A im Pixel (0; 0) sichtbar.

Bildspeicher =

1		
0	*a*	
	0	1

Bereich 2: Pixel (0; 1).

2. *Erstellen der Liste*. Bitte beachten Sie, dass A von diesem Bereich disjunkt ist.

Polygon	z_{min}	**Kategorie**
B	$\frac{1}{2}$	Umgebend

3. *Sichtbarkeitsprüfung*. Test (*c*) hat nur ein Polygon ergeben, bei dem es sich um ein umgebendes handelt, so dass wir Pixel (0; 1) auf die Farbe von B setzen:

1		
0	*a*	*b*
	0	1

Bereich 3: Pixel (0; 1).

2. *Erstellen der Liste*. Da A von diesem Bereich disjunkt ist, ergibt sich:

Polygon	z_{min}	**Kategorie**
B	$\frac{1}{2}$	Umgebend

3. *Sichtbarkeitsprüfung*. Test (*c*) hat nur ein Polygon *B* ergeben, bei dem es sich um ein umgebendes handelt. Somit erhält Bereich 3 die Farbe *b*:

1	*b*	
0	*a*	*b*
	0	1

Bereich 4: Pixel (1; 1).

2. *Erstellen der PVPL.*

Polygon	z_{min}	Kategorie
A	0	Überlappend
B	$\frac{1}{2}$	Umgebend

3. *Sichtbarkeitsprüfung*. Nachdem wir die Tests (*a*) bis (*c*) durchgeführt haben, wenden wir nun den Test (*d*) an. Die *z*-Koordinate von *A* im Pixel (1; 1) ist kleiner als die Koordinate von *B*. Daher wird Pixel (1; 1) auf die Farbe von *A* gesetzt:

1	*b*	*a*
0	*a*	*b*
	0	1

Dies ist das endgültige Bild im Bildspeicher.

10.24 Wie können wir die besondere Struktur eines konvexen Polyeders nutzen, um seine verdeckten Flächen bei einer allgemeinen parallelen oder perspektivischen Projektion zu bestimmen?

Lösung:

Nehmen wir an, dass auf jeder Fläche des Polyheders ein nach außen zeigender Normalenvektor **N** existiert, der mit einem Punkt *P* der Fläche verbunden ist (Abb. 10.23). Für alle Flächen des Polyeders sei der *Sichtlinienvektor* **L** derjenige, der von der Fläche zum Betrachter zeigt. Bei einer Parallelprojektion ist dies die Projektionsrichtung vom Objekt zur Projektionsebene. Bei einer perspektivischen Projektion ist es der Vektor $\overline{\mathbf{PC}}$ vom Fußpunkt *P* des Normalenvektors zum Blickpunkt im Punkt *C* (Abb. 10.23).

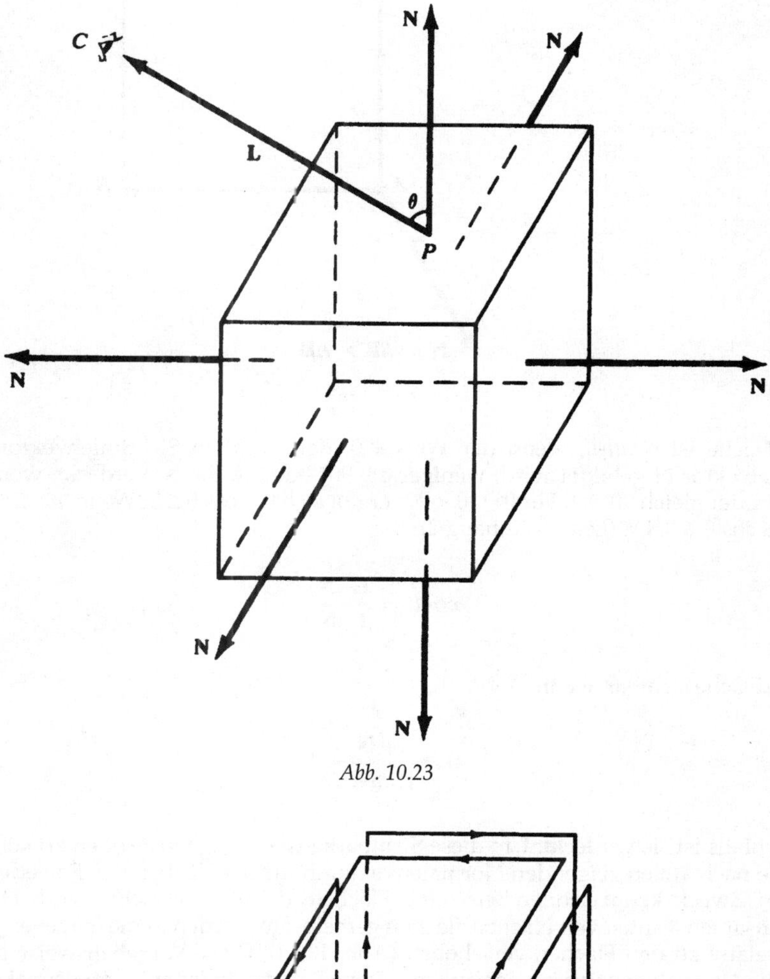

Abb. 10.23

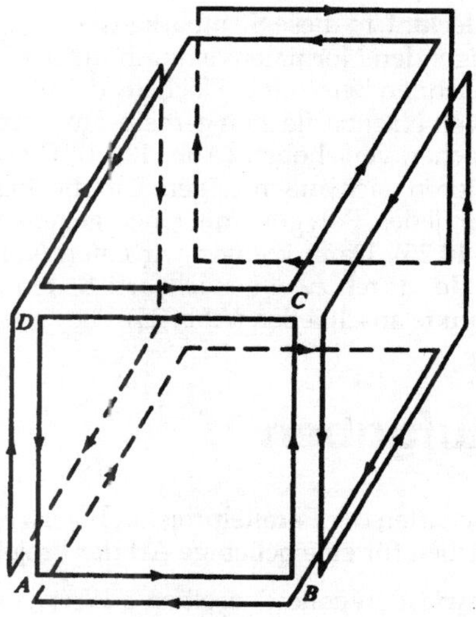

Abb. 10.24

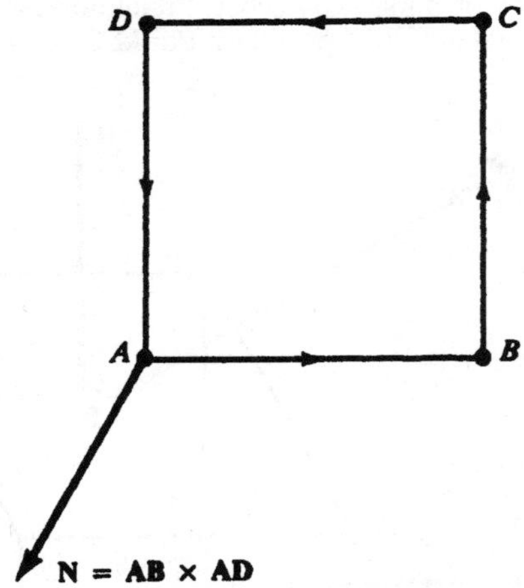

Abb. 10.25

Eine Fläche ist *sichtbar,* wenn der Winkel θ, der aus dem Sichtlinienvektor **L** und dem Normalvektor **N** gebildet wird, weniger als 90° beträgt. Sie ist verdeckt, wenn ihr Winkel größer oder gleich 90° ist. Für $0° \leq \theta < 90°$ ergibt sich $0 < \cos\theta \leq 1$. Wenn $90° \leq \theta \leq 180°$, dann ist $-1 \leq \cos\theta \leq 0$. Da (gemäß Anhang 2)

$$\cos\theta = \frac{\mathbf{L}\cdot\mathbf{N}}{|\mathbf{L}||\mathbf{N}|}$$

ist die Fläche sichtbar, wenn

$$0 < \frac{\mathbf{L}\cdot\mathbf{N}}{|\mathbf{L}||\mathbf{N}|} \leq 1$$

Andernfalls ist sie verdeckt. Um diese Sichtbarkeitsprüfung verwenden zu können, müssen wir die nach außen zeigenden Normalenvektoren für die Flächen des Polyeders finden. Zu diesem Zweck kennzeichnen wir seine Flächen, damit es *gerichtet* wird. Das heißt, alle gemeinsamen Kanten von Nachbarflächen gemeinsam werden in die entgegengesetzte Richtung relativ zu den Flächen verschoben (Abb. 10.24). Diese Vorgehensweise gewährleistet, dass die Normalenvektoren nach außen zeigen. Um die äußeren Normalenvektoren zu konstruieren, versehen wir jedes Polygon mit einer gegen den Uhrzeigersinn verlaufenden Kennzeichnung (Abb. 10.25). Dann können wir einen Normalenvektor bestimmen, indem wir das Kreuzprodukt der durch zwei benachbarte Seiten des Polygons festgelegten Vektoren an einen der Eckpunkte anschließen (Abb. 25).

10.10 Weitere Aufgaben

10.25 Wie können die Eigenschaften der Parallelprojektion verwendet werden, um die Berechnungen verdeckter Oberflächen für eine beliebige Art der Projektion zu vereinfachen?

10.26 Was geschieht, wenn zwei Polygone denselben *z*-Wert aufweisen und der Z-Puffer-Algorithmus verwendet wird?

10.27 Wie müsste der Z-Puffer-Algorithmus geändert werden, damit Figuren auf einer Oberfläche überlagert werden können (siehe Aufgabe 10.26)?

10.28 Wie viel Speicherplatz würde eine Anzeige von 1024 × 768 Pixeln bei der Speicherung im Z-Puffer benötigen, wenn 2^{24} Tiefenwertestufen zugelassen wären?

10.29 Wie kann der für die Abtastzeilenmethode erforderliche Rechenaufwand verringert werden?

10.30 Wie hilft die Abtastzeilenkohärenz bei der Reduzierung des Berechnungsaufwands?

10.31 Wie groß ist die Ausdehnung eines Polygons, dessen Eckpunkte bei *A*(0; 0; 1), *B*(2; 0; 1) und C(1; 2; 2) liegen (siehe Abb. 10.26)?

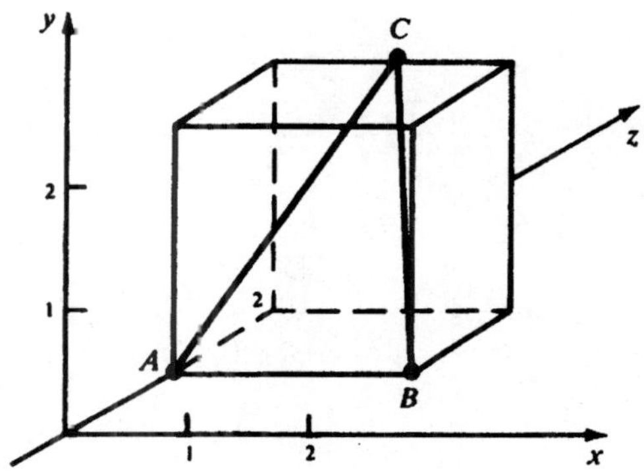

Abb. 10.26

10.32 Warum werden nur nicht horizontale Linien in der Kantenliste des Abtastzeilenalgorithmus gespeichert?

10.33 Wie wird die Tiefe eines Polygons durch den Maler-Algorithmus bestimmt?

10.34 Wie nutzt der Unterteilungsalgorithmus Kohärenzen?

10.35 Wie können Algorithmen für verdeckte Oberflächen dazu verwendet werden, verdeckte Linien zu entfernen, wie es bei der Anwendung auf Polygonnetzmodelle der Fall ist (Kap. 9)?

Farb- und Schattierungsmodelle

11

Farbe ist ein wesentliches Merkmal unserer visuellen Erfahrung. Die Farbwahrnehmung entsteht durch Lichtenergie, die in unser Sehsystem einfällt und eine Kette noch nicht gänzlich verstandener neurologischer und psychologischer Reaktionen anstößt. Dieser komplexe Prozess ist für die Computergrafik bedeutungsvoll, denn man kann dann von einem naturgetreuen Abbild sprechen, wenn es sich von der wahren Verteilung der Lichtenergie, wie sie aus der tatsächlichen Anordnung stammt, nicht unterscheidet. Es ist eine fortwährende Herausforderung, leistungsfähige Computermodelle zur Erstellung solcher Abbilder zu entwickeln.

In Abschnitt Licht und Farbe umreißen wir zunächst die grundlegende Beziehung zwischen Licht (dem physikalischen Reiz) und der Farbwahrnehmung. Das führt auf einen internationalen Standard zur Angabe und Messung von Farben und auf ein besseres Verständnis des weitverbreiteten RGB-Farbmodells. In Abschnitt 11.2 verwenden wir eine bekannte Formel zur Nachbildung der Beleuchtung von Objekten durch Lichtquellen (ein detaillierteres Beleuchtungsmodell wird in Kapitel 12 behandelt). In den Abschnitten 11.3 und 11.4 beschreiben wir mehrere nützliche Techniken zur Schattierung polygonmaschiger Objekte und zur Beschreibung feiner Oberflächendetails (Oberflächentexturen).

11.1 Licht und Farbe

Licht, genauer gesagt sichtbares Licht, ist die elektromagnetische Energie im Wellenlängenbereich (λ) von 400 bis 700 nm (Nanometer = 10^{-9} m) des Spektrums (siehe Abbildung 11.1). Bei typischem Licht ist die Energie über den sichtbaren Bereich verteilt, wobei die Anteile durch die spektrale Energieverteilungsfunktion $P(\lambda)$ beschrieben werden (siehe Abbildung 11.2). Um Licht zu konstruieren oder ein gegebenes Licht physikalisch genau zu reproduzieren, müsste man die genaue Energieverteilung nachahmen, was üblicherweise als spektrale Kopie bezeichnet wird.

Andererseits wurde anhand sorgfältig ausgearbeiteter psychologischer Experimente gezeigt, dass Unterschiede in der spektralen Verteilung nicht notwendigerweise zu unterschiedlichen Wahrnehmungen führen. Es gibt weniger strenge Ansätze, Licht so zu reproduzieren, dass die Nachbildung bei einem durchschnittlichen menschlichen Beobachter zu derselben Farbempfindung führt wie das Original. Diese Ergebnisse ermöglichen es, die Beschreibung von Licht wahrnehmungsorientierter und einfacher zu gestalten.

11.1.1 Grundeigenschaften des Lichts

Licht kann durch drei auf *der* Wahrnehmung beruhenden Begriffen beschrieben werden. Der erste ist die *Helligkeit*, die einer physikalischen Eigenschaft namens *Leuchtdichte* entspricht. Die Leuchtdichte misst die gesamte im Licht enthaltene Energie. Sie ist proportional zu der von $P(\lambda)$ und der λ-Achse im Bereich von 400 bis 700 nm eingeschlossenen Fläche. Die Fläche kann über

$$\int_{\lambda} P(\lambda)\mathrm{d}\lambda$$

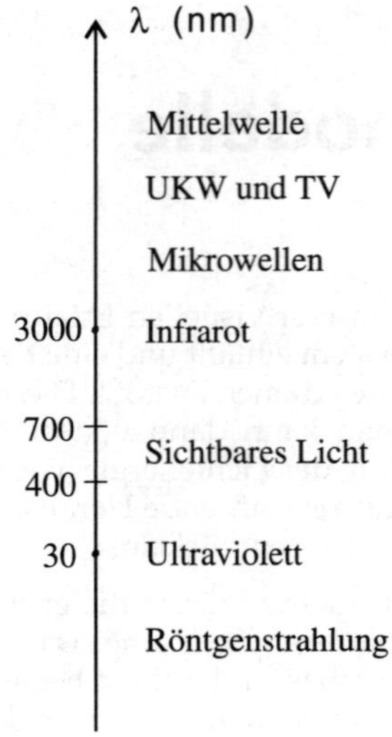

Abb. 11.1

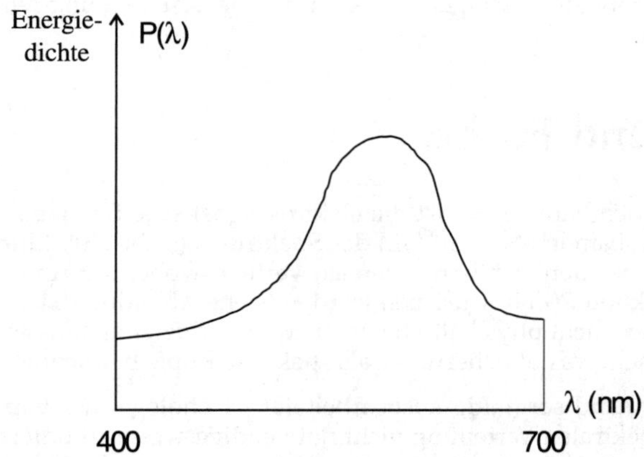

Abb. 11.2

berechnet werden. Je höher die Leuchtdichte, desto heller erscheint das Licht dem Betrachter.

Der zweite Wahrnehmungsbegriff ist der *Farbton*, der ein weißes von einem grünen oder roten Licht unterscheidet. Bei Licht mit einer wie in Abbildung 11.3 gezeigten idealisierten Spektralverteilung entspricht der Farbton einer weiteren physikalischen Eigenschaft, der *dominanten Wellenlänge* der Verteilung.

Der dritte Wahrnehmungsbegriff ist die *Sättigung*, die den Kräftigkeitsgrad beschreibt. Beispielsweise können zwei rote Lichter sich in der Leuchtdichte/Helligkeit und auch im Kräftigkeitsgrad (z.B. rein/gesättigt gegenüber blass/ungesättigt) unterscheiden. Die Sättigung entspricht einer physikalischen Größe namens *Erregungs-Reinheit*, die als prozentualer Anteil der Leuchtdichte definiert ist, die der dominanten oder reinen Farbkomponente (siehe Abbildung 11.3) zugewiesen ist. Mit anderen Worten, es gilt

$$\text{Sättigung} = \frac{\text{reine Farbe}}{\text{reine Farbe} + \text{weiß}}$$

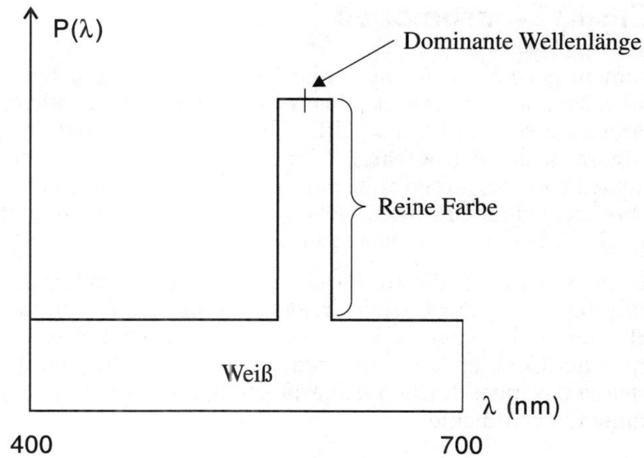

Abb. 11.3

Obwohl dieses einfache Schema seine Schwachstellen besitzt (z.B. hat nicht jedes Licht eine identifizierbare dominante Wellenlänge), verbindet es die physikalischen Aspekte des Lichts mit der Klassifizierung der Farbe über die Wahrnehmung auf einfache Weise.

11.1.2 Die Drei-Farben-Theorie

Gegeben sei ein Licht oder Farbreiz *S*. Die Wirkung von *S* (die Farbempfindung einer menschlichen Person, die *S* beobachtet), kann durch eine Kombination von Licht aus drei Primärquellen in geeigneten Anteilen erreicht werden:

$$S = r \cdot \text{rot} + g \cdot \text{grün} + b \cdot \text{blau}$$

Mit anderen Worten: Das gegebene Licht und die anteilmäßige Mischung der drei Primärquellen sehen für den Beobachter gleich aus.

Beachten Sie, dass die Theorie mit jeder Dreierkombination von Primärquellen gültig ist. Drei Lichtquellen bilden eine solche Dreierkombination, wenn keine der drei durch eine Linearkombination der anderen beiden ausgedrückt bzw. verwirklicht werden kann. Wir verwenden rot, grün und blau hauptsächlich deswegen in der Formel, weil sie üblicherweise in Experimenten zur Farbentsprechung gewählt werden (mit rot = 700 nm, grün = 546,1 nm und blau = 435,8 nm). Darüber hinaus entsprechen diese Farben ungefähr den Wellenlängen, die die Hauptmaxima der drei farbempfindlichen Rezeptoren der Netzhaut darstellen, einer Membran, die die Rückseite des Augapfels bildet. Diese Rezeptoren werden β–, δ– und ρ-Zäpfchen genannt. Ihre Lichtempfindlichkeit ist in den folgenden Wellenlängenbereichen am stärksten: 440-445 nm (β), 535-545 nm (δ) und 575-580 nm (ρ). Ein anderer Rezeptorentyp, genannt Stäbchen, ist farbblind, reagiert aber sehr empfindlich auf Licht niedriger Intensität.

Ein kritischer Aspekt dieses auf drei Farbreizen basierenden Ansatzes ist, dass die Gewichtfaktoren manchmal negativ sein müssen, um alle sichtbaren Farben darzustellen. Werden beispielsweise rot, grün und blau als Primärfarben verwendet, kann *b*, das Gewicht der blauen Komponente, negativ sein. Ein negativer Wert von *b* bedeutet, dass die Wirkung des gegebenen Reizes *S* nicht auf herkömmliche Weise über einen additiven Prozess erreicht werden kann. Wird *S* jedoch mit etwas blauem Licht gemischt, kann die Wirkung der Mischung durch eine Linearkombination von rot und grün erreicht werden (intuitiv wird der Term $b \times$ blau auf die andere Seite der Gleichung gebracht).

11.1.3 Das CIE-XYZ-Farbmodell

Bei der Suche nach einem geeigneten Kompromiss zwischen der einfachen und wirkungsvollen Methode der drei Farbreize und der Tatsache, dass es nicht möglich ist, alle sichtbaren Farben aus natürlichen Primärfarben zu bilden, hat das CIE (Commission Internationale de l'Eclairage) im Jahre 1931 drei imaginäre (nicht realisierbare) Primärfarben **X**, **Y** und **Z** definiert. Sie waren das Ergebnis einer auf drei reale Primärfarben angewandten affinen Transformation und stellten sicher, dass jede Spektralfarbe (Licht einer einzelnen Wellenlänge) als Linearkombination der CIE-Primärfarben ohne negatives Gewicht dargestellt werden kann.

Die relativen Beträge von **X**, **Y** und **Z**, die zur Beschreibung einer jeden Spektralfarbe benötigt werden, werden in Abbildung 11.4 in der Gestalt dreier farbgebender Funktionen $x(\lambda)$, $y(\lambda)$ und $z(\lambda)$ gezeigt. Um eine Farbe der Wellenlänge λ_0 darzustellen, werden die korrekten Gewichtsparameter durch die Schnittpunkte der Geraden $\lambda = \lambda_0$ mit den drei Kurven gefunden. Zusätzlich stimmt $y(\lambda)$ mit der *Leucht-Wirksamkeit* des menschlichen Auges überein und entspricht der Reaktion des Auges auf Licht einer konstanten Leuchtdichte.

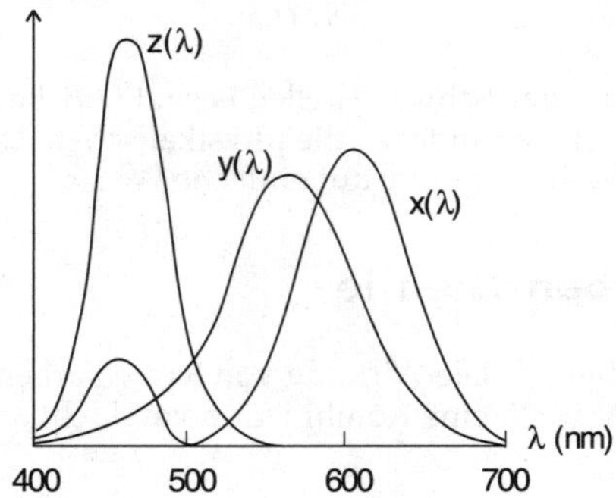

Abb. 11.4

Um ein beliebiges Licht S mit einer Spektralverteilung $P(\lambda)$ zu beschreiben, werden die entsprechenden Beträge der CIE-Primärfarben, die zur Erfüllung aller Spektralkomponenten von S notwendig sind, »summiert«, und zwar mittels

$$X = k \int_\lambda P(\lambda)x(\lambda)\,\mathrm{d}\lambda, \qquad Y = k \int_\lambda P(\lambda)y(\lambda)\,\mathrm{d}\lambda, \qquad Z = k \int_\lambda P(\lambda)z(\lambda)\mathrm{d}\lambda$$

wobei k eine von der Lichtquelle abhängige Konstante darstellt. Die resultierenden X, Y (welches aufgrund der Definition von $y(\lambda)$ Informationen über die Leuchtdichte enthält) und Z werden als Gewichte benutzt, um S wie folgt auszudrücken:

$$S = X \cdot \boldsymbol{X} + Y \cdot \boldsymbol{Y} + Z \cdot \boldsymbol{Z}$$

11.1.4 Das CIE-Farbwertdiagramm

Nun definieren wir x, y und z durch Normierung der obigen Werte bezüglich $X + Y + Z$:

$$x = \frac{X}{X+Y+Z}, \qquad y = \frac{Y}{X+Y+Z}, \qquad z = \frac{Z}{X+Y+Z}$$

Es gilt natürlich $x + y + z = 1$ und daher $z = 1 - x - y$. Die beiden Variablen x und y gruppieren Farben in Mengen, deren Mitglieder sich nur in der Leuchtdichte unterscheiden.

Unter Verwendung von x und y als Horizontal- bzw. Vertikalachse, können wir das wohlbekannte CIE-Farbwertdiagramm zeichnen (siehe Abbildung 11.5). Das gebogene Dreieck umfasst alle wahrnehmbaren Farben unter Vernachlässigung der Leuchtdichte. Nur wenn sich zwei Farben in der Farbigkeit unterscheiden (Farbton und/oder Sättigung), werden sie durch zwei unterschiedliche Punkte im Diagramm dargestellt (d.h. dann haben sie unterschiedliche Farbwertkoordinaten).

Um Farbwertkoordinaten (x, y) wieder in eine bestimmte Farbe des *XYZ*-Farbraums zurückzuformen, benötigen wir eine weitere Angabe, üblicherweise Y:

$$X = \frac{x}{y}Y, \qquad Y = Y, \qquad Z = \frac{1 - x - y}{y}Y$$

Entlang der oberen Grenze der Figur finden wir alle Spektralfarben. Der Punkt C (0,310; 0,316) ist als *Beleuchtung* C bekannt. Er entspricht einem Referenzweiß, das man aus einer dem Tageslicht nahen Spektralverteilung erhält.

Das CIE-Farbwertdiagramm dient als allgemein gültige Referenz zur Angabe und zum Vergleich sichtbarer Farben. Die phosphoreszierenden Punkte eines typischen Farbmonitors haben die Farbwertkoordinaten R (0,62; 0,34), G (0,29; 0,59) und B (0,15; 0,06), die innerhalb des Diagramms eine Dreiecksregion definieren. Diese Region wird als *Farbpalette* des Monitors bezeichnet und verkörpert (den Farbwertbereich) aller Farben, die der Monitor darstellen kann.

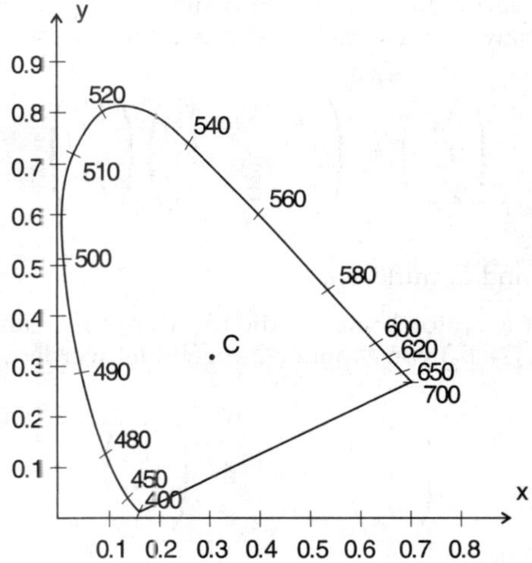

Abb. 11.5

11.1.5 Abbildung von Farbpaletten

Es seien (x_r, y_r), (x_g, y_g) und (x_b, y_b) die Farbwertkoordinaten der Phosphorpunkte eines RGB-Farbmonitors. Wie lauten die *XYZ*-Koordinaten seiner Farben? Zunächst führen wir Hilfsvariablen $C_r = X_r + Y_r + Z_r$, $C_g = X_g + Y_g + Z_g$ und $C_b = X_b + Y_b + Z_b$ ein, wobei (X_r, Y_r, Z_r), (X_g, Y_g, Z_g) und $(X_b, Y_b,$

Z_b) die jeweiligen XYZ-Koordinaten der roten, grünen und blauen Farben bezeichnet, die der Monitor darstellen kann. Wir haben

$$\begin{array}{llll} X_r = x_r C_r, & Y_r = y_r C_r, & Z_r = z_r C_r & \text{where } z_r = 1 - x_r - y_r \\ X_g = x_g C_g, & Y_g = y_g C_g, & Z_g = z_g C_g & \text{where } z_g = 1 - x_g - y_g \\ X_b = x_b C_b, & Y_b = y_b C_b, & Z_b = z_b C_b & \text{where } z_b = 1 - x_b - y_b \end{array}$$

Daher können die XYZ-Koordinaten einer zusammengesetzten RGB-Farbe mit Hilfe einer Transformation M ausgedrückt werden:

$$\begin{pmatrix} X \\ Y \\ Z \end{pmatrix} = M \begin{pmatrix} R \\ G \\ B \end{pmatrix} = \begin{pmatrix} x_r C_r & x_g C_g & x_b C_b \\ y_r C_r & y_g C_g & y_b C_b \\ z_r C_r & z_g C_g & z_b C_b \end{pmatrix} \begin{pmatrix} R \\ G \\ B \end{pmatrix} = \begin{pmatrix} x_r & x_g & x_b \\ y_r & y_g & y_b \\ z_r & z_g & z_b \end{pmatrix} \begin{pmatrix} C_r & 0 & 0 \\ 0 & C_g & 0 \\ 0 & 0 & C_b \end{pmatrix} \begin{pmatrix} R \\ G \\ B \end{pmatrix}$$

Es gibt zwei verschiedene Arten zur Bestimmung von C_r, C_g und C_b. Die eine besteht in der Verwendung eines Photometers zur Messung der Leuchtdichteniveaus Y_r, Y_g und Y_b der roten, grünen und blauen Farbe bei ihrer jeweils maximalen Intensität/Helligkeit. Dann gilt

$$C_r = Y_r / y_r, \qquad C_g = Y_g / y_g, \qquad C_b = Y_b / y_b$$

Die andere Methode besteht darin, die XYZ-Koordinaten (X_w, Y_w, Z_w) der weißen Farbe ($R = G = B = 1$) des Monitors zu finden bzw. zu messen. Unter ihrer Verwendung erhalten wir

$$\begin{pmatrix} X_w \\ Y_w \\ Z_w \end{pmatrix} = \begin{pmatrix} x_r & x_g & x_b \\ y_r & y_g & y_b \\ z_r & z_g & z_b \end{pmatrix} \begin{pmatrix} C_r \\ C_g \\ C_b \end{pmatrix}$$

Nun können wir nach C_r, C_g und C_b auflösen.

Ist M_1 die Transformation für Monitor 1 und M_2 die für Monitor 2, kann eine Farbe (R_1, G_1, B_1) von Monitor 1 auf eine Farbe (R_2, G_2, B_2) von Monitor 2 abgebildet werden:

$$\begin{pmatrix} R_2 \\ G_2 \\ B_2 \end{pmatrix} = M_2^{-1} M_1 \begin{pmatrix} R_1 \\ G_1 \\ B_1 \end{pmatrix}$$

vorausgesetzt, dass (R_2, G_2, B_2) innerhalb der Farbpalette von Monitor 2 liegt.

11.1.6 Das NTSC-YIQ-Farbmodell

Das NTSC-YIQ-Farbmodell (National Television System Comitee) wird in den Vereinigten Staaten für das kommerzielle Fernsehen verwendet. Es ist als lineare Transformation des RGB-Modells definiert, wobei die Y-Komponente bewusst mit der des CIE-XYZ-Farbmodells gleichgesetzt wurde. Da Y die Informationen zur Leuchtdichte beinhaltet, kann es von Schwarzweißgeräten dazu genutzt werden, Farb- als Graustufenbilder darzustellen. Die Transformation zwischen RGB und YIQ lautet wie folgt:

$$\begin{pmatrix} Y \\ I \\ Q \end{pmatrix} = \begin{pmatrix} 0.299 & 0.587 & 0.114 \\ 0.596 & -0.275 & -0.321 \\ 0.212 & -0.523 & 0.311 \end{pmatrix} \begin{pmatrix} R \\ G \\ B \end{pmatrix}$$

Die in der Transformationsmatrix auftretenden Größen erhält man unter Verwendung der standardmäßigen NTSC-*RGB*-Phosphorpunkte, deren Farbwertkoordinaten R (0,67; 0,33), G (0,21; 0,71) und B (0,14; 0,08) lauten. Zudem wird angenommen, dass Weiß bei $x_w = 0{,}316$, $y_w = 0{,}31$ und $y_w = 1{,}0$ liegt.

11.2 Das Phong-Modell

Das Phong-Modell ist eine weitverbreitetes und hochwirksames Modell, um die Lichtreflexion von Objektoberflächen in das Auge eines Beobachters zu imitieren. Es handelt sich um einen empirischen Ansatz, da es größtenteils auf der Beobachtung der Phänomene beruht, obwohl es konsistent mit einigen grundlegenden physikalischen Prinzipien ist. Es wird auch als *lokales Beleuchtungsmodell* bezeichnet, da es sich auf das direkte Auftreffen des von der Lichtquelle kommenden Lichts konzentriert. Andererseits versucht ein *globales Beleuchtungsmodell* sekundäre Effekte mit einzubeziehen, wie Licht, das durch ein transparentes oder durchsichtiges Material oder von einer Objektoberfläche auf eine andere fällt.

Betrachten Sie nun eine punktförmige Lichtquelle [siehe Abbildung 11.6(*a*)], die ein idealisiertes Licht darstellt, dessen gesamte Energie aus einem einzelnen Raumpunkt austritt (eine akzeptable Näherung für eine Glühlampe). Unser Auge befindet sich am Beobachtungspunkt V und schaut auf den Punkt Q der Oberfläche eines Objekts. Was sollte die Farbe von Q sein? Mit anderen Worten, was sollte die Farbe des Lichts sein, die von Q aus in unser Auge (in Richtung des Vektors **V**) reflektiert wird?

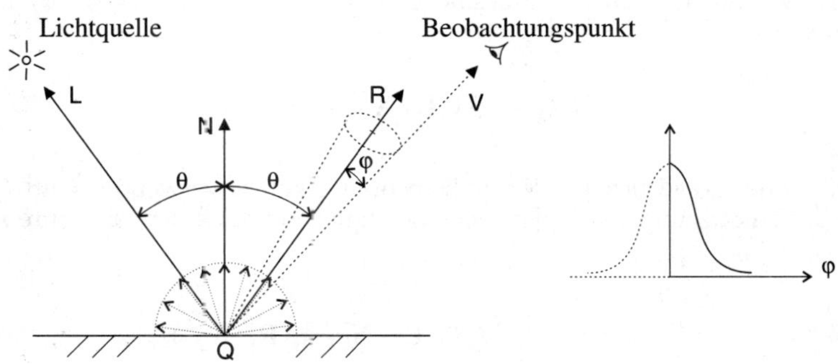

Abb. 11.6

Es gibt zwei Extremfälle der Lichtreflexion. Der erste wird *diffuse Reflexion* genannt. In diesem Fall wird die Lichtenergie aus der Lichtquelle (der Richtung von **-L**) gleichmäßig in alle Richtungen reflektiert (skizziert durch die kleine Pfeile, die einen Halbkreis (genauer gesagt eine Halbkugel) bilden. Wie möchten außerdem, dass der Energieanteil der Reflexion eine Funktion des Einfallwinkels θ (zwischen **L** und der Oberflächennormalen **N**) ist. Je kleiner der Winkel, desto stärker die Reflexion (ähnlich einem Ball, der von einer Wand abprallt). Um dies zu erreichen, wählen wir die Reflexion proportional zu cos(θ).

Der zweite Fall wird *gerichtete Reflexion* genannt und versucht, die Eigenheiten einer glänzenden oder spiegelähnlichen Oberfläche zu behandeln. Wäre die Oberfläche in Abbildung 11.6(*a*) ein idealer Spiegel, würde die Energie der Lichtquelle in genau eine Richtung (in die Richtung des Vektors **R**) reflektiert werden. Da es keinen idealen Spiegel gibt, verteilen wir die reflektierte Energie über einen kleinen um **R** zentrierten kegelförmigen Bereich, wobei die Reflexion in Richtung von **R** (d.h. $\varphi = 0$) am stärksten ist und mit steigendem φ schnell abfällt [siehe die glockenförmige Kurve in Abbildung 11.6(*b*)]. Das mathematische Mittel zur Modellierung dieses Effekts ist $\cos^k(\varphi)$, wobei mit dem Parameter k der Grad des Oberflächenglanzes auf einfache Art variiert werden kann ($k = 1$ für eine matte und $k = 100$ für eine spiegelähnliche Oberfläche). Für eine gegebene Anordnung können wir den Betrag der gerichteten Reflexion in entlang von **V** unter Verwendung des tatsächlichen Winkels zwischen **R** und **V** bestimmen.

Weiterhin muss der komplexen, zwischen Objekten vorhandenen Reflexion auf irgendeine Weise Rechnung getragen werden, weil viele Oberflächen nicht direkt von Lichtquellen beleuchtet, sondern von Licht erhellt werden, das in der Umgebung reflektiert wurde. Hierzu führen wir ein richtungsloses ambientes Licht ein, das alle Oberflächen der Anordnung beleuchtet und von jeder Oberfläche in alle Richtungen gleichförmig reflektiert wird.

Im Phong-Modell erzeugen die Oberflächen von Objekten eine kombinierte Reflexion von ambientem Licht und lichtquellenabhängiger diffuser und gerichteter Reflexion. Mathematisch können wir die gesamte reflektierte Energieintensität I als

$$I = I_a k_a + I_p(k_d \cos(\theta) + k_s \cos^k(\varphi))$$

darstellen, wobei I_a die Intensität des ambienten Lichts, I_p die der punktförmigen Lichtquelle und $0 \le k_a, k_d, k_s \le 1{,}0$ die Reflexionskoeffizienten sind, die die Fähigkeit der Oberfläche zur Reflexion ambienten Lichts und zur Erzeugung diffuser bzw. gerichteter Reflexion darstellen (d.h., $k_a = 0{,}2$ bedeutet 20% Reflexion von I_a).

Sind **L**, **N**, **R** und **V** Einheitsvektoren, dann sind $\mathbf{L} \cdot \mathbf{N} = \cos(\theta)$ und $\mathbf{R} \cdot \mathbf{V} = \cos(\varphi)$ und wir können die Formel schreiben als

$$I = I_a k_a + I_p(k_d \mathbf{L} \cdot \mathbf{N} + k_s (\mathbf{R} \cdot \mathbf{V})^k)$$

Beachten Sie, dass der Ausdruck $\mathbf{L} \cdot \mathbf{N}$ zur Berechnung von **R** verwendet wird (siehe Aufgabe 11.10). Sind in der Anordnung zwei oder mehr Lichtquellen vorhanden, sind ihre Auswirkungen kumulativ:

$$I = I_a k_a + \sum_{i=1}^{n} I_{p_i}(k_d \mathbf{L}_i \cdot \mathbf{N} + k_s (\mathbf{R}_i \cdot \mathbf{V})^k)$$

Diese Formeln werden üblicherweise zusammen mit dem *RGB*-Farbmodell verwendet. Daher hat die Lichtintensität die Form eines *RGB*-Farbvektors, z.B. $I = (I_r, I_g, I_b)$. Reflexionskoeffizienten sind ebenfalls dreidimensionale Vektoren. Beispielsweise definiert $k_d = (0{,}7; 0{,}7; 0{,}3)$ eine Oberfläche, die bei Beleuchtung mit weißem Licht gelblich aussieht. Der ambiente Reflexionskoeffizient k_a kann der Einfachheit halber mit k_d übereinstimmen. Die drei Komponenten von k_s werden oft gleichgesetzt, da die Farbe einer Lichtquelle normalerweise mit der ihrer Reflexion identisch ist. Für weißes Licht einer einzelnen Punktquelle erhalten wir folgende Formel:

$$\begin{cases} I_r = I_a k_{ar} + I_p(k_{dr}\mathbf{L}\cdot\mathbf{N} + k_s(\mathbf{R}\cdot\mathbf{V})^k) \\ I_g = I_a k_{ag} + I_p(k_{dg}\mathbf{L}\cdot\mathbf{N} + k_s(\mathbf{R}\cdot\mathbf{V})^k) \\ I_b = I_a k_{ab} + I_p(k_{db}\mathbf{L}\cdot\mathbf{N} + k_s(\mathbf{R}\cdot\mathbf{V})^k) \end{cases}$$

Abbildung 11.7 zeigt ein Graustufenbild mit 16 Ansichten einer unter Verwendung der Phong-Formel schattierten Kugel. Die vier Reihen wurden von oben nach unten gesehen unter Verwendung von k_d / k_s = 0,5/0,1, 0,5/0,3, 0,5/0,5 und 0,5/0,7 berechnet. Die vier Spalten stellen von links nach rechts gesehen k = 3, 5, 20 und 100 dar.

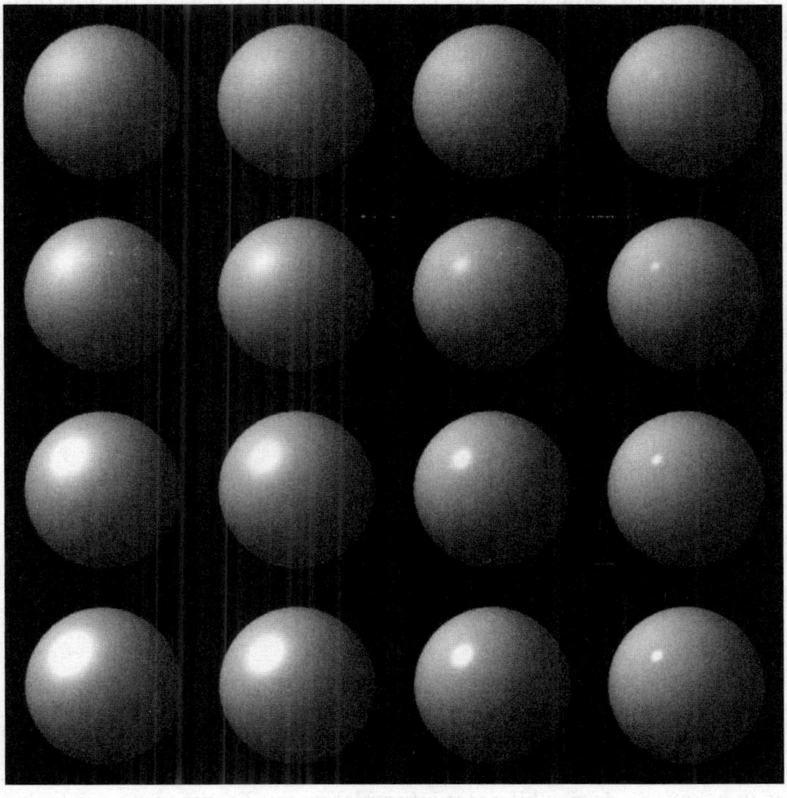

Abb. 11.7

11.3 Interpolierende Schattierungsmethoden

Die Berechnung von Oberflächenfarben unter Verwendung eines Beleuchtungsmodells wie der Phong-Formel kann sehr aufwändig sein, wenn sie für jeden relevanten Punkt durchgeführt wird. Wird das Bild nur als Vorschau verwendet, ist es sogar unnötig. Zur Umgehung dieses Problems wenden wir die vollständige Formel nur in ausgewählten Punkten der Oberfläche an. Wir nutzen dann Methoden wie Farbinterpolation und Interpolation der Oberflächennormalen, um andere Oberflächenpunkte zu schattieren.

11.3.1 Konstante Schattierung

Der am wenigsten zeitaufwändige Ansatz besteht darin, überhaupt keine Berechnungen für zusätzliche Oberflächenpunkte durchzuführen. Die Farbwerte der ausgewählten Oberflächenpunkte werden für die Schattierung der gesamten Oberfläche herangezogen.

Zum Beispiel kann ein zylinderförmiges Objekt durch ein wie in Abbildung 11.8(*a*) gezeigtes Polygongitter modelliert werden. Wie können die Phong-Formel für das geometrische Zentrum eines jeden Polygons auswerten und die erhaltene Farbe jedem seiner Pixel zuweisen [siehe Abbildung 11.8(*b*)].

Eine konstante Schattierung kann für matte Polyeder, die von relativ weit entfernten Lichtquellen beleuchtet werden, gute Ergebnisse hervorbringen (da sich die diffuse Komponente auf jeder Polygonfläche nur wenig ändert). Die wesentliche Schwäche dieser Methode ist, dass zwischen angrenzenden Polygonen, die eine gekrümmte Fläche approximieren, falsche Umrisse auftreten [siehe das zylinderförmige Objekt in Abbildung 11.8(*b*)]. Weiterhin geht oftmals die gerichtete Reflexion der Lichtquelle (oft als *specular highlight* oder *helles Glanzlicht* bezeichnet) verloren. Ist andererseits der ausgewählte Oberflächenpunkt gerade der Ort der stärksten gerichteten Reflexion der Lichtquelle, ist die Farbe des entsprechenden Polygons größtenteils deutlich gestört.

11.3.2 Gouraud-Schattierung

In diesem Ansatz werten wir die Beleuchtungsformel an den Knotenpunkten der Polygongitters aus. Wir interpolieren dann die erhaltenen Farbwerte, um innerhalb eines jeden Polygons eine abgestufte Schattierung zu erhalten.

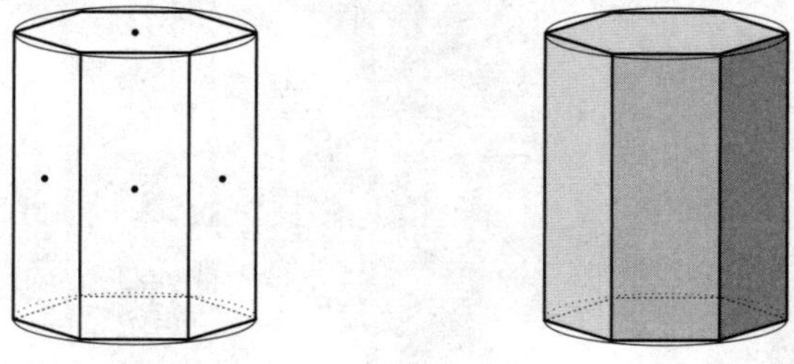

(a) (b)

Abb. 11.8

Beispielsweise verwenden wir eine bilineare Interpolation zur Bestimmung der Farbe eines Punkts P innerhalb eines Dreiecks mit den Eckpunkten P_1, P_2 und P_3 (siehe Abbildung 11.9). Die P enthaltene Scangerade schneidet die beiden Kanten in den Punkten P' und P''. Wir interpolieren die Farben von P_1 und P_2, um die Farbe von P' zu erhalten, sowie die Farben von P_2 und P_3, um die Farbe von P'' zu erhalten. Schließlich interpolieren wir die Farben von P' und P'', um die Farbe von P zu erhalten (siehe Aufgabe 11.15).

Werden Polygone zur Näherung einer gekrümmten Oberfläche verwendet, gibt es zwei Möglichkeiten zur Bestimmung der Normalenvektoren in den Knotenpunkten, um einen sanften Übergang zwischen angrenzenden Polygonen zu erhalten. Die erste besteht darin, die zu Grunde liegende gekrümmte Oberfläche zu verwenden, um in jedem Knotenpunkt die wahre Oberflächennormale zu finden. Zum Beispiel liegen die Knotenpunkte des Polygongitters in Abbildung 11.8(*a*) auf der

Oberfläche eines Zylinders. Der Normalenvektor eines Punkts auf der Mantelfläche des Zylinders steht senkrecht zur Zylinderachse und zeigt von der Achse zum Punkt [siehe Abbildung 11.10(*a*)].

Andererseits kann es manchmal schwierig sein, Normalenvektoren der zu Grunde liegenden Oberfläche zu bestimmen, oder es kann sein, dass das Polygongitter nicht von einer solchen Oberfläche abgeleitet ist. Ein zweiter Ansatz zur Bestimmung der Normalenvektoren an den Knotenpunkten besteht darin, über die Normalenvektoren der angrenzenden Polygone zu mitteln. Zum Beispiel verwenden wir zur Bestimmung des Normalenvektors **N** im Knotenpunkt P aus Abbildung 11.10(*b*), den Mittelwert der Normalenvektoren der Polygone, die sich in P treffen:

$$\mathbf{N} = \mathbf{N}_1 + \mathbf{N}_2 + \mathbf{N}_3 + \mathbf{N}_4$$

wobei **N** anschließend durch Division mit $|\mathbf{N}|$ normiert wird.

Gemittelte Normalenvektoren in den Knotenpunkten eines Polygongitters, das eine gekrümmte Oberfläche annähert, ergeben Farbwerte, die von den angrenzenden Polygonen geteilt werden, und verhindern somit sprunghafte Veränderungen der Schattierung an den Kanten des Polynoms. Auch wenn das Polygongitter relativ grob ist, kann die Gouraud-Schattierung falsche Farben sehr wirkungsvoll unterdrücken. Zur Darstellung einer guten gerichteten Reflexion wird jedoch ein deutlich feineres Gitter benötigt.

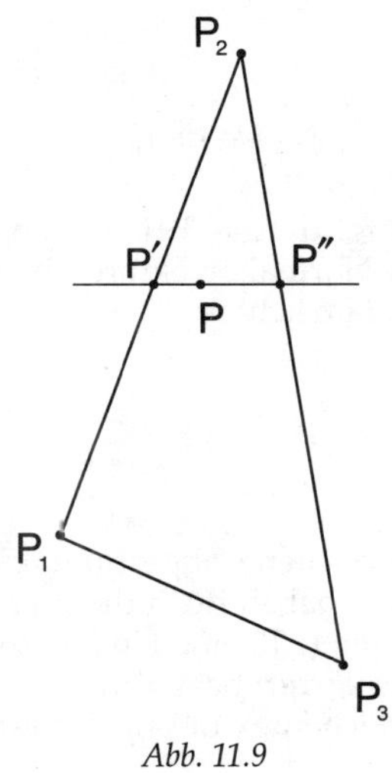

Abb. 11.9

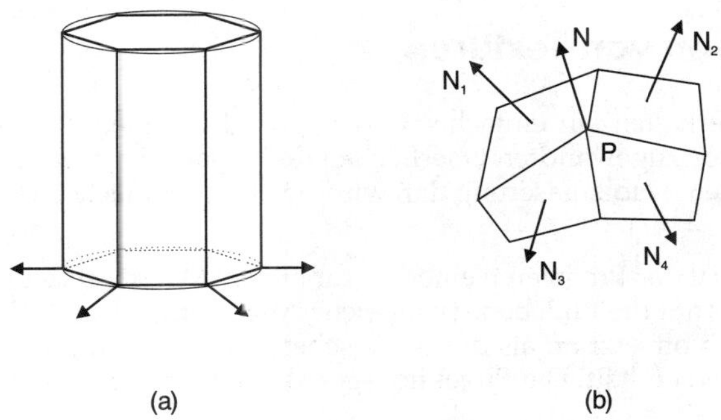

Abb. 11.10

11.3.3 Phong-Schattierung

Anstelle von Farbwerten können wir auch Normalenvektoren interpolieren. Um zum Beispiel den Normalenvektor **N** im Punkt P innerhalb eines Dreiecks (siehe Abbildung 11.11) zu bestimmen, interpolieren wir zunächst N_1 und N_2, um N' zu erhalten, dann N_2 und N_3, um N'' zu erhalten und schließlich N' und N'', um **N** zu erhalten.

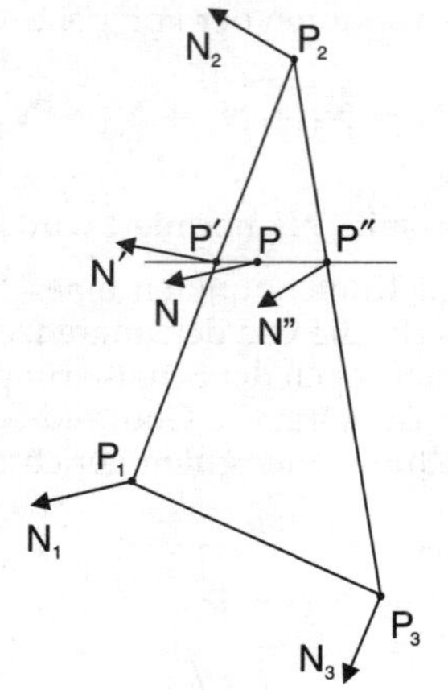

Abb. 11.11

Diese Technik ist relativ zeitaufwändig, da das Beleuchtungsmodell in jedem relevanten Punkt unter Verwendung der interpolierten Normalenvektoren berechnet wird. Sie ist jedoch sehr wirkungsvoll bei der Behandlung heller Glanzlichter.

11.4 Textur

Auch wenn durch Beleuchtung hervorgerufene, abgestufte Schattierungen ein wichtiger Schritt hin zu einer naturgetreuen Abbildung sind, haben doch die meisten realen Objekte regelmäßige oder unregelmäßige Oberflächeneigenschaften (z.B. eine Holzmaserung). Diese Oberflächendetails werden zusammenfassend als *Oberflächentextur* bezeichnet. In diesem Abschnitt stellen wir drei Ansätze zum Hinzufügen einer Oberflächentextur vor: *Projektion von Texturen*, *Textur-Mapping* und *Festkörpertexturen*.

11.4.1 Projektion von Texturen

Stellen Sie sich vor, Sie halten ein einfaches Objekt zwischen einen Diaprojektor und eine Leinwand. Die dem Projektor zugewandten Oberflächen des Objekts werden mit dem projizierten Bild bedeckt. Stellt das Bild eine Holzmaserung dar, wird den Originalflächen die komplizierte Holztextur überlagert.

In der Computergrafik ist das Projizieren einer Textur auf ein Objekt tatsächlich die Umkehrung der Projektion eines Objekts auf die Bildebene (vergleiche Abbildung 7.1 und Abbildung 11.12). Die Bildebene bezeichnen wir von jetzt an als die Bezugsebene, die eine zweidimensionale Texturdefinition, *Textur-Map* genannt, enthält. Die Projektionsgerade, die den Punkt P mit seinem Bildpunkt P'

verknüpft, bestimmt oder beeinflusst die Schattierung von P anhand von Informationen, die in der Textur-Map bei P' vorhanden sind.

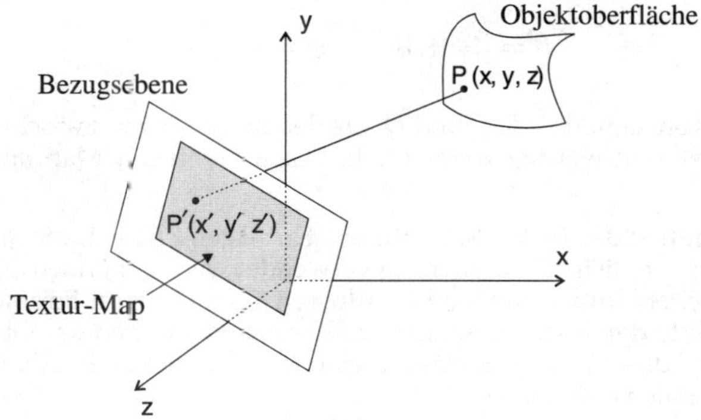

Abb. 11.12

Die Textur-Map ist oftmals ein künstliches oder eingescanntes Bild und besitzt dann Farbeigenschaften. Es gibt mehrere Möglichkeiten, wie die Farbeigenschaften von P' zur Schattierung von P verwendet werden können. Erstens können wir P diese Eigenschaften einfach zuweisen und dadurch die vorhandenen ersetzen. Letztendlich bedeutet dieser Ansatz, dass die Farbe der Textur auf das Objekt aufgebracht wird. Zweitens können wir, um eine neue Farbe für P zu erhalten, zwischen der Farbe C' von P' und der Originalfarbe C von P unter Verwendung von $(1-k)C + kC'$ interpolieren, wobei $0 \leq k \leq 1{,}0$. Als Ergebnis dieser Berechnung erscheint die Textur mit der ursprünglichen Schattierung gemischt. Drittens können wir zur Berechnung einer neuen Farbe für P eine logische Verknüpfung unter Heranziehen von C und C' verwenden. Wird zum Beispiel eine UND-Verknüpfung verwendet, erscheint eine magentafarbene Texturfläche bei einer weißen Originalfarbe unverändert, sie wird jedoch rot, wenn Originalfarbe gelb ist.

Die Projektion von Texturen ist eine wirkungsvolle Methode, wenn die Objektoberflächen relativ flach und der Bezugsebene zugewandt sind. Andererseits werden »versteckte Flächen« nicht beeinflusst, und die Eigenschaften der Textur werden durch gekrümmte Oberflächen gestört.

11.4.2 Textur-Mapping

Stellen Sie sich jetzt vor, die Textur-Map sei eine dünne, biegsame Fläche aus elastischem Material. Wenn wir sie um die Oberfläche eines Objekts wickeln, können wir sie dehnen oder schrumpfen, damit sie sich der Oberflächenform anpasst.

Dieser Ansatz wird als *Textur-Mapping* bezeichnet. Wir beschreiben die Textur-Map in einem zweidimensionalen Raum mit den Koordinaten (u, v), dem sogenannten *Textur-Raum*. Die Oberfläche eines Objekts wird in Parameterform unter Verwendung von (θ, φ) dargestellt. Die Abbildung vom Textur-Raum auf den Objektraum ist dann durch

$$\theta = f(u, w) \qquad \varphi = g(u, w)$$

definiert und die Umkehrfunktion durch

$$u = r(\theta, \varphi) \qquad w = s(\theta, \varphi)$$

Obwohl es nicht notwendig ist, werden diese Mapping-Funktionen allgemein als linear angenommen (d.h., die Dehnung oder das Schrumpfen der Textur-Map erfolgen proportional). Daher können wir

$$\theta = Au + B \qquad \varphi = Cw + D$$

schreiben, wobei die Konstanten A, B, C und D aus den Beziehungen zwischen bekannten Punkten der beiden Räume bestimmt werden können (z.B. Ecken der Textur-Map und den dazugehörigen Oberflächenpunkten).

Wie zuvor erwähnt, enthält die Textur-Map oftmals Farbeigenschaften, die auf verschiedene Arten zur Änderung der ursprünglichen Schattierung verwendet werden können. Zusätzlich kann sie die Schattierung durch weitere Informationen beeinflussen. So nutzt zum Beispiel eine *Bump-Mapping* genannte Methode Werte der Textur-Map, um die Normalenvektoren der Oberfläche zu versetzen oder zu stören und auf diese Weise ein raues Aussehen zu erzielen (in Abbildung 11.13 ist dieser Effekt im Eindimensionalen erläutert).

Verglichen mit der Projektion von Texturen passt das Textur-Mapping sich besser an gekrümmte Oberflächen an. Jedoch behindern komplexe Oberflächen die Ableitung der Mapping-Funktionen. Des Weiteren sind beide Methoden vor allem dann schwach, wenn Eigenschaften einer Texturoberfläche mit denen einer anderen »zusammenpassen« sollen. Betrachten Sie beispielsweise einen Holzwürfel: die Holzmaserung auf einer Seite sollte mit der auf allen angrenzenden Seiten kontinuierlich und konsistent verlaufen. Wenn wir den Holzwürfel in eine Figur umformen, vervielfacht sich die Komplexität dieses Problems.

11.4.3 Festkörpertexturen

Die Schwachpunkte der Projektion von Texturen und dem Textur-Mapping rühren hauptsächlich von dem diesen Methoden innewohnenden Missverhältnis einer zweidimensionalen Textur-Map und einer dreidimensionalen Oberfläche her. In dem in diesem Abschnitt vorgestellten Ansatz definieren wir eine Textur unter Verwendung eines dreidimensionalen Textur-Raums. Diese sogenannten *Festkörpertexturen* sind dreidimensionale Darstellungen der inneren Struktur eines nichthomogenen Materials wie Holz, Marmor usw.

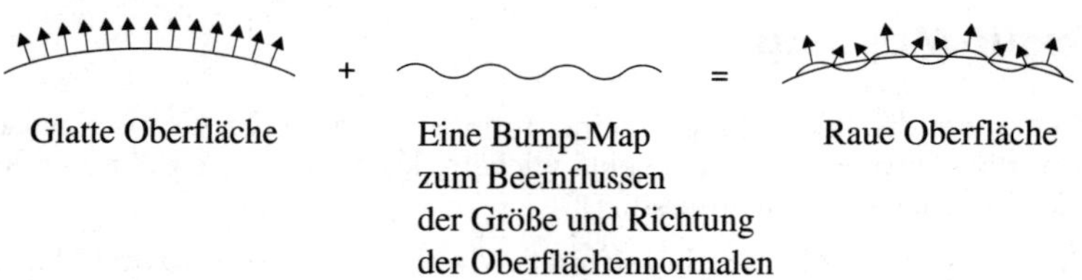

Abb. 11.13

Beim Rendern eines aus einem bestimmten Material gebildeten Objekts verwenden wir Transformationen, um das Objekt in das Koordinatensystem zu überführen, in dem die Textur des Materials definiert ist. Mit anderen Worten: Wir bilden einen Punkt der Oberfläche $P(x, y, z)$ auf seine Koordinaten (u, v, w) im Textur-Raum ab. Die mit diesem Ort verknüpften Informationen werden dann zur Steuerung der Schattierung von P verwendet. Dadurch sieht das Objekt aus, als wäre es aus einem Block des gewählten Materials geformt.

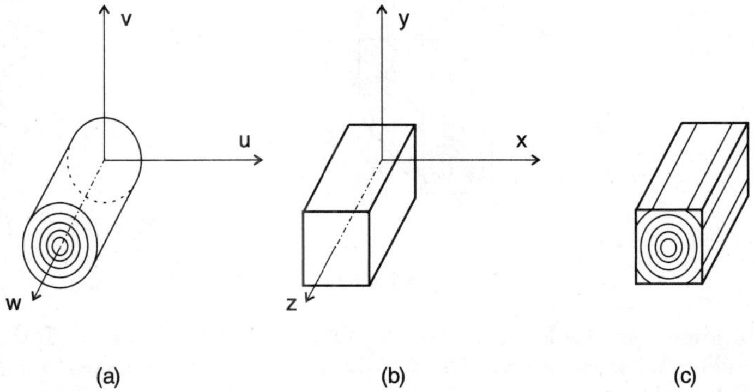

Abb. 11.14

Festkörpertexturen werden oftmals über Prozeduren definiert. Im Folgenden sei ein Beispiel gegeben, das die Entwicklung eines Modells für eine Holzmaserung zeigt. Wir beginnen mit der Darstellung der auffälligsten Eigenschaft dieses Materials, einer Reihe konzentrischer Zylinder im Textur-Raum [siehe Abbildung 11.14(*a*)]. Wird ein Objekt wie der Quader aus Abbildung 11.14(*b*) in das Textur-Feld eingefügt, schneidet es die Zylinder und auf seinen Oberflächen entstehen Schnittmuster. Die Konturen, die wir durch Ausrichtung der Koordinatenachsen des Objekts an denen der Textur erhalten, werden in Abbildung 11.14(*c*) gezeigt. Jetzt drehen wir die Vorderseite des Quaders etwas um die v-Achse nach links und etwas um die u-Achse nach oben. Das Ergebnis ist unsere erste Näherung einer Holzmaserung (siehe Abbildung 11.15).

Wir können erkennen, dass die Konturen auf verschiedenen Seiten mit der darunter liegenden dreidimensionalen Struktur in Einklang sind, doch sind sie zu glatt und zu perfekt, um echt auszusehen. Um etwas Asymmetrie und Unregelmäßigkeit einzubauen, müssen wir dieses Modell um zwei Erweiterungen ergänzen. Die erste besteht darin, den Zylindern Wellen oder sinusförmige Störungen hinzuzufügen, so dass die Konturen in den Schnittflächen einige geringfügige und natürlich aussehende Schwankungen aufweisen. Mit Hilfe der zweiten werden die Wellen langsam um die w-Achse gedreht, um den Konturen ein verzerrtes Aussehen zu geben. Eine Umsetzung des verbesserten Zylindermodells wird in der folgenden in Pseudo-Code geschriebenen Prozedur gezeigt:

```
woodGrain(pt, kd)
{
  float radius, angle;
  radius = sqrt(pt[u]^2 + pt[v]^2);
  angle = (pt[u] == 0) ? π=2 : arctan(pt[v]/pt[u]);
  radius = radius + m*sin( f *angle + r*pt[w]);
  if ((int)radius % p<d)
     setze die Komponenten von kd zur Erzeugung einer dunklen Schattierung
  else
     setze die Komponenten von kd zur Erzeugung einer hellen Schattierung
}
```

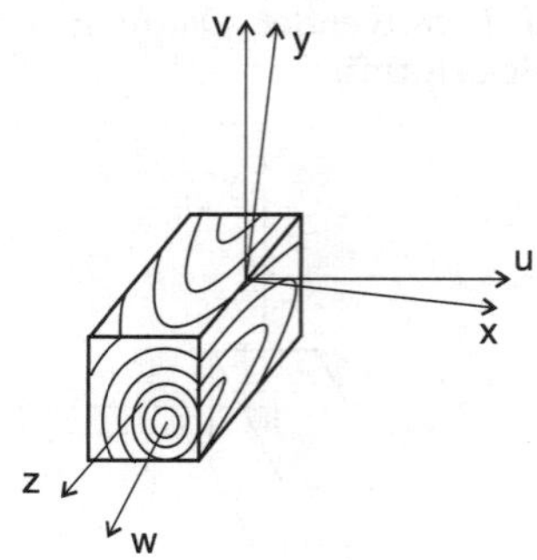

Abb. 11.15

wobei der Feldparameter *pt* die Koordinaten des Oberflächenpunkts *P* im Textur-Raum darstellt und der Feldparameter *kd* verwendet wird, um die richtigen Reflexionskoeffizienten zur Schattierung des Punkts *P* zurückzugeben.

Die erste Anweisung in woodGrain besteht in der Bestimmung des Radius des Zylinders, der *P* schneidet. In der nächsten Anweisung wird der Grundwert für die Sinusfunktion gesetzt, die für die Welleneffekte verantwortlich ist. Die Größe der Störung wird durch *m*, die Frequenz oder Anzahl der Wellen in einem Umlauf mit *f* und die Rate, mit der sich die Wellen um die *w*-Achse drehen mit *r* gesteuert. Schließlich behandeln wir die Holzmaserung als mit der Periode *p* wechselnde Streifen dunkler und heller Zylinder. Innerhalb einer Periode sind zwei Streifen durch einen Schwellenwert *d* getrennt. Obwohl in der Prozedur nur zwei Schattierungen gezeigt werden, sollte der Wert für *kd* in jedem Streifen je nach der relativen Position von *P* verändert werden, um bessere Ergebnisse zu erzielen (siehe Abbildung 11.16 für eine mit dem Ray-Tracing-Verfahren erzeugte Kugel).

Abb. 11.16

11.5 Aufgaben mit Lösungen

11.1 Drücken Sie den sichtbaren Bereich des Spektrums in Luft (bzw. Vakuum) als Frequenzintervall aus.

Lösung

Da Frequenz = Lichtgeschwindigkeit / Wellenlänge gilt und die Lichtgeschwindigkeit $\approx 3{,}0 \times 10^8$ m/s beträgt, erhalten wir für den Frequenzbereich $(3{,}0 \times 10^8) / (700 \times 10^{-9})$ bis $(3{,}0 \times 10^8) / (400 \times 10^{-9})$ Hz oder $4{,}3 \times 10^{14}$ bis $7{,}5 \times 10^{14}$ Hz.

11.2 Nennen Sie die drei auf der Wahrnehmung basierenden Ausdrücke zur Beschreibung von Farben und die entsprechenden physikalischen Lichteigenschaften.

Lösung

Helligkeit/Leuchtdichte, Farbton/dominante Wellenlänge, Sättigung/Erregungs-Reinheit

11.3 Leiten Sie eine einfache Formel zur Berechnung der von der Verteilungsfunktion $P(\lambda)$ aus Abbildung 11.3 begrenzten Fläche her.

Lösung

W und H seien die Breite und die Höhe der zu Weiß, D und P die der zur reinen Farbe gehörigen Rechteckfläche. Die von $P(\lambda)$ begrenzte Funktion ist dann $W \times H + D \times P$.

11.4 Nennen Sie die beiden Rezeptoren der Netzhaut und beschreiben Sie ihre jeweilige Grundfunktion.

Lösung

Es handelt sich um die Zäpfchen für das Farbsehen und die Stäbchen zur Wahrnehmung von Licht niedriger Intensität.

11.5 Warum erwähnten wir, dass rot, grün und blau nur *grob* mit den Werten für die Wellenlängen übereinstimmen, die in den drei Arten der farbempfindlichen Zäpfchen die jeweils stärkste Reaktion hervorrufen?

Lösung

Die typischen Wellenlängen der drei Farben sind: rot = 700 nm, grün = 546,1 nm und blau = 435,8 nm. Obwohl blau und grün die Empfindlichkeitsbereiche zweier Zäpfchen fast treffen (β : 440 – 445 nm und δ : 535 – 545 nm), liegt der des dritten (ρ : 575 – 580 nm) tatsächlich im gelben, nicht im roten Bereich.

11.6 Benötigen wir Y, um Farbwertkoordinaten (x, y) in eine bestimmte Farbe des XYZ-Farbraums zurück zu wandeln?

Lösung

Nein, Wenn wir X kennen, können wir folgende Beziehung verwendengilt

$$X = X, \qquad Y = \frac{y}{x}X, \qquad Z = \frac{1 - x - y}{x}X$$

11.7 Angenommen, ein Monitor erzeugt das so genannte Standardweiß D_{65} mit x_w = 0,313, y_w = 0,313 und Y_w = 1,0, wobei $R = G = B = 1$ und die Farbwertkoordinaten seiner Phosphorpunkte wie in Abschnitt 11.1 angegeben sind. Finden Sie die Farbtransformationsmatrix M des Monitors.

Lösung

Da Y_w = 1,0, gilt

$$X_w = x_w/y_w = 0.951 \qquad \text{und} \qquad Z_w = (1 - x_w - y_w)/y_w = 1.088$$

Verwenden Sie diese und die Farbwertkoordinaten der Phosphorpunkte

$$\begin{pmatrix} 0.951 \\ 1.0 \\ 1.088 \end{pmatrix} = \begin{pmatrix} 0.62 & 0.29 & 0.15 \\ 0.34 & 0.59 & 0.06 \\ 0.04 & 0.12 & 0.79 \end{pmatrix} \begin{pmatrix} C_r \\ C_g \\ C_b \end{pmatrix}$$

Nach Auflösung erhalten Sie C_r = 0,705, C_g = 1,170 und C_b = 1,164. Jetzt gilt

$$M = \begin{pmatrix} x_r C_r & x_g C_g & x_b C_b \\ y_r C_r & y_g C_g & y_b C_b \\ z_r C_r & z_g C_g & z_b C_b \end{pmatrix} = \begin{pmatrix} 0.437 & 0.339 & 0.175 \\ 0.240 & 0.690 & 0.070 \\ 0.028 & 0.140 & 0.920 \end{pmatrix}$$

11.8 Zeigen Sie, dass die Größe Y im CIE-XYZ- und im NTSC-YIQ-Farbmodell gleich ist.

Lösung

Bestimmen Sie die Transformation auf XYZ für die RGB-Anzeige gemäß NTSC-Standard (siehe Abschnitt 11.1). Da x_w = 0,31, y_w = 0,316 und Y_w = 1,0, gilt

$$X_w = x_w/y_w = 0.981 \qquad \text{und} \qquad Z_w = (1 - x_w - y_w)/y_w = 1.184$$

Verwenden Sie diese und die Farbwertkoordinaten der standardmäßigen NTSC-Phosphorpunkte

$$\begin{pmatrix} 0.981 \\ 1.0 \\ 1.184 \end{pmatrix} = \begin{pmatrix} 0.67 & 0.21 & 0.14 \\ 0.33 & 0.71 & 0.08 \\ 0.0 & 0.08 & 0.78 \end{pmatrix} \begin{pmatrix} C_r \\ C_g \\ C_b \end{pmatrix}$$

Nach Auflösung erhalten Sie C_r = 0,906, C_g = 0,826 und C_b = 1,432. Jetzt gilt

$$M = \begin{pmatrix} x_r C_r & x_g C_g & x_b C_b \\ y_r C_r & y_g C_g & y_b C_b \\ z_r C_r & z_g C_g & z_b C_b \end{pmatrix} = \begin{pmatrix} 0.607 & 0.173 & 0.200 \\ 0.299 & 0.587 & 0.114 \\ 0.0 & 0.066 & 1.117 \end{pmatrix}$$

Da die mittlere Zeile von M mit der ersten Zeile der Matrix zur Umwandlung von RGB in YIQ identisch ist, folgt die Gleichheit der Größen Y im CIE-XYZ- und im NTSC-YIQ-Farbmodell.

11.9 Worin besteht der Unterschied zwischen einem lokalen und einem globalen Beleuchtungsmodell?

Lösung

Ein lokales Beleuchtungsmodell konzentriert sich auf die direkten Auswirkungen des aus einer Lichtquelle stammenden Lichts. Dagegen versucht ein globales Beleuchtungsmodell sekundäre Effekte mit einzubeziehen, wie Licht, das durch ein transparentes oder durchsichtiges Material oder von einer Objektoberfläche auf eine andere fällt.

11.10 Wir beziehen uns auf Abbildung 11.6 in Abschnitt 11.2. Bestimmen Sie eine Formel zur Berechnung von **R**, der Reflexion von Vektor **L** bezüglich des Normalenvektors **N**.

Lösung

Nach Einführen der Hilfsvektoren **e** und **m** (siehe Abbildung 11.17), schreiben wir

$$\mathbf{R} = \mathbf{m} - \mathbf{e}$$

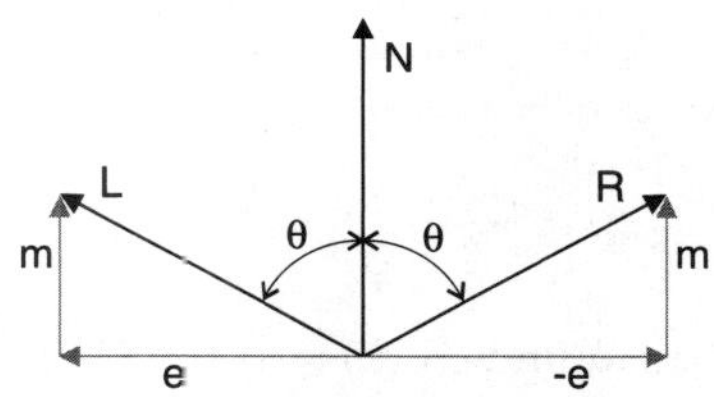

Abb. 11.17

Da **L** = **e** + **m**, erhalten wir **e** = **L** -**m** und

$$\mathbf{R} = \mathbf{m} - (\mathbf{L} - \mathbf{m}) = 2\mathbf{m} - \mathbf{L}$$

Beachten Sie, dass **m** einfach die senkrechte Projektion von **L** auf **N** (siehe Aufgabe A2.16) und **N** ein Einheitsvektor ist, daher gilt

$$\mathbf{m} = (\mathbf{L} \cdot \mathbf{N})\mathbf{N}$$

Schließlich erhalten wir:

$$\mathbf{R} = 2(\mathbf{L} \cdot \mathbf{N})\mathbf{N} - \mathbf{L}$$

11.11 Der Ausdruck **R** × **V** wird in der Phong-Formel manchmal durch **N** · **H** ersetzt, wobei **H** ein Einheitsvektor ist, der den Winkel zwischen **L** und **V** halbiert. Zeigen Sie, dass **R** · **V** ≠ **N** · **H**.

Lösung

L, **N** und **V** seien komplanar. Da **L**, **N** und **R** gemäß den Gesetzen der Optik komplanar sind und auch **L**, **N** und **H** in einer Ebene liegen, da **H** den Winkel zwischen **L** und **V** halbiert, sind alle Vektoren komplanar (siehe Abbildung 11.18). Für die Winkel in der linken Hälfte der Zeichnung gilt

$$\beta = \theta + \alpha$$

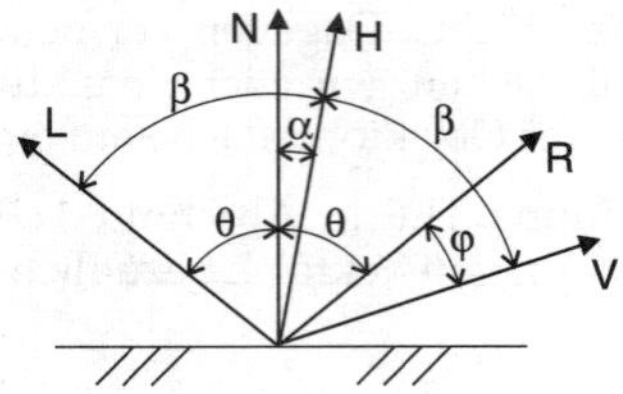

Abb. 11.18

Für die Winkel in der rechten Hälfte der Zeichnung gilt

$$\alpha + \beta = \theta + \varphi$$

Die Kombination beider Ausdrücke ergibt

$$\varphi = 2\alpha$$

Sofern nicht $\varphi = \alpha = 0$, ist $\varphi \neq \alpha$ und $\cos(\varphi) \neq \cos(\alpha)$. Da $\mathbf{R} \cdot \mathbf{V} = \cos(\varphi)$ und $\mathbf{N} \cdot \mathbf{H} = \cos(\alpha)$, folgt

$$\mathbf{R} \cdot \mathbf{V} \neq \mathbf{N} \cdot \mathbf{H}$$

11.12 Die Farbe eines Objekts wird größtenteils durch seinen diffusen Reflexionskoeffizienten bestimmt. Welche Farbe hat ein Objekt mit $k_d = (0{,}8; 0{,}4; 0)$ bei blauem Licht?

Lösung

Schwarz, da das Objekt kein blaues Licht reflektiert und weder grünes noch rotes Licht vorhanden ist.

11.13 Wie lautet das Resultat von Aufgabe 11.12, wenn wir magentafarbenes Licht verwenden?

Lösung

Rot, da das Objekt nur die rote Komponente des magentafarbenen Lichts reflektiert.

11.14 Bei einer relativ weit von einem Polyeder entfernten Lichtquelle ändert sich der mit der Phong-Formel berechnete diffuse Reflexionskoeffizient innerhalb eines Polygons nur geringfügig. Warum?

Lösung

Alle Punkte eines Polygons haben dieselbe Oberflächennormale **N**. Ist die Lichtquelle relativ weit entfernt, ändert sich **L** (siehe Abbildung 11.6) von einem Punkt zum anderen nur wenig. (Bei einer sehr weit entfernten Lichtquelle wie z.B. der Sonne ist **L** konstant.) Daher ändert sich der Ausdruck $\mathbf{L} \times \mathbf{N}$, der in der Phong-Formel die diffuse Komponente bestimmt, innerhalb einer Polygonfläche nur geringfügig.

11.15 Zeigen Sie unter Verwendung von Abbildung 11.9 genau, wie die Farbe von P mit Hilfe einer bilinearen Interpolation berechnet wird.

Lösung

Die Koordinaten von P, P_1, P_2, P_3, P' und P'' seien (x, y), (x_1, y_1), (x_2, y_2), (x_3, y_3), (x', y') und (x'', y''). Zudem seien die Farb- bzw. Intensitätswerte an diesen Punkten I, I_1, I_2, I_3, I' und I''. Es gilt

$$I' = I_1 \frac{y_2 - y'}{y_2 - y_1} + I_2 \frac{y' - y_1}{y_2 - y_1} \qquad I'' = I_2 \frac{y'' - y_3}{y_2 - y_3} + I_3 \frac{y_2 - y''}{y_2 - y_3}$$

und

$$I = I' \frac{x'' - x}{x'' - x'} + I'' \frac{x - x'}{x'' - x'}$$

Bei *RGB*-Farben werden diese Formeln auf die Werte jeder Farbkomponente angewandt.

11.16 Angenommen der Punkt P_1 mit der Intensität I_1 liegt auf der Abtastzeile y_1 und der Punkt P_2 mit der Intensität I_2 auf y_2. Leiten Sie eine inkrementelle Formel zur Berechnung der Intensitätswerte I' für alle Abtastzeile zwischen P_1 und P_2 unter Verwendung linearer Interpolation in y-Richtung her.

Lösung

Ist P_1 der Startpunkt, so ist die Intensitätsänderung von einer Abtastzeile zur nächsten gegeben durch

$$\Delta I = (I_2 - I_1)/(y_2 - y_1)$$

Daher gilt

$$I'_1 = I_1 \quad \text{und} \quad I'_i = I'_{i-1} + \Delta I \quad \text{mit} \quad i = 2, \ldots, y_2 - y_1$$

11.17 Wir beziehen uns auf Aufgabe 11.16. Wenn der Punkt P_1 auf Gerade 5 den *RGB*-Farbwert (1; 0,5; 0) und P_2 auf Gerade 15 den Wert (0,2; 0,5; 0,6) hat, was ist dann die Farbe von Gerade 8?

Lösung

Da

$$\Delta R = (0.2 - 1)/(15 - 5) = -0.08$$
$$\Delta G = (0.5 - 0.5)/(15 - 5) = 0$$
$$\Delta B = (0.6 - 0)/(15 - 5) = 0.06$$

erhalten wir als Farbe für Gerade 8 das Ergebnis (1 + 3 × (-0,08); 0,5 + 3 × 0; 0 + 3 × 0,06) = (0,76; 0,5; 0,18).

11.18 In Abbildung 11.10(a) gehören die Knotenpunkte sowohl zu den Rechtecken, die den Zylinder annähern, als auch zu den beiden Polygonen, die die Grund- und die Deckfläche des Objekts bilden. Hat jeder Knotenpunkt einen eindeutigen Normalenvektor?

Lösung

Nein. Wird der Knotenpunkt zur Beschreibung der Grund- oder Deckfläche verwendet, ist die Oberflächennormale senkrecht zur entsprechenden Fläche. Definiert der Knoten die rechteckige Seitenfläche, steht der Normalenvektor wie in der Abbildung gezeigt senkrecht auf dem Zylindermantel.

11.19 Betrachten Sie Abbildung 11.11 und Aufgabe 11.5. Die beiden Normalenvektoren in P' und P'' seien

$$\mathbf{N}' = -\frac{\sqrt{2}}{2}\mathbf{I} + \frac{\sqrt{2}}{2}\mathbf{J} \qquad \mathbf{N}'' = -\frac{\sqrt{2}}{2}\mathbf{I} + \frac{\sqrt{2}}{2}\mathbf{K}$$

und P liege in der Mitte zwischen P' und P''. Was ist **N**?

Lösung

Da **P** die Mitte zwischen P' und P'' ist, vereinfacht sich die letzte Gleichung in Aufgabe 11.15 für die lineare Interpolation in x-Richtung zu

$$I = \frac{I'}{2} + \frac{I''}{2}$$

Verwenden Sie diesen Ausdruck zur Interpolation aller Komponenten von **N′** und **N″**:

$$\left(-\frac{\sqrt{2}}{4} - \frac{\sqrt{2}}{4}\right)\mathbf{I} + \frac{\sqrt{2}}{4}\mathbf{J} + \frac{\sqrt{2}}{4}\mathbf{K} = -\frac{\sqrt{2}}{2}\mathbf{I} + \frac{\sqrt{2}}{4}\mathbf{J} + \frac{\sqrt{2}}{4}\mathbf{K}$$

Die Länge dieses Vektors ist

$$\sqrt{\left(-\frac{\sqrt{2}}{2}\right)^2 + \left(\frac{\sqrt{2}}{4}\right)^2 + \left(\frac{\sqrt{2}}{4}\right)^2} = \sqrt{\frac{2}{4} + \frac{2}{16} + \frac{2}{16}} = \frac{\sqrt{3}}{2}$$

und damit ergibt sich

$$\mathbf{N} = -\frac{\sqrt{6}}{3}\mathbf{I} + \frac{\sqrt{6}}{6}\mathbf{J} + \frac{\sqrt{6}}{6}\mathbf{K}$$

11.20 Zeigen Sie, dass wir falsche Ergebnisse erhalten, wenn über Normalenvektoren gemittelt oder interpoliert wird, bei denen es sich nicht um Einheitsvektoren (oder Vektoren gleicher Länge) handelt.

Lösung

Betrachten Sie $\mathbf{N}_1 = \mathbf{I}$ und $\mathbf{N}_2 = \mathbf{J}$: Ihr Mittelwert ist $\mathbf{I} + \mathbf{J}$ und halbiert den 90°-Winkel zwischen $\mathbf{I}$ und $\mathbf{J}$. Wir normieren ihn und erhalten

$$\mathbf{N} = \frac{\sqrt{2}}{2}\mathbf{I} + \frac{\sqrt{2}}{2}\mathbf{J}$$

Setzen wir nun $\mathbf{N}_2 = 2\mathbf{J}$, was dieselbe Richtung wie $\mathbf{J}$ hat, wird der Mittelwert von $\mathbf{N}_1$ und $\mathbf{N}_2$ zu $\mathbf{I} + 2\mathbf{J}$. Die Richtung dieses Vektors unterscheidet sich natürlich von der von $\mathbf{N}$.

Was die Interpolation betrifft können wir in Aufgabe 11.19 sehen, dass wir zur Berechnung eines Vektors für einen Punkt in der Mitte zwischen zwei gegebenen Punkten

$$I = \frac{I'}{2} + \frac{I''}{2}$$

auf jede Komponente anwenden. Für $\mathbf{N}_1 = \mathbf{I}$ und $\mathbf{N}_2 = \mathbf{J}$ ergibt das

$$\tfrac{1}{2}\mathbf{I} + \tfrac{1}{2}\mathbf{J}$$

was nach der Normierung dasselbe $\mathbf{N}$ wie oben ergibt. Verwenden wir jedoch $\mathbf{N}_2 = 2\mathbf{J}$, wird das Ergebnis der Interpolation zu

$$\tfrac{1}{2}\mathbf{I} + \mathbf{J}$$

was die Richtung von $\mathbf{I} + 2\mathbf{J}$, nicht die von $\mathbf{N}$ hat.

11.21 Betrachten Sie die Formel zur Texturmischung $(1\text{-}k)C + kC'$, wobei $0 \leq k \leq 1{,}0$, C die Originalfarbe des Objekts und C' die Farbe der Textur-Map ist. Beschreiben Sie mit einfachen Worten, welche Ergebnisse die beiden Grenzfälle $k = 0$ und $k = 1$ liefern.

Lösung

Der Fall $k = 0$ bedeutet überhaupt keine Textur, wohingegen $k = 1$ besagt, dass die Textur über die Originalschattierung des Objekts aufgebracht wird.

11.22 Verwenden wir die logische UND-Verknüpfung zur Kombination der Originalfarbe eines Objekts und der Farbe der Textur-Map, erscheint eine Texturfläche mit magentafarbenen Schattierungen bei einer weißen Originalfläche unverändert, führt bei einer gelben jedoch zu roten Schattierungen. Warum?

Lösung

Verschiedene Magentaschattierungen können mit den *RGB*-Farbvektoren der Form $(m, 0, m)$ beschrieben werden. Das Ergebnis von weiß $(1, 1, 1)$ UND $(m, 0, m)$ ist $(m, 0, m)$, wohingegen gelb $(1, 1, 0)$ UND $(m, 0, m)$ auf $(m, 0, 0)$ führt, womit rote Schattierungen dargestellt werden.

11.23 Betrachten Sie die Abbildung 11.19 und leiten Sie die lineare Funktion her, die das normierte Bild auf die quadratische Fläche der Größe 50 x 50 in der Mitte der Vorderseite des würfelförmigen Objekts abbildet.

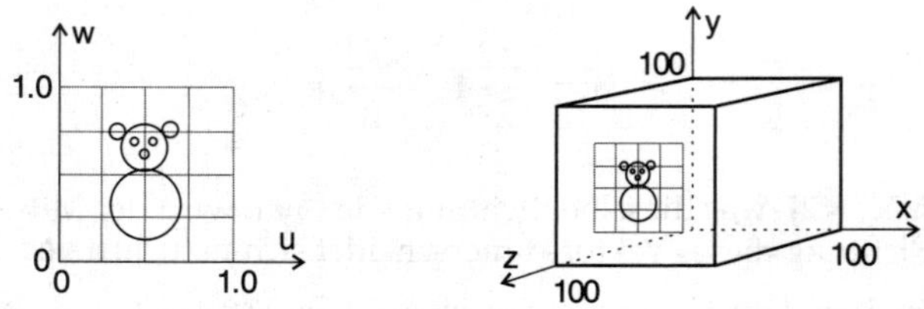

Abb. 11.19

Lösung

Zunächst geben wir eine Parameterdarstellung der Zielfläche an

$$\begin{cases} x = \theta & 25 \le \theta \le 75 \\ y = \varphi & 25 \le \varphi \le 75 \\ z = 100 & \end{cases}$$

Beachten Sie, dass für die Eckpunkte folgende Beziehungen gelten:

$$\begin{aligned} u = 0, \quad w = 0 &\rightarrow \theta = 25, \quad \varphi = 25 \\ u = 1, \quad w = 0 &\rightarrow \theta = 75, \quad \varphi = 25 \\ u = 0, \quad w = 1 &\rightarrow \theta = 25, \quad \varphi = 75 \\ u = 1, \quad w = 1 &\rightarrow \theta = 75, \quad \varphi = 75 \end{aligned}$$

Setzen Sie diese in $\theta = Au + B$ und $\varphi = Cw + D$ ein, und Sie erhalten:

$$A = 50, \qquad B = 25, \qquad C = 50, \quad \text{and} \quad D = 25$$

Daher lauten die Mapping-Funktionen

$$\theta = 50u + 25 \qquad\qquad \varphi = 50w + 25$$

Die Umkehrfunktionen sind

$$u = \frac{\theta - 25}{50} \qquad\qquad w = \frac{\varphi - 25}{50}$$

11.24 Betrachten Sie Abbildung 11.20. Leiten Sie die lineare Funktion her, die das normierte Gitter auf die Unterseite ($\pi/4 \le \varphi \le \pi/2$) der kugelförmigen Oberfläche im ersten Oktanten abbildet.

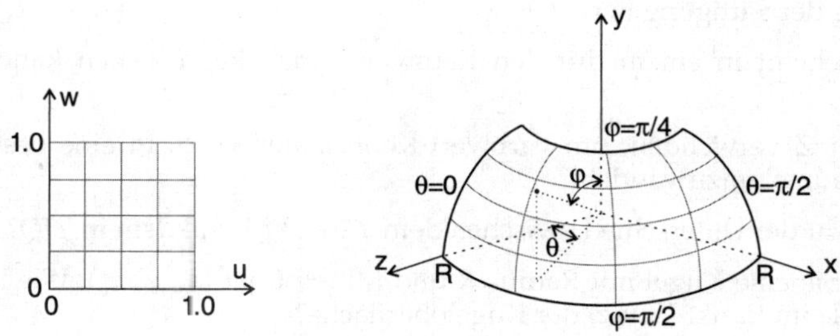

Abb. 11.20

Lösung

Die Parameterdarstellung der Targetfläche lautet

$$\begin{cases} x = R\sin(\theta)\sin(\varphi) & 0 \le \theta \le \pi/2 \\ y = R\cos(\varphi) & \pi/4 \le \varphi \le \pi/2 \\ z = R\cos(\theta)\sin\varphi) & \end{cases}$$

Beachten Sie, dass für die Eckpunkte folgende Beziehungen gelten:

$$\begin{aligned} u &= 0, \quad w = 0 \rightarrow \theta = 0, \quad \varphi = \pi/2 \\ u &= 1, \quad w = 0 \rightarrow \theta = \pi/2, \quad \varphi = \pi/2 \\ u &= 0, \quad w = 1 \rightarrow \theta = 0, \quad \varphi = \pi/4 \\ u &= 1, \quad w = 1 \rightarrow \theta = \pi/2, \quad \varphi = \pi/4 \end{aligned}$$

Setzen Sie diese in $\theta = Au + B$ und $\varphi = Cw + D$ ein, und Sie erhalten:

$$A = \pi/2, \qquad B = 0, \qquad C = -\pi/4, \quad \text{and} \quad D = \pi/2$$

Daher lauten die Mapping-Funktionen

$$\theta = \frac{\pi}{2}u \qquad \qquad \varphi = \frac{\pi}{2} - \frac{\pi}{4}w$$

Die Umkehrfunktionen sind

$$u = \frac{\theta}{\pi/2} \qquad \qquad w = \frac{\pi/2 - \varphi}{\pi/4}$$

11.6 Weitere Aufgaben

11.25 Leiten Sie mit der in Abbildung 11.3 gegebenen Verteilungsfunktion $P(\lambda)$ eine Formel zur Berechnung der Sättigung her.

11.26 Warum erscheint in einem dunklen Raum, wo man kaum sehen kann, alles grau oder schwarz?

11.27 Können wir Z verwenden, um Farbwert-Koordinaten (x, y) in eine bestimmte Farbe des XYZ-Farbraums umzuwandeln?

11.28 Worin besteht der Unterschied zwischen dem Y in CYM und dem in YIQ?

11.29 Betrachten Sie eine Kugel mit Radius R und Mittelpunkt (x_c, y_c, z_c). Wie lautet die Oberflächennormale im Punkt (x, y, z) der Kugeloberfläche?

11.30 Geben Sie die linearen Funktionen an, die eine Textur-Map der Größe 1,0 x 2,0 auf die zylinderförmige Oberfläche im ersten Oktanten abbildet (siehe Abbildung 11.21). Die kurzen Seiten der Textur-Map sollen an den langen Kanten der Oberfläche ausgerichtet werden.

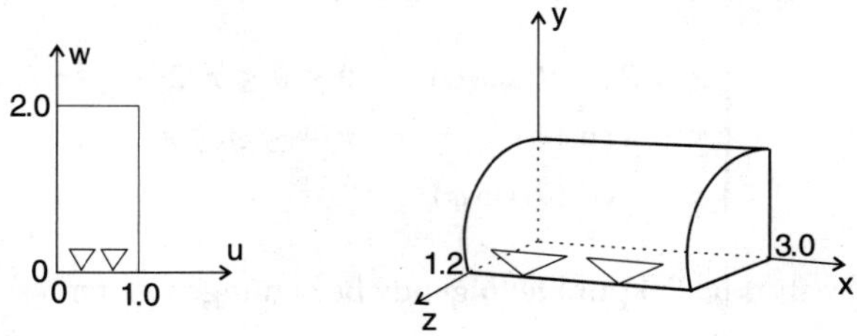

Abb. 11.21

Ray Tracing

12

Als Ray Tracing bezeichnet man ein globales Beleuchtungsmodell, das den Transport von Lichtenergie über die direkte (lokale) Verteilung von Lichtquellen hinaus erläutert. Es basiert zum größten Teil auf den Gesetzen der geometrischen Optik. Durch das Nachverfolgen der Wege von Lichtstrahlen bietet es die Möglichkeit, Aufgaben wie das Erzeugen von Schattierungen, das Entfernen versteckter Oberflächen, Projektion und Scan Conversion in einem einzelnen Prozess zu berechnen.

In diesem Kapitel führen wir zunächst die grundlegenden Konzepte ein, auf denen dieser elegante Ansatz aufbaut (Abschnitt 12.1). Danach behandeln wir den elementaren Algorithmus des Ray-Tracings (Abschnitt 12.2), die Vektor-Parameterdarstellung des Strahls (Abschnitt 12.3) und die Mathematik der Schnittpunkte von Strahlen und Oberflächen (Abschnitt 12.4). Wir zeigen auch Techniken zur Verbesserung der effizienten Ausführung (Abschnitt 12.5), Anti-Aliasing (12.6) und zum Erzielen einiger gewünschter visueller Effekte (Abschnitt 12.7).

12.1 Die Lochkamera

Theoretisch kann man mit einer Lochkamera, einem geschlossenen Kasten mit einem dünnen Loch in der Mitte der Vorderseite (siehe Abbildung 12.1), perfekte Bilder aufnehmen. Die Öffnung ist dabei so klein, dass jeder Punkt des innen auf der Rückwand befestigten Negativs nur von einem durch das Loch fallenden Lichtstrahl getroffen werden kann. Da die Lichtstrahlen aus der Umgebung das Negativ genau in ihrem Zielpunkt treffen, entsteht ein scharfes Abbild der Umgebung.

Nun halten wir einen Schirm zwischen die Öffnung und das Objekt (siehe Abbildung 12.2), so dass die Lichtstrahlen den Schirm schneiden. Wenn wir den Schnittpunkt eines jeden Lichtstrahls bestimmen können, erhalten wir auf dem Schirm ein vollkommenes Bild des Objekts. Oder mit den Begriffen der Bilderzeugung ausgedrückt: Wenn die Bildauflösung beliebig hoch ist und wir die Farbe der Pixel in jedem Schnittpunkt auf die Farbe des entsprechenden Lichtstrahls setzen können, dann ist das Bild von der tatsächlichen Umgebung aus dem Blickwinkel der Kameraöffnung gesehen nicht zu unterscheiden.

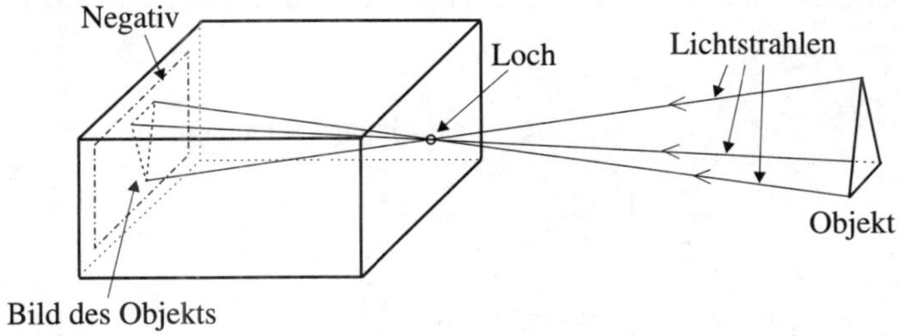

Abb. 12.1: Eine Lochkamera

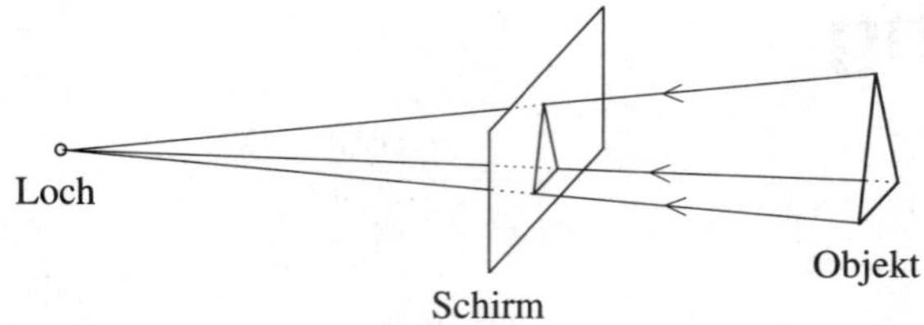

Abb. 12.2

12.2 Ein rekursiver Ray Tracer

Um ein auf dem Modell der Lochkamera basierendes Bild zu erzeugen, müssen wir die Lichtstrahlen bestimmen, die für die Pixel verantwortlich sind. Dazu verfolgen wir ihren Weg in umgekehrter Richtung, d.h., vom Beobachtungspunkt durch den Mittelpunkt eines jeden Pixels in die Umgebung (siehe Abbildung 12.3). Diese Strahlen werden als *Primärstrahlen* bezeichnet. Trifft ein Primärstrahl in der Umgebung nicht auf ein Objekt, wird das entsprechende Pixel einfach auf eine Hintergrundfarbe gesetzt.

Trifft andererseits ein Primärstrahl auf ein Objekt, wird die Farbe des entsprechenden Pixels von der Oberflächenschattierung des Objekts am Schnittpunkt bestimmt. Zur Berechnung der drei Komponenten dieser Oberflächenschattierung werden mehrere *Sekundärstrahlen* verwendet. Die erste Komponente wird *lokaler Beitrag* genannt und beschreibt den direkten Beitrag der Lichtquelle(n). Wir verbinden den Punkt der Oberfläche und die Lichtquelle mit einem *Schatten-* oder *Beleuchtungsstrahl*. Trifft der Strahl vor dem Erreichen der Lichtquelle auf ein Hindernis, liegt der Oberflächenpunkt (in Bezug auf diese Lichtquelle) im Schatten. Die zweite Komponente wird *reflektierter Beitrag* genannt und bezieht sich auf die Reflexion von Lichtenergie, die von der Oberfläche eines anderen Objekts stammt (Reflexion zwischen Oberflächen). Sie wird durch einen *(spiegelnd) reflektierten Strahl* bestimmt, der die Reflexion des Primärstrahls bezüglich der Oberflächennormalen **N** darstellt. Die dritte Komponente ist der *gebeugte Beitrag* und bezieht sich auf die hindurchgelassene Lichtenergie, deren Quelle hinter dem Objekt liegt (transparentes Objekt). Sie wird von einem *(spiegelnd) gebeugten Strahl* bestimmt, der die Brechung des Primärstrahls bezüglich **N** darstellt.

Bitte beachten Sie: Wäre die Objektoberfläche ein vollkommener Spiegel, würde nur Licht aus Richtung des spiegelnd reflektierten Strahls zum Beobachtungspunkt reflektiert werden. Bestände das Objekt andererseits aus einem vollkommen homogenen Material, würde nur Licht aus Richtung des spiegelnd gebeugten Strahls in Richtung des Beobachtungspunkts gebrochen werden.

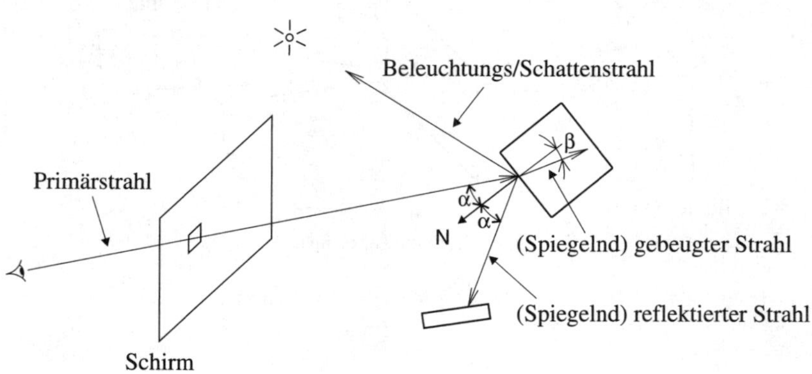

Abb. 12.3: Ray Tracing

Das Snellius'sche Gesetz bestimmt die Beziehung zwischen den Winkeln α und β (siehe Abbildung 12.3):

$$\frac{\sin(\alpha)}{\sin(\beta)} = \frac{\eta_2}{\eta_1}$$

wobei η_1 der Brechungsindex des Mediums ist, in dem α, und η_z der des Mediums, in dem β definiert ist. Obwohl der Brechungsindex eines Mediums eine Funktion der Temperatur und der Wellenlänge ist, können wir oftmals Werte wie 1,0 für Luft, 1,3 für Wasser und 1,5 für Glas verwenden.

Unter Heranziehen der Phong-Formel zur Beschreibung des lokalen Beitrags drücken wir die durch den Primärstrahl dargestellte Intensität *I* der Lichtenergie als

$$I = I_a k_a - \sum_{i=1}^{n} I_{p_i}(k_d \mathbf{L}_i \cdot \mathbf{N} + k_s(\mathbf{R}_i \cdot \mathbf{V})^k) + k_r I_r + k_t I_t$$

aus, wobei der ambiente Term jetzt den Anteil der Reflexion zwischen den Objekten darstellt, der nicht durch den Ausdruck $k_r I_r$ erklärt wird, der den reflektierten Anteil als Produkt des Reflexionskoeffizienten k_r und der Intensität I_r des reflektierten Strahls beschreibt. Der letzte Ausdruck $k_t I_t$ beschreibt den gebeugten Anteil als Produkt des Transmissionskoeffizienten k_t und der Intensität I_t des gebeugten Strahls. Sowohl k_r als auch k_t liegen im Intervall [0; 1,0]. I_r und I_t werden durch ein rekursives Verfahren bestimmt, indem man den reflektierten und den gebeugten Strahl als Primärstrahlen behandelt. Mit anderen Worten: Wir berechnen I_r durch Auswerten der obigen Formel im nächstgelegenen Oberflächenpunkt, den der reflektierte Strahl schneidet, als ob es sich um den Primärstrahl handelte. Folgender Pseudo-Code beschreibt den grundlegenden Algorithmus des Ray-Tracing:

```
rayTrace(ray, depth, color)
{
    bestimme den nächstgelegenen Schnittpunkt des Strahls mit dem Objekt;
    if (kein Schnittpunkt) color = background;
    else {
        color = lokaler Anteil;
        if (depth > 1) {
            berechne den reflektierten Strahl;
            rayTrace(reflektierter Strahl, depth-1, ref_color);
            berechne den gebeugten Strahl;
            rayTrace(reflektierter Strahl, depth-1,trans_color);
            color = color + k_r · ref_color + k_t · trans_color;
        }
    }
}
```

Diese Prozedur erhält als Eingabe einen Strahl und einen Tiefenwert (`depth`) größer oder gleich 1 und gibt als Ausgabe eine Farbe zurück (üblicherweise einen *RGB*-Vektor, die obige Formel wird zur Berechnung der Intensität jeder individuellen Farbkomponente verwendet). Sie behandelt den gegebenen Strahl als einen Primärstrahl und führt (wenn `depth > 1`) rekursive Aufrufe zur Bestimmung der Farbe des reflektierten (`ref_color`) und der Farbe des gebeugten Strahls (`trans_color`) durch.

Die Abbildungen 12.4, 12.5, und 12.6 zeigen die Ergebnisse der Anwendung des Ray Tracings auf eine aus drei undurchsichtigen Kugeln bestehende Anordnung. Die kleinere Kugel im Vordergrund ist matt, wohingegen die beiden größeren im Hintergrund glänzend sind. Das erste Bild (`depth = 1`) erhält man, wenn lediglich der Primär- und der Schattenstrahl verwendet werden. Das zweite Bild (`depth = 2`) stellt die Auswirkung des Hinzufügens des reflektierten Anteils dar (eine Ebene nach dem Primärstrahl). Das dritte Bild (`depth = 3`) zeigt den summierten Effekt zweier Ebenen des reflektierten Anteils. In Abbildung 12.7 (ebenfalls `depth = 3`) ist die matte durch eine glänzende Glaskugel ersetzt (zusätzlich wurde der Anordnung ein schachbrettartiger Untergrund hinzugefügt), um das zusammengesetzte Ergebnis aller drei Schattierungskomponenten zu veranschaulichen.

Abb. 12.4

Abb. 12.5

Abb. 12.6

Abb. 12.7

12.3 Parametrische Vektordarstellung eines Strahls

Auch wenn er so aussehen mag, handelt es sich bei einem Strahl nicht um einen Vektor (siehe Abbildung 12.3). Ein Vektor wird über seine Richtung und seinen Betrag, ein Strahl hingegen über seine Richtung und seinen Ursprung definiert.

Wie können einen Strahl durch zwei Vektoren ausdrücken: **s** gibt seinen Ursprung und **d** seine Richtung an (siehe Abbildung 12.8). Diese beiden Vektoren werden für die parametrische Vektordarstellung eines Strahls benutzt:

$$\mathbf{r}(t) = \mathbf{s} + t\mathbf{d} \qquad (0 \leq t)$$

wobei $\mathbf{r}(t)$ eine Familie von Vektoren bezeichnet. Werden die Fußpunkte dieser Vektoren in den Ursprung gelegt, bilden ihre Spitzen den Strahl.

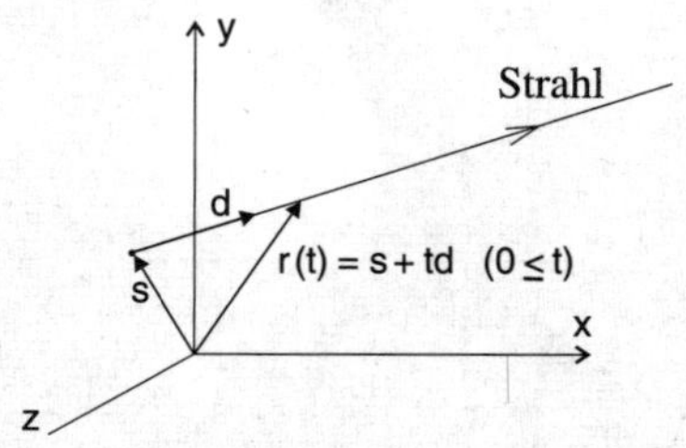

Abb. 12.8: Vektordarstellung eines Strahls

12.4 Schnittpunkte von Strahlen und Oberflächen

Ein entscheidender Schritt in der Durchführung des Ray Tracings besteht darin zu bestimmen, ob ein Strahl ein Objekt schneidet. Diese Berechnung wird für jeden Primär- und Schattenstrahl durchgeführt (oder für einen Strahl, der in einem rekursiven Aufruf als Primärstrahl verwendet wird). Schneidet ein Primärstrahl ein Objekt, müssen wir herausfinden, wo genau sich der Schnittpunkt befindet.

12.4.1 Schnittpunkte mit der Ebene des Koordinatensystems

Der Schnittpunkt eines Strahls mit der xy-Ebene kann durch Auflösen der folgenden Gleichung nach t bestimmt werden (siehe Abbildung 12.9):

$$\mathbf{s} + t\mathbf{d} = x_i\mathbf{I} + y_i\mathbf{J}$$

Mit $\mathbf{s} = x_s I + y_s J + z_s K$ und $\mathbf{d} = x_d I + y_d J + z_d K$ gilt

$$\begin{cases} x_\mathbf{s} + tx_\mathbf{d} = x_i \\ y_\mathbf{s} + ty_\mathbf{d} = y_i \\ z_\mathbf{s} + tz_\mathbf{d} = 0 \end{cases}$$

Ist $z_d = 0$, liegt der Strahl parallel zur Ebene (kein Schnittpunkt). Ist $z_s = 0$, liegt er in der Ebene (kein Schnittpunkt). Andernfalls berechnen wir t unter Verwendung der dritten Gleichung

$$t = -\frac{z_\mathbf{s}}{z_\mathbf{d}}$$

Für $t < 0$ wird die Ebene von der negativen Verlängerung des Strahls geschnitten. Für $t > 0$ schneidet der Strahl selbst die Ebene, und die Koordinaten x_i und y_i des Schnittpunkts können aus den ersten beiden Gleichungen berechnet werden.

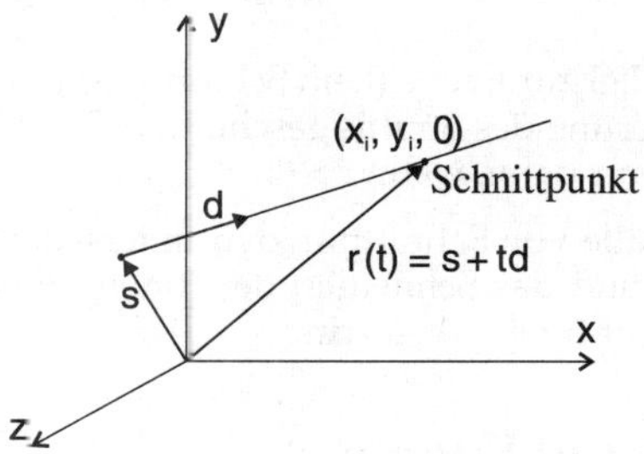

Abb. 12.9

Schnittpunkte mit den anderen Koordinatenachsen und Ebenen parallel zu den Koordinatenachsen werden ähnlich behandelt (siehe Aufgaben 12.9 und 12.30). Wir können sogar überprüfen, ob der Strahl einen Bereich schneidet (siehe Aufgaben 12.10, 12.11 und 12.12).

12.4.2 Schnittpunkte mit beliebigen Ebenen

$\mathbf{n} = x_n\mathbf{I} + y_n\mathbf{J} + z_n\mathbf{K}$ sei die Oberflächennormale einer beliebigen Ebene und P_0 (x_0, y_0, z_0) ein Punkt dieser Ebene (siehe Abbildung 12.10). Die Vektorform oder Punkt-Normalen-Form der Ebene ist dann gegeben durch (siehe Anhang 2, Abschnitt A2.3):

$$x_{\mathbf{n}}(x - x_0) + y_{\mathbf{n}}(y - y_0) + z_{\mathbf{n}}(z - z_0) = 0$$

Um zu bestimmen, ob ein Strahl $\mathbf{s} + t\mathbf{d}$ ($\mathbf{s} = x_s\mathbf{I} + y_s\mathbf{J} + z_s\mathbf{K}$ und $\mathbf{d} = x_d\mathbf{I} + y_d\mathbf{J} + z_d\mathbf{K}$) die Ebene schneidet, ersetzen wir x, y und z durch $x_s + tx_d$, $y_s + ty_d$ und $z_s + tz_d$:

$$x_{\mathbf{n}}(x_{\mathbf{s}} + tx_{\mathbf{d}} - x_0) + y_{\mathbf{n}}(y_{\mathbf{s}} + ty_{\mathbf{d}} - y_0) + z_{\mathbf{n}}(z_{\mathbf{s}} + tz_{\mathbf{d}} - z_0) = 0$$

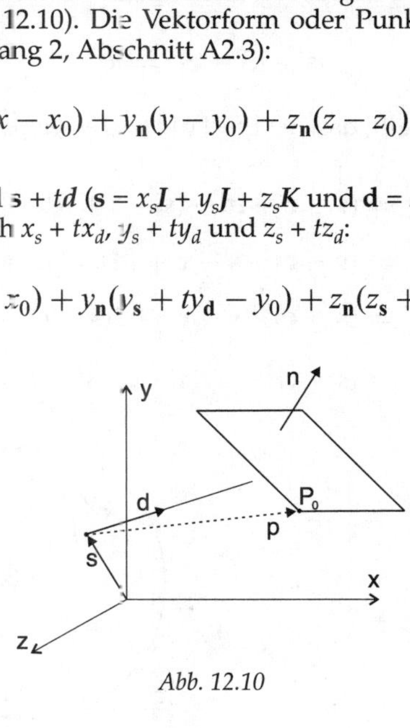

Abb. 12.10

Auflösen nach t ergibt

$$t = -\frac{x_{\mathbf{n}}(x_{\mathbf{s}} - x_0) + y_{\mathbf{n}}(y_{\mathbf{s}} - y_0) + z_{\mathbf{n}}(z_{\mathbf{s}} - z_0)}{x_{\mathbf{n}}x_{\mathbf{d}} + y_{\mathbf{n}}y_{\mathbf{d}} + z_{\mathbf{n}}z_{\mathbf{d}}}$$

Führen wir $\mathbf{p} = (x_0 - x_s)\,\mathbf{I} + (y_0 - y_s)\,\mathbf{J} + (z_0 - z_s)\,\mathbf{K}$ ein, können wir t in Vektorform ausdrücken

$$t = \frac{\mathbf{n} \cdot \mathbf{p}}{\mathbf{n} \cdot \mathbf{d}}$$

Ist $\mathbf{n} \cdot \mathbf{d} = 0$, liegt der Strahl parallel zur Ebene (kein Schnittpunkt). Für $t < 0$ wird die Ebene andererseits von der negativen Verlängerung des Strahls geschnitten. Für $t = 0$ liegt der Strahl in der Ebene. Der Strahl schneidet die Ebene nur dann, wenn $t > 0$.

Manchmal möchten wir zwei Fälle von Schnittpunkten unterscheiden: Das Schneiden der Außenseite (Vorderseite) einer Ebene und das Schneiden der Innenseite (Rückseite). Ersteres erfolgt für $\mathbf{n} \cdot \mathbf{d} < 0$, wohingegen letzteres für $\mathbf{n} \cdot \mathbf{d} > 0$ auftritt.

12.4.3 Schnittpunkte mit Kugeln

Betrachten Sie eine Kugel mit Radius R, Mittelpunkt (x_c, y_c, z_c) und einem beliebigen Punkt (x, y, z) auf der Kugeloberfläche (siehe Abbildung 12.11). Definieren Sie die Vektoren $\mathbf{c} = x_c\mathbf{I} + y_c\mathbf{J} + z_c\mathbf{K}$ und $\mathbf{p} = x\mathbf{I} + y\mathbf{J} + z\mathbf{K}$. Die Vektorgleichung der Kugel lautet

$$|\mathbf{p} - \mathbf{c}| = R$$

Um zu bestimmen, ob ein Strahl $\mathbf{r}(t) = \mathbf{s} + t\mathbf{d}$ die Kugel schneidet, ersetzen wir $\mathbf{p}$ durch $\mathbf{s} + t\mathbf{d}$ und quadrieren beide Seiten:

$$|\mathbf{s} + t\mathbf{d} - \mathbf{c}|^2 = R^2$$

Da für jeden beliebigen Vektor $\mathbf{v}$ gilt, dass $\mathbf{v} \cdot \mathbf{v} = |\mathbf{v}|^2$ (siehe Aufgabe A2.3), haben wir

$$\begin{aligned}
|\mathbf{s} - \mathbf{c} + t\mathbf{d}|^2 &= (\mathbf{s} - \mathbf{c} + t\mathbf{d}) \cdot (\mathbf{s} - \mathbf{c} + t\mathbf{d}) \\
&= (\mathbf{s} - \mathbf{c}) \cdot (\mathbf{s} - \mathbf{c} + t\mathbf{d}) + t\mathbf{d} \cdot (\mathbf{s} - \mathbf{c} + t\mathbf{d}) \\
&= (\mathbf{s} - \mathbf{c}) \cdot (\mathbf{s} - \mathbf{c}) + 2(\mathbf{s} - \mathbf{c}) \cdot t\mathbf{d} + t\mathbf{d} \cdot t\mathbf{d} \\
&= |\mathbf{s} - \mathbf{c}|^2 + 2t(\mathbf{s} - \mathbf{c}) \cdot \mathbf{d} + t^2|\mathbf{d}|^2 = R^2
\end{aligned}$$

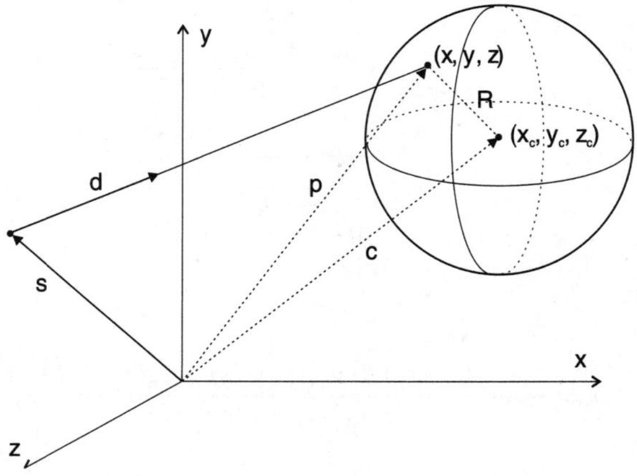

Abb. 12.11

Dies hat die Form einer quadratischen Gleichung in t:

$$At^2 + 2Bt + C = 0$$

wobei $A = |\mathbf{d}|^2$, $B = (\mathbf{s} - \mathbf{c}) \cdot \mathbf{d}$, $C = |\mathbf{s} - \mathbf{c}|^2 - R^2$, und die Lösung

$$t = \frac{-B \pm \sqrt{B^2 - AC}}{A}$$

lautet, mit

$$B^2 - AC \begin{cases} < 0 & \text{kein Schnittpunkt} \\ = 0 & \text{der Strahl (oder seine negative Verlängerung) berührt die Kugel} \\ > 0 & \text{zwei (mögliche) Schnittpunkte} \end{cases}$$

Für $B^2 - AC > 0$ erhalten wir zwei Werte: t_1 und t_2. Sind beide kleiner null, wird die Kugel von der negativen Verlängerung des Strahls (aber nicht vom Strahl selbst) geschnitten. Ist einer von beiden gleich null, beginnt der Strahl in einem Punkt der Kugeloberfläche und schneidet sie nur dann, wenn der andere Wert positiv ist. Haben beide Werte unterschiedliche Vorzeichen, beginnt der Strahl im Inneren der Kugel und schneidet sie einmal. Sind beide positiv, schneidet der Strahl die Kugel zweimal (er tritt zunächst ein und dann wieder aus), wobei das kleinere t zu dem Schnittpunkt gehört, der näher am Ursprung des Strahls liegt.

12.4.4 Schnittpunkte mit allgemeinen impliziten Oberflächen

Um allgemein zu bestimmen, ob ein Strahl $\mathbf{s} + t\mathbf{d}$ ($\mathbf{s} = x_s\mathbf{I} + y_s\mathbf{J} + z_s\mathbf{K}$ und $\mathbf{d} = x_d\mathbf{I} + y_d\mathbf{J} + z_d\mathbf{K}$) eine durch eine implizite Funktion $F(x, y, z)$ gegebene Fläche schneidet, lösen wir

$$F(x_\mathbf{s} + tx_\mathbf{d}, y_\mathbf{s} + ty_\mathbf{d}, z_\mathbf{s} + tz_\mathbf{d}) = 0$$

nach t auf (siehe Aufgaben 12.16, 12.17 und 12.31).

12.5 Effiziente Ausführung

Ray Tracing ist zeitaufwändig. Das liegt vor allem an dem rekursiven Algorithmus und der Aufgabe, Schnittpunkte von Strahlen mit Oberflächen zu berechnen. Um die effiziente Ausführung zu verbessern, wurden mehrere Verfahren mit Hilfe eines von den Objekten bzw. der Umgebung abhängigen Einsatzes der Systemressourcen entwickelt.

12.5.1 Adaptive Tiefensteuerung

Für ein lichtundurchlässiges Objekt ist $k_t = 0$. Ein mattes Objekt ($k_r = 0$) erzeugt keine spiegelnde Reflexion. In diesen Grenzfällen ist es natürlich nicht nötig, den gebeugten oder reflektierten Strahl zu verfolgen, da der reflektierte und der gebeugte Anteil unabhängig vom Verhältnis I_t/I_r gleich null sind.

Auch in einem allgemeineren Fall, z.B. $k_r > 0$, kann die zusammengefasste Wirkung der Reflexionskoeffizienten der Oberflächen entlang des reflektierten Strahls zur Vernachlässigung der Beiträge zusätzlicher rekursiver Schritte führen. Sind zum Beispiel (siehe Abbildung 12.12) die Reflexionskoeffizienten der entsprechenden Objekte gegeben durch k_{r1}, k_{r2} und k_{r3}, erhält man für den möglichen Beitrag von I_{r3} zum Primärstrahl $k_{r1}k_{r2}k_{r3}I_{r3}$. Mit $k_{r1} = k_{r2} = k_{r3} = 0{,}1$ ergibt dieser Beitrag $0{,}0001\ I_{r3}$ (was in den meisten Anwendungen vernachlässigbar ist).

Die adaptive Tiefensteuerung verfolgt die aufsummierte Abschwächung entlang des reflektierten (und in ähnlicher Weise des gebeugten) Strahls. Vor der Berechnung eines weiteren Strahls wird der aktuelle Wert der aufsummierten Abschwächung mit einem Schwellwert verglichen. Die rekursive Berechnung bis zur erforderlichen Tiefe wird nur dann fortgeführt, wenn die Abschwächung nicht unter den Schwellwert fällt. Es sei zum Beispiel in Abbildung 12.12 $k_{r1} = k_{r2} = k_{r3} = 0{,}1$ und der Schwellwert sei 0,01. Der Ray-Tracing-Algorithmus geht nur bis zum zweiten reflektierten Strahl, da $k_{r1}k_{r2}k_{r3} < 0{,}01$.

12.5.2 Die Ausdehnung von Hüllkörpern

Da ein Strahl sich geradlinig in eine Richtung ausbreitet, verfehlt er in der Regel die meisten Objekte einer Szene. Das bedeutet, dass die Frage, ob die Oberfläche eines Objekts von einem bestimmten Strahl getroffen wird, eher mit »nein« als mit »ja« zu beantworten ist. Der Zweck des hier besprochenen Verfahrens besteht darin, so schnell wie möglich Objekte (vor allem komplexe Objekte) zu identifizieren, die mit Sicherheit nicht vom Strahl getroffen werden.

Jedes Objekt oder jede Gruppe von Objekten in naher räumlicher Nachbarschaft wird von einem Körper umhüllt (zum Beispiel einer Kugel, einem Quader usw.), was einen einfachen Schnittpunkttest ermöglicht. Schneidet der Strahl den Hüllkörper nicht, schneidet er auch kein(e) Objekt(e) in seinem Inneren, und eine weitere Überprüfung unter Heranziehen der Objekte ist unnötig. Andererseits ist, damit man ein Ergebnis (»ja« oder »nein«) erhält, wenn der Strahl den Hüllkörper schneidet, eine weitere Überprüfung unter Betrachtung der eingeschlossenen Objekte erforderlich.

12.5.3 Die Hierarchie der Hüllkörper

Die Hüllkörpertechnik kann zu einer Hierarchie der Hüllkörper erweitert werden. Befinden sich zum Beispiel ein Monitor und ein Drucker auf einem Schreibtisch, können wir einen großen Hüllkörper einführen, der alle drei Objekte umgibt, sowie drei kleinere Hüllkörper für die einzelnen Objekte im Inneren des großen. Nur wenn ein Strahl den großen Hüllkörper schneidet, muss man in der Hierarchie eine Ebene weitergehen, um mögliche Schnittpunkte mit den kleineren Hüllkörpern zu untersuchen.

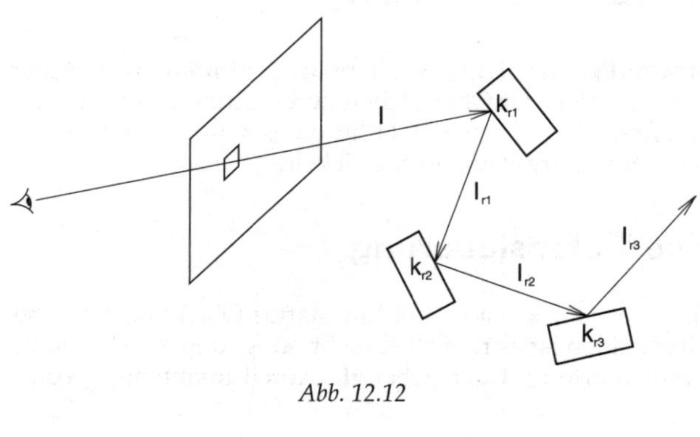

Abb. 12.12

Hüllkörpertechniken bringen auf zwei Arten zusätzlichen Aufwand ins Spiel: Das Verwalten der Hüllkörper und die Suche nach Schnittpunkten mit ihnen. Die Mühe lohnt sich vor allem bei komplexen Objekten und bei solchen, die nicht willkürlich in der Umgebung verteilt sind.

12.5.4 Räumliche Kohärenz und Unterteilung

Dieses Verfahren beruht auf der Beobachtung, dass nur Objekte in der Nähe des Strahls von diesem geschnitten werden können, wohingegen weiter entfernt liegende mit dem Strahl nichts zu tun haben (und bei der Ermittlung von Schnittpunkten ignoriert werden sollten).

Wir unterteilen die Szene in mehrere Bereiche (in Abbildung 12.13 sehen Sie eine zweidimensionale Darstellung) und ordnen die Objekte den Bereichen zu, in denen sie auftreten. Mit anderen Worten: Jeder Bereich ist mit einer Liste der in ihm auftretenden Objekte verknüpft. Da die Bereiche üblicherweise die gleiche Größe haben und an den Koordinatenachsen ausgerichtet sind, ist nur ein minimaler Rechenaufwand erforderlich, um die Bereiche zu bestimmen, die von einem gegebenen Strahl geschnitten werden (siehe Aufgabe 12.21). Die tatsächliche Überprüfung auf einen Schnitt des Strahls mit der Oberfläche wird dann nur für die Objekte durchgeführt, die in den erkannten Regionen auftreten.

Des Weiteren verfolgen wir den Strahl von einem Bereich zum nächsten und führen beim Eintreten in jedem Bereich Tests auf Schnittpunkte durch. (Da ein Objekt mehr als einer Region zugeordnet sein kann, ist darauf zu achten, dass keine Tests mit demselben Objekt wiederholt werden.) Sobald ein Schnittpunkt (der dem Ursprung des Strahls am nächsten liegt) in dem aktuellen Bereich erkannt wurde, ist es nicht nötig, in andere Bereiche weiterzugehen.

Der zusätzliche Aufwand bei räumlicher Unterteilung besteht hauptsächlich in der Notwendigkeit, die Szene vorzuverarbeiten, um den Bereichen Objekte zuzuordnen. Das Verfahren ist dem Hüllkörperansatz insofern komplementär, als es sich gut auf Objekte anwenden lässt, die in der Umgebung verteilt sind.

12.6 Anti-Aliasing

Das Ray-Tracing-Verfahren beschreibt eine kontinuierliche Umgebung mit Hilfe diskreter Muster. Daher sind die mit Scan Conversion verbundenen Aliasing-Artefakte (zum Beispiel spitze Kanten oder der Verlust kleiner Teile bzw. Objekte) auch im Ray Tracing vorhanden. Im Folgenden werden ein paar Anti-Aliasing-Verfahren vorgestellt, die zur Minderung des Problems in den Ray-Tracing-Prozess aufgenommen werden können.

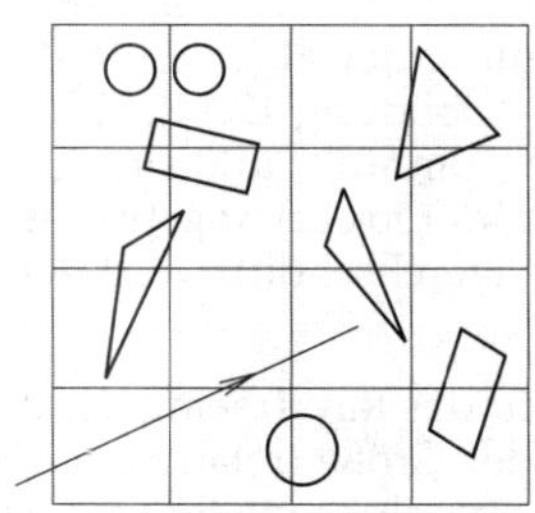

Abb. 12.13

12.6.1 Überabtastung

Jedes Pixel ist in Subpixel unterteilt (siehe Kapitel 3, Abbildung 3.27), wobei durch den Mittelpunkt eines jeden Subpixels ein eigener Primärstrahl geführt und verfolgt wird. Die Farb- und Intensitätswerte der Primärstrahlen für die Subpixel werden anschließend zusammengefasst (gemittelt), um einen Wert für das übergeordnete Pixel zu erhalten.

12.6.2 Adaptive Überabtastung

Die Überabtastung erhöht den Rechenaufwand für das Ray Tracing oftmals erheblich. In diesem Ansatz führen wir einen Strahl durch den Mittelpunkt eines Pixels und vier zusätzliche Strahlen durch seine Ecken hindurch. Ergeben diese fünf Strahlen ähnliche Farben, wird das Pixel nicht unterteilt (es gehört vermutlich zu einer gleichmäßig schattierten Fläche der Szene). Nur wenn die ermittelten Farben ausreichend voneinander abweichen, wird das Pixel (es bedeckt wahrscheinlich die zwei Seiten einer Kante) in 2 × 2 Subpixel unterteilt. Jedes der Subpixel wird dann in derselben Weise behandelt, und der Prozess endet, wenn ein vorgegebener Unterteilungsgrad erreicht ist.

12.6.3 Stochastische Überabtastung

Das Ergebnis der Überabtastung kann oftmals mit stochastischem oder verteiltem Ray Tracing verbessert werden. Bei diesem Ansatz weichen wir vom festen Gitter der (Sub-) Pixel ab, indem wir die Strahlen mit Hilfe einer Zufallsfunktion gleichmäßig über die Fläche der Pixel verteilen. Üblicherweise verschiebt man dazu jeden Strahl aus seiner normalen Gitterposition (siehe Aufgabe 12.24).

12.7 Weitere visuelle Effekte

Zum Erzielen bestimmter gewünschter visueller Effekte wurden verschiedene Verfahren entwickelt. Einige der unten vorgestellten Methoden sind Anwendungen des *verteilten Ray Tracings*, was bedeutet, dass wir die Strahlen in Abhängigkeit von bestimmten Parametern im Ray-Tracing-Prozess streuen. (Erinnern Sie sich bitte an die stochastische Überabtastung, bei der wir Strahlen aus ihrer normalen Gitterposition verschoben haben.)

12.7.1 Umgebungs-Mapping

Ein glänzendes (spiegelähnliches) Objekt reflektiert die Umgebung. An Stelle des Ray Tracings der dreidimensionalen Szene zur Berechnung der globalen Reflexion können wir ein Bild der Umgebung auf das Objekt abbilden (siehe Abbildung 12.14). Das Objekt wird üblicherweise von einem Körper (Würfel, Zylinder oder Kugel) umhüllt, und die Abbildung der Umgebung wird auf die Oberflächeninnenseite (in Richtung zum Objekt) angebracht. Die Farbe eines Pixels ist dann eine Funktion (d.h., bei Überabtastung ein Durchschnittswert) der Fläche in der Umgebungsabbildung, die zu dem Pixel gehört.

Natürlich ist das nur eine Näherung für das Ray Tracing der dreidimensionalen Szene. Die Güte der abgebildeten Reflexionen hängt von der Größe (relativ zur Hülle) und der Gestalt des Objekts ab. Das Umgebungs-Mapping ist jedoch oftmals schneller und besonders nützlich zur illusionsartigen Erzeugung eines computererstellten glänzenden Objekts in einer realen Szene (die natürlich nicht nach dem Ray-Tracing-Verfahren behandelt werden kann).

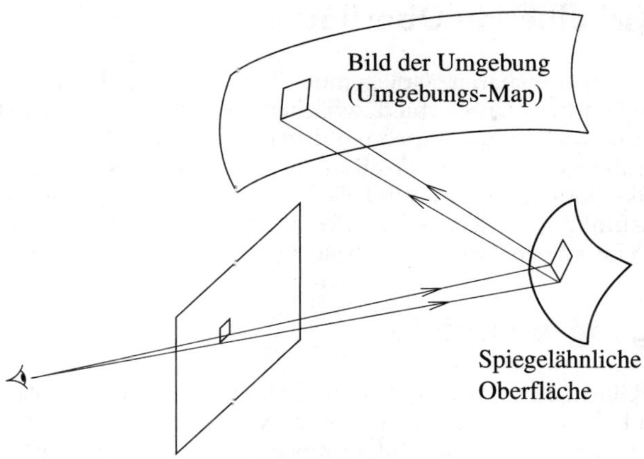

Abb. 12.14

12.7.2 Weiche Schatten

Mit dem Ray-Tracing-Verfahren erstellte Bilder einer Anordnung mit festen, punktförmigen Lichtquellen sind oftmals durch scharfkantige Schattenflächen gekennzeichnet. Wirkliche Lichter sind jedoch keine mathematischen Punkte. Sie erzeugen *weiche Schatten*, die aus einem von einem *Halbschatten* umgebenen *Kernschatten* bestehen (siehe Abbildung 12.15).

Zur Erzeugung weicher Schatten verschmieren wir eine Lichtquelle über einen Bereich, das so genannte *Flächenlicht*. Die Fläche wird in Unterflächen oder Zonen unterteilt. Zu diesen Zonen werden dann Schattenstrahlen über eine Zufallsauswahl verteilt. (Entweder mit der gleichen Wahrscheinlichkeit für jede Zone oder mit Gewichten, die Zonen mit höheren Intensitätswerten bevorzugen.)

12.7.3 Unscharfe Reflexionen

Um eine unscharfe Reflexion der Umgebung auf einem glänzenden (nicht spiegelähnlichen) Objekt zu erhalten, verteilen wir die reflektierten Strahlen. Dies kann man erreichen, indem man einen reflektierten Strahl aus der Position seiner gespiegelten Reflexion um einen kleinen Winkel versetzt. Die Verteilung des Winkels ist derselben glockenförmigen Reflexionsfunktion unterworfen, nach der helle Glanzlichter berechnet werden (siehe Abbildung 11.6).

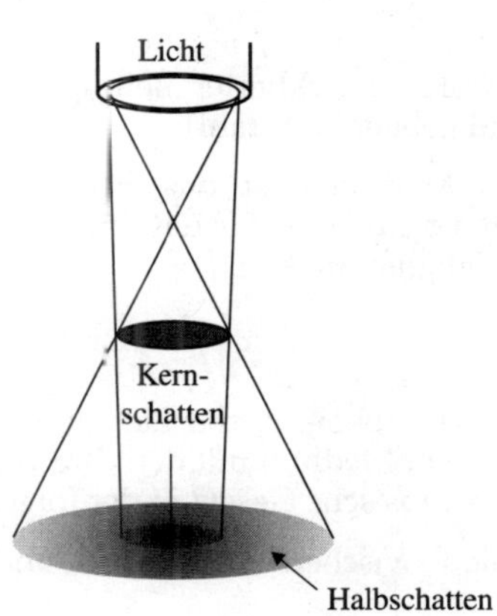

Abb. 12.15

12.7.4 Durchscheinende Oberflächen

Der Unterschied zwischen Transparenz (spiegelnder Beugung) und durchscheinenden Oberflächen besitzt gewisse Analogien zum Unterschied zwischen spiegelnder und unscharfer Reflexion. Um den Effekt von Licht zu erhalten, das durch ein durchscheinendes Material fällt, verteilen wir die gebeugten Strahlen, indem jeder aus der Position der spiegelnden Beugung um einen kleinen Winkel versetzt wird. Die Verteilung des Winkels ist einer Beugungsfunktion ähnlich der zuvor erwähnten Reflexionsfunktion unterworfen. Des Weiteren können wir die gebeugte Intensität abschwächen, um den Energieverlust zu berücksichtigen.

12.7.5 Bewegungsunschärfe

Ein schnell bewegtes Objekt neigt dazu, auf einem Foto unscharf auszusehen (vor allem, wenn das Foto mit einer langen Belichtungszeit aufgenommen wurde). Um diesen Effekt nachzubilden, verteilen wir die Strahlen über die Zeit. Anders ausgedrückt: Wir bestimmen den Weg oder die Abfolge der Positionen eines bewegten Objekts aus den Bewegungseigenschaften. Wir verschieben das Objekt dann bei der Verfolgung eines jeden Strahls entlang seinem Weg oder zwischen den Positionen.

12.8 Aufgaben mit Lösungen

12.1 Beschreiben Sie, wie das Entfernen versteckter Oberflächen und die Projektion in das Ray-Tracing-Verfahren eingegliedert sind.

Lösung

Jeder Primärstrahl spielt die Rolle eines Projektors, der einen Oberflächenpunkt P auf seinen Bildpunkt P' in der Beobachtungsebene abbildet. Wenn alle Primärstrahlen von einem Beobachtungspunkt C ausgehen, erzielen wir die Wirkung einer perspektivischen Projektion. Sind alle Primärstrahlen parallel, erhalten wir eine Parallelprojektion. Schneidet ein Primärstrahl mehrere Objektoberflächen, wird nur die der Beobachtungsebene am nächsten gelegene Oberfläche zur Bestimmung der Farbe des entsprechenden Pixels herangezogen. Alle anderen werden als versteckte Oberflächen behandelt und entfernt (nicht angezeigt).

12.2 Nennen Sie die drei Anteile der Oberflächenschattierung und den zugehörigen Sekundärstrahl zur Berechnung des jeweiligen Beitrags.

Lösung

Lokaler Beitrag (Schattenstrahl), reflektierter Beitrag (spiegelnd reflektierter Strahl) und gebeugter Beitrag (spiegelnd gebeugter Strahl).

12.3 Der Brechungsindex eines Mediums ist das Verhältnis der Lichtgeschwindigkeit im Vakuum zu der im Medium. Formulieren Sie das Snellius'sche Gesetz mit Hilfe der Lichtgeschwindigkeit in beiden beteiligten Medien.

Lösung

c sei die Vakuumlichtgeschwindigkeit, c_1 die Lichtgeschwindigkeit im Medium mit dem Brechungsindex η_1 und c_2 die im Medium mit dem Brechungsindex η_2. Es gilt $\eta_1 = c/c_1$ und $\eta_2 = c/c_2$. Damit kann das Snellius'sche Gesetz in der folgenden Form geschrieben werden:

12.4 Worin besteht der Unterschied zwischen einem Vektor und einem Strahl?

$$\frac{\sin(\alpha)}{\sin(\beta)} = \frac{\eta_2}{\eta_1} = \frac{c/c_2}{c/c_1} = \frac{c_1}{c_2}$$

Lösung

Ein Vektor wird durch seine Richtung und seinen Betrag definiert, wohingegen ein Strahl durch seine Richtung und seinen Ursprung gegeben ist.

12.5 Ein Strahl sei durch $\mathbf{r}(t) = \mathbf{s} + t\boldsymbol{d}$ dargestellt, wobei $\mathbf{s} = 2\mathbf{I} + \mathbf{J} - 3\mathbf{K}$ und $\mathbf{d} = \mathbf{I} + 2\mathbf{K}$. Bestimmen Sie die Koordinaten der Punkte des Strahls, die jeweils zu $t = 0; 1; 2{,}5$ und 3 gehören.

Lösung

$$\begin{aligned}
\mathbf{r}(0) &= (2+0)\mathbf{I} + \mathbf{J} + (-3+0)\mathbf{K} = 2\mathbf{I} + \mathbf{J} - 3\mathbf{K} \rightarrow (2, 1, -3) \\
\mathbf{r}(1) &= (2+1)\mathbf{I} + \mathbf{J} + (-3+2)\mathbf{K} = 3\mathbf{I} + \mathbf{J} - \mathbf{K} \rightarrow (3, 1, -1) \\
\mathbf{r}(2.5) &= (2+2.5)\mathbf{I} + \mathbf{J} + (-3+5)\mathbf{K} = 4.5\mathbf{I} + \mathbf{J} + 2\mathbf{K} \rightarrow (4.5, 1, 2) \\
\mathbf{r}(3) &= (2+3)\mathbf{I} + \mathbf{J} + (-3+6)\mathbf{K} = 5\mathbf{I} + \mathbf{J} + 3\mathbf{K} \rightarrow (5, 1, 3)
\end{aligned}$$

12.6 Der Beobachtungspunkt sei bei (a, b, c) und der Mittelpunkt eines Pixels bei (x, y, z). Bestimmen Sie zwei Vektoren **s** und **d** zur Darstellung des zugehörigen Primärstrahls.

Lösung

$$\begin{aligned}
\mathbf{s} &= a\mathbf{I} + b\mathbf{J} + c\mathbf{K} \\
\mathbf{d} &= (x-a)\mathbf{I} + (y-b)\mathbf{J} + (z-c)\mathbf{K}
\end{aligned}$$

12.7 In zwei Dimensionen können Geraden entweder durch die algebraische Gleichung $y = mx + b$ oder die parametrische Vektorgleichung $\mathbf{L}(t) = \mathbf{s} + t\boldsymbol{d}$ dargestellt werden, wobei $-\infty < t < +\infty$. Bestimmen Sie die $\mathbf{s} = \mathbf{I} + \mathbf{J}$ und $\mathbf{d} = \mathbf{I} - \mathbf{J}$ entsprechende algebraische Darstellung.

Lösung 1

Da $\mathbf{L}(t) = \mathbf{s} + t\boldsymbol{d} = (1 + t)\mathbf{I} + (1 - t)\mathbf{J}$, gilt

$$x = 1 + t \qquad \text{und} \qquad y = 1 - t$$

Daraus folgt $x + y = 2$ oder $y = -x - 2$.

Lösung 2

Bestimmen Sie zwei Punkte auf der Geraden

$$\begin{aligned}
\mathbf{L}(0) &= \mathbf{s} = \mathbf{I} + \mathbf{J} \rightarrow (1, 1) \\
\mathbf{L}(1) &= \mathbf{s} + \mathbf{d} = 2\mathbf{I} \rightarrow (2, 0)
\end{aligned}$$

Wir erhalten $(y - 1)/(x - 1) = (0 - 1)/(2 - 1)$, d.h., $y = -x + 2$.

12.8 Betrachten Sie Abbildung 12.16(a), in der **d** die Richtung des Primärstrahls, **t** die Richtung des gebeugten Strahls und **n** die Oberflächennormale im Schnittpunkt darstellt. Drücken Sie **t** in Abhängigkeit von **d**, **n** und den beiden Winkeln α und β aus.

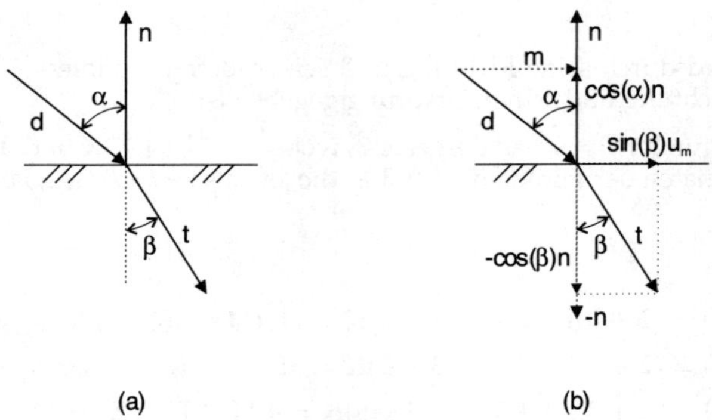

Abb. 12.16

Lösung

d, **t** und **n** seien Einheitsvektoren [siehe Abbildung 12.16(b)]. Es gilt

$$\begin{cases} \mathbf{m} = \mathbf{d} + \cos(\alpha)\mathbf{n} \\ |\mathbf{m}| = \sin(\alpha) \end{cases}$$

und

$$\begin{aligned} \mathbf{t} &= \sin(\beta)\mathbf{u_m} - \cos(\beta)\mathbf{n} \\ &= \frac{\sin(\beta)}{\sin(\alpha)}(\mathbf{d} + \cos(\alpha)\mathbf{n}) - \cos(\beta)\mathbf{n} \end{aligned}$$

12.9 Bestimmen Sie, ob ein Strahl eine Ebene parallel zur *xy*-Ebene schneidet.

Lösung

Die Gleichung einer solchen Ebene lautet $z = c$, wobei c eine Konstante ist. Wenn ein Strahl die Ebene schneidet, sei der Schnittpunkt (x_i, y_i, c). Zur Bestimmung von x_i und y_i lösen wir folgende Gleichung nach t auf:

$$\mathbf{s} + t\mathbf{d} = x_i\mathbf{I} + y_i\mathbf{J} + c\mathbf{K}$$

Mit $\mathbf{s} = x_s\boldsymbol{I} + y_s\boldsymbol{J} + z_s\boldsymbol{K}$ und $\mathbf{d} = x_d\boldsymbol{I} + y_d\boldsymbol{J} + z_d\boldsymbol{K}$ gilt

$$\begin{cases} x_\mathbf{s} + tx_\mathbf{d} = x_i \\ y_\mathbf{s} + ty_\mathbf{d} = y_i \\ z_\mathbf{s} + tz_\mathbf{d} = c \end{cases}$$

Für $z_d = 0$ ist der Strahl parallel zur Ebene (kein Schnittpunkt). Für $z_d = c$ liegt der Strahl in der Ebene (kein Schnittpunkt). In den anderen Fällen berechnen wir t unter Verwendung der dritten Gleichung

$$t = \frac{c - z_{\mathbf{s}}}{z_{\mathbf{d}}}$$

Für $t < 0$ wird die Ebene von der negativen Verlängerung des Strahls geschnitten. Für $t > 0$ schneidet der Strahl selbst die Ebene, und die Koordinaten x_i und y_i des Schnittpunkts können aus den beiden ersten beiden Gleichungen berechnet werden.

12.10 Bestimmen Sie, ob ein Strahl einen über x_{min}, x_{max}, y_{min} und y_{max} definierten Bereich der *xy*-Ebene schneidet.

Lösung

Bestimmen Sie zunächst, ob der Strahl die *xy*-Ebene schneidet (siehe Abschnitt 12.4.1). Falls nicht, schneidet der Strahl den Bereich nicht. Andernfalls bestimmen Sie die Koordinaten x_i und y_i des Schnittpunkts. Falls $x_{min} \leq x_i \leq x_{max}$ und $y_{min} \leq y_i \leq y_{max}$, schneidet der Strahl den Bereich, ansonsten nicht.

12.11 Bestimmen Sie, ob ein Strahl einen dreieckigen (oder konvexen vieleckigen) Bereich der *xy*-Ebene schneidet.

Lösung

Bestimmen Sie zunächst, ob der Strahl die *xy*-Ebene schneidet (siehe Abschnitt 12.4.1). Falls nicht, schneidet der Strahl keinen Bereich der Ebene. Andernfalls bestimmen Sie die Koordinaten x_i und y_i des Schnittpunkts. Der Punkt liegt innerhalb eines dreieckigen oder konvexen polygonalen Bereichs, wenn er auf oder innerhalb aller begrenzenden Kanten des Bereichs liegt.

Jetzt konzentrieren wir uns lediglich auf die *xy*-Ebene (z wird ignoriert). Um zu überprüfen, ob der Schnittpunkt (x_i, y_i) innerhalb oder außerhalb einer Kante der Ebene liegt, wählen wir einen Punkt auf der Kante (zum Beispiel einen ihrer Eckpunkte) und definieren einen nach außen gerichteten Normalenvektor $\mathbf{n}$, der von der Kante aus nach außen zeigt. (siehe Abbildung 12.17). Wir verwenden den gewählten Punkt auch zur Definition des Vektors $\mathbf{v}$ und den Schnittpunkt zur Definition des Vektors $\mathbf{v_i}$. Es gilt

$$\mathbf{n} \cdot (\mathbf{v}_i - \mathbf{v}) \begin{cases} > 0 & (x_i, y_i) \text{ liegt außerhalb der Kante} \quad (0 < 90^\circ) \\ = 0 & (x_i, y_i) \text{ liegt auf der Kante} \quad (0 = 90^\circ) \\ < 0 & (x_i, y_i) \text{ liegt innerhalb der Kante} \quad (0 > 90^\circ) \end{cases}$$

12.12 Ein Einheitsquadrat liegt in der xy-Ebene mit einer Ecke im Ursprung und der diagonal gelegenen Ecke auf der positiven y-Achse [siehe Abbildung 12.18(a)]. Bestimmen Sie, ob ein von (0; 1; 2) in Richtung der negativen z-Achse ausgehender Strahl das Quadrat schneidet.

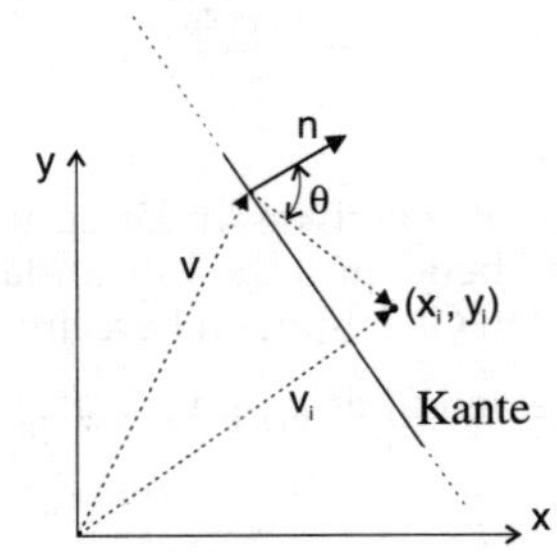

Abb. 12.17

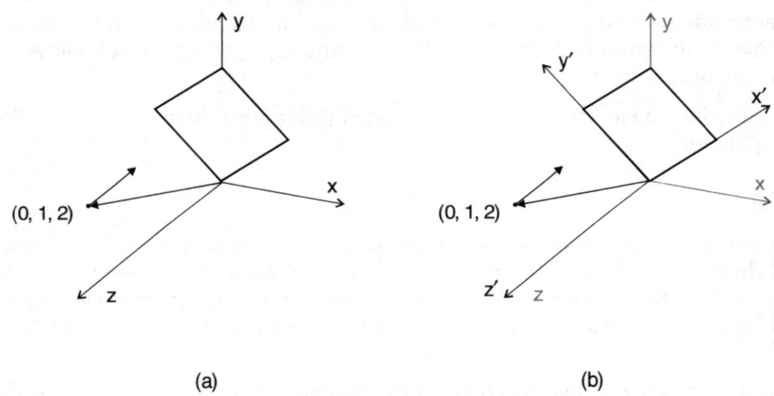

Abb. 12.18

Lösung

Aus der gegebenen Bedingung haben wir

$$\mathbf{s} = \mathbf{J} + 2\mathbf{K} \qquad \mathbf{d} = -\mathbf{K}$$

Da $z_s = 2 \neq 0$, $z_d = -1 \neq 0$ und $t = -z_s/z_d = 2 > 0$, schneidet der Strahl die xy-Ebene (siehe Abschnitt 12.4.1). Unter Verwendung von $x_s = 0$, $x_d = 0$, $y_s = 1$ und $y_d = 0$ erhalten wir

$$x_i = 0 + 2 \times 0 = 0 \qquad y_i = 1 + 2 \times 0 = 1$$

Um zu bestimmen, ob der Schnittpunkt innerhalb des Quadrats liegt, können wir den Lösungsweg aus Aufgabe 12.10 anwenden. Alternativ dazu gibt es die Möglichkeit einer Koordinatentransformation des Systems xyz nach $x'y'z'$, wobei die x'- und die y'-Achse an den Seiten des Quadrats ausgerichtet sind [siehe Abbildung 12.18(b)]. Hierzu ist eine 45°-Drehung des xyz-Systems um die z-Achse erforderlich (oder um den Ursprung, wenn wir die z-Koordinate ignorieren). Das Quadrat wird im neuen Koordinatensystem durch x_{min} = 0, x_{max} = 1, y_{min} = 0 und y_{max} = 1 begrenzt, wobei die Koordinaten des Schnittpunkts gegeben sind durch (siehe Abschnitt 4.2)

$$x'_i = x_i \cos(45^\circ) + y_i \sin(45^\circ) = \frac{\sqrt{2}}{2}$$

$$y'_i = -x_i \sin(45^\circ) + y_i \cos(45^\circ) = \frac{\sqrt{2}}{2}$$

Da

$$x_{\min} \leq x'_i \leq x_{\max} \qquad y_{\min} \leq y'_i \leq y_{\max}$$

schneidet der Strahl das Quadrat.

12.13 Es sei **n** = **I** + **J** + 2**K** der Normalenvektor einer Ebene, die durch den Punkt P_0 (1; 1; 0) geht. Bestimmen Sie, ob ein Strahl mit **s** = -2**I** + **J** + 2**K** und **d** = **I** - **K** die Ebene schneidet.

Lösung

Betrachten Sie Abschnitt 12.4.2. Da

$$\mathbf{n} \cdot \mathbf{d} = 1 \times 1 + 1 \times 0 + 2 \times (-1) = -1 < 0$$

schneidet der Strahl die Ebene. Wir führen

$$\begin{aligned}\mathbf{p} &= (x_0 - x_\mathbf{s})\mathbf{I} + (y_0 - y_\mathbf{s})\mathbf{J} + (z_0 - z_\mathbf{s})\mathbf{K} \\ &= (1 - (-2))\mathbf{I} + (1 - 1)\mathbf{J} + (0 - 2)\mathbf{K} \\ &= 3\mathbf{I} - 2\mathbf{K}\end{aligned}$$

ein und berechnen

$$t = \frac{\mathbf{n} \cdot \mathbf{p}}{\mathbf{n} \cdot \mathbf{d}} = \frac{1 \times 3 + 1 \times 0 + 2 \times (-2)}{-1} = 1$$

Der Schnittpunkt liegt bei $(x_s + x_d, y_s + y_d, z_s + z_d)$ = (-1; 1; 1).

12.14 Überprüfen Sie noch einmal, ob der in Aufgabe 12.13 gefundene Schnittpunkt wirklich in der Ebene liegt.

Lösung

Die Vektorgleichung der Ebene ist

$$x_\mathbf{n}(x - x_0) - y_\mathbf{n}(y - y_0) + z_\mathbf{n}(z - z_0) = 0$$

Da

$$1(-1-1)+1(1-1)+2(1-0)=0$$

liegt der Schnittpunkt (-1; 1; 1) tatsächlich in der Ebene.

12.15 S_1 sei eine Kugel mit Radius 8 und dem Mittelpunkt (2; 4; 1) und S_2 eine Kugel mit Radius 10 und dem Mittelpunkt (10; -2; -5). Bestimmen Sie, ob ein Strahl mit **s** = 2**J** + 5**K** und **d** = **I** - 2**K** die Ebene schneidet.

Lösung

Betrachten Sie zunächst die Kugel S_1. Es gilt

$$A=|\mathbf{d}|^2=1^2+(-2)^2=5$$
$$B=(\mathbf{s}-\mathbf{c})\cdot\mathbf{d}=[(0-2)\mathbf{I}+(2-4)\mathbf{J}+(5-1)\mathbf{K}]\cdot(\mathbf{I}-2\mathbf{K})=-10$$
$$C=|\mathbf{s}-\mathbf{c}|^2-R^2=(-2)^2+(-2)^2+4^2-8^2=-40$$

Da $B^2 - AC = (-10)^2 -5(-40) = 300 > 0$, gibt es zwei Werte für t:

$$t_1=\frac{10+\sqrt{300}}{5}=2(1+\sqrt{3})>0 \qquad t_2=\frac{10-\sqrt{300}}{5}=2(1-\sqrt{3})<0$$

Aufgrund dieser Werte wissen wir, dass der Ursprung des Strahls innerhalb der Kugel liegt. Betrachten Sie nun die Kugel S_2. Es gilt

$$A=|\mathbf{d}|^2=1^2+(-2)^2=5$$
$$B=(\mathbf{s}-\mathbf{c})\cdot\mathbf{d}=[(0-10)\mathbf{I}+(2+2)\mathbf{J}+(5+5)\mathbf{K}]\cdot(\mathbf{I}-2\mathbf{K})=-30$$
$$C=|\mathbf{s}-\mathbf{c}|^2-R^2=(-10)^2+(4)^2+10^2-10^2=116$$

Da $B^2 - AC = (-30)^2 -5 \times 116 = 320 > 0$, gibt es ebenfalls zwei Werte für t:

$$t_3=\frac{30+\sqrt{320}}{5}=6+1.6\sqrt{5}>0 \qquad t_4=\frac{30-\sqrt{320}}{5}=6-1.6\sqrt{5}>0$$

Aufgrund dieser Werte wissen wir, dass der Strahl die Kugel S_2 an zwei verschiedenen Stellen schneidet. Durch den Vergleich von $t_1 \approx 5{,}464$, $t_3 \approx 9{,}578$ und $t_1 \approx 2{,}422$ erkennen wir, dass der Strahl zunächst in S_2 eintritt, dann aus S_1 austritt und schließlich S_2 verlässt (beide Kugeln überlappen sich).

12.16 Die (implizite) Gleichung einer Kugel mit dem Radius R um den Ursprung lautet $x^2 + y^2 + z^2 - R^2 = 0$. Bestimmen Sie, ob ein Strahl **s** + $t\mathbf{d}$ die Kugel schneidet.

Lösung

Es seien $\mathbf{s} = x_s\boldsymbol{I} + y_s\boldsymbol{J} + z_s\boldsymbol{K}$ und $\mathbf{d} = x_d\boldsymbol{I} + y_d\boldsymbol{J} + z_d\boldsymbol{K}$. Ersetzen Sie x, y und z durch $x_s + tx_d$, $y_s + ty_d$ und $z_s + tz_d$:

$$(x_\mathbf{s} + tx_\mathbf{d})^2 + (y_\mathbf{s} + ty_\mathbf{d})^2 + (z_\mathbf{s} + tz_\mathbf{d})^2 - R^2 = 0$$

Ausmultiplizieren und Zusammenfassen der Terme ergibt

$$(x_\mathbf{d}^2 + y_\mathbf{d}^2 + z_\mathbf{d}^2)t^2 + 2(x_\mathbf{s}x_\mathbf{d} + y_\mathbf{s}y_\mathbf{d} + z_\mathbf{s}z_\mathbf{d})t + (x_\mathbf{s}^2 + y_\mathbf{s}^2 + z_\mathbf{s}^2) - R^2 = 0$$

oder

$$|\mathbf{d}|^2t^2 + 2\mathbf{s}\cdot\mathbf{d}t + |\mathbf{s}|^2 - R^2 = 0$$

Dies stimmt mit der im Text hergeleiteten quadratischen Gleichung überein (siehe Abschnitt 12.4.3), wenn der Mittelpunkt der Kugel auf (0; 0; 0) gesetzt wird.

12.17 Die (implizite) kanonische Gleichung für ein elliptisches Paraboloid lautet $x^2 + y^2 - z = 0$ (siehe Kapitel 9, Abschnitt 9.10, Abbildung 9.19). Bestimmen Sie, ob ein Strahl $\mathbf{s} + t\boldsymbol{d}$ das Paraboloid schneidet.

Lösung

Es seien $\mathbf{s} = x_s\boldsymbol{I} + y_s\boldsymbol{J} + z_s\boldsymbol{K}$ und $\mathbf{d} = x_d\boldsymbol{I} + y_d\boldsymbol{J} + z_d\boldsymbol{K}$. Ersetzen Sie x, y und z durch $x_s + tx_d$, $y_s + ty_d$ und $z_s + tz_d$:

$$(x_\mathbf{s} + tx_\mathbf{d})^2 + (y_\mathbf{s} + ty_\mathbf{d})^2 - (z_\mathbf{s} + tz_\mathbf{d}) = 0$$

Ausmultiplizieren und Zusammenfassen der Terme ergibt

$$(x_\mathbf{d}^2 + y_\mathbf{d}^2)t^2 + (2x_\mathbf{s}x_\mathbf{d} + 2y_\mathbf{s}y_\mathbf{d} - z_\mathbf{d})t + (x_\mathbf{s}^2 + y_\mathbf{s}^2 - z_\mathbf{s}) = 0$$

Liegt der Strahl parallel zur z-Achse (d.h., $x_d = 0$ und $y_d = 0$), vereinfacht sich die Gleichung zu

$$-z_\mathbf{d}t + x_\mathbf{s}^2 + y_\mathbf{s}^2 - z_\mathbf{s} = 0$$

Hieraus erhalten wir

$$t = \frac{x_\mathbf{s}^2 + y_\mathbf{s}^2 - z_\mathbf{s}}{z_\mathbf{d}}$$

wobei

$$t \begin{cases} < 0 & \text{die negative Verlängerung des Strahls schneidet das Paraboloid} \\ = 0 & \text{der Ursprung des Strahls liegt auf dem Paraboloid} \\ > 0 & \text{der Strahl schneidet das Paraboloid} \end{cases}$$

Andernfalls können wir die quadratische Gleichung als

$$At^2 + Bt + C = 0$$

schreiben, wobei

$$A = x_\mathbf{d}^2 + y_\mathbf{d}^2 \qquad B = 2x_\mathbf{s}x_\mathbf{d} + 2y_\mathbf{s}y_\mathbf{d} - z_\mathbf{d} \qquad C = x_\mathbf{s}^2 + y_\mathbf{s}^2 - z_\mathbf{s}$$

und die Lösung der Gleichung

$$t = \frac{-B \pm \sqrt{B^2 - 4AC}}{2A}$$

lautet (beachten Sie, dass $A \neq 0$). Für B^2 - $4AC < 0$ schneidet (bzw. berührt) der Strahl das Paraboloid nicht. Für B^2 - $4AC = 0$ gibt es einen Schnittpunkt (bzw. Berührungspunkt) des Strahls mit dem Paraboloid. Für B^2 - $4AC > 0$ erhalten wir für t zwei Werte: t_1 und t_2. Ist $t_1 < 0$ und $t_2 < 0$, wird das Paraboloid von der negativen Verlängerung des Strahls geschnitten (kein Schnittpunkt mit dem Strahl). Ist einer der beiden Werte gleich null, liegt der Ursprung des Strahls auf dem Paraboloid, und er schneidet es nur dann, wenn der andere Wert positiv ist. Haben t_1 und t_2 unterschiedliche Vorzeichen, liegt der Ursprung des Strahls innerhalb des Paraboloids (d.h., $x_s^2 + y_s^2 - z_s < 0$) und schneidet es einmal. Sind beide Werte positiv, gibt es zwei Schnittpunkte (einen Eintritts- und einen Austrittspunkt), und der kleinere Wert gehört zu dem Schnittpunkt, der näher am Ursprung des Strahls gelegen ist.

12.18 Abbildung 12.19 zeigt einen Strahl $\mathbf{s} + t\mathbf{d}$ und ein kanonisches Paraboloid (siehe Aufgabe 12.17), das in seinem eigenen Koordinatensystem $x'y'z'$ definiert ist. Beschreiben Sie, wie Sie aus dem Ergebnis der Aufgabe 12.17 Nutzen ziehen können, um zu bestimmen, ob der Strahl das Paraboloid schneidet.

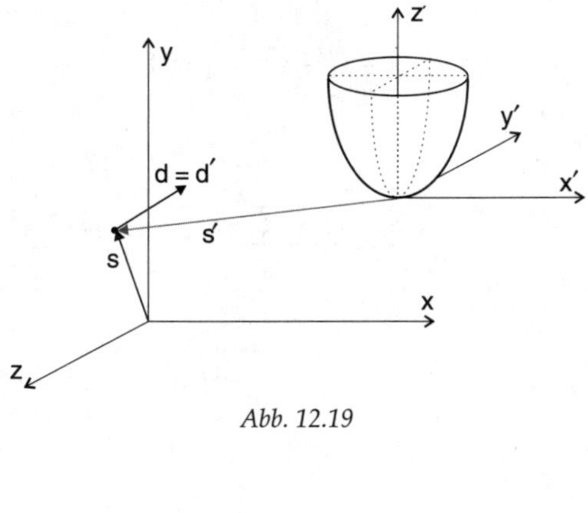

Abb. 12.19

Lösung

Bestimmen Sie die Koordinatentransformation M vom System xyz nach $x'y'z'$. Transformieren Sie (x_s, y_s, z_s) mittels M nach (x_s', y_s', z_s') und definieren Sie $\mathbf{s}' = x_s'\mathbf{I} + y_s'\mathbf{J} + z_s'\mathbf{K}$. Transformieren Sie den Ursprung (0; 0; 0) von xyz mittels M nach (x'_0, y'_0, z'_0) und (x_d, y_d, z_d) nach (x_d', y_d', z_d'). Definieren Sie $\mathbf{d}' = (x_d' - x_0')\mathbf{I} + (y_d' - y_0')\mathbf{J} + (z_d' - z_0')\mathbf{K}$, wodurch derselbe Vektor wie $\mathbf{d}$ beschrieben wird. Jetzt stellen Sie den Strahl $\mathbf{s}' + t\mathbf{d}'$ im Koordinatensystem $x'y'z'$ dar. Verwenden Sie die Lösung aus Aufgabe 12.17, um zu bestimmen, ob der Strahl das Paraboloid schneidet.

12.19 Betrachten Sie Abbildung 12.12. Wenn $k_{r1} = k_{r2} = k_{r3} = 0{,}3$, der Schwellwert gleich 0,01 und die geforderte Tiefe gleich 2 ist, wird dann der dritte reflektierte Strahl beim Ray-Tracing-Verfahren berücksichtigt?

Lösung

Nein, da die geforderte Tiefe gleich 2 ist. Ja, falls die geforderte Tiefe gleich 3 wäre, da $k_{r1}k_{r2}k_{r3} = 0{,}027 > 0{,}01$.

12.20 Beschreiben Sie eine Anordnung, in der das Hüllkörperverfahren eindeutig nicht anwendbar ist, und erklären Sie warum nicht.

Lösung

Eine in der Umgebung verteilte Anordnung von Kugeln.

Zunächst gibt es keinen einfacheren Hüllkörper für das Testen auf Schnittpunkte. Des Weiteren beansprucht jeder Hüllkörper, der mehrere Kugeln beinhaltet, einen relativ großen Bereich der Umgebung. Das ergibt eine relativ hohe Wahrscheinlichkeit, dass der Strahl den Hüllkörper schneidet, was zu einer weiteren Überprüfung auf Schnittpunkte mit den eingeschlossenen Kugeln führt (was eigentlich mit Hilfe des Hüllkörpers vermieden werden sollte).

12.21 Bei räumlicher Unterteilung müssen wir die Bereiche entlang des Strahlengangs identifizieren. Da der Strahl in ein- und demselben Raumpunkt den aktuellen Bereich verlässt und in den nächsten Bereich eintritt, kann man den Strahl mit folgendem Verfahren von einer Region in die nächste führen: Finden Sie den Austrittspunkt P_2 des Strahls, wenn seine Richtung $\mathbf{d}$ und sein Eintrittspunkt P_1 in den aktuellen Bereich gegeben sind. Beschreiben Sie das Verfahren für einen quaderförmigen Bereich, dessen Flächen parallel zu den Koordinatenebenen liegen.

Lösung

Ein solcher Bereich wird von den folgenden Ebenen begrenzt:

$$x = x_{\min} \qquad x = x_{\max}$$
$$y = y_{\min} \qquad y = y_{\max}$$
$$z = z_{\min} \qquad z = z_{\max}$$

Da wir nach dem Austrittspunkt suchen, sollten nur Ebenen, die die Beziehung $\mathbf{n} \cdot \mathbf{d} > 0$ erfüllen, betrachtet werden, wobei $\mathbf{n}$ der Normalenvektor der Ebene ist. Die Normalenvektoren der oben angegebenen Ebenen sind einfach **-I**, **I**, **-J**, **J**, **-K** und **K**. P_1 sei nun der

Ursprung des Strahls. Für jede gewählte Ebene, zum Beispiel $z = z_{min}$, ist der Parameter t für den Schnittpunkt des Strahls mit ihr gegeben durch (siehe Aufgabe 12.8)

$$t = \frac{z_{\mathrm{min}} - z_{\mathrm{s}}}{z_{\mathrm{d}}}$$

(Die Ergebnisse für die anderen Ebenen werden in Aufgabe 12.22 behandelt.) P_2 wird durch den kleinsten Wert für t aus allen in Frage kommenden Ebenen dargestellt.

12.22 Betrachten Sie die Aufgabe 12.21 und geben Sie die Formel zur Berechnung von t für die anderen fünf Ebenen an.

Lösung

Die Formeln für die Ebenen $x = x_{min}$, $x = x_{max}$, $y = y_{min}$, $y = y_{max}$ und $z = z_{max}$ lauten

$$t = \frac{x_{\mathrm{min}} - x_{\mathrm{s}}}{x_{\mathrm{d}}}, \qquad t = \frac{x_{\mathrm{max}} - x_{\mathrm{s}}}{x_{\mathrm{d}}}, \qquad t = \frac{y_{\mathrm{min}} - y_{\mathrm{s}}}{y_{\mathrm{d}}}, \qquad t = \frac{y_{\mathrm{max}} - y_{\mathrm{s}}}{y_{\mathrm{d}}}, \qquad t = \frac{z_{\mathrm{max}} - z_{\mathrm{s}}}{z_{\mathrm{d}}}$$

12.23 Betrachten Sie Überabtastung und adaptive Überabtastung. Welches Verfahren ist geeigneter zur Verminderung des Verlusts kleiner Objekte?

Lösung

Die Überabtastung ist geeigneter, da das adaptive Verfahren einen Pixel nicht unterteilt, wenn der Mittelpunktsstrahl und die Eckstrahlen verschiedene Farbwerte liefern (aber ein kleines Objekt dazwischen liegen könnte).

12.24 Wie verschiebt man einen Strahl aus seiner normalen Gitterposition?

Lösung

(x, y) sei die normale Gitterposition eines Strahls. Definieren Sie Δx und Δy derart, dass $[x - \Delta x, x + \Delta x]$ und $[y - \Delta y, y + \Delta y]$ den Bereich für die neue Strahlposition bilden (normalerweise die Fläche der zugehörigen Subpixel). Wählen Sie zwei Zufallszahlen δ_x und δ_y im Intervall $[-\Delta x, +\Delta x]$ bzw. $[-\Delta y, +\Delta y]$. Die neue, verschobene Position des Strahls ist $(x + \Delta_x, y + \Delta_y)$.

12.25 Veranschaulichen Sie, warum die relative Größe eines Objekts die Qualität des Umgebungs-Mappings beeinflusst.

Lösung

Man erhält das Abbild der Umgebung, indem man die Anordnung (eine Pyramide) vom Beobachtungspunkt C aus projiziert [siehe Abbildung 12.20(a)]. Wird ein kleines Objekt in C aufgestellt, nähert die abgebildete Reflexion das Ergebnis des Ray-Tracings mit der tatsächlichen Pyramide [siehe Abbildung 12.20(b)]. Wird andererseits ein relativ großes Objekt in C aufgestellt, können wir auf dem Objekt eine fälschlicherweise reflektierte Pyramide sehen, wenn sich diese in Wahrheit hinter dem Objekt befindet [siehe Abbildung 12.20(c)].

12.26 Erläutern Sie, warum die Form eines Objekts die Qualität des Umgebungs-Mappings beeinflusst.

Lösung

Ein konkaves Objekt kann einen Teil von sich selbst reflektieren. Da das Objekt jedoch nicht in dem Abbild der Umgebung berücksichtigt ist, wird jegliche Selbstreflexion im Ergebnis des Umgebungs-Mappings fehlen.

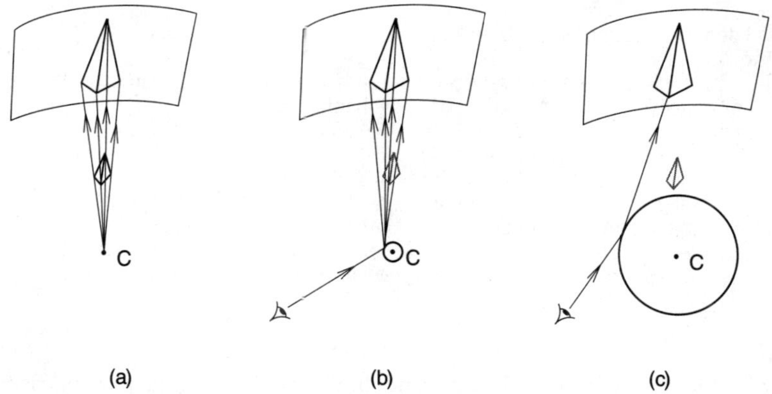

Abb. 12.20

12.9 Weitere Aufgaben

12.27 Das Snellius'sche Gesetz ist eine Folgerung aus dem Fermat'schen Prinzip in der Optik: Ein Lichtstrahl bewegt sich auf dem schnellsten Weg von *A* nach *B*. *A* liege in einem Medium mit der Lichtgeschwindigkeit c_1, *B* in einem anderen mit c_2 (siehe Abbildung 12.21, wobei die *x*-Achse auf der Grenze zwischen beiden Medien liegt). Der Weg, der die kürzeste Zeit benötigt, muss eine Strecke von *A* zu einem Punkt *P* auf der *x*-Achse gefolgt von einer Strecke von *P* nach *B* sein (da der Lichtstrahl die *x*-Achse irgendwo schneiden muss und der kürzeste Weg innerhalb eines Mediums eine Strecke ist. Beweisen Sie, dass für diesen Weg die folgende Beziehung gilt:

$$\frac{\sin(\alpha)}{\sin(\beta)} = \frac{c_1}{c_2}$$

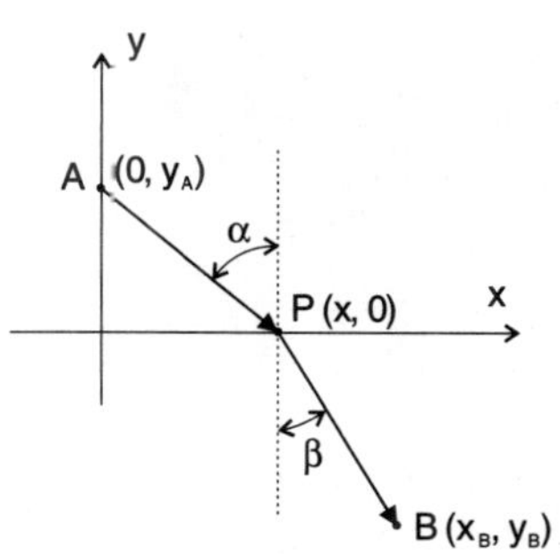

Abb. 12.21

12.28 Die nachfolgende, in Pseudo-Code geschriebene Prozedur zeigt eine andere Möglichkeit zur Beschreibung des dem Ray Tracings zu Grunde liegenden Algorithmus. Die Parameter sind mit denen in der Prozedur aus Abschnitt 12.2 identisch, mit der Ausnahme, dass der Bereich für die Tiefe jetzt den Wert 0 beinhaltet. Liefern diese beiden Prozeduren bei einem identisch lautenden Aufruf dieselben Ergebnisse? Falls ja, sind es dieselben in Bezug auf effiziente Ausführung?

```
rayTrace(ray, depth, color)
```

```
{
    if (depth > 1) color = black;
    else {
        bestimme den nächstgelegenen Schnittpunkt des Strahls mit dem Objekt;
        if (kein Schnittpunkt) color = background;
        else {
            color = lokaler Anteil;
            berechne den reflektierten Strahl;
            rayTrace(reflektierter Strahl, depth-1, ref_color);
            berechne den gebeugten Strahl;
            rayTrace(reflektierter Strahl, depth-1, trans_color);
            color = color + k_r · ref_color + k_t · ref_color;
        }
    }
}
```

12.29 Betrachten Sie die Aufgabe 12.7 und wandeln Sie $y = 2x - 6$ in die parametrische Vektordarstellung um.

12.30 Bestimmen Sie, ob ein Strahl die yz-Ebene schneidet.

12.31 Die implizite Gleichung eines Zylinders mit dem Radius R entlang der z-Achse lautet $x^2 + y^2 - R^2 = 0$. Bestimmen Sie, ob ein Strahl $\mathbf{s} + t\mathbf{d}$ den Zylinder schneidet.

12.32 Zeigen Sie, dass die Lösung der Gleichung $At^2 + 2Bt + C = 0$:

$$t = \frac{-B \pm \sqrt{B^2 - AC}}{A}$$

und die Lösung der Gleichung $At^2 + Bt + C = 0$:

$$t = \frac{-B \pm \sqrt{B^2 - 4AC}}{2A}$$

im Prinzip gleich sind.

Mathematische Grundlagen für zweidimensionale Computergrafik

A1

Der Schlüssel zum Verständnis, wie geometrische Objekte mit Hilfe eines Computergrafikystems beschrieben und manipuliert werden können, liegt darin, das Zusammenspiel von Geometrie und Zahlen zu begreifen. Wir haben einerseits eine angeborene geometrische Intuition zum Verständnis sprachlicher Bezeichnungen wie *Gerade*, *Winkel* und *Form* sowie Beschreibungen der Manipulation von Objekten (*Drehung*, *Verschiebung*, *Verzerrung* usw.) und andererseits Computer mit ihrer Fähigkeit zur Zahlenverarbeitung. Das Problem besteht darin, unsere geometrischen Vorstellungen in numerischer Form auszudrücken, damit der Computer unsere Befehle ausführen kann.

Ein *Koordinatensystem* bietet den Rahmen, unsere geometrischen Ideen in numerische Ausdrücke zu übersetzen. Wir beginnen mit unserem intuitiven Verständnis einer zweidimensionalen Ebene.

A1.1 Das zweidimensionale kartesische Koordinatensystem

In einer zweidimensionalen Ebene können wir jeden beliebigen Punkt als einen Referenzpunkt, genannt *Ursprung*, auswählen. Durch den Ursprung legen wir zwei senkrecht aufeinander stehende Zahlengeraden, die *Achsen*. Sie werden traditionell die x- und die y-Achse genannt. Die positiven Richtungen der beiden Achsen bestimmen eine Orientierung oder einen Drehsinn. Wenn eine Drehung um 90° gegen den Uhrzeigersinn die positive x-Achse auf die positive y-Achse abbildet, spricht man von einem *Rechtssystem* [siehe Abb. A1.1(a)], andernfalls von einem *Linkssystem* [siehe Abb. A1.1(b)].

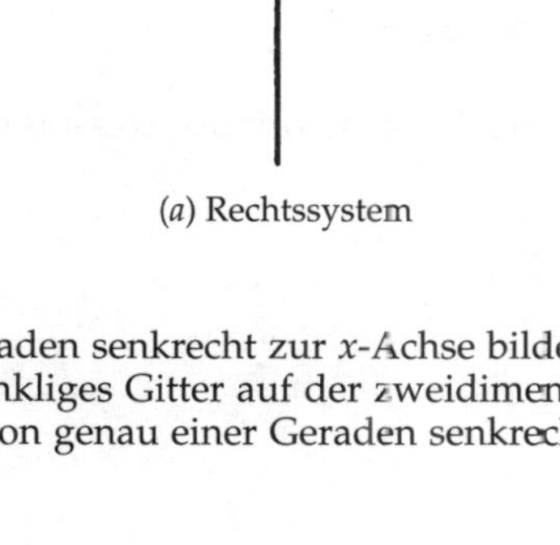

(*a*) Rechtssystem

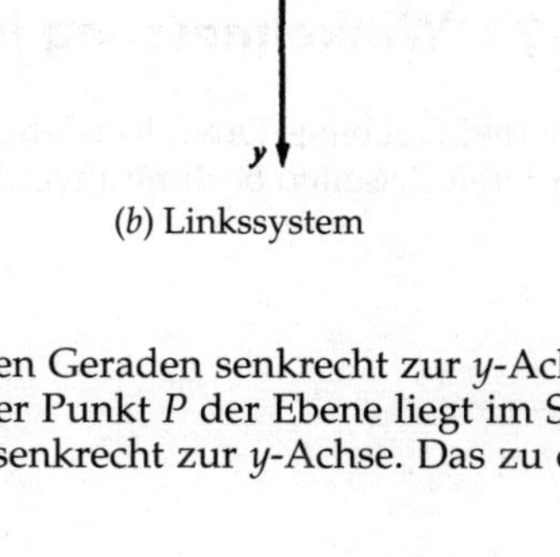

(*b*) Linkssystem

Abb. A1.1

Die Geraden senkrecht zur x-Achse bilden zusammen mit den Geraden senkrecht zur y-Achse ein rechtwinkliges Gitter auf der zweidimensionalen Ebene. Jeder Punkt P der Ebene liegt im Schnittpunkt von genau einer Geraden senkrecht zur x- und einer senkrecht zur y-Achse. Das zu diesem

Punkt gehörende Wertepaar (x, y) bezeichnet man als die *kartesischen Koordinaten* von *P*. Auf diese Weise wird jedem Punkt der Ebene ein Koordinatenpaar zugewiesen (siehe Abb. A1.2).

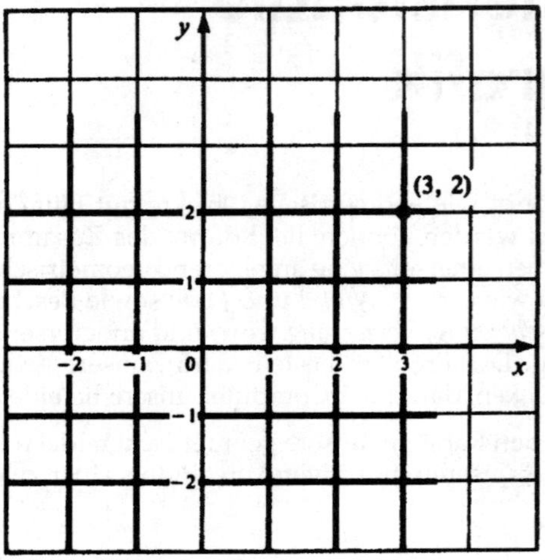

Abb. A1.2

A1.1.1 Abstandsmessung im kartesischen System

Der Abstand zweier beliebiger Punkte P_1 und P_2 mit den Koordinaten (x_1, y_1) und (x_2, y_2) kann mit folgender Formel bestimmt werden:

$$D = \sqrt{(x_2 - x_1)^2 + (y_2 - y_1)^2}$$

Die Länge einer Strecke kann gemessen werden, indem man den Abstand zwischen den Endpunkten der Strecke mit Hilfe obiger Formel berechnet.

Beispiel 1. Die Länge der Strecke, die die Punkte $P_0(-1; 2)$ und $P_1(3; 5)$ verbindet, kann wie folgt ermittelt werden:

$$D = \sqrt{(5-2)^2 + [3-(-1)]^2} = \sqrt{3^2 + 4^2} = 5$$

A1.1.2 Winkelmessung im kartesischen System

Die Innenwinkel eines Dreiecks (siehe Abb. A1.3) können mit Hilfe des Kosinussatzes aus den Längen der Dreiecksseiten bestimmt werden:

$$c^2 = a^2 + b^2 - 2ab(\cos\theta)$$

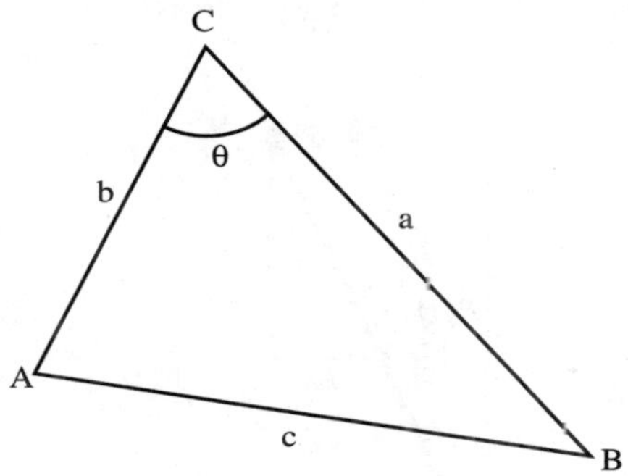

Abb. A1.3

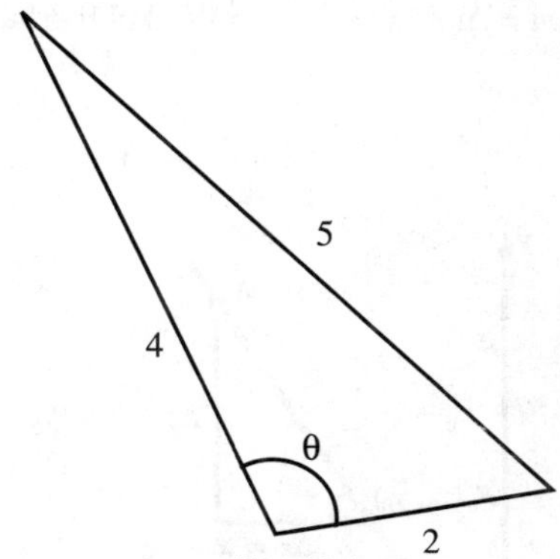

Abb. A1.4

Beispiel 2. Betrachten Sie die Abb. A1.4. Zur Bestimmung des Winkels θ verwenden wir den Kosinussatz:

$$5^2 = 4^2 + 2^2 - 2(4)(2)\cos\theta \quad \text{oder} \quad \cos\theta = \frac{-5}{16} \quad \text{so dass} \quad \theta = 108.21^\circ$$

Der von zwei sich schneidenden Geraden gebildete Winkel kann gemessen werden, indem man ein Dreieck bildet und den Kosinussatz anwendet.

A1.1.3 Geradenbeschreibung im kartesischen System

Die Gerade ist ein grundlegender Begriff der Geometrie. In einem Koordinatensystem wird eine Gerade durch eine Gleichung beschrieben, die es uns ermöglicht, die Koordinaten aller Punkte dieser Geraden zu bestimmen. Eine Größe namens *Steigung m* beschreibt die Tatsache, dass eine Gerade »gerade« ist. Es gilt $m = \tan\theta$, wobei θ der von der Geraden mit der positiven x-Achse gebildete Winkel ist.

Aus Abb. A1.5 erkennen wir, dass $\tan\theta = \Delta y/\Delta x$. Hieraus erhalten wir eine weitere Formel für die Steigung: $m = \Delta y/\Delta x$.

Beispiel 3. Die Steigung der Geraden durch die Punkte $P_0(-1; 2)$ und $P_1(3; 5)$ ergibt sich aus

$$\Delta y = 5 - 2 = 3 \qquad \Delta x = 3 - (-1) = 4$$

so dass $m = \Delta y/\Delta x = \frac{3}{4}$. Den Winkel θ erhält man durch $\tan\theta = m = \frac{3}{4}$ oder θ = 36,87°.

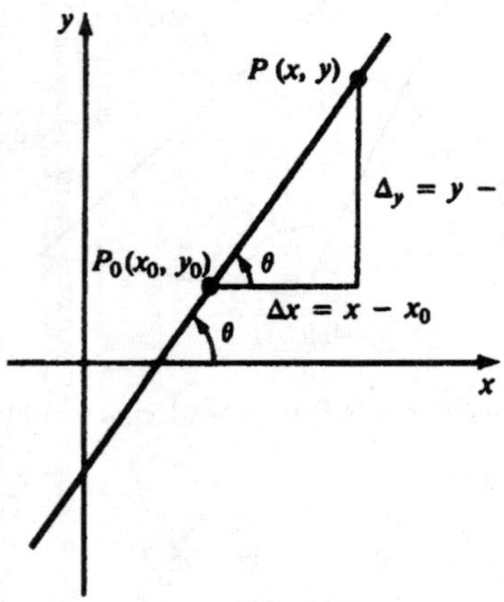

Abb. A1.5

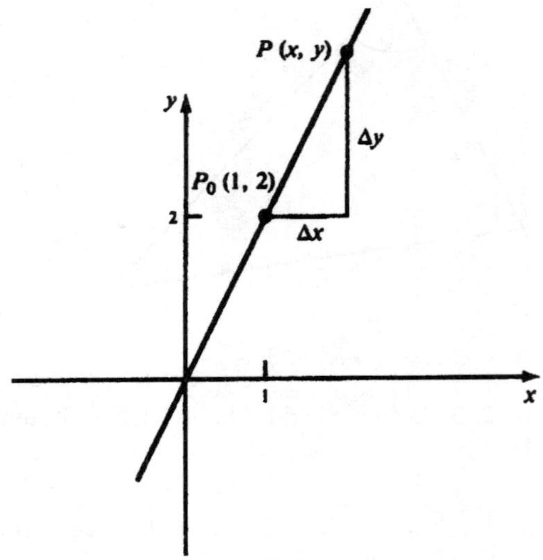

Abb. A1.6

Beispiel 4. Bestimmen Sie die Gleichung der Geraden mit der Steigung 2, die durch den Punkt $P_0(1; 2)$ geht. $P(x, y)$ sei ein beliebiger Punkt auf der Geraden. Die Steigung ist unabhängig von den zwei Punkten, zwischen denen sie berechnet wird. Unter Verwendung von P und P_0 erhalten wir

$$\Delta y = y - 2 \qquad \Delta x = x - 1$$

so dass

$$m = \frac{\Delta y}{\Delta x} \quad \text{oder} \quad 2 = \frac{y-2}{x-1}$$

Auflösen ergibt $y = 2x$ (siehe Abb. A1.6).

Jede Gerade kann durch eine Gleichung der Form $y = mx + b$ ausgedrückt werden, wobei m die Steigung der Geraden und der Punkt $(0; b)$ ihr y-Achsenabschnitt ist (der Punkt, in dem sie die y-Achse schneidet).

A1.1.4 Kurven und parametrische Gleichungen

Die Gleichung einer Kurve ist ein mathematischer Ausdruck, der es uns ermöglicht, die Koordinaten der Punkte zu bestimmen, die die Kurve bilden.

Die Gleichung eines Kreises mit dem Radius r und dem Mittelpunkt (h, k) lautet

$$(x-h)^2 + (y-k)^2 = r^2$$

Es ist oftmals bequemer, die Gleichung einer Kurve in Parameterform zu schreiben, d.h.

$$x = f(t) \qquad y = g(t)$$

wobei der Parameter t als der »Zeitpunkt« betrachtet werden kann, zu dem die Kurve im Punkt (x, y) ankommt.

Die Paramtergleichung einer Geraden kann in der Form

$$x = at + x_0 \qquad y = bt + y_0$$

geschrieben werden (Aufgaben 1.21 und 1.23).

Beispiel 5. Die Parametergleichung eines Kreises mit dem Radius r und dem Mittelpunkt im Ursprung (0; 0) kann als $x = r \cos t$ und $y = r \sin t$ geschrieben werden, wobei t im Intervall $0 \leq t \leq 2\pi$ liegt.

Eine geometrische Kurve besteht aus einer unendlichen Anzahl von Punkten. Daher kann jede Zeichnung der Kurve ihre tatsächliche Form nur annähern. Das Zeichnen der Kurve erfordert die Berechnung der x- und y-Koordinaten einer gewissen Anzahl ihrer Punkte und das Eintragen dieser Punkte in das Koordinatensystem. Je mehr Punkte gezeichnet werden, desto besser ist die Näherung an die tatsächliche Form.

Beispiel 6. Zeichnen Sie fünf Punkte der Gleichungen $x = t$, $y = t^2$ für t aus dem Intervall [-1; 1].

t	-1	$-\frac{1}{2}$	0	$\frac{1}{2}$	1
x	-1	$-\frac{1}{2}$	0	$\frac{1}{2}$	1
y	1	$\frac{1}{4}$	0	$\frac{1}{4}$	1

Die Punkte (x, y) sind in Abb. A1.7 in ein Koordinatensystem eingezeichnet. Wir können die tatsächliche Kurve durch Verbinden der einzelnen Punkte mit Strecken annähern.

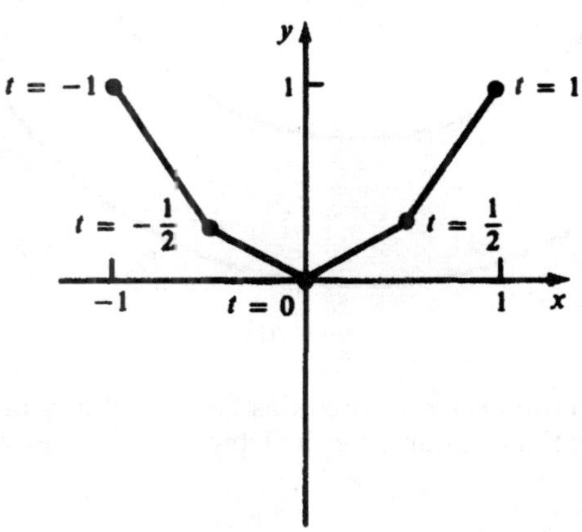

Abb. A1.7

A1.2 Das Polarkoordinatensystem

Das kartesische Koordinatensystem ist nur eine von vielen Möglichkeiten, den Punkten einer Ebene Koordinaten zuzuordnen. Ein weiteres nützliches System ist das *Polarkoordinatensystem.* Zur Konstruktion wählen wir einen beliebigen Punkt der Ebene als Ursprung und einen beliebigen vom Ursprung ausgehenden *Strahl* (Halbgerade) als *Polarachse.* Jeder Punkt der Ebene kann als Schnittpunkt eines Kreises mit dem Radius r um den Ursprung und eines vom Ursprung ausgehenden Strahls aufgefasst werden, der mit der Polarachse den Winkel θ bildet (siehe Abb. A1.8).

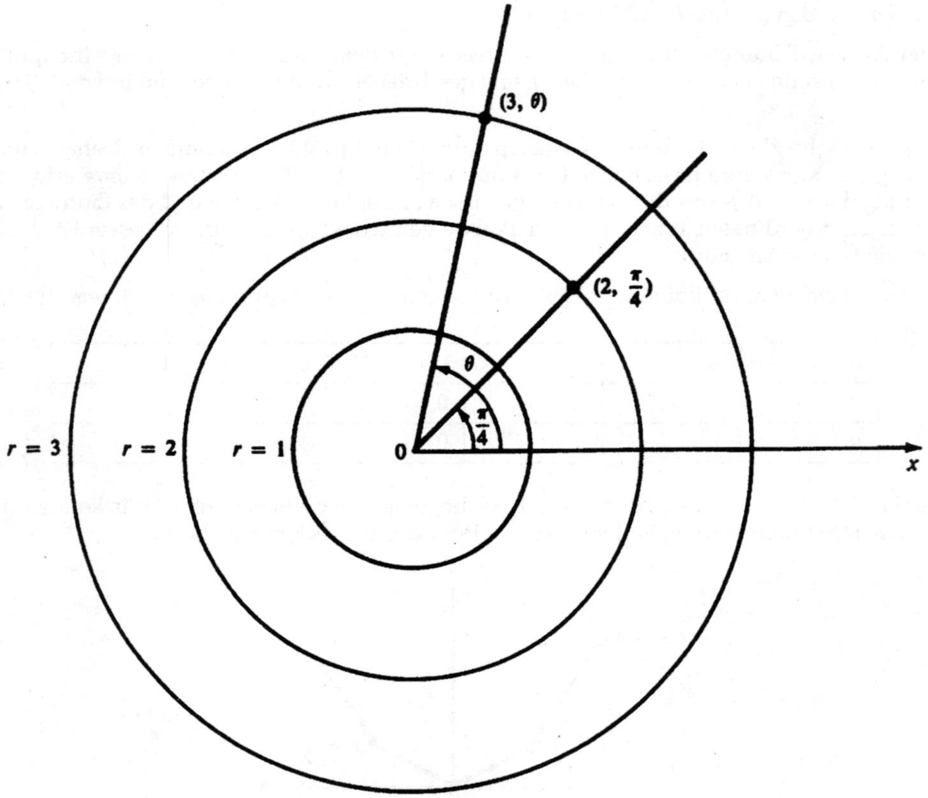

Abb. A1.8

Die Polarkoordinaten eines Punktes sind durch das Paar (r, θ) gegeben. Sie sind jedoch *nicht* eindeutig, da die Addition oder Subtraktion eines beliebigen Vielfaches von 2π (360°) zu θ denselben Strahl wie θ beschreibt.

A1.2.1 Wechseln des Koordinatensystems

Welche Beziehung gilt zwischen den kartesischen und den Polarkoordinaten eines Punktes? Sind (r, θ) die Polarkoordinaten des Punkts P, sind seine kartesischen Koordinaten (x, y) gegeben durch

$$x = r\cos\theta \qquad y = r\sin\theta$$

Umgekehrt können die Polarkoordinaten eines Punkts, dessen kartesische Koordinaten bekannt sind, über

$$r^2 = x^2 + y^2 \qquad \theta = \arctan\frac{y}{x}$$

berechnet werden.

A1.3 Vektoren

Vektoren bieten eine Verbindung zwischen geometrischer Anschauung und arithmetischer Berechnung. Ein Vektor wird durch eine Familie gerichteter Strecken mit gleicher Länge oder gleichen Betrag dargestellt. Das bedeutet, dass zwei beliebige Strecken, die in dieselbe Richtung zeigen und gleich lang sind, unabhängig von ihrem Ort als derselbe Vektor angesehen werden (siehe Abb. A1.9).

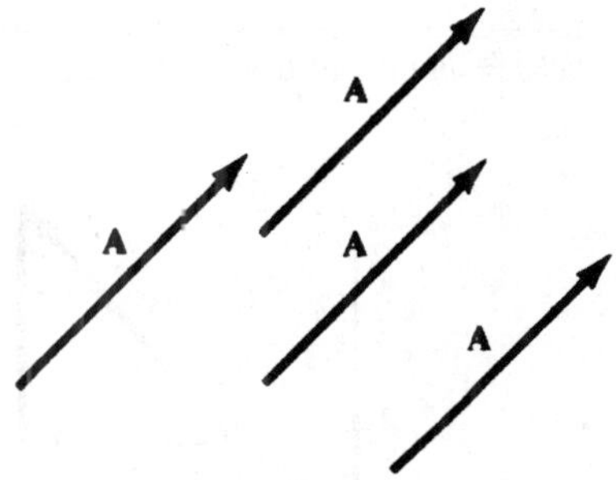

Abb. A1.9

A1.3.1 Eigenschaften von Vektoren

Vektoren haben spezielle arithmetische Eigenschaften:

1. Ist **A** ein Vektor, so ist -**A** ein Vektor gleicher Länge, der jedoch in die entgegengesetzte Richtung zeigt.
2. Ist **A** ein Vektor, so ist auch *kA* ein Vektor, dessen Richtung je nach dem vom Vorzeichen von *k* dieselbe oder die entgegengesetzte von **A** ist und dessen Länge das *k*-fache der Länge von **A** beträgt. Dies ist ein Beispiel für die *Skalarmultiplikation*.
3. Zwei Vektoren können zu einem dritten addiert werden, entweder mit Hilfe der *Parallelogrammmethode* oder durch das *Hintereinanderlegen* beider Vektoren. Dies ist ein Beispiel für die *Vektoraddition*.

Bei der Parallelogrammmethode werden die Fußpunkte der Vektoren **A** und **B** aneinander gelegt, so dass die Vektoren ein Parallelogramm bilden. Die Summe **A** + **B** ist der durch die Diagonale des Parallelogramms bestimmte Vektor (siehe Abb. A1.10).

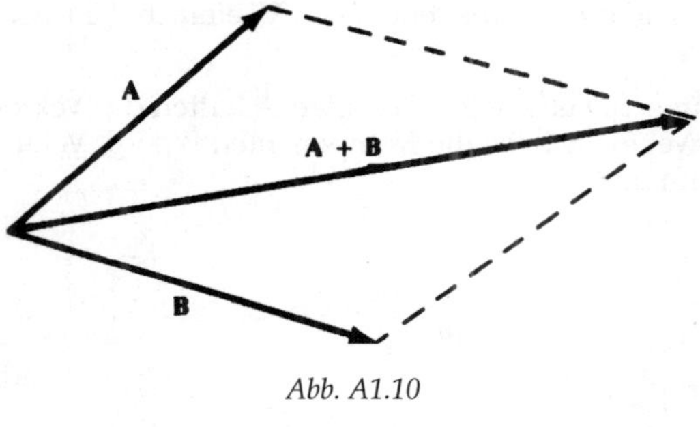

Abb. A1.10

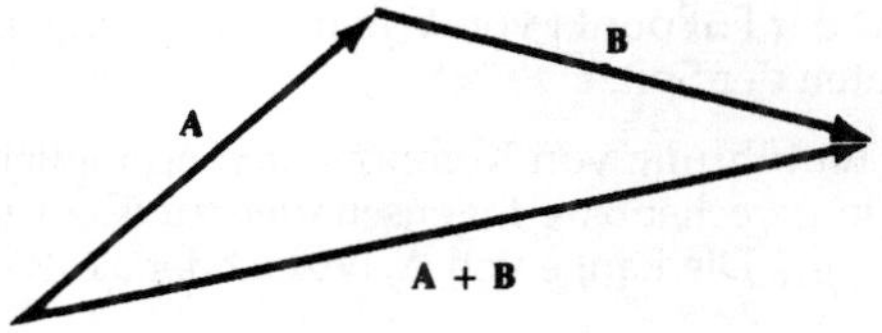

Abb. A1.11

Beim Hintereinanderlegen der Vektoren wird der Fußpunkt von **B** an der Spitze von **A** platziert. Der Vektor **A** + **B** wird durch die Strecke bestimmt, die vom Fußpunkt von **A** zur Spitze von **B** zeigt (siehe Abb. A1.11).

Beide Additionsverfahren sind äquivalent, aber das Hintereinanderlegen ist bei der Addition mehrerer Vektoren einfacher.

A1.3.2 Koordinatenvektoren und Komponent

In einem kartesischen Koordinatensystem werden Vektoren der Länge 1, die in Richtung der positiven x- oder y-Achse zeigen, *natürliche (kanonische) Basisvektoren* genannt und mit **I** und **J** bezeichnet (siehe Abb. A1.12).

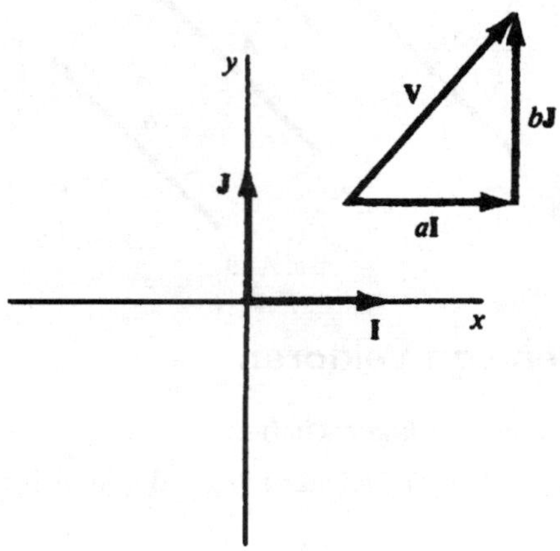

Abb. A1.12

Unter Verwendung von Skalarmultiplikation und Vektoraddition kann jeder beliebige Vektor **V** als Linearkombination der Basisvektoren geschrieben werden. Das bedeutet, wir können zwei Zahlen a und b finden, so dass **V** = aI + bJ. Die Zahlen $[a, b]$ werden die *Komponenten* von **V** genannt. Die Komponenten eines Vektors können aus den Koordinaten der Spitze und denen des Fußpunkts bestimmt werden. Sind diese Koordinaten durch (h_x, h_y) bzw. (t_x, t_y) gegeben, erhalten wir für die Komponenten von **V**

$$a = h_x - t_x \qquad b = h_y - t_y$$

Wird der Fußpunkt von **V** in den Ursprung gelegt, sind die Komponenten von **V** einfach die Koordinaten der Spitze.

Die Einführung von Komponenten ermöglicht es uns, die geometrischen Eigenschaften der Vektoren in berechenbare Eigenschaften zu übersetzen. Vektor **A** habe die Komponenten $[x_1, y_1]$, Vektor **B** $[x_2, y_2]$. Die Länge von **A**, bezeichnet als $|\mathbf{A}|$, kann über

$$|\mathbf{A}| = \sqrt{x_1^2 + y_1^2}$$

berechnet werden. Für eine Skalarmultiplikation mit einer Zahl c gilt

$$c\mathbf{A} = cx_1\mathbf{I} + cy_1\mathbf{J}$$

und für eine Vektoraddition

$$\mathbf{A} + \mathbf{B} = (x_1 + x_2)\mathbf{I} + (y_1 + y_2)\mathbf{J}$$

Beispiel 7. Bestimmen Sie die Komponenten des Vektors **A** mit dem Fußpunkt P_1 (1; 2) und der Spitze P_2 (3; 5) (siehe Abb. A1.13). Um die Komponenten zu erhalten, verschieben wir den Fußpunkt in den Ursprung. Die Spitze liegt dann bei

$$x = 3 - 1 = 2 \qquad y = 5 - 2 = 3$$

Daher gilt **A** = 2**I** + 3**J**. Die Länge von **A** ist

$$|\mathbf{A}| = \sqrt{2^2 + 3^2} = \sqrt{13}$$

Ist **B** = -3**I** + 2**J**, so gilt **A** + **B** = (2 - 3)**I** + (3 + 2)**J** = -**I** + 5**J**.

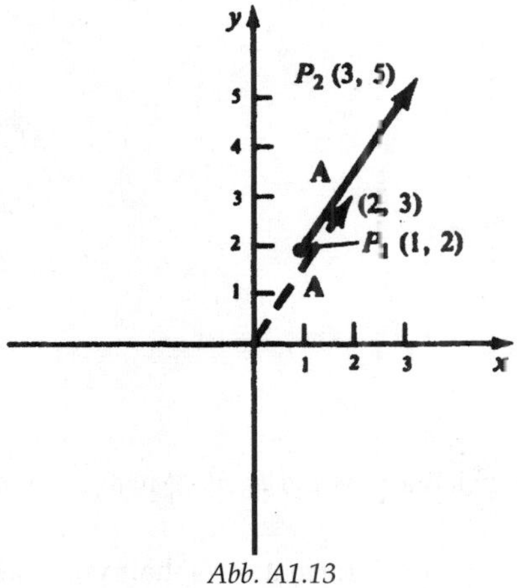

Abb. A1.13

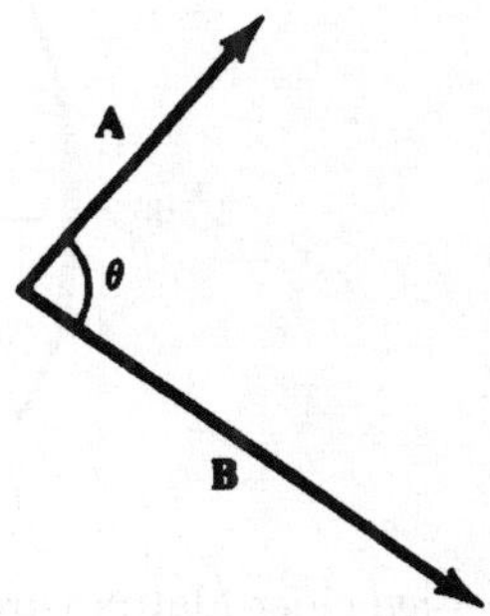

Abb. A1.14

A1.3.3 Das Punktprodukt

Das Punktprodukt **A** · **B** ist die Übersetzung des Kosinussatzes in die Sprache der Vektoren. Es ist durch

$$\mathbf{A} \cdot \mathbf{B} = |\mathbf{A}||\mathbf{B}| \cos \theta$$

definiert, wobei θ der kleinere Winkel zwischen den Vektoren **A** und **B** ist (siehe Abb. A1.14). Hat **A** die Komponenten $[x_1, y_1]$ und **B** $[x_2, y_2]$, dann gilt **A** · **B** = $x_1 x_2 + y_1 y_2$ (komponentenweise Multiplikation). (*Hinweis*: Da cos 90° = 0, stehen zwei von null verschiedene Vektoren **A** und **B** dann und nur dann aufeinander senkrecht, wenn **A** · **B** = 0.)

Beispiel 8. Zur Bestimmung des Winkels θ zwischen den Vektoren **A** = 2**I** + 3**J** und **B** = **J** verwenden wir die Definition des Punktprodukts und erhalten

$$\cos \theta = \frac{\mathbf{A} \cdot \mathbf{B}}{|\mathbf{A}||\mathbf{B}|}$$

$$\mathbf{A} \cdot \mathbf{B} = (2\mathbf{I} + 3\mathbf{J}) \cdot (0\mathbf{I} + \mathbf{J}) = 2 \cdot 0 + 3 \cdot 1 = 3$$

$$|\mathbf{A}| = \sqrt{2^2 + 3^2} = \sqrt{13} \qquad |\mathbf{B}| = \sqrt{0^2 + 1^2} = 1$$

Also gilt

$$\cos\theta = \frac{3}{\sqrt{13}} \quad \text{und} \quad \theta = 33.69^\circ$$

A1.4 Matrizen

Eine *Matrix* ist ein rechtwinkliges Feld oder eine Tabelle von Zahlen, die in Zeilen und Spalten angeordnet sind. Zur Bezeichnung des Eintrags in der Zeile i und der Spalte j einer Matrix wird die Notation a_{ij} verwendet (siehe Abb. A1.15).

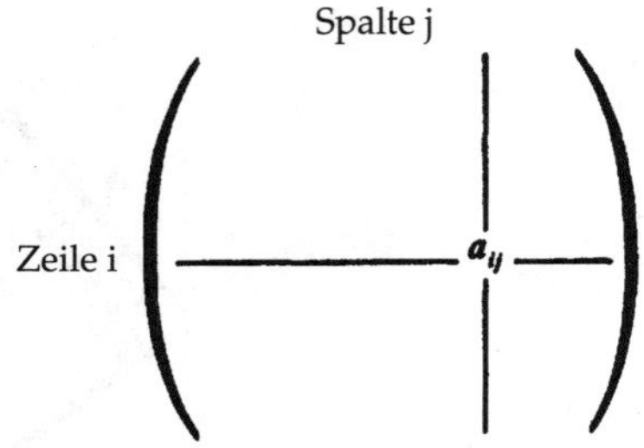

Abb. A1.15

Die *Größe* oder *Dimension* einer Matrix wird mit m x n bezeichnet, wobei m die Anzahl der Zeilen und n die der Spalten der Matrix ist.

Eine Matrix kann als Ordnungshilfe verwendet werden, um den Informationsgehalt von Daten in Tabellenform darzustellen. Zum Beispiel kann ein Vieleck als geordnetes Feld der Koordinaten seiner Eckpunkte abgebildet werden. Die in der Computergrafik verwendeten Transformationen können auch als Matrizen dargestellt werden.

A1.4.1 Arithmetische Eigenschaften von Matrizen

Im Folgenden finden Sie Beispiele dieser Eigenschaften.

1. *Skalarmultiplikation.* Man erhält die Matrix kA, indem man jeden Eintrag von **A** mit der Zahl k multipiliziert.

2. *Matrizenaddition.* Zwei m x n-Matrizen können zu einer neuen m x n-Matrix **C** addiert werden, deren Einträge die Summe der entsprechenden Einträge von **A** und **B** sind. Das heißt,

$$c_{ij} = a_{ij} + b_{ij}$$

3. *Matrizenmultiplikation.* Eine m x p-Matrix **A** kann mit einer p x n-Matrix **B** zu einer m x n-Matrix **C** multipliziert werden. Man erhält den Punkt c_{ij}, indem man das Punktprodukt der i-ten Zeile von **A** mit der j-ten Spalte von **B** bildet (siehe Abb. A1.16). Damit gilt c_{ij} = (Zeile i) · (Spalte j) = $a_{i1}b_{1j} + a_{i2}b_{2j} + \ldots + a_{im}b_{mj}$. Die Multiplikation von Matrizen ist im Allgemeinen nicht kommutativ, d.h., $\mathbf{AB} \neq \mathbf{BA}$. Die Matrizenmultiplikation wird auch *Matrizenverkettung* genannt.

4. *Transponierte Matrix.* Die Transponierte einer Matrix **A**, bezeichnet mit $\mathbf{A}^T$, wird durch Vertauschen der Zeilen und Spalten von **A** gebildet. Ist **A** eine m x n-Matrix, so ist $\mathbf{A}^T$ eine n x m-Matrix. Eine Matrix wird *symmetrisch* genannt, wenn $\mathbf{A} = \mathbf{A}^T$.

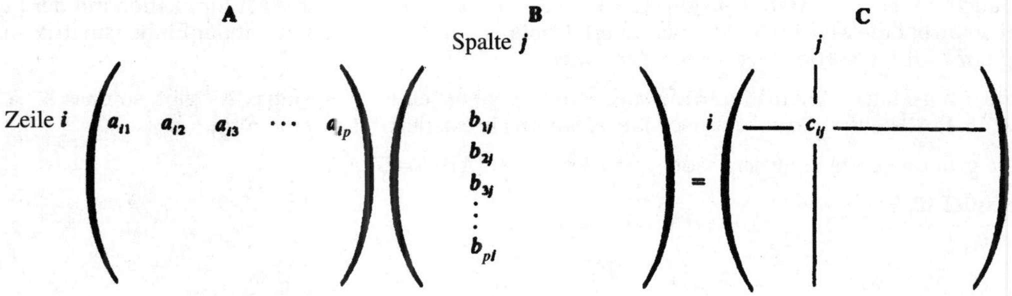

Abb. A1.16

Zwei grundlegende Eigenschaften der Transponierung sind (1) $(\mathbf{A} + \mathbf{B})^T = \mathbf{A}^T + \mathbf{B}^T$ und (2) $(\mathbf{AB})^T = \mathbf{B}^T\mathbf{A}^T$.

Beispiel 9.

$$\mathbf{A} = \begin{pmatrix} 3 & 2 & 5 \\ 1 & -1 & 2 \end{pmatrix} \quad \text{und} \quad \mathbf{B} = \begin{pmatrix} -1 & 0 \\ 2 & 3 \\ 1 & 2 \end{pmatrix}$$

$$-2\mathbf{A} = -2\begin{pmatrix} 3 & 2 & 5 \\ 1 & -1 & 2 \end{pmatrix} = \begin{pmatrix} -6 & -4 & -10 \\ -2 & 2 & -4 \end{pmatrix}$$

$$\mathbf{AB} = \begin{pmatrix} 3 & 2 & 5 \\ 1 & -1 & 2 \end{pmatrix}\begin{pmatrix} -1 & 0 \\ 2 & 3 \\ 1 & 2 \end{pmatrix} = \begin{pmatrix} [3 \cdot (-1)] + (2 \cdot 2) + (5 \cdot 1) & (3 \cdot 0) + (2 \cdot 3) + (5 \cdot 2) \\ [1 \cdot (-1)] + [(-1) \cdot 2] + (2 \cdot 1) & (1 \cdot 0) + [(-1) \cdot 3] + (2 \cdot 2) \end{pmatrix}$$

$$= \begin{pmatrix} 6 & 16 \\ -1 & 1 \end{pmatrix}$$

$$\mathbf{A}^T = \begin{pmatrix} 3 & 1 \\ 2 & -1 \\ 5 & 2 \end{pmatrix}$$

A1.4.2 Matrixinversion und Einheitsmatrix

Die $n \times n$-Matrix, die nur entlang der Hauptdiagonalen von null verschiedene Einträge (nämlich Einsen) hat, wird die *Einheitsmatrix* genannt und mit **I** bezeichnet (Abb. A1.17).

$$\mathbf{I} = \begin{pmatrix} 1 & 0 & 0 & \cdots & 0 \\ 0 & 1 & 0 & \cdots & 0 \\ 0 & 0 & 1 & \cdots & 0 \\ \vdots & & & & \vdots \\ 0 & 0 & 0 & \cdots & 1 \end{pmatrix}$$

Abb. A1.17

Ist auch **A** eine n x n-Matrix, so gilt **AI** = **IA** = **A**. Das bedeutet, dass eine Multiplikation mit der Einheitsmatrix **I** die Matrix **A** nicht verändert. Daher ist die Multiplikation mit der Einheitsmatrix analog zur Multiplikation einer reellen Zahl mit 1.

Eine n x n-Matrix **A** wird *invertierbar* genannt, wenn es eine n x n-Matrix $\mathbf{A}^{-1}$ gibt, so dass $\mathbf{A}^{-1}\mathbf{A} = \mathbf{A}\mathbf{A}^{-1} = \mathbf{I}$. $\mathbf{A}^{-1}$ heißt die zu **A** *inverse* Matrix. Sofern sie existiert, ist sie eindeutig.

Eine grundlegende Eigenschaft der Invertierung ist $(\mathbf{AB})^{-1} = \mathbf{B}^{-1}\mathbf{A}^{-1}$.

Beispiel 10.

$$\mathbf{A} = \begin{pmatrix} 1 & 0 \\ 2 & 1 \end{pmatrix} \qquad \text{und} \qquad \mathbf{M} = \begin{pmatrix} 1 & 0 \\ -2 & 1 \end{pmatrix}$$

Dann ergibt sich

$$\mathbf{AM} = \begin{pmatrix} 1 & 0 \\ 2 & 1 \end{pmatrix} \cdot \begin{pmatrix} 1 & 0 \\ -2 & 1 \end{pmatrix} = \begin{pmatrix} 1 \cdot 1 + 0 \cdot (-2) & 1 \cdot 0 + 0 \cdot 1 \\ 2 \cdot 1 + 1 \cdot (-2) & 2 \cdot 0 + 1 \cdot 1 \end{pmatrix} = \begin{pmatrix} 1 & 0 \\ 0 & 1 \end{pmatrix}$$

und

$$\mathbf{MA} = \begin{pmatrix} 1 & 0 \\ -2 & 1 \end{pmatrix} \cdot \begin{pmatrix} 1 & 0 \\ 2 & 1 \end{pmatrix} = \begin{pmatrix} 1 \cdot 1 + 0 \cdot 2 & 1 \cdot 0 + 0 \cdot 1 \\ -2 \cdot 1 + 1 \cdot 2 & -2 \cdot 0 + 1 \cdot 1 \end{pmatrix} = \begin{pmatrix} 1 & 0 \\ 0 & 1 \end{pmatrix}$$

Somit gilt **MA** = **AM** = **I**. Demnach muss **M** gleich $\mathbf{A}^{-1}$ sein.

A1.5 Funktionen und Transformationen

Der Begriff der *Funktion* gehört zum Kern der Mathematik und ihrer Anwendung als Werkzeug zur Beschreibung der realen Welt. Vereinfacht ausgedrückt ist eine Funktion ein beliebiger Prozess oder ein beliebiges Programm, das eine Eingabe erhält und gemäß einer bestimmten Regel eine eindeutige Ausgabe erzeugt. Obwohl eine Funktion oftmals aus mathematischen Ausdrücken gebildet wird, muss das nicht der Fall sein. Der Begriff kann sinnvoll um Prozesse erweitert werden, die nicht mathematisch beschrieben werden, wie zum Beispiel eine chemische Formel, ein Rezept oder eine Vorschrift, oder um verwandte Konzepte wie eine Unterroutine oder ein Modul eines Computerprogramms. Alle vermitteln die Idee, eine Eingabe in eine Ausgabe umzuwandeln. Einige Synonyme für das Wort Funktion sind *Operator, Abbildung* und *Transformation.*

Die als Eingabe für eine Funktion verwendeten Größen werden zusammenfassend als ihr *Definitionsbereich* bezeichnet. Die Ausgabe ist der *Wertebereich.* Zur Bezeichnung von Funktionen gibt es mehrere Notationen.

Beispiel 11. Einige Beispiele für Funktionen sind:

1. Die Gleichung $f(x) = x^2 + 2x + 1$ ist eine numerische Funktion, deren Definitionsbereich alle reellen Zahlen und deren Wertebereich alle reellen Zahlen größer oder gleich null umfasst.
2. Die Beziehung $T(\mathbf{V}) = 2\mathbf{V}$ ist eine Transformation zwischen Vektoren. Der Definitions- sowie der Wertebereich besteht aus allen reellen Vektoren. Diese Funktion transformiert jeden Vektor in einen neuen Vektor, der der Ausgangsvektor mit doppelter Länge ist.

3. Der Ausdruck $H(x, y) = (x, -y)$ stellt eine Abbildung zwischen Punkten der Ebene dar. Sowohl der Definitions- als auch der Wertebereich besteht aus allen Punkten der Ebene. Jeder einzelne Punkt wird auf die Spiegelung des Ausgangspunkts an der x-Achse abgebildet.
4. Wenn **A** eine Matrix und **X** eine Spaltenmatrix ist, kann die Spaltenmatrix **Y**, die man durch Multiplikation von **A** und **X** erhält, als eine Funktion **Y** = **AX** aufgefasst werden.

A1.5.1 Funktionsgraphen

Sind x und y reelle Zahlen (Skalare), besteht der *Graph* der Funktion $y = f(x)$ aus allen Punkten der Ebene, deren Koordinaten die Form $[x, f(x)]$ haben, wobei x im Definitionsbereich von f liegt. Der Graph einer Funktion ist die mit der Funktion verbundene Kurve und besteht aus unendlich vielen Punkten. In der Praxis wird der Graph einer Funktion gezeichnet, indem man eine Wertetabelle berechnet und die Ergebnisse zeichnet. Auf diese Weise erhält man eine Näherung des tatsächlichen Graphen von f.

Beispiel 12. Zeichnen Sie fünf Punkte der Funktion $y = x^2$ im Intervall [-1; 1].

x	-1	$-\frac{1}{2}$	0	$\frac{1}{2}$	1
x^2	1	$\frac{1}{4}$	0	$\frac{1}{4}$	1

Das Aufzeichnen der in der Tabelle berechneten Punkte (x, x^2) und das Verbinden dieser Punkte durch Strecken ergibt eine Näherung an den tatsächlichen Graph von $y = x^2$. In Abb. A1.7 sehen Sie eine Darstellung des Graphen.

Die *Auflösung* ist durch die Anzahl der bei der Zeichnung verwendeten x-Werte bestimmt. Je höher die Auflösung, desto besser ist die Näherung.

A1.5.2 Zusammensetzen von Funktionen

Wenn ein durch eine Funktion H beschriebener Vorgang als aufeinander folgende Anwendung zweier Funktionen G und F beschrieben werden kann, sagen wir, H sei eine *Komposition* von F und G. Wir schreiben $H = F \circ G$. Wird der Eingabewert der Funktion mit x bezeichnet, berechnet sich die Ausgabe gemäß

$$H(x) = F[G(x)]$$

Das heißt, dass zunächst G auf x angewandt wird, und dann das Ergebnis $G(x)$ als Eingabe an F weitergereicht wird.

Die Komposition von Funktionen ist im Allgemeinen nicht kommutativ, d.h., $F \circ G \neq G \circ F$.

Die Komposition ist nicht nur auf zwei Funktionen beschränkt, sondern auf eine beliebige Anzahl erweiterbar. Für Funktionen in Matrixform ist die Komposition gleichbedeutend mit der Matrizenmultiplikation, d.h., $\mathbf{A} \circ \mathbf{B} = \mathbf{AB}$.

Beispiel 13.

1. Ist $f(x) = x^2 + 2$ und $g(x) = 2x + 1$, dann ist $f[g(x)] = [g(x)]^2 + 2 = (2x + 1)^2 + 2 = 4x^2 + 4x + 3$.
2. Ist

$$\mathbf{A} = \begin{pmatrix} 1 & 3 \\ 0 & 2 \end{pmatrix} \quad \text{und} \quad \mathbf{B} = \begin{pmatrix} -5 & 4 \\ 2 & 2 \end{pmatrix}$$

dann ist

$$\mathbf{A} \circ \mathbf{B} = \mathbf{AB} = \begin{pmatrix} 1 & 3 \\ 0 & 2 \end{pmatrix} \begin{pmatrix} -5 & 4 \\ 2 & 2 \end{pmatrix} = \begin{pmatrix} 1 & 10 \\ 4 & 4 \end{pmatrix}$$

A1.5.3 Inverse einer Funktion

Die Inverse einer Funktion f (bezüglich der Komposition) ist eine als f^{-1} bezeichnete Funktion, die die Beziehungen $f^{-1} \circ f = i$ und $f \circ f^{-1} = i$ erfüllt, wobei i die Identitätsfunktion $i(x) = x$ ist. Wenden wir diese Komposition auf ein Element x an, erhalten wir die gleichbedeutenden Aussagen

$$f^{-1}[f(x)] = x \qquad f[f^{-1}(x)] = x$$

Der inverse Operator macht also die Wirkung von f rückgängig.

Nicht jede Funktion hat eine Inverse, und oftmals ist es sehr schwierig festzustellen, ob eine gegebene Funktion eine Inverse besitzt. Man muss sich oft auf geometrische Intuition verlassen, um die Inverse eines Operators aufzustellen.

Beispiel 14. R sei die Transformation, die jeden Punkt der Ebene um einen Winkel von 30° dreht (in positiver Richtung entgegen dem Uhrzeigersinn). Dann ist einsichtig, dass R^{-1} die Transformation ist, die jeden Punkt um einen Winkel von -30° dreht (in negativer Richtung mit dem Uhrzeigersinn).

A1.6 Aufgaben mit Lösungen

A1.1 Bestimmen Sie den Abstand der Punkte mit den Koordinaten (*a*) (5; 2) und (7; 3), (*b*) (-3; 1) und (5; 2), (*c*) (-3; -1) und (-5; -2) und (*d*) (0; 1) und (2; 0).

LÖSUNG

a. $D = \sqrt{(7-5)^2 + (3-2)^2} = \sqrt{2^2 + 1^2} = \sqrt{5}$

b. $D = \sqrt{[5-(-3)]^2 + (2-1)^2} = \sqrt{(8)^2 + (1)^2} = \sqrt{65}$

c. $D = \sqrt{[-5-(-3)]^2 + [-2-(-1)]^2} = \sqrt{(-2)^2 + (-1)^2} = \sqrt{5}$

d. $D = \sqrt{(2-0)^2 + (0-1)^2} = \sqrt{2^2 + (-1)^2} = \sqrt{5}$

A1.2 Leiten Sie die Gleichung für eine Gerade her (siehe Abb. A1.5).

LÖSUNG

Eine Gerade ändert niemals ihre Richtung. Wir bestimmen die Richtung einer Geraden über den Winkel θ, den die Gerade mit der positiven x-Achse bildet. Dann ist in jedem Punkt P_0 der Geraden der durch die Gerade und eine parallel zur x-Achse durch P_0 verlaufende Strecke gebildete Winkel auch gleich θ. Es sei $P_0(x_0, y_0)$ ein Punkt auf der Geraden. Für jeden beliebigen Punkt $P(x, y)$ der Geraden finden wir nach Zeichnung des rechtwinkligen Dreiecks mit der Hypotenuse $\overline{P_0P}$

$$\tan\theta = \frac{y - y_0}{x - x_0}$$

Die Größe tan θ wird die Steigung der Gerade genannt und traditionell mit m bezeichnet. Wir schreiben die Gleichung wie folgt um:

$$m = \frac{y - y_0}{x - x_0} \qquad \text{oder} \qquad m = \frac{\Delta y}{\Delta x}$$

(Δy wird auch Ordinatenabstand genannt, Δx Abszissenabstand.) Das kann nach y in Abhängigkeit von x aufgelöst werden.

A1.3 Formulieren Sie die Gleichung einer Geraden mit Steigung 2, die durch den Punkt (-1; 2) geht.

LÖSUNG

Sei $P(x, y)$ ein beliebiger Punkt auf der Geraden. Dann gilt

$$\Delta y = y - 2 \qquad \Delta x = x - (-1) = x + 1$$

und $m = 2$. Unter Verwendung von $\Delta y / \Delta x = m$ erhalten wir

$$\frac{y-2}{x+1} = 2 \qquad \text{oder} \qquad y - 2 = 2(x+1) = 2x + 2$$

und daher $y = 2x + 4$.

A1.4 Formulieren Sie die Gleichung einer Geraden, die durch die Punkte $P_1(1; 2)$ und $P_2(3; -2)$ geht.

LÖSUNG

Sei $P(x, y)$ ein beliebiger Punkt auf der Geraden. Dann berechnen wir unter Verwendung von P_1

$$\Delta y = y - 2 \qquad \Delta x = x - 1$$

Zur Berechnung der Steigung m verwenden wir P_1 und P_2 und erhalten

$$\Delta y = -2 - 2 = -4 \qquad \Delta x = 3 - 1 = 2$$

Dann gilt $m = \frac{\Delta y}{\Delta x} = -2 \qquad \frac{y-2}{x-1} = -2$

Und schließlich $y - 2 = -2x + 2$ und $y = -2x + 4$

A1.5 Zeigen Sie, dass Geraden dann und nur dann parallel sind, wenn sie dieselbe Steigung haben.

LÖSUNG

Betrachten Sie Abbildung 1.18. Angenommen, die Geraden l_1 und l_2 sind parallel. Dann sind die Stufenwinkel θ_1 und θ_2 gleich und damit auch die Steigungen tan θ_1 und tan θ_2.

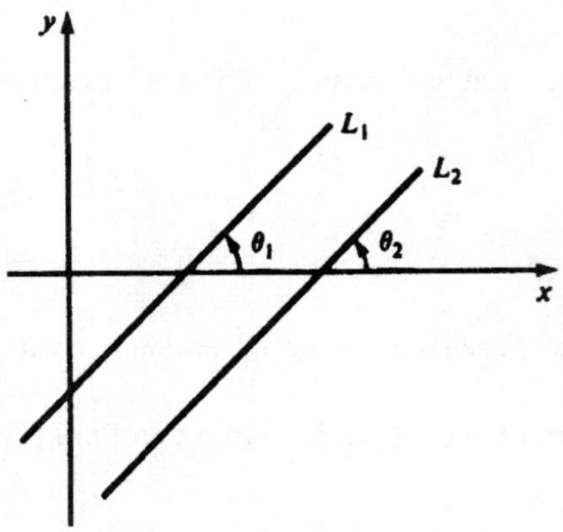

Abb. A1.18

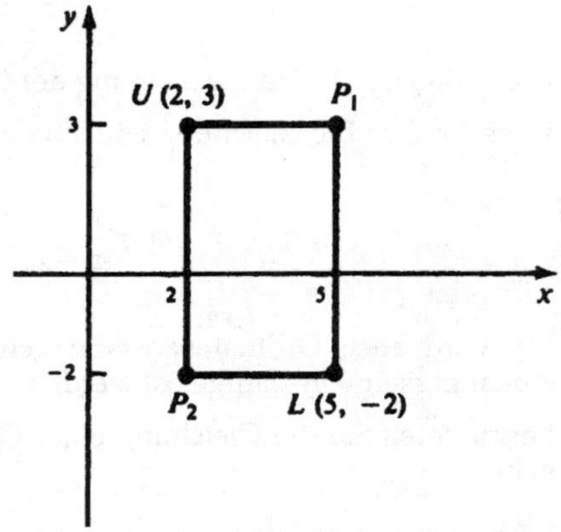

Abb. A1.19

Sind andererseits die Steigungen tan θ_1 und tan θ_2 gleich, sind es auch die Stufenwinkel θ_1 und θ_2. Damit sind die Geraden l_1 und l_2 parallel.

A1.6 Es seien $U(2; 3)$ und $L(5; -2)$ die linke obere bzw. rechte untere Ecke eines Rechtecks, dessen Seiten parallel zur *x*- und *y*-Achse verlaufen. Bestimmen Sie die Koordinaten der übrigen beiden Ecken.

LÖSUNG

Bei Betrachtung der Abbildung 1.19 sehen wir, dass die *x*-Koordinate von P_1 dieselbe wie die von *L*, nämlich 5, und die *y*-Koordinate dieselbe wie die von *U*, nämlich 3 ist. Daher ist $P_1 = (5; 3)$. Auf ähnliche Weise ergibt sich $P_2 = (2; -2)$.

A1.7 Zeichnen Sie die Punkte $A(1; 1)$, $B(-1; 1)$ und $C(-2; 2)$. Zeigen Sie dann, dass (*a*) *ABC* ein rechtwinkliges Dreieck ist, und bestimmen Sie (*b*) einen vierten Punkt *D*, so dass *ABCD* ein Rechteck ist (siehe Abbildung 1.20).

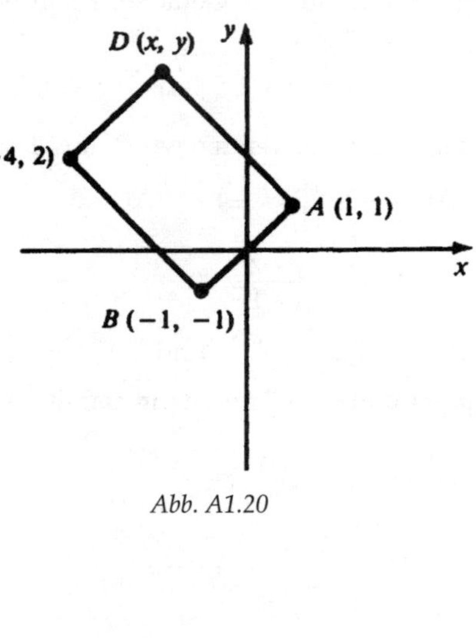

Abb. A1.20

LÖSUNG

a. Zeigen Sie, dass der Satz des Pythagoras erfüllt ist:

$$\overline{AC}^2 = \overline{AB}^2 + \overline{BC}^2$$

Verwenden Sie die Abstandsformel zur Berechnung der Seitenlängen von ABC:

$$\overline{AB} = \sqrt{[1-(-1)]^2 + [1-(-1)]^2} = \sqrt{2^2 + 2^2} = \sqrt{8}$$
$$\overline{BC} = \sqrt{[-1-(-4)]^2 + (-1-2)^2} = \sqrt{(3)^2 + (-3)^2} = \sqrt{18}$$
$$\overline{AC} = \sqrt{[1-(-4)]^2 + (1-2)^2} = \sqrt{5^2 + (-1)^2} = \sqrt{26}$$

Damit gilt

$$\overline{AC}^2 = 26 = \overline{AB}^2 + \overline{BC}^2 = 8 + 18$$

b. Die unbekannten Koordinaten von D seien mit (x, y) bezeichnet. Nutzen Sie aus, dass die gegenüberliegenden Seiten eines Rechtecks parallel zu x und y sind. Berechnen Sie die Steigungen aller vier Seiten, da parallele Geraden dieselbe Steigung haben:

$$\text{Steigung } \overline{AB} = \frac{-1-1}{-1-1} = \frac{-2}{-2} = 1 \qquad \text{Steigung } \overline{CD} = \frac{y-2}{x-(-4)} = \frac{y-2}{xt4}$$

$$\text{Steigung } \overline{BC} = \frac{-1-(2)}{-1-(-4)} = \frac{-3}{3} = -1 \qquad \text{Steigung } \overline{DA} = \frac{y-1}{x-1}$$

Damit $ABCD$ ein Rechteck ist, muss

Steigung $\overline{CD}$ = Steigung $\overline{AB}$ Steigung $\overline{DA}$ = Steigung $\overline{BC}$

oder $\frac{y-2}{x+4} = 1$ und $\frac{y-1}{x-1} = -1$

gelten. Das führt auf die Gleichungen

$$y - 2 = x + 4 \quad \text{und} \quad y - 1 = -x + 1$$

oder

$$-x + y = 6 \quad \text{und} \quad x + y = 2$$

Nach Auflösung erhalten wir $x = -2$ und $y = 4$.

A1.8 Bestimmen Sie die Gleichung eines Kreises mit dem Radius r und dem Mittelpunkt (h, k).

LÖSUNG

Betrachten Sie Abbildung 1.21. Ist $P(x, y)$ ein beliebiger Punkt auf dem Kreisumfang, muss sein Abstand vom Mittelpunkt gleich r sein. Dies kann mathematisch mit Hilfe der Abstandsformel ausgedrückt werden:

$$D = \sqrt{(x-h)^2 (y-k)^2} = r$$

Damit gilt $(x - h)^2 + (y - k)^2 = r^2$; das ist die Gleichung des Kreises.

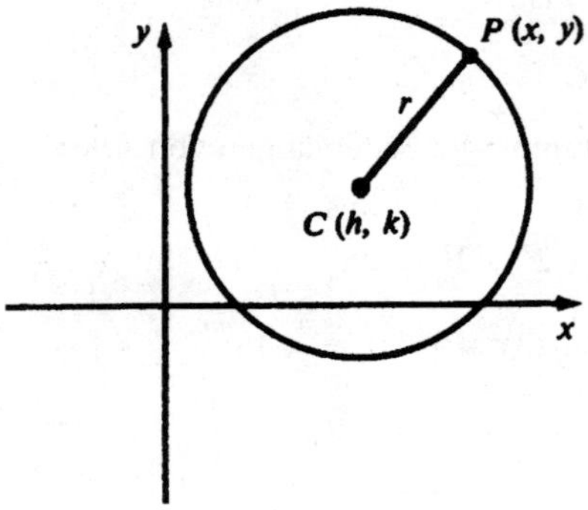

Abb. A1.21

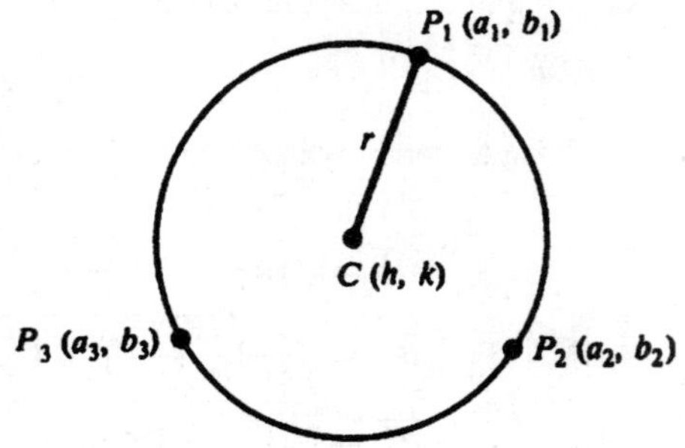

Abb. A1.22

A1.9 Gegeben seien drei Punkte, die nicht alle auf einer Geraden liegen. Geben Sie die Gleichung des durch sie bestimmten Kreises an.

LÖSUNG

Betrachten Sie Abbildung 1.22. Die Koordinaten der drei Punkte seien $P_1(a_1, b_1)$, $P_2(a_2, b_2)$ und $P_3(a_3, b_3)$. r sei der Radius des Kreises und (h, k) sein Mittelpunkt. Da jeder Punkt den Abstand r vom Mittelpunkt hat, gilt

$$(a_1 - h)^2 + (b_1 - k)^2 = r^2$$
$$(a_2 - h)^2 + (b_2 - k)^2 = r^2$$
$$(a_3 - h)^2 + (b_3 - k)^2 = r^2$$

Ausmultiplizieren und Zusammenfassen ähnlicher Terme ergibt

$$(a_2 - a_1)h + (b_2 - b_1)k = \frac{a_2^2 - a_1^2}{2} + \frac{b_2^2 - b_1^2}{2}$$
$$(a_3 - a_2)h + (b_3 - b_2)k = \frac{a_3^2 - a_2^2}{2} + \frac{b_3^2 - b_2^2}{2}$$

Diese Gleichungen können nach h und k aufgelöst werden und ergeben

$$h = \frac{1}{2}\frac{[d_1^2(b_2 - b_3) + d_2^2(b_3 - b_1) + d_3^2(b_1 - b_2)]}{d}$$
$$k = \frac{-1}{2}\frac{[d_1^2(a_2 - a_3) + d_2^2(a_3 - a_1) + d_3^2(a_1 - a_2)]}{d}$$

Hier bedeutet $d_1^2 = a_1^2 + b_1^2$, $d_2^2 = a_2^2 + b_2^2$, $d_3^2 = a_3^2 + b_3^2$ und $d = a_1(b_2 - b_3) + a_2(b_3 - b_1) + a_3(b_1 - b_2)$. Schließlich kann r wie folgt bestimmt werden:

$$r = \sqrt{(a_1 - h)^2 + (b_1 - k)^2}$$

A1.10 Bestimmen Sie die Gleichung eines Kreises, der durch die drei Punkte $P_1(1; 2)$, $P_2(3; 0)$ und $P_1(0; -4)$ geht.

LÖSUNG

Wie in Aufgabe 1.9 erhalten wir

$$\begin{array}{lll} d_1^2 = a_1^2 + b_1^2 = 5 & a_2 - a_3 = 3 & b_2 - b_3 = 4 \\ d_2^2 = a_2^2 + b_2^2 = 9 & a_3 - a_1 = -1 & b_3 - b_1 = -6 \\ d_3^2 = a_3^2 + b_3^2 = 16 & a_1 - a_2 = -2 & b_1 - b_2 = 2 \end{array}$$

Somit gilt

$$d = 1(4) + 3(-6) + 0(2) = -14$$

und

$$h = \frac{-1[5(4) + 9(-6) + 16(2)]}{28} = \frac{2}{28} = \frac{1}{14}$$

$$k = \frac{1[5(3) + 9(-1) + 16(-2)]}{28} = \frac{-26}{28} = \frac{-13}{14}$$

Daher liegt der Mittelpunkt des Kreises bei

$$\left(\frac{1}{14}, \frac{-13}{14}\right)$$

und der Radius wird berechnet durch

$$r = \sqrt{\left(1 - \frac{1}{14}\right)^2 + \left(2 + \frac{13}{14}\right)^2} = \frac{5}{14}\sqrt{74}$$

A1.11 Zeigen Sie, dass $x = r \cos t$, $y = r \sin t$ die Parametergleichungen eines Kreises mit dem Radius r und dem Ursprung als Mittelpunkt sind.

LÖSUNG

Gemäß Aufgabe 1.8 müssen wir zeigen, dass $x^2 + y^2 = r^2$. Unter Verwendung der trigonometrischen Identität $\cos^2 t + \sin^2 t = 1$ erhalten wir

$$x^2 + y^2 = (r \cos t)^2 + (r \sin t)^2 = r^2 \cos^2 t + r^2 \sin^2 t = r^2(\cos^2 t + \sin^2 t) = r^2$$

A1.12 Zeigen Sie, dass die Parametergleichungen

$$x = \frac{a+bt}{e+ft} \qquad y = \frac{c+dt}{e+ft}$$

die Gleichungen einer Geraden in einer Ebene sind.

LÖSUNG

Wir zeigen, dass die Steigung

$$\frac{\Delta y}{\Delta x} = \frac{y_2 - y_1}{x_2 - x_1}$$

unabhängig vom Parameter t konstant ist. Es gilt

$$\begin{aligned}
\frac{y_2 - y_1}{x_2 - x_1} &= \frac{(c+dt_2)/(e+ft_2) - (c+dt_1)(e+ft_1)}{(a+bt_2)/(e+ft_2) - (a+bt_1)/(e+ft_1)} \\
&= \frac{ce + det_2 + cft_1 + dft_2t_1 - ce - cft_2 - det_1 - dft_2t_1}{ae + aft_1 + bet_2 + bft_2t_1 - ae - aft_2 - ebt_1 - bft_2t_1} \\
&= \frac{de(t_2 - t_1) - cf(t_2 - t_1)}{be(t_2 - t_1) - af(t_2 - t_1)} = \frac{de - cf}{be - af}
\end{aligned}$$

Sofern $be - af \neq 0$, ist die Steigung $\Delta y / \Delta x$ konstant, weshalb es sich um die Gleichung einer Geraden handelt.

A1.13 Die Gleichungen einer Geraden seien gegeben durch (Aufgabe 1.12)

$$x = \frac{1+t}{1-t} \qquad y = \frac{2+t}{1-t}$$

Zeichnen Sie (*a*) eine Gerade für alle Werte von t, (*b*) den Geradenabschnitt im Intervall [0; 2] und finden Sie (*c*) die Steigung der Geraden.

LÖSUNG

Es ergibt sich folgende Werttabelle:

t	-1	$-\frac{1}{2}$	0	$\frac{1}{2}$	2	3
x	0	$\frac{1}{3}$	1	3	-3	-2
y	$\frac{1}{2}$	1	2	5	-4	$-\frac{5}{2}$

Die resultierende Gerade ist in Abbildung 1.23 gezeigt.

a. Wir beobachten Folgendes: (1) Die Gerade ist bei $t = 1$ nicht definiert, (2) $(x, y) \rightarrow (\infty, \infty)$ für $t \rightarrow 1^-$, (3) $(x, y) \rightarrow (-\infty, -\infty)$ für $t \rightarrow 1^+$ und (4) $(x, y) \rightarrow (-1, -1)$ für $t \rightarrow \pm\infty$ (siehe Abbildung 1.23).

b. Das Intervall [0; 2] enthält für $t = 1$ den Wert unendlich. Der entsprechende Bereich ist der äußere Geradenabschnitt zwischen den Punkten $P_1(1; 2)$ bei t=0 und $P_2(-3; -4)$ bei $t = 2$ (siehe Abbildung 1.24).

c. Gemäß Aufgabe 1.12 gilt für die Steigung der Geraden mit $a = 1$, $b = 1$, $c = 2$, $d = 1$, $e = 1$ und $f = -1$

$$\frac{\Delta y}{\Delta x} = \frac{(1)(1) - (2)(-1)}{(1)(1) - (1)(-1)} = \frac{3}{2}$$

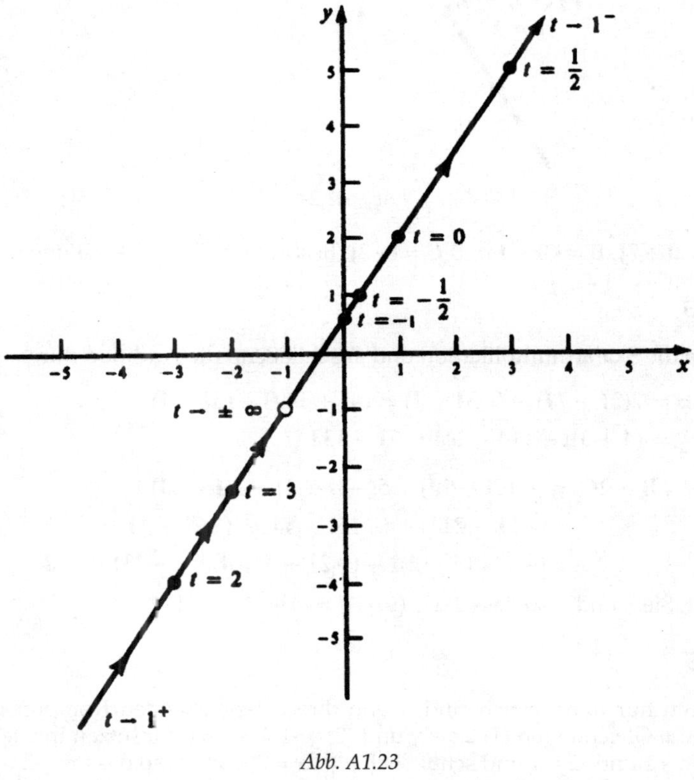

Abb. A1.23

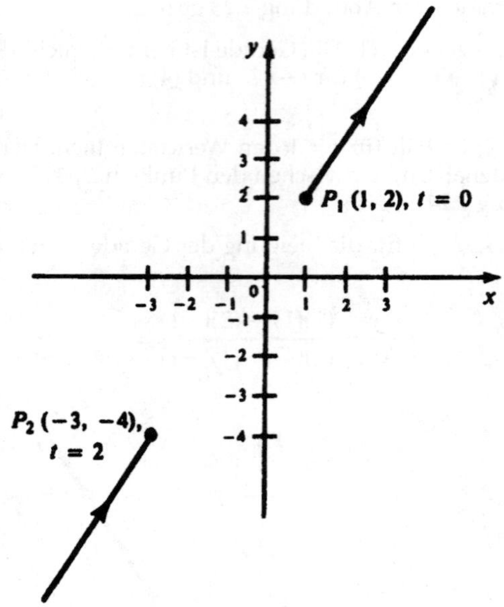

Abb. A1.24

A1.14 Es sei **A** = 2**I** + 7**J**, **B** = -3**I** + **J** und **C** = **I** - 2**J**. Bestimmen Sie (*a*) 2**A** - **B** und (*b*) -3**A** + 5**B** - 2C.

LÖSUNG

Führen Sie die Skalarmultiplikation und anschließend die Addition durch.

a. $$2\mathbf{A} - \mathbf{B} = 2(2\mathbf{I} + 7\mathbf{J}) - (-3\mathbf{I} + \mathbf{J}) = (4\mathbf{I} + 14\mathbf{J}) + (3\mathbf{I} - \mathbf{J})$$
$$= (4+3)\mathbf{I} + (14-1)\mathbf{J} = 7\mathbf{I} + 13\mathbf{J}$$

b. $$-3\mathbf{A} + 5\mathbf{B} - 2\mathbf{C} = -3(2\mathbf{I} + 7\mathbf{J}) + 5(-3\mathbf{I} + \mathbf{J}) - 2(\mathbf{I} - 2\mathbf{J})$$
$$= (-6\mathbf{I} - 21\mathbf{J}) + (-15\mathbf{I} + 5\mathbf{J}) + (-2\mathbf{I} + 4\mathbf{J})$$
$$= (-6 - 15 - 2)\mathbf{I} + (-21 + 5 + 4)\mathbf{J} = -23\mathbf{I} - 12\mathbf{J}$$

A1.15 Bestimmen Sie x und y, so dass $2xI$ + (y - 1)**J** = yI + (3x + 1)**J**.

LÖSUNG

Da Vektoren nur dann gleich sind, wenn ihre entsprechenden Komponenten gleich sind, lösen wir die Gleichungen (1) $2x = y$ und (2) $y - 1 = 3x + 1$. Einsetzen in Gleichung (2) ergibt $(2x) - 1 = 3x + 1$ und $-2 = x$ und schließlich $y = 2x = 2(-2) = -4$, so dass $x = -2$ und $y = -4$.

A1.16 Der Fußpunkt des Vektors **A** liegt bei P(-1; 2), die Spitze bei Q(5; -3). Bestimmen Sie die Komponenten von **A**.

LÖSUNG

Verschieben Sie den Vektor **A**, so dass sein Fußpunkt im Ursprung liegt. In dieser Position sind die Koordinaten der Spitze gleich den Komponenten von **A**.

Das Verschieben von P in den Ursprung bedeutet, von der x-Komponente -1 und von der y-Komponente 2 zu subtrahieren. Daher liegt die neue Spitze von **A** im Punkt Q_1, dessen Koordinaten (x_1, y_1) über

$$x_1 = 5 - (-1) = 6 \qquad y_1 = -3 - 2 = -5$$

bestimmt werden. Daher ist **A** = 6**I** - 5**J**.

A1.17 Gegeben seien die Vektoren **A** = **I** + 2**J** und **B** = 2**I** - 3**J**. Bestimmen Sie (*a*) die Länge, (*b*) das Punktprodukt und (*c*) den Winkel θ zwischen den Vektoren.

LÖSUNG

a. $|\mathbf{A}| = \sqrt{1^2 + 2^2} = \sqrt{5} \qquad |\mathbf{B}| = \sqrt{2^2 + (-3)^2} = \sqrt{13}$

b. $\mathbf{A} \cdot \mathbf{B} = (\mathbf{I} + 2\mathbf{J}) \cdot (2\mathbf{I} - 3\mathbf{J}) = (1 \cdot 2) + [2 \cdot (-3)] = 2 - 6 = -4$

c. Wir können die Definition des Punktprodukts nach θ auflösen:

$$\cos\theta = \frac{\mathbf{A} \cdot \mathbf{B}}{|\mathbf{A}||\mathbf{B}|} = \frac{-4}{\sqrt{5}\sqrt{13}}$$

Daher ist θ = 119,4°.

A1.18 Bestimmen Sie den Einheitsvektor $\mathbf{U_A}$ mit der Richtung von **A** = 2**I** - 3 **J**.

LÖSUNG

Da $\mathbf{U_A} = \frac{\mathbf{A}}{|\mathbf{A}|}$, folgt, dass

$$|\mathbf{A}| = \sqrt{2^2 + (-3)^2} = \sqrt{13} \qquad \text{und} \qquad \mathbf{U_A} = \frac{\mathbf{A}}{|\mathbf{A}|} = \frac{2\mathbf{I} - 3\mathbf{J}}{\sqrt{13}} = \frac{2}{\sqrt{13}}\mathbf{I} - \frac{3}{\sqrt{13}}\mathbf{J}$$

A1.19 Zeigen Sie, dass für zwei beliebige Vektoren **A** und **B** bezüglich des Punktprodukts das Kommutativgesetz

$$\mathbf{A} \cdot \mathbf{B} = \mathbf{B} \cdot \mathbf{A}$$

gilt.

LÖSUNG

Es sei

$$\mathbf{A} = a_1\mathbf{I} + a_2\mathbf{J} \qquad \mathbf{B} = b_1\mathbf{I} + b_2\mathbf{J}$$

Damit ist

$$\mathbf{A} \cdot \mathbf{B} = a_1b_1 + a_2b_2 \qquad \mathbf{B} \cdot \mathbf{A} = b_1a_1 + b_2a_2$$

Vergleichen wir beide Ausdrücke, sehen wir, dass sie gleich sind.

A1.20 Zeigen Sie, dass für drei beliebige Vektoren **A**, **B** und **C** bezüglich des Punktprodukts das Distributivgesetz

$$(\mathbf{A} + \mathbf{B}) \cdot \mathbf{C} = \mathbf{A} \cdot \mathbf{C} + \mathbf{B} \cdot \mathbf{C}$$

gilt.

LÖSUNG

Es seien

$$\mathbf{A} = a_1\mathbf{I} + a_2\mathbf{J} \qquad \mathbf{B} = b_1\mathbf{I} + b_2\mathbf{J} \qquad \mathbf{C} = c_1\mathbf{I} + c_2\mathbf{J}$$

Damit ist

$$\mathbf{A} + \mathbf{B} = (a_1 + b_1)\mathbf{I} + (a_2 + b_2)\mathbf{J}$$

und

$$(\mathbf{A} + \mathbf{B}) \cdot \mathbf{C} = (a_1 + b_1)c_1 + (a_2 + b_2)c_2 = a_1c_1 + b_1c_1 + a_2c_2 + b_2c_2$$

Andererseits gilt

$$\mathbf{A} \cdot \mathbf{C} = a_1c_1 + a_2c_2 \qquad \mathbf{B} \cdot \mathbf{C} = b_1c_1 + b_2c_2$$

so dass

$$\mathbf{A} \cdot \mathbf{C} + \mathbf{B} \cdot \mathbf{C} = a_1c_1 + a_2c_2 + b_1c_1 + b_2c_2$$

Vergleichen wir beide Ausdrücke, sehen wir, dass sie gleich sind.

A1.21 Zeigen Sie, dass die Gleichung einer Geraden durch die Angabe eines Vektors **V** mit ihrer Richtung und eines Punkts auf ihr bestimmt werden kann.

LÖSUNG

Angenommen, **V** habe die Komponenten $[a; b]$ und der Punkt $P_0(x_0, y_0)$ liege auf der Geraden (siehe Abbildung 1.25). Ist $P(x, y)$ ein beliebiger Punkt der Geraden, so hat der Vektor $\overline{\mathbf{P_0P}}$ dieselbe Richtung wie **V** und muss daher, gemäß der Definition eines Vektors, ein (skalares) Vielfaches von **V** sein, d.h., $\overline{\mathbf{P_0P}} = tV$. Die Komponenten von $\overline{\mathbf{P_0P}}$ sind $[x - x_0, y - y_0]$ und die von tV sind $t[a, b]$. Durch Gleichsetzen der Komponenten erhalten wir die Parametergleichung der Geraden:

$$x - x_0 = ta \qquad y - y_0 = tb \qquad \text{or} \qquad x = at + x_0 \qquad y = bt + y_0$$

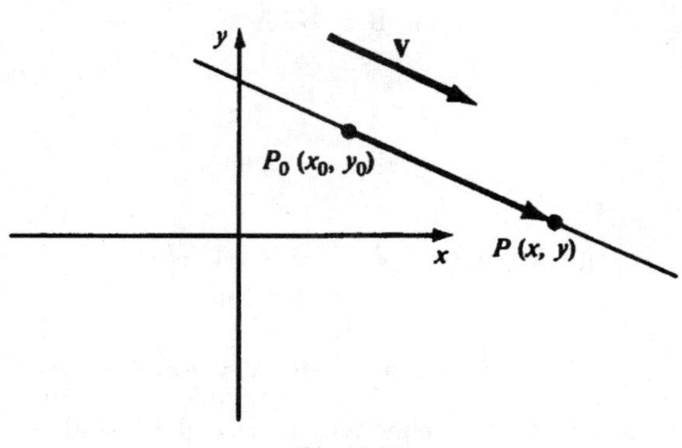

Abb. A1.25

Die nichtparametrische Form der Gleichung kann durch Eliminieren des Parameters t aus beiden Gleichungen bestimmt werden. Daher gilt

$$\frac{x - x_0}{a} = t = \frac{y - y_0}{b}$$

Wenn wir nach y auflösen, erhalten wir

$$y = \frac{b}{a}x + \left(y_0 - \frac{b}{a}x_0\right)$$

A1.22 Bestimmen Sie (*a*) die parameterische- und (*b*) die nichtparametrische Gleichung einer Geraden durch den Punkt $P_0(1; 2)$ parallel zum Vektor $\mathbf{V} = 2\mathbf{I} + \mathbf{J}$.

LÖSUNG

Wie in Aufgabe 1.21 finden wir mit $a = 2$, $b = 1$, $x_0 = 1$ und $y_0 = 2$, dass (*a*) $x = 2t + 1$, $y = t + 2$ und (*b*) mit $b/a = \frac{1}{2g}$ $y = \frac{1}{2}x + (2 - \frac{1}{2}) = \frac{1}{2}x + \frac{1}{6}$.

A1.23 Bestimmen Sie die Parametergleichung der Geraden durch die Punkte $P_1(1; 2)$ und $P_2(4; 1)$. Wie lautet die allgemeine Form der Parametergleichung einer Geraden durch die Punkte $P_1(x_1, y_1)$ und $P_2(x_2, y_2)$?

LÖSUNG

Betrachten Sie die Abbildung 1.26. Wählen Sie $\mathbf{V} = \overline{\mathbf{P_1P_2}} = (4 - 1)\mathbf{I} + (1 - 2)\mathbf{J} = 3\mathbf{I} - 1\mathbf{J}$. Dann gilt wie in Aufgabe 1.21 $x = 3t - 1$ und $y = -t - 2$. Im allgemeinen Fall wird die Richtung von $\mathbf{V}$ wie oben als $\overline{\mathbf{P_1P_2}} = (x_2 - x_1)\mathbf{I} + (y_2 - y_1)\mathbf{J}$ gewählt. Die Geradengleichung lautet dann

$$x = x_1 + (x_2 - x_1)t \qquad y = y_1 + (y_2 - y_1)t$$

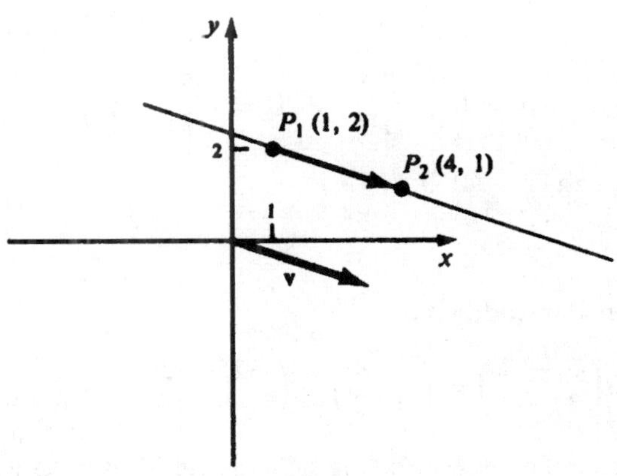

Abb. A1.26

A1.24 Bestimmen Sie die Zahl c, so dass der Vektor $\mathbf{A} = \mathbf{I} + c\mathbf{J}$ orthogonal zu $\mathbf{B} = 2\mathbf{I} - \mathbf{J}$ ist.

LÖSUNG

Zwei von null verschiedene Vektoren sind dann und nur dann orthogonal (d.h., sie stehen senkrecht aufeinander), wenn ihr Punktprodukt gleich null ist. Somit erhalten wir

$$\mathbf{A} \cdot \mathbf{B} = (\mathbf{I} + c\mathbf{J}) \cdot (2\mathbf{I} - \mathbf{J}) = (1 \cdot 2) + [c(-1)] = 2 - c$$

A und **B** sind also orthogonal, wenn 2 - c = 0 oder c = 2.

A1.25 Berechnen Sie

a. $\begin{pmatrix} 5 & 4 & 1 \\ 0 & -1 & 7 \end{pmatrix} + \begin{pmatrix} 2 & -1 & 3 \\ 2 & 0 & 1 \end{pmatrix}$

b. $\begin{pmatrix} 5 & 3 & 1 \\ 1 & 2 & 3 \end{pmatrix} + \begin{pmatrix} 4 & 1 \\ 1 & 5 \end{pmatrix}$

c. $3\begin{pmatrix} 5 & 4 & 1 \\ 0 & -1 & 7 \end{pmatrix}$

LÖSUNG

a. Durch Addition der entsprechenden Einträge erhalten wir

$$\begin{pmatrix} 5 & 4 & 1 \\ 0 & -1 & 7 \end{pmatrix} + \begin{pmatrix} 2 & -1 & 3 \\ 2 & 0 & 1 \end{pmatrix} = \begin{pmatrix} 5+2 & 4-1 & 1+3 \\ 0+2 & -1+0 & 7+1 \end{pmatrix} = \begin{pmatrix} 7 & 3 & 4 \\ 2 & -1 & 8 \end{pmatrix}$$

b. Da die Matrizen unterschiedliche Größen aufweisen, können wir sie nicht addieren.

c. Durch Multiplikation aller Einträge mit 3 erhalten wir

$$3\begin{pmatrix} 5 & 4 & 1 \\ 0 & -1 & 7 \end{pmatrix} = \begin{pmatrix} 15 & 12 & 3 \\ 0 & -3 & 21 \end{pmatrix}$$

A1.26 Es seien

$$\mathbf{A} = \begin{pmatrix} 3 & 2 \\ 0 & 1 \end{pmatrix} \qquad \mathbf{B} = \begin{pmatrix} 5 & -7 \\ 3 & -2 \end{pmatrix}$$

Bestimmen Sie 2**A** - 3**B**.

LÖSUNG

Erst multiplizieren, dann addieren:

$$2\mathbf{A} - 3\mathbf{B} = 2\begin{pmatrix} 3 & 2 \\ 0 & 1 \end{pmatrix} - 3\begin{pmatrix} 5 & -7 \\ 3 & -2 \end{pmatrix} = \begin{pmatrix} 6 & 4 \\ 0 & 2 \end{pmatrix} + \begin{pmatrix} -15 & 21 \\ -9 & 6 \end{pmatrix} = \begin{pmatrix} 6-15 & 4+21 \\ 0-9 & 2+6 \end{pmatrix} = \begin{pmatrix} -9 & 25 \\ -9 & 8 \end{pmatrix}$$

A1.27 Bestimmen Sie die Größe der Matrix, die sich aus der Multiplikation **A** · **B** ergibt, wenn die Größen von **A** und **B** wie folgt gegeben sind: (*a*) (3 x 5), (5 x 2); (*b*) (1 x 2), (3 x 1); (*c*) (2 x 2), (2 x 1) und (*d*) (2 x 2), (2 x 2).

LÖSUNG

(*a*) (3 x 2); (*b*) undefiniert, da die Spaltenzahl von **A** (2) und die Zeilenzahl von **B** (3) nicht gleich sind; (*c*) (2 x 1); (*d*) (2 x 2).

A1.28 Für welche Größen von **A** und **B** kann sowohl **AB** als auch **BA** berechnet werden? Zeigen Sie, dass sowohl **AB** als auch **BA** definiert sind, wenn **A** und **B** quadratische Matrizen derselben Größe sind.

LÖSUNG

Die Größe von **A** sei (m x n) und die von **B** sei (r x s). Dann ist **AB** nur für $r = n$ definiert. Entsprechend ist **BA** nur für $s = m$ definiert. Ist die Größe von **A** also (m x n), so muss die von **B** (n x m) sein. Sind **A** und **B** quadratisch mit (n x n), sind sowohl **AB** als auch **BA** definiert.

A1.29 Gegeben sei

$$\mathbf{A} = \begin{pmatrix} 1 & 2 \\ 5 & 1 \\ 6 & 3 \end{pmatrix}$$

Bestimmen Sie $\mathbf{A}^T$.

LÖSUNG

Durch Vertauschen der Zeilen und Spalten von **A** erhalten wir

$$\mathbf{A}^T = \begin{pmatrix} 1 & 5 & 6 \\ 2 & 1 & 3 \end{pmatrix}$$

A1.30 Berechnen Sie **AB** für

a. $\mathbf{A} = \begin{pmatrix} 2 & 3 \\ 1 & 2 \end{pmatrix}$ and $\mathbf{B} = \begin{pmatrix} -4 \\ 7 \end{pmatrix}$

b. $\mathbf{A} = \begin{pmatrix} 2 & 3 \\ 1 & 2 \end{pmatrix}$ and $\mathbf{B} = \begin{pmatrix} -4 & 5 \\ 7 & 6 \end{pmatrix}$

c. $\mathbf{A} = \begin{pmatrix} 2 & 3 \\ 1 & 2 \end{pmatrix}$ and $\mathbf{B} = \begin{pmatrix} -4 & 5 & 9 \\ 7 & 6 & 10 \end{pmatrix}$

LÖSUNG

a. Da **A** (2 x 2) und **B** (2 x 1), ist **AB** (2 x 1).

$$\mathbf{AB} = \begin{pmatrix} 2 & 3 \\ 1 & 2 \end{pmatrix}\begin{pmatrix} -4 \\ 7 \end{pmatrix} = \begin{pmatrix} 2 \cdot (-4) + 3 \cdot 7 \\ 1 \cdot (-4) + 2 \cdot 7 \end{pmatrix} = \begin{pmatrix} 13 \\ 10 \end{pmatrix}$$

b. $$\mathbf{AB} = \begin{pmatrix} 2 & 3 \\ 1 & 2 \end{pmatrix}\begin{pmatrix} -4 & 5 \\ 7 & 6 \end{pmatrix} = \begin{pmatrix} 2 \cdot (-4) + 3 \cdot 7 & 2 \cdot 5 + 3 \cdot 6 \\ 1 \cdot (-4) + 2 \cdot 7 & 1 \cdot 5 + 2 \cdot 6 \end{pmatrix} = \begin{pmatrix} 13 & 28 \\ 10 & 17 \end{pmatrix}$$

c. $\mathbf{A}\cdot\mathbf{B}=\begin{pmatrix}2 & 3\\ 1 & 2\end{pmatrix}\begin{pmatrix}-4 & 5 & 9\\ 7 & 6 & 10\end{pmatrix}=\begin{pmatrix}2\cdot(-4)+3\cdot 7 & 2\cdot 5+3\cdot 6 & 2\cdot 9+3\cdot 10\\ 1\cdot(-4)+2\cdot 7 & 1\cdot 5+2\cdot 6 & 1\cdot 9+2\cdot 10\end{pmatrix}$

$=\begin{pmatrix}13 & 28 & 48\\ 10 & 17 & 29\end{pmatrix}$

A1.31 Es sei

$$\mathbf{A}=\begin{pmatrix}3 & 2\\ 5 & 6\\ 2 & 1\end{pmatrix} \quad \text{und} \quad \mathbf{B}=\begin{pmatrix}6 & 2 & 1\\ 3 & 5 & 8\end{pmatrix}$$

Bestimmen Sie (*a*) **AB** und (*b*) **BA**.

LÖSUNG

a. $\mathbf{AB}=\begin{pmatrix}3 & 2\\ 5 & 6\\ 2 & 1\end{pmatrix}\begin{pmatrix}6 & 2 & 1\\ 3 & 5 & 8\end{pmatrix}=\begin{pmatrix}3\cdot 6+2\cdot 3 & 3\cdot 2+2\cdot 5 & 3\cdot 1+2\cdot 8\\ 5\cdot 6+6\cdot 3 & 5\cdot 2+6\cdot 5 & 5\cdot 1+6\cdot 8\\ 2\cdot 6+1\cdot 3 & 2\cdot 2+1\cdot 5 & 2\cdot 1+1\cdot 8\end{pmatrix}=\begin{pmatrix}24 & 16 & 19\\ 48 & 40 & 53\\ 15 & 9 & 10\end{pmatrix}$

b. $\mathbf{BA}=\begin{pmatrix}6 & 2 & 1\\ 3 & 5 & 8\end{pmatrix}\begin{pmatrix}3 & 2\\ 5 & 6\\ 2 & 1\end{pmatrix}=\begin{pmatrix}6\cdot 3+2\cdot 5+1\cdot 2 & 6\cdot 2+2\cdot 6+1\cdot 1\\ 3\cdot 3+5\cdot 5+8\cdot 2 & 3\cdot 2+5\cdot 6+8\cdot 1\end{pmatrix}=\begin{pmatrix}30 & 25\\ 50 & 44\end{pmatrix}$

A1.32 Bestimmen Sie die inverse Matrix zu

$$\mathbf{A}=\begin{pmatrix}1 & 2\\ 3 & 4\end{pmatrix}$$

LÖSUNG

Wir suchen eine Matrix $\begin{pmatrix}p & q\\ r & s\end{pmatrix}$, so dass

$$\begin{pmatrix}1 & 2\\ 3 & 4\end{pmatrix}\begin{pmatrix}p & q\\ r & s\end{pmatrix}=\begin{pmatrix}1 & 0\\ 0 & 1\end{pmatrix}$$

Ausmultiplizieren ergibt

$$\begin{pmatrix}p+2r & q+2s\\ 3p+4r & 3q+4s\end{pmatrix}=\begin{pmatrix}1 & 0\\ 0 & 1\end{pmatrix}$$

Somit ist $p + 2r = 1$, $q + 2s = 0$, $3p + 4r = 0$ und $3q + 4s = 1$. Durch Auflösen der ersten und der dritten Gleichung erhalten wir $p = -2$, $r = \frac{3}{2}$, durch Auflösen der zweiten und der vierten Gleichung $q = 1$ und $s = -\frac{1}{2}$. Daraus folgt

$$\mathbf{A}^{-1}=\begin{pmatrix}-2 & 1\\ \frac{3}{2} & -\frac{1}{2}\end{pmatrix}$$

A1.33 G sei die Funktion, die einen gegebenen Vektor mit 2 multipliziert und F die Funktion, die zu einem gegebenem Vektor den Vektor **b** addiert. Bestimmen Sie (*a*) $F + G$, (*b*) $F \circ G$, (*c*) $G \circ F$, (*d*) F^{-1} und (*e*) G^{-1}.

LÖSUNG

F und G transformieren einen beliebiger Vektor **v** gemäß $F(\mathbf{v}) = 2\mathbf{v}$ und $G(\mathbf{v}) = \mathbf{v} + \mathbf{b}$.

1. $(F + G)(\mathbf{v}) = F(\mathbf{v}) + G(\mathbf{v}) = (2\mathbf{v}) + (\mathbf{v} + \mathbf{b}) = 3\mathbf{v} + \mathbf{b}$.
2. $(F \circ G)(\mathbf{v}) = F[G(\mathbf{v})] = 2[G(\mathbf{v})] = 2[\mathbf{v} + \mathbf{b}] = 2\mathbf{v} + 2\mathbf{b}$.
3. $(G \circ F)(\mathbf{v}) = G[F(\mathbf{v})] = [F(\mathbf{v})] + \mathbf{b} = 2\mathbf{v} + \mathbf{b}$.
4. Wir können raten, dass $F^{-1}(\mathbf{v}) = \frac{1}{2}\mathbf{v}$. Zur Überprüfung setzen wir $F^{-1}[F(\mathbf{v})] = \frac{1}{2}[F(\mathbf{v})] = \frac{1}{2}[2\mathbf{v}] = \mathbf{v}$ und $F[F^{-1}(\mathbf{v})] = \frac{1}{2}[F^{-1}(\mathbf{v})] = 2\,[\frac{1}{2}\mathbf{v}] = \mathbf{v}$.
5. Wir können zeigen, dass $G^{-1}(\mathbf{v}) = \mathbf{v} - \mathbf{b}$: $G^{-1}[G(\mathbf{v})] = G^{-1}(\mathbf{v} + \mathbf{b}) = (\mathbf{v} + \mathbf{b}) - \mathbf{b} = \mathbf{v}$ und $G[G^{-1}(\mathbf{v})] = G^{-1}(\mathbf{v}) + \mathbf{b} = (\mathbf{v} - \mathbf{b}) + \mathbf{b} = \mathbf{v}$.

A1.34 Zeigen Sie, dass für zwei beliebige Matrizen $\mathbf{A} \circ \mathbf{B} = \mathbf{AB}$ gilt.

LÖSUNG

Die Terme $\mathbf{A} \circ \mathbf{B}$ und $\mathbf{AB}$ haben auf eine beliebige Spaltenmatrix **X** dieselbe Auswirkung, d.h., $(\mathbf{A} \circ \mathbf{B})(\mathbf{X}) = \mathbf{ABX}$. Erinnern Sie sich daran, dass jede Matrizenfunktion $\mathbf{A}(\mathbf{X})$ über $\mathbf{A}(\mathbf{X}) = \mathbf{AX}$ definiert ist. Somit gilt

$$(\mathbf{A} \circ \mathbf{B})(\mathbf{X}) = \mathbf{A}[\mathbf{B}(\mathbf{X})] = \mathbf{A}(\mathbf{BX}) = \mathbf{ABX}$$

A1.35 Gegeben seien eine 2 x 2-Matrix **A** und ein Vektor **b**. Zeigen Sie, dass die Funktion $F(\mathbf{X}) = \mathbf{AX} + \mathbf{b}$, eine so genannte *affine* Transformation, entweder als Transformation zwischen Vektoren oder als Abbildung zwischen Punkten der Ebene betrachtet werden kann.

LÖSUNG

Nehmen wir an, dass

$$\mathbf{A} = \begin{pmatrix} a_{11} & a_{12} \\ a_{21} & a_{22} \end{pmatrix}$$

und **b** die Komponenten $[b_1, b_2]$ hat. Ist **X** ein Vektor mit den Komponenten $[x_1, x_2]$, kann

$$\mathbf{AX} = \begin{pmatrix} a_{11} & a_{12} \\ a_{21} & a_{22} \end{pmatrix} \begin{pmatrix} x_1 \\ x_2 \end{pmatrix}$$

als Vektor mit den Komponenten $[a_{11}x_1 + a_{12}x_2, a_{21}x_1 + a_{22}x_2]$ bestimmt werden. Somit ist $\mathbf{AX} + \mathbf{b}$ ein Vektor.

Ist $X = (x_1, x_2)$ ein Punkt der Ebene, kann $F(X) = [f_1(X), f_2(X)]$ als Punktabbildung betrachtet werden, wobei die Funktionen f_1 und f_2 gegeben sind durch

$$f_1(X) = a_{11}x_1 + a_{12}x_2 + b_1 \qquad \text{und} \qquad f_2(X) = a_{21}x_1 + a_{22}x_2 + b_2$$

A1.36 Zeigen Sie, dass für jede beliebige 2 x 2-Matrix **A** und jeden beliebigen Vektor **b** die Transformation $F(\mathbf{X}) = \mathbf{AX} + \mathbf{b}$ Geraden auf Geraden abbildet.

LÖSUNG

$x = at + x_0$ und $y = bt + y_0$ seinen die Parametergleichungen einer Geraden. Mit $\mathbf{X} = (x, y)$ gilt

$$\mathbf{AX} = \begin{pmatrix} a_{11} & a_{12} \\ a_{21} & a_{22} \end{pmatrix} \begin{pmatrix} at + x_0 \\ bt + y_0 \end{pmatrix} = \begin{pmatrix} a_{11}at + a_{11}x_0 + a_{12}bt + a_{12}y_0 \\ a_{21}at + a_{21}x_0 + a_{22}bt + a_{22}y_0 \end{pmatrix}$$

Somit ist

$$F(\mathbf{X}) = \mathbf{AX} + \mathbf{b} = \begin{pmatrix} t(a_{11}a + a_{12}b) + (a_{11}x_0 + a_{12}y_0 + b_1) \\ t(a_{21}a + a_{22}b) + (a_{21}x_0 + a_{22}y_0 + b_2) \end{pmatrix}$$

Dies kann als die Parametergleichung einer Geraden aufgefasst werden (siehe Aufgabe 1.21), die durch den Punkt mit den Koordinaten $(a_{11}x_0 + a_{12}y_0 + b_1, a_{21}x_0 + a_{22}y_0 + b_2)$ geht und deren Richtung durch den Vektor $\mathbf{v}$ mit den Komponenten $[a_{11}a + a_{12}b, a_{21}a + a_{22}b]$ gegeben ist.

A1.37 Zeigen Sie, dass die Transformation $F(\mathbf{X}) = \mathbf{AX} + \mathbf{b}$ eine Gerade durch die Punkte P_1 und P_2 auf eine Gerade durch die Punkte $F(P_1)$ und $F(P_2)$ abbildet.

LÖSUNG

Wie in Aufgabe 1.23 kann die Parametergleichung einer Geraden durch die Punkte P_1 und P_2 als

$$x = x_1 + (x_2 - x_1)t \qquad y = y_1 + (y_2 - y_1)t$$

geschrieben werden. Wie in Aufgabe 1.36 mit $a = x_2 - x_1$ und $b = y_2 - y_1$ transformiert F diese Gerade in eine andere.

Für $t = 0$ geht diese Gerade durch den Punkt

$$(a_{11}x_1 + a_{12}y_1 + b_1, a_{21}x_1 + a_{22}y_1 + b_2) = F(P_1)$$

und für $t = 1$ durch den Punkt

$$(a_{11}a + a_{12}b + a_{11}x_1 + a_{12}y_1 + b_1, a_{21}a + a_{22}b + a_{21}x_1 + a_{22}y_1 + b_2) = F(P_2)$$

Mathematische Grundlagen für dreidimensionale Computergrafik

A2

A2.1 Dreidimensionale kartesische Koordinaten

Das dreidimensionale kartesische (rechtwinklige) Koordinatensystem besteht aus einem Bezugspunkt, *Ursprung* genannt, und drei aufeinander senkrecht stehenden Geraden durch den Ursprung. Diese drei Geraden werden als Zahlenstrahlen betrachtet und als x-, y- und z-Achse bezeichnet (siehe Abb. A2.1).

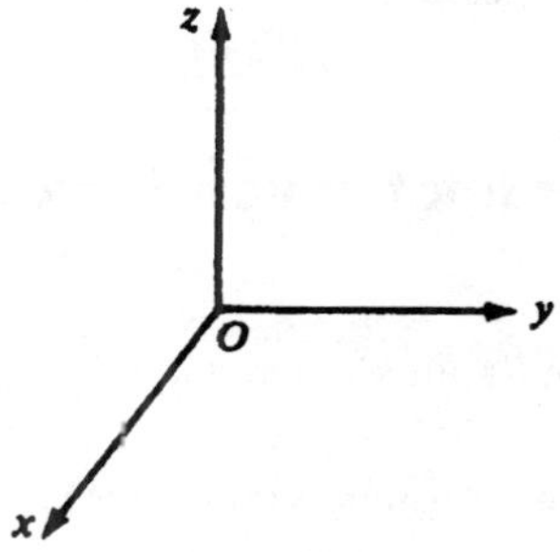

Abb. A2.1

A2.1.1 Orientierung

Die Benennung der x-, y- und z-Achse ist willkürlich, fällt jedoch stets in eine der beiden Klassen *rechtshändige* oder *linkshändige Orientierung*. Die Orientierung wird durch die *Rechte-Hand-Regel* bestimmt.

A2.1.2 Die Rechte-Hand-Regel

Wenn die Finger der rechten Hand entlang der positiven x-Achse ausgerichtet und (entlang des kleineren Winkels) zur positiven y-Achse gedreht werden und der Daumen dann in die Richtung der positiven z-Achse zeigt, spricht man von einer *rechtshändigen Orientierung*, andernfalls von einer *linkshändigen* (siehe folgende Abbildung).

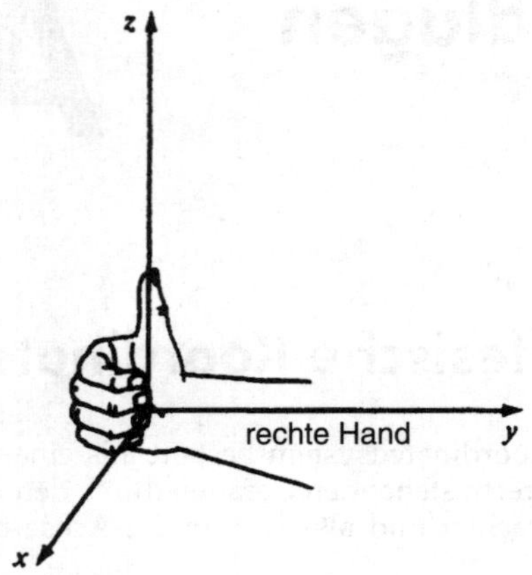

(a) rechtshändige Orientierung

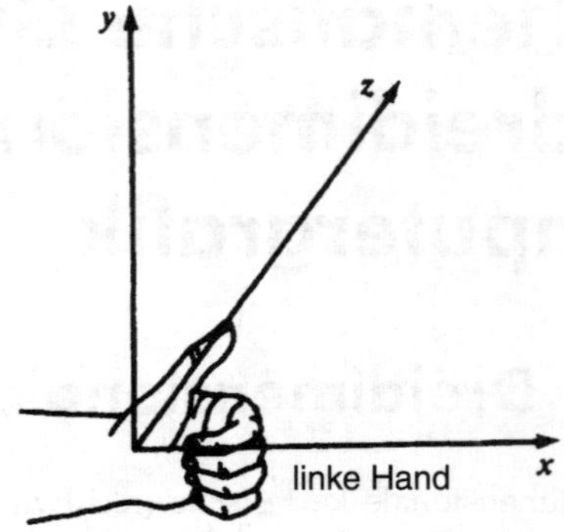

(b) linkshängige Orientierung

Abb. A2.2

A2.1.3 Kartesische Koordinaten von Punkten im dreidimensionalen Raum

Jedem Punkt im dreidimensionalem Raum können wie folgt Koordinaten (x, y, z) zugewiesen werden:

1. Die x-Koordinate sei der gerichtete Abstand von P oberhalb oder unterhalb der yz-Ebene.
2. Die y-Koordinate sei der gerichtete Abstand von P oberhalb oder unterhalb der xz-Ebene.
3. Die z-Koordinate sei der gerichtete Abstand von P oberhalb oder unterhalb der xy-Ebene.

Siehe auch Abb. A2.3.

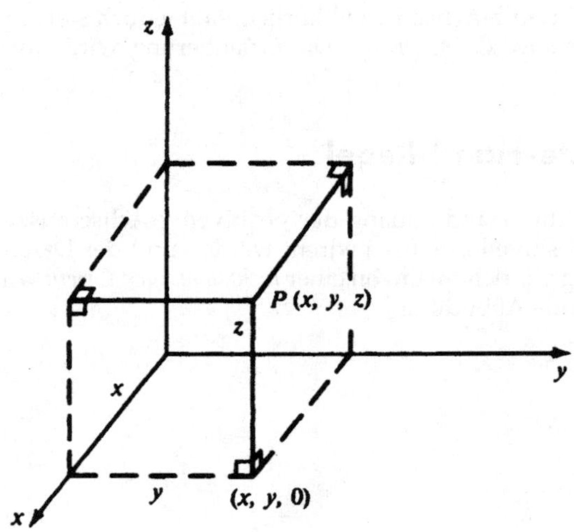

Abb. A2.3

A2.1.4 Die Abstandsformel

Sind $P_0(x_0, y_0, z_0)$ und $P_1(x_1, y_1, z_1)$ zwei beliebige Punkte im Raum, so ist der Abstand D zwischen diesen Punkten durch die Abstandsformel gegeben:

$$D = \sqrt{(x_1 - x_0)^2 + (y_1 - y_0)^2 + (z_1 - z_0)^2}$$

A2.2 Kurven und Oberflächen in drei Dimensionen

A2.2.1 Kurven

Eine dreidimensionale Kurve ist ein Objekt im Raum, das wie ein Faden nur durch seine Richtung ausgezeichnet ist (siehe Abb A2.4). Eine Kurve wird durch eine Gleichung (oder ein Gleichungssystem) beschrieben, die nur eine freie (unabhängige) Variable (Parameter) hat, wobei die x-, y- und z-Koordinaten eines Punktes von dieser freien Variablen (Parameter) bestimmt werden. Es gibt zwei Arten zur Beschreibung von Kurven: nicht parametrisch und parametrisch.

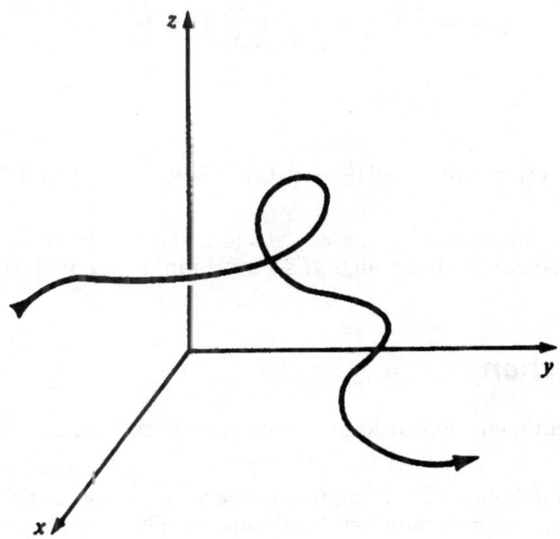

Abb. A2.4

1. *Nicht parametrische Beschreibung einer Kurve*

   (a) *Explizite Form.* Die Gleichung einer Kurve C ist in Abhängigkeit einer Variablen, z.B. x, gegeben durch

   $$C: \quad y = f(x) \qquad z = g(x)$$

   D.h., y und z können explizit in Abhängigkeit von x berechnet werden. Jeder Punkt P auf der Kurve hat die Koordinaten $P[x, f(x), g(x)]$.

(b) *Implizite Form.* Die Gleichungen der Kurve sind $F(x, y, z) = 0$ und $G(x, y, z) = 0$. Hier muss nach y und z in Abhängigkeit von x aufgelöst werden.

2. *Parametrische Beschreibung einer Kurve.* Die drei Gleichungen zur Bestimmung der Koordinaten eines beliebigen Punkts der Kurve werden durch einen unabhängigen Parameter, z.B. t, aus einem möglicherweise unendlichen Parameterbereich $[a, b]$ ausgedrückt:

$$C: \begin{array}{l} x = f(t) \\ y = g(t), \\ z = h(t) \end{array} \qquad a \leq t \leq b$$

Ein beliebiger Punkt P der Kurve hat die Koordinaten $[f(t), g(t), h(t)]$.

- *Gleichungen einer Geraden.* Die Gleichungen einer durch zwei Punkte $P_0(x_0, y_0, z_0)$ und $P_1(x_1, y_1, z_1)$ bestimmten Geraden sind gegeben durch:

  Nicht parametrische Form

$$L: \begin{array}{l} y = m_1 x + b_1 = \left(\dfrac{y_1 - y_0}{x_1 - x_0}\right)x + \left(\dfrac{y_0 x_1 - y_1 x_0}{x_1 - x_0}\right) \\ z = m_2 x + b_2 = \left(\dfrac{z_1 - z_0}{x_1 - x_0}\right)x + \left(\dfrac{z_0 x_1 - z_1 x_0}{x_1 - x_0}\right) \end{array}$$

  Parametrische Form

$$x = x_0 + (x_1 - x_0)t \qquad y = y_0 + (y_1 - y_0)t \qquad z = z_0 + (z_1 - z_0)t$$

Beachten Sie, dass für $t = 0$ Folgendes gilt: $x = x_0$, $y = y_0$ und $z = z_0$. Für $t = 1$ ist $x = x_1$, $y = y_1$ und $z = z_1$. Ist der Parameter t also auf das Intervall $0 \leq t \leq 1$ beschränkt, beschreiben die Parametergleichungen die Strecke $\overline{\mathbf{P_0P_1}}$.

A2.2.2 Oberflächen

Eine Oberfläche im dreidimensionalen Raum ist ein Objekt mit Länge und Breite, ähnlich einem Tuch (siehe Abb. A2.5).

Eine Oberfläche wird durch eine Gleichung (oder eine Gruppe von Gleichungen) mit zwei freien (unabhängigen) Variablen oder Parametern bestimmt. Es gibt zwei Arten zur Beschreibung von Oberflächen: nicht parametrisch und parametrisch.

1. *Nicht parametrische Beschreibung einer Oberfläche*

   (a) *Explizite Form.* Die z-Koordinate eines beliebigen Punkts der Oberfläche S ist in Abhängigkeit von zwei freien Variablen x und y gegeben, d.h. $z = f(x, y)$. Jeder Punkt P der Oberfläche hat die Koordinaten $[x, y, f(x, y)]$.

   (b) *Implizite Form.* Die Oberflächenform ist in der Form $F(x, y, z) = 0$ gegeben. Hier muss nach z in Abhängigkeit von x und y aufgelöst werden. Es gibt keine Einschränkung, welche Variablen frei sind. Gemäß der Konvention wird z in Abhängigkeit von x und y ausgedrückt, aber nichts verbietet eine Darstellung von x in Abhängigkeit von y und z oder y in Abhängigkeit von x und z.

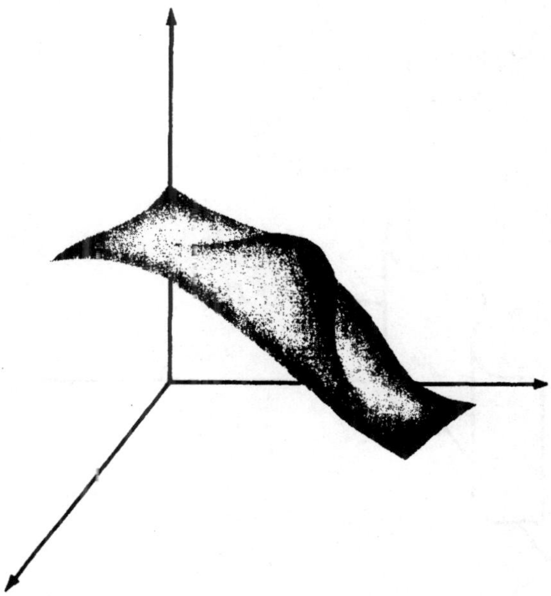

Abb. A2.5

2. *Parametrische Beschreibung.* Die drei Gleichungen zur Bestimmung der Koordinaten eines beliebigen Punkts der Oberfläche S werden in Abhängigkeit von Parametern ausgedrückt, z.B. s und t aus den möglicherweise unendlichen Parameterbereichen $[a, b]$ und $[c, d]$:

$$S: \begin{array}{ll} x = f(s,t), & a \leq s \leq b \\ y = g(s,t), & c \leq t \leq d \\ z = h(s,t) & \end{array}$$

Die Koordinaten eines beliebigen Punkts P der Oberfläche haben die Form $[f(s, t), g(s, t), h(s, t)]$.

- *Ebenengleichungen.* Die Gleichung einer Ebene kann in der expliziten Form $z = ax + by + c$ oder in der impliziten Form $Ax + By + Cz + D = 0$ geschrieben werden (siehe Aufgabe 2.8). Sie ist in den Variablen x, y und z linear. Eine Ebene unterteilt den dreidimensionalen Raum in zwei getrennte Bereiche. Mit Hilfe der impliziten Form der Ebenengleichung kann bestimmt werden, ob sich zwei Punkte auf derselben oder auf verschiedenen Seiten der Ebene befinden. Bei gegebener impliziter Form der Ebenengleichung $Ax + By + Cz + D = 0$ sei $f(x, y, z) = Ax + By + Cz + D$. Die beiden Seiten der Ebene, R^+ und R^-, sind durch das Vorzeichen von $f(x, y, z)$ bestimmt, d.h., der Punkt $P(x_0, y_0, z_0)$ liegt für $f(x_0, y_0, z_0) > 0$ in R^+ und für $f(x_0, y_0, z_0) < 0$ in R^-. Für $f(x_0, y_0, z_0) = 0$ liegt er in der Ebene. Die Gleichungen $x = 0$, $y = 0$ und $z = 0$ stellen die yz-, xz- bzw. xy-Ebene dar.
- *Flächen zweiter Ordnung.* Flächen zweiter Ordnung haben die (implizite) Form $Ax^2 + By^2 + Cz^2 + Dxy + Exz + Fyz + Gx + Hy + Iz + J = 0$. Die grundlegenden Flächen zweiter Ordnung werden in Kapitel 9 beschrieben.
- *Zylindrische Flächen.* In zwei Dimensionen beschreibt die Gleichung $y = f(x)$ eine (ebene) Kurve in der xy-Ebene. In drei Dimensionen stellt diese Gleichung eine Fläche dar. Das bedeutet, dass die Variablen x und y frei sind. Diese Art von Flächen wird *zylindrische Flächen* genannt (siehe Abb. A2.6).

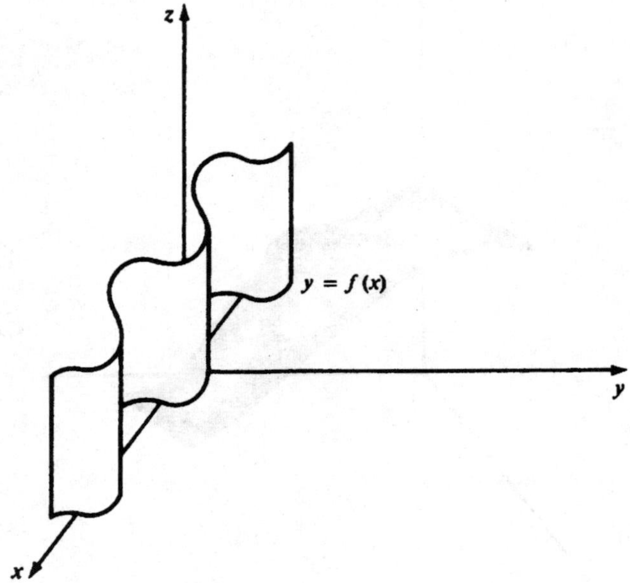

Abb. A2.6

Beispiel 1. Die Gleichung $x^2 + y^2 = 1$ beschreibt einen Kreis in der xy-Ebene. In drei Dimensionen stellt sie jedoch einen Zylinder dar (siehe Abb. A2.7).

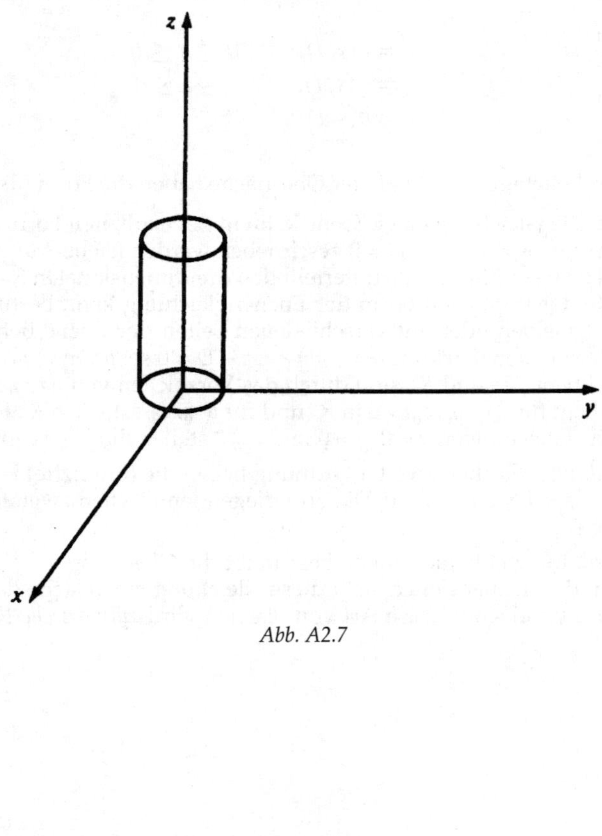

Abb. A2.7

A2.3 Dreidimensionale Vektoren

Die Definition eines Vektors und des Betrags, des Skalarprodukts und der Vektoraddition sind zu dem in Anhang 1 behandelten zweidimensionalen Fall vollständig analog.

In drei Dimensionen gibt es drei Basisvektoren **I**, **J** und **K**. Sie sind Einheitsvektoren (Betrag 1) mit der Richtung der positiven *x*-, *y*- bzw. *z*-Achse. Jeder beliebige Vektor **V** kann nach **I**, **J** und **K** in Komponenten zerlegt werden: $\mathbf{V} = a\mathbf{I} + b\mathbf{J} + c\mathbf{K}$.

Die Komponenten $[a, b, c]$ eines Vektors **V** sind gleichzeitig die kartesischen Koordinaten seiner Spitze, wenn der Fußpunkt in den Ursprung des kartesischen Koordinatensystems gelegt wird (siehe Abb. 2.8).

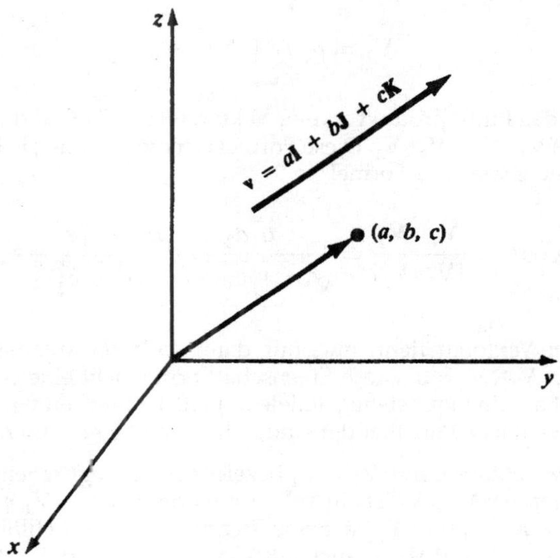

Abb. A2.8

Beispiel 2. $P_0(x_0, y_0, z_0)$ und $P_1(x_1, y_1, z_1)$ seien zwei Punkte im Raum. Die gerichtete Strecke $\overline{\mathbf{P_0P_1}}$ definiert einen Vektor mit dem Fußpunkt P_0 und der Spitze P_1.

Zur Bestimmung der Komponenten von $\overline{\mathbf{P_0P_1}}$ müssen wir eine Verschiebung vornehmen, so dass P_0 im Ursprung liegt. Die Spitze des Vektors liegt dann im Punkt $(x_1 - x_0, y_1 - y_0, z_1 - z_0)$, seine Komponenten sind

$$\overline{P_0P_1} = (x_1 - x_0)\mathbf{I} + (y_1 - y_0)\mathbf{J} + (z_1 - z_0)\mathbf{K}$$

Die Vektoraddition und Skalarmultiplikation erfolgen wie in Anhang 1 beschrieben komponentenweise. Der Betrag $|\mathbf{V}|$ eines Vektors **V** ist durch die Formel

$$|\mathbf{V}| = \sqrt{a^2 + b^2 + c^2}$$

gegeben. Zu jedem Vektor **V** gibt es einen *Einheitsvektor* $\mathbf{U_V}$ (vom Betrag 1) mit der Richtung von **V**:

$$\mathbf{U_V} = \frac{\mathbf{V}}{|\mathbf{V}|}$$

A2.3.1 Das Punkt- und das Kreuzprodukt

Es seien zwei Vektoren $\mathbf{V_1} = a_1\mathbf{I} + b_1\mathbf{J} + c_1\mathbf{K}$ und $\mathbf{V_2} = a_2\mathbf{I} + b_2\mathbf{J} + c_2\mathbf{K}$ gegeben.

Das *Punkt-* oder *Skalarprodukt* zweier Vektoren ist geometrisch als $\mathbf{V_1} \bullet \mathbf{V_2} = |\mathbf{V_1}|\ |\mathbf{V_2}| \cos\theta$ definiert, wobei θ der kleinere Winkel zwischen $\mathbf{V_1}$ und $\mathbf{V_2}$ ist (wenn die Fußpunkte beider Vektoren sich berühren). In Komponentenschreibweise lautet das Punktprodukt

$$\mathbf{V}_1 \cdot \mathbf{V}_2 = a_1a_2 + b_1b_2 + c_1c_2$$

Beachten Sie bitte, dass das Punktprodukt zweier Vektoren eine Zahl und die Reihenfolge der Faktoren unerheblich ist: als $\mathbf{V_1} \cdot \mathbf{V_2} = \mathbf{V_2} \cdot \mathbf{V_1}$. Diese Formel ermöglicht uns die Berechnung des Winkels θ zwischen zwei Vektoren gemäß der Formel

$$\cos\theta = \frac{\mathbf{V}_1 \cdot \mathbf{V}_2}{|\mathbf{V}_1||\mathbf{V}_2|} = \frac{a_1a_2 + b_1b_2 + c_1c_2}{\sqrt{a_1^2 + b_1^2 + c_1^2}\sqrt{a_2^2 + b_2^2 + c_2^2}}$$

Beachten Sie, dass zwei Vektoren dann und nur dann *senkrecht* aufeinander stehen (*orthogonal* sind, d.h. θ = 90°), wenn $\mathbf{V_1} \cdot \mathbf{V_2} = 0$. Diese Eigenschaft ermöglicht eine schnelle Überprüfung, ob zwei Vektoren senkrecht aufeinander stehen. (Gleichermaßen sprechen wir von zwei *parallelen* Vektoren, wenn sie skalare Vielfache voneinander sind, d.h., es gibt eine Zahl *k*, so dass $\mathbf{V_1} = k\mathbf{V_2}$.)

Das *Kreuzprodukt* zweier Vektoren, mit $\mathbf{V_1} \times \mathbf{V_2}$ bezeichnet, erzeugt einen neuen Vektor, der geometrisch wie folgt definiert ist: $\mathbf{V_1} \times \mathbf{V_2}$ ist ein Vektor mit dem Betrag $|\mathbf{V_1} \times \mathbf{V_2}| = |\mathbf{V_1}|\ |\mathbf{V_2}| \sin\theta$, wobei θ der Winkel zwischen $\mathbf{V_1}$ und $\mathbf{V_2}$ ist. Seine Richtung wird mit Hilfe der Rechte-Hand-Regel bestimmt: $\mathbf{V_1} \times \mathbf{V_2}$ steht sowohl auf $\mathbf{V_1}$ als auch auf $\mathbf{V_2}$ senkrecht, und die Richtung ist die des Daumens der rechten Hand, wenn die Finger in Richtung $\mathbf{V_1}$ ausgerichtet werden und um den kleinen Winkel in Richtung $\mathbf{V_2}$ gedreht werden (siehe Abbildung Abb. 2.9).

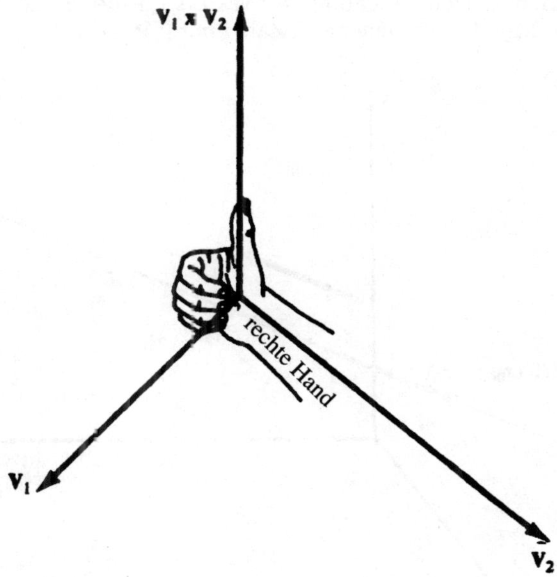

Abb. A2.9

Aus dieser Definition erkennen wir, dass die Reihenfolge, in der das Kreuzprodukt ausgeführt wird, wichtig ist. Es gilt in der Tat:

$$\mathbf{V}_1 \times \mathbf{V}_2 = -(\mathbf{V}_2 \times \mathbf{V}_1)$$

Beachten Sie auch, dass für jeden Vektor **V** die Gleichung $\mathbf{V} \times \mathbf{V} = 0$ gilt, da $\theta = 0°$. Die Komponentenform des Kreuzprodukt kann wie folgt als Determinante berechnet werden:

$$\mathbf{V}_1 \times \mathbf{V}_2 = \begin{vmatrix} \mathbf{I} & \mathbf{J} & \mathbf{K} \\ a_1 & b_1 & c_1 \\ a_2 & b_2 & c_2 \end{vmatrix} = \begin{vmatrix} b_1 & c_1 \\ b_2 & c_2 \end{vmatrix}\mathbf{I} - \begin{vmatrix} a_1 & c_1 \\ a_2 & c_2 \end{vmatrix}\mathbf{J} + \begin{vmatrix} a_1 & b_1 \\ a_2 & b_2 \end{vmatrix}\mathbf{K}$$
$$= (b_1c_2 - b_2c_1)\mathbf{I} + (c_1a_2 - c_2a_1)\mathbf{J} + (a_1b_2 - a_2b_1)\mathbf{K}$$

Beispiel 3. In einem rechthändigen kartesischen Koordinatensystem gilt $\mathbf{I} \times \mathbf{J} = \mathbf{K}$, $\mathbf{J} \times \mathbf{K} = \mathbf{I}$, $\mathbf{I} \times \mathbf{K} = -\mathbf{J}$.

A2.3.2 Die Vektorgleichung einer Geraden

Eine Gerade L im Raum ist über ihre Richtung und einen auf ihr liegenden Punkt $P_0(x_0, y_0, z_0)$ definiert. Wird die Richtung durch einen Vektor $\mathbf{V} = a\mathbf{I} + b\mathbf{J} + c\mathbf{K}$ angegeben und ist $P(x, y, z)$ ein beliebiger Punkt auf der Geraden, so ist die Richtung des Vektors $\overline{\mathbf{P_0P}}$ durch die Punkte P und P_0 parallel zu Vektor **V** (siehe Abb. 2.10). Es gibt daher eine Zahl t mit $\overline{\mathbf{P_0P}} = t\mathbf{V}$.

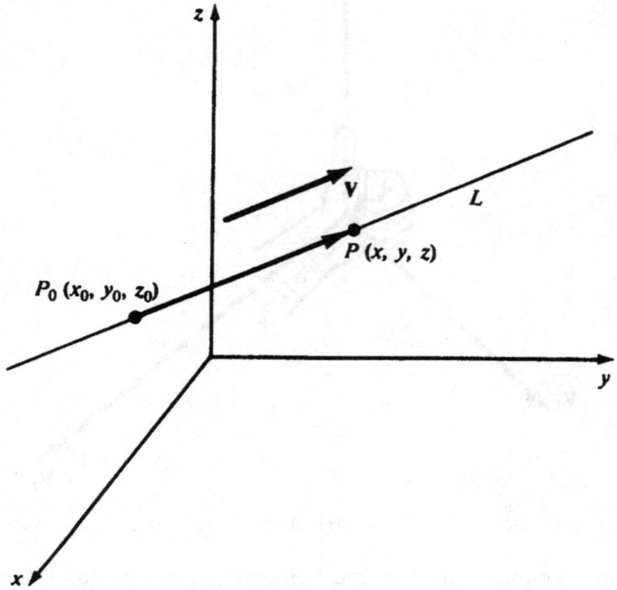

Abb. A2.10

In Komponentenschreibweise erhalten wir $(x - x_0)\mathbf{I} + (y - y_0)\mathbf{J} + (z - z_0)\mathbf{K} = ta\mathbf{I} + tb\mathbf{J} + tc\mathbf{K}$. Ein Komponentenvergleich führt auf die parametrischen Gleichungen

$$x = x_0 + at \qquad y = y_0 + bt \qquad z = z_0 + ct$$

In den Aufgaben 2.5 und 2.6 wird gezeigt, wie die Gleichung einer Geraden bei zwei gegebenen Punkten bestimmt wird.

A2.3.3 Die Vektorgleichung einer Ebene

Ein Vektor **N** wird als der Normalenvektor einer gegebenen Ebene bezeichnet, wenn er senkrecht auf jedem beliebigen, in der Ebene liegenden Vektor **V** steht; d.h., für jedes beliebige **V** der Ebene gilt $\mathbf{N} \cdot \mathbf{V} = 0$ (siehe Abb. A2.11). Eine Ebene wird eindeutig durch einen Punkt $P_0(x_0, y_0, z_0)$ auf der Ebene und einen Normalenvektor $\mathbf{N} = n_1\mathbf{I} + n_2\mathbf{J} + n_3\mathbf{K}$ bestimmt. Ist $P(x, y, z)$ ein beliebiger Punkt der Ebene, liegt der Vektor $\overline{\mathbf{P_0P}}$ in der Ebene, so dass **N** senkrecht auf ihm steht. Also gilt $\mathbf{N} \cdot \overline{\mathbf{P_0P}} = 0$.

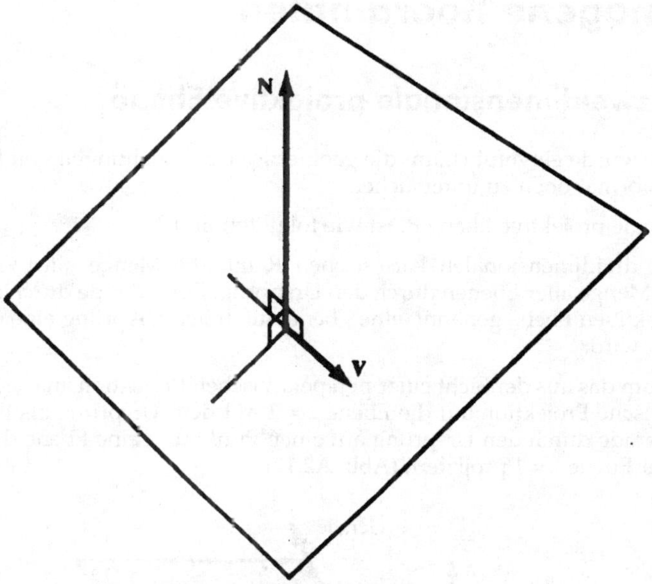

Abb. A2.11

In Komponentenform erhalten wir

$$[n_1\mathbf{I} + n_2\mathbf{J} + n_3\mathbf{K}] \cdot [(x - x_0)\mathbf{I} + (y - y_0)\mathbf{J} + (z - z_0)\mathbf{K}] = 0$$

oder

$$n_1(x - x_0) + n_2(y - y_0) + n_3(z - z_0) = 0$$

Die Ebenengleichung kann auch durch die Angabe (1) zweier Vektoren und eines Punkts (Aufgabe 2.10) oder (2) dreier Punkte bestimmt werden. Unter Verwendung der Vektornotation können wir den Abstand D eines Punkts $P'(x', y', z')$ zur Ebene als

$$D = \frac{[n_1(\bar{x} - x_0) + n_2(\bar{y} - y_0) + n_3(\bar{z} - z_0)]}{\sqrt{n_1^2 + n_2^2 + n_3^2}} \qquad \text{or} \qquad D = \frac{|\mathbf{N} \cdot \overline{\mathbf{P}_0\bar{\mathbf{P}}}|}{|\mathbf{N}|}$$

schreiben, wobei $\mathbf{N} = n_1\mathbf{I} + n_2\mathbf{J} + n_3\mathbf{K}$ ein Normalenvektor und $P_0(x_0, y_0, z_0)$ ein Punkt der Ebene ist (Aufgabe 2.13).

A2.4 Homogene Koordinaten

A2.4.1 Die zweidimensionale projektive Ebene

Die *projektive Ebene* wurde eingeführt, um die geometrischen Beziehungen von Figuren unter perspektivischen Transformationen zu untersuchen.

Die zweidimensionale projektive Ebene $\mathbf{P}_3$ ist wie folgt definiert.

Betrachten Sie im dreidimensionalen kartesischen Raum die Menge aller Geraden durch den Ursprung und die Menge aller Ebenen durch den Ursprung. Eine Gerade durch den Ursprung wird ein *Punkt* der projektiven Ebene genannt, eine Ebene durch den Ursprung eine *Gerade* der projektiven Ebene genannt wird.

Um zu sehen, warum das aus der Sicht einer perspektivischen Projektion »natürlich« ist, betrachten wir die perspektivische Projektion auf die Ebene $z = 1$ mit dem Ursprung als Projektionszentrum. Dann wird eine Gerade durch den Ursprung auf einen Punkt und eine Ebene durch den Ursprung auf eine Gerade der Ebene $z = 1$ projiziert. (Abb. A2.12).

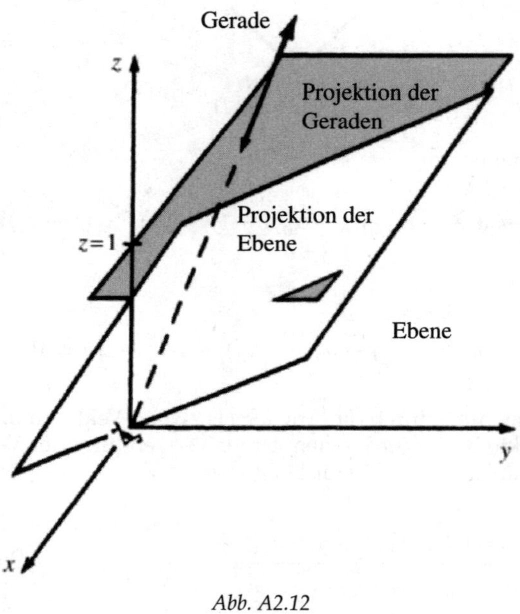

Abb. A2.12

In dieser Projektion werden Geraden durch Punkte $(x, y, 0)$ in der Ebene ins Unendliche projiziert. Das führt auf den später erläuterten Begriff der idealen Punkte.

A2.4.2 Homogene Koordinaten von Punkten und Geraden der projektiven Ebene

Ein beliebiger Punkt (a, b, c) im dreidimensionalen kartesischen Raum bestimmt eine Gerade durch den Ursprung, deren Gleichungen durch

$$x = at$$
$$y = bt$$
$$z = ct$$

gegeben sind, wobei t eine Zahl ist. Das bedeutet, dass jeder andere Punkt (at, bt, ct) dieselbe Gerade bestimmt. Also liegen zwei Punkte (a_1, b_1, c_1) und (a_2, b_2, c_2) auf derselben Ursprungsgeraden, wenn es eine Zahl t gibt, so dass

$$a_2 = a_1 t \qquad b_2 = b_1 t \qquad c_2 = c_1 t$$

Zwei Tripel (a_1, b_1, c_1) und (a_2, b_2, c_2) heißen äquivalent (d.h., sie definieren dieselbe Ursprungsgerade), wenn es eine Zahl t gibt, so dass Gleichung 2.1 erfüllt ist. Wir schreiben $(a_1, b_1, c_1) \sim (a_2, b_2, c_2)$. Die Äquivalenzklasse aller zu (a, b, c) äquivalenten Tripel, geschrieben $[a, b, c]$, bildet die Punkte der projektiven Ebene. Jeder zu (a, b, c) äquivalente Repräsentant (a_1, b_1, c_1) wird die *homogene Koordinate* des Punkts $[a, b, c]$ der projektiven Ebene genannt.

Die Punkte der Form $(a, b, 0)$ werden *ideale Punkte* der projektiven Ebene genannt. Das beruht darauf, dass Geraden in der Ebene $z = 0$ ins Unendliche abgebildet werden. Entsprechend hat jede Ebene durch den Ursprung eine Gleichung der Form $n_1x + n_2y + n_3z = 0$. Beachten Sie, dass jedes Vielfache $kn_1x + kn_2y + kn_3z = 0$ dieselbe Ebene definiert.

Jedes Zahlentripel (n_1, n_2, n_3) definiert eine Ebene durch den Ursprung. Zwei Tripel sind äquivalent, $(n_1, n_2, n_3) \sim (d_1, d_2, d_3)$ (d.h., sie geben dieselbe Ebene an), wenn es eine Zahl k gibt, so dass $d_1 = kn_1$, $d_2 = kn_2$ und $d_3 = kn_3$. Die Äquivalenzklassen aller Tripel, $[n_1, n_2, n_3]$, sind die Geraden der projektiven Ebene. Jeder Repräsentant (d_1, d_2, d_3) der Äquivalenzklasse $[n_1, n_2, n_3]$ wird die *homogene Geradenkoordinate* dieser Geraden der projektiven Ebene genannt.

Die Zweideutigkeit, ob ein Tripel (a, b, c) einen Punkt oder eine Gerade der projektiven Ebene darstellt, wird als Dualitätsprinzip der projektiven Geometrie genutzt. Wenn der Zusammenhang nicht eindeutig ist, schreibt man normalerweise (a, b, c), um einen (projektiven) Punkt, und $[a, b, c]$, um eine (projektive) Gerade anzugeben.

A2.4.3 Das Verhältnis von homogenen und kartesischen Koordinaten

Sind $(x_1, y_1, z_1) \neq 0$ die homogenen Koordinaten eines Punkts der projektiven Ebene, definieren die Gleichungen $x = x_1/z_1$ und $y = y_1/z_1$ eine Beziehung zwischen Punkten $P_1(x_1, y_1, z_1)$ der projektiven und Punkten $P(x, y)$ der kartesischen Ebene.

Es gibt keinen kartesischen Punkt, der dem idealen Punkt $(x_1, y_1, 0)$ entspricht. Es ist jedoch praktisch, ihn als Definition eines unendlich entfernten Punkts zu betrachten.

Des Weiteren entspricht jeder kartesische Punkt $P(x, y)$ einem projektiven Punkt (x_1, y_1, z_1), dessen projektive Koordinaten durch $x_1 = x$, $y_1 = y$ und $z_1 = 1$ gegeben sind. Diese Beziehung zwischen kartesischen und homogenen Koordinaten wird ausgenutzt, wenn grafische Transformationen mit Hilfe von Matrizen dargestellt werden. Die Verwendung homogener Koordinaten ermöglicht es, die Verschiebung und die perspektivische Projektion durch Matrizen darzustellen (Kapitel 6 und 7).

2 × 2-Matrizen, die Verschiebungen in der Ebene darstellen, können wie folgt vergrößert werden, um mit homogenen Koordinaten verwendet zu werden:

$$\mathbf{AX} = \begin{pmatrix} \begin{pmatrix} a & b \\ c & d \end{pmatrix} & \begin{matrix} 0 \\ 0 \end{matrix} \\ \begin{matrix} 0 & 0 \end{matrix} & 1 \end{pmatrix} \begin{pmatrix} x \\ y \\ 1 \end{pmatrix}$$

Beachten Sie schließlich, dass die projektive- und die kartesische Ebene trotz der Korrespondenz zwischen ihren Punkten unterschiedliche topologische Eigenschaften aufweisen, die bei der Arbeit mit homogenen Koordinaten bei fortgeschrittenen Anwendungen berücksichtigt werden müssen.

A2.4.4 Homogene Koordinaten in der dreidimensionalen projektiven Ebene

Alles, was über die zweidimensionale projektive Ebene und homogene Koordinaten gesagt wurde, kann auf den dreidimensionalen Fall verallgemeinert werden. Sind zum Beispiel $P_1(x_1, y_1, z_1, w_1)$ die homogenen Koordinaten eines Punkts der dreidimensionalen projektiven Ebene, lautet der entsprechende dreidimensionale kartesische Punkt $P(x, y, z)$ für $w \neq 0$

$$x = \frac{x_1}{w_1} \qquad y = \frac{y_1}{w_1} \qquad z = \frac{z_1}{w_1}$$

Ist zusätzlich $P(x, y, z)$ ein kartesischer Punkt, entspricht er dem projektiven Punkt $P(x, y, z, 1)$. Schließlich können 3 × 3-Matrizen zur Verwendung homogener Koordinaten vergrößert werden:

$$\begin{pmatrix} \begin{pmatrix} & & \\ & 3 \times 3 & \\ & & \end{pmatrix} & \begin{matrix} 0 \\ 0 \\ 0 \end{matrix} \\ \begin{matrix} 0 & 0 & 0 \end{matrix} & 1 \end{pmatrix}$$

A2.5 Aufgaben mit Lösungen

A2.1 Beschreiben Sie die Raumkurve mit den parametrischen Gleichungen $x = \cos t$, $y = \sin t$ und $z = t$.

LÖSUNG

Unter Ausnutzung der Beziehung $x^2 + y^2 = \cos^2 t + \sin^2 t = 1$ (siehe Abb A2.13) erkennen wir, dass die x- und y-Variablen auf einem Einheitskreis liegen, wohingegen die z-Koordinate variiert. Die Kurve ist eine (zylindrische) Spirale.

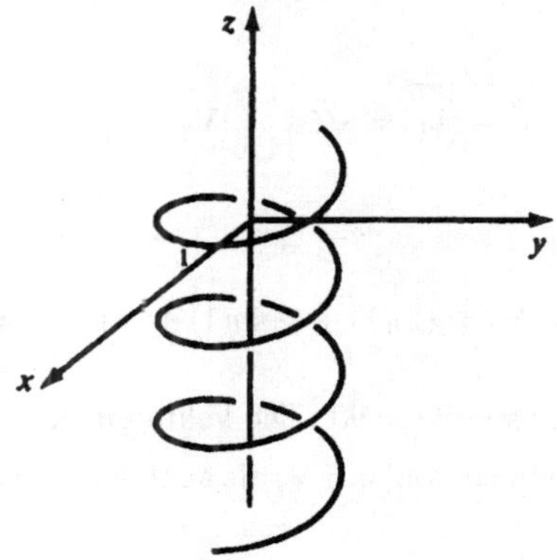

Abb. A2.13

A2.2 Bestimmen Sie die Gleichung einer Kugel mit dem Radius r und dem Mittelpunkt im Ursprung (0; 0; 0).

LÖSUNG

$P(x, y, z)$ sei ein beliebiger Punkt auf der Ebene. Dann ist der Abstand D zwischen diesem Punkt und dem Mittelpunkt der Kugel gleich dem Radius r. Die Abstandsformel ergibt

$$\sqrt{(x-0)^2+(y-0)^2+(z-0)^2}=r \quad \text{oder} \quad x^2+y^2+z^2=r^2$$

Dies ist die (implizite) Kugelgleichung.

A2.3 Zeigen Sie, dass für jeden beliebigen Vektor $\mathbf{V} \cdot \mathbf{V} = |\mathbf{V}|^2$ gilt.

LÖSUNG

Mit $\mathbf{V} = a\mathbf{I} + b\mathbf{J} + c\mathbf{K}$ gilt

$$\mathbf{V} \cdot \mathbf{V} = (a\mathbf{I} + b\mathbf{J} + c\mathbf{K}) \cdot (a\mathbf{I} + b\mathbf{J} + c\mathbf{K}) = a^2 + b^2 + c^2 = |\mathbf{V}|^2$$

A2.4 Es seien $\mathbf{V}_1 = 2\mathbf{I} - \mathbf{J} + \mathbf{K}$ und $\mathbf{V}_2 = \mathbf{I} + \mathbf{J} + \mathbf{K}$. Bestimmen Sie (*a*) den Winkel zwischen $\mathbf{V}_1$ und $\mathbf{V}_2$, (*b*) einen Vektor, der sowohl auf $\mathbf{V}_1$ als auch auf $\mathbf{V}_2$ senkrecht steht und (*c*) einen Einheitsvektor, der sowohl auf $\mathbf{V}_1$ als auch auf $\mathbf{V}_2$ senkrecht steht.

LÖSUNG

a. Wir verwenden die Formel

$$\cos\theta = \frac{\mathbf{V}_1 \cdot \mathbf{V}_2}{|\mathbf{V}_1||\mathbf{V}_2|}$$

Nun gilt

$$|\mathbf{V}_1| = \sqrt{2^2 + (-1)^2 + (1)^2} = \sqrt{6} \qquad |\mathbf{V}_2| = \sqrt{1^2 + 1^2 + (-1)^2} = \sqrt{3}$$

und

$$\mathbf{V}_1 \cdot \mathbf{V}_2 = (2)(1) + (-1)(1) + (1)(-1) = 0$$

Daher ist $\cos\theta = 0$ und somit $\theta = 90°$. Die Vektoren stehen also senkrecht aufeinander.

b. Der Vektor $\mathbf{V_1} \times \mathbf{V_2}$ steht sowohl auf $\mathbf{V_1}$ als auch auf $\mathbf{V_2}$ senkrecht. Also ist

$$\mathbf{V}_1 \times \mathbf{V}_2 = \begin{vmatrix} \mathbf{I} & \mathbf{J} & \mathbf{K} \\ 2 & -1 & 1 \\ 1 & 1 & 1 \end{vmatrix} = \begin{vmatrix} -1 & 1 \\ 1 & 1 \end{vmatrix}\mathbf{I} - \begin{vmatrix} 2 & 1 \\ 1 & 1 \end{vmatrix}\mathbf{J} + \begin{vmatrix} 2 & -1 \\ 1 & 1 \end{vmatrix}\mathbf{K} = -2\mathbf{I} - \mathbf{J} + 3\mathbf{K}$$

c. Da $\mathbf{V_1} \times \mathbf{V_2}$ sowohl auf $\mathbf{V_1}$ als auch auf $\mathbf{V_2}$ senkrecht steht, bestimmen wir einen Einheitsvektor in Richtung von $\mathbf{V_1} \times \mathbf{V_2}$. Er lautet

$$\mathbf{U}_{\mathbf{V}_1 \times \mathbf{V}_2} = \frac{\mathbf{V}_1 \times \mathbf{V}_2}{|\mathbf{V}_1 \times \mathbf{V}_2|}$$

Aus Teilaufgabe (*b*) entnehmen wir

$$|\mathbf{V}_1 \times \mathbf{V}_2| = \sqrt{(-2)^2 + (-1)^2 + (3)^2} = \sqrt{14}$$

Also

$$\mathbf{U}_{\mathbf{V}_1 \times \mathbf{V}_2} = \frac{-2}{\sqrt{14}}\mathbf{I} - \frac{1}{\sqrt{14}}\mathbf{J} + \frac{3}{\sqrt{14}}\mathbf{K}$$

A2.5 Bestimmen Sie die Gleichung der Geraden durch die Punkte $P_0(x_0, y_0, z_0)$ und $P_1(x_1, y_1, z_1)$.

LÖSUNG

Um die Gleichung der Geraden zu bestimmen, müssen wir einen Punkt auf ihr und einen Vektor mit ihrer Richtung kennen. Der durch P_0 und P_1 bestimmte Vektor $\overline{\mathbf{P_0P_1}}$ hat natürlich die Richtung der Geraden (siehe Abb. A2.14) und der Punkt P_0 liegt auf ihr. Mit dem Richtungsvektor

$$\overline{\mathbf{P_0P_1}} = (x_1 - x_0)\mathbf{I} + (y_1 - y_0)\mathbf{J} + (z_1 - z_0)\mathbf{K}$$

und dem Punkt $P_0(x_0, y_0, z_0)$ lautet die Gleichung also

$$x = x_0 + (x_1 - x_0)t \qquad y = y_0 + (y_1 - y_0)t \qquad z = z_0 + (z_1 - z_0)t$$

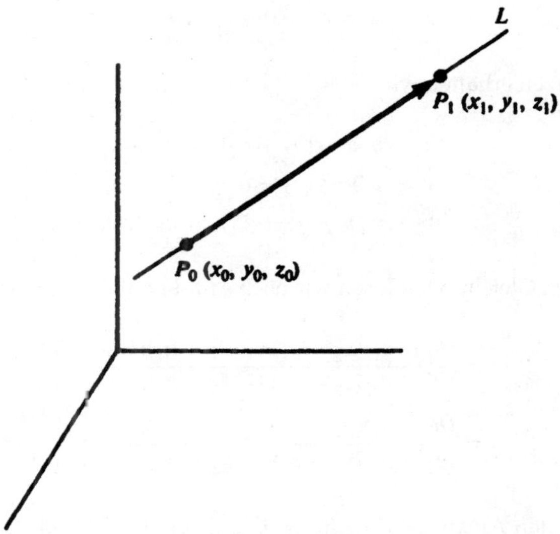

Abb. A2.14

A2.6 Bestimmen Sie die Gleichung der Geraden durch die Punkte $P_0(1; -5; 2)$ und $P_1(6; 7; -3)$.

LÖSUNG

Gemäß Aufgabe 2.5 ist der Richtungsvektor gegeben durch

$$\overline{\mathbf{P_0P_1}} = (6-1)\mathbf{I} + [7-(-5)]\mathbf{J} + (-3-2)\mathbf{K} = 5\mathbf{I} + 12\mathbf{J} - 5\mathbf{K}.$$

Unter Verwendung von $P_0(1; -5; 2)$ erhalten wir $x = 1 + 5t$, $y = -5 + 12t$ und $z = 2 - 5t$.

A2.7 Die Strecke L_1 sei durch die Punkte $P_1(a_1, b_1, c_1)$ und $P_2(a_2, b_2, c_2)$, die Strecke L_2 durch die Punkte $Q_1(u_1, v_1, w_1)$ und $Q_2(u_2, v_2, w_2)$ definiert. Wie können wir ermitteln, ob sich die Strecken schneiden?

LÖSUNG

Die Parametergleichungen von L_1 sind gegeben durch (Aufgabe 2.5)

$$x = a_1 + (a_2 - a_1)s$$
$$y = b_1 + (b_2 - b_1)s$$
$$z = c_1 + (c_2 - c_1)s$$

die von L_2 durch

$$x = u_1 + (u_2 - u_1)t$$
$$y = v_1 + (v_2 - v_1)t$$
$$z = w_1 + (w_2 - w_1)t$$

Durch Gleichsetzen erhalten wir

$$(u_2 - u_1)t - (a_2 - a_1)s = a_1 - u_1$$
$$(v_2 - v_1)t - (b_2 - b_1)s = b_1 - v_1$$
$$(w_2 - w_1)t - (c_2 - c_1)s = c_1 - w_1$$

Die ersten beiden Gleichungen lösen wir nach s und t auf:

$$t = \frac{(b_1 - v_1)(a_2 - a_1) - (a_1 - u_1)(b_2 - b_1)}{(a_2 - a_1)(v_2 - v_1) - (b_2 - b_1)(u_2 - u_1)}$$

$$s = \frac{(b_1 - v_1)(u_2 - u_1) - (a_1 - u_1)(v_2 - v_1)}{(a_2 - a_1)(v_2 - v_1) - (b_2 - b_1)(u_2 - u_1)}$$

Nun setzen wir den Ausdruck für s in die Gleichung für L_1 und den für t in die Gleichung für L_2 ein. Sind alle drei entsprechenden Werte für x, y, und z gleich, schneiden sich die Geraden; falls nicht, schneiden sie sich nicht. Falls sowohl $0 \leq s \leq 1$ und $0 \leq t \leq 1$, liegt der Schnittpunkt auf den Strecken L_1 und L_2 zwischen P_1 und P_2 sowie Q_1 und Q_2.

A2.8 Zeigen Sie, dass die Gleichung einer Ebene die implizite Form $Ax + By + Cz + D = 0$ hat, wobei A, B und C die Komponenten des Normalenvektors sind.

LÖSUNG

Die Gleichung einer Ebene mit dem Normalenvektor $\mathbf{N} = A\mathbf{I} + B\mathbf{J} + C\mathbf{K}$, die durch den Punkt $P_0(x_0, y_0, z_0)$ geht, lautet

$$A(x - x_0) + B(y - y_0) + C(z - z_0) = 0 \qquad \text{oder} \qquad Ax + By + Cz + (-Ax_0 - By_0 - Cz_0) = 0$$

Durch die Ersetzung $D = (-Ax_0 - By_0 - Cz_0)$ erhalten wir die Ebenengleichung

$$Ax + By + Cz + D = 0$$

A2.9 Gegeben sei die Ebene $5x - 3y + 6z = 7$. (*a*) Bestimmen Sie den Normalenvektor der Ebene und (*b*) untersuchen Sie, ob die Punkte $P_1(1; 5; 2)$ und $P_2(-3; -1; 2)$ auf derselben Seite der Ebene liegen.

LÖSUNG

Schreiben Sie die Gleichung in der impliziten Form als $5x - 3y + 6z - 7 = 0$.

a. Gemäß Aufgabe 2.8 sind die Koeffizienten 5, -3 und 6 die Komponenten eines Normalenvektors, d.h. $\mathbf{N} = 5\mathbf{I} - 3\mathbf{J} + 6\mathbf{K}$.

b. Es sei $f(x, y, z) = 5x - 3y + 6z - 7$. Die Ebene hat zwei Seiten, nämlich R^+ für positive und R^- für negative Werte von $f(x, y, z)$. Nun haben wir für den Punkt $P_1(1; 5; 2)$

$$f(1, 5, 2) = 5(1) - 3(5) + 6(2) - 7 = -5$$

und für den Punkt $P_2(-3; -1; 2)$

$$f(-3, -1, 2) = 5(-3) - 3(-1) + 6(2) - 7 = -7$$

Da sowohl $f(1; 5; 2)$ als auch $f(-3; -1; 2)$ negativ sind, liegen P_1 und P_2 auf derselben Seite der Ebene.

A2.10 Bestimmen Sie die Gleichung der Ebene durch den Punkt $P_0(1; -1; 1)$, die die Vektoren $\mathbf{V}_1 = \mathbf{I} - \mathbf{J} + \mathbf{K}$ und $\mathbf{V}_2 = -\mathbf{I} + \mathbf{J} + 2\mathbf{K}$ enthält (siehe Abb. A2.15).

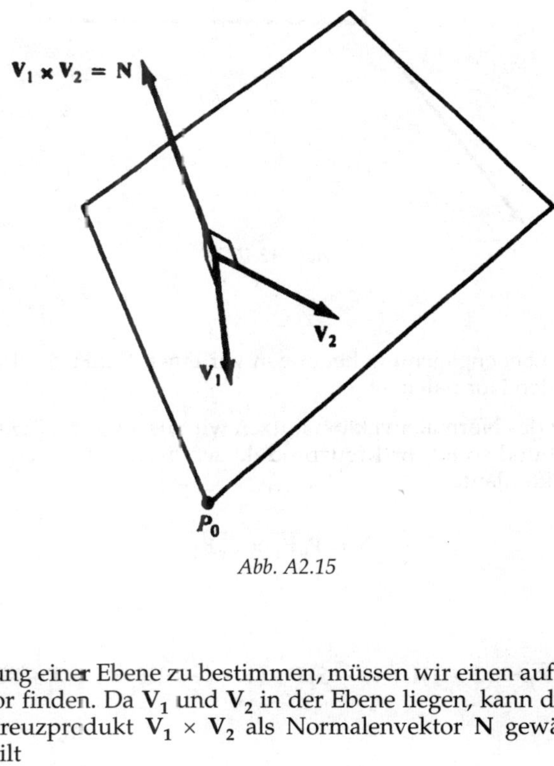

Abb. A2.15

LÖSUNG

Um die Gleichung einer Ebene zu bestimmen, müssen wir einen auf ihr senkrecht stehenden Normalenvektor finden. Da $\mathbf{V}_1$ und $\mathbf{V}_2$ in der Ebene liegen, kann das senkrecht auf $\mathbf{V}_1$ und $\mathbf{V}_2$ stehende Kreuzprodukt $\mathbf{V}_1 \times \mathbf{V}_2$ als Normalenvektor $\mathbf{N}$ gewählt werden (siehe Abb A2.15). Somit gilt

$$\mathbf{N} = \mathbf{V}_1 \times \mathbf{V}_2 = \begin{vmatrix} \mathbf{I} & \mathbf{J} & \mathbf{K} \\ 1 & -1 & 1 \\ -1 & 1 & 2 \end{vmatrix} = \begin{vmatrix} -1 & 1 \\ 1 & 2 \end{vmatrix}\mathbf{I} - \begin{vmatrix} 1 & 1 \\ -1 & 2 \end{vmatrix}\mathbf{J} + \begin{vmatrix} 1 & -1 \\ -1 & 1 \end{vmatrix}\mathbf{K} = -3\mathbf{I} - 3\mathbf{J} + 0\mathbf{K}$$

Also lautet die Gleichung der Ebene mit $\mathbf{N} = -3\mathbf{I} - 3\mathbf{J}$ und dem Punkt $P_0(1; -1; 1)$

$$-3(x - 1) - 3[y - (-1)] + 0(z - 1) = 0 \quad \textbf{oder} \quad -3x - 3y = 0$$

Schließlich ergibt sich die Gleichung der Ebene zu $x + y = 0$. Dies ist ein Beispiel für eine Zylinderoberfläche, da z eine freie Variable ist und $y = -x$ gilt.

A2.11 Bestimmen Sie die Gleichung der durch die drei Punkte $P_0(1; 5; -7)$, $P_1(2; 6; 1)$ und $P_2(0; 1; 2)$ bestimmten Ebene (siehe Abb. A2.16).

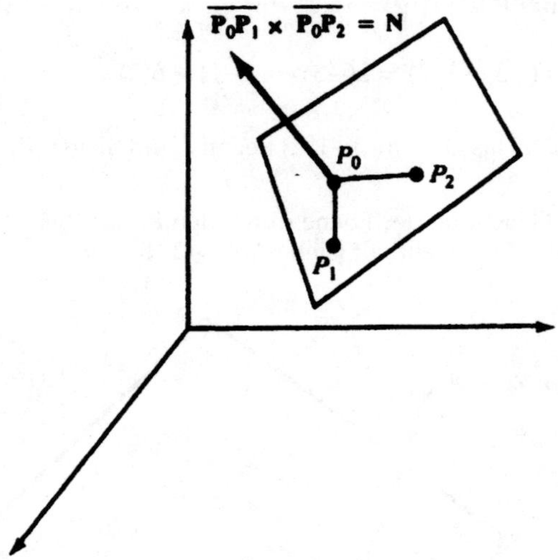

Abb. A2.16

LÖSUNG

Zur Angabe der Ebenengleichung benötigen wir einen Punkt der Ebene und einen auf ihr senkrecht stehenden Normalenvektor.

Zur Bestimmung des Normalenvektors nutzen wir aus, dass die Vektoren $\overline{\mathbf{P_0P_1}}$ und $\overline{\mathbf{P_0P_2}}$ in der Ebene liegen und somit ihr Kreuzprodukt senkrecht auf ihnen steht. Unsere Wahl für den Normalenvektor lautet:

$$\mathbf{N} = \overline{\mathbf{P_0P_1}} \times \overline{\mathbf{P_0P_2}}$$

Nun gilt

$$\overline{\mathbf{P_0P_1}} = (2-1)\mathbf{I} + (6-5)\mathbf{J} + (1-(-7))\mathbf{K} = \mathbf{I} + \mathbf{J} + 8\mathbf{K}$$

und

$$\overline{\mathbf{P_0P_2}} = (0-1)\mathbf{I} + (1-5)\mathbf{J} + (2-(-7))\mathbf{K} = -\mathbf{I} - 4\mathbf{J} + 9\mathbf{K}$$

Daher

$$\overline{\mathbf{P_0P_1}} \times \overline{\mathbf{P_0P_2}} = \begin{vmatrix} \mathbf{I} & \mathbf{J} & \mathbf{K} \\ 1 & 1 & 8 \\ -1 & -4 & 9 \end{vmatrix} = \begin{vmatrix} 1 & 8 \\ -4 & 9 \end{vmatrix}\mathbf{I} - \begin{vmatrix} 1 & 8 \\ -1 & 9 \end{vmatrix}\mathbf{J} + \begin{vmatrix} 1 & 1 \\ -1 & -4 \end{vmatrix}\mathbf{K} = 41\mathbf{I} - 17\mathbf{J} - 3\mathbf{K}$$

Somit ist **N** = 41**I** - 17**J** - 3**K**, und mit dem Punkt $P_0(1; 5; -7)$ lautet die Ebenengleichung

$$41(x-1) - 17(y-5) - 3[z-(-7)] = 0 \quad \text{oder} \quad 41x - 17y - 3z + 23 = 0$$

A2.12 Zeigen Sie, dass die Gleichung einer Ebene mit den x-, y- und z-Achsenabschnitten $A(a, 0, 0)$, $B(0, b, 0)$ und $C(0, 0, c)$ (siehe Abb. A2.17) gegeben ist durch $x/a + y/b + z/c = 1$.

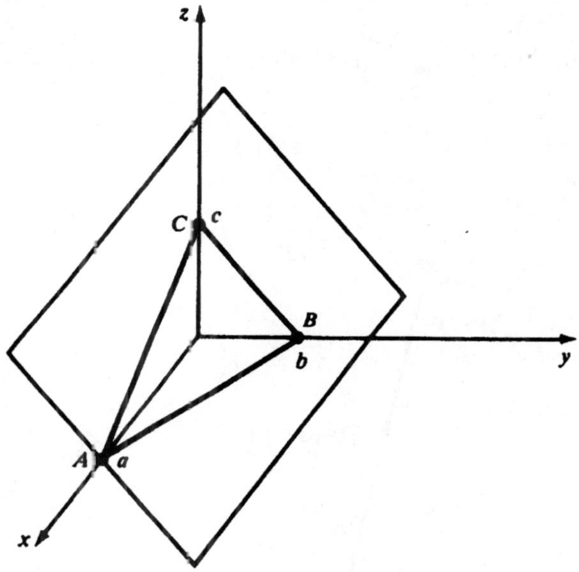

Abb. A2.17

LÖSUNG

Wie in Aufgabe 2.11 bilden wir die Vektoren $\overline{\mathbf{AB}} = -a\mathbf{I} + b\mathbf{J}$ und $\overline{\mathbf{AC}} = -a\mathbf{I} + c\mathbf{K}$. Der Normalenvektor der Ebene ist dann

$$\mathbf{N} = \overline{\mathbf{AB}} \times \overline{\mathbf{AC}} = \begin{vmatrix} \mathbf{I} & \mathbf{J} & \mathbf{K} \\ -a & b & 0 \\ -a & 0 & c \end{vmatrix} = \begin{vmatrix} b & 0 \\ 0 & c \end{vmatrix}\mathbf{I} - \begin{vmatrix} -a & 0 \\ -a & c \end{vmatrix}\mathbf{J} + \begin{vmatrix} -a & b \\ -a & 0 \end{vmatrix}\mathbf{K} = bc\mathbf{I} + ac\mathbf{J} + ab\mathbf{K}$$

Die Gleichung der Ebene mit diesem Normalenvektor, die durch den Punkt $A(a, 0, 0)$ geht, lautet

$$bc(x-a) + ac(y-0) + ab(z-0) = 0 \quad \text{or} \quad bcx + acy + abz = abc$$

Teilen wir beide Seiten durch abc, erhalten wir $x/a + y/b + z/c = 1$.

A2.13 Bestimmen Sie den Abstand des Punkts $P_1(x_1, y_1, z_1)$ zu einer gegebenen Ebene (siehe Abb. A2.17).

LÖSUNG

$\mathbf{N} = n_1\mathbf{I} + n_2\mathbf{J} + n_3\mathbf{K}$ sei der Normalenvektor der Ebene und $P_0(x_0, y_0, z_0)$ ein beliebiger Punkt der Ebene. Die Ebenengleichung lautet

$$n_1(x - x_0) + n_2(y - y_0) + n_3(z - z_0) = 0$$

Der Abstand D von $P_1(x_1, y_1, z_1)$ zur Ebene ist die kürzeste (d.h. die senkrecht gemessene) Entfernung.

$L_\mathbf{N}$ sei die Gerade durch $P_1(x_1, y_1, z_1)$ in Richtung des Normalenvektors $\mathbf{N}$. Ihre Gleichung ist gegeben durch

$$L_N: \begin{array}{l} x = x_1 + n_1 t \\ y = y_1 + n_2 t \\ z = z_1 + n_3 t \end{array}$$

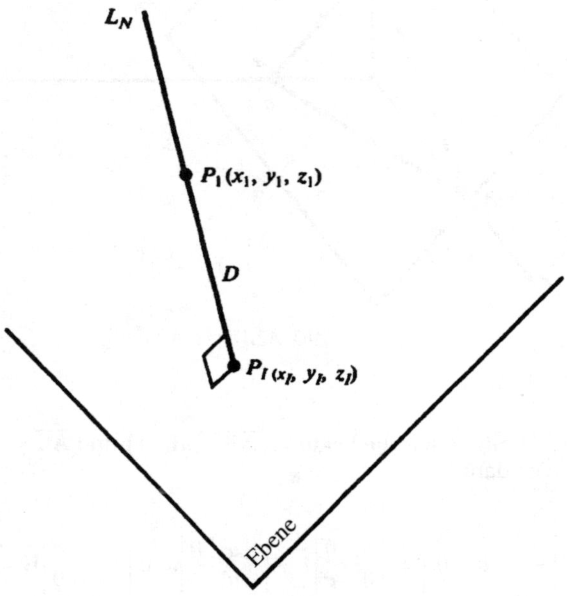

Abb. A2.18

Zunächst bestimmen wir den Schnittpunkt $P_\mathrm{I}(x_\mathrm{I}, y_\mathrm{I}, z_\mathrm{I})$ der Geraden $L_\mathbf{N}$ mit der Ebene. Der Abstand des Punkts $P_1(x_1, y_1, z_1)$ zur Ebene ist derselbe wie sein Abstand zum Schnittpunkt $P_\mathrm{I}(x_\mathrm{I}, y_\mathrm{I}, z_\mathrm{I})$.

Durch Einsetzen der Gleichungen für $L_\mathbf{N}$ in die Ebenengleichung erhalten wir

$$n_1(x_1 + n_1 t - x_0) + n_2(y_1 + n_2 t - y_0) + n_3(z_1 + n_3 t - z_0) = 0$$

Auflösen nach t ergibt

$$t = -\frac{n_1(x_1 - x_0) + n_2(y_1 - y_0) + n_3(z_1 - z_0)}{n_1^2 + n_2^2 + n_3^2}$$

Bezeichnen wir den Parameter des Punkts P_I mit t_I, erhalten wir für die Koordinaten von P_I

$$x_I = x_1 + n_1 t_I \qquad y_I = y_1 + n_2 t_I \qquad z_I = z_1 + n_3 t_I$$

Der Abstand D zwischen $P_1(x_1, y_1, z_1)$ und $P_I(x_I, y_I, z_I)$ ist

$$D = \sqrt{(x_I - x_1)^2 + (y_I - y_1)^2 + (z_I - z_1)^2}$$

Aus Gleichung 2.2 erhalten wir

$$x_I - x_1 = n_1 t_I \qquad y_I - y_1 = n_2 t_I \qquad z_I - z_1 = n_3 t_I$$

Einsetzen in die Formel für D ergibt

$$D = \sqrt{(n_1 t_I)^2 + (n_2 t_I)^2 + (n_3 t_I)^2} = |t_I|\sqrt{n_1^2 + n_2^2 + n_3^2}$$

oder, indem wir für t_I einsetzen

$$D = \frac{|n_1(x_1 - x_0) + n_2(y_1 - y_0) + n_3(z_1 - z_0)|}{\sqrt{n_1^2 + n_2^2 + n_3^2}}$$

Diesen Ausdruck können wir in Vektorform umschreiben, wenn wir ausnutzen, dass

$$|\mathbf{N}| = \sqrt{n_1^2 + n_2^2 + n_3^2}$$

und dass $(x_1 - x_0, y_1 - y_0, z_1 - z_0)$ die Komponenten des Vektors $\overline{\mathbf{P_0P_1}}$ sind. Somit erhalten wir

$$D = \frac{|\mathbf{N} \cdot \overline{\mathbf{P_0P_1}}|}{|\mathbf{N}|} = \frac{d}{|\mathbf{N}|}$$

wobei $d = |\mathbf{N} \cdot \overline{\mathbf{P_0P_1}}|$.

A2.14 Bestimmen Sie die Projektion $\mathbf{V_P}$ eines Vektors $\mathbf{V}$ auf eine gegebene Ebene mit dem Normalenvektor $\mathbf{N}$.

LÖSUNG

Aus Abb. A2.20 erhalten wir gemäß Definition der Vektoraddition (Fußpunkt an Spitze, siehe Anhang 1)

$$\mathbf{V_p} + k\mathbf{N} = \mathbf{V} \quad \text{oder} \quad \mathbf{V_p} = \mathbf{V} - k\mathbf{N}$$

Gl. 2.2

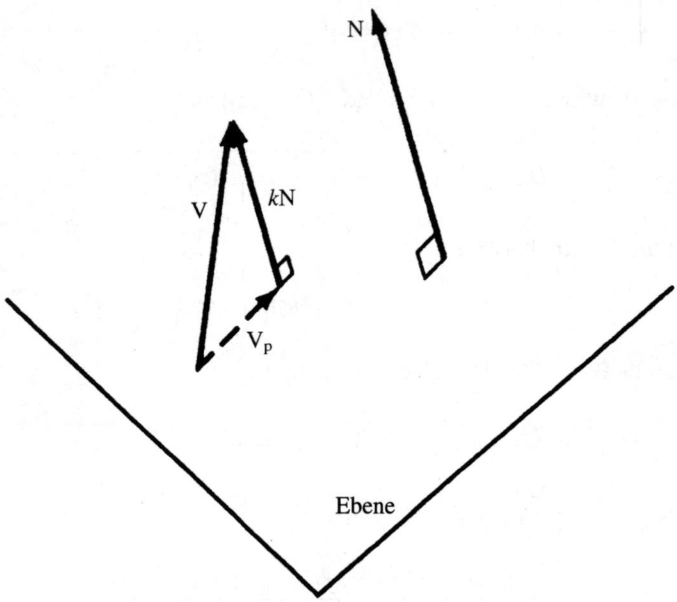

Abb. A2.19

Zur Bestimmung der Zahl k nutzen wir aus, dass $\mathbf{V_P}$ in der Ebene liegt, so dass $\mathbf{N}$ senkrecht auf $\mathbf{V_P}$ steht, d.h., $\mathbf{V_P} \cdot \mathbf{N} = 0$. Also gilt

$$0 = \mathbf{V_p} \cdot \mathbf{N} = \mathbf{V} \cdot \mathbf{N} - k(\mathbf{N} \cdot \mathbf{N}) \quad \text{oder} \quad k = \frac{\mathbf{V} \cdot \mathbf{N}}{\mathbf{N} \cdot \mathbf{N}} = \frac{\mathbf{V} \cdot \mathbf{N}}{|\mathbf{N}|^2} \quad (\text{ da } \mathbf{N} \cdot \mathbf{N} = |\mathbf{N}|^2)$$

Somit erhalten wir

$$\mathbf{V_p} = \mathbf{V} - \left(\frac{\mathbf{V} \cdot \mathbf{N}}{|\mathbf{N}|^2}\right)\mathbf{N} \quad \text{(Gleichung 2.3)}$$

A2.15 Eine Ebene sei durch den Normalenvektor **N** = **I** - **J** + **K** und einen Punkt $P_0(2; 3; -1)$ gegeben.

a. Berechnen Sie den Abstand des Punkts $P_1(5; 2; 7)$ zur Ebene.

b. **V** = 2**I** + 3**J** - **K** sei ein Vektor. Bestimmen Sie die Projektion $\mathbf{V_P}$ (in Richtung der Normalen) auf die Ebene.

LÖSUNG

a. Wir haben den Vektor $\overline{\mathbf{P_0P_1}}$ = 3**I** - **J** + 8**K**. Gemäß Aufgabe 2.13 gilt

$$D = \frac{|\mathbf{N} \cdot \overline{\mathbf{P_0P_1}}|}{|\mathbf{N}|} = \frac{|(1)(3) + (-1)(-1) + (1)(8)|}{\sqrt{(1)^2 + (-1)^2 + (1)^2}} = \frac{12}{\sqrt{3}} = 4\sqrt{3}$$

b. Gemäß Aufgabe 2.14 ist der projizierte Vektor $\mathbf{V_P}$ gegeben durch

$$\mathbf{V_p} = \mathbf{V} - \left(\frac{\mathbf{V} \cdot \mathbf{N}}{|\mathbf{N}|^2}\right)\mathbf{N}$$

Nun gilt

$$\frac{\mathbf{V} \cdot \mathbf{N}}{|\mathbf{N}|^2} = \frac{(2)(1) + (3)(-1) + (-1)(1)}{(1)^2 + (-1)^2 + (1)^2} = \frac{-2}{3}$$

so dass

$$\begin{aligned}\mathbf{V_p} &= (2\mathbf{I} + 3\mathbf{J} - \mathbf{K}) - (-\tfrac{2}{3})(\mathbf{I} - \mathbf{J} + \mathbf{K}) \\ &= (2\mathbf{I} + 3\mathbf{J} - \mathbf{K}) - (-\tfrac{2}{3}\mathbf{I} + \tfrac{2}{3}\mathbf{J} - \tfrac{2}{3}\mathbf{K}) = \tfrac{8}{3}\mathbf{I} + \tfrac{7}{3}\mathbf{J} - \tfrac{1}{3}\mathbf{K}\end{aligned}$$

A2.16 Für zwei gegebene Vektoren **A** und **B**, deren Fußpunkte aufeinander liegen, definieren wir die senkrechte Projektion von **A** auf **B** als den in Abb. A2.22 gezeigten Vektor **V**. Leiten Sie eine Formel zur Berechnung von **V** aus **A** und **B** her.

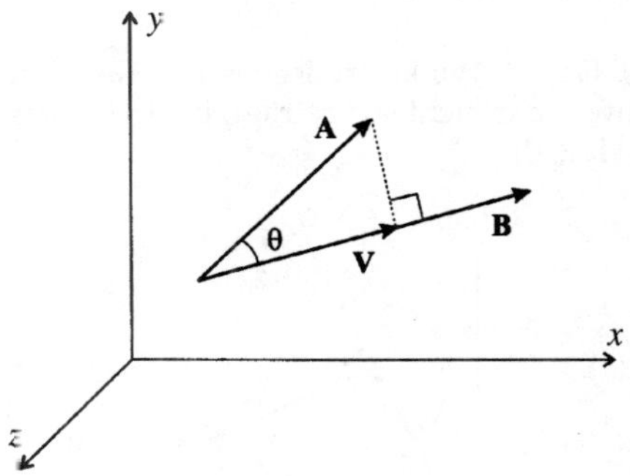

Abb. A2.20

LÖSUNG

Zunächst bestimmen wir (siehe Abb. A2.22)

$$|\mathbf{V}| = |\mathbf{A}|\cos(\theta) = |\mathbf{A}|\frac{\mathbf{A} \cdot \mathbf{B}}{|\mathbf{A}||\mathbf{B}|} = \frac{\mathbf{A} \cdot \mathbf{B}}{|\mathbf{B}|}$$

Der Einheitsvektor ist gegeben durch

$$\mathbf{V} = |\mathbf{V}|\mathbf{U_V}$$

Da **V** und **B** dieselbe Richtung haben, gilt $\mathbf{U_V} = \mathbf{U_B}$. Daraus folgt

$$\mathbf{V} = |\mathbf{V}|\mathbf{U_B} = \frac{\mathbf{A}\cdot\mathbf{B}}{|\mathbf{B}|}\frac{\mathbf{B}}{|\mathbf{B}|} = \frac{\mathbf{A}\cdot\mathbf{B}}{|\mathbf{B}|^2}\mathbf{B}$$

A2.17 (3; 1; -3) seien die Koordinaten eines Punkts A. Bestimmen Sie einen Punkt B auf der Geraden $y = 2x$ in der xy-Ebene, so dass die A und B verbindende Gerade senkrecht auf $y = 2x$ steht.

LÖSUNG 1

Da der Punkt B auf $y = 2x$ liegt, hat er die Koordinaten $(x, 2x, 0)$. Wir führen zwei Vektoren $\mathbf{V_1}$ und $\mathbf{V_2}$ ein (siehe Abb. A2.24):

$$\mathbf{V_1} = x\mathbf{I} + 2x\mathbf{J}$$
$$\mathbf{V_2} = (3 - x)\mathbf{I} + (1 - 2x)\mathbf{J} - 3\mathbf{K}$$

Die A und B verbindende Gerade steht senkrecht auf $y = 2x$, falls

$$\mathbf{V_1}\cdot\mathbf{V_2} = 0$$

oder

$$x(3 - x) + 2x(1 - 2x) = 0$$

Das ergibt $x(1 - x) = 0$. Da der Winkel zwischen der Geraden $y = 2x$ und der Geraden vom Ursprung nach A nachweisbar nicht 90° beträgt, ist $x \neq 0$. Daher gilt $x = 1$, und die Koordinaten des Punkts B sind (1; 2; 0).

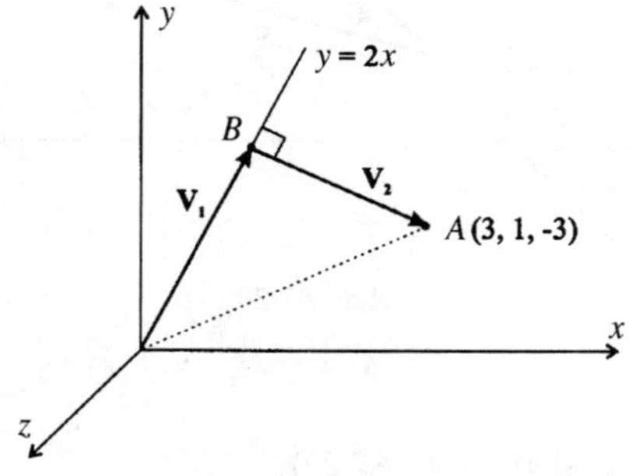

Abb. A2.21

LÖSUNG 2

Unter Bezug auf Abb. A2.24 sei **A** ein Vektor mit dem Fußpunkt im Ursprung und der Spitze im Punkt *A*. Aus Aufgabe 2.16 können wir ablesen, dass $\mathbf{V_1}$ einfach die senkrechte Projektion von **A** auf $\mathbf{V_1}$ selbst ist. Da $\mathbf{A} = 3\mathbf{I} + \mathbf{J} - 3\mathbf{K}$ und $\mathbf{V_1} = x\mathbf{I} + 2x\mathbf{J}$, ist die Projektion $\mathbf{V} = \mathbf{V_1}$ gegeben durch

$$\mathbf{V_1} = \frac{\mathbf{A} \cdot \mathbf{V_1}}{|\mathbf{V_1}|^2}\mathbf{V_1} = \frac{3x + 2x}{x^2 + 4x^2}(x\mathbf{I} + 2x\mathbf{J}) = \mathbf{I} + 2\mathbf{J}$$

Das bedeutet, dass die Koordinaten des Punkts *B* gegeben sind durch (1; 2; 0).

A2.18 Es seien $a = |\mathbf{A}|$ und $b = |\mathbf{B}|$. Zeigen Sie, dass der Vektor

$$\mathbf{C} = \frac{a\mathbf{B} + b\mathbf{A}}{a + b}$$

den Winkel zwischen **A** und **B** halbiert.

LÖSUNG 1

$$\mathbf{C} = \frac{a\mathbf{B} + b\mathbf{A}}{a + b} = \frac{ab\mathbf{U_B} + ba\mathbf{U_A}}{a + b} = \frac{ab}{a + b}(\mathbf{U_B} + \mathbf{U_A})$$

Da der Vektor **C** in Richtung der Diagonalen der aus den beiden Einheitsvektoren $\mathbf{U_A}$ und $\mathbf{U_B}$ gebildeten Raute liegt (siehe Abb. A2.26), halbiert er den Winkel zwischen $\mathbf{U_A}$ und $\mathbf{U_B}$, der gleichzeitig der Winkel zwischen **A** und **B** ist.

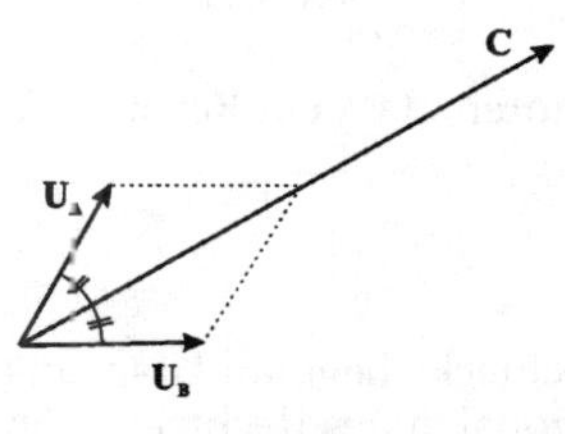

Abb. A2.22

LÖSUNG 2

α sei der Winkel zwischen **A** und **C**, β der zwischen **B** und **C** und $c = |\mathbf{C}|$. Wir erhalten

$$\cos(\alpha) = \frac{\mathbf{A} \cdot \mathbf{C}}{ac} = \frac{\mathbf{A} \cdot \dfrac{a\mathbf{B} + b\mathbf{A}}{a + b}}{ac} = \frac{a\mathbf{A} \cdot \mathbf{B} + b\mathbf{A} \cdot \mathbf{A}}{ac(a + b)} = \frac{\mathbf{A} \cdot \mathbf{B} + ba}{c(a + b)}$$

und

$$\cos(\beta) = \frac{\mathbf{B} \cdot \mathbf{C}}{bc} = \frac{\mathbf{B}\, \dfrac{a\mathbf{B} + b\mathbf{A}}{a + b}}{bc} = \frac{a\mathbf{B} \cdot \mathbf{B} + b\mathbf{A} \cdot \mathbf{B}}{bc(a + b)} = \frac{ab + \mathbf{A} \cdot \mathbf{B}}{c(a + b)}$$

Ein Vergleich dieser beiden Ausdrücke ergibt cos(α) = cos(β) oder α = β.

A2.19 Beweisen Sie die Formel $\mathbf{V_1} \bullet \mathbf{V_2} = |\mathbf{V_1}|\ |\mathbf{V_2}| \cos(\theta)$, wobei $\mathbf{V_1}$ und $\mathbf{V_2}$ zwei Vektoren und θ der kleinere Winkel zwischen ihnen ist (wenn ihre Fußpunkte aufeinander liegen).

LÖSUNG

Da für jeden Vektor $\mathbf{V} \bullet \mathbf{V} = |\mathbf{V}|^2$ gilt (siehe Aufgabe 2.3), erhalten wir (siehe Abb. A2.28):

$$\begin{aligned} |\mathbf{V_1} - \mathbf{V_2}|^2 &= (\mathbf{V}_1 - \mathbf{V}_2) \cdot (\mathbf{V}_1 - \mathbf{V}_2) \\ &= \mathbf{V}_1 \cdot (\mathbf{V}_1 - \mathbf{V}_2) - \mathbf{V}_2 \cdot (\mathbf{V}_1 - \mathbf{V}_2) && \text{(Aufgabe A1.20)} \\ &= \mathbf{V}_1 \cdot \mathbf{V}_1 - 2\mathbf{V}_1 \cdot \mathbf{V}_2 + \mathbf{V}_2 \cdot \mathbf{V}_2 && \text{(Aufgabe A1.19)} \\ &= |\mathbf{V}_1|^2 - 2\mathbf{V}_1 \cdot \mathbf{V}_2 + |\mathbf{V}_2|^2 \end{aligned}$$

Andererseits erhalten wir unter Verwendung des Kosinussatzes (siehe Abschnitt A1.1)

$$|\mathbf{V_1} - \mathbf{V_2}|^2 = |\mathbf{V_1}|^2 + |\mathbf{V_2}|^2 - 2|\mathbf{V_1}||\mathbf{V_2}|\cos(\theta)$$

Ein Vergleich dieser beiden Ausdrücke ergibt $\mathbf{V_1} \bullet \mathbf{V_2} = |\mathbf{V_1}|\ |\mathbf{V_2}| \cos(\theta)$.

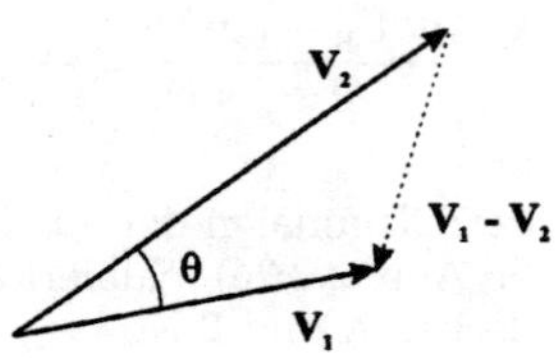

Abb. A2.23

A2.20 Zeigen Sie mit Hilfe von Vektoren, dass ein Rechteck, dessen Diagonalen aufeinander senkrecht stehen, ein Quadrat ist.

LÖSUNG

Die linke untere Ecke des Rechtecks liege im Ursprung und die rechte obere Ecke bei (x, y) oder $(x, y, 0)$. Die beiden Diagonalen des Rechtecks können durch $\mathbf{V_1} = x\mathbf{I} + y\mathbf{J}$ und $\mathbf{V_1} = x\mathbf{I} - y\mathbf{J}$ ausgedrückt werden. Stehen Sie senkrecht aufeinander, so gilt $xx - yy = 0$ oder $x = y$. Also handelt es sich bei dem Rechteck um ein Quadrat.

A2.21 **a.** Welche dreidimensionale Gerade bestimmt der Punkt mit den homogenen Koordinaten (1; 5; -1)? (*b*) Stellen die homogenen Koordinaten (1; 5; -1) und (-2; -10; -3) denselben projektiven Punkt dar?

LÖSUNG

a. Die Gerade geht durch den Ursprung (0; 0; 0) und den kartesischen Punkt (1; 5; -1). Somit lautet die gesuchte Geradengleichung $x = t$, $y = 5t$ und $z = -t$.

b. Homogene Koordinaten stellen dann und nur dann denselben Punkt dar, wenn die Koordinaten proportional sind, d.h., wenn es eine Zahl t mit $-2 = (1)t$, $-10 = (5)t$ und $-3 = (-1)t$ gibt. Da eine solche Zahl nicht existiert, stellen die beiden angegebenen Koordinaten verschiedene projektive Punkte dar.

Lösungen zu den Aufgaben

L

Kapitel 2

2.42 Nein, da es eine Änderung im Seitenverhältnis gibt (5/3,5 ≠ 6/4).

2.43 Ja, da 5,25/3,5 = 6/4 = 1,5.

2.44 Stellen Sie das Bild in einem Seitenverhältnis dar, das kleiner als das Original ist.

2.45

```
int i, j, c, rgb[3];
for ( j = 0; j < höhe  j++)
  for (i=0; i < breite; i++) {
    getPixel(i, j, rgb);
    c = 0,299*rgb[0} + 0,587*rgb[1] + 0,144*rgb[2];
    setPixel(i, j, c);
  }
```

Kapitel 3

3.35

(a)

$y = 4x + 3$	x
11	2
31	7
7	1

(b)

$y = 1x + 0$	x
2	2
7	7
1	1

(c)

$y = -3x - 4$	x
-10	2
-25	7
-7	1

(d)

$y = -2x + 1$	x
-3	2
-13	7
-1	1

3.36

1. Berechnen Sie die Anfangswerte. Bevor die Variablen an die Zeichenkroutine weitergegeben werden, werden die x- und die y-Koordinate vertauscht: (x, y) ergibt (y, x).

$$\begin{aligned} dx &= y_1 - y_2 & Inc_1 &= 2dy \\ dy &= x_1 - x_2 & Inc_2 &= 2(dy - dx) \end{aligned} \qquad d = Inc_1 - dx$$

2. Setzen Sie (x, y) gleich dem linken unteren Endpunkt und x_{end} gleich dem größten Wert von x. Für $dx < 0$ ist $y = x_2$, $x = y_2$, $x_{end} = y_1$. Für $dx > 0$ ist $y = x_1$, $x = y_1$, $x_{end} = y_2$.
3. Zeichnen Sie einen Punkt an den aktuellen (y, x)-Koordinaten. Beachten Sie, dass die Koordinaten vor der Weitergabe an die Zeichenroutine vertauscht werden.

4. Überprüfen Sie, ob die gesamte Linie gezeichnet wurde. Halten Sie bei $x = x_{end}$ an.
5. Berechnen Sie den Ort des nächsten Pixels. Für $d < 0$ ist $d = d + Inc_1$. Für $d \geq 0$ ist $d = d + Inc_2$, $y = y + 1$.
6. Erhöhen Sie x: $x = x + 1$.
7. Vor dem Zeichnen werden die (x, y)-Koordinaten erneut vertauscht. Zeichnen Sie einen Punkt an den aktuellen (x, y)-Koordinaten.
8. Gehen Sie zu Schritt 4.

3.37 1. Setzen Sie die Anfangswerte: (x_1, y_1) = Linienanfang; (x_3, y_3) = Linienende; $\alpha = \tan^{-1}((y_3 - y_1)/(x_3 - x_1))$; d = Länge eines Strichs; c = Länge eines Leerzeichens.

2. Überprüfen Sie, ob die gesamte Linie gezeichnet wurde. Halten Sie bei $x_1 \geq x_3$ an.
3. Berechnen Sie das Ende des Strichs:

$$x_2 = x_1 + d\cos(\alpha)$$
$$y_2 = y_1 + d\sin(\alpha)$$

4. Senden Sie (x_1, y_1) und (x_2, y_2) an die Linienroutine und zeichnen Sie den Strich.
5. Berechnen Sie den Anfangspunkt des nächsten Strichs:

$$x_1 = x_2 + c\cos(\alpha)$$
$$y_1 = y_2 + c\sin(\alpha)$$

6. Gehen Sie zu Schritt 2.

3.38 Betrachten Sie Abb L.1. Lösen für $\theta = \pi/4$:

$$x = 2\cos(\pi/4) + 0 = 1.414 \qquad y = 1\sin(\pi/4) + 0 = 0.7071$$

Lösen für $\theta = 3\pi/4$:

$$x = 2\cos(3\pi/4) + 0 = -1.414 \qquad y = 1\sin(3\pi/4) + 0 = 0.7071$$

Lösen für $\theta = 5\pi/4$:

$$x = 2\cos(5\pi/4) + 0 = -1.414 \qquad y = 1\sin(5\pi/4) + 0 = -0.7071$$

Lösen für $\theta = 7\pi/4$:

$$x = 2\cos(7\pi/4) + 0 = 1.414 \qquad y = 1\sin(7\pi/4) + 0 = -0.7071$$

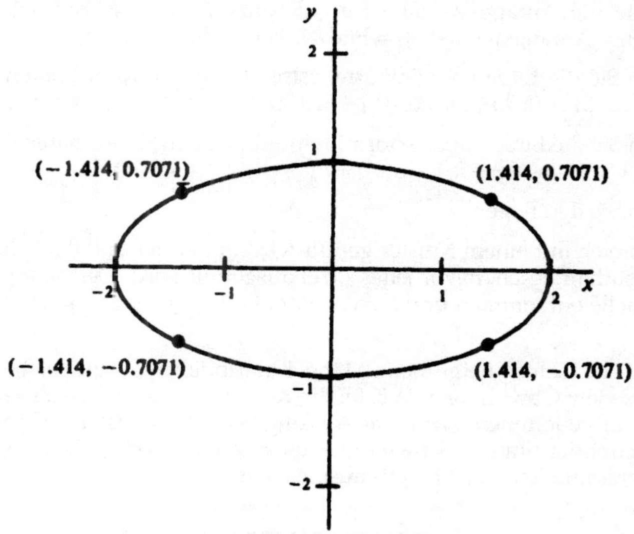

Abb. L.1

3.39 (*a*) Schritt 3 sollte abgeändert werden auf

$$x = a\cos(\theta) - b\sin\left(\theta + \frac{\pi}{4}\right) + h$$

$$y = b\sin(\theta) + a\cos\left(\theta + \frac{\pi}{4}\right) + k$$

(b) Schritt 3 sollte abgeändert werden auf

$$x = a\cos(\theta) - b\sin\left(\theta + \frac{\pi}{9}\right) + h$$

$$y = b\sin(\theta) + a\cos\left(\theta + \frac{\pi}{9}\right) + k$$

(c) Schritt 3 sollte abgeändert werden auf

$$x = a\cos(\theta) - b\sin\left(\theta + \frac{\pi}{2}\right) + h$$

$$y = b\sin(\theta) + a\cos\left(\theta + \frac{\pi}{2}\right) + k$$

Beachten Sie, dass die Drehung einer Ellipse um $\pi/2$ nur den Tausch der Haupt- und der Nebenachse erfordert. Daher könnte die Drehung auch durch folgende Änderung von Schritt 3 erreicht werden:

$$x = b\cos\theta \qquad y = a\sin(\theta)$$

3.40 1. Setzen Sie die Anfangsvariablen: a = Radius, (h, k) = Koordinaten des Sektormittelpunkts, θ_1 = Anfangswinkel, θ_2 = Endwinkel, i = Schrittweite.

2. Zeichnen Sie die Linie vom Sektormittelpunkt zu den Koordinaten des Anfangspunkts des Bogens: `plot` (h, k) `to` $(a \cos(\theta_1) + h, a \sin(\theta_1) + k)$.

3. Zeichnen Sie die Linie vom Sektormittelpunkt zu den Koordinaten des Bogenendpunkts: `plot` (h, k) `to` $(a \cos(\theta_2) + h, a \sin(\theta_2) + h)$.

4. Zeichnen Sie den Bogen.

3.41 Wenn ein Bereich mit einem Muster gefüllt wird, muss der Füllalgorithmus die Tabelle, die das Muster enthält, lesen, bevor jedes Pixel ausgefüllt wird. Der richtige Wert für das Pixel wird der Tabelle entnommen und auf das vom Füllalgorithmus untersuchte Pixel angewendet.

3.42 Das menschliche Gehirn neigt dazu, Mängel in Modellen auszugleichen. Ein Beispiel ist in Abb. L.2 zu sehen: Obwohl dem Würfel die Konvergenz als visueller Hinweis fehlt, wird er als Würfel wahrgenommen. Wenn das Aliasing inkonsistent ist, kann das Gehirn das Modell entweder nicht oder nur mit Schwierigkeiten erkennen, weil es keine erlernbare Regel gibt, die die Ungereimtheiten des Modells ausgleichen kann.

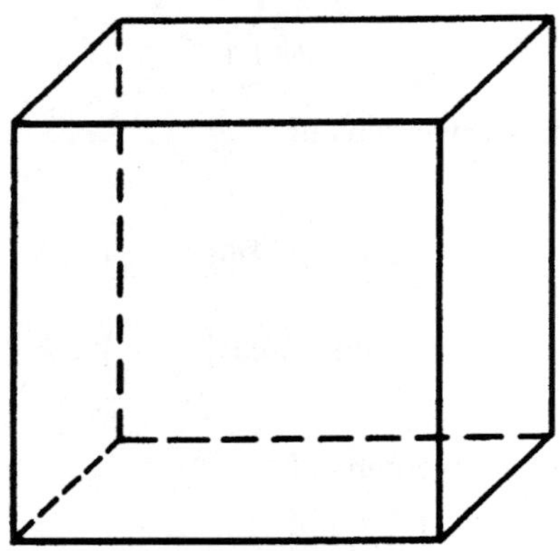

Abb. L.2

3.43 1. Initialisieren Sie die Liste der Kanten. Bestimmen Sie zu jeder nicht horizontalen Kante $1/m(= \Delta x/\Delta y)$, y_{max}, y_{min} und die x-Koordinate ihren niedrigeren Endpunkt.

2. Beginnen Sie mit der ersten Abtastzeile y.

3. Halten Sie an, wenn sich y hinter der ersten Abtastzeile befindet.

4. Aktivieren Sie alle Kanten mit $y_{min} = y$ und löschen Sie alle Kanten mit $y > y_{max}$.

5. Sortieren Sie die Schnittpunkte nach dem x-Wert.

6. Füllen Sie die Pixel zwischen den Schnittpunktpaaren (einschließlich der Schnittpunktpaare selbst).

7. Erhöhen Sie x für jede Kante um $1/m$.

8. Erhöhen Sie y um 1 und gehen Sie zu Schritt 3.

3.44 Überdrucken kann verhindert werden, wenn jedes Pixel vor dem Schreiben geprüft wird. Wurde das Pixel bereits geschrieben, wird kein Punkt ausgegeben. Noch besser ist es, Scan Conversion-Algorithmen zu entwickeln, die nicht zu Überdrucken führen.

Kapitel 4

4.19

$$R_\theta = \begin{pmatrix} \cos\theta & -\sin\theta \\ \sin\theta & \cos\theta \end{pmatrix} \quad \text{und} \quad R_{-\theta} = \begin{pmatrix} \cos(-\theta) & -\sin(-\theta) \\ \sin(-\theta) & \cos(-\theta) \end{pmatrix} = \begin{pmatrix} \cos\theta & \sin\theta \\ -\sin\theta & \cos\theta \end{pmatrix}$$

Außerdem

$$R_\theta \cdot R_{-\theta} = \begin{pmatrix} \cos\theta & -\sin\theta \\ \sin\theta & \cos\theta \end{pmatrix} \begin{pmatrix} \cos\theta & \sin\theta \\ -\sin\theta & \cos\theta \end{pmatrix}$$
$$= \begin{pmatrix} (\cos^2\theta + \sin^2\theta) & (\cos\theta\sin\theta - \sin\theta\cos\theta) \\ (\sin\theta\cos\theta - \cos\theta\sin\theta) & (\sin^2\theta + \cos^2\theta) \end{pmatrix} = \begin{pmatrix} 1 & 0 \\ 0 & 1 \end{pmatrix}$$

Daher sind R_θ und $R_{-\theta}$ invers zueinander, so dass $R_{-\theta} = R_\theta^{-1}$. Anders ausgedrückt: Das Inverse einer Drehung um θ ist eine Drehung um denselben Winkel in die entgegengesetzte Richtung.

4.20 Vergrößerung und Verkleinerung können durch eine gleichmäßige Skalierung um s Einheiten sowohl in X- als auch in Y-Richtung erreicht werden. Für $s > 0$ erzeugt die Skalierung eine Vergrößerung, für $s < 0$ eine Verkleinerung. Die Transformation kann geschrieben werden als

$$(x, y) \longmapsto (sx, sy)$$

In Matrizenform wird dies zu

$$\begin{pmatrix} s & 0 \\ 0 & s \end{pmatrix} \begin{pmatrix} x \\ y \end{pmatrix} = \begin{pmatrix} sx \\ sy \end{pmatrix}$$

a. Die Wahl von $s = 2$ und die Anwendung dieser Transformation auf die Koordinaten der Punkte A, B, C führt auf die neuen Koordinaten $A'(0; 0)$, $B'(2; 2)$, $C(10; 4)$.

b. Hier ist $s = \frac{1}{2}$ und die neuen Koordinaten sind $A''(0; 0)$, $B''(\frac{1}{2}; \frac{1}{2})$, $C''(\frac{5}{2}; 1)$.

4.21 Die Gerade $y = x$ hat die Steigung 1 und den y-Achsenabschnitt (0; 0). Hat der Punkt P die Koordinaten (x, y), dann erhalten wir gemäß Aufgabe 4.10

$$M_L \cdot P = \begin{pmatrix} 0 & 1 \\ 1 & 0 \end{pmatrix} \begin{pmatrix} x \\ y \end{pmatrix} = \begin{pmatrix} y \\ x \end{pmatrix} \quad \text{oder} \quad M_L(x, y) = (y, x)$$

4.22 Die Rotationsmatrix ist

$$R_{45^\circ} = \begin{pmatrix} \frac{\sqrt{2}}{2} & -\frac{\sqrt{2}}{2} & 0 \\ \frac{\sqrt{2}}{2} & \frac{\sqrt{2}}{2} & 0 \\ 0 & 0 & 1 \end{pmatrix}$$

Die Translationsmatrix ist

$$T_{\mathbf{I}} = \begin{pmatrix} 1 & 0 & 1 \\ 0 & 1 & 0 \\ 0 & 0 & 1 \end{pmatrix}$$

Die Matrix der Knotenpunkte [*A B C*] ist

$$V = \begin{pmatrix} 1 & 0 & 1 \\ 0 & 1 & 1 \\ 1 & 1 & 1 \end{pmatrix}$$

(a)

$$T_{\mathbf{I}} \cdot R_{45^\circ} = \begin{pmatrix} \frac{\sqrt{2}}{2} & -\frac{\sqrt{2}}{2} & 1 \\ \frac{\sqrt{2}}{2} & \frac{\sqrt{2}}{2} & 0 \\ 0 & 0 & 1 \end{pmatrix} \quad \text{und} \quad T_{\mathbf{I}} \cdot R_{45^\circ} \cdot V = \begin{pmatrix} \left(\frac{\sqrt{2}}{2}+1\right) & \left(-\frac{\sqrt{2}}{2}+1\right) & 1 \\ \frac{\sqrt{2}}{2} & \frac{\sqrt{2}}{2} & \sqrt{2} \\ 1 & 1 & 1 \end{pmatrix}$$

Damit sind die transformierten Knotenpunkte $A'(\frac{\sqrt{2}}{2}+1;\ \frac{\sqrt{2}}{2})$, $B'(-\frac{\sqrt{2}}{2}+1;\ \frac{\sqrt{2}}{2})$ und $C'(1, \sqrt{2})$.

(b)

$$R_{45^\circ} \cdot T_{\mathbf{I}} = \begin{pmatrix} \frac{\sqrt{2}}{2} & -\frac{\sqrt{2}}{2} & \frac{\sqrt{2}}{2} \\ \frac{\sqrt{2}}{2} & \frac{\sqrt{2}}{2} & \frac{\sqrt{2}}{2} \\ 0 & 0 & 1 \end{pmatrix} \quad \text{und} \quad R_{45^\circ} \cdot T_{\mathbf{I}} \cdot V = \begin{pmatrix} \sqrt{2} & 0 & \frac{\sqrt{2}}{2} \\ \sqrt{2} & \sqrt{2} & \frac{3\sqrt{2}}{2} \\ 1 & 1 & 1 \end{pmatrix}$$

Damit sind die transformierten Koordinaten $A''(\sqrt{2};\ \sqrt{2})$, $B''(0;\ \sqrt{2})$ und $C''(\frac{\sqrt{2}}{2};\ \frac{3\sqrt{2}}{2};\ \frac{\sqrt{2}}{2})$. Hieran erkennen wir, dass die Reihenfolge der Transformationen wichtig bei der Bildung der zusammengesetzten oder verketteten Transformationen ist (siehe Abb. L.3). Abb. L.3(*b*) zeigt das Dreieck aus (*a*) nach Anwendung der Transformation $T_I \cdot R_{45^\circ}$; Abb. L.3(*c*) zeigt dasselbe Dreieck nach der Transformation $R_{45^\circ} \cdot T_I$.

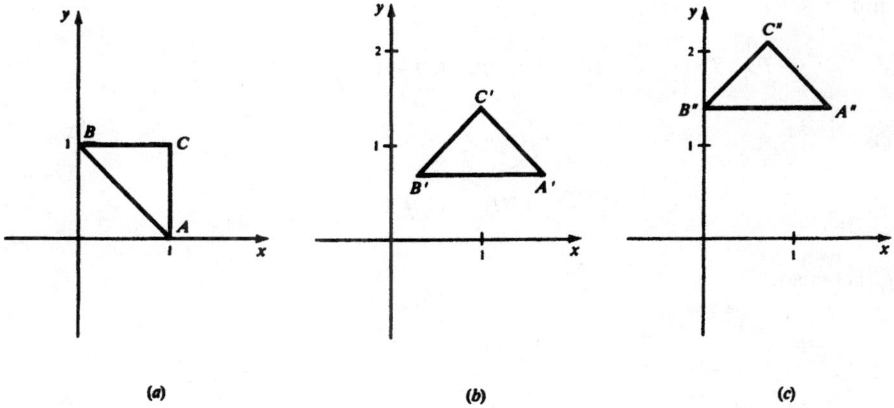

Abb. L.3

4.23 Um die Koordinaten des verschobenen Objekts aus dem Blickwinkel des Betrachters zu bestimmen, müssen wir seine Koordinaten bezüglich des Koordinatensystems des Benutzers finden. In unserem Fall haben wir eine Verschiebung des Objekts T_V und eine Verschiebung des Koordinatensystems $\overline{T}_V$ durchgeführt. Das Ergebnis ist die zusammengesetzte Transformation $\overline{T}_V \bullet T_V$ (oder $T_V \bullet \overline{T}_V$):

$$\begin{pmatrix} x \\ y \end{pmatrix} \mapsto \begin{pmatrix} x+a \\ y+b \end{pmatrix} \mapsto \begin{pmatrix} x+a-a \\ y+b-b \end{pmatrix} = \begin{pmatrix} x \\ y \end{pmatrix}$$

Somit sind die Koordinaten die gleichen geblieben.

4.24 Wir drücken die allgemeine Form einer Gleichung in dem $x'y'$-Koordinatensystem als $F(x', y') = 0$ aus. Durch Schreiben der Koordinatentransformation in Gleichungsform als

$$x' = q(x, y) \qquad y' = r(x, y)$$

und Einsetzen in den Ausdruck für F erhalten wir

$$F(q(x, y), r(x, y)) = 0$$

was eine Gleichung in xy-Koordinaten ist.

4.25

LÖSUNG 1

Es sei

$$\mathbf{V}_1 = t_{x_1}\mathbf{I} + t_{y_1}\mathbf{J} \qquad \text{und} \qquad \mathbf{V}_2 = t_{x_2}\mathbf{I} + t_{y_2}\mathbf{J}$$

Es gilt

$$T_{V_1} \cdot T_{V_2}(x, y) = T_{V_1}(x + t_{x_2}, y + t_{y_2}) = (x + t_{x_2} + t_{x_1}, y + t_{y_2} + t_{y_1})$$

und

$$T_{V_2} \cdot T_{V_1}(x, y) = T_{V_2}(x + t_{x_1}, y + t_{y_1}) = (x + t_{x_1} + t_{x_2}, y + t_{y_1} + t_{y_2})$$

Da

$$\mathbf{V}_1 + \mathbf{V}_2 = (t_{x_1} + t_{x_2})\mathbf{I} + (t_{y_1} + t_{y_2})\mathbf{J}$$

gilt ebenso

$$T_{V_1+V_2}(x, y) = (x + t_{x_1} + t_{x_2}, y + t_{y_1} + t_{y_2})$$

und daher

$$T_{V_1} \cdot T_{V_2} = T_{V_2} \cdot T_{V_1} = T_{V_1+V_2}$$

LÖSUNG 2

Es sei

$$\mathbf{V}_1 = t_{x_1}\mathbf{I} + t_{y_1}\mathbf{J} \qquad \text{und} \qquad \mathbf{V}_2 = t_{x_2}\mathbf{I} + t_{y_2}\mathbf{J}$$

Die Verschiebungstransformationen lauten in Matrizenform

$$T_{V_1} = \begin{pmatrix} 1 & 0 & t_{x_1} \\ 0 & 1 & t_{y_1} \\ 0 & 0 & 1 \end{pmatrix} \qquad \text{und} \qquad T_{V_2} = \begin{pmatrix} 1 & 0 & t_{x_2} \\ 0 & 1 & t_{y_2} \\ 0 & 0 & 1 \end{pmatrix}$$

Es gilt

$$T_{V_1} \cdot T_{V_2} = \begin{pmatrix} 1 & 0 & t_{x_1} \\ 0 & 1 & t_{y_1} \\ 0 & 0 & 1 \end{pmatrix} \cdot \begin{pmatrix} 1 & 0 & t_{x_2} \\ 0 & 1 & t_{y_2} \\ 0 & 0 & 1 \end{pmatrix} = \begin{pmatrix} 1 & 0 & t_{x_2} + t_{x_1} \\ 0 & 1 & t_{y_2} + t_{y_1} \\ 0 & 0 & 1 \end{pmatrix}$$

und

$$T_{V_2} \cdot T_{V_1} = \begin{pmatrix} 1 & 0 & t_{x_2} \\ 0 & 1 & t_{y_2} \\ 0 & 0 & 1 \end{pmatrix} \cdot \begin{pmatrix} 1 & 0 & t_{x_1} \\ 0 & 1 & t_{y_1} \\ 0 & 0 & 1 \end{pmatrix} = \begin{pmatrix} 1 & 0 & t_{x_1} + t_{x_2} \\ 0 & 1 & t_{y_1} + t_{y_2} \\ 0 & 0 & 1 \end{pmatrix}$$

Demnach, da

$$\mathbf{V}_1 + \mathbf{V}_2 = (t_{x_1} + t_{x_2})\mathbf{I} + (t_{y_1} + t_{y_2})\mathbf{J}$$

gilt

$$T_{V_1+V_2} = \begin{pmatrix} 1 & 0 & t_{x_1} + t_{x_2} \\ 0 & 1 & t_{y_1} + t_{y_2} \\ 0 & 0 & 1 \end{pmatrix}$$

und daher

$$T_{V_1} \cdot T_{V_2} = T_{V_2} \cdot T_{V_1} = T_{V_1+V_2}$$

4.26

LÖSUNG 1

Da

$$\begin{aligned} S_{a,b} \cdot S_{c,d}(x, y) &= S_{a,b}(cx, dy) = (acx, bdy) \\ S_{c,d} \cdot S_{a,b}(x, y) &= S_{c,d}(ax, by) = (cax, dby) \\ S_{ac,bd}(x, y) &= (acx, bdy) \end{aligned}$$

erhalten wir $S_{a,b} \bullet S_{c,d} = S_{c,d} \bullet S_{a,b} = S_{ac,bd}$.

LÖSUNG 2

Drücken Sie die Skalierungstransformation in Matrizenform aus

$$S_{a,b} = \begin{pmatrix} a & 0 \\ 0 & b \end{pmatrix}, \quad S_{c,a} = \begin{pmatrix} c & 0 \\ 0 & d \end{pmatrix}, \quad \text{und} \quad S_{ac,bd} = \begin{pmatrix} ac & 0 \\ 0 & bd \end{pmatrix}$$

Da

$$S_{a,b} \cdot S_{c,d} = \begin{pmatrix} a & 0 \\ 0 & b \end{pmatrix} \cdot \begin{pmatrix} c & 0 \\ 0 & d \end{pmatrix} = \begin{pmatrix} ac & 0 \\ 0 & bd \end{pmatrix}$$

und

$$S_{c,d} \cdot S_{a,b} = \begin{pmatrix} c & 0 \\ 0 & d \end{pmatrix} \cdot \begin{pmatrix} a & 0 \\ 0 & b \end{pmatrix} = \begin{pmatrix} ca & 0 \\ 0 & db \end{pmatrix}$$

erhalten wir $S_{a,b} \bullet S_{c,d} = S_{c,d} \bullet S_{a,b} = S_{ac,bd}$.

4.27 Drücken Sie die Rotationstransformationen in Matrizenform aus

$$R_\alpha = \begin{pmatrix} \cos(\alpha) & -\sin(\alpha) \\ \sin(\alpha) & \cos(\alpha) \end{pmatrix} \quad \text{and} \quad R_\beta = \begin{pmatrix} \cos(\beta) & -\sin(\beta) \\ \sin(\beta) & \cos(\beta) \end{pmatrix}$$

Es gilt

$$R_\alpha \cdot R_\beta = \begin{pmatrix} \cos(\alpha) & -\sin(\alpha) \\ \sin(\alpha) & \cos(\alpha) \end{pmatrix} \cdot \begin{pmatrix} \cos(\beta) & -\sin(\beta) \\ \sin(\beta) & \cos(\beta) \end{pmatrix}$$
$$= \begin{pmatrix} \cos(\alpha)\cos(\beta) - \sin(\alpha)\sin(\beta) & -\cos(\alpha)\sin(\beta) - \sin(\alpha)\cos(\beta) \\ \sin(\alpha)\cos(\beta) + \cos(\alpha)\sin(\beta) & -\sin(\alpha)\sin(\beta) + \cos(\alpha)\cos(\beta) \end{pmatrix}$$

und

$$R_\beta \cdot R_\alpha = \begin{pmatrix} \cos(\beta) & -\sin(\beta) \\ \sin(\beta) & \cos(\beta) \end{pmatrix} \cdot \begin{pmatrix} \cos(\alpha) & -\sin(\alpha) \\ \sin(\alpha) & \cos(\alpha) \end{pmatrix}$$
$$= \begin{pmatrix} \cos(\beta)\cos(\alpha) - \sin(\beta)\sin(\alpha) & -\cos(\beta)\sin(\alpha) - \sin(\beta)\cos(\alpha) \\ \sin(\beta)\cos(\alpha) + \cos(\beta)\sin(\alpha) & -\sin(\beta)\sin(\alpha) + \cos(\beta)\cos(\alpha) \end{pmatrix}$$

Unter Verwendung der trigonometrischen Identitäten

$$\cos(\alpha + \beta) = \cos(\alpha)\cos(\beta) - \sin(\alpha)\sin(\beta)$$

und

$$\sin(\alpha + \beta) = \sin(\alpha)\cos(\beta) + \cos(\alpha)\sin(\beta)$$

erhalten wir

$$R_\alpha \cdot R_\beta = R_\beta \cdot R_\alpha = \begin{pmatrix} \cos(\alpha + \beta) & -\sin(\alpha + \beta) \\ \sin(\alpha + \beta) & \cos(\alpha + \beta) \end{pmatrix} = R_{\alpha+\beta}$$

4.28 Drücken Sie zunächst die Skalierung und die Rotation in Matrizenform aus

$$S_{s_x,s_y} = \begin{pmatrix} s_x & 0 \\ 0 & s_y \end{pmatrix} \quad \text{und} \quad R_\theta = \begin{pmatrix} \cos(\theta) & -\sin(\theta) \\ \sin(\theta) & \cos(\theta) \end{pmatrix}$$

Wir erhalten

$$S_{s_x,s_y} \cdot R_\theta = \begin{pmatrix} s_x & 0 \\ 0 & s_y \end{pmatrix} \cdot \begin{pmatrix} \cos(\theta) & -\sin(\theta) \\ \sin(\theta) & \cos(\theta) \end{pmatrix} = \begin{pmatrix} s_x\cos(\theta) & -s_x\sin(\theta) \\ s_y\sin(\theta) & s_y\cos(\theta) \end{pmatrix}$$

und

$$R_\theta \cdot S_{s_x,s_y} = \begin{pmatrix} \cos(\theta) & -\sin(\theta) \\ \sin(\theta) & \cos(\theta) \end{pmatrix} \cdot \begin{pmatrix} s_x & 0 \\ 0 & s_y \end{pmatrix} = \begin{pmatrix} \cos(\theta)s_x & -\sin(\theta)s_y \\ \sin(\theta)s_x & \cos(\theta)s_y \end{pmatrix}$$

Um

$$S_{s_x,s_y} \cdot R_\theta = R_\theta \cdot S_{s_x,s_y}$$

zu erfüllen, benötigen wir

$$s_y \sin(\theta) = \sin(\theta) s_x$$

Das ergibt $\theta = n\pi$, wobei n eine ganze Zahl ist, oder $s_y = s_x$, was bedeutet, dass die Skalierungstransformation einheitlich ist.

4.29 Nein, da

$$\begin{pmatrix} 1 & a \\ 0 & 1 \end{pmatrix} \cdot \begin{pmatrix} 1 & 0 \\ b & 1 \end{pmatrix} = \begin{pmatrix} 1+ab & a \\ b & 1 \end{pmatrix} \neq \begin{pmatrix} 1 & a \\ b & 1 \end{pmatrix}$$

und

$$\begin{pmatrix} 1 & 0 \\ b & 1 \end{pmatrix} \cdot \begin{pmatrix} 1 & a \\ 0 & 1 \end{pmatrix} = \begin{pmatrix} 1 & a \\ b & ba+1 \end{pmatrix} \neq \begin{pmatrix} 1 & a \\ b & 1 \end{pmatrix}$$

4.30 Eine Rotation mit anschließender simultaner Scherung kann ausgedrückt werden als

$$\begin{pmatrix} \cos(\theta) & -\sin(\theta) \\ \sin(\theta) & \cos(\theta) \end{pmatrix} \cdot \begin{pmatrix} 1 & a \\ b & 1 \end{pmatrix} = \begin{pmatrix} \cos(\theta) - b \cdot \sin(\theta) & a \cdot \cos(\theta) - \sin(\theta) \\ \sin(\theta) + b \cdot \cos(\theta) & a \cdot \sin(\theta) + \cos(\theta) \end{pmatrix}$$

Andererseits kann eine simultane Scherung mit anschließender Rotation geschrieben werden als

$$\begin{pmatrix} 1 & a \\ b & 1 \end{pmatrix} \cdot \begin{pmatrix} \cos(\theta) & -\sin(\theta) \\ \sin(\theta) & \cos(\theta) \end{pmatrix} = \begin{pmatrix} \cos(\theta) + a \cdot \sin(\theta) & -\sin(\theta) + a \cdot \cos(\theta) \\ b \cdot \cos(\theta) + \sin(\theta) & -b \cdot \sin(\theta) + \cos(\theta) \end{pmatrix}$$

Damit die beiden zusammengesetzten Matrizen gleich sind, benötigen wir

$$\cos(\theta) - b \cdot \sin(\theta) = \cos(\theta) + a \cdot \sin(\theta)$$

oder

$$-b \cdot \sin(\theta) = a \cdot \sin(\theta)$$

was bedeutet, dass $\theta = n\pi$, wobei n eine ganze Zahl ist, oder $a = -b$.

4.31 Betrachten Sie die nachstehende Transformationsabfolge Rotation – Skalierung – Rotation

$$R_\alpha \cdot S_{s_x,s_y} \cdot R_\beta = \begin{pmatrix} \cos(\alpha) & -\sin(\alpha) \\ \sin(\alpha) & \cos(\alpha) \end{pmatrix} \cdot \begin{pmatrix} s_x & 0 \\ 0 & s_y \end{pmatrix} \cdot \begin{pmatrix} \cos(\beta) & -\sin(\beta) \\ \sin(\beta) & \cos(\beta) \end{pmatrix}$$

$$= \begin{pmatrix} \cos(\alpha)\cos(\beta)s_x - \sin(\alpha)\sin(\beta)s_y & -\cos(\alpha)\sin(\beta)s_x - \sin(\alpha)\cos(\beta)s_y \\ \sin(\alpha)\cos(\beta)s_x + \cos(\alpha)\sin(\beta)s_y & -\sin(\alpha)\sin(\beta)s_x + \cos(\alpha)\cos(\beta)s_y \end{pmatrix}$$

Durch Gleichsetzen der zusammengesetzten Transformationsmatrix auf der rechten Seite mit der Matrix einer simultanen Scherung

$$\begin{pmatrix} 1 & a \\ b & 1 \end{pmatrix}$$

erhalten wir vier Gleichungen, die nach den Parametern α, β, s_x und s_y aufgelöst werden können.

4.32 Betrachten Sie die nachstehende Abfolge einer Scherungs- und Skalierungstransformation:

$$\begin{pmatrix} 1 & a \\ 0 & 1 \end{pmatrix} \cdot \begin{pmatrix} s_x & 0 \\ 0 & s_y \end{pmatrix} \cdot \begin{pmatrix} 1 & 0 \\ b & 1 \end{pmatrix} = \begin{pmatrix} s_x + a \cdot b \cdot s_y & a \cdot s_y \\ b \cdot s_y & s_y \end{pmatrix}$$

Durch Gleichsetzen der zusammengesetzten Transformationsmatrix auf der rechten Seite mit

$$R_\theta = \begin{pmatrix} \cos(\theta) & -\sin(\theta) \\ \sin(\theta) & \cos(\theta) \end{pmatrix}$$

erhalten wir

$$a = -\frac{\sin(\theta)}{\cos(\theta)}, \qquad b = \frac{\sin(\theta)}{\cos(\theta)}, \qquad s_x = \frac{1}{\cos(\theta)}, \qquad s_y = \cos(\theta).$$

4.33 Betrachten Sie die nachstehende Abfolge von Scherungstransformationen:

$$\begin{pmatrix} 1 & a_1 \\ 0 & 1 \end{pmatrix} \cdot \begin{pmatrix} 1 & 0 \\ b & 1 \end{pmatrix} \cdot \begin{pmatrix} 1 & a_2 \\ 0 & 1 \end{pmatrix} = \begin{pmatrix} 1 + a_1 b & (1 + a_1 b)a_2 + a_1 \\ b & ba_2 + 1 \end{pmatrix}$$

Durch Gleichsetzen der zusammengesetzten Transformationsmatrix auf der rechten Seite mit

$$R_\theta = \begin{pmatrix} \cos(\theta) & -\sin(\theta) \\ \sin(\theta) & \cos(\theta \end{pmatrix}$$

erhalten wir

$$a_1 = a_2 = \frac{\cos(\theta) - 1}{\sin(\theta)} \quad \text{und} \quad b = \sin(\theta)$$

4.34 CTM_n sei die zusammengesetzte Transformationsmatrix, die die Verkettung von n Basistransformationsmatrizen darstellt. Wir beweisen durch vollständige Induktion, dass CTM_n stets folgende Form hat

$$\begin{pmatrix} a & b & c \\ d & e & f \\ 0 & 0 & 1 \end{pmatrix}$$

$n = 1$: Der Basisfall ist wahr, da CTM_1 einfach eine Basistransformationsmatrix ist, die die gegebene Struktur erfüllt.

$n = k$: Wir nehmen an, dass CTM_k tatsächlich die angegebene Struktur hat.

$$CTM_k = \begin{pmatrix} a_k & b_k & c_k \\ d_k & e_k & f_k \\ 0 & 0 & 1 \end{pmatrix}$$

$n = k + 1$: Nun zeigen wir, dass CTM_{k+1} dieselbe Struktur hat:

$$\begin{aligned} CTM_{k+1} &= \begin{pmatrix} a & b & c \\ d & e & f \\ 0 & 0 & 1 \end{pmatrix} \cdot CTM_k = \begin{pmatrix} a & b & c \\ d & e & f \\ 0 & 0 & 1 \end{pmatrix} \cdot \begin{pmatrix} a_k & b_k & c_k \\ d_k & e_k & f_k \\ 0 & 0 & 1 \end{pmatrix} \\ &= \begin{pmatrix} a \cdot a_k + b \cdot d_k & a \cdot b_k + b \cdot e_k & a \cdot c_k + b \cdot f_k + c \\ d \cdot a_k + e \cdot d_k & d \cdot b_k + e \cdot e_k & d \cdot c_k + e \cdot f_k + f \\ 0 & 0 & 1 \end{pmatrix} \end{aligned}$$

4.35 Es sei $P'_1(x'_1, y'_1)$ die Transformation von $P_1(x_1, y_1)$ und $P'_2(x'_2, y'_2)$ die von $P_2(x_2, y_2)$. Die zusammengesetzte Transformation sei

$$\begin{pmatrix} a & b & c \\ d & e & f \\ 0 & 0 & 1 \end{pmatrix}$$

Wir erhalten

$$x'_1 = ax_1 + by_1 + c \qquad y'_1 = dx_1 + ey_1 + f$$

und

$$x'_2 = ax_2 + by_2 + c \qquad y'_2 = dx_2 + ey_2 + f$$

Betrachten Sie nun einen beliebigen Punkt $P(x, y)$ auf der Strecke von P_1 nach P_2. Wir möchten zeigen, dass das transformierte P, bezeichnet als $P'(x', y')$, wobei $x' = ax + by + c$ und $y' = dx + ey + f$, auf der Strecke zwischen P'_1 und P'_2 liegt. Anders ausgedrückt möchten wir zeigen, dass

$$\frac{y'_2 - y'_1}{x'_2 - x'_1} = \frac{y'_2 - y'}{x'_2 - x'}$$

was

$$\frac{dx_2 + ey_2 + f - dx_1 - ey_1 - f}{ax_2 + by_2 + c - ax_1 - by_1 - c} = \frac{dx_2 + ey_2 + f - dx - ey - f}{ax_2 + by_2 + c - ax - by - c}$$

und

$$\frac{d + e\frac{y_2 - y_1}{x_2 - x_1}}{a + b\frac{y_2 - y_1}{x_2 - x_1}} = \frac{d + e\frac{y_2 - y}{x_2 - x}}{a + b\frac{y_2 - y}{x_2 - x}}$$

ergibt. Da für (x, y)

$$\frac{y_2 - y_1}{x_2 - x_1} = \frac{y_2 - y}{x_2 - x}$$

gilt, haben wir gezeigt, dass P' auf der Strecke zwischen P'_1 und P'_2 liegt.

Kapitel 5

5.20 Gemäß Aufgabe 5.1 müssen wir nur die geeigneten Parameter identifizieren.

(a) Die Fensterparameter sind $wx_{min} = 0$, $wx_{max} = 1$ $wy_{min} = 0$ und $wy_{max} = 1$. Die Viewport-Parameter sind $vx_{min} = 0$, $vx_{max} = 199$, $vy_{min} = 0$ und $vy_{max} = 639$. Dann sind $s_x = 199$, $s_y = 639$ und

$$W = \begin{pmatrix} 199 & 0 & 0 \\ 0 & 639 & 0 \\ 0 & 0 & 1 \end{pmatrix}$$

(b) Es handelt sich um dieselben Parameter, aber die y-Koordinate des Geräts ist jetzt 639 - y (siehe Aufgabe 2.8) anstelle des mit dem W aus (a) berechneten Werts

$$W = \begin{pmatrix} 199 & 0 & 0 \\ 0 & -639 & 639 \\ 0 & 0 & 1 \end{pmatrix}$$

5.21 Für $s_x = s_y$ gilt

$$\frac{vx_{\max} - vx_{\min}}{wx_{\max} - wx_{\min}} = \frac{vy_{\max} - vy_{\min}}{wy_{\max} - wy_{\min}} \quad \text{oder} \quad \frac{wy_{\max} - wy_{\min}}{wx_{\max} - wx_{\min}} = \frac{vy_{\max} - vy_{\min}}{vx_{\max} - vx_{\min}}$$

Durch Umkehrung erhalten wir $a_w = a_v$

Man zeigt mit einer ähnlichen Argumentation, dass für gleiche Seitenverhältnisse ($a_w = a_v$) die Skalierungsfaktoren gleich sind ($s_x = s_y$).

5.22 Wir bilden N durch Zusammensetzen (1) einer Translation, die den Mittelpunkt (1; 1) auf den Mittelpunkt ($\frac{1}{2}$; $\frac{1}{2}$) abbildet und (2) einer Skalierung um C($\frac{1}{2}$; $\frac{1}{2}$) mit dem gleichmäßigen Skalierungsfaktor $s = \frac{1}{10}$, so dass

$$N = S_{1/10,1/10,C} \cdot T_{\mathbf{v}}, \quad \text{wobei} \quad \mathbf{v} = -\tfrac{1}{2}\mathbf{I} - \tfrac{1}{2}\mathbf{J}$$

$$= \begin{pmatrix} \frac{1}{10} & 0 & \frac{9}{20} \\ 0 & \frac{1}{10} & \frac{9}{20} \\ 0 & 0 & 1 \end{pmatrix} \begin{pmatrix} 1 & 0 & -\frac{1}{2} \\ 0 & 1 & -\frac{1}{2} \\ 0 & 0 & 1 \end{pmatrix} = \begin{pmatrix} \frac{1}{10} & 0 & \frac{2}{5} \\ 0 & \frac{1}{10} & \frac{2}{5} \\ 0 & 0 & 1 \end{pmatrix}$$

5.23 Der Zuschneidebereich sei ein Kreis mit dem Mittelpunkt $O(h, k)$ und dem Radius r. Wir verringern die Anzahl der Kandidaten für das Zuschneiden, indem wir wie im Cohen-Sutherland-Algorithmus Bereichskodierungen zuweisen. Dazu verwenden wir das dem Kreis umschriebene Quadrat mit der linken unteren Ecke $(h - r, k - r)$ und der rechten oberen Ecke $(h + r, k + r)$, um die Strecken vorzuberechnen. Wir haben jetzt jedoch nur zwei Zuschneidekategorien – nicht angezeigt und Kandidaten für das Zuschneiden. Als Nächstes entscheiden wir, welche Strecken angezeigt werden sollen. Aufgrund der (nicht parametrischen) Kreisgleichung $(x - h)^2 + (y - k)^2 = r^2$ bestimmt die Größe $K(x, y) = (x - h)^2 + (y - k)^2 - r^2$, ob ein Punkt $P(x, y)$ innerhalb oder außerhalb des Kreises liegt. Ist demnach für beide Endpunkte P_1 und P_2 einer Strecke $K \leq 0$, liegen beide Punkte innerhalb des Kreises oder auf ihm, so dass die Strecke angezeigt wird. Ist entweder für P_1 oder P_2 oder für beide $K > 0$, berechnen wir die Schnittpunkte der Strecke mit dem Kreis. Unter Verwendung parametrischer Darstellungen erhalten wir (siehe Anhang 1, Aufgabe 1.14), dass der Parameter des Schnittpunkts gegeben ist durch

$$t_I = \frac{-S \pm \sqrt{S^2 - L^2 C}}{L^2}$$

wobei

$$L^2 = (x_2 - x_1)^2 + (y_2 - y_1)^2$$
$$S = (x_1 - h)(x_2 - x_1) + (y_1 - k)(y_2 - y_1)$$
$$C = (x_1 - h)^2 + (y_1 - k)^2 - r^2$$

Für $0 \leq t_I \leq 1$ sind die tatsächlichen Schnittpunkte $I(\bar{x},\bar{y})$ gegeben durch

$$\bar{x} = x_1 + t_I(x_2 - x_1) \qquad \bar{y} = y_1 + t_I(y_2 - y_1)$$

Ist also entweder für P_1 oder P_2 oder für beide $K > 0$, benennen wir die Endpunkte zunächst um, so dass P_1 die Beziehung $K > 0$ erfüllt. Anschließend berechnen wir t_I. Es können die folgende Fälle auftreten:

1. $S^2 - L^2C < 0$. Dann ist t_I undefiniert und es gibt keinen Schnittpunkt. Die Strecke wird nicht angezeigt.
2. $S^2 - L^2C = 0$. Es gibt genau einen Schnittpunkt. Für $t_I > 1$ oder $t_I < 0$ liegt er auf der verlängerten Strecke, so dass es keinen wirklichen Schnittpunkt gibt. Die Strecke wird nicht angezeigt. Für $0 < t_I \leq 1$ ist $(\overline{P_1P_2})$ die Tangente an den Kreis im Punkt I, so dass nur I angezeigt wird.
3. $S^2 - L^2C > 0$. Dann gibt es zwei Werte für t_I, t_I^+ und t_I^-. Für $0 < t_I^-, t_I^+ \leq 1$ wird die Strecke $\overline{I^-I^+}$ angezeigt, während die Strecken $\overline{P_1I^-}$ und $\overline{I^+P_2}$ (angenommen, $t_I^+ > t_I^-$) abgeschnitten werden. Erfüllt nur ein Wert (z.B. t_I^+) die Beziehung $0 < t_I^+ \leq 1$, gibt es einen tatsächlichen und einen scheinbaren Schnittpunkt. Da P_2 in diesem Fall entweder der Punkt I^+ ist oder innerhalb des Kreises liegt, wird $\overline{P_1I^+}$ abgeschnitten und $\overline{I^+P_2}$ angezeigt. Für $t_I^+, t_I^- > 1$ oder $t_I^+, t_I^- < 0$ wird $\overline{P_1P_2}$ nicht angezeigt.

5.24 Gemäß dem in Aufgabe 5.14 beschriebenen Sutherland-Hodgman-Algorithmus schneiden wir zunächst das »Vieleck« P_1P_2 entlang der Kante $\overline{AB}$ des Fensters:

1. $\overline{AB}$

. Wir bestimmen zunächst, auf welcher Seite von $\overline{AB}$ die Punkte P_1 und P_2 liegen. Eine Berechnung der Größe (siehe Aufgabe 5.13) ergibt

$$\bar{C} = (x_2 - x_1)(y - y_1) - (y_2 - y_1)(x - x_1)$$

Mit den Punkten $A = (x_1, y_1)$ und $B = (x_2, y_2)$ erhalten wir $\overline{C} = 8$ für P_1 und $\overline{C} = 2$ für P_2. Somit liegen beide Punkte auf der linken Seite von $\overline{AB}$. Folglich wird der Algorithmus sowohl P_1 als auch P_2 ausgeben.

2. $\overline{BC}$. Mit den Punkten $B = (x_1, y_1)$ und $C = (x_2, y_2)$ berechnen wir $\overline{C} = 13$ für P_1 und $\overline{C} = -3$ für P_2. Demnach liegt P_1 links und P_2 rechts von $\overline{BC})$ Nun bestimmen wir den Schnittpunkt I_1 auf $\overline{P_1P_2}$ mit der verlängerten Strecke $\overline{BC}$. Gemäß Aufgabe A2.7 aus Anhang 2 erhalten wir $I_1 = (4\frac{11}{16}; 3\frac{5}{8})$. Entsprechend dem Algorithmus werden die Punkte P_1 und I_1 zum Abschneiden übergeben.
3. $\overline{CD}$. Indem wir vorgehen wie oben, erhalten wir $\overline{C} = 2$ für P_1 und $\overline{C} = 6\frac{7}{8}$ für I_1. Somit liegen beide Punkte links von $\overline{CD}$ und werden folglich übergeben.
4. $(\overline{DA})$. Mit den Punkten $D = (x_1, y_1)$ und $A = (x_2, y_2)$ erhalten wir $\overline{C} = -3$ für P_1 und $\overline{C} = 10$ für I_1. Dann liegt P_1 rechts und I_1 links von $\overline{DA}$. Der Schnittpunkt von $\overline{P_1I_1}$ mit der verlängerten Strecke $\overline{DA}$ ist $I_2 = (\frac{5}{16}; 2\frac{3}{8})$. Die ausgeschnittene Strecke ist $\overline{I_1I_2}$.

Kapitel 6

6.9 Gemäß Aufgabe 6.2 bestimmen wir die Parameter

$$\mathbf{V} = a\mathbf{I} + b\mathbf{J} + c\mathbf{K} = \mathbf{I} + \mathbf{J} + \mathbf{K}$$

$$|\mathbf{V}| = \sqrt{a^2 + b^2 + c^2} = \sqrt{1^2 + 1^2 + 1^2} = \sqrt{3}$$

$$\lambda = \sqrt{b^2 + c^2} = \sqrt{1^2 + 1^2} = \sqrt{2}$$

Dann gilt

$$A_V = \begin{pmatrix} \frac{\sqrt{2}}{\sqrt{3}} & \frac{-1}{\sqrt{2}\sqrt{3}} & \frac{-1}{\sqrt{2}\sqrt{3}} & 0 \\ 0 & \frac{1}{\sqrt{2}} & \frac{-1}{\sqrt{2}} & 0 \\ \frac{1}{\sqrt{3}} & \frac{1}{\sqrt{3}} & \frac{1}{\sqrt{3}} & 0 \\ 0 & 0 & 0 & 1 \end{pmatrix}$$

6.10 Gemäß Aufgabe 6.5 ist $A_{V,N} = A_N^{-1} \bullet A_V$. Zunächst bestimmen wir A_V. Gemäß Aufgabe 6.2 erhalten wir die Parameter $|\mathbf{V}| = \sqrt{3}$, $\lambda = \sqrt{2}$, $a = 1$, $b = 1$, $c = 1$. Somit ist

$$A_V = \begin{pmatrix} \frac{\sqrt{2}}{\sqrt{3}} & \frac{-1}{\sqrt{2}\sqrt{3}} & \frac{-1}{\sqrt{2}\sqrt{3}} & 0 \\ 0 & \frac{1}{\sqrt{2}} & \frac{-1}{\sqrt{2}} & 0 \\ \frac{1}{\sqrt{3}} & \frac{1}{\sqrt{3}} & \frac{1}{\sqrt{3}} & 0 \\ 0 & 0 & 0 & 1 \end{pmatrix}$$

Für A_N^{-1} erhalten wir $|\mathbf{N}| = \sqrt{6}$, $\lambda = \sqrt{2}$, $a = 2$, $b = -1$ und $c = -1$. Somit ist

$$A_N^{-1} = \begin{pmatrix} \frac{\sqrt{2}}{\sqrt{6}} & 0 & \frac{2}{\sqrt{6}} & 0 \\ \frac{2}{\sqrt{2}\sqrt{6}} & \frac{-1}{\sqrt{2}} & \frac{-1}{\sqrt{6}} & 0 \\ \frac{2}{\sqrt{2}\sqrt{6}} & \frac{1}{\sqrt{2}} & \frac{-1}{\sqrt{6}} & 0 \\ 0 & 0 & 0 & 1 \end{pmatrix}$$

Beachten Sie, dass $\mathbf{V'} = A_{V,N} \bullet \mathbf{V} = A_N^{-1} \bullet A_V \bullet \mathbf{V} = \sqrt{2}\,\mathbf{I} - \frac{\sqrt{2}}{2}\,\mathbf{J} - \frac{\sqrt{2}}{2}\,\mathbf{K}$, so dass $\mathbf{V'} = \frac{\sqrt{2}}{2}\,\mathbf{N}$. Anders ausgedrückt: Das Bild von **V** unter $A_{V,N}$ ist nicht der Vektor **N**, sondern ein Vektor mit der Richtung von **N**.

6.11 Dies folgt aus einem Vergleich der Matrizen A_V^{-1} mit A_V^T gemäß Aufgabe 6.2

6.12 Legen wir die Vektoren **V** und **N** in den Ursprung, steht $\mathbf{V} \times \mathbf{N}$ gemäß Anhang 2 sowohl auf **V** als auch auf **N** senkrecht. Ist θ der Winkel zwischen **V** und **N**, wird eine Rotation um θ um die Achse L, die die Richtung von $\mathbf{V} \times \mathbf{N}$ hat und durch den Ursprung geht, **V** mit **N** ausrichten. Somit ist $A_{V,N} = R_{\theta,L}$.

6.13 Wie in dem in Kapitel 4 behandelten zweidimensionalen Fall führen wir das Skalierungsproblem bezüglich eines beliebigen Punkts P_0 auf eine Skalierung bezüglich des Ursprungs zurück, indem wir eine Verschiebung von P_0 in den Ursprung, die Skalierung bezüglich des Ursprungs und dann eine Verschiebung zurück nach P_0 durchführen.

Also gilt

$$S_{s_x,s_y,s_z,P_0} = T_{-P_0}^{-1} \cdot S_{s_x,s_y,s_z} \cdot T_{-P_0}$$

Kapitel 7

7.16 Gemäß Aufgabe 7.5 müssen wir zur Erstellung der Transformation die Parameter (a, b, c), (n_1, n_2, n_3) und (d, d_0, d_1) berechnen. Aus den Gleichungen aus Aufgabe 7.6, Teil (*b*) [die Fluchtpunkte werden als $P_1(x_1, y_1, z_1)$, $P_2(x_2, y_2, z_2)$ und $P_3(x_3, y_3, z_3)$ bezeichnet] erhalten wir $a = x_2$ (oder x_3), $b = y_1$ (oder y_3) und $c = z_1$ (oder z_2). Also gilt

$$n_1 = \frac{d}{x_1 - a} \qquad n_2 = \frac{d}{y_2 - b} \qquad n_3 = \frac{d}{z_3 - c}$$

Um d, d_0 und d_1 zu ermitteln, beachten wir (Anhang 2, Aufgabe A2.13), dass der Abstand D vom Punkt $C(a, b, c)$ zur Ebene als $D = |d| / |\mathbf{N}|$ ausgedrückt werden kann, wobei $|\mathbf{N}|$ der Betrag von $\mathbf{N}$ ist. Da wir nur die Richtung der Normalen $\mathbf{N}$ ermitteln müssen, können wir $|\mathbf{N}| = 1$ annehmen. Dann ist $d = \pm D$. Nach der Definition von d in Aufgabe 7.5 hängt die Wahl des Vorzeichens von der Richtung des Normalenvektors $\mathbf{N}$, des Referenzpunkts R_0 und des Projektionszentrums C ab. Da diese nicht alle angegeben sind, haben wir freie Wahl und entscheiden uns für das Pluszeichen, d.h., $d = D$. Schließlich gilt

$$d_1 = n_1 a + n_2 b + n_3 c \quad \text{und} \quad d_0 = d + d_1$$

7.17 Wir verwenden die in Aufgabe 7.1 erstellte Koordinatenmatrix $\mathbf{V}$, um den Einheitswürfel darzustellen.

(a) Gemäß Aufgabe 7.14 wird die isometrische Projektionsmatrix *Par* auf die Koordinatenmatrix $\mathbf{V}$ angewendet:

$$Par \cdot \mathbf{V} = \begin{pmatrix} 0 & \sqrt{\frac{2}{3}} & \frac{3}{2}\sqrt{\frac{2}{3}} & \frac{1}{2}\sqrt{\frac{2}{3}} & \sqrt{\frac{2}{3}} & \frac{1}{2}\sqrt{\frac{2}{3}} & \frac{3}{2}\sqrt{\frac{2}{3}} & 2\sqrt{\frac{2}{3}} \\ 0 & 0 & \frac{\sqrt{2}}{2} & \frac{\sqrt{2}}{2} & 0 & \frac{-\sqrt{2}}{2} & \frac{-\sqrt{2}}{2} & 0 \\ 0 & 0 & 0 & 0 & 0 & 0 & 0 & 0 \\ 1 & 1 & 1 & 1 & 1 & 1 & 1 & 1 \end{pmatrix}$$

Dies ist die Matrix der projizierten Knotenpunkte, die nun abgelesen werden können (siehe auch Abb. L.4).

$$A' = (0, 0, 0) \qquad E' = \left(\sqrt{\frac{2}{3}}, 0, 0\right)$$

$$B' = \left(\sqrt{\frac{2}{3}}, 0, 0\right) \qquad F' = \left(\frac{1}{2}\sqrt{\frac{2}{3}}, -\frac{\sqrt{2}}{2}, 0\right)$$

$$C' = \left(\frac{3}{2}\sqrt{\frac{2}{3}}, \frac{\sqrt{2}}{2}, 0\right) \qquad G' = \left(\frac{3}{2}\sqrt{\frac{2}{3}}, -\frac{\sqrt{2}}{2}, 0\right)$$

$$D' = \left(\frac{1}{2}\sqrt{\frac{2}{3}}, \frac{\sqrt{2}}{2}, 0\right) \qquad H' = \left(2\sqrt{\frac{2}{3}}, 0, 0\right)$$

(b) Zum Erstellen einer dimetrischen Zeichnung gehen wir wie in Teil (*a*) unter Verwendung der dimetrischen Transformation *Par* aus Aufgabe 7.15 vor. Bei Wahl des Projektionsverhältnisses von $\frac{1}{2}$:1:1 (d.h. $l = \frac{1}{2}$), erhalten wir

$$Par = \begin{pmatrix} \frac{\sqrt{2}}{3} & \frac{\sqrt{14}}{6} & \frac{\sqrt{14}}{6} & 0 \\ 0 & \frac{\sqrt{2}}{2} & \frac{-\sqrt{2}}{2} & 0 \\ 0 & 0 & 0 & 0 \\ 0 & 0 & 0 & 1 \end{pmatrix}$$

Die Koordinaten des projizierten Bilds erhält man durch Multiplikation der Matrizen *Par* und **V**:

$$Par \cdot \mathbf{V} = \begin{pmatrix} 0 & \frac{\sqrt{2}}{3} & \frac{2\sqrt{2}+\sqrt{14}}{6} & \frac{\sqrt{14}}{6} & \frac{\sqrt{14}}{3} & \frac{\sqrt{14}}{6} & \frac{2\sqrt{2}+\sqrt{14}}{6} & \frac{\sqrt{2}+\sqrt{14}}{3} \\ 0 & 0 & \frac{\sqrt{2}}{2} & \frac{\sqrt{2}}{2} & 0 & \frac{-\sqrt{2}}{2} & \frac{-\sqrt{2}}{2} & 0 \\ 0 & 0 & 0 & 0 & 0 & 0 & 0 & 0 \\ 1 & 1 & 1 & 1 & 1 & 1 & 1 & 1 \end{pmatrix}$$

Die Bildkoordinaten sind (siehe Abbildung L.5)

$$A' = (0, 0, 0) \qquad E' = \left(\frac{\sqrt{14}}{3}, 0, 0\right)$$

$$B' = \left(\frac{\sqrt{2}}{3}, 0, 0\right) \qquad F' = \left(\frac{\sqrt{14}}{6}, \frac{-\sqrt{2}}{2}, 0\right)$$

$$C' = \left(\frac{2\sqrt{2}+\sqrt{14}}{6}, \frac{\sqrt{2}}{2}, 0\right) \qquad G' = \left(\frac{2\sqrt{2}+\sqrt{14}}{6}, \frac{-\sqrt{2}}{2}, 0\right)$$

$$D' = \left(\frac{\sqrt{14}}{6}, \frac{\sqrt{2}}{2}, 0\right) \qquad H' = \left(\frac{\sqrt{2}+\sqrt{14}}{3}, 0, 0\right)$$

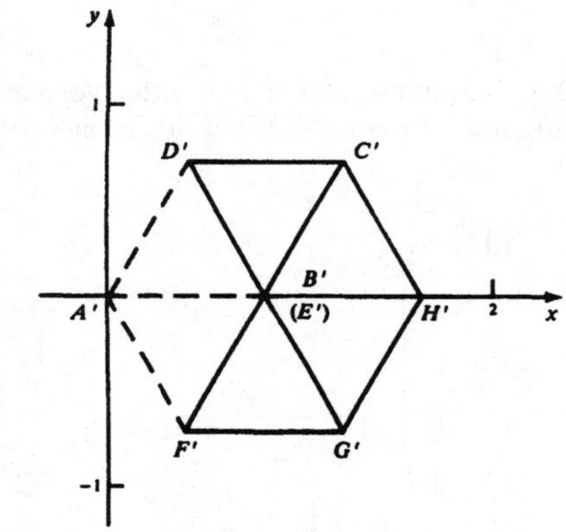

Abb. L.4

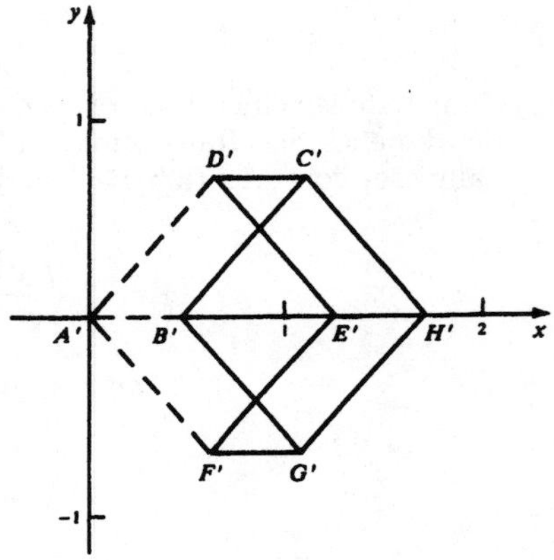

Abb. L.5

7.18 Da die gesuchten Ebenen durch den Ursprung gehen, müssen wir nur ihre Normalenvektoren bestimmen, so dass die orthografischen Projektionen auf diese Ebenen isometrische Projektionen erzeugen. In Aufgabe 7.14 drehten wir das xyz-Dreibein zunächst um die x- und dann um die y-Achse, um eine isometrische Projektion auf die xy-Ebene zu erzeugen. Gleichermaßen hätten wir die xy-Ebene (und ihren Normalenvektor $\mathbf{K}$) in eine neue Position kippen und auf diese Weise eine neue Beobachtungsebene schaffen können, die eine isometrische Projektion bezüglich des (nicht gedrehten) xyz-Dreibeins erzeugt. Unter Verwendung dieses Ansatzes zur Bestimmung aller möglichen Beobachtungsebenen werden wir die Gleichungen aus Aufgabe 7.14 nutzen, um die geeigneten Drehwinkel zu erhalten. Aus den Gleichungen

$$\sin^2\theta_x - \cos^2\theta_x = 0 \qquad \cos^2\theta_y = \tfrac{1}{2}[\sin^2\theta_y + 1]$$

erhalten wir die Lösungen

$$\sin\theta_x = \pm\frac{\sqrt{2}}{2}, \qquad \cos\theta_x = \pm\frac{\sqrt{2}}{2} \quad \text{und} \quad \sin\theta_y = \pm\sqrt{\frac{1}{3}}, \qquad \cos\theta_y = \pm\sqrt{\frac{2}{3}}$$

Gemäß Aufgabe 6.1, Teil (*b*) ist die Kippmatrix

$$R_{\theta_{x,\mathbf{I}}} \cdot R_{\theta_{y,\mathbf{J}}} = \begin{pmatrix} \cos\theta_y & 0 & \sin\theta_y \\ \sin\theta_x \sin\theta_y & \cos\theta_x & -\sin\theta_x \cos\theta_y \\ -\cos\theta_x \sin\theta_y & \sin\theta_x & \cos\theta_x \cos\theta_y \end{pmatrix}$$

Wenden wir dies auf den Vektor **K** = (0; 0; 1) an, erhalten wir für die Komponenten des gekippten Vektors

$$x = \sin\theta_y \qquad y = -\sin\theta_x \cos\theta_y \qquad z = \cos\theta_x \cos\theta_y$$

Setzen wir die oben gefundenen Werte ein, erhalten wir acht Kandidaten für den Normalenvektor **N** = x**I** + y**J** + z**K**, wobei

$$x = \pm\sqrt{\frac{1}{3}} \qquad y = \pm\sqrt{\frac{1}{3}} \qquad z = \pm\sqrt{\frac{1}{3}}$$

N und -**N** sind jedoch Normalenvektoren derselben Ebene. Somit ergeben sich schließlich vier Lösungen. Es sind die Beobachtungsebenen (durch den Ursprung) mit den Normalen

$$\mathbf{N}_1 = \sqrt{\frac{1}{3}}(\mathbf{I}+\mathbf{J}+\mathbf{K}) \qquad \mathbf{N}_3 = \sqrt{\frac{1}{3}}(\mathbf{I}-\mathbf{J}+\mathbf{K})$$

$$\mathbf{N}_2 = \sqrt{\frac{1}{3}}(-\mathbf{I}+\mathbf{J}+\mathbf{K}) \qquad \mathbf{N}_4 = \sqrt{\frac{1}{3}}(\mathbf{I}+\mathbf{J}-\mathbf{K})$$

Kapitel 8

8.11 Unter Bezugnahme auf Abbildung 8.7 (und Aufgabe 8.4) bezeichnen wir mit $\overline{\mathbf{CR}}$ den Vektor mit der Richtung der Geraden vom Projektionszentrum C zur Fensterecke R. Entsprechend nennen wir den Vektor zur Fensterecke L $\overline{\mathbf{CL}}$). Dann ist

1. *die obere Ebene* bestimmt durch die Vektoren $\mathbf{I}_p$ und $\overline{\mathbf{CR}}$ und den Bezugspunkt R_f,
2. *die untere Ebene* – bestimmt durch die Vektoren $\mathbf{I}_p$ und $\overline{\mathbf{CL}}$ und den Bezugspunkt L_f,
3. *die rechtsseitige Ebene* – bestimmt durch die Vektoren $\mathbf{J}_q$ und $\overline{\mathbf{CR}}$ und den Bezugspunkt R_f,
4. *die linksseitige Ebene* – bestimmt durch die Vektoren $\mathbf{J}_q$ und $\overline{\mathbf{CL}}$ und den Bezugspunkt L_f,
5. *die vordere Ebene* – bestimmt durch den Normalenvektor **N** (der Beobachtungsebene) und den Bezugspunkt P_f,
6. *Hintere Ebene* – bestimmt durch den Normalenvektor **N** und den Bezugspunkt P_b.

8.12 Angenommen, die Ebene geht durch den Punkt $R_0(x_0, y_0, z_0)$ und hat den Normalenvektor **N** = n_1**I** + n_2**J** + n_3**K**. Die Punkte $P_1(x_1, y_1, z_1)$ und $P_2(x_2, y_2, z_2)$ bestimmen eine Strecke. Gemäß Anhang 2 lautet die Gleichung einer Ebene

$$n_1(x - x_0) + n_2(y - y_0) + n_3(z - z_0) = 0$$

Die Parametergleichung einer Geraden ist

$$x = x_1 + (x_2 - x_1)t \qquad y = y_1 + (y_2 - y_1)t \qquad z = z_1 + (z_2 - z_1)t$$

Indem wir diese Gleichungen in die Ebenengleichung einsetzen, erhalten wir

$$n_1[x_1 + (x_2 - x_1)t - x_0] + n_2[y_1 + (y_2 - y_1)t - y_0] + n_3[z_1 + (z_2 - z_1)t - z_0] = 0$$

Auflösen nach t ergibt den Parameterwert t_I für den Schnittpunkt:

$$t_I = -\frac{n_1(x_1 - x_0) + n_2(y_1 - y_0) + n_3(z_1 - z_0)}{n_1(x_2 - x_1) + n_2(y_2 - y_1) + n_3(z_2 - z_1)}$$

Das können wir unter Verwendung der Vektorschreibweise umformulieren zu

$$t_I = -\frac{\mathbf{N} \cdot \overline{R_0P_1}}{\mathbf{N} \cdot \overline{P_1P_2}}$$

Die Schnittpunkte $I(x_I, y_I, z_I)$ können aus der Parametergleichung der Geraden bestimmt werden:

$$x_I = x_1 + (x_2 - x_1)t_I \qquad y_I = y_1 + (y_2 - y_1)t_I \qquad z_I = z_1 + (z_2 - z_1)t_I$$

Für $0 \leq t \leq 1$ liegt der Schnittpunkt I auf der Strecke zwischen P_1 und P_2; falls nicht, liegt er auf der verlängerten Strecke.

Kapitel 9

9.9 Unter Bezugnahme auf Abbildung 7.12 in Kapitel 7 definieren wir eine Liste der Eckpunkte als

$$V = \{ABCDEFGH\}$$

Eine explizite Liste der Kanten ist gegeben durch

$$E = \{\overline{AB}, \overline{AD}, \overline{AF}, \overline{BC}, \overline{BG}, \overline{CD}, \overline{CH}, \overline{DE}, \overline{EF}, \overline{EH}, \overline{FG}, \overline{GH}\}$$

Der Würfel kann durch Zeichnen der Kanten aus der Liste E dargestellt werden. Aus Aufgabe 9.2 wissen wir, dass ein typisches Vieleck (z.B. P_1) gemäß

$$P_1 = \{\overline{AB}, \overline{AD}, \overline{BC}, \overline{CD}\}$$

durch seine Kanten dargestellt werden kann.

Vielecke, die sich eine bestimmte Kante teilen, können dadurch identifiziert werden, dass man die Wiedergabe der Kanten durch Zeiger auf diese Vielecke erweitert. Zum Beispiel:

$$\overline{AB} \rightarrow P_1, P_4 \qquad \overline{AD} \rightarrow P_1, P_3$$

9.10 Die Menge der Knotenpunkte kann als t_0, $t_0 + L$, $t_0 + 2L$, ... ausgedrückt werden. Im Intervall $t_i = t_0 + (i - 1)L$ bis $t_{i+2} = t_0 + (i + 1)L$ gilt

$$B_{i,1}(x) = \frac{x - [t_0 + (i-1)L]}{(t_0 + iL) - [t_0 + (i-1)L]} B_{i,0}(x) + \frac{[t_0 + (i+1)L] - x}{[t_0 + (i+1)L] - (t_0 + iL)} B_{i+1,0}(x)$$

Im Intervall $[t_i, t_{i+1}]$, d.h. $t_0 + (i - 1)L \le x \le t_0 + iL$, gilt $B_{i,0}(x) = 1$ und $B_{i+1,0}(x) = 0$. Im Intervall $[t_{i+1}, t_{i+2}]$, d.h. $t_0 + iL \le x \le t_0 + (i + 1)L$, gilt $B_{i,0}(x) = 0$ und $B_{i+1,0}(x) = 1$. Ansonsten gilt sowohl $B_{i,0}(x) = 0$ als auch $B_{i+1,0}(x) = 0$. Also

$B_{i,0}(x) = 0$ and $B_{i+1,0}(x) = 0$.

$$B_{i,1}(x) = \begin{cases} \dfrac{x - t_0 + (i-1)L}{L} & \text{für} \quad t_0 + (i-1)L \le x \le t_0 + iL \\ \dfrac{t_0 + (i+1)L - x}{L} & \text{für} \quad t_0 + iL \le x \le t_0 + (i+1)L \\ 0 & \text{sonst} \end{cases}$$

9.11 Gemäß der Definition eines B-Splines ist $B_{i,3}(x)$ nur dann verschieden von null, wenn $t_i \le x \le t_{i+4}$. Ausgedrückt mit der gegebenen Menge der Eckpunkte, ergibt dies $i \le x \le i + 4$. Mit $x = 5{,}5$ ist $B_{i,3}(5{,}5)$ nicht null für $i = 2, 3, 4$ und 5. Nun gilt

$$B_{i,3}(5.5) = \frac{(5.5) - i}{(i+3) - i} B_{i,2}(5.5) + \frac{(i+4) - (5.5)}{(i+4) - (i+1)} B_{i+1,2}(5.5)$$

oder

$$B_{i,2}(5.5) = \frac{(5.5) - i}{3} B_{i,2}(5.5) + \frac{i - (1.5)}{3} B_{i+1,2}(5.5)$$

Beginnend mit $i = 2$

$$B_{2,3}(5.5) = \frac{3.5}{3} B_{2,2}(5.5) + \frac{0.5}{3} B_{3,2}(5.5)$$

Nun ist $B_{2,2}(x)$ für $2 \le x \le 5$ von null verschieden. Daher ist $B_{2,2}(5{,}5) = 0$ und somit $B_{2,3}(5{,}5) = (0{,}5/3)\, B_{3,2}(5{,}5)$. Da $B_{3,2}(x)$ für $3 \le x \le 5$ verschieden von null ist, erhalten wir

$$B_{3,2}(5.5) = \frac{(5.5) - 3}{5 - 3} B_{3,1}(5.5) + \frac{6 - (5.5)}{6 - 4} B_{4,1}(5.5)$$

Nun ist $B_{3,1}(x)$ für $3 \leq x \leq 5$ von null verschieden. Daher ist $B_{3,1}(5{,}5) = 0$. Des Weiteren ist $B_{4,1}(x)$ für $4 \leq x \leq 6$ verschieden von null und somit gilt

$$B_{3,2}(5.5) = \frac{0.5}{2} B_{4,1}(5.5)$$

Jetzt gilt

$$B_{4,1}(5.5) = \frac{(5.5) - 4}{5 - 4} B_{4,0}(5.5) + \frac{6 - (5.5)}{6 - 5} B_{5,0}(5.5)$$

Da $B_{4,0}(x)$ für $4 \leq x \leq 5$ von null ist verschieden, erhalten wir $B_{4,0}(5{,}5) = 0$, so dass

$$B_{4,1}(5.5) = \frac{0.5}{1} B_{5,0}(5.5)$$

Jedoch ist $B_{5,0}(x) = 1$ für $5 \leq x \leq 6$. Somit gilt $B_{5,0}(5{,}5) = 1$, $B_{4,1}(5{,}5) = 0{,}5(1) = 0{,}5$ und $B_{3,2}(5{,}5) = (0{,}5/2)(0{,}5) = 0{,}25/2$ und schließlich

$$B_{2,3}(5.5) = \frac{0.5}{3}\left(\frac{0.25}{2}\right) = \frac{0.125}{6} = 0.0208333$$

Die Berechnungen für $B_{3,3}(5{,}5)$, $B_{4,3}(5{,}5)$ und $B_{5,3}(5{,}5)$ werden auf die gleiche Weise durchgeführt.

Kapitel 10

10.25 Die Eigenschaften der Parallelprojektion können zur Vereinfachung der Berechnungen genutzt werden, wenn die zu projizierenden Objekte in »neue Objekte« transformiert werden, deren Parallelprojektionen dasselbe Bild ergeben wie die perspektivische Projektion des Originalobjekts.

10.26 Da der Z-Puffer-Algorithmus die Farbe eines Pixels nur für $Z(x, y) < Z_{buf}(x, y)$ ändert, bestimmt das zuerst geschriebene Vieleck die Farbe des Pixels (siehe Aufgabe 10.7).

10.27 Es kann ein Prioritätsflag zugewiesen werden, das die aus der Anwendung des Z-Puffer-Algorithmus resultierende Verbindung löst.

10.28 Ein System, das 2^{24} Tiefenwerte unterscheidet, benötigt drei Byte Speicherplatz, um jeden *z*-Wert darzustellen. Daher werden $3 \cdot 1024 \cdot 768 = 2304$ KB Speicherplatz benötigt.

10.29 Die Abtastzeilenmethode kann (*a*) die Abtastzeilenkohärenz, (*b*) die Kantenkohärenz, (*c*) die Flächenkohärenz und (*d*) die räumliche Kohärenz nutzen.

10.30 Die Abtastzeilenkohärenz beruht auf der Annahme, dass die Nachbarn eines Pixels, dass zu dem Scan Conversion-Bild eines Objekts gehört, (mit großer Wahrscheinlichkeit) auch zu diesem Objekt gehören.

10.31 Da es sich um ein Vieleck handelt, müssen wir nur die Maximal- und Minimalwerte der Koordinaten der Eckpunkte A, B, und C finden. Dann gilt

$$\begin{aligned} x_{\text{min}} &= 0 & x_{\text{max}} &= 2 \\ y_{\text{min}} &= 0 & y_{\text{max}} &= 2 \\ z_{\text{min}} &= 1 & z_{\text{max}} &= 2 \end{aligned}$$

Der Hüllkörper wird in Abbildung 10.26 gezeigt.

1032 Horizontale Strecken ($y_{min} = y_{max}$) liegen auf nur einer Abtastzeile; sie werden automatisch angezeigt, wenn im Scan Conversion-Prozess nichthorizontale Kanten verwendet werden.

10.33 Wir durchsuchen die z-Koordinaten der Eckpunkte des Vielecks nach dem größten Wert für z_{max}. Dann ist die Tiefe des Vielecks durch z_{max} gegeben.

10.34 Die Flächenkohärenz wird genutzt, indem man Vielecke bezüglich gegebener Bildschirmflächen entweder als umgebendes, überlappendes, enthaltenes oder disjunktes Vieleck klassifiziert. Der wichtigste Punkt ist, dass ein Vieleck unsichtbar ist, wenn es sich hinter einem umgebenden Vieleck befindet.

10.35 Bei der Verwendung eines Algorithmus zum Entfernen verdeckter Linien, setzen wir die Füllfarbe der von den Linien bestimmten Vielecke auf die Hintergrundfarbe.

Kapitel 11

11.25 W, H, D und P seien genauso definiert wie in Aufgabe 11.3. Wir können die Sättigung unter Verwendung von $D \times P/(W \times H + D \times P)$ berechnen.

11.26 Die farbempfindlichen Zäpfchen in unseren Augen reagieren nicht gut auf Licht niedriger Intensität. Andererseits sind die Stäbchen, die auf Licht niedriger Intensität reagieren, farbenblind.

11.27 Ja. Wir können

$$X = \frac{x}{1 - x - y} Z, \qquad Y = \frac{y}{1 - x - y} Z, \qquad Z = Z$$

verwenden.

11.28 Das Y in CMY steht für gelb (yellow), wohingegen das Y in YIQ die Leuchtdichte darstellt.

11.29

$$\mathbf{N} = \frac{x - x_c}{R}\mathbf{I} + \frac{y - y_c}{R}\mathbf{J} + \frac{z - z_c}{R}\mathbf{K}$$

11.30 Die Parameterdarstellung der Zielfläche ist gegeben durch

$$\begin{cases} x = \theta & 0 \leq \theta \leq 3.0 \\ y = 1.2\cos(\varphi) & 0 \leq \varphi \leq \pi/2 \\ z = 1.2\sin(\varphi) \end{cases}$$

Beachten Sie die Beziehung zwischen den Eckpunkten:

$$\begin{aligned} u&=0, & w&=0\rightarrow\theta=0, & \varphi&=\pi/2\\ u&=1, & w&=0\rightarrow\theta=3, & \varphi&=\pi/2\\ u&=0, & w&=2\rightarrow\theta=0, & \varphi&=0\\ u&=1, & w&=2\rightarrow\theta=3, & \varphi&=0 \end{aligned}$$

Einsetzen dieser Werte in $\theta = Au + B$ und $\varphi = Cw + D$ ergibt

$$A=3,\qquad B=0,\qquad C=-\pi/4,\qquad D=\pi/2$$

Daher sind die Mapping-Funktionen

$$\theta = 3u \qquad \text{und} \qquad \varphi = \frac{\pi}{2}-\frac{\pi}{4}w$$

und die inversen Mapping-Funktionen

$$u=\frac{\theta}{3} \qquad \text{und} \qquad w=\frac{\pi/2-\varphi}{\pi/4}$$

Kapitel 12

12.27 t_1 sei die Zeit, die der Lichtstrahl für den Weg von A nach P benötigt, t_2 die Zeit für den Weg von P nach B (siehe Abbildung 12.21). Wir erhalten

$$t_1=\frac{\sqrt{x^2+y_A^2}}{c_1} \qquad t_2=\frac{\sqrt{(x_B-x)^2+y_B^2}}{c_2}$$

Um den Ort von P anzugeben (d.h., um x zu bestimmen), so dass die Gesamtlaufzeit $t = t_1 + t_2$ minimal ist, berechnen wir

$$\frac{\mathrm{d}t}{\mathrm{d}x}=\frac{x}{c_1\sqrt{x^2+y_A^2}}-\frac{x_B-x}{c_2\sqrt{(x_B-x)^2+y_B^2}}$$

oder

$$\frac{\mathrm{d}t}{\mathrm{d}x}=\frac{\sin(\alpha)}{c_1}-\frac{\sin(\beta)}{c_2}$$

Beachten Sie, dass $0 \le x \le x_B$ und

$$\left(\frac{\mathrm{d}t}{\mathrm{d}x}\right)_0 < 0 \qquad \left(\frac{\mathrm{d}t}{\mathrm{d}x}\right)_{x_B} > 0$$

Das bedeutet, dass t ein Minimum erreicht, wenn

$$\frac{\sin(\alpha)}{c_1} - \frac{\sin(\beta)}{c_2} = 0$$

Daraus folgt

$$\frac{\sin(\alpha)}{\sin(\beta)} = \frac{c_1}{c_2}$$

12.28 Ja, diese beiden Prozeduren liefern bei einem identisch lautenden Aufruf dieselben Ergebnisse. Bei einem gegebenen Tiefenwert umfasst die in der Frage angegebene Prozedur jedoch eine Rekursionsebene mehr als die im Text. Daher wird die Prozedur aus Abschnitt 12.2 effizienter ausgeführt.

12.29 Bestimmen Sie zwei Punkte auf der Geraden

$$x = 0 \rightarrow y = 0 - 6 = -6$$
$$x = 1 \rightarrow y = 2 - 6 = -4$$

Wählen wir (0; -6) als Anfangspunkt, so erhalten wir

$$\mathbf{s} = -6\mathbf{J}$$
$$\mathbf{d} = (1 - 0)\mathbf{I} + (-4 - (-6))\mathbf{J} = \mathbf{I} + 2\mathbf{J}$$

Die parametrische Vektorgleichung der Geraden ist gegeben durch

$$\mathbf{L}(t) = \mathbf{s} + t\mathbf{d} \quad \text{wobei} \quad -\infty < t < +\infty$$

12.30 Der Schnittpunkt eines Strahls mit der yz-Ebene kann durch Auflösen folgender Gleichung nach t ermittelt werden:

$$\mathbf{s} + t\mathbf{d} = y_i\mathbf{J} + z_i\mathbf{K}$$

Mit $\mathbf{s} = x_s\mathbf{I} + y_s\mathbf{J} + z_s\mathbf{K}$ und $\mathbf{d} = x_d\mathbf{I} + y_d\mathbf{J} + z_d\mathbf{K}$ erhalten wir

$$\begin{cases} x_\mathbf{s} + tx_\mathbf{d} = 0 \\ y_\mathbf{s} + ty_\mathbf{d} = y_i \\ z_\mathbf{s} + tz_\mathbf{d} = z_i \end{cases}$$

Für $x_d = 0$ liegt der Strahl parallel zur Ebene (kein Schnittpunkt). Für $x_s = 0$ liegt der Strahl in der Ebene (kein Schnittpunkt). Andernfalls berechnen wir t aus der ersten Gleichung

$$t = -\frac{x_s}{x_d}$$

Für $t < 0$ schneidet die negative Verlängerung des Strahls die Ebene. Andererseits schneidet für $t > 0$ der Strahl selbst die Ebene und die Koordinaten y_i und z_i des Schnittpunkts können aus der zweiten und dritten Gleichung errechnet werden.

12.31 Es seien $\mathbf{s} = x_s\mathbf{I} + y_s\mathbf{J} + z_s\mathbf{K}$ und $\mathbf{d} = x_d\mathbf{I} + y_d\mathbf{J} + z_d\mathbf{K}$. Ersetzen Sie x und y durch $x_s + tx_d$ bzw. $y_s + ty_d$.

$$(x_s + tx_d)^2 + (y_s + ty_d)^2 - R^2 = 0$$

Ausmultiplizieren und Umstellen der Terme ergibt

$$(x_d^2 + y_d^2)t^2 + 2(x_s x_d + y_s y_d)t + (x_s^2 + y_s^2) - R^2 = 0$$

oder

$$At^2 + 2Bt + C = 0$$

wobei

$$A = x_d^2 + y_d^2 \qquad B = x_s x_d + y_s y_d \qquad C = x_s^2 + y_s^2 - R^2$$

Für $A = 0$ verläuft der Strahl parallel zur z-Achse und schneidet den Zylinder nicht (der gesamte Strahl befindet sich auf dem Zylinder, wenn der Anfangspunkt auf dem Zylinder liegt). Andernfalls lautet die Lösung der quadratischen Gleichung

$$t = \frac{-B \pm \sqrt{B^2 - AC}}{A}$$

mit

$$B^2 - AC \begin{cases} < 0 & \text{kein Schnittpunkt} \\ = 0 & \text{der Strahl (oder seine negative Verlängerung) berührt den Zylinder} \\ > 0 & \text{zwei (mögliche) Schnittpunkte} \end{cases}$$

Im letzten Fall, ($B^2 - AC > 0$), erhalten wir zwei Werte für t: t_1 und t_2. Für $t_1 < 0$ und $t_2 < 0$ schneidet die negative Verlängerung des Strahls den Zylinder (der Strahl selbst nicht). Ist einer der beiden Werte gleich 0, beginnt der Strahl in einem Punkt des Zylinders und schneidet ihn nur, wenn der andere Wert positiv ist. Haben t_1 und t_2 unterschiedliche Vorzeichen, beginnt der Strahl im Inneren des Zylinders und schneidet ihn einmal. Sind beide Werte positiv, schneidet der Strahl den Zylinder zweimal (er tritt zunächst ein und dann wieder aus), wobei der kleinere Wert zu dem Schnittpunkt gehört, der näher am Anfangspunkt des Strahls liegt.

12.32 Durch Ersetzen von B in $At^2 + Bt + C = 0$ durch D erhalten wir

$$At^2 + Dt + C = 0$$

Die Lösung lautet

$$t = \frac{-D \pm \sqrt{D^2 - 4AC}}{2A}$$

Setzen wir jetzt $D = 2B$, wird die Gleichung zu

$$At^2 + 2Bt + C = 0$$

Die Lösung lautet

$$t = \frac{-2B \pm \sqrt{(2B)^2 - 4AC}}{2A} = \frac{-2B \pm 2\sqrt{B^2 - AC}}{2A} = \frac{-B \pm \sqrt{B^2 - AC}}{A}$$

Index